우주와 인생의 진리 근원을 밝힌 • 증보판

楞嚴經
대의풀이

 남회근 지음
송찬문 번역

마하연

楞嚴大義今釋

南懷瑾 先生 述著

ⓒ 南懷瑾文化事業有限公司, 1960

능엄경 대의 풀이

1판 1쇄 2016년 3월 1일   1판 발행 2016년 3월 10일
1판 2쇄 2016년 4월10일   1판 3쇄 2016년 9월 10일
2판(증보판) 2020년 11월 1일   2판 2쇄 2021년 11월 10일

지은이 남회근 | 옮긴이 송찬문 | 펴낸이 송찬문 | 펴낸곳 마하연 | 등록일 2010년 2
월 3일 | 등록번호 제 311-2010-000006 호 | 주소 10266 경기도 고양시 덕양구 통
일로 966번길 84-4 | 전화번호 010-3360-0751
이메일 youmasong@naver.com
다음카페 홍남서원 http: //cafe.daum.net/youmawon

ISBN 979-11-85844-04-6 03220

책값은 뒤표지에 있습니다. 잘못된 책은 바꿔 드립니다.

역자의 말

우주와 인생의 진리 근원을 밝힌 능엄경

"능엄경을 한 번 읽은 뒤로부터는 인간세상의 찌꺼기 책들을 보지 않는다." (명나라 어느 유학자)

"도를 깨닫는 데는 능엄경이요, 부처를 이루는 데는 법화경(法華經)이다." (미상)

"능엄경은 제불여래의 대총지문(大總持門)이요 비밀의 심인(心印)이며, 일대장교(一大藏教)를 통섭(統攝)하여 오시삼승(五時三乘), 성인과 범부, 진실과 허망, 미혹과 깨달음, 원인과 결과의 법들을 빠짐없이 포괄하고 있다. 수증의 삿됨과 올바름의 단계 차이, 윤회와 전도(顚倒)의 상황이 눈앞에 또렷함이 손바닥 안의 과일을 보는 것과 같다. 한마음의 근원까지 뚫었고 만법의 궁극적 이치를 갖추고 있음은 이 경전보다 더 광대하게 다 갖추고 있는 것은 없다고 말할 수 있다. 여래가 일대사(一大事) 인연으로 세간에 출현하셨음은 이를 버리고는 따로 열어 인도함이 없을 것이다. 진실로 이 경전으로써 구계(九界) 중생의 삿된 칼을 꺾고 성인과 범부의 집착의 성벽[執壘]을 부수어 마침내 보게 하지 않음이 없다." (명나라 감산憨山대사)

"길도 아직 깊이 모른데다 진정한 스승도 없다면 반드시 교리를 훤히 알고서 필사적으로 참구해야 한다. 비록 삼장의 여러 경전들을 통할 수 없다면 능엄경 한 부를 정독 숙독하지 않아서는 안 된다. 비유컨대 홀로 먼 길을 가는데 만약 노정(路程)을 미리 묻지 않는다면, 결정코 반드시 잘못이 있을 것이다!" (명나라 우익藕益대사)

"능엄경은 아난(阿難)이 발기(發起)하여 우리들의 모범이 되고 있다. 경전은 '음(婬)'자에 중점을 두고 이 '음'자로부터 많은 문장을 설해가고 있다.

나의 어리석은 견해로는, 능엄경 한 부를 오로지 읽을 수 있다면 제일 좋다. 본문만 숙독하고 주해는 볼 필요가 없다. 외울 수 있을 정도까지 읽으면, 앞의 경문으로 뒤의 경문을 풀이할 수 있고 뒤의 경문으로 앞의 경문을 풀이할 수 있다. 이 경전은 범부로부터 곧장 성불에 이르기까지, 무정(無情)중생으로부터 유정(有情)중생까지, 산하대지와 사성육범(四聖六凡), 수증과 미혹과 깨달음, 이치와 현상, 인과와 계율을 모두 자세하고 자세하게 다 설한다. 그러므로 능엄경을 숙독하면 매우 이익이 있다.

이 경전은 원래 1백 권이 있었지만 중국에서 번역한 것은 열 권뿐이다. 처음 네 권은 견도(見道)를 보여주고, 제5권 제6권은 수행을 보여주며, 제8권 제9권은 점차 과위를 증득하는 것이며, 마지막은 음마(陰魔) 망상을 설하고 있다.

하지만 우리들이 만약 발심하여 부지런히 닦아가며 게으르지 않을 수 있다면, 십신(十信)으로부터 십주(十住), 십행(十行), 그리고 십회향(十迴向)을 거쳐 십지(十地)에 이르기까지 스스로 한 걸음 한 걸음 진보하게 되어 등각(等覺)과 묘각(妙覺)에 이른다. 그런데 3계7취(三界七趣)는 환망(幻妄)이 나타난 것 아님이 없으며, 본래 한마음[一

心에서 벗어나지 않는다. 모든 부처님들의 묘하고 밝은 각성(覺性)일지라도 한마음에서 벗어나지 않는다. 그러므로 마음과 부처와 중생이 셋은 차별이 없다. 향엄동자(香嚴童子)가 바로 나의 코라고 말할 수 있고, 교범보살(憍梵菩薩)이 바로 나의 혀라고 말할 수 있다. 스물다섯 분의 성현의 인지(因地)는 비록 다르지만 닦아 깨달음은 결코 우열이 없다. 그러나 현재 시대에 마땅한 가르침과 근기로서는, 발심한 초학자에게 스물네 번째의 대세지보살 염불원통(念佛圓通)과 스물다섯 번째의 관세음보살 이근원통(耳根圓通), 이 두 가지 수행공부 방법이 더 마땅할 것 같다.

능엄경에서 범부와 성인을 설하고 깨달음과 마구니를 설하는 것은 모두 5온(五蘊)은 실유(實有)가 아니라고 천명하는 것이다. 우리들에게 가르치기를 5온은 모두 공(空)한 것임을 비추어 깨뜨리며 최후에는 열반이 있음을 알고 3계를 그리워하지 말라고 한다. 5음 마구니의 삿됨을 가리켜보여서, 5음을 설하지 않는 것이 하나도 없다. 색음(色陰)에서 음색(婬色)은 생사의 근본이다. 살생, 도둑질, 음행, 거짓말은 지옥의 근본이다. 5음이 공함을 비추어보면 곧 생사를 해탈하고 다시는 윤회하지 않는다.

지금은 말법 시대인데 당신은 어디 가서 선지식을 찾겠는가? 능엄경 한 부를 숙독하는 것만 못하다. 그러면 수행에 자신이 있게 되고, 수행자를 잘 보호하고 가엾이 여겨 구제하고, 삿된 인연을 소멸시키며, 그 몸과 마음으로 하여금 부처의 지견(知見)에 들어가게 할 수 있으며, 이로부터 성취하여 갈림길을 만나지 않을 수 있다! 수행자들은 노소(老少)를 막론하고 항상 능엄경을 읽기 바란다. 이 경은 당신이 휴대하고 다니는 선지식이니, 때때로 세존의 설법을 들으면 곧 아난과 함께 도반이 되는 것이다!" (중국 근현대의 허운虛雲대사)

"세상 사람들은 종교의 교리를 탐구하고 철학의 지혜로운 사유를 추구합니다. 저도 이를 위하여 여러 해 동안 노력한 적이 있습니다. 섭렵한 것이 많으면 많을수록 회의(懷疑)도 그 만큼 심해졌습니다. 최후에는 마침내 불법(佛法) 속에서 지식 욕구의 의혹을 해결했고, 비로소 도리에 어긋나지 않아 마음이 편안해졌다 할 수 있습니다. 그러나 불경은 아득한 바다처럼 넓어서 처음 불학(佛學)을 열람하면서 불법의 중심 요령을 얻고자 한다면 정말 손댈 길이 없습니다. 조리 있고 체계적일 뿐만 아니라 불법의 정수(精髓) 요점을 개괄하는 것으로는 오직 능엄경이 불법의 요령을 종합한 한 부의 경전이라고 할 수 있습니다.

다들 능엄경을 다루기 어렵다고 느끼는 까닭은 첫째, 능엄경은 과학적인 증명을 추구하는 불법이기 때문입니다. 그러므로 이 시대에 과학문명이 진보할수록 능엄경의 가치는 갈수록 높아질 것이며, 능엄경은 또렷하게 분석하고 있습니다. 그러나 그것은 또 문학성이 대단히 높습니다. 과학적인 증명 추구 방법인 불도를 문학화 했는데, 이는 대단히 하기 어려운 일입니다." (남회근 선생)

윗글들은 서기 705년에 번역이 완성되어 널리 유통되어온 능엄경에 대한 중국의 역대 고승대덕들의 평론들 중에서 몇 개를 참고로 들어본 것입니다.

한편 능엄경은 중국 찬술 위경(僞經)이라는 주장도 있었습니다. 물론 이에 대한 반론도 있었습니다. 남회근 선생도 저자 서언에서 자신의 입장을 밝히고 있으며, 따로 능엄경 대의 요지도 말하고 있습니다.

불법백과전서이자 조요경

　이렇듯 능엄경은 한 부의 체계적이고 방대하며 장관(壯觀)인 종합 대승경입니다. 경중에서 언급하고 있는 불교 이론은, 두루 갖추고 있어서 불교 교리의 거의 대부분의 개념과 범주를 언급하고 있습니다. 능엄경과 기타 불경들과는 마치 제석천 궁전에 있는, 무수한 구슬들로 만들어져 서로 뒤얽혀 비치는 장엄한 그물인 인드라망 같습니다. 그래서 불법백과전서(佛法百科全書)라고 합니다. 또한 불법 수행 과정에서 만날지 모르는 갖가지 난관들과 그 돌파 방법을 자세히 말하고 있는 불법실제수행지남(佛法實際修行指南)으로서 일명 조요경(照妖鏡)이라고도 합니다. 왜냐하면 삿된 마구니들을 비추어내는 거울이기 때문입니다. 경은 말합니다. "내가 세상을 떠난 뒤에 말법시대에 많은 요사스런 마귀의 무리들이 세간에 성행하면서 속마음이 간사하고 음험하면서 선지식이라고 스스로 일컬을 것이다. 모두들 이미 무상대도(無上大道)를 얻었다고 선전하면서 무지하고 무식한 사람들을 속이고 그들을 겁주어서 진심 자성을 상실하게 할 것이다. 그들이 지나간 곳의 사람들로 하여금 재물을 다 써서 없애게 할 것이다."

그러나 차돌경, 그리고 능엄대의금석

　그러나 능엄경은 참으로 난해합니다. 경전 한문의 문자는 지극히 우아하고 아름답지만 이미 1,300여 년 전의 고문입니다. 더더구나 문자의 사용을 간소화하고 구성을 신중 엄밀하게 하였기 때문에, 설사 이미 불교 지식과 한문[古文]에 소양이 상당한 사람이라도 읽고 이해하기가 쉽지 않습니다. 현대의 능엄경 저작들은 제외하고,

만자속장경(卍續藏經)에 수록된 능엄경의 주석서만 해도 송(宋)나라부터 청(淸)나라까지 모두 54종 153권이나 된다는 사실은, 이 경전이 널리 유포되었고 중요시 되어온 한편 얼마나 난해한 경전인가를 말해주는 반증(反證)이기도 합니다. 우리나라 불교강원에서는 조선 중기 이후 능엄경을 대승기신론·금강경·원각경과 함께 사교과(四敎科)에 넣어 전통적으로 배워왔는데, 너무나 어려워서 별명을 차돌경이라고 부른답니다! 그래서인지 중국과는 달리 오늘날 우리나라에는 능엄경 관련 출판 도서 종류나 강의들이 그리 많지 않습니다.

 역자가 능엄경을 처음 읽었던 때는 고등학교 시절이었습니다. 당시 출가 승려였던 친형(뒷날 중앙승가대 교수를 지낸 송찬우宋燦禹)이 시골집에 가져다 놓은 책들을 이것저것 읽어보다가 운허(耘虛)스님이 한글로 번역한 능엄경(법보원 1963년 10월1일 재판 발행본)을 읽어보게 되었는데, 저도 모르게 환희심이 일어났습니다. 물론 난해하지만 왠지 재미있어 몇 번 통독했습니다. 그 뒤로 사회생활하면서 다른 한글번역본 몇 종들도 읽어보았는데 거의 운허스님 번역을 토대로 했고, 운허스님 번역본은 조선 세조 때 간행한 능엄경언해본을 토대로 한 것으로 보입니다.

 직장생활 중이던 1993년 고려대 후문에 있는 천안문(天安門)이라는 중국서점에서 뜻밖에 남회근 선생 저작의 능엄대의금석(楞嚴大義今釋, 간체자본, 북경사범대학 출판)을 만나게 되어 구입하여 읽었습니다. 남회근 선생은 이릉자(二楞子)로 불렸는데, 능엄경과 능가경을 깊이 연구하였기 때문입니다. 능엄대의금석은 책의 이름이 말해주듯이 그 대의만을 현대적으로 해석하였지만, 국내의 기존 번역본들보다는 경문을 내용 요점별로 분류한 장절의 체제나 풀이가 현대적 개념이어서 그래도 이해하기 쉬운 편이라고 느꼈습니다. 그래서 이를 언젠가는 번역하여 소개하려고 마음먹었습니다.

1998년 직장을 그만 둔 뒤 4년이 지난 2002년 봄 서울 인사동 사거리 근처에 작은 사무실을 하나 빌려 유마서원(維摩書院)을 열었고, 같은 해 8월 중순부터 몇 분의 학우님들(김명섭, 서상욱, 윤성희, 임미경, 임정재)과 매주 한 번씩 원전 강독을 시작했습니다. 1년 남짓 동안 제4장까지 하였으나 사정상 중지되었습니다. 아쉽게도 녹음도 남기지 못했습니다. 그 뒤에 저자 서언부터 제5장까지 다시 직접 번역 기록하거나 구두 번역 녹음했습니다. 그리고 제6장부터 마지막 장까지는 2009년 11월부터 또 여러 분의 학우님들(김창수, 김종호, 보덕스님, 유정식, 유의정, 정우형, 정수명, 정태경, 최병문)과 동국대학교 근처의 명지출판사 사무실에서 매주 한 번씩 3개월 동안 강독하여 마쳤습니다. 이 모든 녹음테이프들은 역시 정창숙(鄭昶淑) 님이 청취 기록했습니다.

2015년 5월 초 저는 남회근 선생 저작인 '장자(莊子)강의(내편) 상·하' 책 원고를 인쇄소에 넘겨주었고, 이어서 능엄대의금석 원고 정리 출판에 착수하려 했습니다. 뜻밖에 5월8일 교통사고로 왼쪽 빗장뼈가 부러지고 그 주변 관절 등이 잘못되었습니다. 그 다음 날 수술 받고 3개월을 요양했지만 유합(癒合)하지 않았습니다. 다 낫기를 기다려 원고 정리를 하려다가는 너무 미루어질 것 같고 시간이 아까워서, 겨우겨우 컴퓨터 글자판을 칠 수 있게 된 무더운 8월 중순부터 병약한 상태에서 고통과 불편을 무릅쓰고 조금씩 정리하기 시작하였습니다. 어렵사리 그렇게 6개월을 작업한 결과, 저의 능력의 한계 때문에 많이 미흡하나마 이제 마쳤습니다. 그리고 정윤식(鄭允植)님은 번역 저본 경전 원문과의 한자 및 구두점 대조, 그리고 능엄 신주(神呪)의 산스크리트어 발음 입력 작업을 꼼꼼히 해 주셨습니다. 강독에 참여했던 학우님들과 정윤식님에게 진심으로 감사드립니다.

이 능엄경 대의 풀이도 제가 이미 번역 출판했던 다른 책들과 마찬가지로, 한낱 처량한 백면서생이 정성으로 올리는 빈자일등(貧者一燈)의 법공양입니다.

외국의 어느 학자는 "장자(莊子)를 읽어보지 못한 인생은 불행하다"고 말했습니다. 저는 이렇게 말하고 싶습니다. "능엄경을 한 번이라도 읽어본 인생은 크나큰 행운 중의 행운입니다. 왜냐하면 백천만겁에도 만나기 어려운 경전으로서 우주와 인생의 진리 근원을 밝혀주기 때문입니다."

남회근 선생은 1960년 저자 서언에서 말했습니다. "이 책의 번역은 곤궁하고 간고한 세월 속에 이루어졌습니다. 독자들이 이 책을 통해 진실한 지혜에 의한 해탈의 진리를 깨달아, 전도(顚倒)된 몽환(夢幻) 같은 인생세계를 평온하고 안락한 진선미(眞善美)의 영역으로 승화시킬 수 있다면, 그게 바로 제가 진심으로 바라는 바입니다."

2016년 2월 중순
신평리 심적재(深寂齋)에서
송찬문 삼가 씁니다

목 차

역자의 말 ··· 3

저자 서언 ··· 16

능엄경 대의 요지 ··· 29

능엄경 대의 풀이

(능엄경 제1권) ·· 49

제1장 심성본체론 ·· 51

문제의 시작 ··· 51

마음이 어디에 있는지에 대한 일곱 가지 인식을 변별하다 ·· 53

진심과 망심의 체성을 분간하다 ································ 72

심성 자체를 가리켜 확인시키다 ······························· 75

(능엄경 제2권) ·· 88

제2장 우주와 마음과 물질에 대한 인식론 ················ 90

우주만유 자성 본체에 대한 인식 ················· 90
자성과 물질 현상계의 여덟 가지 분석 ················· 97
객관의 물리세계와 자성 능견의 주관이
　둘이 아니며 다른 것도 아니다 ················· 104
자성 본체는 자연과 인연화합을 초월한다 ················· 114
개별 업보와 공동 업보의 원인 ················· 119

제3장 심리와 생리 현상은 자성 기능이 발생시키는
　상호변화이다 ················· 126

심리와 생리인 5음 작용 경험의 분석 ················· 130
(능엄경 제3권) ················· 136
심리와 생리인 6근 작용(오관과 의식) 경험의 분석 ················· 138
심신과 외부경계 작용(12처) 경험의 분석 ················· 147
심신과 외부경계 사이(18계) 경험의 분석 ················· 160

제4장 물리세계와 정신세계는 둘 다 자성 기능의
　나타남이다 ················· 183

지수화풍공 5대 종성의 분석 ················· 183
심의식(心意識)인 정신 영역의 투시 ················· 195
(능엄경 제4권) ················· 207

물리세간 물질의 형성 ···················· 208
중생세계 생명의 형성 원인 ················ 215

제5장 불법을 닦아 익히는 실험 원리 ············· 308

개인의 해탈 성불과 단체와의 관계 ············· 308
자성 진심을 증오하는 법칙과 원리 ············· 316
우주시공과 물리세간 속박의 해탈 법칙과 원리 ······· 325
자성을 수증하는 법칙과 원리 ··············· 340
(능엄경 제5권) ···················· 348
자성 해탈 수증의 총강 ·················· 350
스물다섯 분의 실제수행 실험방법의 자술 ········· 365
(능엄경 제6권) ···················· 410
(능엄경 제7권) ···················· 455

제6장 불법을 닦아 익히는 단계와 방법 ············ 457

불법을 배우고 수행에 입문하는 기본 계행 ········· 457
불법을 닦고 배우는 진도 단계를 가리켜 보임 ······· 483
(능엄경 제8권) ···················· 487
55위 수행의 성위(聖位)와 경계의 함의 ·········· 494
지옥과 천당의 유무와 사람의 정신심리와의 인과관계 ······ 516
10종의 신선도와 천인 사이의 정신 심리적 관계 ········ 521
(능엄경 제9권) ···················· 523

제7장 불법의 선정과 지혜를 닦아 익히는 과정 중의 잘못과 갈림길 ··············· 577

자성이 공한[性空] 정각에 대한 기본 인식 ··············· 577
색음(色陰) 구역
  생리와 심리 상호변화 범주의 마구니 경계 ··············· 580
수음(受陰) 구역
  감각 변환(變幻) 범주의 마구니 경계 ··············· 587
상음(想陰) 구역
  상념 속에서 정신환각(精神幻覺) 범주의 마구니 경계 ········ 599
  (능엄경 제10권) ··············· 615
행음(行陰) 구역
  심리적 생리적_본능 활동과
    우주와 마음과 물질에 대한 인식의 편차 ··············· 618
식음(識陰) 구역
  유식(唯識) 경계 속에서 나타나는 편차 ··············· 635
  5음 해탈과 명심견성을 곧바로 가리킨 결론 ··············· 647

능엄경 법요 찬주 ··············· 653
증보 능엄경 법요 찬주 수증차제 ··············· 661
정창파 선생 발문 ··············· 670
저자 후기 ··············· 675
범망경 ··············· 681
저자 소개 ··············· 740

일러두기

1. 이 책은 대만의 노고문화사업주식회사(老古文化事業股分有限公司)가 발행한 1994년 5월 대만 3차 인쇄본의 『능엄대의금석(楞嚴大義今釋)』을 완역한 것입니다.

2. 경전 원문은 이 책의 원서의 자구와 구두점을 따랐습니다. 다만 문단은 원서를 따르되 상호 대화의 경우는 화자별로 단락을 시작하여 번역문과 서로 대조하기 쉽게 했습니다.

3. 경전 원문에 대한 주석은 번역하지 않고 풀이 부분의 저자 주석만 번역하여 각주로 넣었으되 원주라고는 표시하지 않았습니다.

4. 역자가 주석을 달거나 보충하였을 경우에는 '역주' 또는 '역자보충'이라 표시하였으며 인터넷 상에서 남회근 선생의 능엄경 강좌도 참고했습니다. 불교 용어는 주로 홍법원 출판 불교대사전이나 인터넷 상의 중국어 불교사전 등을 참고하였으며, 그 출처는 일일이 표시하지 않았습니다. 모르는 용어나 내용은 사전이나 관련 서적 등을 참고하고, 특히 남회근 선생의 다른 저작들도 읽어보기 바랍니다. 선생의 저작들은 전체적으로 서로 보완 관계에 있기 때문입니다.

5. 원서에 나오는 중국어 인명과 지명, 책 이름 등의 고유명사는 중국식 발음으로 표기하지 않고 우리식 한자 발음으로 표기하였습니다.

저자 서언

(1)

이 큰 시대에는 모든 것이 바뀌고 있습니다. 이런 변화 과정 중에는 자연히 어지러운 모습이 나타나기 마련입니다. 변란(變亂)은 온갖 것을 못 쓰도록 만들어버리기 때문에 일마다 처음부터 정리해야 합니다. 문화에 대해서만 말해보더라도 고유문화를 정리하여 새로운 시대적 요구에 결합시키는 것은 정말 중요한 일입니다. 책임은 무겁고 갈 길은 먼 일로서, 처량함을 견디고 적막함을 달게 여기면서 아무도 알아주지 않는 가운데 무형(無形)의 씨앗을 뿌릴 수 있어야 합니다. 밭 갈고 김 맬 뿐 수확이 어떨지는 묻지 않아야합니다. 그 성공이 꼭 나에게 있는 것은 아니기 때문입니다. 반드시 향상이 강을 건너감에 흐름을 끊고 지나가는[香象渡河, 截流而過], 그런 정신을 가지고 고난을 사양하지 않고 해나가야 합니다.

역사와 문화는 우리들에게 가장 좋은 보배 거울입니다. 과거를 거울삼아 현재를 살펴보면, 우리는 간고한 세월 속에서 굳건한 신심(信心)을 증가시킬 수 있습니다. 우리의 역사를 거슬러 올라가 보면, 매번 큰 변란이 있을 때 마다 그 속에서 외래문화를 흡수하여 융합한 다음 또 하나의 새로운 빛이 생겨났음을 발견할 수 있습니다. 우리가 만약 지나온 변란 시대를 구분해 보면, 춘추전국·남북조·오대(五代)·금원(金元)·만청(滿淸) 시대 등 수차례의 문화적 정치적 대변동이 있었습니다. 그 사이에서 남북조 시대는 불교문화

수입단계로서, 문화사상면에서 하나의 비교적 장기간의 융화를 거친 뒤에 성당(盛唐)이라는 한 시대의 찬란한 광명을 낳았습니다. 오대와 금나라·원나라 시기에는 문화면에서 비록 남북조 시대만큼 큰 변동은 없었지만, 유럽과 아시아 문화교류의 자취는 뚜렷하여 찾아볼 수 있습니다. 뿐만 아니라 서양에 대한 중국문화의 전파는, 서양문화가 중국문화에 끼친 영향보다 컸습니다. 청나라 말기부터 지금까지 백여 년 간에 서양문화는 무력(武力)을 따라 동양으로 들어와, 우리 문화와 정치적인 면에서 일련의 변혁을 자극하고 우리에게 실험 실천하고 싶은 욕망을 계발시켰습니다. 시대적으로 과학을 앞세우게 되자 종교와 철학과 문학과 예술은 모두 과학의 예속물이 되었습니다. 이는 필연적인 현상입니다. 우리의 고유문화는 서양문화와 충돌한 뒤에, 충돌에서 교류로, 교류에서 상호융화하고 있는데, 그에 이어서 오는 것은 틀림없이 세계를 또 한 번 비추는 새로운 기상(氣象)이 될 것입니다. 목전의 모든 현상은 변화 중에 있는 과정이지 고정된 국면이 아닙니다. 그러나 이렇게 출렁거리는 급류 속에서 우리는 맹목적으로 추종하지도 말아야하며, 두려워하고 주저하여서는 더더욱 안 됩니다. 방향을 분명히 인식하고 배의 키를 단단히 잡고서, 바로 지금 여기에서 그 핵심에 있든 그 주변에 있든 각자 자신의 위치를 지키면서, 오직 근신하면서도 명민하게 각자가 할 수 있는 바를 다하여 정리 소개하는 작업들을 해야 합니다. 이 책의 번역 서술은 바로 그런 염원에서 시작되었으며, 사람들에게 이해하기를 바라는 바는, 불법(佛法)은 종교적인 미신도 아니요 철학적인 사상도 아니며, 현실에 사로잡힌 과학적인 유한한 지식은 더더욱 아니지만, 오히려 이로 인해 종교와 철학과 과학에 대해 비교적 깊은 인식을 얻을 수 있으며, 이로 말미암아 아마 비교적 큰 계시들을 얻을 수 있을 것이라는 점입니다.

(2)

서양문화의 관점에 따르면, 인류는 원시사상으로부터 종교문화를 형성했고, 다시 종교에 대한 반동으로 철학사상과 과학실험이 나오게 되었습니다. 철학은 사상이론에 의거해서 인생과 우주를 추단(推斷)하지만, 과학은 연구실험을 통해 우주와 인생을 증명하는 것입니다. 그러므로 그리스와 로마 문명은 모두 시대의 획을 긋는 천추의 가치를 지니고 있습니다. 유럽의 문예부흥운동 이후 과학이 세계를 지배하면서 상공업 중심의 물질문명을 형성했습니다. 일반적으로 겉보기에는 과학이 문명의 진보를 이끌어 가는 유아독존(唯我獨尊)의 위치에 있고, 종교와 철학은 존재가치가 장차 없어질 것 같습니다. 사실은 과학은 결코 만능이 아니며, 물질문명의 진보가 바로 문화의 승화는 결코 아닙니다. 그러므로 과학이 비약적으로 진보하고 있는 이 세계에서도 철학과 종교는 여전히 홀시할 수 없는 가치를 지니고 있습니다.

불교는 비록 종교이기도 하지만 심원한 철학이론과 과학실험을 갖추고 있는 하나의 종교입니다. 불교철학 이론은 늘 종교의 범주를 뛰어넘기에 불교는 일종의 철학사상이지 종교가 아니라고 주장하는 사람도 있습니다. 불교는 과학적인 실험방법을 갖추고 있습니다. 그러나 인생의 본위에 서서 우주를 증험해보기 때문에, 사람들은 그 과학적 기초를 소홀히 하면서 여전히 종교의 범위로 귀결시키곤 합니다. 하지만 사실상 불교에는 과학적 증험과 철학적 논거가 확실히 있습니다. 불교의 철학은 과학을 기초로 삼아 좁은 의미의 종교를 부정합니다. 불교의 과학은 철학적 논거를 이용하여 종교를 위해 증명합니다. 능엄경은 그런 면이 가장 두드러진 경전입니다. 능엄경을 연구한 뒤에는 종교 · 철학 · 과학 모두에 대해 더욱 깊은 인식이 있을 것입니다.

(3)

세간의 모든 학문은, 크게는 우주에 이르고 작게는 무간(無間)에 이르기 까지 모두 심신 생명의 문제를 해결하기 위한 것입니다. 다시 말해 모두 인생을 연구하기 위한 것입니다. 인생의 심신 생명에 대한 문제를 떠나서는 기타 학문의 존재는 있지 않을 것입니다. 능엄경의 시작은 바로 심신 생명의 문제를 말합니다. 현실 인생의 기본인 심신 면에서부터 말하기 시작함은, 심리적 생리적 실제 체험에서부터 출발하여 철학적 최고 원리에까지 도달하는, 한 부(部)의 강요(綱要)나 다름없습니다. 능엄경은 비록 진심자성(眞心自性)이라는 가설적 본체를 하나 세움으로써 일반적 현실적 운용인 망심(妄心)과 구별하고 있지만, 일반적으로 철학에서 말하는 순수유심론(純粹唯心論)은 아닙니다. 왜냐하면 불가에서 말하는 진심은 형이상(形而上)과 만유세간(萬有世間)에 대한 모든 인식과 본체론을 포괄하기 때문입니다. 사람마다 심신 생명[性命]에서 실험하여 증득할 수 있을 뿐만 아니라 그 증거를 제시할 수 있는 것이지, 단지 일종의 사상적 변론에 불과한 것은 아닙니다. 대체로 모든 종교적 철학적 심리학적 혹은 생리학적 모순 간극(間隙)은 모두 그 속으로부터 해답을 얻을 수 있습니다.

인생은 현실세간을 떠날 수 없습니다. 그런데 현실세간의 가지각색의 물질 형기(形器)[1]는 도대체 어디로부터 오는 것일까요? 이것은 동서고금의 사람들이 그 답을 찾고자 했던 문제입니다. 유심론을 철저하게 믿는 자라도 사실 물질세간의 속박을 벗어날 수 없습니다. 유물론을 믿는 사람이라도 사실상 언제 어디서나 응용하는 것은 여전히 마음의 작용입니다. 철학은 이념세계와 물리세계를 두 가지로 억지로 나눕니다. 과학은 주관세계 이외에 객관세계라는 또

---

1 물체. 유형의 기물.(역주)

하나의 존재가 있다고 여깁니다. 이런 이론들은 언제나 서로 모순되어 통일될 수 없습니다. 그러나 일찍이 2천여 년 전에 능엄경은 대단히 조리 있고 체계적으로 심물일원(心物一元)이라는 통일원리(統一原理)를 잘 설명해 놓았습니다. 그리고 일종의 사상이론일 뿐만 아니라 우리들의 실제 심리와 생리 상황에 바탕을 둔 실험증명입니다. 능엄경은 설명하기를, 물리세계의 형성은 본체 기능의 동력(動力)으로로부터 생겨난 것이라고 합니다. 에너지[能]와 양(量)의 상호변화 때문에 형기세간(形器世間)이라는 객관 존재를 구성하지만, 그러나 진여본체(真如本體)라는 것도 여전히 가설적 명칭에 지나지 않습니다. 능엄경은 심신의 실험을 통해 물리세계의 원리를 증명하고, 다시 물리 범위로부터 심신 해탈의 실험 원리와 방법을 가리켜 보입니다. 현대 자연과학의 이론이 대체로 모두 이와 부합합니다. 얼마의 세월이 지나 과학과 철학이 더 진보할 수 있다면, 능엄경의 이론에 대해서 더 많은 이해를 하게 될 것입니다.

능엄경에서는 우주의 현상을 말하면서 시간에는 3위(三位), 공간에는 10위(十位)가 있다고 합니다. 일반적으로 응용하기는 공간은 단지 4위(四位)만을 취합니다. 3443, 곱하고 나누어 변화하면서 종횡으로 교직(交織)하여 상하고금(上下古今)이 우주만유현상 변화순서의 중심이 된다고 설명합니다. 55위(位)와 66위의 성위(聖位)[2] 건립의 순서는 비록 심신수양의 과정을 대표할 뿐이지만, 사실 3위 시간과 4위 공간의 수리적인 변천도 우주만유가 단지 하나의 완전한 수리(數理)세계임을 설명하는 것입니다. 한 점의 움직임에 온갖 변화가 따르고, 상대는 절대에 바탕을 두고 나오며, 모순은 통일을 바탕으로 하여 발생합니다. 이렇게 끊임없이 중첩됨으로써 물리세계와 인사

---

2 성문 연각 보살승의 깨달음을 얻는 위.(역주)

(人事)세간의 얽히고설킨 복잡한 관계가 존재하게 됩니다. 수리(數理)는 자연과학의 열쇠로서 그 속에서 많은 기본원칙을 발견합니다. 우주를 이해하고자 한다면 수리 속에서 놀랄만한 지시(指示)를 얻을 수 있습니다. 오늘날 자연과학이 해석 증명할 수 없는 많은 문제들은, 만약 과학적인 태도로써 능엄경에서 제시하는 요점에 대해 깊이 생각하고 연구해 본다면, 반드시 얻는 바가 있을 것입니다. 만약 능엄경을 단지 종교적인 교의(敎義)로서나 일종의 철학으로서만 간주하여 경시한다면, 학술문화계의 하나의 큰 불행이 될 것입니다.

(4)

다시 불교 입장에서 능엄경을 토론해 보겠습니다. 아주 오래전부터 한 가지 예언이 전해져왔습니다. 즉, 능엄경은 모든 불경 중에서 가장 뒤에 중국에 전해질 것이며 불법이 쇠퇴해질 때에는 가장 먼저 실전될 것이라고 예언되었습니다. 이것이 예언이든 신화이든 상관하지 맙시다. 하지만 서양문화가 동양으로 점점 들어온 이후 때마침 학술계의 일반적인 의고(疑古) 풍조는, 외국인이 중국문화를 계획적으로 파괴하려는 의도와 호응했습니다. 능엄경과 기타 몇 가지 저명한 불경들, 예컨대 원각경(圓覺經)이나 대승기신론(大乘起信論) 등은 가장 먼저 의심받았습니다. 중화민국 초년에 어떤 사람은 능엄경이 위경(僞經)이라고 지적했습니다. 그렇지만 부처님 설법으로 가탁한 것이라 했을 뿐 그 진리 내용에 대해서는 경솔하게 논의하지 않았습니다. 그런데 근년에 일부 신시대 불학연구자들은 마침내 아예 능엄경을 일종의 진상유심론(眞常唯心論)의 학설로서 인도의 일종의 외도 학술이론과 서로 같은 것이라고 여기고 있습니다. 학문을 강의하고 도(道)를 논함에 있어서는 분쟁의 발단이 있을 수 있습니다. 물론 사람의 수양이 원융무애(圓融無碍)[3]하고 무학무쟁(無學無

誦)[4]에 도달함은 일종의 큰 해탈입니다. 그러나 본경의 위대한 가치 때문에 부득이 말하지 않을 수 없습니다.

능엄경 위경설을 제기한 사람은 근대의 양계초(梁啓超)입니다. 그가 제시한 이유는 이렇습니다.

첫째, 본경의 번역문 체재의 미묘함[美妙]과 이치 설명의 치밀하고 철저함이 모두 여타 불경과 다른 것은, 아마 후세의 선사(禪師)들이 위조했을 것이기 때문이라는 겁니다. 게다가 집필한 방융(房融)은 무측천(武則天)[5]이 정권을 잡았을 때 유배당한 재상이고, 무측천은 불교를 좋아해 대운경(大雲經)을 위조한 사례가 있다는 겁니다. 방융은 무측천이 좋아하도록 아부하기 위해 번역한 능엄경을 바치고 다시 총애를 받으려고 했을 가능성이 있다는 겁니다. 이 경이 무측천에게 바쳐진 뒤로 줄곧 궁정 내에 수장되어서 당시 민간에는 유통되지 않았기 때문에 위조된 것일 가능성이 크다고 했습니다.

둘째, 능엄경은 인간세계와 천상세계의 경계를 설하면서 십종선(十種仙)에 대해 언급하고 있는데, 이는 도교의 신선을 의도적으로 반박하기 위해서라고 양씨는 보았습니다. 왜냐하면 본경에서 설하는 선도(仙道)의 내용은 도교의 신선과 대단히 흡사하기 때문입니다.

양씨는 당시의 권위 있는 학자로서 세상 사람들의 존경을 받는 인물이었습니다. 그가 이런 주장을 하자 맹목적으로 추종하는 사람들이 많았습니다. 물론 이런 주장에 반대하는 자들도 많았지만 모두 단편적인 의견에 지나지 않았습니다. 1953년 '학술' 계간 제5권

---

3 각각의 것이 그 입장을 유지하면서 완전하게 일체가 되어 서로 융합하여 장애가 없는 것.(역주)

4 무학은 이미 다 배워서 이제는 배워야 할 것을 남기지 않은 경지 또는 성자. 아라한과 혹은 부처님. 무쟁은 논쟁하지 않는 것. 번뇌가 없는 것.(역주)

5 측천무후(624-705년), 중국 역사상 유일한 여 황제. 재위 (690-705년).(역주)

제1기 본에는 나향림(羅香林) 선생이 쓴 '당상방융재월필수수능엄경 번역고(唐相房融在粵筆受首楞嚴經飜譯考)'라는 글 한 편이 실려 있습니다. 열거하고 있는 고증자료가 많고 태도와 논증도 모두 평범하고 실제적이어서, 이 중요한 학안(學案)에 대한 변증(辨證)자료가 충분히 될 만합니다. 저는 양씨의 주장이 사실 지나친 억측과 무단이라고 여깁니다. 왜냐하면 양씨는 비교적 나이든 시기에 불법을 연구했을 뿐만 아니라 깊은 공부와 조예가 없었기 때문입니다. 이런 사실은 담사동전집(譚嗣同全集)에 실려 있는, 담사동의 시사(詩詞)에 대한 양씨의 불학 주석을 읽어보면 알 수 있습니다. 본경의 번역자인 방융은 당나라 개국 재상인 방현령(房玄齡) 일족의 계통으로서, 방 씨족은 본디 불법에 대한 연구가 있었습니다. 현장(玄奘)법사의 귀국 뒤의 역경사업을 당태종(唐太宗)은 방현령이 관장하도록 맡겼습니다. 방융의 불법에 대한 조예와 문학적 수양은 그 연원이 가문의 학문에 있었기에, 그가 번역한 경문 자체가 다른 경전에 비해 우아하고 아름다운 것은 자연스러운 일이었습니다. 바로 그런 이유로 그가 무측천에게 아부하기 위해 능엄경을 위조했다고 비난한다면, 너무 경솔하게 남을 죄에 빠지게 하는 것입니다. 절대 그래서는 안 되는 일입니다. 능엄경의 문장이 너무 아름다운 점으로 보아 위조되었을 가능성이 있다고 말하기 보다는, 역자가 문학적인 수사를 너무 중시하여 지나치게 예스럽고 심오하여 이해하기 힘든 곳들이 있다고 말하는 편이 낫습니다.

양씨가 든 첫 번째 점 이유에 근거해 말해 보겠습니다. 우리가 다들 알듯이 티베트어 불경도 초당(初唐) 시대에 범어로부터 직접 번역되어 이루어진 것이지, 중문 불경을 취해 번역한 것이 아닙니다. 티베트어 불경에는 능엄경 번역본이 있습니다. 티베트 밀교에서 전하는 대백산개주(大白傘蓋呪)도 바로 능엄주의 일부분입니다. 이는 양씨가 든 첫 번째 점의 의심에 대한 유력한 해답이라 할 수 있습니다. 그런데 능엄경에서 말하는 십종선이 도교의 신선과 같다고 한 것은, 양씨가 인도 바라문과 요가술의 수련방법을 연구한 적이 없기 때문입니다. 중국의 신선방사(神仙方士)의 술(術)은 일부분이 이 두 가지 방법과 목적에 있어 완전히 같습니다. 길만 다르고 목적이 같은지는 다시 학술상의 큰 문제이므로 여기서 토론할 필요는 없습니다. 그러나 신선의 명칭과 사실은 나한(羅漢)이라는 명칭과 마찬가지로 결코 석가모니불이 처음 만든 것은 아닙니다. 불교에 앞서 이미 일찍이 인도 바라문교의 사문들과 요가사들에게는 아라한이나 선인(仙人)이라는 명칭이 있었습니다. 번역자가 중국전통문화에 비추어 선인이라고 이름한 것은, 마치 당나라 사람들이 부처를 대각금선(大覺金仙)이라고 번역한 것이나 마찬가지입니다. 신선이라는 명칭과 사실을 갖춘 것은 모두 싸잡아서 우리들 문화만의 독특한 산물이라고 여겨서는 안 됩니다. 이것이 양씨가 제기한 두 번째 점에 대해서도 유력한 반박이 됩니다.

또한 학문방법 면에서 볼 때 의고는 자연히 반드시 고증이 필요합니다. 그러나 고증에 편중되거나 미신해서는 안 됩니다. 그랬다가는 때로는 큰 착오와 오류를 발생할 수 있습니다. 과거의 개연성에 바탕을 두고, 또 변동무상(變動無常)한 사람의 마음과 생각에 근거해서 추론 단정하는 고증은 일종의 융통성이 없는 방법입니다. 사람들 자신의 일상의 언행과 몸소 경험한 사물도 시간과 공간, 세상사의 변천에 따라 언제 어디서나 그 모습이 바뀌는데, 하물며 옛사람의 묵은 자취를 멀리 추적하여 환경이 달랐던 그 옛 사람을 현대의 관념으로 판단하는 일이겠습니까! 고증 방법을 통해 어떤 지식(智識)을 얻을 수는 있겠지만, 지혜는 고증에서 얻을 필요가 없습니다. 지혜는 이론과 실천을 통해 증득해야 하는 것입니다. 쓸데없이 애를 써서 고고학으로 파고들어 간다면, 소뿔을 바로잡으려다 소를 죽이는 잘못에 빠질 가능성이 높습니다.

능엄경이 진상유심론(眞常唯心論)으로서 외도 이론이라는 주장은 최근 2,30년 동안의 신불학연구파의 논조입니다. 이 이론 지지자들은 불학을 연구만 할 뿐 불법을 실험하고 수지(修持)하는 것이 아닙니다. 그들은 불학을 학술사상으로 삼아 연구하면서도 과학적인 실험의 수증정신이 있음을 소홀히 하고 있습니다. 게다가 이런 이론들은 대부분 일본식 불학사상 노선에 근거해서 나온 것입니다. 일본에서는 진정한 불법정신이 이미 변질되었습니다. 불법을 배우는 사람이 힘든 것은 피하고 쉬운 것만 골라하면서, 진리가 아닌 학설로써 교활하게 이익이나 취하기 위해 스스로 근본적인 것을 버리고 지엽적인 것을 추구하기만 한다면, 정말 심히 지혜롭지 못한 일입니다. 그 중 어떤 분들은 심지어 선종도 진상유심론에 근거한 것으로 역시 신아외도(神我外道)[6]의 견해에 속한다고 주장합니다. 실제로 선종의 중심은 자성의 증오(證悟)에 있지 신아(神我)[7]의 증득이 아닙니다. 한 번 변론할 가치도 없는 이런 말들은 눈 밝은 사람이라면 스스로 알고 살펴서 가립니다. 능엄경은 분명 하나의 상주진심(常住眞心)을 설하고 있지만, 그것은 또 어디까지나 망심(妄心)과 구별하기 위해서 마지못해 가설한 것이라고 명백히 해설하고 있습니다. 가설에 따르면서도 그 가설이 어디까지나 방편임을 그 즉시 지적해서 일깨워줍니다. 자세히 연구해보기만 하면 그 참뜻을 이해할 수

---

6 상캬학파의 바이세시카 학파에서 설하고 있듯이, 신들과 인간에게는 상주하는 신아가 존재한다고 주장하는 불교이외의 이단설. 10종 외도의 하나. 외도들에 관하여는 부록 '범망경'을 참고하기 바람.(역주)

7 영혼. 외도가 설하는 아(我)인 아트만. 신아가 모든 물질 운동과 생명현상을 산생하는 정신 본체라고 주장한다.(역주)

있습니다. 핵심적인 예를 하나 들어보겠습니다. 본경의 게송 중에 '망심(妄心)'이라는 명사를 하나 제시함은 단지 진심(眞心)의 이성(理性)을 드러내기 위해서일 뿐이다. 사실은 망심도 허망하게 있는 것일 뿐만 아니라, 만약 진심이라는 존재가 하나 있다고 여기고 집착한다면, 이 진심이란 관념도 하나의 망심과 같게 된다[言妄顯諸眞, 眞妄同二妄]'라고 설하고 있는데, 능엄경이 결코 진상유심론이 아님을 분명히 증명하고 있지 않습니까? 요컨대 어리석음·교만·의심도 바로 고치기 어려운 고질화된 습관으로서, 대지혜(大智慧)에 의한 해탈에 큰 장애가 된다고 부처님이 말씀하셨습니다. 만약 순수하게 철학연구 입장에서 보면 그 나름대로 변증·회의(懷疑)·비판적 견해가 있지만, 불법의 입장에서 보면 좀 다릅니다. 불법을 배우는 사람이 무엇보다도 먼저 겸허한 마음으로 변별해 보고, 또 힘써 실천을 통해 증험해보려 하지는 않고 그저 남이 말하는 대로 따라한다면, 정말 위험한 잘못입니다. 부처님은 말씀하시기를, "나의 법 가운데 출가하였으면서도 도리어 나의 정법을 헐뜯는, 그런 사람이야말로 가장 두려운 사람이다"고 하였습니다.

(5)

이 시대에 태어나서 겪는 개인적인 운명과 세상사의 동란은 정말 너무나 변화가 빨라서, 왕왕 사람이 어느 곳으로 가야 할지 막막하게 만듭니다. 온 세계와 전체 인류는 모두 안절부절 하면서 하루도 지탱하기 힘든 틈새에서 살아가고 있습니다. 과학·철학·종교는 어느 것이나 인생의 진리를 찾고 지혜에 의한 해탈을 얻고 싶어 합니다. 이 책의 번역은 곤궁하고 간고한 세월 속에 이루어졌습니다. 독자들이 이를 통해 진실한 지혜에 의한 해탈의 진리를 깨달아, 전도(顚倒)된 몽환(夢幻)같은 인생세계를 평온하고 안락한 진선미(眞善

美)의 영역으로 승화시킬 수 있다면, 그게 바로 제가 진심으로 바라는 바입니다.

본서의 번역 서술의 몇 가지 요지이자 범례라고 할 수 있는데, 여기에 부기합니다.

범례

① 본서는 능엄경의 대의만 취해서 구어체로 설명함으로써 연구자에게 참고로 제공한 것이지, 원문을 한 문구마다에 근거해서 풀이한 것은 아닙니다. 본서를 통해 원 경전의 대의를 꿰뚫기를 바라고 문자와 전문용어에 대한 어려움을 덜어줌으로써 일반인들도 모두 이해할 수 있게 했습니다.

② 특수 명사에 대한 풀이는 가능한 간단명료하게 했습니다. 자세한 풀이가 필요하다면 자신이 불학사전을 참고하십시오.

③ 원문 중 빼버리기 어려운 곳은 그대로 인용하되 『 』로 구별했습니다. 의미를 소통시키기 위해 저 자신의 의견을 더할 때에는 ( )로 구별하여 개인적인 보잘 것 없는 견해나마 참고로 제공할 뿐임을 표시했습니다.

④ 본서는 현대 방식으로 장절(章節)로 구분함으로써 일반적인 독서 습관에 편리하도록 했습니다. 아울러 장절은 능엄경의 강요를 열거한 것에 해당하기도 합니다. 그 차례 목록을 한 번 훑어보기만 하면 각 장절의 내용요점을 알 수 있을 뿐만 아니라, 전체 능엄경의 대의에 대해서도 하나의 개념을 갖게 될 수 있습니다.

⑤ 능엄경 원문의 정수를 이루고 있는 의미와 수행 원리방법과 관련된 부분은 따로 모아 능엄경법요찬주[楞嚴法要串珠]로 따로 한 편을 만들었습니다. 양관북(楊管北) 거사가 발심하여 붓글씨로 써

서 제판(製版)하여 본서의 뒤에 넣었는데, 마치 소락(酥酪) 중에서 제호(醍醐)를 제련하여 한 방울 맛보면 곧 정화(精華)를 얻는 것과 같습니다.

⑥ 본서의 대의 번역 서술은 저 자신의 책임일 뿐, 그대로 부처님의 원 뜻이라고는 감히 말하지 않습니다. 독자가 만약 의심난 곳이 있다면 원 경문을 자세히 연구하기 바랍니다.

⑦ 본서가 정확한 확정본이 되도록 신중을 기하기 위해서 판권은 잠시 보유하고 여러 제현들의 질정을 구합니다. 추후 신중히 검토 수정하여 더 이상 의심되는 곳이 없다고 결정되었을 때는 판권을 보유하지 않고 널리 유통시키겠습니다.

1960년 금속헌(金粟軒)에서
남회근(南懷瑾)

본서는 중화민국 67년(1978년) 봄 수정판을 새롭게 발행하면서 남회근 선생이 능엄경 원문을 넣으라고 지시함에 따라 예전의 혜인(慧仁)법사의 능엄경이독간주본(楞嚴經易讀簡注本)을 선택하여 서로 대조 배열함으로써 독자들이 따로 원 경문과 대조하는 수고를 하지 않도록 했습니다.

그리고 남회근 선생이 현대적으로 풀이하지 않은 원문 부분은 능엄경이독간주에서 나눈 단락대로 함으로써 독자가 본서를 지니면 능엄경 한 부를 지니는 것이 되도록 하였음을 특별히 정중하게 설명합니다.

노고문화사업공사 삼가 알림

능엄경 대의 요지

경 제목의 표시

  불경과 세간의 일반 서적이 표제를 달아 의미를 세움에 있어 모두 하나의 명사로써 그 내용을 개괄할 수 있기를 바라는 것은, 그 도리가 결코 다르지 않습니다. 부처님이 설하신 경전들은 그 이름을 보고 그 뜻을 짐작할 수 있으며, 경의 제목을 보고 그 한도를 엿볼 수 있습니다. '능엄(楞嚴)'이란 단어도 순전히 번역음인데, 엎어져도 깨지지 않으며 견고하여 무너지지 않고, 자성(自性)[8]은 본래 청정하며 항상

---

8 그 자체의 정해진 본질. 사물 그 자체의 본성. 고유한 성질. 존재의 고유적인 실체. 진실불변하는 본성. 그 자체. 본체. 본성. 이(理). 진성(眞性). 자기존재성. 진여법성. 부처님의 진신. 선문(禪門)에서는 모든 중생이 태어나면서부터 가지고 있는 불성이라는 뜻으로 사용. 심성. 불성.
  좀 더 설명하면, 다른 어떤 것과도 관계하지 않는 자기만의 특성이다. 즉, 어떤 법(法)의 본질적 성질을 그 법의 자성이라고 하며, 간단히 성(性)이라고도 한다. 다른 말로는 체(體), 실체(實體), 체성(體性)이라고도 한다. 어떤 법의 자성은 해당 법을 다른 법과 구별되게 하는 결정적 요소이다. 부파불교의 설일체유부와 대승불교의 유식유가행파와 법상종에서는 흔히 자상(自相)이라고도 하며 또한 체상(體相)이라고도 한다. 어떤 법의 본질적 성질을 자성(自性), 자상(自相) 또는 성(性)이라고 하는 것에 대해, 그 법이 이 본질적 성질을 바탕으로 다른 법에 대해 일으키는 본래의 작용(作用), 즉 본질적 작용을 업(業) 또는 용(用)이라고 한다. 말하자면, 업에는 여러 가지 뜻이 있는데 '작용'의 뜻이 있다. 본질적 성질[性]을 다른 말로는 성능(性能)이라고도 한다. 여기서 성은 성질, 즉 본질적 성질을 뜻하고, 능은 기능 또는 능력 즉 본질적 기능 또는 본질적 능력을 뜻한다. 한편, 성능의 일반 사전적인 의미는 '어떤 물건이 지닌 성질과 능력 또는 기능'이다. 한편, 본질적 성질과 본질적 작용을 합하여 불교 용어로 체용(體用)이라고도 하는데, 그 의미를 확대하

여, 즉 체(體)와 용(用)을 개별 법의 본질적 성질과 본질적 작용을 가리키는 뜻으로 쓰는 것에서 한걸음 더 나아가, 체(體)를 일체의 만법의 본성으로, 용(用)을 본성이 일체의 만법 즉 차별적 현상을 구체화시켜 표현하는 것으로 해석하기도 한다. 체상(體相)을 이러한 뜻으로 사용하기도 한다. 즉, 체(體)를 본질로, 상(相)을 본질이 구체화된 모습 즉 차별적 현상으로 해석하기도 한다. 자성(自性) 또는 자상(自相)에 대하여, 공상(共相)은 여러 가지 법(法: 개별 존재)에서 공통으로 존재하는 특성이다. 예를 들어, 가을의 산이 빨갛고 불이 빨갛고 옷이 빨갛다고 할 때의 공통의 빨강을 가리켜 공상이라고 하고, 파랑 혹은 노랑 등과 구별되는 빨강 그 자체를 가리켜 자상이라고 한다.

참고로, 불교의 경론이나 선어록 등에 나오는, 불생불멸의 생명의 본체를 가리키는 단어들을 대략 모아보았다.

일심(一心)·유심(唯心)·유식(唯識)·불성(佛性)·법성(法性)·법신(法身)·진제(眞諦)·본성(本性)·본제(本際)·실성(實性)·진여(眞如)·진심(眞心)·진성(眞性)·진실(眞實)·진제(眞際)·실상(實相)·성공(性空)·여여(如如)·여실(如實)·실제(實際)·법계(法界)·법계성·불허망성(不虛妄性)·불변이성(不變異性)·불이법(不二法)·평등성(平等性)·이생성(離生性)·법정(法定)·법주(法住)·허공계(虛空界)·부사의계(不思議界)·열반(涅槃)·보리(菩提)·아마라식(阿摩羅識)·반야(般若)·승의(勝義)·제일의제(第一義諦)·제일의공(第一義空)·필경공(畢竟空)·원성실성(圓成實性)·성유식(性唯識)·성유실성(成唯實性)·승의유(勝義有)·여래장(如來藏)·대원경지(大圓鏡智)·무분별지(無分別智)·무분별심(無分別心)·자성청정심(自性淸淨心)·자성청정(自性淸淨)·보리심(菩提心)·무구식(無垢識)·청정식(淸淨識)·진식(眞識)·제9식(第九識)·아뇩다라삼먁삼보리·무상정등정각(無上正等正覺)·무상정각(無上正覺)·무상등정각(無上等正覺)·무상정진도(無上正眞道)·무상정변지(無上正遍知)·멸(滅)·멸도(滅度)·무멸(無滅)·적멸(寂滅)·원리(遠離)·청정(淸淨)·불생(不生)·원적(圓寂)·원각(圓覺)·본체(本體)·진상(眞相)·일여(一如)·제법실상(諸法實相)·실상의(實相義)·실상인(實相印)·일제(一諦)·중도제일의제(中道第一義諦)·여실지(如實智)·상주진심(常住眞心)·묘명진심(妙明眞心)·묘심(妙心)·진아(眞我)·진성해탈(眞性解脫)·이체(理體)·경체(經體)·허공불성(虛空佛性)·중도실상(中道實相)·중도(中道)·일원상(一圓相)·일정명(一精明)·진상심(眞常心)·일령물(一靈物)·심우(心牛)·상원지월(常圓之月)·무위진인(無位眞人)·성전일구(聲前一句)·부모미생전면목(父母未生前面目)·본래면목(本來面目)... 등.

불교학자들의 연구에 의하면, 일반적으로 이러한 단어들은 모두 불교의 절대적 최고 진리를 표시하는 개념들인데, 중국 언어의 복잡성 그리고 불교사상의 복잡성으로 말미암아 불교 발전의 역사 과정에서 같은 류의 개념들이 이처럼 많았다. 이른 시기의 중국불교의 번역과정에서는 중국 전통철학의 개념들인 본무(本無)·무위(無爲) 등을 보통 차용하기도 했다. 이러한 개념들은 실제 사용과정에서 완전히 일치하는 것은 아니다. 설사 같은 경전이나 같은 학파 내에서도 용어의 사용이 일정(定) 가운데 있다는 의미를 갖고 있습니다. 이로써 보면 능엄경 전체가 가리키는 것은, 곧바로 사람의 마음을 가리켜서 본성을 보고 성불하게 하는 법문 아님이 없습니다. 그러나 곧바로 가리켜서 본성을 보게 함은 지혜가 예리한 자에게나 말할 수 있지, 근기(根機)가 우둔한 자에게는 말할 수 없습니다. 이런 까닭에 차례차례로 추구하여서 수행 증험의 방법과 순서 그리고 갖가지 방편을 정밀하고 자세하게 분석하였으니, 불법 전부의 강요(綱要)를 갖추었다고 말할 수 있습니다. 그러므로 그 위의 표제 이름을 대불정(大佛頂)·수증료의(修證了義)·제보살만행(諸菩薩萬行)이라 했습니다.

본경의 연기(緣起)

부처님이 경전들을 설하시는 데는 대체로 모두 유래[緣起]가 있습니다. 사람들이 다들 알고 있는 것을 예로 들어보면, 금강경의 경우는 다만 사람 본위의 옷 입고 밥 먹는, 아주 평범하고 실제적인 인생의 일상생활에서부터 설하기 시작합니다. 유마경의 경우는 맨 먼저 불국토인 심지(心地) 경계를 표시하고 유마거사가 병들어 누워있는 것으로부터 설하기 시작합니다. 인생의 일상생활은 옷 입고 밥 먹음을 떠나지 않으며, 옷 입고 밥 먹음 속에 바로 인생의 최고의 대지혜가 갖추어져 있기 때문에 설하지 않을 수 없습니다. 인생은

치하지 않으므로 그 사용 맥락 속에서 다른 분석을 함으로써 이런 개념들 사이의 구별과 연계를 분명히 할 필요가 있다.

한편 무자성(無自性)이란 '본성을 갖지 않는 것. 그 자체가 없다. 어떤 실체도 갖지 않는다'는 말이다. 따라서 제법무자성(諸法無自性)이란 일체 유위(有爲)의 현상 작용은 그것이 영원히 존재할 가능이 없다는 뜻이다. 왜냐하면 인연에 의해 생성되기 때문이다. 그리고 무자성불가득(無自性不可得)이란 모든 존재, 즉 현상 작용은 고정된 실체가 없고 대상적으로 인식할 수 없는 것이라는 뜻이다.(역주)

늙고 병드는 고통이 있기 마련이며, 늙고 병드는 가운데 다시 인생의 최고의 크나큰 문제가 있기 때문에 또 설하지 않을 수 없습니다. 능엄경에서는 무엇보다 먼저 밥 먹음으로부터 설하기 시작합니다. 밥 먹음 때문에 비로소 아난이 성(城) 안을 걸어 다니며 걸식하는 도중에서, 마등가녀(摩登伽女)가 그를 보고 한눈에 마음이 쏠려 거의 두 사람이 애정의 파도 욕망의 바다 속에 떨어지는 일이 발생합니다. 확실히 이로부터 시작하여, 아주 명백히 식욕과 성욕이 인성임[食色性也]은 인생의 하나의 큰 고뇌라는 것을 가볍게 가리켜줍니다. 우리 부처님은 자비롭기 때문에 또 그 속의 오묘함을 이와 같다 저와 같다고 설하시지 않을 수 없었음이, 이 경전이 남겨져 후대에 전해지는 큰 인연이었습니다. 그 과정에서 마디마디의 해부가 조리정연함은 인생으로부터 우주, 정신과 물질에 이르기까지 빠뜨림이 없이 층층이 분석하지 않음이 없습니다. 출생으로부터 늙어 죽음에 이르기까지 어떠해야 비로소 인생의 하나의 대 해탈의 경계인지를 가리켜줍니다. 인생 해탈이 쉽지 않음을 말해주고 난 뒤 비로소 수행실험 방법에 대한 설명이 있습니다. 그러므로 아난과 마등가녀의 하늘같은 애정 바다 같은 욕망으로부터 시작하여, 마지막에는 수증해탈 방법의 바꿀 수 없는 원칙으로 끝맺으며 이렇게 말합니다. "생겨날 때에는 식음 작용 때문에 먼저 있고, 소멸할 때는 색음으로부터 제거 소멸시켜야한다. 5음을 깨뜨려 없애는 이치는 단박에 깨달을 수 있어 5음이 망상에서 생겨난 것임을 깨달으면 뒤바뀐 생각을 단박에 녹일 수 있지만, 5음을 끊어 없애는 일은 단박에 없앨 수 없기 때문에 5음을 하나하나 점점 깨뜨려 없애야 한다[生因識有, 滅從色除. 理則頓悟, 乘悟並銷. 事非頓除, 因次第盡]."

사실 아난과 마등가녀는 단지 하나의 서곡일 뿐입니다. 망망한 사람의 바다, 많고 많은 중생들 가운데서 사람은 인종의 피부색이

어쩌하든, 날아다니거나 달리는 동물이거나 식물이거나, 모두 애정의 하늘 정욕의 바다에서 머리가 빠졌다 솟았다하니, 어찌 하나같이 아난과 마등가녀가 아니겠습니까! 봄누에는 죽음에 이르러서야 실이 다하고, 촛불은 재가 되고서야 눈물이 마릅니다[春蠶到死絲方盡, 蠟炬成灰淚始乾]. 어떻게 자비의 구름 법의 비를 얻어 한 방울의 청량제를 뿌려내려 이 진로번뇌(塵勞煩惱)를 녹여버리리오! 그러므로 우리 부처님은 차마 눈을 지그시 뜨고 홀로 깨어있지 못하시고 이와 같다고 말씀하시지 않을 수 없었습니다. 이것이 이른바 여래의 밀인(密因)입니다. 여기에 시로써 말하겠습니다.

수도의 환락가에 한낮 해는 점점 기울어지는데
비파소리 나는 집 문 앞 골목에 우연히 수레 멈추었네
뜰 안 꽃가지들 고운 비단 같고 봄빛 끝없으니
하룻밤에 천인의 꽃들이 다 내린 것 같네
紫陌芳塵日轉斜   琵琶門巷偶停車
枝頭羅綺春無限   落盡天人一夜華

좋은 꿈 막 깨어나니 창문 망사로 달이 비치며
맑고 푸른 하늘에 초승달이 비스듬히 걸려있네
빈 숲속 선종 사찰에서 한번 친 경쇠 소리에
깊이 잠든 억만 집 베갯머리 놀라 깨는구나
好夢初回月上紗   碧天淨掛玉釣斜
一聲蕭寺空林磬   敲醒床頭億萬家

푸른 망사 창 밖의 달은 은색 같은데
정좌하고 향 피워 이 몸을 청정함에 맡기네

한가한 심정에 색욕의 장애 일어나지 않게 하여
깨달음의 바다가 홍진세상으로 변하게 말라

碧紗窗外月如銀　　　　宴坐焚香寄此身
不使閑情生綺障　　　　莫教覺海化紅塵

칠처징심(七處徵心)과 팔환변견(八還辨見)

　부처님이 아난에게 묻는 첫 번째 한 마디는 바로 왜 출가하여 부
처를 배우느냐는 것이었습니다. 아난은 대답하기를, 여래의 상호(相
好)를 보고서 출가했다고 합니다. 이것은 이른바 도둑맞은 물건을
추적하여 사건을 판결하고 좋은 사람을 억울하게 해서는 안 된다는
것입니다. 아난이 부처님의 상호를 보았기 때문에 도를 배우러 출
가했다는 것은, 마음과 눈에서 단지 미감(美感)의 한 생각에서 온 것
입니다. 미감이 한번 일어나자 색정(色情)이 이어서 일어났습니다.
정이 일자 욕망의 장애가 겹겹이 일어났습니다. 마등가녀가 한번
보자 마구니 주문의 힘을 들씌웠고, 아난의 본성은 온통 미혹해져
선정과 지혜가 힘을 쓰지 못했습니다. 마구니는 마음으로부터 짓고
요괴는 사람으로 말미암아 일어나는데, 이는 마등가녀의 마력(魔力)
일까요? 아난이 스스로 매춘가[綺障]에 떨어진 것일까요? 우리들 중
생이 스스로 인천(人天)의 안목을 잃어버린 것일까요? 정말 가릴 수
없습니다. 아난은 죄상을 자백하면서 곧 마음속의 병의 뿌리를 그
대로 실토했습니다. 부처님은 도적을 재빨리 잡듯이, 또 점점 다가
가며 물으시기를, 색상(色相)[9]의 형상의 아름답고 묘함을 능히 아는
자가 도대체 어떤 것이냐? 고 합니다. 아난은 조금도 사색해보지 않

---

9 물질의 특질. 색의 본성. 밖으로 드러나 볼 수 있는 색신. 눈으로 볼 수 있는
　물질.(역주)

고 곧 대답하기를, 눈으로 인해서 보았고 마음이 좋아함[愛好]을 일으켰다고 했습니다. 이것은 정말 말마다 실제의 사정[實情]이요 사람마다 그러하니 다시 무슨 의심이 있겠습니까! 그 누가 알았으리요, 부처님은 도리어 한 걸음 한 걸음 나아가며 이렇게 캐물으실 줄을. "능히 마음과 눈에게 좋아함이 일어나도록 시키는 주인공으로서, 도대체 누가 주인으로서 시키고 있는 것이냐?" 오직 이 한 질문에 대해 설사 백만 명의 인간과 천인들도 동시에 전혀 알 수 없어 대답할 바를 몰랐습니다. 분명히 이 마음과 눈인데 또 누가 주인으로서 부리고 있을까요? 그래서 칠처징심(七處徵心)이라는, 오고가는 토론이 일어났습니다. 꼭 아난과 우리들을 입과 마음으로 복종하게 하고 난 뒤에야, 비로소 우리 부처님이 거짓말하지 않고 황당하지 않으심을 알게 되었습니다.

　칠처징심이란 무엇일까요? 바로 아난이 이렇게 대답한 대로입니다. "이 마음은 몸 안에 있습니다. 몸 밖에 있습니다. 신경의 뿌리[根]에 있습니다. 안과 밖의 밝음과 어두움 사이에 있습니다. 사유함에 있습니다. 중간에 있습니다. 집착이 없는 곳에 있습니다." 이는 모두 부처님의 낱낱의 변증(辨證)[10]을 거쳐 옳은 것이 하나도 없었습니다. 그 자세한 것은 경의 본문과 같습니다. 바로 이 일곱 번 질문, 일곱 번 변증에서 아난은 막연해서 전혀 알 수 없었습니다. 즉, 고금동서의 학문이론을 들어 유심과 유물의 이론을 개괄하여 통틀어 그 표면적인 견해로부터 점점 심오한 경지로 들어가게 하였는데, 진실한 존재라고 말할 수 있는 것이 하나도 없습니다. 누가 알리요, 아난과 우리들의 잘못은 모두 이 현재 응용하고 있는 마음을 바로 마음으로 삼고 있다는 것을. 부처님이 물으신 마음은, 모두 망심(妄

---

10 분석 증명.(역주)

心)으로서 단지 응용현상이라고 말합니다. 만약 망심 응용의 현상의 입장에서 보면, 아난의 대답은 결코 잘못이 없습니다. 이는 바로 도적 앞잡이의 집착이요 허망하고 진실하지 않는 허물이지, 결코 진심 자성이 아님을 어찌하리오. 그렇다면 마음은 과연 진실과 허망의 구별이 있을까요? 아니면 말[話]을 양쪽으로 나누어 동쪽에서 소리를 내고 서쪽을 치는 것일까요? 딱 맞아떨어진 말 한 마디가, 천년 동안 나귀를 매어놓는 말뚝입니다[一句合頭語, 千古系驢橛]. 천추에 가없이 넓고 넓은데, 앉아서 헤아리며 허망을 끊고 진실을 추구하는 무리들은 큰물이 출렁거리며 흐르는 강을 헤엄쳐 건너는 붕어 같게 되었습니다[11]. 만일 그렇다면 허망한 인연을 끊어버리지 않고 소리와 색상에 빠져 미혹하여 어느 날에 마칠지 모른데, 이 어찌 바로 진실이리요? 우리 부처님께서 자비심을 일으키셨습니다. 이 대답할 말이 없고 펼칠 수 있는 도리가 없는 곳에 이르러서는, 마지못해 가게를 벌여놓고 진실과 허망 이 두 가지 모습을 설하여 갈림길에 비석을 세워 기록함으로써, 길을 오는 자에게 이 길은 통하지 않는다고 분명히 일러주십니다. 그런 다음 교진나(憍陳那)가 가볍게 집어내기를, "마음이 뒤숭숭하여 온갖 것이 왔다 갔다 하는 것[憧憧往來, 朋從爾思]"은 모두 물 위에 반사되는 빛이나 언뜻 지나가고 마는 그림자로서, 이를 객진번뇌(客塵煩惱)라 한다고 합니다. 이것은 크나큰 문장으로서 만약 석가모니불이라는 대작가가 아니면 누가 이를 쓸 수 있으리오! 많고 많은 중생들은 객진번뇌에 시달리는 자가 항하강의 모래알 수만큼이나 많고 그 유래가 오래되었습니다. 어찌 아난 한 사람만이 이리 기울어지고 저리 넘어졌을 뿐이리오! 마음을 미혹하고 사물을 좇으며 진실을 의심하고 거짓을 의심하면, 비

---

11 시류에 따르는 사람이 많게 되었다는 뜻.(역주)

록 공자(孔子)의 목탁이 있더라도 귀먹은 자를 그 어찌하겠습니까! 여기에 시로써 말하겠습니다.

몇 번이나 양을 잃어 갈림길에서 울고
눈꽃에 미혹되어 설중매로 잘못 여겼던가
가짜일까 의심하건 진짜일까 의심하건 모두 아니라서
시든 파초로 덮어둔 사슴 그 꿈이 어리석음 이루었네

羊亡幾度泣多歧　　　錯認梅花被雪迷
疑假疑眞都不是　　　殘蕉有鹿夢成痴

한바탕 깊은 잠이 생기(生機)를 막아버리니
먼지와 아지랑이 어지럽게 기(氣)를 서로 부네
훔친 하늘의 해를 병속에 우연히 놓자
천지를 비추어 깨뜨려 옳고 그름이 없네

一枕沉酣杜德機　　　塵埃野馬亂相吹
壺中偶放偸天日　　　照破乾坤無是非

세간의 사물은 모두 마음 위에 떠도는 티끌먼지입니다. 허둥지둥 노고가 많은 인생은 마침내 한 무더기 번뇌입니다. 천지는 만물이 머물다 떠나가는 여관이요, 세월은 영원한 나그네라, 덧없는 인생이 꿈과 같건만[天地者, 萬物之逆旅. 光陰者, 百代之過客. 浮生若夢], 살아 있을 때나 죽은 뒤에나 의론이 분분합니다. 도대체 그 원인과 결과를 알지 못합니다. 무엇을 위해서 왔을까요? 비록 존귀한 제왕이나 미천한 사람이라도 명운이 늙음에 도달하면, 치아가 빠지고 얼굴이 쭈글쭈글 해지며 머리털은 희끗희끗해지고 시력은 흐릿합니다. 이 때에 이르러서 슬픔이 일어나지 않음이 없고 어찌할 수 없습니다!

죽은 뒤에는 어디로 갈지를 모릅니다. 그러므로 파사닉왕(波斯匿王)의 질문이 있는데, 이것은 인생에 반드시 있는 경계이며 저마다 그렇습니다. 다른 사람은 묻지 않고 오직 홀로 파사닉왕만이 일어나 묻는데, 바로 부귀하면 삶에 미련을 두지만 빈천하면 죽음을 가볍게 여긴다는 사실을 가리켰습니다. 비록 제왕이더라도 여기에 이르러서는 무능해서 아무 일도 할 수 없다고 대화는 말합니다. 부처님을 배우는 것은 대장부의 일이지, 제왕이나 장군이나 재상이 할 수 있는 일이 아닙니다. 그러나 새벽에는 종을 치고 저녁에는 법고(法鼓)를 울려 천하를 깨우쳐줍니다. 우리 부처님은 이에 그 질문에 대하여 당장에 분석하시기를 그 보는 자성[見性]의 실상(實相)은, 세 살 때 강을 본 것과 백년이 지나 물을 보는 것이 똑 같이 진실하며, 태어나고 늙고 병들고 죽는 것은 단지 형상의 변화이며, 본디 불변하는 것이 있다고 했습니다. 눈이 밝기가 가을 털끝도 충분히 볼 수 있으면서도 수레에 가득 실린 땔감을 보지 못합니다[明足以察秋毫之末, 而不見輿薪]! 이 하나의 복선(伏線)은 놀랍고 기발하며 그 다음의 팔환변견(八還辨見)이라는 한 무더기의 문장을 이끌어내는데, 대중이 모두 얼빠진 모습이 마치 모든 외부의 상대적인 경계를 잊어버린 것 같습니다. 여기에 시로써 말하겠습니다.

나도 모르게 백발이 또 머리꼭대기까지 올라가
몇 번이나 거울 들여다보건만 세월을 어찌 하랴
봄바람에 무성히 자란 들풀을 부러워 말라
시들어 떨어지면 또 자라나기를 해마다 거듭하네
華髮無知又上顛　　　幾回攬鏡奈何天
離離莫羨春風草　　　落盡還生年復年

생사는 시작과 끝이 없건만 죽어 이별할 한이 깊구나
불변의 자성은 과거 현재 미래로 흐르는 물보라 작용 같네
흰 머리 흐릿한 눈으로 항하 강물을 보는 것은
여전히 어린 시절 지난 뒤라도 그때의 마음이네

生死無端別恨深   浪花流到去來今
白頭霧里觀河見   猶是童年過後心

아난은 여기서 또 다른 군부대가 갑자기 나타나듯이 마침내 갑자기 부처님께 묻습니다. "마음과 부처와 중생 이 세 가지가 차별이 없고, 본체와 현상이 평등하며, 생사와 열반이 모두 꿈이나 허깨비 같은 바에야, 우리들이 왜 깨달음을 추구해야 합니까? 성불할 필요가 어디에 있습니까? 또 왜 중생이 모두 자성이 전도(顚倒)되었다고 말씀하십니까?" 우리 부처님은 이 한 질문을 거치면서 곧 말을 아끼지 않고 많이 하여, 진심을 곧바로 가리키고, 명백히 가리켜주시기를, "심성의 체(體)와 용(用)은 천지를 가득 채우고, 만물을 열며 세상의 모든 일을 이루고[開物成務], 커서 밖이 없고 작아서 안이 없다. 이를 확대하면 우주에 두루 가득하며, 귀납하면 은밀한 방촌의 사이에 거두어 간직할 수 있다[放之則彌六合, 退而收藏於密]. 다만 눈앞에 있지만 사람이 알지 못할 뿐이다" 라고 합니다. 이에 팔환변견이 있어 보는 자성[見性]의 진제(眞際)를 분명히 보여주고, 6진의 색상[塵色]이 본래 사람을 미혹하지 않고 사람이 스스로 6진의 색상에 미혹한다는 것을 분명히 보여주십니다. 그래서 우리 부처님은 가리켜주시기를, "온갖 현상은 자연히 다 그 까닭의 본래의 위치로 되돌려 보낼 수 있으니 당연히 너의 자성 기능에 속하지 않는다. 그런데 이 능히 보고 능히 아는 본원은 되돌려 보낼 곳이 없다. 되돌려 보낼 곳이 없는 바에야 너의 자성이 아니고 또 무엇이겠느냐[諸可還者,

自然非汝. 不汝還者, 非汝而誰]"라며 그 사람 자신이 스스로 보고 스스로 긍정하여 곧바로 심성이 움직이지 않는[心性不動] 도량에 도달하기를 요구하십니다. 이론에 밝은 자는 많지만 실제로 수행 증득한 자는 적고, 지식으로 이해하는 자는 많지만 행하고 증득한 자는 적음을 어찌하리오. 반드시 '낭떠러지에서 두 손을 놓아버리고 우주가 바로 나라는 것을 스스로 긍정하고. 끊어졌다 다시 소생해야 그대를 속이려 해도 속일 수 없습니다[懸崖撒手, 自肯承當. 絕後再蘇, 欺君不得].' 만약 '자기의 마음이 만물을 전환 변화시킬 수 있어, 만물 현상에 미혹되어 업을 짓지 않으면 곧 부처와 같아집니다[心能轉物, 則同如來].' 그런 뒤에 우주에 몸을 가로 눕힐 수 있고 가고 머묾에 자유로우며, 그대로 부처요 그대로 마음이어서 둘이 서로 관계가 없습니다. 여기에 시로써 말하겠습니다.

보리수 몸과 명경대 같은 마음을 부셔버려
봄 경치 가을 풍경에 모두 무심하네
최근부터는 눈으로 꽃을 보지 않고
온갖 꽃들이 눈에 심어지게 내버려두네

| 碎卻菩提明鏡台 | 春光秋色兩無猜 |
| 年來不用觀花眼 | 一任繁華眼里栽 |

그대가 되돌리지 못하는 그것은 다시 누구인가
어린 시절 보았던 집 문앞 골목은 항상 떠오르네
옛 집을 찾는 것은 다시 오는 제비이기에
옛집 없어진 들보 곁에서 자유롭게 날으는구나

| 不汝還兮更是誰 | 兒時門巷總依稀 |
| 尋巢猶是重來燕 | 故傍空樑自在飛 |

능엄경의 우주관과 인생관

칠처징심으로부터 팔환변견까지에서 이미 명백히 가리켜주기를, 티끌먼지를 좇고 좇으며 번뇌에 집착하는 것은 모두 마음과 눈의 탓이라고 했습니다. 그런데 사람의 마음은 기관(機關)이고 눈은 마음의 스위치입니다. 만약 마음과 눈 자체가 허물이 되지 않기를 바란다면 기관을 쉬어야 옳습니다. 이 기관은 도대체 또 어느 곳으로부터 쉬게 할까요? 이것은 정말 인생의 일대사(一大事) 인연입니다. 기관이 만약 쉬지 않으면, 시종 '버드나무 그늘지고 뭇 꽃들이 활짝 핀 곳[柳暗花明處]'에서 소리를 좇고 색상을 좇아 여전히 예전대로 생사윤회의 바다에 빠져갑니다. 그래서 부처님은 또 간곡히 거듭 타이르며 가리켜주시기를, 우주만상은 물리변화의 환영(幻影)이라고 합니다. 그러나 중생의 허망한 견해는, 개체와 단체의 견해[群見]의 다름과 같음을 일으킵니다. 그러나 마음과 물질을 평등하게 관찰해 보야야 비로소 만상은 모두 에너지의 상호변화라는 것을 알게 됩니다. 그런데 이 능히 변화시키는[能變] 자성은 본디 그 자체가 적연부동(寂然不動)하며 소리도 없고 냄새도 없는 것이지만, 감응하여 통한 뒤에는 곧 변동하여 머물지 않고 우주공간에 충만하고, 필부의 우매함에 갇혀서 날마다 쓰면서도 그 지극함을 모릅니다. 그래서 또 3과(三科)와 7대(七大)로 상세하게 마음과 물질의 진원(眞元)[12]을 설명했습니다. 18계(十八界)의 인연법칙과 자연(自然)과의 관계를 말하고 일반 견해의 오류를 가리켜보였습니다. 이로써 근세의 자연과학 이론과 철학원리를 남김없이 분명히 개괄할 수 있으며, 상하고금을 한 꿰미로 꿰뚫었는데, 이는 건곤일척안(乾坤一隻眼)[13]으로서, 마음과

---

12 궁극적 근원.(역주)

물질은 근원이 같고, 만물과 나는 둘이 아니며, 열반과 생사가 평등하여 허공꽃이라는 경지를 곧바로 가리킨 것입니다. 인생이 여기에 도달하면 '부처가 없는 곳을 향해서 자기가 제일이라고 자부할 수 있습니다[向無佛處稱尊].' 그렇지만 문제가 여기에 이르면 이치를 정밀하게 가릴수록 실제로는 헤매게 됩니다. 검은 소나무 숲[黑松林]에서 갑자기 이규(李逵)가 뛰어나오듯이 부루나(富樓那)가 갑자기 질문을 하였습니다. "만약 이 세간의 산하대지(山河大地)와 가지각색의 만유의 세간 모습은 도대체 왜 나타난 것입니까?" 이에 부처님은 또 오랜 시간을 아끼지 않고 물질세계와 중생세계의 형성을 설하셨는데, 시간을 '세(世)'라고 일컫고 공간을 '계(界)'라고 합니다. 시간과 공간은 끝이 없지만, 상대적으로 진로(塵勞)를 이루면 '천지는 하나를 가리킴이요 만물은 한 마리의 말과 같습니다[對待成勞, 則天地一指, 萬物一馬].' 몸과 마음으로부터 법계를 뚫고, 법계로부터 다시 몸과 마음으로 들어갑니다. 이 바삐 서두르며 진로하는 것을 보면 물리의 변화 아님이 없습니다. 그러나 마음이 고요하고 매우 맑은 상태에서[寂然] 변화를 관찰할 수 있다면, 본분사(本分事)[14]는 바로 목전을 떠나지 않아서 즉시에 이해하고 집에 돌아가 듬직이 앉을 수 있으니, 소를 타고 소를 찾으러 갈 필요가 없습니다. 이른바 제일의제(第一義諦)[15]나 제이의문(第二義門)[16], 곧바로 마음을 가리켜 밝힘과, 지혜를 듣고 사유하고 닦음은 여기에 이르러서는 모두 남김없이 드러나서

---

13 천지를 꿰뚫어보는 깨달음의 눈.(역주)

14 인간은 본래 부처라고 하는 본래의 모습으로 되돌아간다고 하는 것. 본래 해야 할 의무. 본분적인 일. 깨달음의 일.(역주)

15 최고의 진리. 완전한 진리. 승의제. 진제(역주)

16 제일의제와 상대되는 것. 향상의 제일의로부터 향하의 차별문으로 후퇴하여 여러 가지 방편으로 중생의 미망을 깨어 깨달음의 도를 나타내는 것.(역주)

언어나 문자로 다 나타내지 못합니다. 여기에 시로써 말하겠습니다.

　물고기 용 대붕새 메추라기가 서로 쫓고 재촉하며
　눈 깜짝 할 새 천 년 세월이 스스로 오고 가네
　창 아래 한가히 잠깐 앉아 만물의 변화 관찰하니
　천지는 한 마리 말처럼 구름과 우뢰가 달리네
　魚龍鵬鷃互相催　　　瞬息千秋自往來
　小坐閒窓觀萬化　　　乾坤一馬走雲雷

　만물은 생긴 뒤 자연히 가지런하지 않으니
　남쪽 산은 높고 북쪽 산은 낮음과 같네
　비고 밝은 마음 방에 밝은 광명 나타날 때
　나무 닭이 자시에 천천히 우는 것을 알리라
　萬物由來自不齊　　　南山高過北山低
　空明虛室時生白　　　子夜漫漫啼木雞

6근6진 해탈과 25위 원통(二十五位圓通)

　이 경지에 도달하면 본래 이미 언어의 길이 끊어지고 마음이 갈 곳이 소멸했는데, 홀연히 또 기이한 산봉우리가 일어나듯이 아난은 도리어 말과 생각이 도달하지 못하는 곳에서 그 보다 아래 경지를 구하여 부처님께 해탈의 방법을 설명하여주시기를 바랍니다. 부처님은 이에 화건(華巾)으로 여섯 매듭을 지어 몸과 마음의 6근이 결박된 까닭에 비유하고, '호랑이 목의 금방울은 매단 자가 풀어야 한다[虎項金鈴, 繫者解得]'고 가리켜줍니다. 화과산(花果山)의 손오공(孫悟空)은 본래 머리에 금고아[金箍]가 없었는데, 단지 공(空)을 아직 깨닫지 못해 여래를 보지 못했기 때문에 고생하고 그 상세한 내막을 모를 뿐입니다. 누가 알리요, '만법은 본래 한가한데 오직 사람이 스스로 시끄럽게 할 뿐입니다, 왜 파초를 심어놓고는 또 파초를 원망해야 하겠습니까[萬法本閑, 唯人自鬧, 何須種了芭蕉, 又怨芭蕉]!' 그러나 이것은 문(門) 없음을 법문으로 삼는 것이니 몇 사람이나 여기에 이르러 평생을 그르쳤는지요! 식욕과 성욕을 사람마다 본래 스스로 이해할 수 있는 편이 낫습니다. 그래서 다시 법이 없는 가운데 법을 베풀어, 부처님은 곧 법회의 여러 선배들에게 각자 수행하여 해탈한 행업(行業)[17]을 진술하라고 명령합니다. 군대 동원 표지[兵符]를 시험하듯 계약에 부합하듯 각자 한 번 인증했는데, 이것이 25위원통(二十五位圓通)이 지어진 까닭입니다. 공자가 "너희들은 내가 숨기는 게 있다고 생각하느냐? 나는 너희들에게 숨기는 게 없다[二三子以我爲隱乎, 吾無隱乎爾]"라고 말했던 것과 꼭 마찬가지로, 이 원통은 성진(聲塵)과 색진(色塵) 이 둘로부터 시작하여 마지막에는 관음이근원통(觀音耳根圓通)으로 맺고 있으니, 천만 마디의 말이 단지 사람에게 소리와 색상에서 끝마쳐야 비로소 궁극[究竟]을 얻는다고 가르칩니다. 그리고 색진의 맺힘은 특히 성진보다도 풀기 어렵습니다. 만약 3계 밖으로 뛰어나와 5음(五陰) 속에 있지 않으려면, 여전히 색진 해탈로부터 착수해야 비로소 관음입도(觀音入道)의 요문을 뚫습니다. 이것이 정수리 가운데 외눈이요, 화룡점정(畫龍點睛)의 글쓰기 수법입니다. 본래 평상적[平常]이지만 이를 닦기가 쉽지 않으니 어찌하리오. 할 수 없다면 하나하나 실험해가면서 천생만겁(千生萬劫)을 연마해가도 됩니다. 여기에 시로써 말하겠습니다.

---

17 행위. 신구의(身口意) 3업을 말함. 수행을 행함. 수행.(역주)

누가 괴롭게 스스로 망심을 움직여 얽매이라 했는가
맑고 깊은 밤중에도 혼몽은 그림자를 끌고 다가오네
망심을 여는 기관을 멈춤은 오직 한 생각임 깨달으면
어찌 속박을 풀어주는 비결을 전해줄 필요가 있겠는가
誰敎苦自結同心　　　　魂夢淸宵帶影臨
悟到息機唯一念　　　　何須解縛度金鍼

수미산 정상으로 오르는 길 찾기 어려워서
천만 번 이리저리 도느라 마음 헛 썼는데
우연히 맑은 시냇가에 한가하게 서 있으니
새 한번 우는 소리에 꽃 떨어짐 그 의미 깊어라
妙高峰頂路難尋　　　　萬轉千迴枉用心
偶傍淸溪閒處立　　　　一聲啼鳥落花深

가을바람에 낙엽들 어지럽게 쌓이기에
다 쓸어내면 또 오고 그러기를 천백 번
한번 웃고 그만두고 한가한 곳에 앉아
내버려두니 땅에 떨어져 저절로 재가 되네
秋風落葉亂爲堆　　　　掃盡還來千百回
一笑罷休閒處坐　　　　任他著地自成灰

교리행과(敎理行果)

　위에서부터 흥미진진하게 설해 와서 본래는 큰일을 이미 마쳤으나 '황하의 물은 천상에서 와, 바다로 달려 흘러가 다시 돌아오지 않음[黃河之水天上來, 奔流到海不復回]'을 어찌하리오. 다만 평지의 범부가 바라볼 수는 있지만 접근할 수는 없을까 걱정되어 돌변하여 다시 일대장교(一大藏敎)의 계정혜(戒定慧) 3학(三學)을 설하시는데, '착한 일은 작은 것이라 해서 안 하지 말며, 악한 일은 작은 것이라도 하지 말라[莫以善小而勿爲, 莫以惡小而爲之]' 아님이 없습니다. 이 도리는 사람마다 다 알 수 있지만 저마다 해내지 못함을 용인할 수 없기 때문에 신신 당부하는데, 이는 바로 '떠나기 전에 촘촘하게 깁고 또 깁는 뜻은, 돌아올 날 더딜까 저어하는[臨行密密縫, 意恐遲遲歸]' 자애로운 어머니의 마음씨입니다. 이리하여 6도윤회, 인과순환, 지옥과 천당, 인간세계의 고해와 성현의 갖가지 경계를 자세히 가리켜줍니다. 이것은 이른바 '도를 닦음을 교화라고 한다[修道之謂敎]'는 것이며 불법 전체의 주춧돌이기도 합니다. 그러나 또 뚜렷이 가리켜주기를, 이른바 천당과 지옥, 인과윤회 등의 일은 모두 이 한 마음의 견고한 망상이 건립한 것이라고 합니다. 티끌먼지가 날아 하늘을 가리고 겨자씨 하나가 떨어져 땅을 덮으니, '스스로 자기의 마음을 정화하라는 것이 모든 부처님들의 가르침입니다[自淨其意, 爲諸佛敎].' 갈림길에서 당부하는 것은 오직 이것일 뿐입니다. 우리 부처님은 노파심이 간절하여 미래세의 사람들이 갈림길에서 배회할까 걱정되어 수행 과정에서 나타나는 50가지의 음마(陰魔) 경계의 현상을 또 설하셨는데, 산을 내려가는 길을 알고자 한다면 지나온 사람에게 물어야 합니다[欲知山下路, 須問過來人]. 선악은 마음으로 말미암고 마구니와 부처는 그 본체가 같으니, 집착하고 미혹하면 바로 부처가 또 마구니요, 놓아버리면 어찌 마구니가 부처 아니겠습니까? 그러므로 부처가 있는 곳에서 차마 못 떠나지 말고, 부처가 없는 곳에서는 급히 달려 지나갈[有佛處莫留戀, 無佛處急走過] 줄 알아야 합니다. 그러면 군자는 마음이 시원스럽고 너그럽고, 소인처럼 늘 근심하고 두려워하지 않습니다. 고덕이 말했습니다. "마음을 일으키고 생각을 움직임은 천마(天魔)요, 일으키지 않음은 음마(陰魔)요, 일어나기도 하고 일어나지도 않음은 번뇌마이다[起心動念是天魔, 不起是陰魔, 倒起不起是煩惱魔].” 이에 알 수 있듯이 세상 사람들은 눈을 뜨거나 감는 곳에서 발을 들거나 내릴 때 마음을 가리는 원혼(冤魂) 아님이 하나도 없는데, 그 마구니가 어찌 50가지에만 그치리오. 그러나 몸과 마음을 바르게 할 수 있어서 마구니 경계가 재미거리가 될 수 있다면, 벌거벗고 태어났고 죽을 때 근심걱정 없는데 어디에서 마구니와 부처를 얻을 수 있으리오! 보살의 위(位)가 55인데 음마의 경계로는 50가지만을 말하는 것은 몸과 마음을 종합하여 5음(五陰)이라고 일컬은 것입니다. 5음이 이리저리 얽히고설켜 복잡해져 용(用)이 되고 50가지 현상이 생겨났기 때문에 숫자가 이것만 얻어진 것입니다. 역경(易經)은 말합니다. '천수가 5요 지수가 5로서. 천지의 수는 55이고 그 사용은 49이다[天數五, 地數五, 天地之數, 五十有五, 其用四十有九].'[18] 천지의 균수(均數)인 이 5자를 버리므로 현상은 단지 50이 됩니다. 한 점이 움직이면 온갖 변화가 따르므로 49를 사용하는 것입니다. 만약 한 티끌에도 물들지 않으면 만법이 생겨나지 않습니다. 그렇다면 이른바 55나 66성위(聖位)와 저 5종 음마(陰魔)는 모두 대연지수(大衍之數)[19]요 64괘의 주천변상(周天變相)일 뿐입니다. 주천지상(周天之象)은 1에서 시작하여 1에서 끝나며 중간은 5에 통합니다. 그러므로 능엄경 전체는 애정의 파도 욕망의 바다의 한 생각에서 시작하여 5음의 공성(空性)의 분석으로 맺습니다. 머리와 꼬

---

18 천1지2, 천3지4, 천5지6, 천7지8, 천9지10이라는 수에서 천1,3,5,7,9를 더하면 25이고 지2,4,6,8,10을 더하면 30인데, 천25와 지30을 더하면 55이다. 남회근 선생 저작 '주역계사강의' 제9장을 참조하기 바람.(역주)

19 천지간의 만물을 상징하는 50숫자를 말한다. 위 역주에서 말했듯이 천수와 지수를 합한 숫자가 55인데 여기서 대수 50을 거론하여 만물을 연출해 내는 수로 삼았으므로 이를 대연수라고 한다.(역주)

리가 서로 비추고 층차가 정연하며, 하나로써 꿰뚫으면 한 글자도 설하지 않음과 마찬가지입니다. 여기에 시로써 말하겠습니다.

유희함에 허깨비도 진짜로 여김이 무슨 방해가 되리요
마구니와 부처를 억지로 나누어 가까이나 멀리하지 말라
마음의 근원에는 자연히 영성의 밝은 구슬이 있어서
인간세계의 온갖 망상 먼지 때를 모조리 씻는다네

遊戲何妨幻亦眞　　　莫將魔佛強疎親
心源自有靈珠在　　　洗盡人間萬斛塵

욕망의 바다 애정의 파도는 술처럼 진하건만
깨었을 때는 도리어 취했을 때의 자기를 비웃네
자기 마음의 생각생각 알알이 깨달음의 씨앗을
남녀 간 사모의 붉은 콩알로 만들지 말라

欲海情波似酒濃　　　淸時翻笑醉時儂
莫將粒粒菩提子　　　化做相思紅豆紅

몇 년이나 자나깨나 고해의 인간세계 벗어나고 싶었는데
오탁악세 어디서 무슨 묘방으로 신선 금단을 구할 수 있을까
한번 웃고는 경서를 던져두고 근심걱정 없이 잠을 자니
용이 푸른 바다로 돌아가고 호랑이가 산으로 돌아가 쉼이네

幾年魂夢出塵寰　　　濁世何方乞九還
一笑抛經高臥穩　　　龍歸滄海虎歸山

경자년(庚子年) 봄 3월 정명암(淨名盦)에서의
능엄대의를 서술하는 수필의 하나입니다

능엄경 대의 풀이

남회근(南懷瑾) 술저

능엄경 제1권[20]

大佛頂如來密因修證了義諸菩薩萬行首楞嚴經 卷第一

唐天竺·沙門 般剌蜜帝譯

烏萇國沙門·彌伽釋迦·譯語

菩薩戒弟子·前正議大夫·同中書門下平章事·淸河·房融 筆受

如是我聞。一時佛在室羅筏城, 祇桓精舍。與大比丘衆, 千二百五十人俱。皆是無漏大阿羅漢。佛子住持, 善超諸有。能於國土, 成就威儀。從佛轉輪, 妙堪遺囑嚴淨毗尼, 弘範三界。應身無量, 度脫衆生。拔濟未來, 越諸塵累。

---

20 능엄(楞嚴): 대정(大定)의 총칭이며 자성정(自性定)이다. 부처님 자신이 해석하시기를 수능엄(首楞嚴)이란 온갖 현상[事]은 궁극적으로[究竟] 견고하다는 뜻이라고 하였다. 능엄경은 말한다. 자성은 영묘하고 밝으며 여여부동(如如不動)한 본 자리에 영원히 머무르고 있다[常住妙明, 不動周圓]. 그러므로 원정(圓定)이다. 본성 자체가 본래 갖추고 있으며 천연부동(天然不動)이며, 닦음에 의하여 이루어지는 것이 아니다. 비록 미혹의 지위에 있어도 그 체(體)는 예전과 같으므로 묘정(妙定)이다. 만유와 겸하지 않고 한 마음만 지킨다면 모두 원정이 아니다[凡不兼萬有, 獨制一心者, 皆非圓定]. 무릇 본성 그대로와 하나가 되지 않고 따로 공부를 취하는 것은 모두 묘정이 아니다[凡不卽性, 而別取工夫者, 皆非妙定]. 고덕이 이를 일컫기를 '부처님의 근본법을 철저하게 깨달아 그 근원에 도달하면 움직임도 없고 무너짐도 없는[徹法底源, 無動無壞]' 정(定)이라고 했다.

其名曰。大智舍利弗。摩訶目犍連。摩訶拘絺羅。富樓那彌多羅尼子。須菩提。優波尼沙陀等。而爲上首。復有無量辟支無學。并其初心。同來佛所。屬諸比丘休夏自恣。十方菩薩咨決心疑。欽奉慈嚴將求密義。即時如來敷座宴安。爲諸會中, 宣示深奧。法筵清衆, 得未曾有。迦陵仙音, 遍十方界。恒沙菩薩, 來聚道場。文殊師利而爲上首。時波斯匿王, 爲其父王諱日營齋。請佛宮掖。自迎如來。廣設珍羞無上妙味。兼復親延諸大菩薩。城中復有長者居士同時飯僧。佇佛來應。佛敕大殊, 分領菩薩及阿羅漢, 應諸齋主。唯有阿難, 先受別請。遠遊未還, 不遑僧次。既無上座, 及阿闍黎。途中獨歸。其日無供。即時阿難, 執持應器, 於所遊城, 次第循乞。心中初求最後檀越, 以爲齋主。無問淨穢, 刹利尊姓。及旃陀羅。方行等慈, 不擇微賤。發意圓成, 一切衆生, 無量功德。阿難已知如來世尊, 訶須菩提, 及大迦葉, 爲阿羅漢, 心不均平。欽仰如來, 開闡無遮, 度諸疑謗。經彼城隍, 徐步郭門。嚴整威儀, 肅恭齋法。爾時阿難, 因乞食次, 經歷婬室, 遭大幻術。摩登伽女, 以娑毗迦羅先梵天咒, 攝入婬席。婬躬撫摩, 將毀戒體。如來知彼婬術所加, 齋畢旋歸。王及大臣長者居士, 俱來隨佛, 願聞法要。於時世尊。頂放百寶無畏光明, 光中出生千葉寶蓮, 有佛化身, 結跏趺坐, 宣說神咒。敕文殊師利將咒往護。惡咒消滅。提獎阿難, 　及摩登伽, 　歸來佛所。阿難見佛。頂禮悲泣。恨無始來。一向多聞, 未全道力。殷勤啓請, 十方如來得成菩提, 妙奢摩他, 三摩, 禪那, 　最初方便。於時復有恒沙菩薩。及諸十方大阿羅漢。辟支佛等。俱願樂聞。退坐默然。承受聖旨。

爾時世尊, 在大衆中, 舒金色臂, 摩阿難頂。告示阿難及諸大衆。有三摩提。名大佛頂首楞嚴王, 具足萬行, 十方如來一門超出妙莊嚴路。汝今諦聽。阿難頂禮, 伏受慈旨。佛告阿難。汝我同氣, 情均天倫。當初發心, 於我法中, 見何勝相, 頓捨世間深重恩愛。阿難白佛我見如來三十二相。勝妙殊絕。形體映徹猶如琉璃。常自思惟, 此相非是欲愛所生。何以故。欲氣麤濁, 腥臊交遘, 膿血雜亂, 不能發生勝淨妙明紫金光聚。是以渴仰, 從佛剃落。

제1장
심성본체론(心性本體論)

문제의 시작

어느 날 석가모니불(釋迦牟尼佛)[21]께서 사위국(舍衛國)[22] 파사닉왕
(波斯匿王)[23]의 궁전에 가셨다. 왕이 부친을 추도(追悼)하기 위해 제삿
날 재(齋)에 초청하셨기에 응하신 것이다. 부처님의 사촌동생으로
어린 나이에 부처님을 따라 출가한 아난(阿難)[24]은 그날 마침 외출하
여 아직 돌아오지 않았기에 재에 참가할 수 없었다. 아난은 돌아올
때 성(城)안에서 걸식했는데 공교롭게도 매춘부의 집 입구를 지나게
되었다. 매춘부 마등가(摩登伽)[25]의 딸은 아난을 보자 한 눈에 반해
서, 곧 마법 주문으로 홀려 들여놓고는 음란한 행위를 하려고 했다.

---

21 중천축(中天竺), 즉 인도 가비라국(迦毗羅國) 정반왕(淨飯王)의 태자로서 19세에
   출가하여 30세에 성도(成道)하였다. 능인적묵(能仁寂默)이라고 번역하며 사바세
   계의 교주이다.

22 지명이다. 뒷날 나라 이름으로 삼았다. 오늘날의 인도 서북부 랍보(拉普) 강
   의 남쪽 기슭, 오덕(烏德)의 동쪽, 네팔의 남쪽에 있었다.

23 사위국의 왕 이름, 화열(和悅)이라고 번역하며 월광(月光)이라고도 번역한
   다.

24 경희(慶喜)라고 번역한다. 부처님의 사촌동생이며 곡반왕(斛飯王)의 아들이
   다. 부처님 성도일에 강생(降生)하였다. 왕이 태자가 성도하였다는 소식을
   들어서 한 기쁨이요, 또 각반왕이 궁전에 들어와 아들을 낳았다고 보고하며
   이름을 하사하여 주기를 청하니 또 하나의 기쁨이었다. 그래서 자(字)를 경
   희라고 했다. 부처님 제자 가운데서 다문제일(多聞第一)이었다.

25 소가종(小家種)이라 번역하며 하천종(下賤種)이라고도 번역한다. 딸의 어머
   니 이름이다. 딸의 이름은 발길제(鉢吉蹄)인데 본성(本性)이라 번역한다. 비
   록 음란한 여자로 타락했지만 본성은 잃지 않았다. 지금 마등가녀(摩登伽女)
   라고 한 것은 어머니에 의거해서 이름을 드러낸 것이다.

바야흐로 상황이 심각한 고비에 이르려 할 즈음, 궁전에 계시면서도 이미 재빨리 알아차리고 계시던 부처님은 즉시 제자들을 이끌고 정사(精舍)로 돌아오셨다. 이에 파사닉왕도 부처님을 따라왔다. 부처님은 곧바로 문수(文殊)[26]보살에게 주문[呪語]을 하나 가르쳐주시면서, 아난이 곤경액난[困厄]에서 벗어나도록 가서 구해주라 하셨다. 아난은 문수보살을 보자 정신과 지혜가 회복되어 깨어났다. 마등가의 딸과 함께 부처님 앞에 온 아난은 한없이 부끄러워 눈물을 줄줄 흘리면서 부처님께 가르침을 간청했다.

부처님이 아난에게 물으셨다. "너는 이전에 왜 세간의 은혜와 사랑[恩愛]을 버리고 나를 따라 출가하여 부처를 배우게 되었느냐?"

아난이 대답했다. "제가 보니 부처님의 몸은 장엄하고 미묘하면서[美妙] 빛나고 있었습니다. 이런 현상은 평범한 사람이 그럴 수 있는 것이 아니라고 믿었습니다. 그래서 당신을 따라 법을 배우고자 출가하였습니다."

佛言。善哉阿難。汝等當知一切衆生, 從無始來。生死相續, 皆由不知常住眞心性淨明體。用諸妄想。此想不眞, 故有輪轉。汝今欲研無上菩提眞發明性。應當直心詶我所問。十方如來同一道故, 出離生, 死皆以直心。心言直故, 如是乃至終始地位, 中間永無諸委曲相。阿難, 我今問汝。當汝發心緣於如來三十二相, 將何所見, 誰爲愛樂。
阿難白佛言。世尊如是愛樂, 用我心目由目觀見如來勝相, 心生愛樂。故我發心, 願捨生死。

---

26 묘덕(妙德)이라고 번역하며 묘길상(妙吉祥)이라고도 번역한다. 그의 덕이 미묘하며 일찍이 과거 일곱 부처님들의 스승이었다. 강생할 때 열 가지 상서로운 상[吉祥瑞相]이 있었다.

마음이 어디에 있는지에 대한 일곱 가지 인식을 변별하다

부처님이 말씀하셨다. "세상 사람들은 줄곧 자기를 인식하지 못하고 있다. 자기의 생겨나지도 않고 소멸하지도 않으며[不生不滅] 영원히 존재하는 진심은 본래 청정하고 밝은 것임[常住眞心, 性淨明體][27]을 더더욱 알지 못하고 있다. 평소에 모두들 이런 의식사유의 심리 상태인 망상(妄想)에 지배되어, 이런 망상 작용이 바로 자기의 진심이라고 여기고 있다. 그래서 갖가지 잘못이 발생하여 생사(生死)의 바다 속에서 윤회하면서 쉬지 못하고 있다. 내가 이제 너에게 묻겠으니, 너는 곧은 마음[直心][28]으로 나의 질문에 답하기 바란다. 네가 정지정각(正知正覺)의 무상보리(無上菩提)를 증득(證得)하기 바란다면 입문하는 데는 오직 한 가지 지름길이 있는데, 그 지름길이 바로 곧은 마음이니라. 너는 알아야 한다, 모든 정각자(正覺者)가 성불하게 되는 기본 행위는 바로 언행이 일치하여 절대 자기를 속이지 않는 것이다. 너는 나의 외모의 색상이 미묘함[美妙]을 보고 출가하였다고 했는데, 너는 무엇으로써 보았으며 또한 어느 것이 좋아하였느냐?"

아난이 대답했다. "능히 보는 것은 저의 눈이요, 능히 좋아하는 것은 저의 마음입니다."

佛告阿難如汝所說。眞所愛樂, 因於心目。若不識知心目所在, 則不能得降

---

27 진심은 대립을 초월한 마음. 깨달음. 진여(眞如)를 가리킴. 남회근 선생은 그의 능엄경 강좌에서 원문을 '緣起眞如, 性自空淨' 이 여덟 글자로 번역했더라면 묘하고 아주 원만했을 것이라고 함.(역주)
28 순일하고 불순물이 없어 깨끗하고 순수한 마음. 곧은 마음. 보리심. 깨달음을 구하는 마음.(역주)

伏塵勞。譬如國王, 爲賊所侵, 發兵討除。是兵要當知賊所在使汝流轉, 心目
爲咎。吾今問汝, 唯心與目, 今何所在。

부처님이 말씀하셨다. "너는 말하기를, 보고 좋아하게 된 것은 눈
과 마음의 작용이라고 했다. 만약 네가 눈과 마음이 어디 있는지를
알지 못한다면, 진로(塵勞)[29]와 전도(顚倒)된 잘못의 근본을 없앨 방
법이 없게 되어 심리의 번뇌를 소멸할 수 없느니라. 예컨대 어떤 국
왕이 군대를 지휘하여 도적을 섬멸(殲滅)하고자 한다 하자. 도적이
어디에 있는지 알지 못한다면 어떻게 그들을 섬멸하겠느냐? 너는
말하기를, 너로 하여금 좋아하게 한 것도 너로 하여금 번뇌의 고통
속에 떠돌아다니게 한 것도, 모두 눈과 마음이 그렇게 시킨 것이라
했다. 내가 이제 너에게 묻겠다. 능히 보는 눈과 능히 좋아하는 마
음은 도대체 어디에 있느냐?"[30]

阿難白佛言。世尊一切世間十種異生, 同將識心居在身內縱觀如來靑蓮華眼,
亦在佛面。我今觀此浮根四塵, 祇在我面。如是識心, 實居身內。

아난이 대답했다. "영성(靈性)을 지니고 있는 세간의 온갖 생물과
사람들의 능히 보는 눈은 모두 얼굴에 있고, 능히 식별(識別)하는 마
음은 모두 몸 안에 있습니다." (아난이 첫 번째 한 대답의 관념은 마음이
몸 안에 있다고 생각함)

---

29 진(塵)은 더럽힌다는 의미가 있고 로(勞)는 어지럽힌다는 의미가 있는데, 진
   로는 바로 근본 번뇌와 지말 번뇌이다

30 '능히'는 국어사전의 풀이에 의하면, 서투른 데가 없이 익숙하게 잘하다는
   말인 '능하다'의 부사어이나, 본 한글 번역에서는 '~ 할 수 있는 능력을 가진'
   '~ 할 줄 아는' 또는 '행위의 주체'의 의미로 사용하였음.(역주)

佛告阿難。汝今現坐如來講堂。觀祇陀林今何所在。

世尊, 此大重閣清淨講堂, 在給孤園。今祇陀林實在堂外。

阿難, 汝今堂中先何所見。

世尊, 我在堂中先見如來。次觀大衆。如是外望, 方矚林園。

阿難, 汝矚林園, 因何有見。

世尊, 此大講堂, 戶牖開豁。故我在堂得遠瞻見。

佛告阿難。如汝所言, 身在講堂, 戶牖開豁, 遠矚林園。亦有衆生在此堂中,
不見如來, 見堂外者。

阿難答言。世尊, 在堂不見如來, 能見林泉, 無有是處。

阿難, 汝亦如是。汝之心靈一切明了。若汝現前所明了心實在身內, 爾時先
合了知內身。頗有衆生, 先見身中, 後觀外物, 縱不能見心肝脾胃, 爪生髮長,
筋轉脈搖, 誠合明了, 如何不知。必不內知, 云何知外。是故應知, 汝言覺了
能知之心, 住在身內無有是處。

마음이 몸 안에 있다는 견해를 분석 논박하다

부처님이 물으셨다. "너는 지금 정사(精舍)[31]의 강당 안에 앉아있
으면서 보면, 밖의 정원[林園][32]이 어디에 있느냐?"

아난이 대답했다. "이 정사의 강당은 이 정원 땅 안에 있고, 정원
의 숲은 강당 밖에 있습니다."

부처님이 물으셨다. "너는 강당 안에서 먼저 무엇을 보느냐?"

아난이 대답했다. "저는 강당 안에서 먼저 당신을 보고, 다음으로
대중을 봅니다. 그런 다음 강당 밖을 바라보면 정원의 숲을 볼 수

31 승려들이 범행(梵行)에 정진 수련하도록 공양된 집.

32 나무가 많이 있는 정원이나 공원.(역주)

있습니다."

부처님이 물으셨다. "네가 밖으로 정원의 숲을 보는데, 무엇에 의거하여 볼 수 있느냐?"

아난이 대답했다. "이 강당의 창문이 활짝 열려있기에 몸이 강당 안에 있으면서 강당 밖의 저 먼 곳의 정원의 숲을 볼 수 있습니다."

부처님이 물으셨다. "네가 말한 바에 의하면, 너의 몸이 강당 안에 있고 창문이 활짝 열려 있기에 비로소 저 멀리 정원의 숲을 볼 수 있다고 했는데, 강당 안에 있는 어떤 사람이 강당 안의 나와 대중은 아예 볼 수 없으면서 강당 밖의 숲만을 볼 수 있겠느냐?"

아난이 대답했다. "강당 안에 있으면서 강당 안의 사람과 경물(景物)[33]은 볼 수 없고 밖에 있는 정원의 숲만을 볼 수 있는, 그런 이치는 절대로 없습니다."

부처님이 물으셨다. "정말 네가 말한 대로, 너의 마음은 바로 눈 앞의 모든 사물들에 대해 또렷이 분별하는데[明了], 만약 또렷이 분별하는 이 마음이 확실히 몸 안에 있다면, 마땅히 먼저 자기 몸 안을 보아야 한다. 마치 어떤 사람이 실내에 있다면 마땅히 먼저 실내의 물건을 볼 수 있는 것과 마찬가지이다. 어디 한 번 물어 보겠다. 세상에 어느 누가 먼저 몸 안에 있는 것을 보고 나서 밖의 경물을 볼 수 있겠느냐? 너는 마음이 몸 안에 있다고 말했는데, 몸 안에 있다면 마땅히 먼저 몸 안의 심장·간장·비장·위장 등의 기능 활동과, 손톱·머리털 등이 안에서 자라는 모습, 그리고 근육과 핏줄이 움직이는 상태를 보아야 할 것이다. 설사 볼 수는 없더라도 적어도 응당 또렷이 분별해야 할 것이다. 그런데 사실 어느 누가 자기 스스로 몸 안의 상황을 볼 수 있겠느냐? 능히 알고 능히 보는 마음이 어

---

33 경치와 사물.(역주)

떤 모습인지를 몸 안에서 찾아낼 수 없는 바에야, 마음이 몸 안에서 부터 몸 밖으로 발생해내는 작용을 어떻게 알 수 있겠느냐? 그러므로 마음이 몸 안에 있다는 네 말은 틀린 것이다." (마음이 몸 안에 있다고 생각하는 일반적인 관념이 틀린 것임을 분석함)

─────────────

阿難稽首而白佛言。我聞如來如是法音悟知我心實居身外。所以者何。譬如燈光然於室中, 是燈必能先照室內, 從其室門, 後及庭際。一切重生, 不見身中, 獨見身外。亦如燈光, 居在室外, 不能照室。是義必明, 將無所惑。同佛了義得無妄耶。

　　아난이 물었다. "부처님의 분석을 듣고 보니, 저와 사람들이 능히 알고 능히 보는 마음은 몸 밖에 있다고 생각합니다. 예컨대 등불 하나가 실내에 켜져 있으면, 그 등불 빛이 응당 먼저 실내의 모든 것을 비추고, 그런 다음에 문이나 창문을 통해서 실외의 뜰을 비춥니다. 세상 사람들이 사실 자기 몸 안을 볼 수 없고 몸 밖의 온갖 경물만 볼 수 있는 것은, 마치 등불 빛이 본래 실외에 있기 때문에 실내를 비출 수 없는 것과 마찬가지입니다." (아난이 두 번째 한 대답의 관념은 마음이 몸 밖에 있다는 생각임)

─────────────

佛告阿難。是諸比丘, 適來從我室羅筏城, 循乞摶食, 歸祇陀林。我已宿齋。汝觀比丘, 一人食時, 諸人飽不。
阿難答言。不也。世尊。何以故。是諸比丘, 雖阿羅漢, 軀命不同。云何一人能令衆飽。
佛告阿難。若汝覺了知見之心, 實在身外, 身心相外, 自不相干。則心所知, 身不能覺。覺在身際, 心不能知。我今示汝兜羅綿手, 汝眼見時, 心分別不。
阿難答言。如是。世尊。

佛告阿難。若相知者，云何在外。是故應知，汝言覺了能知之心，住在身外，無有是處。

마음이 몸 밖에 있다는 견해를 분석 논박하다

부처님이 물으셨다. "조금 전에 우리 모두는 배가 고파서 가서 밥을 먹었는데, 어디 한 번 물어보겠다. 우리가 배가 고플 때 대표를 한 사람 뽑아 가서 먹게 한다고 하자. 그럼 그 대표자가 밥을 배불리 먹고 나면 우리 모두는 배고프지 않을 수 있겠느냐?"

아난이 대답했다. "사람마다 몸은 각자 독립되어 있어 각자 존재하기 때문에 한 사람이 대중을 대표해서 밥을 먹음으로써 사람마다 배부르게 할 수 있는, 그런 이치는 절대로 없습니다."

부처님이 말씀하셨다. "너는 말하기를, 또렷이 분별하면서 능히 알고[知] 능히 감각하는[覺] 이 마음이 몸 밖에 있다고 했다. 그렇다면 몸과 마음은 응당 서로 상관이 없어서, 마음이 아는 바를 몸은 감각(感覺)할 수 없고, 몸에 감각이 있다면 마음은 알 수 없어야 한다. 이제 내가 너의 몸 밖에서 손을 한 번 들어 보겠다. 너는 눈으로 보자 마음에 곧바로 분별하는 지각(知覺)이 있느냐 없느냐?"

아난이 대답했다. "당연히 지각이 있습니다."

부처님이 말씀하셨다. "몸 밖에서 동작이 있자마자 너의 마음에서 지각하는 반응이 있는 바에야, 어떻게 마음이 몸 밖에 있다고 생각하느냐? 그러므로 마음이 몸 밖에 있다는 네 말은 틀린 것이다." (마음이 몸 밖에 있다고 생각하는 일반적인 관념이 틀린 것임을 분석함)

阿難白佛言。世尊。如佛所言，不見內故，不居身內。身心相知，不相離故，不在身外。我今思惟，知在一處。

佛言。處今何在。

阿難言。此了知心, 旣不知內, 而能見外。如我思忖, 潛伏根裏。猶如有人, 取琉璃碗, 合其兩眼。雖有物合, 而不留礙。彼根隨見, 隨卽分別。然我覺了 能知之心, 不見內者, 爲在根故。分明矚外, 無障礙者, 潛根內故。

아난이 말했다. "이렇게 논리적으로 가려보니, 몸 안에서 마음을 볼 수 없으면서도 몸 밖의 동작에 대해서 마음이 반응함이 있으므로, 몸과 마음은 사실상 분리될 수 없음을 확실히 알겠습니다. 그러므로 마음이 몸 밖에 있다는 것도 틀렸습니다.

제가 다시 사유해 보니, 마음은 생리적인 신경의 뿌리[根]³⁴속에 있습니다. 눈을 예로 들어 보겠습니다. 어떤 사람이 유리 안경을 썼을 경우, 눈은 비록 물건을 썼지만 눈에는 장애가 없어 눈의 시선이 외부 경계와 접촉하면 마음은 곧 따라서 분별 작용을 일으킵니다. 사람들이 자기 몸 안을 볼 수 없음은 마음이 눈 신경의 뿌리에 있기 때문이고, 눈을 들어 외부를 능히 보는 데 장애가 없음은 눈 신경의 뿌리에 있는 마음이 밖으로 발생하는 작용 때문입니다." (아난이 세 번째 한 대답의 관념은 마음이 생리적인 신경의 뿌리에 있다는 생각으로, 눈 신경의 시각작용을 예로 들어 설명함)

佛告阿難。如汝所言, 潛根內者, 猶如琉璃。彼人當以琉璃籠眼, 當見山河, 見琉璃不。

如是。世尊, 是人當以琉璃籠眼, 實見琉璃。

佛告阿難。汝心若同琉璃合者。當見山河, 何不見眼。若見眼者, 眼卽同境, 不得成隨。若不能見, 云何說言此了知心, 潛在根內, 如琉璃合。是故應知, 汝言覺了能知之心, 潛伏根裏, 如琉璃合, 無有是處。

---

34 오늘날 말하는 신경조직.(역주)

마음이 생리적인 신경의 뿌리에 있다는 견해를
분석 논박하다

부처님이 물으셨다. "네가 말한 바에 따르면, 마음은 생리적인 신경의 뿌리에 잠복해 있다고 생각한다면서 유리로 눈을 가리는 예를 들어 설명했는데, 무릇 안경을 낀 사람은 외부의 경물을 볼 수 있음은 물론이고 동시에 자기 눈 위의 안경도 볼 수 있느냐?"

아난이 대답했다. "안경을 낀 사람은 외부의 경물을 볼 수 있음은 물론이고 동시에 자기 눈 위의 안경도 볼 수 있습니다."

부처님이 말씀하셨다. "너는 말하기를, 마음이 생리적인 신경의 뿌리에 잠복해 있다고 했는데, 어떤 사람이 눈을 들어 외부의 경물을 볼 때 어찌하여 동시에 자기의 눈을 볼 수 없느냐?

만약 동시에 자기의 눈을 볼 수 있다고 한다면, 네게 보여 진 그 눈은 역시 외부의 경물이나 마찬가지가 되므로, 눈이 마음을 따라서 분별하는 작용을 일으킨다고 말할 수 없다.

만약 마음이 밖으로 외부의 모습을 볼 수 있지만 동시에 자기의 눈을 볼 수는 없다면, 능히 알고 능히 보는 또렷이 분별하는 마음이 눈 신경의 뿌리에 있음이, 마치 눈이 유리안경을 끼고 있음과 같다고 비유한 네 말은 근본적으로 틀린 것이다." (마음의 작용이 생리적인 신경의 뿌리에 잠복해 있다고 생각하는 일반적인 관념이 틀린 것임을 분석함)

阿難白佛言。世尊, 我今又作如是思惟。是衆生身, 腑藏在中, 竅穴居外。有藏則暗。有竅則明。今我對佛, 開眼見明, 名爲見外。閉眼見暗, 名爲見內。是義云何。

아난이 말했다. "제가 다시 사유해 보니, 사람들의 신체는 오장육부(五臟六腑)가 몸 안에 있고, 눈과 귀·코·입 등의 감각기관 구멍들은 몸 밖 표면에 있습니다. 오장육부가 있는 곳은 자연히 어둡고, 구멍이 터져 있는 것은 자연히 투명합니다. 예를 들어, 저는 지금 부처님을 대하고 눈을 뜨면 곧 밝음을 보기에 '밖을 본다'라고 이름 하고, 눈을 감으면 어둠만을 보기에 '안을 본다'라고 이름 합니다. 이 예로 설명하면 비교적 명료(明瞭)한가 합니다." (아난이 네 번째 한 대답의 관념은 마음이 어느 곳에 있는지에 대해 변별하는 것이 아니라, 단지 어둠을 보고 밝음을 보는 것만을 근거로 마음이 안에 있다 밖에 있다는 현상을 설명함)

佛告阿難。汝當閉眼見暗之時, 此暗境界, 爲與眼對, 爲不眼對。若與眼對, 暗在眼前, 云何成內。若成內者, 居暗室中, 無日月燈, 此室暗中, 皆汝焦腑。若不對者, 云何成見。若離外見, 內對所成。合眼見暗, 名爲身中。開眼見明, 何不見面。若不見面, 內對不成。見面若成, 此了知心, 及與眼根, 乃在虛空, 何成在內。若在虛空, 自非汝體。即應如來今見汝面, 亦是汝身。汝眼已知, 身合非覺。必汝執言身眼兩覺, 應有二知, 即汝一身, 應成兩佛。是故應知, 汝言見暗名見內者, 無有是處。

마음이 밝음을 보고 어둠을 보는 작용에 있다는 견해를 분석 논박하다

부처님은 이 문제에 대해 안과 밖의 관점에서 여덟 가지 사실을 들어 변별하여 설명하셨다.

부처님이 아난에게 말씀하셨다. "첫째, 네가 눈을 감으면 어두운 현상을 보는데, 이 어두운 현상은 눈에 보여 지는 경계로서 마주대하고 있느냐 그렇지 않느냐? 만약 어두운 현상이 눈앞에 마주대하고 있다면, 당연히 눈 안에 있다고 생각할 수 없다. 그렇다면 네가 말한, 어두운 경계를 '안에 있다'라고 이름 한다는, 사실과 이론은 성립하지 못한다.

둘째, 만약 어두운 현상을 보는 것을 '안을 본다'라고 이름 한다면, 온통 어두운 실내에 있을 경우 실내의 어둠은 모두 네 몸 안이 되므로, 이 어두운 현상이 바로 너의 오장육부라고 말할 수 있겠구나?

셋째, 만약 눈을 감으면 보이는 어두운 현상이 눈과 마주대하고 있지 않다고 한다면, 서로 마주대하지 않는 경계는 눈이 근본적으로 보지 못한다는 것을 알아야한다. 상호 대립적인 밖의 경계를 떠나서 오직 절대적으로 안에 있는 현상만 남아있어야 비로소 안에 있는 경계라고 말할 수 있다. 만약 그렇다면, 네가 말한 '안에 있다'는 실제 이론은 비로소 성립할 수 있다.

넷째, 눈을 감는 것을 바로 몸의 내부를 보는 것으로 생각한다면, 눈을 떠서 외부의 밝음을 볼 때는 이 마음이 안에서 밖으로 작용하면서 어찌하여 먼저 자기의 얼굴을 볼 수 없는 것이냐?

다섯째, 만약 안에서 밖으로 작용하면서 근본적으로 자기의 얼굴을 보지 못한다면, 네가 생각하는 안과 밖의 한계가 마주대한다는 이론 근거는 곧 성립하지 않는다. 만약 마음이 안에서 밖으로 작용하면서 자기의 얼굴을 볼 수 있다면, 또렷이 분별하면서 능히 알고 능히 감각하는[覺] 이 마음과, 물상(物象)[35]을 볼 수 있는 눈은 허공 사이에 걸려 있는 것이 되는데, 어떻게 '안에 있다'고 이름 할 수 있겠느냐?

여섯째, 만약 마음이 허공 사이에 있다면 허공은 자연히 네 마음의 본능(本能)[36]이 아닌데, 이제 내가 너와 얼굴을 마주대하고 너를

---

35 자연계의 사물과 그 변화 현상.(역주)

볼 수 있으니 나도 너의 몸과 마음이라 할 수 있겠구나?

일곱째, 내가 너 앞에 앉아 있으니 너의 눈은 이미 보았고 알고 있다. 너의 마음은 너의 눈을 통해 이미 나의 몸에 도달했고, 동시에 너의 몸은 여전히 존재하면서 너 스스로의 지각을 가지고 있다. 그렇다면 이 지각 작용은 네가 외부 경계를 보는 지각 작용과 함께 너의 마음이냐 아니냐?

여덟째, 만약 네가 고집하여 말하기를, 몸과 눈은 각각 독립된 지각을 가지고 있다고 한다면, 너는 곧 두개의 지각을 가진 것이 된다. 그렇게 되면 너의 한 몸에는 응당 심성의 체(體)가 두 개 있어야 맞다.

위에서 말한 이유들을 종합해보면 네가 말한, 눈을 감아 어두운 현상을 보는 것을 '안을 본다' 라고 이름 함은 근본적으로 틀린 것이다." (마음이 눈을 떠서 밝음을 보고 눈을 감아 어둠을 보는 작용에 있다고 생각하는 일반적인 관념이 틀린 것임을 분석함)

阿難言。我嘗聞佛開示四衆。由心生故, 種種法生。由法生故, 種種心生。我今思惟, 即思惟體, 實我心性。隨所合處, 心則隨有。亦非內外中間三處。

아난이 말했다. "제가 들으니 부처님께서는 말씀하시기를, '마음이 일어나므로 갖가지 법(法)[37]이 일어나고, 법이 일어나므로 갖가지 마음이 일어난다[心生種種法生, 法生種種心生]'고 하셨습니다.[38/39] 제

---

36 근본 성능. 자체 고유의 능력.(역주)

37 온갖 현상[事]과 이치[理].

38 모든 법은 본래 없는데, 마음으로 인하여 있다. 마음도 본래 없는데, 법으로 인하여 있다. 앞 구절인 '마음이 일어나니 법이 일어난다'는 것은 법이 스스로 일어나는 것이 아니라 마음으로부터 일어남을 밝혔고, 뒷 구절인 '법이 일어나므로 마음이 일어난다'는 것은 마음이 스스로 일어나는 것이 아니라 법으로 말미암아 나타남을 밝혔다. 마음은 본래 일어나지 않고 법은 자성이 없으

가 이제 다시 사유(思惟)하고 추측해보니, 이 사유하는 작용이 바로 저의 마음의 체성(體性)[40]입니다. 이 마음의 사유 체성이 외부 경계의 사물과 서로 이어져 합하면[連合] 바로 마음이 있는 곳입니다. 꼭 안이나 밖이나 혹은 중간 이 세 곳에 있는 것은 아닙니다." (아난이 다섯 번째로 한 대답의 관념은 사유하는 작용이 바로 마음의 체성이라고 생각함)

佛告阿難汝今說言, 由法生故, 種種心生, 隨所合處. 心隨有者, 是心無體, 則無所合. 若無有體而能合者, 則十九界因七塵合. 是義不然. 若有體者, 如汝以手自挃其體. 汝所知心, 爲復內出, 爲從外入. 若復內出, 還見身中. 若從外來, 先合見面.

阿難言. 見是其眼. 心知非眼. 爲見非義.

佛言. 若眼能見, 汝在室中, 門能見不. 則諸已死, 尙有眼存, 應皆見物. 若見物者, 云何名死. 阿難, 又汝覺了能知之心, 若必有體, 爲復一體, 爲有多體. 今在汝身, 爲復遍體, 爲不遍體. 若一體者, 則汝以手挃一支時, 四支應覺. 若咸覺者, 挃應無在. 若挃有所, 則汝一體, 自不能成. 若多體者, 則成多人, 何體爲汝. 若遍體者, 同前所挃. 若不遍者, 當汝觸頭, 亦觸其足, 頭有所覺, 足應無知. 今汝不然. 是故應知, 隨所合處, 心則隨有, 無有是處.

능히 사유하는 것이 마음이라는 견해를 분석 논박하다

부처님이 말씀하셨다. "네가 말한 바에 따르면, '마음이 일어나므로

니, 둘 다 체가 없어서 마음과 법이 모두 공하다는 뜻을 바로 드러낸 것이다.

39 이해하기 쉽게 풀어보면, 마음이 움직이므로 갖가지 현상이 나온다. 즉, 우리들의 생각관념이 다르면 외부의 온갖 사물이나 현상이 다르다. 반대로, 외부의 갖가지 현상은 심리관념에 미치는 영향이 다르다는 뜻.(역주)

40 체는 실체나 본체. 성은 체가 변하지 않는 것. 본성.(역주)

갖가지 법이 일어나고, 법이 일어나므로 갖가지 마음이 일어난다'고 하면서 사유의 의식 작용이 현상계(現象界)와 서로 합함이 바로 마음이라고 했다. 그렇다면 이 마음은 근본적으로 자기의 체성이 없다. 이미 자체가 없는 바에야 서로 합할 수 없는 것이다. 자체가 없는 것이 서로 합할 수 있다면, 그것은 추상(抽象)과 가설(假設)[41]이 서로 합하는 것이나 다름이 없어서 단지 명사(名詞)만 있고 그 사실은 없는 것이 되는데, 그래도 무슨 이치가 있겠느냐!

만약 마음은 자체가 없다고 생각한다면, 너는 손으로 네 몸의 어느 한 부분을 꼬집어 아프게 해보아라. 어디 한 번 물어보자. 너의 이 아픔을 능히 지각하는 마음은 네 몸 안에서 나오느냐 아니면 밖에서 들어오느냐? 만약 몸 안에서 나온다고 생각한다면, 네가 첫 번째 말했던 '마음이 몸 안에 있다'는 관념과 같으므로 응당 먼저 몸 안의 모든 것을 볼 수 있어야 한다. 만약 밖에서 들어온다고 생각한다면, 네가 두 번째 말했던 '마음이 몸 밖에 있다'는 관념과 같으므로 응당 먼저 자기의 얼굴을 볼 수 있어야 한다."

아난이 말했다. "이 능히 보는 것이란 눈입니다. 능히 알고 감각하는 것은 마음이지 결코 눈이 아닙니다. 반드시 먼저 자기의 얼굴을 볼 수 있어야 한다고 말씀하심은 맞지 않습니다."

부처님이 말씀하셨다. "만약 눈이 능히 보는 것이라고 생각한다면, 지금 너는 실내에 있으니 어디 한 번 물어보자. 이 실내의 열려 있는 문과 창도 사물을 볼 수 있느냐? 그리고 일반적으로 방금 죽은 사람은 눈이 아직은 있으니 그의 눈도 응당 사물을 볼 수 있어야 한다. 만약 눈이 아직 사물을 볼 수 있다면 죽은 사람이 아니게 된다.

게다가 너의 이 능히 알고 능히 감각하는[覺], 또렷이 분별하는 마

---

41 실제 없는 것을 있는 것으로 가정함.(역주)

음은 반드시 하나의 자체가 있는데, 어디 한 번 물어보자. 그 자체는 하나의 체가 있는 것이냐, 아니면 여러 개의 체가 있는 것이냐? 마음은 네 온 몸에 두루 있는 것이냐, 그렇지 않으면 부분에만 있는 것이냐?

만약 체가 하나 뿐이라고 생각한다면, 네가 손으로 어느 한 부분을 꼬집어 아프게 할 경우 사지가 응당 동시에 아픔을 감각해야 한다. 만약 일부분을 꼬집어 아프게 했는데도 사지가 모두 아픔을 감각한다면, 처음 꼬집혔던 일부분의 아픔은 국부적으로 존재하는 것이 아니게 된다. 만약 꼬집혀 아픈 부분이 반드시 그 고정된 위치가 있다면, 온 몸에는 심성(心性)의 체가 오직 하나 뿐이라는 너의 생각은 경험상으로나 이론상으로나 모두 성립할 수 없다.

만약 심성의 체가 여러 개 있다고 생각한다면, 한 사람이 여러 개의 심성을 가진 사람이 되게 된다. 그렇게 되면 어느 부분의 심성의 체야말로 너 자신의 진실한 마음이겠느냐?

마찬가지로 만약 몸 안에 존재하는 심성의 체가 온 몸에 두루 있다면, 위에서 했던 분석과 다름이 없음으로 다시 설명할 필요가 없다.

만약 몸 안에 있는 능히 알고 능히 감각하는 심성이 몸에 두루 있지 않다면, 네가 머리와 발을 동시에 손가락으로 쿡 찔러 보아라. 머리가 이미 아픔을 감각했다면 발은 다시 아픔을 감각하지 않아야 할 것이다. 그런데 사실은 결코 이와 같지 않다. 온 몸이 아프면 온 몸에 감각이 있다.

위에 말한 이유들을 종합해보면 네가 말한, 심성은 체가 없고 외부 현상의 반응 때문에 마음이 곧 서로 합하여 작용해 발생한다는 생각은 근본적으로 틀린 것이다." (심성의 사유작용은 결코 자체가 없으며 외부의 자극으로 서로 합하여 반응하여 일어난다는 일반적인 관념이 틀린 것임을 분석함)

阿難白佛言。世尊, 我亦聞佛, 與文殊等諸法王子, 談實相時, 世尊亦言, 心不在內, 亦不在外。如我思惟, 內無所見, 外不相知。內無知故, 在內不成。身心相知, 在外非義。今相知故, 復內無見, 當在中間。

아난이 말했다. "제가 평소에 들으니 부처님께서는 문수보살 등에게 자성의 실상(實相)을 말씀하시면서 '마음은 안에도 있지 않고 밖에도 있지 않다' 고 하셨습니다. 제가 이제 다시 사유하고 연구해 보니, 몸 안에서는 이 능히 알고 능히 감각하는[覺] 마음을 찾을 수 없고, 몸 밖에서는 정신 지각적인 어떤 것이 없습니다. 몸 안에서는 능히 아는 마음을 찾을 수 없으니 마음이 몸 안에 있다고 생각할 수 없습니다. 그런데 사실상 몸과 마음은 서로 지각하는 관계가 있으니 마음이 몸 밖에 있다고도 생각할 수 없습니다. 왜냐하면 몸과 마음은 서로 관련되어 있기에 서로 감각할 수 있습니다. 그러나 몸 안으로 찾아보아도 마음의 형상(形象)을 찾을 수는 없습니다. 이렇게 보면 마음은 응당 중간에 있겠습니다." (아난이 여섯 번째로 한 대답의 관념은 마음이 몸의 중간에 있다는 생각임)

佛言。汝言中間, 中必不迷, 非無所在。今汝推中, 中何爲在。爲復在處。爲當在身。若在身者, 在邊非中, 在中同內。若在處者, 爲有所表, 爲無所表。無表同無。表則無定。何以故。如人以表, 表爲中時, 東看則西, 南觀成北。表體既混, 心應雜亂。
阿難言。我所說中, 非此二種。如世尊言, 眼色爲緣, 生於眼識。眼有分別, 色塵無知。識生其中, 則爲心在。
佛言。汝心若在根塵之中, 此之心體, 爲復兼二, 爲不兼二。若兼二者, 物體雜亂。物非體知, 成敵兩立, 云何爲中。兼二不成, 非知不知, 即無體性, 中何爲相。是故應知, 當在中間, 無有是處。

마음이 중간에 있다는 견해를 분석 논박하다

부처님이 말씀하셨다. "너는 중간을 말하는데 중간은 독립적인 것으로 당연히 모호해서는 안 된다. 뿐만 아니라 반드시 그 고정된 있는 곳이 있을 텐데, 네가 지금 추측하여 지정하는 중간은 어느 곳에 있느냐? 네 생각으로는 어느 한 곳에 있느냐? 혹은 어느 한 점에, 아니면 너의 몸에 있는 것이냐?

만약 너의 몸에 있다면, 안에 있든 표층에 있든 간에 그 어느 쪽이나 상대적인 한 쪽이어서 그 어느 쪽이 바로 중간이라고 여길 수 없다. 만약 몸 안이라고 생각한다면, 네가 첫 번째 말한 '몸 안에 있다'는 관념과 동일하게 된다. 만약 어느 한 곳에 혹은 어느 한 점에 있다고 생각한다면, 그 한 곳이나 한 점은 실제상으로 있는 곳이 하나 있느냐? 아니면 가설적인 것으로서 표시할 수 없는 것이냐?

만약 그것이 단지 하나의 추상적인 개념이라면, 네가 말하는 중간은 없는 것이나 마찬가지이다. 그리고 가설적인 것은 절대 고정될 수 없다. 이론적으로 보면, 어떤 사람이 어느 한 곳을 표시하여 중간이라고 말하더라도 그것을 나머지 다른 각도에서 보게 되면 절대적인 기준이 없다. 예를 들어, 동쪽을 기점으로 할 때는 이 중간 표시는 그 서쪽에 있게 되고, 남쪽을 기점으로 할 때는 이 중간 표시는 그 북쪽에 있게 된다. 이처럼 표시의 준칙은 방향에 따라 달라지므로 관점도 따라서 혼란스럽게 된다. 중간을 표시하는 관점이 이미 혼란스럽다면, 이 마음도 따라서 뒤죽박죽이 되게 된다."

아난이 말했다. "제가 말하는 중간은 당신이 말하는 이 두 가지가 아닙니다. 저의 의미는, 당신께서 과거에 말씀하신 것과 같이, 자기 몸에 있는 눈 신경 등 능히 보는 인(因)[42]이 곧 자기가 볼 수 있는 외부 모습[景象]의 연(緣)[43]을 낳기[産生] 때문에 눈이 능히 사물을 보는 식별 작용을 형성합니다. 눈 자체는 분별이 있고 외부 물리현상은 지각이 없는 물체입니다. 이런 식별능력 작용은 외부 현상과 눈과의 접촉하는 그 중간에 발생합니다. 이런 작용현상이 바로 마음이 있는 곳이며 심성의 작용이기도 하다는 것입니다."

부처님이 말씀하셨다. "너는 말하기를, 마음이 육체상의 물질인 눈과 외부 현상이 발생 반응하는 중간에 있다고 했다. 그렇다면 네 생각에는 이 심성의 체는 물질 작용과 심식(心識) 작용을 둘 다 겸해 지니는 것이냐, 아니면 이 두 가지 작용을 겸해 지니지 않는 것이냐?

겸해 지니는 것이라면, 외부 물질과 심식이 뒤섞이게 된다. 왜냐하면 물질 자체는 지각이 없고 심식만이 지각 기능이 있기 때문이다. 심식과 물질은 서로 대립적인 것인데 마음이 그 중간에 있다고 어떻게 말할 수 있겠느냐?

이 두 가지 작용을 겸해 갖추고 있지 않다면, 육체인 물질은 앎이 없는 것이므로 자연히 지각이 없게 되니, 하나의 지각하는 체성의 존재가 있다고 더더욱 말할 수 없다. 그렇다면 네가 말하는 중간이란 어떤 상황이냐?

그러므로 마음이 중간에 있다는 말은 절대적으로 틀린 것이다."

(마음이 물질과 지각, 신체와 외부 현상의 중간에 있다는 일반적인 관념이 틀린 것임을 분석함)

---

42 因은 결과를 부르는 직접적인 원인.(역주)

43 緣은 因을 도와 결과를 낳는 간접적인 원인 또는 조건. 모든 것에서 인과의 법칙이 지배하고 있는 것인데, 그 결과를 일으키는 因을 조성하는 사정이나 조건, 즉 간접적인 원인을 緣이라고 함. 인식의 대상, 境. 반연하다. 마음이 외계의 대상으로 향하는 것. 감각함. 인식함. 주관과 객관의 관계, 즉 심식이 외적인 대상을 인지하는 작용을 연이라고 함(역주)

阿難白佛言。世尊, 我昔見佛, 與大目連、須菩提、富樓那、舍利弗, 四大弟子, 共轉法輪。常言覺知分別心性, 既不在內, 亦不在外, 不在中間, 俱無所在, 一切無著, 名之爲心。則我無著, 名爲心不。

아난이 말했다. "제가 이전에 자주 들었는데 부처님께서는 말씀하시기를, '이 능히 알고 감각하고[覺] 분별하는 심성은 안에도 있지 않고, 밖에도 있지 않으며, 중간에도 있지 않다. 온갖 것[一切][44]에 있는 곳이 없으며 온갖 것에 집착하지도 않는다. 이 작용을 마음이라 부른다'고 하셨습니다. 그렇다면 제가 이제 마음에 집착함이 근본적으로 없는 이런 현상이 바로 마음입니까?" (아난이 일곱 번째로 한 대답의 관념은 온갖 것에 집착이 없는 것이 바로 마음이라 생각함)

佛告阿難。汝言覺知分別心性, 俱無在者, 世間虛空水陸飛行, 諸所物象, 名爲一切。汝不著者, 爲在爲無。無則同於龜毛兔角, 云何不著。有不著者, 不可名無。無相則無, 非無即相, 相有則在, 云何無著。是故應知, 一切無著, 名覺知心, 無有是處。

집착함이 없음이 바로 마음이다는 견해를
분석 논박하다

부처님이 말씀하셨다. "너는 능히 감각하고 지각하고 분별하는 마음이 온갖 것[一切]에 집착함이 없다고 말하는데, 이제 '온갖 것'

---

44 모든. 수가 많음. 전부. 모두. 전체를 포함해서 말하는 전부의 일체와 대부분을 포함하고 있는 소분의 일체가 있다. 본 번역에서는 동음이의어인 일체(一體)와 혼동을 피하기 위하여 '온갖 것' 또는 '온갖'이나 '모든'으로 번역함.(역주)

의 함의를 먼저 이해해야 한다. 무릇 물속에서 헤엄치는 것·육지에서 기어 다니는 것·공중에서 날아다니는 것, 이런 갖가지 세간의 생명체들과 허공중에 나타나 있는 물상들을 종합하여 '온갖 것'이라고 부른다.

그런데 마음이 이 온갖 것에 있지 않다면 또 그 무엇에 집착함이 없다는 것이냐? 그리고 네가 말하는 '집착함이 없다함'은 도대체 '집착함이 없는 경계'라는 존재가 하나 있는 것이냐, 아니면 '집착함이 없는 경계'라는 존재가 없는 것이냐?

만약 '집착함이 없는 경계'라는 존재가 없다면, 처음부터 없는 것으로 거북의 털이나 토끼의 뿔을 말하는 것이나 다름없으니, 없으면 없는 것이지 집착함이 없다고 말할 것이 무엇이 있겠느냐!

만약 '집착함이 없는 경계'라는 존재가 하나 있다면, 없다고 생각할 수 없으니 반드시 경계와 현상(現象)이 하나 있을 것이다. 경계와 현상이 있다면 사실적으로 존재가 있게 되는데 어떻게 집착함이 없다고 말할 수 있겠느냐!

그러므로 '온갖 것에 집착함이 없는 것을, 능히 알고 감각하는 마음이라고 이름 한다'는 네 말은 틀린 것이다." (온갖 것에 집착함이 없는 것이 바로 마음이라고 생각하는 일반적인 관념이 틀린 것임을 분석함)
(이상이 유명한 칠처징심의 논변임)

爾時阿難, 在大衆中, 即從座起, 偏袒右肩, 右膝著地, 合掌恭敬, 而白佛言。
我是如來最小之弟, 蒙佛慈愛, 雖今出家, 猶恃憍憐。所以多聞未得無漏。不能折伏娑毗羅咒。爲彼所轉, 溺於婬舍。當由不知眞際所詣。惟願世尊, 大慈哀愍, 開示我等奢摩他路, 令諸闡提。隳彌戾車。作是語已, 五體投地, 及諸大衆, 傾渴翹佇, 欽聞示誨。
爾時世尊, 從其面門, 放種種光。其光晃耀, 如百千日。普佛世界, 六種震動。

如是十方微塵國土, 一時開現佛之威神, 令諸世界合成一界。其世界中, 所有一切諸大菩薩, 皆住本國, 合掌承聽。佛告阿難。一切衆生, 從無始來, 種種顚倒, 業種自然, 如惡又聚。諸修行人, 不能得成無上菩提, 乃至別成聲聞緣覺, 及成外道, 諸天魔王, 及魔眷屬。皆由不知二種根本, 錯亂修習。猶如煮沙, 欲成嘉饌, 縱經塵劫, 終不能得。

云何二種。阿難, 一者, 無始生死根本。則汝今者, 與諸衆生, 用攀緣心, 爲自性者。二者, 無始菩提涅槃元淸淨體。則汝今者識精元明, 能生諸緣, 緣所遺者。由諸衆生, 遺此本明, 雖終日行, 而不自覺, 枉入諸趣。

진심과 망심의 체성을 분간하다

'마음은 도대체 어디에 있는가?'라는 문제에 대해, 아난이 반복해서 일곱 가지 견해를 제시했지만 부처님의 분석과 논변을 거쳐 모두 부정되자, 평생 동안 배운 것이 모두 허망하게 느껴지면서 몹시 두렵고 당혹스러웠다. 그래서 부처님께 가르침을 구하고 심성 자체가 본래 적정한[寂靜][45]진리를 설명해 주시기를 청했다.

부처님이 말씀하셨다. "지각 영성(靈性)을 지닌 온갖 중생들이 무시(無始)시기 이래로(시간은 시작과 끝이 없으므로 무시라고 함) 갖가지가 잘못되고 거꾸로 되어[錯誤顚倒] 모두 자연스런 업력(業力)에 지배를 받는 것은, 마치 한 줄에 쭉 꿴 과일 열매들이 하나의 근본으로부터 발생하여 길어질수록 늘어나는 것과 같다. 심지어 일반적으로 불법을 학습하고 진리를 추구하는 사람도 비록 노력하여 수행하지만 역시 흔히들 잘못된 길로 들어가 무상보리(無上菩提: 자성정지정각自性正知正覺)를 이루지 못하는 것은, 모두 두 가지의 기본 원리를 모르고 불

---

45 적정: 조용한 것. 마음의 평정. 고요한 것. 깨달음의 세계. 휴식. 열반의 다른 이름. 열반에서는 고통이 없고, 욕심이 없고, 일체의 번뇌가 없고 심신이 적정한 것.(역주)

법을 멋대로 닦고 익히기 때문이다. 마치 모래를 쪄서 좋은 음식을 만들려는 것[猶加煮沙, 欲成嘉饌]과 같아서, 아무리 오랜 시간을 경과하고 아무리 노력해서 공부하더라도 마침내 지고무상(至高無上)한 진실의 성취를 얻을 수 없느니라."

부처님이 또 말씀하셨다. "이른바 두 가지의 기본 원리란 첫째, 무시이래로 생사의 근본이 되는 것으로, 영성을 지닌 온갖 중생들의 심리 작용은 생리적인 본능 활동에 의지하고 있는데, 이를 반연심(攀緣心)이라 한다(보통의 심리현상은 모두 감상感想·연상聯想·환상幻想·감각感覺·착각錯覺·사유思惟 그리고 부분적인 지각의 테두리 안에서 맴돌고 있는데, 이를 통틀어 망상妄想 혹은 망심妄心이라함. 마치 쇠사슬의 이어진 고리가 서로 맞물려 연대하여 관계를 발생하여 이것으로부터 저것에 이르듯이, 마음에는 반드시 어떤 일[事]이나 어떤 물체[物] 혹은 어떤 이치[理]를 더위잡고[緣着] 기어올라 취하여서[攀取] 버리지 못하는 현상이 있으므로 반연심이라고 부름).

둘째, 이런 망심의 상황은 심리와 생리가 발생시키는 현상일 뿐 심성 자체 기능[功能: 機能][46]의 본래가 아니다. 무시이래로 심성 기능의 자체는 감각과 지각의 범위를 초월하여, 본래 청정한 정각(正覺)으로서 밝고 고요하건만[光明寂然], 망심과 구분하여 말하기 위해 진심자성(眞心自性)이라고 이름 하는 것이다(여기서 말하는 진眞이란 단지 명칭상 망심과 구별하기 위해 가설한 것임. 사람이나 영성을 지닌 온갖 중생들의 본위에서 발생하는, 각종 심리 상황인 망상과 생리 본능 활동은 모두 이 자성 기능이 일으키는 동태작용임). 너의 현재 의식정신은 원래 자

---

46 공능(功能)은 불학 술어로는 유위법의 결과를 낳을 수 있는 공용세력(功用勢力)을 가리키며, 결과를 낳는 작용, 잠재적인 힘, 능력을 갖추고 있음의 의미이다. 현대 중국어에서의 의미는 기능(機能; function)·성능·작용·효능·활동 능력인데, 그 중에 '기능'이 포괄적으로 공능의 의미에 가장 가깝다고 생각되므로 공능을 모두 '기능'으로 번역하기로 함.(역주)

연히 자성의 영명(靈明)을 갖추고 있어서 심리적 생리적 각종의 인연 작용을 발생할 수 있다. 그러나 심리적 생리적 각종의 인연 작용의 발생은 그 원인을 규명해보면 각각 저마다 그러한 까닭이 있는데, 만약 심신·물리·정신 상호 관계가 발생시키는 각종의 인연을 저마다 반연을 일으키는 까닭의 본래 자리로 되돌려 놓는다면, 이 본래 청정한 정각으로서 밝고 고요한[寂然] 자성은 스스로 초연히 독립하여 밖으로 모든 것을 벗어나 해탈을 얻을 것이다. 영성을 지닌 온갖 중생은 모두 이 심성 자체의 기능을 갖추고 있으면서 갖가지 작용을 발생시킨다. 비록 하루 종일 응용하지만 이 자성 기능이 발생시키는 작용만을 인식할 수 있을 뿐, 심성의 밝고 고요한 자체를 인식하지 못하고 있다. 그러기에 생사의 흐름 가운데에서 끊임없이 맴돌고 있느니라.

阿難, 汝今欲知奢摩他路, 願出生死。今復問汝。即時如來擧金色臂, 屈五輪指, 語阿難言。汝今見不。

阿難言見。

佛言。汝何所見。

阿難言。我見如來擧臂屈指, 爲光明拳, 耀我心目。

佛言。汝將誰見。

阿難言。我與大衆, 同將眼見。

佛告阿難。汝今答我, 如來屈指爲光明拳, 耀汝心目。汝目可見, 以何爲心, 當我拳耀。

阿難言。如來現今徵心所在。而我以心推窮尋逐, 即能推者, 我將爲心。

佛言。咄。阿難, 此非汝心。

阿難矍然, 避座合掌起立白佛。此非我心, 當名何等。

佛告阿難。此是前塵虛妄相想, 惑汝眞性。由汝無始至於今生, 認賊爲子, 失汝元常, 故受輪轉。

阿難白佛言。世尊, 我佛寵弟, 心愛佛故, 令我出家。我心何獨供養如來。乃至遍歷恒沙國土, 承事諸佛, 及善知識, 發大勇猛, 行諸一切難行法事, 皆用此心。縱令謗法, 永退善根, 亦因此心。若此發明不是心者, 我乃無心同諸土木, 離此覺知, 更無所有。云何如來說此非心。我實驚怖。兼此大衆, 無不疑惑。惟垂大悲, 開示未悟。

심성 자체를 가리켜 확인시키다

부처님이 아난에게 말씀하셨다. "네가 이제 심성의 적연대정(寂然大定)[47]의 바른 길을 이해하여 생사의 흐름을 초월하고 싶다면, 반드시 먼저 정확한 견해와 인식이 있어야한다."

그리고는 손을 들어 주먹을 쥐어 보이고 나서, 다시 아난에게 물으셨다. "너는 지금 볼 수 있느냐?"

아난이 대답했다. "보았습니다."

부처님이 물으셨다. "너는 무엇을 보았느냐?"

아난이 대답했다. "저의 눈은 당신의 주먹을 보았고, 마음으로는 이것이 주먹인줄 압니다."

부처님이 말씀하셨다. "능히 보는 것은 누구이냐?"

아난이 대답했다. "저와 대중은 눈으로 보았습니다."

부처님이 또 물으셨다. "나의 주먹이 앞에서 너의 눈과 마음을 비추니 너의 눈이 이미 그렇게 볼 수 있는 바에야, 무엇이 너의 마음이냐?"

아난이 대답했다. "마음이 어디에 있느냐고 당신께서 캐물으시

---

47 대정(大定)은 대지(大止). 저자가 원문 사마타(奢摩他)를 寂然大定으로 번역하였는데, '능엄경 강좌'에서 '진정으로 가장 위대한 지관(止觀), 지(止)'라고 설명함.(역주)

니, 지금 제가 추측하고 찾아봅니다. 이 능히 추측하고 찾아보는 것이 아마 저의 마음인 것 같습니다."

부처님이 말씀하셨다. "저런! 이것은 너의 진심(眞心)이 아니다."

아난은 듣고서 몹시 놀라 의아하게 여기면서 물었다. "이것이 저의 마음이 아니라면 마땅히 무엇입니까?"

부처님이 말씀하셨다. "이런 작용은 모두 외부 경계가 자극한 반응으로서, 변화하고 실체가 없는[變幻不實] 의식생각이 발생하여 너의 심성 자체를 가리고 미혹시켜 어지럽히는 것이다. 무시이래부터 지금까지 일반인들은 모두 이 의식생각이 바로 진심이라고 여기고 있는데, 이는 마치 도적을 자식으로 오인하는 것과 같다. 그리하여 본래 영원히 생멸현상을 떠났고 번뇌가 끊어진[本元常寂][48] 심성 자체를 상실하고 미혹하여 생사의 소용돌이 속에서 유랑하고 있는 것이다."

아난이 말했다. "저는 부처님의 사랑하는 동생으로, 마음으로 우리 부처님을 사랑했기 때문에 출가하여 온 마음을 다 기울여 법을 배우고 있습니다. 그럴 뿐만 아니라 다른 선지식들에 대해서도 모두 공경히 가르침을 받고, 큰 용맹심을 일으켜 선(善)을 추구하고 진리[眞]를 추구하는 온갖 행위를, 어려움을 두려워하지 않고 무엇이든지 간절하게 실행하고 있습니다. 갖가지 행위는 사실상 모두 이 마음을 운용해야 할 수 있습니다. 설사 진리를 반대하고 선근(善根)[49]에서 영원히 물러나려고 할 경우도 역시 이 마음의 운용입니다. 그런데 지금 부처님께서는 이것이 마음이 아니라고 말씀하십니다. 그렇다면 저는 마음이 없는 것이나 마찬가지이니 어찌 무지한 목석(木石)

---

48 상적(常寂)은 진여의 본성이 영원히 생멸 현상을 떠나고 번뇌가 끊어진 것을 말함.(역주)

49 좋은 보답을 가져오는 착한 행위.(역주)

이나 다름없지 않겠습니까? 이런 지각을 떠나서도 무엇이 있을까요? 어찌하여 부처님께서는 이것이 마음이 아니라고 하십니까? 저뿐만 아니라 여기 법회에 있는 일반 대중도 다들 아마 같은 의혹을 가지고 있을 것입니다. 부처님께서는 자비를 일으켜서 아직 진심을 깨닫지 못한 저희 일반인들에게 더 가르쳐주시기 바랍니다.”

爾時世尊。開示阿難。及諸大衆。欲令心入無生法忍。於師子座, 摩阿難頂, 而告之言。如來常說諸法所生, 唯心所現。一切因果, 世界微塵, 因心成體。阿難, 若諸世界, 一切所有, 其中乃至草葉縷結, 詰其根元, 咸有體性。縱令虛空, 亦有名貌。何況淸淨妙淨明心, 性一切心, 而自無體。若汝執吝, 分別覺觀, 所了知性, 必爲心者。此心即應離諸一切色香味觸諸塵事業, 別有全性。如汝今者承聽我法, 此則因聲而有分別。縱滅一切見聞覺知, 內守幽閒, 猶爲法塵分別影事。我非敕汝, 執爲非心。但汝於心, 微細揣摩。若離前塵有分別性, 即眞汝心。若分別性, 離塵無體, 斯則前塵分別影事。塵非常住, 若變滅時, 此心則同龜毛兔角, 則汝法身同於斷滅, 其誰修證, 無生法忍。
即時阿難, 與諸大衆, 默然自失。
佛告阿難。世間一切諸修學人, 現前雖成九次第定, 不得漏盡成阿羅漢, 皆由執此生死妄想, 誤爲眞實。是故汝今雖得多聞不成聖果。

안으로 조용하고 한가롭고 텅 빔을 지킴은 심리현상이다

이때에 부처님은 아난과 일반대중으로 하여금 그들의 심경(心境)이 무생법인(無生法忍)(불법의 전문 명사로, 위에서 말한 심성이 고요한 바른 선정의 실제 경지 모습임. 현재 작용하고 있는 심리 현상이 더 이상 망상작용을 일으키지 않고 적연부동寂然不動에 머무르며, 생리활동도 이로 인해 지극히 고요히 그친[靜止] 상태에 진입함. 심성이 고요한 자체 실상에 머묾은 본성을 보고 도에 들어가는 기본요점이 됨. 왜냐하면 망상이 일어나지 않는 이러한 실상에는 동심인성動心忍性[50]이 있어서 심신의 습관적 활동 현상을 끊어버리므로 법인이라고 함)에 들어가도록 하기 위하여 자애로운 손으로 아난의 정수리를 어루만지면서 말씀하셨다. "나는 늘 말하기를, 온갖 현상이 일어남은 모두 심성 자체 기능의 나타남[顯現]이라고 했다. 모든 세계의 물질 미진(微塵)[51]은 모두 심성의 본체 기능으로부터 형성되기 때문이다. 세상의 온갖 것은 풀 한 포기, 나무 한 그루, 점 하나, 물방울 하나에 이르기 까지, 그 근원을 연구해보면 모두 저마다의 특성이 있다. 설사 허공이라 할지라도 그 명칭과 현상이 있다. 하물며 이 청정하고 영묘하며 밝고 성결(聖潔)한 진심은 정신적·물질적·심리적·생리적인 모든 것의 중심 체성인데 어찌 자체가 없겠느냐? 만약 네가 이 의식분별과, 감각하고 보고 또렷이 아는 성능(性能)을 고집하여 이것이 바로 진심이라고 여긴다면, 이 마음은 마땅히 현상계의 모든 색(色)·성(聲)·향(香)·미(味)·감촉(感觸) 등등의 사실 행위활동 작용[作業]을 떠나서 따로 하나의 완전히 독립적인 체성이 있어야한다.

예컨대 너는 지금 내가 말하는 것을 듣고 있는데, 이는 소리를 들었기 때문에 비로소 네게서 의식 분별이 일어나는 것이지, 만약 소리가 없다면 능히 듣는 심성은 어디에 있겠느냐? 설사 네가 지금 보고·듣고·감각하고·지각하는 온갖 작용을 소멸시켜 버리고, 마음속에 아무것도 없고 단지 '조용하면서 한가롭고 텅 빈 경계만을 하나 지킬 수 있다할지라도, 사실상 이는 의식분별 현상이 잠시 잠복한 영상(影像)에 불과한 것[內守幽閒, 猶爲法塵分別影事]'이지 마음의 진실한 자성의 체가 아니다.

---

50 심신을 연마 단련하면서 외부의 고난이나 장애를 돌아보지 않고 버텨 나간다는 뜻.(역주)

51 눈에 보이는 최소의 것. 매우 미세한 물질. 원자.(역주)

그러나 나는 이런 현상이 너의 진심이 갖추고 있는 일종의 작용이 절대 아니라고 말하는 것은 아니다. 너는 이런 심리 현상으로부터 자세히 연구하고 사색 탐구해 볼 수 있다. 만약 정신적 물질적, 심리적 생리적 현상 이외에 따로 초연히 독립적이면서 능히 분별하는 자성이 하나 있다면, 그것이야말로 너의 진심 자성이다.

만약 이 능히 분별하는 성능이 외부경계 현상과 경험을 떠나서는 자체가 없다면, 이런 현상들은 모두 외부경계와 의식경험이 잠복한 영상임을 알 수 있다. 의식경험과 외부경계 현상은 시시각각 모두 변동하고 있어서 영원히 있을 수는 없다. 의식이 변동하면 현상이 소멸해버리니, 이 마음은 영(零)[52]이나 마찬가지 아니겠느냐? 그렇다면 너의 자성 본체는 틀림없이 끊어져 소멸[斷滅]하여서 없는 것이나 다름없게 되는데, 무엇이 있어 수행하여 무생법인을 얻었음을 증명할 수 있겠느냐? (다시 말해서, 만약 조용하면서 한가롭고 텅 빈 경계를 하나 지키면서 그것이 곧 심성 자체라고 여긴다면, 조용하면서 한가롭고 텅 빔을 지키지 않을 경우에는 이 경계도 즉시 변해버리게 됨. 이는 이와 같은 정지靜止의 경계가 일종의 의식현상일 뿐 진심 자성의 본체가 아니라는 사실을 아주 뚜렷이 증명해줌).

불법을 수행하는 세간의 모든 학인들이 설사 현재 구차제정(九次第定:사선팔정四禪八定이라고도 하는데, 불법과 외도 등이 수행 공부하는 공통의 경계임. 초선初禪은 심일경성心一境性임. 즉, 마음을 한 곳으로 통제하여[制心一處] 심념이 전일한 경지임. 이선二禪은 정생희락定生喜樂임. 삼선三禪은 이희득락離喜得樂임. 사선四禪은 사념청정捨念淸淨임. 아울러 네 가지 정定의 경계가 있음. 즉, 공무변처정空無邊處定·식무변처정識無變處定·무소유처정無所有處定·비상비비상처정非想非非想處定이 있음. 여기에 멸진정滅盡定을 더해 통틀어 구차제정이라고 함)을 성취하고도 오히려 원만무루의 아라한과(루漏란 번뇌의

다른 이름임. 무루無漏 혹은 누진漏盡은 번뇌가 다한 것임. 아라한은 소승 수행인이 도달한 최고의 경지로 온갖 번뇌를 끊어 무명無明과 욕망과 번뇌의 새어 나감이 완전히 없어져 충분히 인간과 천인의 사표가 되는 과위임)를 얻지 못하는 까닭은 모두 이 생사 망상의 망심에 집착하여 이를 진심 자성의 본체로 삼기 때문이다. 그러므로 네가 비록 박문강기(博聞强記)하여 지식이 해박하고 기억하고 들은 불법이 많건만 여전히 성과(聖果)를 얻지 못하는 것도 그 원인 때문이니라.

阿難聞已。重復悲淚, 五體投地, 長跪合掌, 而白佛言。自我從佛發心出家, 恃佛威神常自思惟, 無勞我修, 將謂如來惠我三昧。不知身心本不相代。失我本心雖身出家, 心不入道。譬如窮子, 捨父逃逝。今日乃知雖有多聞, 若不修行, 與不聞等。如人說食, 終不能飽。世尊, 我等今者, 二障所纏。良由不知寂常心性。惟願如來, 哀愍窮露, 發妙明心, 開我道眼。

아난은 부처님의 가르침을 듣고 슬픔의 눈물을 흘리면서 말했다. "저는 부처님의 불가사의한 힘[威神]에 의존하고, 스스로 고생하며 수행할 필요가 없이 당신께서 저에게 삼매(三昧:심성이 적연 부동하면서 비춤[照]과 작용[用]이 동시인 경계)를 내려주시리라 고만 항상 생각했지, 사람 저마다의 몸과 마음은 본래 서로 대신할 수 없음을 알지 못했습니다. 그래서 진심 자성을 보지 못했습니다. 저는 지금 비록 몸은 출가했지만 이 마음은 아직 도에 들어가지 못했습니다. 이는 마치 부잣집의 교만한 아들이 자애로운 아버지를 거스르고 밖으로 떠돌이 생활을 달게 여기면서 타향에서 걸식하는 것이나 같습니다. 비록 박문강기하더라도 노력 수행하여 증득을 추구하지 않는다면, 마치 사람이 아무리 음식을 말해도 마침내 배부를 수 없는 것처럼, 결국은 어리석고 무지함이나 다름없다는 사실을 오늘에야 비로소 알았습니다. 인생 현실 상황에서의 번뇌로는 대체로 두 가지 기본 장애에 어려움을 느끼고 어찌할 바를 모릅니다. 첫째, 각종 심리 상태의 정서와 망상에 의해 번뇌합니다. 이른바 아집(我執)인데, 아장(我障)이라고도 합니다. 둘째, 일반적인 세간 현실의 지식에 의해 장애를 받습니다. 이른바 법집(法執)인데, 소지장(所知障)이라고도 합니다. 이는 모두 심성이 고요하면서 영원히 존재하는[寂然常住] 실상(實相)을 자기가 알지 못하고 보지 못하기 때문입니다. 부처님께서 저희들을 가련히 여기고 저희들의 현묘(玄妙)[53]하고 밝은 진심[妙明眞心]과 도안(道眼)[54]을 열어 주시기 바랍니다."

即時如來, 從胸卍字, 涌出寶光. 其光晃昱有百千色. 十方微塵, 普佛世界, 一時周徧. 徧灌十方所有寶刹諸如來頂. 旋至阿難, 及諸大衆. 告阿難言. 吾今爲汝建大法幢. 亦令十方一切衆生, 獲妙微密, 性淨明心, 得淸淨眼. 阿難, 汝先答我見光明拳. 此拳光明, 因何所有云何成拳汝將誰見阿難言. 由佛全體閻浮檀金, 䶩如寶山, 淸淨所生, 故有光明. 我實眼觀, 五輪指端, 屈握示人, 故有拳相. 佛告阿難. 如來今日實言告汝. 諸有智者, 要以譬喩而得開悟. 阿難, 譬如我拳, 若無我手, 不成我拳. 若無汝眼, 不成汝見. 以汝眼根, 例我拳理, 其義均不.

阿難言. 唯然世尊. 旣無我眼, 不成我見. 以我眼根, 例如來拳, 事義相類. 佛告阿難. 汝言相類, 是義不然. 何以故. 如無手人, 拳畢竟滅. 彼無眼者, 非見全無. 所以者何. 汝試於途, 詢問盲人, 汝何所見. 彼諸盲人, 必來答汝, 我今眼前, 唯見黑暗, 更無他矚. 以是義觀, 前塵自暗, 見何虧損.

阿難言. 諸盲眼前, 唯睹黑暗, 云何成見.

佛告阿難. 諸盲無眼, 唯觀黑暗, 與有眼人, 處於暗室, 二黑有別, 爲無有別.

---

53 도리가 깊어 불가사의하다.(역주)

54 수행에 의해서 얻은 훌륭한 눈. 훌륭한 식견.(역주)

如是世尊。此暗中人, 與彼群盲, 二黑校量, 曾無有異。

阿難, 若無眼人, 全見前黑, 忽得眼光, 還於前塵見種種色, 名眼見者。彼暗中人, 全見前黑, 忽獲燈光, 亦於前塵見種種色, 應名燈見。若燈見者, 燈能有見, 自不名燈。又則燈觀, 何關汝事。是故當知, 燈能顯色。如是見者, 是眼非燈。眼能顯色, 如是見性, 是心非眼。

능히 봄은 눈이 보는 것이 아니다

부처님이 말씀하셨다. "너는 조금 전에 이 주먹을 보았다고 대답했는데, 어떻게 이 주먹의 색상이 있게 된 것이냐? 어떻게 주먹으로 변했으며, 너는 또 무엇에 의거해 보았느냐?"

아난이 대답했다. "당신의 몸 자체가 색상의 작용을 갖추고 있기 때문에 이 주먹의 색상이 있게 된 것입니다. 보았던 것은 저의 눈이고, 주먹을 이룬 것은 당신의 손입니다."

부처님이 말씀하셨다. "솔직하게 네게 일러주겠다. 지혜가 있는 모든 사람들이 진리를 깨닫고자 하면 비유를 해야 이해할 수 있느니라. 이 주먹을 예로 들면, 만약 나의 손이 없다면 처음부터 주먹으로 쥐어질 수 없다. 만약 너의 눈이 없다면 너도 아예 볼 수 없다. 너의 눈의 예로써 나의 손에 견주어본다면, 그 이유가 같겠느냐?"

아난이 말했다. "당연히 같습니다. 만약 저에게 눈이 없다면 제가 어떻게 볼 수 있겠습니까? 저의 눈으로써 당신의 주먹에 견준다면 그 사실과 이유가 모두 같습니다."

부처님이 말씀하셨다. "너는 같다고 했는데, 사실은 같지 않다. 만약 손이 없는 사람이라면 처음부터 쥘 주먹이 없겠지만, 눈이 먼 사람이라고 결코 절대 볼 수 없는 것이 아니다. 너는 길가는 장님에게 '당신은 볼 수 있습니까?' 하고 한 번 물어보아라. 장님은 반드시 이렇게 대답할 것이다. '나는 지금 눈앞에 어둠만 보이고 다른 것은 아무 것도 보이지 않습니다.' 이로써 모든 장님은 어둠만 본다는 것을 알 수 있는데, 장님이 보는 어둠과 일반적으로 눈이 나쁘지 않은 사람이 온통 깜깜한 방 안에서 보는 어둠과는 무슨 다름이 있겠느냐? 만약 눈 먼 사람이 보는 것은 온통 어둠이었지만 홀연히 시각을 회복하면 역시 눈앞의 갖가지 색상과 현상을 볼 수 있다. 네가 만약 능히 보는 것을 눈의 기능이라고 여긴다면, 눈이 나쁘지 않은 사람이 깜깜함 속에서 눈앞이 온통 어둠인 것을 보다가 등불 빛이 있게 되면 여전히 앞의 갖가지 색상을 볼 수 있으니, 등불 빛이야말로 능히 보는 본능이라고 말해야 마땅하다. 만약 등불 빛이 능히 보는 본능이라면, 등불 빛 자체가 보는 기능을 갖추고 있는 것이니 등이라고 하지 않고 등이 바로 너의 눈이어야 마땅하리라. 게다가 등 자체가 능히 보는 기능을 가지고 있으니 너와는 또 무슨 상관이 있겠느냐? 등은 단지 빛을 내서 모든 색상들을 비출 뿐이며, 이 빛 속에서 너의 이 능히 보는 것은 눈이지 등이 절대 아님을 알아야 한다. 이로써 네가 더욱 이해해야 할 것은, 눈은 단지 색상을 비추어 나타나게 할 수 있을 뿐, 그 자체는 능히 보고 분별하는 지각 기능을 갖추고 있지 않으며, 능히 보는 것은 심성 자체의 기능이지 눈의 본질이 아니라는 사실이다.

阿難, 雖復得聞是言, 與諸大衆, 口已默然, 心未開悟。猶冀如來慈音宣示, 合掌清心, 佇佛悲誨。

爾時世尊。舒兜羅綿網相光手, 開五輪指, 誨敕阿難, 及諸大衆。我初成道, 於鹿園中, 爲阿若多五比丘等, 及汝四衆言。一切衆生, 不成菩提, 及阿羅漢, 皆由客塵煩惱所誤。汝等當時, 因何開悟, 今成聖果。

時憍陳那, 起立白佛。我今長老, 於大衆中, 獨得解名。因悟客塵二字成果。世尊, 譬如行客, 投寄旅亭, 或宿或食, 食宿事畢, 俶裝前途, 不遑安住。若實主人, 自無攸往。如是思惟, 不住名客, 住名主人, 以不住者, 名爲客義。又如新霽。清暘升天, 光入隙中, 發明空中諸有塵相。塵質搖動, 虛空寂然。如是思惟, 澄寂名空。搖動名塵。以搖動者, 名爲塵義。

佛言如是。即時如來, 於大衆中, 屈五輪指, 屈已復開, 開已又屈。謂阿難言。汝今何見。

阿難言。我見如來百寶輪掌, 衆中開合。

佛告阿難。汝見我手, 衆中開合。爲是我手, 有開有合。爲復汝見, 有開有合。

阿難言。世尊寶手, 衆中開合。我見如來手自開合。非我見性有開有合。

佛言。誰動誰靜。

阿難言。佛手不住。而我見性, 尙無有靜, 誰爲無住。

佛言如是。如來於是從輪掌中, 飛一寶光, 在阿難右。即時阿難, 迴首右盼。又放一光, 在阿難左, 阿難又則迴首左盼。佛告阿難。汝頭今日何因搖動。

阿難言。我見如來出妙寶光, 來我左右, 故左右觀, 頭自搖動。

阿難。汝盼佛光, 左右動頭, 爲汝頭動, 爲復見動。

世尊。我頭自動, 而我見性尙無有止, 誰爲搖動。

佛言如是。於是如來, 普告大衆, 若復衆生, 以搖動者名之爲塵。以不住者, 名之爲客。汝觀阿難頭自動搖, 見無所動。又汝觀我手自開合見無舒卷。云何汝今以動爲身, 以動爲境。從始洎終, 念念生滅, 遺失眞性, 顚倒行事。性心失眞, 認物爲己。輪迴是中, 自取流轉。

객진이 번뇌가 되는 원인

아난과 대중은 부처님의 해설을 듣고서, 비록 입으로는 말없이 잠자코 있었지만 마음으로는 아직 깨닫지 못한 채 여전히 부처님의 가르침을 조용히 기다리고 있었다.

부처님이 다시 아난과 대중에게 말씀하셨다. "내가 처음 도를 이루었을 때 녹야원(鹿野苑)⁵⁵에서 교진나(憍陳那)⁵⁶ 등 다섯 사람과 일반인들에게 말하기를, 사람들과 온갖 중생이 자성을 깨달아 정각을 이루지 못함은 모두 객진(客塵) 번뇌에 잘못되기 때문이라고 했는데, 이제 당시에 깨달은 그들에게 직접 설명해달라고 하자."

이에 교진나가 말했다. "저는 부처님의 제자들 중에서 장로(長老)입니다. 대중들은 저를 견해가 제일이라고 추대하는데, 그 이유는 제가 '객진(客塵)'이라는 두 글자를 깨달아 이런 성취를 했기 때문입니다. 예컨대 여행객은 여관에 투숙하여 잠시 지낼 뿐 안주하지는 않을 것입니다. 만약 정말 주인이라면, 응당 안주하여 옮겨가지 않고 왕래가 일정하지 않지 않을 것입니다. 제가 스스로 사유해보니, 변동하여 머무르지 않는 것을 '객(客)'이라 이름 하고, 안주하여 옮겨가지 않는 것을 '주인'이라고 이름 합니다. 또 예컨대 맑은 날 찬란한 햇빛이 허공을 비추면 그 햇빛이 문틈으로 비쳐들어 옵니다. 이 문틈의 광선속에서 허공중의 먼지가 떠돌아다니는 모습을 볼 수 있습니다. 이런 먼지들은 허공중에 떠돌아다니지만 허공 자체는 여전히 고요하면서 움직이지 않습니다[寂然不動]. 저는 이를 통해서 사유하고 체험해보니, 맑고 고요함[澄清寂然]은 허공의 경계이고 날아떠돌아다니는 것은 공중의 먼지 상태입니다."

이에 부처님은 대중 가운데에서 손바닥을 펴서 열었다가[開] 쥐어 합하면서[合] 아난에게 물으셨다. "너는 지금 무엇을 보느냐?"

---

55 녹원(鹿園) 또는 녹원(鹿苑)이다. 바라나(波羅奈) 국경에 있었는데 고대 제왕의 원유(苑囿)이며 제왕이 사슴을 기르던 동산이다.

56 화기(火器)라고 번역한다. 조상 때에 화명(火名)을 섬기는 부족이었기 때문이다. 이름은 아약다(阿若多)이며 해본제(解本際)라고 번역한다. 왜냐하면 객진(客塵) 두 글자의 이치를 깨달아 성과(聖果)를 이루었기 때문이다. 부처님이 성도한 뒤 맨 먼저 다섯 비구를 제도하였는데, 교진나는 그 다섯 비구 가운데 하나였으며 부처님 제자 가운데서 견해제일(見解第一)이었다.

아난이 대답했다. "저는 지금 당신의 손바닥이 펴져 열어졌다 쥐어져 합해지는 것을 봅니다."

부처님이 말씀하셨다. "너는 나의 손바닥이 펴져 열어졌다가 쥐어져 합해짐을 보는데, 나의 손바닥이 펴져 열리고 쥐어져 합함이 있느냐, 아니면 너의 능히 보는 기능 작용[見性]이 펴져 열리고 쥐어져 합함이 있느냐"

아난이 대답했다. "부처님의 손바닥이 대중 앞에서 펴져 열렸다 쥐어져 합하여지니 제가 당신의 손바닥이 펴져 열렸다 쥐어져 합함이 있음을 보지만, 저의 능히 보는 기능 작용은 펴져 열림도 쥐어져 합함도 있는 것이 아닙니다."

부처님이 말씀하셨다. "그럼 또 누가 움직이고 누가 정지(靜止)한 것이냐?"

아난이 대답했다. "부처님의 손이 멈추지 않고 움직이고 있고, 저의 능히 보는 기능 작용은 그에 따라 정지한 적이 없었는데, 누가 또 움직이지 않는 것이겠습니까?"

부처님이 말씀하셨다. "이와 같다."

부처님은 이에 손바닥으로부터 한 줄기 광명을 놓아 아난의 오른쪽 부분에 도달하게 하니 아난은 그에 따라 고개를 오른쪽으로 돌려 보았다. 부처님은 또 한 줄기 광명을 아난의 왼쪽에 도달하게 하니 아난은 또 그에 따라 고개를 왼쪽으로 돌려 보았다.

부처님이 물으셨다. "너의 머리가 지금 왜 움직여 흔들리는 것이냐?"

아난이 대답했다. "당신께서 광명을 저의 왼쪽과 오른쪽 두 곳에 놓으시니 저의 시선도 광명을 따라 좌우로 향하여 좇아서 머리가 따라 움직여 흔들렸습니다."

부처님이 말씀하셨다. "네가 좌우로 돌려 보는데 머리가 움직여 흔들리는 것이냐, 아니면 능히 보는 기능 작용이 움직여 흔들리고 있는 것이냐?"

아난이 대답했다. "물론 머리가 움직여 흔들리고 있고, 저의 능히 보는 기능 작용은 좌우에서 번쩍거리는 광명을 좇으면서도 멈춘 적이 없습니다만, 이 사이에 누가 움직여 흔들리고 있는지는 정말 모르겠습니다."

부처님이 말씀하셨다. "이와 같다."

이에 부처님은 대중에게 또 말씀하셨다. "사람들은 모두 움직여 흔들리는 것을 '진(塵)'이라 이름 하고 멈추지 않는 것을 '객(客)'이라 이름 한다. 여러분이 보듯이 아난의 머리가 스스로 움직여 흔들렸지만 능히 보는 기능 작용은 결코 움직여 흔들림이 없다. 또한 여러분이 보듯이 나의 손은 물론 펴져 열리고 쥐어져 합함이 있지만 여러분의 능히 보는 기능 작용은 말거나 펼치거나 열거나 합함[捲舒開合]이 없다. 이 이치가 지극히 뚜렷한데도 어찌하여 여러분은 오히려 변동하는 것이 자기이고, 움직여 흔들리는 현상이 자기의 실제 경계라고 여기고 있는가? 처음부터 끝까지 시시각각, 생각생각 변동하면서 머물지 않는 의념(意念)이 일어났다가는 사라지고 사라졌다가는 또 일어나는 작용을 인정하여 자기의 심성으로 여기고, 진심 자성의 자체를 잃어버린 채 뒤바뀌어 일을 행하고 있다. 그리하여 진정한 자기 마음의 본성을 잃어버리고[性心失眞] 도리어 물리변동 현상이 바로 자기라고 생각하여 심리와 생리의 범위 안에서 맴돌면서 스스로 미혹의 잘못[迷誤][57]으로 빠져 들어간다."

(이상으로 제1권을 마침)

---

57 시비를 잘 분별하지 못하여 생긴 잘못.(역주)

능엄경 제2권

大佛頂如來密因修證了義諸菩薩萬行首楞嚴經 卷第二

爾時阿難, 及諸大衆。聞佛示誨, 身心泰然。念無始來, 失却本心。妄認緣塵, 分別影事。今日開悟, 如失乳兒, 忽遇慈母。合掌禮佛。願聞如來, 顯出身心, 眞妄虛實, 現前生滅與不生滅, 二發明性。

時波斯匿王, 起立白佛。我昔未承諸佛誨敕。見迦旃延毗羅胝子。咸言此身死後斷滅, 名爲涅槃。我雖値佛, 今猶狐疑。云何發揮證知此心, 不生滅地。今此大衆, 諸有漏者, 咸皆願聞。

佛告大王。汝身現在。今復問汝。汝此肉身, 爲同金剛常住不朽, 爲復變壞。

世尊, 我今此身, 終從變滅。

佛言大王。汝未曾滅, 云何知滅。

世尊, 我此無常變壞之身雖未曾滅。我觀現前, 念念遷謝, 新新不住。如火成灰, 漸漸銷殞。殞亡不息, 決知此身, 當從滅盡。

佛言。如是。大王。汝今生齡, 已從衰老, 顏貌何如童子之時。

世尊。我昔孩孺, 膚腠潤澤。年至長成, 血氣充滿。而今頹齡。迫於衰耄, 形色枯悴, 精神昏昧, 髮白面皺, 逮將不久, 如何見比充盛之時。

佛言大王。汝之形容, 應不頓朽。

王言世尊。變化密移, 我誠不覺。寒暑遷流, 漸至於此。何以故。我年二十, 雖號年少顏貌已老初十歲時。三十之年, 又衰二十。於今六十, 又過於二, 觀五十時, 宛然強壯。世尊。我見密移。雖此殂落。其間流易, 且限十年。若復令我微細思惟, 其變寧唯一紀二紀, 實爲年變。豈唯年變。亦兼月化。何直月化。兼又日遷。沈思諦觀, 刹那刹那, 念念之間, 不得停住。故知我身, 終從變滅。

佛告大王。汝見變化, 遷改不停, 悟知汝滅。亦於滅時, 汝知身中有不滅耶。

波斯匿王。合掌白佛。我實不知。

佛言, 我今示汝不生滅性。大王, 汝年幾時, 見恒河水。

王言。我生三歲, 慈母攜我, 謁耆婆天, 經過此流, 爾時即知是恒河水。

佛言大王。如汝所說, 二十之時, 衰於十歲, 乃至六十, 日月歲時, 念念遷變。則汝三歲見此河時, 至年十三, 其水。云何。

王言。如三歲時, 宛然無異。乃至於今, 年六十二, 亦無有異,

佛言。汝今自傷髮白面皺。其面必定皺於童年。則汝今時, 觀此恒河, 與昔童時, 觀河之見, 有童耄不。

王言。不也, 世尊。

佛言大王。汝面雖皺, 而此見精, 性未曾皺。皺者爲變。不皺非變。變者受滅。彼不變者, 元無生滅。云何於中受汝生死。而猶引彼末伽黎等, 都言此身死後全滅。

王聞是言。信知身後捨生趣生。與諸大衆, 踊躍歡喜, 得未曾有。

阿難即從座起。禮佛合掌, 長跪白佛。世尊, 若此見聞, 必不生滅, 云何世尊, 名我等輩, 遺失眞性, 顚倒行事。願興慈悲, 洗我塵垢。即時如來垂金色臂, 輪手下指, 示阿難言。汝今見我母陀羅手, 爲正爲倒。

阿難言。世間衆生, 以此爲倒, 而我不知誰正誰倒。

佛告阿難。若世間人, 以此爲倒, 即世間人, 將何爲正,

阿難言。如來豎臂, 兜羅綿手, 上指於空, 則名爲正。

佛即豎臂, 告阿難言。若此顚倒, 首尾相換。諸世間人, 一倍瞻視。則知汝身, 與諸如來淸淨法身, 比類發明, 如來之身, 名正徧知。汝等之身, 號性顚倒。隨汝諦觀。汝身佛身, 稱顚倒者, 名字何處, 號爲顚倒。

於時阿難與諸大衆, 瞪瞢瞻佛, 目睛不瞬, 不知身心, 顚倒所在。

佛興慈悲, 哀愍阿難及諸大衆。發海潮音, 徧告同會。諸善男子, 我常說言, 色心諸緣, 及心所使諸所緣法, 唯心所現。汝身汝心, 皆是妙明眞精妙心中所現物。云何汝等, 遺失本妙, 圓妙明心, 寶明妙性。認悟中迷。晦昧爲空, 空晦暗中, 結暗爲色。色雜妄想, 想相爲身。聚緣內搖, 趣外奔逸。昏擾擾相, 以爲心性。一迷爲心, 決定惑爲色身之內。不知色身, 外洎山河虛空大地, 咸是妙明眞心中物。譬如澄淸百千大海棄之。唯認一浮漚體, 目爲全潮, 窮盡

瀛渤。汝等即是迷中倍人。如我垂手。等無差別。如來說爲可憐愍者。

제2장
우주와 마음과 물질에 대한 인식론

우주만유 자성 본체에 대한 인식

이때에 파사닉왕이 일어서서 부처님께 물었다. "제가 전에 들으니 가전연(迦旃延)[58]·비로지자(毗羅胝子)[59]는 말하기를, '이 물질적인 신체는 죽은 뒤에 소멸하여 끊어진다. 이런 것을 불생불멸의 열반(涅槃)[60]이라 한다'고 했습니다. 제가 이제 부처님의 말씀을 듣고 나니 대단히 곤혹스런 느낌이 듭니다. 부처님께서 그 속의 도리를 다시 설명하여 주시기 바랍니다. 이 진심 자성은 확실히 불생불멸하는 것임을 어떻게 증명하는지요? 이 법회에 있는 일반 초학자들도 반드시 이 도리를 알고 싶어 하리라고 생각합니다."

부처님이 말씀하셨다. "지금 그대의 몸은 점점 변해가면서 파괴

---

58 전발(翦髮)이라고 번역한다. 육사외도(六師外道)의 하나로서, 온갖 중생들은 자재천(自在天)이 만든 것이라고 잘못 생각했다.

59 불작(不作)이라고 번역하는데 모친 이름이다. 자기를 산사야(刪奢夜)라고 이름 하였는데 원승(圓勝)이라 번역한다. 여기서는 모친 이름을 따라 비로지자라고 호칭하고 있다. 역시 육사외도 가운데 하나이다. 괴로움과 즐거움 등의 과보는 현재는 그 원인이 없고 미래에는 그 과보가 없다고 잘못 생각하였다. 이상 두 종류의 외도는 모두 단견(斷見)을 위주로 한다. 그러므로 모두 말하기를 이 몸은 죽은 뒤에 단멸하고 후세가 없는 것을 열반이라 한다고 말했다.

60 불생불멸(不生不滅)이라 번역한다.

되고 있지 않습니까?"

왕이 대답했다. "저의 이 몸은 지금은 비록 파괴되지는 않았지만 장래에는 반드시 나빠져 파괴될 것입니다."

부처님이 물으셨다. "그대는 아직 쇠잔해져 소멸되지는 않았는데 장래에는 반드시 쇠잔해져 소멸되리라는 것을 어떻게 아십니까?"

왕이 대답했다. "저의 이 몸이 지금은 비록 쇠잔해지지는 않았습니다만, 현재의 상황을 관찰해보니 시시각각으로 변해가면서 신진대사가 영원히 멈추지 않습니다. 그러므로 마치 불이 재가 되듯 점점 소멸해가 장래에는 당연히 쇠잔해져 소멸될 것입니다."

부처님이 물으셨다. "그대는 지금 이미 노쇠한 나이인데 얼굴 모습을 어린 시절과 비교해보면 또 어떠합니까?"

왕이 대답했다. "제가 어린 시절에는 피부 조직이 부드럽고 윤기가 났습니다. 뒤에 나이 들어서는 혈기가 충만했습니다. 지금은 연로해서 쇠퇴해져 용모는 초췌하고 정신은 흐릿합니다. 머리털은 하얗게 새었고 얼굴은 쭈글쭈글해졌습니다. 죽을 날이 멀지 않은 것 같은데 어찌 장년 시기와 비교할 수 있겠습니까!"

부처님이 물으셨다. "그대의 형체와 용모는 당연히 단기간 내에 쇠잔해진 것은 아니겠지요!"

왕이 대답했다. "변화는 사실 점점 은밀히 이루어져 왔습니다. 저도 모르는 사이에 추위와 더위의 교류, 그리고 시간의 변천에 따라 서서히 지금의 상태를 형성하였습니다. 제가 스무 살 때는 비록 나이 어린 셈이지만 실제로는 얼굴 모습이 열 살 때 보다는 이미 노쇠해진 것이고, 서른 살 때는 스무 살 때보다도 많이 노쇠해진 것입니다. 지금 예순 두 살인데 회고해보니 쉰 살 때는 지금 보다도 훨씬 강건했다고 느껴집니다. 제가 살펴보니 이런 변화는 은밀히 이루어지고 있어서 10년 사이가 아니라 한 해, 한 달, 하루 사이의 변화가 아닙니다. 사실은 매분 매초 찰나찰나 생각생각 사이에 멈춘 적이 없이 언제나 변화하고 있습니다. 그러므로 장래에 반드시 쇠잔해져 소멸할 것입니다."

부처님이 물으셨다. "그대는 변화가 멈추지 않고 있음을 보고서 신체생명은 반드시 쇠잔해져서 소멸하리라는 사실을 깨달았습니다. 그러나 변천 소멸해가는 과정 속에서도 불멸하는 자성 존재가 하나 있음을 아십니까?"

왕이 대답했다. "저는 그 영원히 파괴되지 않고 소멸되지 않는 자성 존재를 모릅니다."

부처님이 말씀하셨다. "내가 이제 그대에게 이 불생불멸하는 자성을 가르쳐 보여 드리겠습니다. 그대에게 묻겠습니다. 그대는 몇 살 때 갠지스 강의 물을 보기 시작했습니까?"

왕이 대답했다. "제가 세 살 때 어머니를 따라서 하늘에 제사지내러[祭天][61]가면서 갠지스 강을 지나갔는데, 그 때 갠지스 강임을 알았고 그 강물을 보았습니다."

부처님이 물으셨다. "그대는 조금 전에 말하기를 그대의 몸이 나이의 세월에 따라서 변천하면서 쇠잔해져 가고 있다고 했는데, 그대가 세 살 때 갠지스 강을 보았고 이미 예순 두 살이 되어 다시 갠지스 강을 보니 그 물이 어떻습니까?"

왕이 대답했다. "강물은 제가 세 살 때와 마찬가지입니다. 이미 예순 두 살이 된 지금에도 강물은 여전히 변한 모습이 없습니다."

부처님이 물으셨다. "그대는 이제 늙어서 머리털은 하얗고 얼굴은 주름이 졌으며 용모와 신체는 어린 시절보다 노쇠해졌으니 사람이 완전히 바뀐 것이나 다름없다고 스스로 슬퍼합니다. 그러나 그

---

61 시바천에 참배하는 것인데, 장수천(長壽天)이라 번역한다. 인도의 옛 풍속에 장수를 구하기 위하여 이 천신들을 배알하였다.

대가 강물을 보는 견정(見精)⁶² 자성은 예전 어린 시절에 강물을 보았던 그 견정 자성과 비교해보면 변동이 있고 노쇠하였습니까?"

왕이 대답했다. "이 견정 자성은 결코 변동이 없습니다."

부처님이 말씀하셨다. "그대의 신체 용모는 비록 쇠잔해졌지만 이 능히 보는 견정 자성은 결코 쇠잔해지지 않았습니다. 변천한다면 생멸이 있는 것이니 당연히 변천하여 파괴될 것입니다. 저 변천하지 않고 파괴되지 않는 것은 당연히 생멸하지 않고, 변천하지 않는다면 또 생사가 있을 수 없습니다. 그런데 그대는 어찌하여 일반적인 단멸의 관념을 인용하여 이 몸이 죽은 뒤에는 곧 모든 것이 완전히 소멸해버린다고 생각하십니까?"

아난이 이어서 물었다. "만약 이 보고 듣는 자성이 반드시 불생불멸하는 것이라고 한다면 당신은 왜 저희들이 진심 자성을 잃어버리고 거꾸로 일을 행한다고 말씀하십니까?"

이에 부처님은 손을 아래로 드리우고 아난에게 물으셨다. "지금 나의 손은 올바로 된 것이냐 거꾸로 된 것이냐?"

아난이 대답했다. "세간의 일반적인 습관에 의거한다면 이렇게 아래로 드리운 손을 거꾸로 된 것이라고 다들 생각합니다. 그런데 저는 사실 어떤 모습이 올바른 것이며 어떤 모습이 거꾸로 된 것인지 모르겠습니다."

부처님이 물으셨다. "세간의 일반적인 습관으로는 이렇게 하는 것을 거꾸로 된 것으로 생각하는데 도대체 어떤 모습이 올바로 된 것이냐?"

아난이 대답했다. "당신의 손이 만약 상공(上空)을 향하여 가리킨다면 곧 올바르게 된 것입니다."

---

62 보는 정령(精靈). 보는 정신적인 것.(역주)

부처님이 물으셨다. "똑같은 손이 위아래로 머리와 꼬리가 한번 바뀌자 세간의 일반적인 습관으로는 다른 관념이 발생한다. 너와 나의 몸도 이와 마찬가지 상황이다. 부처의 몸은 정변지(正遍知)[63]의 몸이요 여러분들이 아직 도를 이루지 못한 몸은 전도된 자성[顚倒自性]이라고 부른다. 네가 자세히 관찰해보아라. 너와 나의 몸이 이른바 올바로 되고 거꾸로 되어 서로 다른 원인이 어디에 있느냐?"

아난과 대중은 부처님의 묻는 말을 듣고서 다들 모두 깜깜하여 대답할 바를 몰랐다.

심물일원(心物一元)의 자성본체에 대한 설명

부처님이 말씀하셨다. "내가 항상 말하기를, 너의 몸 너의 마음이 모두 미묘하고 밝고 진실한 정령인 묘심[妙明眞精妙心] 가운데 나타나는 것이라 했다. 물리세간의 각종 현상과 정신세계의 각종 작용이 발생시키는 심리적 생리적 사실(事實)은 모두 진심 자성 본체가 나타낸 것이다. 너의 물질적 신체생리와 정신적 심리현상도 모두 심성 자체 기능이 나타내는 것[物]들이다. 자성 본체의 진심 실상은 영묘하고 밝고 청허하면서 만유의 근원(根元)이다[色心諸緣, 及心所使, 諸所緣法, 唯心所現. 汝身汝心, 皆是妙明眞精妙心中所現物]'라고 했다. 그런데 어찌하여 여러분들은 영묘하고 원만한 진심을 잃어버리고 귀중하고 밝은 자성을 내버린 채 영묘하고 밝은 깨달음[靈明妙悟] 가운데서 스스로 미혹의 어두움[迷昧]을 취하는가?

미혹의 어두움 가운데 유일하게 감각하는 경계 현상[境象]은 텅텅 빈 것이다. 텅텅 빈 어둠[空洞暗昧]은 물리현상계의 최초 본위이다.

---

63 부처님 10호 중의 하나. 正等覺과 같다. 올바른 보편적인 지혜. 온갖 법을 모두 알아 나머지가 없다는 뜻.(역주)

이 텅텅 빈 어둠으로부터 물질과 생리의 본능을 형성하고, 이리하여 생리의 본능 활동과 정서(情緒) 망상이 서로 한데 섞여 심리상태를 형성하여서 정신의 작용을 나타낸다.

정신작용과 의식망상은 또 생리활동의 상황을 낳는다. 정신작용과 생리의 본능이 한 몸 안에 모여 활동하면서 생명을 존재하게 한다. 이 때문에 상호 작용을 발생하여 밖을 향해 세차게 흘러서 세간의 각종의 업력이 된다. 휴식 정지(靜止)할 때에 남아 있는 것은 오직 마음이 혼란스럽고 불안하며 텅텅 빈 감각뿐이다. 일반인들은 이런 텅텅 비고 혼란스럽고 불안한 상황이 바로 자기의 심성의 근본현상이라고 여긴다.

이런 현상에 미혹하여 자기의 심성이라 여기고 나면 심성 자체가 생리적인 색신 안에 존재하는 것으로 굳게 오인하고는 심신의 안팎과 산하대지, 나아가 가없는 허공까지도 모두 이 만유의 본원인 영묘하며 밝은 진심 자성 본체의 기능이 낳은 것임을 전혀 모른다. 단지 일반인들은 이런 사리(事理)의 실제를 보지 못하고 자기의 한 육신이 '나'라고 여기고는 이 작은 천지 가운데 갇혀있다. 비유하면 거대한 바다의 전체 모습을 보고자 하면서도 해양(海洋)을 버리고 신뢰하지 않으려 하고, 단지 큰 바다에서 일어나는 한 점의 물거품을 보고서는 가없는 큰 바다를 이미 보았다고 여김과 마찬가지이다 [一迷為心, 決定惑為色身之內. 不知色身, 外泊山河虛空大地, 成是妙明真心中物. 譬如澄清百千大海, 棄之. 唯認一浮漚體, 目為全潮, 窮盡瀛渤].

그러므로 내가 말하기를, 여러분들은 모두 우매한 가운데 미혹한 사람들이라고 하는 것이다. 경계선을 그어 그 울안에 있으면서 큰 것을 버리고 작은 것을 취함을 만족하게 여기고, 마음을 미혹하여 사물로 인식하여 마음을 세속 밖에 노닐게 하지 못한다.

예컨대 나의 손이 위아래로 방향을 바꾸니 여러분들은 어떤 모습이 올바른 것이며 어떤 모습이 거꾸로 된 것인지를 모르는데, 정말로 너무나 가련하구나!" (사실은 위를 가리키나 아래를 가리키나 모두 손인데도 세간의 관념인식으로 말미암아 그 상태에 차이가 있고 올바름과 거꾸로가 있다고 확정하는 것이다. 마음·부처·중생은 본성과 현상이 평등함을 사람마다 갖추고 있고 저마다 그대로 이루어져 있는 것이다. 마음도 아니요 부처도 아니요 물건도 아니면서 눈앞에 있건만 사람들이 모른다)

阿難承佛悲救深誨。垂泣叉手, 而白佛言。我雖承佛如是妙音, 悟妙明心, 元所圓滿, 常住心地。而我悟佛現說法音, 現以緣心, 允所瞻仰, 徒獲此心, 未敢認爲本元心地。願佛哀愍, 宣示圓音。拔我疑根, 歸無上道。

佛告阿難。汝等尙以緣心聽法, 此法亦緣, 非得法性。如人以手, 指月示人。彼人因指, 當應看月。若復觀指以爲月體, 此人豈唯亡失月輪, 亦亡其指。何以故。以所標指爲明月故。豈唯亡指。亦復不識明之與暗。何以故。卽以指體, 爲月明性。明暗二性, 無所了故。汝亦如是, 若以分別我說法音, 爲汝心者。此心自應離分別音有分別性。譬如有客, 寄宿旅亭, 暫止便去, 終不常住。而掌亭人, 都無所去, 名爲亭主。此亦如是。若眞汝心, 則無所去。云何離聲, 無分別性。斯則豈唯聲分別心。分別我容, 離諸色相, 無分別性。如是乃至分別都無, 非色非空, 拘舍離等, 昧爲冥諦。離諸法緣, 無分別性。則汝心性, 各有所還, 云何爲主。

阿難言。若我心性, 各有所還。則如來說, 妙明元心, 云何無還。惟垂哀愍, 爲我宣說。

佛告阿難。且汝見我, 見精明元。此見雖非妙精明心。如第二月, 非是月影。汝應諦聽。今當示汝無所還地。阿難。此大講堂, 洞開東方, 日輪升天, 則有明耀。中夜黑月, 雲霧晦暝, 則復昏暗。戶牖之隙, 則復見通。牆宇之間, 則復觀壅。分別之處, 則復見緣。空性之中, 遍是頑虛。昏塵之象, 則紆鬱𡋋。澄霽斂氛。又觀淸淨。阿難。汝咸看此諸變化相。吾今各還本所因處。云何本因。阿難。此諸變化。明還日輪。何以故。無日不明, 明因屬日, 是故還日。暗還黑月。通還戶牖。壅還牆宇。緣還分別, 頑虛還空。鬱𡋋還塵。清明還霽。則諸世間一切所有，不出斯類。汝見八種見精明性，當欲誰還。何以故。若還於明，則不明時，無復見暗。雖明暗等，種種差別，見無差別。諸可還者，自然非汝。不汝還者，非汝而誰。則知汝心，本妙明淨，汝自迷悶。喪本受輪，於生死中，常被漂溺。是故如來，名可憐愍。

자성과 물질 현상계의 여덟 가지 분석

아난은 위의 해설을 듣고 나서 곧 부처님께 말했다. "제가 부처님의 가리켜 보임을 듣고서 비록 심지(心地)의 현묘하고 명백한 진심자성 본체가 본래 원만하면서 영원히 존재하고 변하지 않음을 해오(解悟)[64]하였으나, 제가 부처님이 말씀하신 심성 도리를 해오하는 데쓰는 마음은 여전히 이 쉬지 않고 반연(攀緣)하는, 지금 생각하고 있는 마음입니다. 저는 감히 이 마음이 바로 본원(本元)의 진심 자성이라고 여기지 못하겠습니다. 다시 확실하게 가리켜 보여 저의 의심의 뿌리를 뽑아주심으로써 제가 자성으로 돌아가 무상(無上)의 정도(正道)를 보게 하여 주시기 바랍니다."

부처님이 말씀하셨다. "여러분들이 만약 망상 반연의 마음으로 법을 들으면, 그렇게 이해한 진리는 여전히 일종의 생각 망심이지결코 아직 진실로 실제의 자성을 증득한 것이 아니다. 마치 사람이남에게 손으로 달을 가리켜 보여주면, 달을 보려는 사람은 마땅히가리키는 방향으로 달을 보아야 한다. 만약 이 손가락만을 보고 있으면서 달로 여긴다면, 보는 이 사람은 달의 진실한 모습[眞相]을 잃어버릴 뿐 아니라 동시에 가리키는 이 손가락의 작용도 잃어버린다. 달을 인식하지 못한데다 손가락을 잘못 인식하고, 더더구나 밝

---

64 이해하여 깨닫다. 이해함과 동시에 완전히 몸에 익히는 것, 깨달음은 증오(證悟)이다.(역주)

음과 어둠의 변별 능력도 잃어버린다. 만약 지금 네가 말을 듣고 있는, 내가 말하는 도리를 분별 이해하는 데 쓰는 망심 현상이 바로 자기의 진심이라고 여긴다면, 이 마음의 자성은 마땅히 음성을 분별하는 작용을 떠나서도 자기에게 하나의 능히 분별하는 독립적인 존재의 성능이 있어야한다.

예컨대 어떤 손님이 여관에 기숙하면 잠시 머물다 떠날 것이고 상주(常住)하지는 않을 것이다. 만약 주인이라면 자연히 떠날 리가 없다. 자성 진심도 이 도리와 마찬가지이다. 만약 너의 자성 본체라면 본래 변동하지 않을 것인데, 어찌하여 음성을 떠나서는 너는 능히 음성을 듣고 능히 분별하는 자성 본체를 찾을 수 없는 것이냐? 음성을 듣는 것만 이럴 뿐만 아니라, 너의 이 능히 나의 용모를 보고 색상을 분별하는 작용도 색상의 영상(影像)을 떠나서는 역시 하나의 능히 보고 능히 분별하는 자성 본체의 독립적인 존재가 없다. 이를 통해 너는 이 의식분별의 망심은 능히 분별하는 그 어떤 것도 없고 형상(形狀)도 없음을 절실히 관찰하고 반성해보아라. 그것이 절대적인 공(空)이라 말한다면, 절대적인 공은 근본적으로 없는 것이다. 그러나 사실은 또 확실히 작용을 발생시킬 수 있다. 그러므로 구사리(拘舍離:고대 인도의 10대 외도 가운데 하나. 의역하면 우사牛舍로서 씨족의 성씨이다) 같은 사람들은 8만겁 이전의 우주 본체의 현상은 아득하여 알 수 없다고 생각하고서 하나의 추상적인 명제(冥諦)[65] 관념을 세워 이를 우주만유의 본원이라고 말한다.

네가 만약 지각분별의 작용은 외부 경계 현상에 대한 반응으로서

---

65 상캬철학에서 말하는 근본 물질. 명초(冥初)라고도 한다. 수론(數論) 외도가 주장하는 25제(諦)의 제1. 물질적 본체. 이것은 만물의 근원으로서 명막무제(冥莫無際)한 것이므로 명제 또는 명성(冥性)이라고도 한다. 만물의 모든 법이 여기에서 나온 것이므로 자성, 본성, 승성(勝性)이라고도 하며, 또 이것이 모든 법의 시초이므로 명초라고도 한다.(역주)

비로소 의식생각이 발생한다고 여긴다면, 외연(外緣)[66]과 의식을 떠나서는 자기의 진심은 존재하지 않게 된다. 그렇다면 너의 현재의 심성이 일으키는 각종 작용은 모두 귀납시켜 최초의 온 곳과 동기(動機) 소재로 되돌려 보낼 수 있다. 그럼 너의 자성의 주재(主宰)는 또 무엇이겠느냐? 또 어디에 있는 것이냐?"

아난이 물었다. "사람들의 심성이 일으키는 각종 작용을 모두 그 최초의 온 곳과 동기 소재로 되돌릴 수 있다면, 어찌하여 당신께서는 영묘하고 밝은 심성의 본원(本元)은 되돌려 보낼 본래의 위치[本位]가 없다고 말씀하십니까?"

부처님이 말씀하셨다. "예컨대 네가 지금 눈으로 능히 나를 보는 이 작용은, 능히 보는 정명(精明)[67] 본원(本元)으로 말미암아 온 것이다. 이 능히 보는 기능은 비록 영묘하고 정명한 진심 자성[妙精明心]은 아니지만, 마치 두 번째의 달이 내뿜는 광명과 같아서 가유(假有)[68]의 작용이지, 결코 진짜 달로부터 오는 찬란한 빛[光影]은 아니다.

네가 나더러 지금 너의 심지(心地) 자성은 되돌려 보낼 수 없는 실상을 가리켜 보이라 하므로 이 강당을 비유로 삼을 수 있다.

이 강당은 열린 창문이 있기에 해가 동쪽에 떠올라 햇빛이 밝게 빛나면 밝음을 볼 수 있다(광명의 내원來源).

밤은 밝음이 없으니 밤의 현상은 어둠이다. 그러므로 어둠을 본다(어둠의 내원).

출입문과 구멍 사이에는 당연히 빈틈이 있기에 안과 밖으로 막힘

---

66 바깥에서 돕는 간접적 원인.(역주)

67 精은 精妙, 明은 明白이다. 자성 청정심 중에 본래 갖추고 있는 절묘하고 밝고 맑음[絕妙明澄]을 가리킨다. 정령(精靈) 광명. 정혼(精魂) 광명.(역주)

68 현상으로 존재하는 것. 임시의 모습. 일시적인 것.(역주)

없이 통하는 공간을 본다(통함의 내원).

벽과 실물의 가로막음이 있기에 막힘을 본다(막힘의 내원).

환경을 관찰할 수 있는 것은 사유분별의 작용이기에 각종 현상을 알 수 있다(분별관찰의 내원).

아득히 비어 없는 것은 허공이다(공간의 내원).

안개처럼 자욱한 먼지[塵霧]가 흩어지면 이로 인해 시선이 맑아진다(쾌청의 내원).

네가 보는 눈앞의 현상과 각종의 변화는 대체로 귀납시켜보면 이 몇 가지 부류에 벗어나지 않는다. 내가 이제 이들을 각자의 본래의 자리로 되돌아가게 하겠다.

밝음은 햇볕으로 되돌린다. 왜냐하면 햇볕이 없으면 자연히 밝음이 없기 때문이다. 그러므로 밝음은 햇볕으로부터 온 것이다.

어둠은 밤의 색깔[夜色]로 되돌린다.

통함은 출입문으로 되돌린다.

막힘은 벽으로 되돌린다.

관찰은 의식생각으로 되돌린다.

공간은 허공으로 되돌린다.

어둑함은 안개처럼 자욱한 먼지로 되돌린다.

맑아짐은 쾌청으로 되돌린다.

눈앞의 우주의 각종 현상과 온갖 것은 이 여덟 가지 범위를 벗어나지 않는다. 이 여덟 가지 현상을 능히 알고 능히 보는 자성의 본능은, 물어 보겠다, 마땅히 어느 것으로 되돌려야 하느냐?

만약 밝음으로 되돌려야 한다고 여긴다면, 밝음이 없을 때는 어둠이 닥쳐오는데 어찌하여 또 어둠을 볼 수 있는 것이냐? 기타의 각종 현상도 이에 따라 유추해보면, 능히 보는 자성의 본능은 어떤 현상의 하나에도 속하지 않는다.

그러므로 밝음과 어둠 등 각종의 현상은 각각 다른 차별이 있지만, 이 능히 알고 능히 보는 자성의 본능은 결코 온갖 차별 현상을 따라 바뀌지 않는다는 것을, 너는 이해해야 한다. 온갖 현상은 자연히 그 까닭의 본래의 자리로 되돌려 보낼 수 있으니 당연히 너의 자성 기능에 속하지 않는다. 그런데 이 능히 보고 능히 아는 본원(本元)은 되돌려 보낼 곳이 없다. 되돌려 보낼 곳이 없는 바에야 너의 자성이 아니고 또 무엇이겠느냐[諸可還者, 自然非汝. 不汝還者, 非汝而誰]?

그러므로 말하기를, 현상의 생멸변화를 따라서 의식의 차별작용을 일으키지 않으면 너 자신의 심성 자체는 본래 영묘하고 밝고 청정한 본원을 회복할 수 있게 된다고 하는 것이다. 그러나 너는 스스로 미혹에 집착하여 깨닫지 못하고, 심성 자체의 본원을 잃어버린 채 생사의 큰 바다 속에 끊임없이 떴다 가라앉았다 하면서 스스로 침몰을 당하면서도, 반조(反照)하여 스스로 빠져나올 줄 모르고 있다. 그러므로 내가 말하기를, 여러분들은 가장 가련한 사람들이라고 하는 것이다."(이상이 유명한 팔환변견八還辨見이라는 논변임)

阿難言。我雖識此見性無還。云何得知是我眞性。
佛告阿難。吾今問汝。今汝未得無漏淸淨。承佛神力, 見於初禪, 得無障礙。而阿那律。見娑婆界, 如觀掌中菴摩羅果。諸菩薩等, 見百千界, 十方如來, 窮盡微塵, 淸淨國土, 無所不矚。衆生洞視, 不過分寸。阿難。且吾與汝, 觀四天王所住宮殿。中間遍覽水陸空行。雖有昏明, 種種形像。無非前塵, 分別留礙。汝應於此, 分別自他。今吾將汝, 擇於見中, 誰是我體, 誰爲物象。阿難。極汝見源, 從日月宮, 是物非汝。至七金山, 周徧諦觀, 雖種種光, 亦物非汝。漸漸更觀, 雲騰鳥飛, 風動塵起, 樹木山川, 草芥人畜, 咸物非汝。阿難。是諸近遠諸有物性, 雖復差殊, 同汝見精, 淸淨所矚。則諸物類, 自有差別, 見性無

殊。此精妙明，誠汝見性。若見是物，則汝亦可見吾之見。若同見者，名爲見吾。吾不見時，何不見吾不見之處。若見不見，自然非彼不見之相。若不見吾不見之地，自然非物，云何非汝。又則汝今見物之時。汝旣見物，物亦見汝。體性紛雜，則汝與我，幷諸世間，不成安立。阿難。若汝見時，是汝非我，見性周徧，非汝而誰。云何自疑汝之眞性，性汝不眞，取我求實。

阿難白佛言。世尊。若此見性，必我非餘。我與如來，觀四天王勝藏寶殿，居日月宮，此見周圓，徧閻浮提。退歸精舍，祇見伽藍。淸心戶堂，但瞻簷廡。世尊。此見如是，其體本來周徧一界。今在室中，唯滿一室，爲復此見縮大爲小。爲當牆宇夾令斷絕。我今不知斯義所在。願垂弘慈爲我敷演。

佛告阿難。一切世間大小內外，諸所事業，各屬前塵，不應說言見有舒縮。譬如方器，中見方空。吾復問汝。此方器中所見方空，爲復定方，爲不定方。若定方者，別安圓器，空應不圓。若不定者，在方器中，應無方空。汝言不知斯義所在。義性如是。云何爲在。阿難。若復欲令入無方圓。但除器方，空體無方。不應說言，更除虛空方相所在。若如汝問，入室之時，縮見令小。仰觀日時，汝豈挽見齊於日面。若築牆宇，能夾見斷。穿爲小竇，寧無續跡。是義不然。一切衆生，從無始來，迷己爲物，失於本心，爲物所轉。故於是中，觀大觀小。若能轉物，則同如來，身心圓明，不動道場。於一毛端，徧能含受十方國土。

阿難白佛言。世尊，若此見精，必我妙性。今此妙性，現在我前，見必我眞。我今身心，復是何物。而今身心分別有實。彼見無別分辨我身。若實我心，令我今見。見性實我，而身非我。何殊如來先所難言，物能見我。惟垂大慈，開發未悟。

佛告阿難。今汝所言，見在汝前，是義非實。若實汝前，汝實見者，則此見精，旣有方所，非無指示。且今與汝坐祇陀林，徧觀林渠，及與殿堂，上至日月，前對恒河。汝今於我師子座前，　舉手指陳，　是種種相。陰者是林。明者是日。礙者是壁。通者是空。如是乃至草樹纖毫，大小雖殊。但可有形，無不指著。若必其見，現在汝前。汝應以手確實指陳，何者是見。阿難當知。若空是見，旣已成見，何者是空。若物是見，旣已是見，何者爲物。汝可微細披剝萬象, 析出精明淨妙見元, 指陳示我, 同彼諸物, 分明無惑。

阿難言。我今於此重閣講堂, 遠泊恒河, 上觀日月, 舉手所指, 縱目所觀, 指皆是物, 無是見者。世尊。如佛所說, 況我有漏初學聲聞, 乃至菩薩, 亦不能於萬物象前, 剖出精見, 離一切物, 別有自性。佛言。如是如是。

佛復告阿難。如汝所言。無有見精, 離一切物, 別有自性。則汝所指是物之中, 無是見者。今復告汝。汝與如來, 坐祇陀林, 更觀林苑, 乃至日月, 種種象殊, 必無見精, 受汝所指。汝又發明此諸物中, 何者非見。

阿難言。我實徧見此祇陀林。不知是中何者非見。何以故。若樹非見, 云何見樹。若樹即見, 復云何樹。如是乃至若空非見, 云何見空。若空即見。復云何空。我又思惟, 是萬象中, 微細發明, 無非見者。

佛言。如是如是。

於是大衆, 非無學者, 聞佛此言, 茫然不知是義終始, 一時惶悚, 失其所守。

如來知其魂慮變慴。心生憐愍。安慰阿難, 及諸大衆。諸善男子。無上法王。是眞實語, 如所如說, 不誑不妄。非末伽黎, 四種不死矯亂論議。汝諦思惟, 無忝哀慕。

是時文殊師利法王子。愍諸四衆, 在大衆中, 即從座起, 頂禮佛足, 合掌恭敬, 而白佛言。世尊, 此諸大衆, 不悟如來發明二種精見色空。是非是義。世尊。若此前緣色空等象, 若是見者, 應有所指。若非見者, 應無所矚。而今不知是義所歸。故有驚怖。非是疇昔善根輕鮮。惟願如來大慈發明, 此諸物象, 與此見精, 元是何物, 於其中間, 無是非是。

佛告文殊, 及諸大衆。十方如來。及大菩薩, 於其自住三摩地中, 見與見緣, 幷所想相。如虛空華, 本無所有。此見及緣, 元是菩提妙淨明體。云何於中有是非是。文殊。吾今問汝。如汝文殊。更有文殊是文殊者。爲無文殊。

如是世尊。我眞文殊。無是文殊。何以故。若有是者, 則二文殊。然我今日, 非無文殊。於中實無是非二相。

佛言。此見妙明, 與諸空塵, 亦復如是。本是妙明無上菩提淨圓眞心。妄爲色空。及與聞見。如第二月, 誰爲是月, 又誰非月。文殊。但一月眞。中間自無是月非月。是以汝今觀見與塵, 種種發明, 名爲妄想。不能於中出是非是。由是眞精妙覺明性。故能令汝出指非指。

객관의 물리세계와 자성 능견의 주관이
둘이 아니며 다른 것도 아니다

아난이 말했다. "이런 분석을 통해 저는 비록 이 능히 보는 본능은 되돌려 보낼 수 없음을 인식했지만, 또 어떻게 그것이 바로 저 자신의 진성(眞性)[69]임을 증명할 수 있습니까?"

부처님이 말씀하셨다. "너는 지금 비록 청정하고 번뇌가 없는[無漏] 지위를 얻지 못했지만, 부처의 신통력에 의지해 초선(初禪)의 경계와 욕계천 천인의 경계를 보는 데 장애가 없을 수 있다. 아나율(阿那律)[70]은 이 사바세계(娑婆世界)[71]를 마치 손안에 있는 작은 과일을 보듯이 보고, 다른 일반 보살(菩薩)[72]들은 크게는 허공 사이의, 숫자로 다 헤아릴 수 없는 세계들을 볼 수 있고 작게는 미진의 최초의 본원까지도 볼 수 있어서, 보지 못하는 바가 없다. 그러나 일반인들과 중생은 시선이 미칠 수 있는 정도가 가깝게는 분촌(分寸)을 넘지 못하고, 멀리도 단지 유한한 거리일 뿐이다. 지금 너와 나는 위아래로

---

69 모든 인간이 지니는 본성. 진여. 법성. 본체.(역주)

70 부처님의 사촌동생으로 부처님을 따라 출가하였다. 법문을 들을 때 항상 잠자기를 좋아하여 부처님께 꾸지람을 당했다. 곧 부끄러움이 일어나 큰 정진을 일으켜 7일 동안 잠자지 않아 두 눈이 실명하였다. 부처님이 그를 가련히 여기고 낙견조명금강삼매(樂見照明金剛三昧)를 가르쳐주어 마침내 천안통을 얻어 원통(圓通)을 얻었다.

71 사바(娑婆)는 참고 견디다는 뜻인 감인(堪忍)이라 번역한다. 그 땅의 중생은 십악(十惡)에 안주하여 벗어나 떠나려 하지 않는다.

72 온전히 말하면 보리살타(菩提薩埵)인데 각유정(覺有情)으로 번역한다. 위로는 불도를 구하고 아래로는 중생을 교화한다는 뜻이다.

해와 달이 비추는 공간을 볼 수 있다. 그 속에 나타나 보이고 있는 물과 육지, 공중의 만물 현상(現像)은 비록 어둡거나 밝은 갖가지 형상(形像)이 있지만, 모두 자연계의 물리 영상(影像) 아님이 없으며 분별의식의 작용 이내에 반영되어 남아 있다. 이제 이렇게 보이는 허다한 현상(現象)들 사이에서 어떤 것이 우리 자신의 능히 보는 자성의 체이며, 또 어떤 것이 물리적 현상이냐? 지금 네가 눈의 힘이 미치는 바를 다하여 위로 보면 해와 달과 별들은 자연히 물질이지 당연히 너의 심성의 자체가 아니다. 수평으로 세계의 가장자리와 나아가 공간의 갖가지 빛을 보면 역시 물질이지 너의 자성은 아니다. 다시 보면, 떠다니는 구름과 날아다니는 새, 부는 바람에 움직이는 풀, 떠다니는 먼지, 나무, 산과 들, 지푸라기, 사람과 가축, 이런 갖가지는 모두 외물(外物)⁷³이지 너의 자성이 아니다. 가깝거나 먼 이런 만물은 비록 각각 다른 차별 현상이 있지만, 너의 능히 보는 자성 중에서는 또렷하게 보인다. 이로써 알 수 있듯이 온갖 만물은 비록 각각 서로 다른 차별 성질이 있지만, 너의 능히 보는 자성의 기능은 다른 차별이 없다. 이 능히 보는 자성은 지극히 정묘(精妙)하고 아주 명백하면서 확실히 바로 너의 본능 자성이다. 만약 이 능히 보는 자성도 물질이라면 응당 나의 이 능히 보는 자성의 형상을 볼 수 있어야 한다. 만약 이 능히 보는 자성을 만물 현상과 마찬가지라고 여긴다면 눈으로 볼 수 있을 것이니, 그렇다면 나를 보았다고 말할 수 있을 것이다. 그러나 내가 보는 작용을 일으키지 않을 때에는 또 어찌하여 나의 이 보이지 않는 자성이 어디에 있는지를 볼 수 없는 것이냐? 만약 나의 이 보이지 않는 능히 보는 자성을 볼 수 있다면, 네가 본 것은 결코 그 진실한 보이지 않는 능히 보는 자성이 아니

---

73 외부의 사람이나 사물.(역주)

다. 만약 그 능히 보는 기능을 근본적으로 볼 수 없다면, 자연히 물질이나 현상이 아닌데 어찌하여 너의 자성이 아니겠느냐? 게다가 네가 지금 물질 현상을 보았을 때, 너는 이미 물상을 본 바에야 반대로 말하면 물상도 응당 너를 보았어야 마땅하다. 그렇다면 인성(人性)과 물리 성능은 체성이 뒤섞여 어지러워서 견해 인식이 곧 무질서하고 정해져 있지 않아, 너와 나 그리고 온갖 세간 만물은 근본적으로 질서가 없고 기준이 없게 되어버린다. 만약 네가 만물 현상을 볼 때에 너의 이 능히 보는 기능이 보고 있는 것이지 당연히 나 석가모니가 보고 있는 것이 아니라면, 너의 능히 보는 기능의 자성은 자연히 모든 곳에 두루 있는 것인데, 그것이 너의 자신이 아니면 누구이겠느냐? 어찌하여 자기의 진심 자성에 대해서 시종 의혹하고 현실의 자성을 인식하지 못하고는 오히려 내 입을 향하여 너 자신의 진실한 자성을 찾는 것이냐?"

아난이 물었다. "만약 이 능히 보는 것이 바로 저 자신의 진심 자성이라면, 지금 저와 부처님이 시야를 넓혀서는 하늘과 땅 해와 달 전체를 보고, 실내로 돌아와서는 또 창 앞의 처마만 보게 되는데, 이 능히 보는 자성이 본래 허공에 두루 있건만 지금처럼 한 실내에 있으면 기껏해야 이 실내 하나만의 공간을 볼 뿐 인 것은, 이 능히 보는 기능이 축소한 것입니까? 아니면 벽과 집이 이 능히 보는 기능을 끊어버린 것 입니까? 저는 정말 이 도리가 어디에 있는지를 알지 못하겠으니 부처님께서 다시 분석하여 주시기 바랍니다."

부처님이 말씀하셨다. "모든 세계의 크거나 작은 안팎의 갖가지 일과 행위[事業]는 모두 현상계 반응이 남긴 영상[前塵]이다. 이 자성의 능히 보는 기능에 수축하거나 확대하는 작용이 있다고 말해서는 안 된다. 예를 들어 사각형의 그릇이 하나 있어서 그릇 안에 네모 모양의 공간이 형성되었다고 하면, 이 네모 모양의 속 공간은 정형적인[定型]⁷⁴ 것이냐 부정형적인[不定型] 것이냐? 만약 정형적인 것이라 여긴다면, 이 네모 모양의 속 공간 가운데에 다시 둥근 모양의 그릇을 하나 놓았을 경우 그 가운데 공간은 마땅히 둥근 모양으로 변하지 않아야 되겠지? 만약 부정형적인 것이라 여긴다면, 저 사각형 그릇 속의 공간은 어찌하여 반드시 네모 모양이 되는 것이냐? 너는 이 도리가 어디에 있는지 모르겠다고 말했다. 사실 이 도리는 아주 명백한데도 어찌하여 또 어디에 있느냐고 묻는 것이냐? 만약 네가 공간의 형상에 네모나 동그라미 모양이 없기를 바란다면, 네모나 동그라미의 외형만 제거해 버리면 된다. 허공의 자체는 본래 일정한 네모나 일정한 동그라미라 할 것이 없다. 당연히, 너는 허공을 제외한 밖에 네모나 둥근 공간이 또 어디에 있겠습니까! 라고 말해서는 안 된다. 너는 묻기를 우리가 실내까지 물러나서는 능히 보는 기능이 축소한 것이냐고 했는데, 네가 머리를 들어 해를 볼 때는 설마 네가 능히 보는 기능을 길게 늘여서 해의 가장자리에 도달한 것은 아니겠지? 가령 담 벽을 쌓아 능히 보는 기능이나 공간을 끊었다고 생각하자. 그럼 다시 담 벽에 구멍을 하나 뚫어 놓을 경우 어찌하여 능히 보는 기능과 공간이 끊어지거나 연결되는 모습이 없는 것이냐? 네가 물은 이 도리는 통하지 않음이 분명하다. 영성(靈性)을 가진 온갖 중생들은 무시이래로 자기의 심성 자체를 미혹 암매(暗昧)⁷⁵하여 자성을 물리적인 것으로 인정하고 있다. 그래서 심성의 진실한 본체 묘용을 잃어버렸다. 이 때문에 외물에 유혹 전변(轉變)⁷⁶되어 물상의 미혹을 당하고 있다. 그러기에 만물 가운데서 크

---

74 일정한 형식이나 틀.(역주)

75 사리에 어둡고 어리석다.(역주)

76 인연에 의해 생기(生起)하고 존재하는 사물이 변해가는 것. 변천. 변화하는 것.(역주)

고 작음을 보고서 곧 크다 작다는 관념이 있는 것이다. 만약 자기의 마음이 만물을 전변시킬 수 있어, 만물 현상에 미혹되어 업을 짓지 않으면 곧 부처와 같아지고, 몸과 마음이 자연히 원만하면서 밝고, 고요하면서 움직이지 않는[寂然不動] 경계에 진입하여, 한 터럭 끝에 두루 시방 국토를 집어넣을 수 있다[如能轉物, 則同如來. 身心圓明, 不動道場, 于一毛端, 遍能含受十方國土].

자성은 커서 밖이 없고 작아서 안이 없다

아난이 말했다. "만약 이 능히 보는 정령(精靈)이 틀림없이 바로 저의 영묘한 자성이라면, 지금 저의 눈앞에는 이미 보는 작용을 드러냈으니 이 능히 보는 것이 바로 저의 자성이라 한다면, 저의 몸과 마음은 또 무엇입니까? 이제 저의 몸과 마음을 따로따로 연구해보니 확실히 각각 그 실체가 있습니다. 그러나 이 능히 보는 자성은 하나의 자체가 없어 몸과 마음을 떠나 단독으로 존재합니다. 만약 저 자신의 마음이 저로 하여금 지금 볼 수 있게 한다고 하면, 이 능히 보는 기능이 바로 저의 자성이고 이 몸은 저가 아닙니다. 그렇다면 당신께서 위에서 말한 문제와 다름없으니 어찌 외부의 물상도 저를 볼 수 있는 것이 아니겠습니까?"

부처님이 말씀하셨다. "너는 지금 말하기를 능히 보는 기능 자성이 바로 너의 앞에 있다고 했는데, 이는 맞지 않다. 만약 바로 너의 앞에 있을 뿐만 아니라 너는 또 그것을 정말로 볼 수 있기도 한다면, 이 능히 보는 정령은 자연히 어느 곳에 있는지를 가리킬 수 있을 것이다. 나는 지금 너와 함께 정원 안에 앉아 있으면서 외부의 나무·강의 흐름·전당(殿堂)을 바라보고, 위로는 해와 달에 이르고 앞쪽으로는 갠지스 강을 대하고 있다. 너는 내 자리 앞에서 손을 들어 갖가지 현상을 하나하나 가리킬 수 있다. 어두운 것은 나무숲이요 밝은 것은 태양이요 가로막는 것은 담 벽이요 막힘없이 통하는 것은 허공이요, 더 나아가 풀 한 포기 나무 한 그루, 그리고 미세한 먼지와 솜털의 끝을, 크기는 비록 다르더라도 형상이 있기만 하면 모두 가리켜 보일 수 있다. 만약 너의 능히 보는 자성이 지금 너의 앞에 있다면, 어떤 것이 그 능히 보는 자성인지를 너도 응당 손으로 확실히 가리킬 수 있어야 한다. 너는 알아야한다, 만약 허공이 바로 너의 능히 보는 자성이라면, 허공이 이미 보는 자성[見]으로 변해버렸으니 무엇이 또 허공의 자성이겠느냐? 만약 물상이 이 바로 너의 능히 보는 자성이라면, 물상이 이미 보는 자성으로 변해버렸으니 무엇이 또 물상의 자성이겠느냐? 네가 목전의 만상을 정밀하고 자세하게 해부할 수 있는 바에야 너도 정령의 밝고 청정하며 허묘한, 능히 보는 본원[精明浄妙見元]도 보통의 물상과 마찬가지로 명명백백하게 내게 가리켜 보여 줄 수 있을 것이다.”

아난이 말했다. “제가 지금 강당 안에 앉아 있으면서 멀리는 갠즈스 강에 미치고 위로는 해와 달을 바라보면서 손으로 가리킬 수 있고 눈으로 볼 수 있는데, 가리킬 수 있는 것은 모두 만물의 현상일 뿐 능히 보는 자성 존재는 없습니다. 만약 부처님이 말씀하신대로라면 저 같은 처음 배우는 사람뿐만 아니라 설사 지혜가 보살 같다 하더라도 만물 현상의 앞에서 정령의 능히 보는 자성을 해부해 낼 수 없습니다. 그렇다면 모든 만물과 현상을 떠나서 자성은 또 어디에 있는지요?”

부처님이 말씀하셨다. “그렇다, 그렇다. 네가 말한 대로 이 능히 보는 기능은 모든 물상을 떠나서 따로 하나의 자성 존재가 있을 수 없다. 네가 가리킨 각종 물상 가운데에도 능히 보는 기능의 자성은 없다. 게다가 너와 나는 정원 안에 앉아 있으면서 외부의 정원을 바라보고 위로는 해와 달에 미치고 있는데, 갖가지 현상은 비록 다르지만 하나의 능히 보는 정명(精明)을 절대로 특별히 가리켜 낼 수 없다. 그러나 너는 모든 물상 가운데에서 어떤 것이 능히 보는 자성이 나타난 바가 아니라고 어떻게 증명할 수 있겠느냐?"

아난이 말했다. "저는 이 정원과 모든 물상을 두루 보건대 사실은 능히 보는 기능이 나타난[顯現] 바가 아닌 것이 하나도 없습니다. 만약 나무가 보여 지는 것이 아니라면 어떻게 나무를 볼 수 있겠습니까? 만약 나무가 바로 능히 보는 자성이라면, 또 어떻게 나무이겠습니까? 이로써 알 수 있듯이 만약 허공이 보여 지는 것이 아니라면, 어떻게 허공을 볼 수 있겠습니까? 만약 허공이 바로 능히 보는 자성이라면, 또 어떻게 허공이겠습니까? 그래서 제가 또 사유해보니 이러한 만유 현상 가운데에서 자세히 연구해보고 명백히 발휘해보면, 능히 보는 기능 자성이 나타난 바가 아닌 것이 하나도 없습니다."

부처님은 또 말씀하셨다. "그렇다, 그렇다."

이때에 법회의 대중과 처음 배우는 일반 사람들은 부처님이 반복해서 그렇다고 대답하시는 것을 듣고서 이 도리의 요점이 도대체 어디에 있는지 알지 못해 막연하여 몹시 두려움을 느꼈다.

이때에 부처님은 그들이 모두 의심을 품고 두려워하고 있음을 알고서 또 말씀하셨다. "내가 한 말은 모두 진실한 말이다. 일부러 터무니없고 허황된 말을 하는 것이 아니다. 우주만유에는 따로 하나의 주재자가 있다거나 자아는 죽지 않는 존재라고 생각하는 일반 외도(外道) 학자들의 이론과는 더욱 다르니 여러분들은 자세히 연구하고 사유해보기 바란다."

이에 문수(文殊)대사가 곧 일어나 부처님께 말했다. "모두들 이 도리의 원인을 이해하지 못하는 까닭은 이 능히 보는 기능이 물리 세계의 만상과 동일한 체성인지 아닌지를 이해하지 못하기 때문입니다. 만약 현실 세계에서 보는 모든 현상들이 그것이 물질이든 허공이든 간에 모두 능히 보는 자성이라면, 이 능히 보는 기능은 응당 가리켜낼 수 있어야 합니다. 만약 이러한 현상들이 능히 보는 기능의 나타난 바가 아니라면, 근본적으로 이러한 현상들을 볼 수 없어야 마땅합니다. 그들이 지금 이 도리의 관건이 어디에 있는지를 알지 못하기 때문에 의심을 품고 놀라며 이상하게 여기는 것입니다. 부처님께서는 물리 세계의 만유 현상과 이 능히 보는 정명(精明)은 원래 어떤 것인지, 물리 현상과 심성 사이에는 어떻게 서로 통일될 수 있는지를 더 설명하여 가리켜 보여주시기 바랍니다.”

부처님이 말씀하셨다. “무릇 부처와 도가 있는 일반 대사들은 자성의 적정(寂靜)하고 미묘 정밀한 관조(觀照)의 삼매 경지 속에서는 이 능히 보는 자성과, 객관 물리 세계에서 보이는 각종 현상 그리고 심리생각인 주관 작용, 이 모두가 환각(幻覺) 중에 보이는 허공 꽃과 같아서 본래에 실질적인 존재가 없다. 이 능히 보는 것과 보이는 현상은 사실은 모두가 영명한 묘각(妙覺)이며 밝고 청정한 심성 본체가 산생하는 기능 작용이다(심물이원心物二元은 원래 일체一體의 작용임을 설명함). 자성 본체의 입장에서 보면 어느 것이 옳고 어느 것이 옳지 않다고 할 것이 없다(객관과 주관은 모두 자기가 세운 편견 집착 작용임). 내가 이제 네게 묻겠다. 너의 이름을 ‘문수’라고 부르는데, ‘문수’라는 이 이름이 너 문수 본인 이외에 다른 문수를 나타내는 것이냐?”

문수대사가 대답했다. “문수는 바로 나이지 결코 다른 사람을 나타내는 것이 아닙니다. 만약 이 이름이 또 다른 사람을 나타낸다면 곧 두 개의 문수가 있게 됩니다. 그러나 문수는 지금 나 이 사람만을 나타냅니다. 이 진실한 나와, 이름이 나타내는 나는, 바로 하나입니다. 그 사이에는 어떤 것이 진짜이고 어떤 것이 가짜인지를 나눌 수 없습니다.”

부처님이 말씀하셨다. "이 심성의 능히 보는 영묘하고 밝은 기능과 물리 자연계의 허공 및 물질 현상도 네가 방금 말한 것과 마찬가지이다. 객관 물리세계와 심성 자체가 산생하는 기능은 본래 일체(一體)로서, 모두 영묘하고 밝고 원만한 진심 정각(正覺)의 자성인 동시에, 환유(幻有)[77]와 망상의 작용도 갖추고 있어서 물질 색상과 허공의 현상을 낳아 사람들의 능히 보는 작용 속에 표현될 수 있다. 비유하면 두 번째 달이 있으면 곧 어느 것이 진짜 달이고 어느 것이 가짜 달이냐는 문제가 있다. 그러나 만약 달은 하나일 뿐이라면 그 사이에는 진짜 달이니 가짜 달이니 하는 문제가 없게 된다('일천 개의 강에 물이 있으니 일 천 개의 달이요, 만 리에 구름이 없으니 만 리의 하늘이다[千江有水千江月, 萬里無雲萬里天]'라는 경지로 체험해보면 이 도리를 분명히 이해할 수 있다). 네가 지금 보는, 능히 보는 기능이 자연계의 허다한 물리 현상과 접촉하여 그것의 갖가지 작용을 감각할 수 있는데, 이를 망상이라 부른다. 외부경계 현상과 감각 망상의 사이에서 확실히 어느 것이야말로 본체의 기능 작용이고 어느 것이야말로 또 아닌지를 가리켜낼 수 없다. 그러므로 네가 만약 객관 물리 세계의 자연 현상과, 망상분별을 아는 작용이, 모두 진심의 지정한[至精][78], 영묘하고 밝은 정각 자성의 기능임을 이해할 수 있고 난 뒤에라야 비로소 이것은 무엇이며 저것은 무엇인지 가리켜 보일 수 있다."

阿難白佛言。世尊。誠如法王所說, 覺緣徧十方界, 湛然常住, 性非生滅。與先梵志娑毗迦羅, 所談冥諦, 及投灰等諸外道種, 說有眞我徧滿十方, 有何差別。世尊亦曾於楞伽山, 爲大慧等敷演斯義。彼外道等, 常說自然, 我說因緣, 非彼

境界。我今觀此覺性自然非生非滅，遠離一切虛妄顛倒，似非因緣，與彼自然。云何開示，不入群邪，獲眞實心妙覺明性。

佛告阿難。我今如是開示方便，眞實告汝。汝猶未悟，惑爲自然。阿難。若必自然，自須甄明有自然體。汝且觀此妙明見中，以何爲自。此見爲復以明爲自，以暗爲自，以空爲自，以塞爲自。阿難。若明爲自，應不見暗。若復以空爲自體者，應不見塞。如是乃至諸暗等相以爲自者，則於明時，見性斷滅，云何見明。

阿難言。必此妙見，性非自然。我今發明，是因緣生。心猶未明，咨詢如來。是義云何，合因緣性。

佛言。汝言因緣。吾復問汝。汝今因見見性現前。此見爲復因明有見，因暗有見，因空有見，因塞有見。阿難。若因明有，應不見暗。如因暗有，應不見明。如是乃至因空因塞，同於明暗。復次阿難。此見又復緣明有見，緣暗有見，緣空有見，緣塞有見。阿難。若緣空有，應不見塞。若緣塞有，應不見空。如是乃至緣明緣暗。同於空塞。當知如是精覺妙明，非因非緣，亦非自然，非不自然，無非不非，無是非是，離一切相，即一切法。汝今云何於中措心。以諸世間戲論名相，而得分別。如以手掌撮摩虛空，祇益自勞。虛空云何隨汝執捉。

阿難白佛言。世尊，必妙覺性，非因非緣。世尊云何常與比丘。宣說見性具四種緣。所謂因空因明，因心因眼，是義云何。佛言。阿難。我說世間諸因緣相，非第一義。阿難。吾復問汝。諸世間人，說我能見。云何名見。云何不見。

阿難言。世人因於日月燈光，見種種相，名之爲見。若復無此三種光明，則不能見。

阿難若無明時，名不見者應不見暗。若必見暗，此但無明，云何無見。阿難。若在暗時，不見明故，名爲不見。今在明時，不見暗相，還名不見。如是二相，俱名不見。若復二相自相陵奪，非汝見性於中暫無。如是則知二俱名見，云何不見。是故阿難。汝今當知，見明之時，見非是明。見暗之時，見非是暗。見空之時，見非是空。見塞之時，見非是塞。四義成就。汝復應知。見見之時, 見非是見。見猶離見, 見不能及, 云何復說因緣自然, 及和合相。汝等聲聞, 狹劣無識, 不能通達淸淨實相。吾今誨汝。當善思惟。無得疲怠妙菩提路。

자성 본체는 자연과 인연화합을 초월한다

아난이 물었다. "만약 부처님이 말씀하신대로 이 진심 정각의 자성이 시방 허공계에 두루 가득 차고, 티 없이 맑고 청정하며[湛然淸淨][79], 본래 자리에 영원히 존재하면서[常住本位] 생멸변화가 없다면, 사비가라(娑毗迦羅)[80] 등의 논사들과 같은 외도 학자들의 이론인, 우주의 본체는 본래 없다는 명제(冥諦)라는 생각이나, 또 유가학파(瑜伽)[81]와 투회외도(投灰外道)[82] 등의 이론인 하나의 대범천(大梵天)[83]이 있어 만유의 주재자가 된다는 생각이나, 혹은 하나의 진아(眞我)가 있어 모든 곳에 두루 가득 찼다는 주장이, 부처님이 지금 말씀하시는 것과는 또 무엇이 다른지요? 그리고 부처님이 일찍이 능가산(楞伽山)[84]에서 대혜(大慧)대사에게 말씀하시길, '외도 학자들은 우주만

---

79 잠연(湛然)은 깊은 물속 밑바닥까지 투명하게 맑다 뜻이다.(역주)

80 겁비라(劫毘羅)라고도 한다. 외도의 이름으로 바로 수론사(數論師)이다.

81 물(物)과 상응하는[與物相應] 것이다. 현교(顯宗)에서는 대부분 리(理)와 상응한다[理相應]는 의미를 취하는데 유가유식(瑜伽唯識)의 유가(瑜伽)는 이것이다. 밀교에서는 행(行)과 상응한다[行相應]의 의미를 취하는데 유가삼밀(瑜伽三密)의 유가가 이것이다.

82 어떤 때는 몸을 재속으로 던지고 어떤 때는 재를 몸에 바르며 무익한 고행을 한다.

83 범(梵)이란 청정하다는 뜻이다. 초선천(初禪天)의 왕이 대범천이다.

84 불가주(不可住)라 번역한다. 신통이 없는 자는 도달할 수 없기 때문이다. 부처님은 이에 의거해 능가경(楞伽經)을 설하셨는데 뛰어나서 성문승과 연각승이 미칠 수 없다는 깊은 뜻을 표시한다. 또 이 산은 스리랑카에 있다고 한다.

유는 자연계의 본능이라고 말하지만, 내가 말하는 것은 인연소생(因緣所生)이지 외도 학자들이 말하는 경계가 아니다'고 하셨습니다. 이제 제가 보기에는 이 진심 정각의 자성이 자연히 존재하여 근본적으로 불생불멸이고, 본체 상으로는 모든 허환전도(虛幻顛倒)가 없으며, 인연도 아니요 자연도 아닌 것 같습니다. 이 도리가 도대체 어떠한지요? 부처님은 명백히 가리켜 보여 저희들로 하여금 진심 자성의 진리를 보게 하여 주시기 바랍니다."

부처님이 말씀하셨다. "내가 지금 이미 명백히 말했는데도 너는 아직 납득하여 깨닫지[領悟] 못하고, 자성 본체는 자연의 본능이라고 오인(誤認)하고 있구나. 만약 틀림없이 자연의 본능이라면 당연히 하나의 자연의 고정 체성이 있어야한다. 너는 지금 관찰해보아라. 이 영묘하고 밝은 능히 봄이 미치는 각종 현상 중에서, 예컨대 밝음·어둠·허공과 막힘 등등에서 도대체 무엇이야말로 자연의 본체이냐? 만약 밝음이 바로 자연의 체라고 생각한다면 마땅히 어둠은 볼 수 없어야한다. 만약 허공이 바로 자연의 체라고 생각한다면 마땅히 막힘은 볼 수 없어야한다. 이러한 갖가지 중에서 도대체 무엇을 자연의 본체로 삼는 것이냐? 만약 어둠이 바로 자체라고 생각한다면 밝음이 왔을 경우에는 마땅히 자연의 체가 없어야 하는데 어찌하여 또 밝음을 볼 수 있는 것이냐?"

아난이 말했다. "자성 본체가 자연의 본능이 아닌 이상, 저는 이제 인연으로 생겨난 것이라고 생각합니다. 그러나 내심으로는 여전히 어떻게 그것이 인연의 도리에 부합하는지를 모르겠습니다."

부처님이 말씀하셨다. "너는 인연이라 말하는데 내가 다시 네게 묻겠다. 너는 지금 능히 보기 때문에, 보는 자성이라는 기능 작용[見性]이 나타난다. 이 보는 자성은 밝음으로 말미암아 있느냐, 아니면 어둠으로 말미암아 있느냐? 허공으로 말미암아 있느냐, 아니면 막힘으로 말미암아 있느냐? 만약 밝음으로 인하여 있다면 반드시 어둠을 볼 수 없어야 한다. 만약 허공으로 인하여 있다면 반드시 막힘을 볼 수 없어야 한다. 그러므로 마땅히 알아야 한다, 이 진실하고 정치한[眞精] 정각의 영묘하고 밝은 자성은 인(因)에도 속하지 않고 연(緣)에도 속하지 않는다. 자연을 떠나지도 않고 자연도 아니다. 온갖 현상을 떠났으면서, 온갖 법 그대로와 하나이다[離一切相, 即一切法].[85] 너는 어찌하여 이 사이에서 머리를 멋대로 굴리고 세간의 보통의 지식과 일반 희론(戲論)[86]의 명사를 이용하여 억지로 변별을 짓고 있느냐! 비유하면 손으로 허공을 움켜쥐려는 것과 같아 헛수고만 할 뿐 이익이 없는데 어떻게 허공을 붙잡을 수 있겠느냐?"

아난이 물었다. "부처님은 이 영묘한 정각(正覺) 자성은 인(因)도 아니요 연(緣)도 아니라고 말씀하시는데, 왜 과거에는 말씀하시기를, '능히 보는 견성(見性) 작용은 반드시 네 가지 연(緣)을 갖추어야 한다, 이른바 허공을 인(因)하고 밝은 빛[光明]을 인하고 마음을 인하고 눈을 인해야 한다' 하셨는지요? 이것은 또 무슨 도리입니까?"

부처님이 말씀하셨다. "내가 온갖 것은 인연소생이라 말한 도리는, 결코 자성 본체의 형이상의 제일의(第一義)를 가리키는 것이 아니다(후천인 우주간의 만유 현상은 모두 인연화합 소생임을 말한다). 사람들은 모두 말하기를 '나는 능히 본다'고 말하는데 어떠해야 '본다'라고 하고 어떠해야 '볼 수 없다'고 하느냐?"

아난이 대답했다. "사람들은 해·달·등불 빛 등이 있기 때문에

---

85 리(離): ~를 떠나다. 초월하다. 즉(即): 하나로 되는 것. 그대로 불이(不二)·불리(不離)의 뜻. 두 가지 것이 겉과 안이 되어 나누는 것이 불가능한 것.(역주)

86 진실이 없는 말을 주고받음. 도리가 빠진 사려분별. 이익이 되지 않는 의론.(역주)

비로소 갖가지 현상과 색상을 볼 수 있습니다. 그러므로 '본다'고 합니다. 만약 이 세 가지 밝은 빛이 없으면 볼 수 없습니다."

부처님이 말씀하셨다. "만약 밝은 빛이 없다면 곧 볼 수 없다고 한다면, 밝은 빛이 가버리면 응당 어둠[黑暗]이 오는 것을 볼 수 없어야 하는데 사실은 어둠도 볼 수 있다. 이는 단지 밝은 빛을 보지 못했다고 말할 수 있을 뿐인데 어찌하여 '볼 수 없다'라고 말하는 것이냐? 만약 어둠 속에 있어서 밝은 빛을 볼 수 없는 것을 보지 않는다고 말한다면, 밝은 빛 속에서 어둠을 볼 수 없음도 볼 수 없다고 말해도 된다. 만약 이 이론이 옳다면 사람들이 밝은 빛을 마주 대하였을 때이든 어둠을 마주 대하였을 때이든 어느 경우나 '볼 수 없다'라고 말할 수 있다. 사실은 단지 밝은 빛과 어둠 이 두 가지 현상이 서로 변경 교체한 것일 뿐 결코 너의 능히 보는 자성이 그 가운데에서 사라져 없어지는 것은 아니다. 이로써 알 수 있듯이 자성의 능히 보는 기능은 밝은 빛과 어둠을 마주 대하였을 때에도 보는데 어찌하여 '보지 않는다'고 말할 수 있겠느냐? 그러므로 너는 마땅히 알아야 한다, 밝은 빛을 볼 때에도 능히 보는 자성은 바로 그 밝은 빛이 아니요, 어둠을 볼 때에도 능히 보는 자성은 역시 바로 그 어둠이 아니다. 허공을 볼 때에도 능히 보는 자성은 결코 바로 그 허공이 아니요, 막힘을 볼 때에도 능히 보는 자성은 바로 그 막힘이 아니다. 이 네 가지 현상의 상대적인 사이를 통해서 능히 보는 도리를 설명할 수 있다. 너는 더더욱 알아야 한다, 만약 눈이 보는 작용 사이에서 능히 보는[能見] 자성을 보려한다면, 이 자성은 결코 눈앞의 보는 작용이 볼 수 있는 것이 아니다. 만약 능히 보는 자성을 보려면, 반드시 능히 봄[能見]과 보여 짐[所見]을 절대적으로 떠나야 한다. 왜냐하면 능히 보는 자성의 본체는 보여 지는[所見] 작용과 능히 보는[能見] 기능이 볼 수 있는 바가 아니기 때문이다[見見之時,

見非是見, 見猶離見, 見不能及]. 그런데 어떻게 인연이나 자연 혹은 양자의 화합 작용을 가지고 자성 본체의 도리를 설명할 수 있겠느냐? 여러분들이 지혜가 얇고 열등하여 자성의 청정한 실상을 분명히 알지 못하기 때문이다. 나는 여러분들이 스스로 잘 사유하고 게으르지 말기를 바란다. 그래야 영묘한 정각 자성의 대도(大道)를 증득할 수 있다."

阿難白佛言。世尊。如佛世尊爲我等輩, 宣說因緣, 及與自然, 諸和合相, 與不和合, 心猶未開。而今更聞見見非見, 重增迷悶。伏願弘慈, 施大慧目, 開示我等覺心明淨。作是語已, 悲淚頂禮, 承受聖旨。

爾時世尊, 憐愍阿難, 及諸大衆。將欲敷演大陀羅尼, 諸三摩提。妙修行路。告阿難言。汝雖強記, 但益多聞, 於奢摩他微密觀照, 心猶未了。汝今諦聽。吾當爲汝分別開示。亦令將來, 諸有漏者, 獲菩提果。阿難。一切衆生, 輪迴世間, 由二顚倒分別見妄, 當處發生, 當業輪轉。云何二見, 一者, 衆生別業妄見。二者, 衆生同分妄見。

云何名爲別業妄見。阿難, 如世間人, 目有赤眚, 夜見燈光別有圓影, 五色重疊。於意云何。此夜燈明所現圓光, 爲是燈色, 爲當見色。阿難。此若燈色, 則非眚人何不同見, 而此圓影。唯眚之觀。若是見色, 見已成色, 則彼眚人見圓影者, 名爲何等。復次阿難。若此圓影離燈別有, 則合傍觀屛帳几筵, 有圓影出。離見別有, 應非眼矚, 云何眚人目見圓影。是故當知, 色實在燈, 見病爲影。影見俱眚,　見眚非病。終不應言是燈是見。於是中有非燈非見。如第二月, 非體非影。何以故。第二之觀, 捏所成故。諸有智者, 不應說言, 此捏根元, 是形非形, 離見非見, 此亦如是, 目眚所成今欲名誰是燈是見。何況分別非燈非見。

云何名爲同分妄見。阿難。此閻浮提, 除大海水, 中間平陸, 有三千洲正中大洲東西括量, 大國凡有二千三百。其餘小洲在諸海中, 其間或有三兩百國。或一或二至於三十四十五十。阿難。若復此中, 有一小洲, 祇有兩國。唯一

國人, 同感惡緣則彼小洲, 當土衆生, 睹諸一切不祥境界或見二日, 或見兩月
其中乃至暈適珮玦。彗孛飛流。負耳虹蜺。種種惡相, 但此國見彼國衆生, 本
所不見, 亦復不聞。

阿難。吾今爲汝。以此二事, 進退合明。阿難。如彼衆生。別業妄見, 矚燈
光中所現圓影, 雖現似境, 終彼見者, 目眚所成。眚即見勞, 非色所造。然見
眚者, 終無見咎。例汝今日, 以目觀見山河國土。及諸衆生, 皆是無始見病所
成。見與見緣, 似現前境。元我覺明見所緣眚。覺見即眚。本覺明心, 覺緣
非眚。覺所覺眚, 覺非眚中, 此實見見, 云何復名覺聞知見。是故汝今見我及
汝, 幷諸世間十類衆生, 皆即見眚。非見眚者, 彼見眞精, 性非眚者, 故不名
見。阿難。如彼衆生同分妄見, 例彼妄見別業一人。一病目人, 同彼一國。
彼見圓影, 眚妄所生。此衆同分所見不祥, 同見業中, 瘴惡所起。俱是無始見
妄所生。例閻浮提三千洲中, 兼四大海, 娑婆世界, 幷洎十方諸有漏國, 及諸
衆生。同是覺明無漏妙心, 見聞覺知虛妄病緣, 和合妄生, 和合妄死。若能遠
離諸和合緣, 及不和合, 則復滅除諸生死因。圓滿菩提, 不生滅性。淸淨本
心, 本覺常住。

개별 업보와 공동 업보의 원인

아난은 부처님의 가리켜 보임을 듣고 나서 자성 본체는 인연도
아니요 자연도 아니요, 더더구나 화합이나 불화합이 아닌 도리를
알았으나 내심으로는 아직 깨닫지 못했다. 지금 또 '능히 보는 자성
을 보려한다면, 이 자성은 결코 눈앞에 보는 작용이 볼 수 있는 것
이 아니다[見見非見]'는 이론을 듣고 나니 갈수록 미혹이 늘어나 부
처님께 다시 더 설명하여주시기를 청했다.

이에 부처님이 또 아난에게 말씀하셨다. "너는 비록 들은 것이 많
고 기억력도 좋아서[博聞强記] 지식만 늘어나고 있을 뿐 심성의 바른
선정[正定] 중에서의 미세하며 깊고 신비한 관조[微密觀照]의 실제 수

증 공부는 부족하다. 그러므로 이 마음을 시종 분명하게 이해할 수 없다. 내가 이제 너를 위해 분별하여 열어 보이고, 또 후세 미래의 사람들이 어떻게 정각 삼매의 길로 들어갈지를 알도록 하겠으니 너는 자세히 조용히 듣기 바란다. 영성을 가진 온갖 중생은 마치 빙빙 돌아가는 바퀴처럼 세간의 현실 환경이 지배하는 대로 내맡기고 있는데, 두 가지 뒤바뀐 분별 망견(妄見)[87]의 환유(幻有) 감각 업력에 지배되어 현실 세간에서 환경 업력의 바퀴를 따라 돌고 있다. 무엇이 두 가지 환유 감각의 망견일까? 첫째는 중생의 개별 업력이 형성한 환유 감각의 망견이다(개인의 주관적인 관념을 포함함). 둘째는 중생의 공동 업력이 형성한 환유 감각의 망견이다(대중의 생각思想을 포함함).

무엇이 개별 업력이 형성한 환유 감각의 망견일까? 마치 세간의 어떤 사람이 눈에 염증이나 내외장(內外障)의 병증에 걸려서 밤에 등불 빛이 비치는 것을 볼 경우, 다섯 가지 색깔[五色]이 겹치는 둥근 그림자[圓影]가 따로 하나 있음을 느낄 수 있을 것이다. 이 현상은 등불 빛 자체가 나타내는 모양과 색깔[形色]이겠느냐, 아니면 자성의 능히 보는 작용이 낳은 모양과 색깔이겠느냐? 만약 등불 빛의 모양과 색깔이라고 생각할 경우, 어찌하여 눈병이 없는 사람은 똑같은 모양과 색깔을 보지 못하고 눈병이 있는 사람만이 볼 수 있는 것이냐? 만약 그것이 능히 보는 기능이 낳은 모양과 색깔이라면 이 능히 보는 작용이 이미 모양과 색깔로 변해버린 것이니, 눈병에 걸린 사람이 본 둥근 그림자와 색깔의 증상은 또 무엇이라 불러야 하겠느냐? 게다가 만약 이 병든 눈이 보는 둥근 그림자와 색깔은 등불 빛을 떠나서도 단독으로 존재한다면, 다른 것을 볼 경우에도 마땅히 둥근 그림자와 색깔이 나타나야 한다. 만약 둥근 그림자와 색깔

---

87 잘못된 견해. 허망한 견해. 잘못된 생각. 산란하고 미혹한 마음. 없는 것을 있다고 생각하는 견해.(역주)

이, 보는 작용을 떠나서도 여전히 단독으로 존재한다면 응당 눈으로 볼 수 있는 있는 것이 아니어야 하는데, 어찌하여 눈병이 난 사람은 또 볼 수가 있는 것이냐? 그러므로 마땅히 알아야 한다, 빛 색깔이 나타남은 확실히 등의 존재로 말미암으며, 등불 빛 밖의 색깔과 둥근 그림자는 눈에 병이 있기에 발생한 것이다. 사실상 빛 색깔과 둥근 그림자, 그리고 보는 작용은 모두 자성이 변태(變態)[88]한 병증이다. 그것이 변태한 병증임을 이해할 수 있는, 보는 자성[見性]은 병이 아니다. 그러므로 이런 현상이 등불 빛의 작용이라거나 눈이 보는 작용이라고 말해서는 안 된다. 등불 빛이 아니라고도 말할 수 없고 눈이 보는 작용이 아니라고도 말할 수 없다(왜냐하면 등불 빛을 떠나면 병든 눈이라 할지라도 이런 현상을 볼 수 없고, 만약 병든 눈이 없다면 역시 이런 환영幻影을 볼 수 없기 때문이다). 마치 두 번째 달이 원래 있는 달 자체도 아니며 근거가 없는 그림자도 아닌 것과 같다. 왜 그러겠느냐? 예컨대 손가락으로 눈을 누른 채 달을 보면 두 개의 달을 볼 수 있는데, 이는 눈이 장애를 받아 시선에 분열 작용이 발생한 것으로, 달이 두 개 있는 것도 아니요 달에 그림자가 있는 것도 아니기 때문이다. 이는 전적으로, 손가락으로 눈을 누르고 있기에 시선 분열이 조성한 것이기 때문이다. 무릇 지식이 있는 사람은 이렇게 눈을 누르고 있어 조성된 시선 분열 작용이 바로 두 번째 달의 근원이라고는 당연히 생각하지 않을 것이다. 그러나 역시 누르는 작용이 두 번째 달의 출현을 조성하는 원인이 아니라고도 말할 수 없다. 병든 눈이 보는 이 환영(幻影)을 어떻게 그것이 등의 작용이라거나 혹은 보는 작용이라고 말하겠느냐? 더더구나 하물며 다시 그것이 등의 작용도 아니요 보는 작용도 아니라고 분별하겠느냐?(사람들이 갖

---

88 본디의 상태가 변해서 달라지다.(역주)

가지 다른 현상을 보고 갖가지 다른 감각을 낳고 갖가지 다른 주관적인 관념을 형성하는 것은 모두 청정한 자성의 기능이 일으키는 변태 병증이다. 자성 변태 병증이 보는 모든 것은 당연히 부정확하다. 더더구나 어떤 것이 자연계의 환영이고 어떤 것이 능히 보는 자성인지를 알지 못한다. 사람들은 현실 세계의 모든 것에 대해 완전히 개별 업력이 형성한 환각 망견의 지배를 받는데, 개인의 주관적인 관념이 포함된다. 물리 세계의 현상 가운데 보는 광경과 색 소色素 그리고 사물 형태는 그 원본 형상形狀이 우리가 육안으로 보는 상황과 반드시 같지는 않다. 우리가 보는 상황은 모두 광파 진동이 다른 영향을 받아서 시선 감각의 환각 작용을 발생시킨 것이지, 반드시 절대적인 현실이 아니며 보이는 것이 진실이 아니라고도 말할 수 없다. 의식생각 면에서 사람들의 주관적인 관념은 모두 개별적인 인식 관점의 지배를 받아 일반적으로 착오의 소용돌이 속에 떨어져 각자 자신이 옳다고 생각하는 바는 옳다 하고 그르게 여기는 바는 그르다 한다).

둘째, 무엇이 중생의 공동 업력이 형성한 환유 감각의 망견일까? 이 세계에는 대해양(大海洋)을 제외한 중간의 육지에 대략 3천 주(洲)가 있다. 정 중앙의 대주(大洲)[89]에는 큰 나라가 2천3백 개가 있고 그 나머지 소주(小洲)는 각 해양 중에 각각 나라가 2, 3백 혹은 1, 혹은 2 혹은 30, 40, 50개가 있는 등 서로 다르다. 만약 어떤 소주 중에 단지 두 나라가 있는데, 그 중 한 나라가 악연(惡緣) 액운(厄運)을 만난다면 이 나라 사람들은 갖가지 상서롭지 못한 현상을 보게 될 것이다. 예를 들어 두 개의 태양이나 두 개의 달 혹은 혜성 그리고 천체의 갖가지 이상한 현상이다. 그러나 오직 이 나라 사람들만이 볼 수 있고 다른 나라 사람들은 모두 이런 현상을 볼 수 없을 뿐만 아니라 조금도 들어본 바도 없다(고대의 천상학天象學 관념에서는 천체 일월 행성의 운행 변화와 지구 인류와는 매우 밀접한 관련이 있다고 생각했다. 그러므로 천상에 특이한 출현이나 변화가 있을 때는 지구상의 세상일의

---

89 매우 넓은 육지. 대륙.(역주)

대변동에 필연적으로 영향을 미친다. 그리하여 천문학으로부터 일종의 점성술이 형성되었다. 현대 천문학에서는 이런 학설을 부정한다. 하늘과 인간의 관계가 도대체 이러한지 않는지는 과학의 진보가 증명해 주기를 기다려 보기로 하고 그 시대의 학술에 근거해서 논쟁할 필요는 없다).

부처님은 또 말씀하셨다. "이제 내가 위에서 들었던 그 두 가지 도리를 귀납적 연역적으로 비교하여 설명하겠다. 예컨대 개별 업력이 형성한 환유 감각 망견은 눈병 난 사람이 등불 빛 가운데 나타나는 둥근 그림자 모습을 보는 것처럼, 비록 앞의 현상은 서로 비슷하더라도 실제로는 보는 사람이 눈에 병이 있기에 형성된 것이다. 눈병이 바로 그림자 모습을 보게 되는 근원이다. 이런 그림자 모습은 광채(光彩) 자체가 조성한 것이 아니다. 그러나 이 눈병 난 사람의 능히 보는 자성은 도리어 병적인 상태[病態]가 없다는 것을 반드시 이해해야 한다. 예컨대 사람들이 지금 보는 산과 강, 국토와 가지각색의 자연계와 중생계의 각종 현상도 모두 무시이래로 자성 기능의 습관적인 변태 병적인 증상 작용이다(왜냐하면 자연계의 각종 가지각색의 광채 현상은 그 자체의 실제 모양이나 상태[實相]가 사람들이 눈으로 보는 상황과 서로 꼭 같은 것은 아니기 때문이다). 능히 보는 작용은 현상계와 접촉해야 비로소 눈앞의 현상이 발생한다. 이런 작용과 의식은 실제상으로는 모두 자성 정각의 광명이 일으키는 변태 병적인 증상이다. 네가 능히 본다고 감각할 때가 바로 병적인 증상이다. 그러나 소연(所緣)[90]을 능히 일으키고 감각할 수 있는 그 정각 광명의 본원(本元)에는 결코 병적인 상태가 없다. 왜냐하면 자성의 능히 깨닫는 기능이, 보는 작용은 변태 병적인 증상이라는 것을 감각할 수 있는 한, 이 능히 깨닫는 자성은 변태 병적인 증상의 각종 현상 가운데에 결코 있지 않기 때문이다. 이는 사실 바로 능히 보는 기능이 자기의

---

90 인식의 대상. 대상으로서 파악하는 것. 대상.(역주)

본성을 본 것이다. 무릇 감각하고·듣고·지각하고·보는 작용들은 모두 이 자성으로부터 출발하는데 어찌 따로 보고 듣고 감각하고 지각하는[見聞覺知] 존재가 있겠느냐? 그러므로 네가 지금 나와 너 자신 그리고 세간의 갖가지 종류의 중생을 볼 수 있음은 모두 자성의 능히 보는 기능이 낳은 변태 병적인 증상이다. 이런 변태 병적인 증상들이 없음이 바로 능히 보는, 진정한 본심의 정혼[眞精]인 자성으로서 그것은 병태가 없는 것이다. 그러므로 그것을 망견(妄見)이라 부르지 않는다.

그 다음으로, 공동 업력이 형성한 환유 감각 망견의 경우도 위의 예와 같다. 다만 눈병 난 한 사람의 개별 병태를 한 나라 사람들의 공유(共有) 병태로 확충한 것이다. 개인이 보는 둥근 빛 그림자 모습은 눈병이 형성한 것이다. 한 나라 사람들이 공동으로 보는 재변의 나쁜 현상[災異惡象]과 만나는 천재인화(天災人禍)는 모두 공동 업력의 악연이 발생시킨 바로서, 역시 모두 무시이래로 능히 보는 작용이 일으킨 변태 병적인 증상이다. 또 이 세계상의 3천 주(洲)와 4대 해양 내지는 해와 달이 비추는 태양계 중의 각개 천체 국토, 그리고 이런 땅들 위에 있는, 영성을 가진 중생들이 보고 듣고 감각하고 지각함은, 모두 자성 본체의 기능이 업력을 받아 형성한 환유 감각 망견이 일으킨 변태 병적인 증상으로서, 서로 화합하여 허망하게 태어나고 서로 화합하여 허망하게 죽는다. 만약 서로 화합하는 모든 인연과 화합하지 않는 모든 인연을 초월하여 멀리 떠날 수 있다면, 태어나고 죽는 모든 근본의 원인을 없애고 원만한 정각인 불생불멸의 자성 본체로 되돌아갈 수 있어서, 자연히 청정한 본심인 자성이 영원히 존재하는[自性常住] 본래의 자리[本位]로 들어가게 된다.

阿難。汝雖先悟本覺妙明, 性非因緣, 非自然性。而猶未明如是覺元, 非和合生, 及不和合。阿難。吾今復以前塵問汝。汝今猶以一切世間妄想和合, 諸因緣性, 而自疑惑, 證菩提心和合起者。則汝今者妙淨見精。為與明和, 為與暗和, 為與通和, 為與塞和。若明和者, 且汝觀明, 當明現前, 何處雜見, 見相可辨, 雜何形像。若非見者, 云何見明。若即見者, 云何見見。必見圓滿, 何處和明。若明圓滿,　不合見和。見必異明。雜則失彼性明名字。雜失明性, 和明非義。彼暗與通, 及諸群塞, 亦復如是。復次阿難。又汝今者妙淨見精, 為與明合, 為與暗合, 為與通合, 為與塞合。若明合者, 至於暗時, 明相已滅, 此見即不與諸暗合, 云何見暗。若見暗時, 不與暗合, 與明合者, 應非見明。旣不見明, 云何明合。了明非暗。彼暗與通, 及諸群塞, 亦復如是。

阿難白佛言。世尊。如我思惟, 此妙覺元, 與諸緣塵, 及心念慮, 非和合耶。

佛言。汝今又言覺非和合。吾復問汝。此妙見精非和合者, 為非明和, 為非暗和, 為非通和, 為非塞和。若非明和, 則見與明, 必有邊畔。汝且諦觀, 何處是明, 何處是見, 在見在明, 自何為畔。阿難。若明際中必無見者, 則不相及, 自不知其明相所在, 畔云何成。彼暗與通, 及諸群塞, 亦復如是。又妙見精, 非和合者, 為非明合, 為非暗合, 為非通合, 為非塞合。若非明合, 則見與明, 性相乖角。如耳與明, 了不相觸。見且不知明相所在, 云何甄明合非合理。彼暗與通, 及諸群塞, 亦復如是。

阿難。汝猶未明一切浮塵, 諸幻化相, 當處出生, 隨處滅盡。幻妄稱相, 其性眞為妙覺明體。如是乃至五陰六入, 從十二處, 至十八界, 因緣和合, 虛妄有生, 因緣別離虛妄名滅。殊不能知生滅去來本如來藏。常住妙明, 不動周圓妙眞如性。性眞常中求於去來迷悟生死, 了無所得。

제3장
심리와 생리 현상은 자성 기능이 발생시키는 상호변화이다

부처님이 말씀하셨다. "너는 앞서 본각(本覺)의 영묘하고 밝은 자성이 인연으로 생겨남에도 속하지 않고 자연의 본능도 아님을 이해상으로는 깨달았다[解悟]. 그러나 이 본각의 근원이 자연계의 각종 현상과 화합(和合)하여 생겨나는 것이 아니지만, 또 자연계의 각종 현상과 화합해야 비로소 그 작용을 표현할 수 있음을 너는 아직 이해하지 못했다. 자연계의 현상은 밝음 · 어둠 · 통함 · 막힘[明暗通塞] 이 네 가지 경계를 벗어나지 않는다. 이 네 가지 상대적이면서 상호 증감하는 현상 가운데 너의 능히 보는 자성은 도대체 어느 작용과 서로 화(和)하느냐? 만약 밝음과 서로 화한다면, 밝음이 너의 눈앞에 있음을 볼 때에는 그 사이 어느 곳에 너의 능히 보는 자성이 뒤섞여 있느냐? 만약 능히 보는 자성이 변별할 수 있는 형상(形相)이 있다면, 뒤섞인 뒤에는 또 어떤 형상이냐? 만약 능히 보는 자성 작용이 없다면, 어떻게 또 밝음을 볼 수 있는 것이냐? 만약 밝음을 보는 것이 바로 자성이라고 생각한다면, 어떻게 또 이 능히 보는 자성을 볼 수 있는 것이냐? 만약 능히 보는 자성이 본래 원만하다면, 어느 곳이라야 밝음과 서로 화하느냐? 만약 밝음이 본래 스스로 원만하다고 한다면, 능히 보는 자성과 서로 화할 필요가 없다. 만약 능히 보는 자성과 밝음이 구별이 있기에 뒤섞이고 나서야 밝음을 보는 작용을 발생시킨다고 생각한다면, 이론상으로 자성과 밝음의 의미를 잃게 된다. 만약 뒤섞이고 나서 밝음과 자성의 의미를 잃게 되면, 이른바 능히 보는 자성이 밝음과 서로 화한다함도 당연히 불합리하게 된다. 기타의 어둠이나 통함 막힘도 모두 동일한 이치이다. 만약 자연계의 화합이 비로소 자성 기능의 작용을 발생한다고 생각하면 모두 착오이다. 서로 뒤섞이는 화(和)의 관점에서 이렇다고 말했는데 서로 짝이 되는 합(合)의 관점에서 연구해보더라도 역시 위에서 말한 도리와 마찬가지여서 변별할 필요 없이 알게 된다(자연계의 온갖 현상은 모두 상대적이다. 그러나 각종 현상을 능히 보고 능히 아는 자성은 초연히 독립적이다).

아난이 말했다. "이와 같은 바에야 제가 사유한대로 이 영묘한 정각의 본원(本元)과 온갖 외부경계 현상 그리고 심사염려(心思念慮)의 작용은 화합한 것이 아니겠군요?"

부처님이 말씀하셨다. "너는 지금 또 말하기를 능히 알고 능히 보는 자성 기능은 자연계의 현상과 서로 화합하지 않는다고 해서 또 편차(偏差)에 떨어졌다. 만약 서로 화합하지 않는다면, 밝음을 볼 때에 이 능히 보는 자성과 밝음은 필연적으로 각각 그 가장자리[邊際]가 있어야 한다. 너는 자세히 연구해 보아라. 어디가 밝음이고 어디가 능히 보는 자성의 정령(精靈)이냐? 능히 보는 자성이 밝음과 접촉할 때에 어디가 이 두 가지 가장자리의 한계이냐? 만약 밝음의 가장자리 안에는 능히 보는 자성의 작용이 절대 없다면, 당연히 서로 상관이 없고 자연히 밝음의 현상이 어디에 있는지도 알지 못할 것이며, 밝음의 가장자리는 더더구나 알지 못할 것이다. 어둠이나 통함 막힘 같은 기타의 것도 모두 이 도리와 마찬가지이다. 화(和)하지 않는 관점에서 말하면 그렇다. 합(合)하지 않는 관점에서 연구해 보자. 만약 능히 보는 자성과 밝음이 근본적으로 서로 합(合)할 수 없다면, 능히 보는 견성(見性)과 밝음은 서로 위배하여 각각 서로 상관없게 된다. 마치 귀와 밝음은 근본적으로 상관없는 것과 같다. 만약 능히 보는 자성이 오히려 밝은 현상이 어디에 있는지를 알지 못한다면, 어떻게 그것이 밝음과 서로 합했는지 합하지 않았는지를 변별할 수 있겠느냐? 그러므로 역시 위에서 말한 화(和)하지 않는 도리와 마찬가지여서 변별할 필요 없이 알게 된다(자연계의 만유 현상과 허공은 본능적으로 방사放射의 기능이 있다. 사람 자신의 정신도 방사 작용을 갖추고 있다. 자성의 능히 보고 능히 알고 감각하는 작용이 만상과 접촉하면 자연히 감각과 지각의 작용이 발생한다. 만약 이 둘이 서로 화합하지 않으면 작용을 일으키지 못한다).

부처님은 또 말씀하셨다. "요컨대 너는 온갖 현상이 모두 자성 본체상의 떠돌아다니는 먼지와 빛 그림자[浮塵光影]임을 아직 분명히 이해하지 못하고 있다. 자연계의 온갖 현상의 변환형상(變幻形相)[91]은 언제 어디서나 출현하고 언제 어디서나 소멸하고 있다(에너지가 상호 변동해야 물리현상이 형성된다. 심리정신과 에너지가 상호 변화하기 때문에 온갖 것이 일정하지 않다). 모든 현상의 형성과 소멸은 환변(幻變)[92]과 같다. 이러한 덧없고 허망한[幻妄] 변화의 현상이 자연계의 가지각색을 형성한다. 하지만 진심 자성 본체는 여전히 영묘하고 밝으며 변환(變幻)을 따라서 변화하지 않는다. 사람들의 심리적 생리적 각종 작용인 5음(五陰: 색色·수受·상想·행行·식識), 6입(六入: 안眼·이耳·비鼻·설舌·신身·의意), 12처(十二處: 위에서 말한 6입과 대상 경계인 색色·성聲·향香·미味·촉觸·법法), 18계(十八界: 위에서 말한 12처와 안식眼識·이식耳識·비식鼻識·설식舌識·신식身識·의식意識 등의 6식六識)에서 일어나는 심리적 생리적 허망한 현상은 인연이 분리되면 허망한 현상도 따라서 소멸한다. 하지만 생겨나고 소멸하며 오고가는 작용은 모두 자성 본체 기능의 현상이 나타나고 변화하는 것임을 전혀 모르고

91 예측할 수 없는 잦은 변화 형태.(역주)
92 덧없는 변화.(역주)

있다. 여래장(如來藏) 혹은 진여(眞如)라고 불리는 이 자성은 영묘하고 밝으며 여여부동(如如不動)한 본래의 자리에 영원히 머무르고 있다. 시방세계에 두루 원만한 자성 본체의 진실하고 영원히 존재함[眞常][93] 가운데에서, 오고감이나 태어남과 죽음이나 미혹이나 깨달음을 추구함도 모두 시간과 공간속의 변환 현상으로서, 사실은 자성 본체 상에서는 근본적으로 얻을 바가 전혀 없다.

阿難。云何五陰, 本如來藏妙眞如性。

阿難。譬如有人, 以淸淨目, 觀晴明空, 唯一晴虛, 迴無所有。其人無故, 不動目睛, 瞪以發勞, 則於虛空, 別見狂華, 復有一切狂亂非相。色陰當知亦復如是。阿難。是諸狂華, 非從空來, 非從目出。如是阿難。若空來者, 旣從空來, 還從空入。若有出入, 卽非虛空。空若非空, 自不容其華相起滅。如阿難體, 不容阿難。若目出者, 旣從目出, 還從目入。卽此華性從目出故, 當合有見。若有見者, 去旣華空, 旋合見眼。若無見者, 出旣翳空, 旋當翳眼。又見華時, 目應無翳。云何睛空, 號淸明眼。是故當知色陰虛妄, 本非因緣, 非自然性。

阿難。譬如有人, 手足宴安, 百骸調適, 忽如忘生, 性無違順。其人無故, 以二手掌, 於空相摩, 於二手中, 妄生澀滑冷熱諸相。受陰當知亦復如是。阿難。是諸幻觸, 不從空來, 不從掌出。如是阿難。若空來者, 旣能觸掌, 何不觸身。不應虛空, 選擇來觸。若從掌出, 應非待合。又掌出故, 合則掌知, 離則觸入, 臂腕骨髓, 應亦覺知入時蹤跡。必有覺心, 知出知入。自有一物身中往來。何待合知, 要名爲觸。是故當知, 受陰虛妄, 本非因緣, 非自然性。

阿難。譬如有人, 談說酢梅, 口中水出。思蹋懸崖, 足心酸澀。想陰當知, 亦復如是。阿難。如是酢說, 不從梅生, 非從口入。如是阿難。若梅生者, 梅合自談, 何待人說。若從口入, 自合口聞, 何須待耳。若獨耳聞, 此水何不耳中

而出。想蹋懸崖, 與說相類。是故當知, 想陰虛妄, 本非因緣, 非自然性。

阿難。譬如瀑流, 波浪相續, 前際後際, 不相踰越。行陰當知, 亦復如是。阿難。如是流性, 不因空生, 不因水有, 亦非水性, 非離空水。如是阿難。若因空生, 則諸十方無盡虛空, 成無盡流, 世界自然俱受淪溺。若因水有, 則此瀑流性應非水, 有所有相, 今應現在。若即水性, 則澄清時, 應非水體。若離空水, 空非有外, 水外無流。是故當知, 行陰虛妄, 本非因緣, 非自然性。

阿難。譬如有人, 取頻伽缾, 塞其兩孔, 滿中擎空, 千里遠行, 用餉他國。識陰當知亦復如是。阿難。如是虛空, 非彼方來, 非此方入, 如是阿難。若彼方來, 則本缾中旣貯空去, 於本缾地, 應少虛空。若此方入, 開孔倒缾, 應見空出。是故當知, 識陰虛妄, 本非因緣, 非自然性。

심리와 생리인 5음 작용 경험의 분석

부처님이 말씀하셨다. "심리적 생리적 본능인 5음(五陰)[94]이 모두 진여(眞如)[95] 자성의 본체 기능임을 어떻게 알까?

① 색음(色陰)[96]

예컨대 어떤 사람이 병(病) 없는 맑은 눈으로 맑고 밝은 허공을 바라보면, 자연히 온통 맑은 허공이 아득하여 아무것도 없다. 만약 이

---

94 5온(五蘊)이라고도 한다. 색음(色陰)·수음(受陰)·상음(想陰)·행음(行陰)이다. 음(陰)이란 덮는다는 뜻인데 진성(眞性)을 덮는 까닭이다. 온(蘊)이란 쌓아 모은다는 뜻인데 유위(有爲)를 쌓아 모으기 때문이다.

95 하나가 참되면 온갖 것이 참되어 5음이 모두 참되다. 하나가 여여(如如)하면 온갖 것이 여여하여 5음이 모두 여여하다. 전체 현상이 모두 성(性)이므로 진여자성이라고 한다.

96 색은 5근인 안이비설신, 6진인 색성향미촉법이다. 반연할 수 있는 형질이 있는 것을 색이라 하고, 변화하고 가로 막는다는 것이 그 의미이다. 찰나 무상하며 마침내 변화 소멸로 돌아간다. 눈앞에 나타나 있는 형질은 장애가 될 수 있다.

사람이 시종 움직이지 않고 허공을 향해 눈을 뜨고 있으면, 눈 신경에 피로(疲勞)한 변태가 발생하여 허공중에 환영(幻影)인 광화(光華)[97]나 기타 갖가지 일반적이 아닌 광경[景象]을 보게 된다. 너는 마땅히 알아야 한다, 눈앞의 몸과 마음에서 일어나는 색음과 자연계 색음의 현상도 마찬가지로 자성 본체 기능의 변태이다.

이런 허공중의 환상(幻象)인 광화는 허공으로부터 오는 것도 아니요 눈에서 나오는 것도 아니다.

만약 허공으로부터 왔다면 당연히 허공으로 되돌아 들어가야 한다. 그러나 허공이 만약 출입이 있다면 허공이 되지 못한다. 허공이 이미 그 허공 됨을 이루지 못한다면, 자연히 환각(幻覺)인 광화가 일어나고 사라짐을 용납하지 못하리라. 마치 너의 신체가 다시 또 하나의 아난을 용납하지 못함과 같다.

만약 환상인 광화가 눈으로부터 나온 것이라면, 당연히 역시 응당 눈으로 되돌아 들어가야 한다. 광화가 눈으로부터 나온 이상 자기가 당연히 광화의 출처를 볼 수 있어야 한다. 만약 광화가 볼 수 있는 것이라면, 광화가 나갔으니 눈 안은 자연히 맑고 또 당연히 되돌아서 자기 눈의 육질(肉質) 형상을 볼 수 있어야 한다. 만약 광화의 존재가 볼 수 없는 것이라면, 나가서 허공을 가린 이상 되돌아와서는 당연히 역시 눈을 가려야 한다. 게다가 눈이 광화를 볼 수 있을 때에 그것은 당연히 가려지지 않아야 하는데, 어찌하여 또 맑고 밝은 허공이 있어야만 비로소 눈의 맑음과 맑지 않음을 나타낼 수 있겠느냐?

그러므로 마땅히 알아야 한다, 몸과 마음이 교감(交感)하여 발생시키는 색음은 모두 시간과 공간속에서의 허망한 잠시 있는 현상으

---

97 아른거리는 헛꽃.(역주)

로서, 인연으로 생겨남에도 속하지 않고 자연계의 성능도 아니다.

② 수음(受陰)[98]

예컨대 어떤 사람이 팔다리에 병이 없고 온 몸[四肢百骸]이 편안하다면, 신체의 존재를 기억하지 못해서 근본적으로 괴롭거나 즐거운 [違順] 감각이 없다. 만약 이 사람이 스스로 두 손바닥을 비벼서 마찰하면, 마음속에 껄끄럽고 매끄러움과 차고 따뜻한 감각이 발생한다. 생리 교감인 수음 작용도 이 도리와 같다.

이런 감수(感受) 현상은 허공으로부터 오는 것도 아니요 손바닥으로부터 나오는 것도 아니다.

만약 허공으로부터 온 것이라면, 그것이 이미 손바닥으로 하여금 감촉이 있게 할 수 있으면서도 몸의 기타 부분은 또 어찌하여 동시에 감촉할 수 없는 것이냐? 설마 허공이 감촉의 처소를 선택하겠느냐?

만약 이런 감촉이 손바닥에서 나오는 것이라면, 당연히 비비는 마찰에 의하지 않고도 이미 갖추어져 있어야 한다. 게다가 감각이 손바닥으로부터 발생한 것으로 두 손을 모아 마찰해야 손바닥이 비로소 감수가 있다면, 두 손바닥이 마찰 작용을 떠났을 경우에는 감각은 당연히 몸 안으로 뚫고 되돌아가야 한다. 그렇다면 팔이나 팔목 골수 등의 부분도 마땅히 감수가 뚫고 되돌아 들어가는 상황을 동시에 알아야 한다. 만약 달리 또 하나의 지각하는 마음이 있어 감수 작용의 출입을 알 수 있다면, 이 지각은 자연히 또 하나의 것으로서 몸속에서 왕래하는 것인데, 더더구나 어찌 다시 두 손을 모아

---

98 수(受)란 변행오심소(偏行五心所) 가운데 수심소(受心所)이다. 받아들임[領納]을 그 의미로 한다. 괴로운 대상의 모습, 즐거운 대상의 모습, 괴롭지 않고 즐겁지도 않은 대상 모습을 받아들여 괴로운 느낌, 즐거운 느낌, 괴롭지도 않고 즐겁지도 않은 느낌 이 세 가지 느낌을 일으킨다.

마찰하고 나서야 감촉이 하나 있음을 알겠느냐?

그러므로 마땅히 알아야 한다, 생리 감각인 수음은 모두 시간과 공간속에서의 허망한 잠시 있는 현상으로서, 인연으로 생겨남에도 속하지 않고 자연계의 성능도 아니다.

③ 상음(想陰)[99]

예컨대 어떤 사람이 신 매실의 맛을 얘기하면 입안에 침이 흘러 나오고 벼랑에 서 있는 생각을 하면 발바닥에 나른해지는[酸澁] 감 각이 발생할 것이다. 생각 변화 작용인 상음도 이 도리와 같다.

예를 들어 신 매실을 얘기하면 입안에서 곧 침이 흘러나오는데, 이런 신 침은 신 매실로부터 흘러나오는 것도 아니요 아무 까닭 없 이 입안으로부터 흘러나오는 것도 아니다.

만약 신 매실로부터 생겨나왔다면, 매실 스스로가 당연히 시다고 말할 것인데 구태여 사람더러 말해달라고 하겠느냐?

만약 입안이 신 매실을 듣고서는 산성의 진액을 흘러낸다면, 입이 당연히 스스로 들어야 하는데 구태여 귀가 청각을 발생하고 나서야 입이 침을 흘러내겠느냐?

만약 귀가 듣고서 곧 신 침이 흘러나온다면, 이런 신 침은 어찌하여 귀안으로부터 흘러나오지 않는 것이냐?

또 벼랑위에 서있는 생각을 하면 발바닥이 나른해지는 것도, 입 안에 신 침이 흘러나오는 도리와 마찬가지이다.

그러므로 마땅히 알아야 한다, 상음인 지각 · 감각 · 환각 · 착각

---

99 상(想)도 오변행 가운데 상심소(想心所)로서 연려(緣慮)를 그 의미로 하며 자 경분제(自境分齊)를 안립할 수 있다. 제식(諸識)은 비록 다 자경(自境)을 안립 할 수 있지만 의식은 편강(偏强)하여 삼세경(三世境)을 연려할 수 있으므로 의식을 상음으로 삼는다.

등등의 심리 생각은 모두 시간과 공간속에서의 허망한 잠시 있는 현상으로서, 인연으로 생겨남에도 속하지 않고 자연계의 성능도 아니다.

④ 행음(行陰)[100]

예컨대 한 줄기 폭류수(暴流水)[101]는 파랑(波浪)이 하나하나 서로 연속한다. 앞쪽의 파랑과 뒤쪽의 파랑이 연속하면서 끊어지지도 않고 또 뛰어넘지도 않는다. 표면상으로 보면 확실히 한 줄기 강력한 폭류이다. 몸과 마음의 본능의 활동인 행음 작용도 이 도리와 같다.

물의 동력(動力) 유성(流性)은 허공으로부터 생기는 것도 아니요, 물 자체가 갖추고 있는 것도 아니요, 더더구나 물의 성질이 반드시 흐르는 것은 아니다. 그렇다고 또 공간과 흐르는 물의 작용을 떠나는 것도 아니다.

만약 물 흐름이 허공으로부터 생겨난다면, 시방의 다함없는 허공은 온통 다함없는 흐르는 물이 되어 세계는 모두 자연히 깊이 빠지게 될 것이다.

만약 이 유성이 물 자체가 갖추고 있는 것이라면, 그것은 당연히 일종의 성능이 있어서 물에 속하지 않고 단독으로 존재하면서 따로 형상이 뚜렷하게 있어야한다.

만약 이 유성이 물의 성질이라면, 정지하여 움직이지 않을 때에

---

100 5변행중 사심소(思心所)로서 자기의 마음을 부려 선(善) 불선(不善) 등의 업을 조작할 수 있는데, 그게 바로 업행(業行)이다. 백법 가운데서 포괄하는 법이 가장 많다. 조작천류(造作遷流)를 그 의미로 한다. 비록 8식은 저마다 천류하지만 제7말나식은 항심사량(恒審思量)하고 생각생각이 서로 이어져 끊어지지 않고 천류함이 가장 뛰어나다. 즉 7식을 행음으로 삼는다. 비유하면 마치 폭포가 흘러 파랑이 서로 이어짐과 같다.

101 폭포처럼 갑작스럽고 세차게 흘러내리는 물.(역주)

는 물 자체가 아니어야 마땅하다.

폭류의 형성이 허공과 물의 자성을 떠나서 따로 일종의 기능이 있다고 가정해보자. 그런데 실제로는 허공이외에 다시 얻을 허공이 없고 물 이외에 다시 존재하는 물의 흐름은 없다.

그러므로 마땅히 알아야한다, 몸과 마음의 본능 활동인 행음은 모두 시간과 공간속에서의 허망한 잠시 있는 현상으로서, 인연으로 생겨남에도 속하지도 않고 자연계의 성능도 아니다.

⑤ 식음(識陰)[102]

예컨대 어떤 사람이 귀중한 병(甁)을 가졌는데, 그 양쪽의 구멍을 막고 그 안에다 허공을 가득 담아서 천 리 밖의 국토에 가지고 갔다. 정신 생명인 식음 활동 작용도 이 도리와 같다.

병속의 허공은 저쪽 공간으로부터 온 것도 아니요, 이쪽 공간으로부터 들어간 것도 아니다.

만약 저쪽 공간으로부터 허공이 담아들어 갔다면, 원래 있던 이 병은 그곳의 허공을 가지고 떠났으므로 원래 있던 지점에서는 허공이 그 병 하나 크기만큼 줄어들어야 한다. 만약 병 속의 허공이 목적지에 도달했을 때 공간에 쏟아 넣을 경우, 병 구멍을 열어 기울여 쏟는 찰나에 당연히 병속의 허공이 쏟아져 나오는 것을 볼 수 있어야 한다(사람의 정신생명 활동의 작용은 마치 빈 병의 상황과 같다. 신체 속에는 생리적인 각종 기능 이외에는 하나의 정신적인 실질이 없다. 단지 자성 진공眞空 기능에서 생겨난 식음이 심신 내외의 활동을 지배하고 있는 것이다).

---

102 아뢰야식(阿賴耶識)이다. 요별(了別)을 그 의미로 삼으며 자분경(自分境)을 요별할 수 있기 때문이다. 수음, 상음, 행음 이 세 가지 음은 이미 전7식에 분배하였으니 이것은 제8아뢰야식만을 가리켜야만 한다. 경문은 병 밖의 허공을 여래장성에 비유하고 병안의 허공을 식성(識性)에 비유하고 있는데 미혹 집착으로 두 개를 이루었다.

그러므로 마땅히 알아야 한다. 식음으로 생겨난 정신의식의 생명
활동은 모두 시간과 공간속에서의 허망한 잠시 있는 현상으로서,
인연으로 생겨남에도 속하지 않고 자연계의 성능도 아니다.

(이상으로 제2권을 마침)

능엄경 제3권

大佛頂如來密因修證了義諸菩薩萬行首楞嚴經 卷第三

復次阿難。云何六入, 本如來藏妙眞如性。

阿難。即彼目睛瞪發勞者, 兼目與勞, 同是菩提瞪發勞相。因於明暗二種妄
塵, 發見居中, 吸此塵象, 名爲見性。此見離彼明暗二塵, 畢竟無體。如是阿
難。當知是見, 非明暗來, 非於根出, 不於空生。何以故。若從明來, 暗即隨
滅, 應非見暗。若從暗來, 明即隨滅, 應無見明。若從根生, 必無明暗。如是
見精, 本無自性。若於空出, 前矚塵象, 歸當見根。又空自觀, 何關汝入。是
故當知眼入虛妄。本非因緣, 非自然性。

阿難。譬如有人, 以兩手指急塞其耳, 耳根勞故, 頭中作聲, 兼耳與勞, 同是菩
提瞪發勞相。因於動靜二種妄塵, 發聞居中, 吸此塵象, 名聽聞性。此聞離彼
動靜二塵, 畢竟無體。如是阿難, 當知是聞, 非動靜來, 非於根出, 不於空生。
何以故。若從靜來, 動即隨滅, 應非聞動。若從動來, 靜即隨滅, 應無覺靜。
若從根生, 必無動靜。如是聞體, 本無自性。若於空出, 有聞成性, 即非虛
空。又空自聞, 何關汝入。是故當知, 耳入虛妄。本非因緣, 非自然性。

阿難。譬如有人, 急畜其鼻, 畜久成勞, 則於鼻中, 聞有冷觸, 因觸分別, 通塞
虛實, 如是乃至諸香臭氣, 兼鼻與勞, 同是菩提瞪發勞相。因於通塞二種妄
塵, 發聞居中, 吸此塵象, 名齅聞性。此聞離彼通基二塵, 畢竟無體。當知是
聞, 非通塞來, 非於根出, 不於空生。何以故。若從通來, 塞則聞滅, 云何知
塞。如因塞有, 通則無聞, 云何發明香臭等觸。若從根生, 必無通塞。如是聞

機, 本無自性。若從空出, 是聞自當迴齅汝鼻。空自有聞, 何關汝入。是故當知鼻入虛妄。本非因緣, 非自然性。

阿難。譬如有人, 以舌舐吻, 熟舐令勞。其人若病, 則有苦味。無病之人, 微有甜觸。由甜與苦, 顯此舌根, 不動之時, 淡性常在。兼舌與勞, 同是菩提瞪發勞相。因甜苦淡二種妄塵, 發知居中, 吸此塵象, 名知味性。此知味性, 離彼甜苦及淡二塵, 畢竟無體。如是阿難。當知如是嘗苦淡知, 非甜苦來, 非因淡有, 又非根出, 不於空生。何以故。若甜苦來, 淡則知滅, 云何知淡。若從淡出, 甜即知亡, 復云何知甜苦二相。若從舌生, 必無甜淡及與苦塵。斯知味根, 本無自性。若於空出, 虛空自味, 非汝口知。又空自知, 何關汝入。是故當知, 舌入虛妄。本非因緣, 非自然性。

阿難。譬如有人, 以一冷手。觸於熱手。若冷勢多, 熱者從冷。若熱功勝, 冷者成熱。如是以此合覺之觸, 顯於離知。涉勢若成, 因於勞觸。兼身與勞, 同是菩提瞪發勞相。因於離合二種妄塵, 發覺居中, 吸此塵象。名知覺性。此知覺體, 離彼離合違順二塵, 畢竟無體。如是阿難。當知是覺, 非離合來, 非違順有, 不於根出, 又非空生。何以故。若合時來, 離當已滅, 云何覺離。違順二相, 亦復如是。若從根出, 必無離合違順四相。則汝身知, 元無自性。必於空出, 空自知覺, 何關汝入。是故當知身入虛妄。本非因緣, 非自然性。

阿難。譬如有人, 勞倦則眠, 睡熟便寤, 覽塵斯憶, 失憶爲忘, 是其顚倒生住異滅, 吸習中歸, 不相踰越, 稱意知根。兼意與勞, 同是菩提瞪發勞相。因於生滅二種妄塵, 集知居中, 吸撮內塵, 見聞逆流, 流不及地, 名覺知性。此覺知性, 離彼寤寐生滅二塵, 畢竟無體。如是阿難。當知如是覺知之根, 非寤寐來, 非生滅有, 不於根出, 亦非空生。何以故。若從寤來, 寐即隨滅, 將何爲寐。必生時有, 滅即同無, 令誰受滅。若從滅有, 生即滅無, 誰知生者。若從根出寤寐二相隨身開合, 離斯二體, 此覺知者, 同於空華, 畢竟無性。若從空生, 自是空知, 何關汝入。是故當知, 意入虛妄。本非因緣, 非自然性。

심리와 생리인 6근 작용(오관과 의식) 경험의 분석

부처님이 말씀하셨다. "그 다음으로, 6입(六入: 즉, 6근六根으로 오관五官과 의식을 포함한다)의 작용이 모두 진여 자성의 본체 기능임을 어떻게 알까?

① 안(眼): 눈

예를 들어 위에서 말한 대로 눈을 뜬 채 허공을 바라보면 피로가 발생하여 허공속의 환변(幻變)인 광화(光華) 현상을 보게 되는데, 눈과 피로가 일으키는 환변 작용 이 둘 다 모두 정각(正覺) 자성이 발생시키는 변태임을 알아야 한다.

자연계에는 밝음[明]과 어둠[暗] 이 두 가지 현상이 있기 때문에 사람들은 그 사이에서 보는 작용을 발생시키는데, 이런 현상을 흡수하는 것을 '보는 성능[見性]'이라 부른다. 이 보는 작용은 밝음과 어둠 두 가지 현상을 떠나서는 마침내 하나의 고정된 자체가 없다.

그러므로 이 보는 성능은 밝음과 어둠으로부터 오는 것도 아니요, 눈으로부터 나오는 것도 아니요, 허공으로부터 자연히 생겨나는 것은 더더욱 아님을 알아야 한다.

만약 밝음으로부터 온다면 어둠을 만났을 때에는 보는 성능이 당연히 밝음을 따라서 소멸해야하는데, 어찌하여 또 어둠을 볼 수 있는 것이냐?

만약 어둠으로부터 온다면 밝음을 만났을 때에는 보는 성능이 당연히 어둠을 따라서 소멸해야하는데, 어찌하여 또 밝음을 볼 수 있는 것이냐?

만약 눈으로부터 온다면 눈은 밝음과 어둠 두 가지 현상을 간직하고 있지 않다. 그렇다면 이 능히 보는 정령(精靈)은 본래 자성이 없는 것이다.

만약 허공으로부터 생겨난 것이라면 면전에서 자연계의 현상을 볼 수 있으니 되돌아서도 당연히 눈을 볼 수 있어야 한다. 게다가 만약 허공으로부터 생겨난 것이라면, 허공 자신이 보고 있는 것이니 눈과는 또 무슨 상관이 있겠느냐?

그러므로 마땅히 알아야 한다, 눈이 외부경계 현상을 흡수하는 것인 '안입(眼入)'은 모두 시간과 공간속에서의 허망한 잠시 있는 현상으로서, 인연으로 생겨남에도 속하지 않고 자연계의 성능도 아니다.

② 이(耳): 귀

예컨대 어떤 사람이 손가락으로 두 귀를 빨리 막아서 오래 막고 있으면, 귀와 청각이 피로한 변태를 발생시켜 머릿속에서 웅~하는 소리가 나는 것을 듣게 되는데, 귀와 피로 작용 이 둘은 모두 정각 자성이 발생시키는 변태임을 알아야 한다.

허공에는 움직임인 동(動)과 고요함인 정(靜) 이 두 가지 경계가 있기에 사람들은 그 사이에서 듣는 작용을 발생시켜 소리가 있고 소리가 없는 이런 동정(動靜) 현상을 감수(感受)하는데, 우리는 이것을 '듣는 성능[聞性]'이라고 부른다. 이 듣는 작용은 동정 두 가지 경계를 떠나서는 마침내 하나의 고정된 자체가 없다.

그러므로 마땅히 알아야 한다, 듣는 성능은 동정의 소리로부터 오는 것도 아니요, 귀로부터 나오는 것도 아니요, 허공으로부터 자연히 생겨나는 것은 더더욱 아니다.

만약 소리가 없는 정(靜)의 경계로부터 오는 것이라면, 소리가 있음을 들을 때에는 듣는 성능은 당연히 이미 정의 경계를 따라서 소멸해야하는데, 어찌하여 또 소리가 있는 향동(響動)[103]을 들을 수 있는 것이냐?

만약 소리가 있는 향동으로부터 오는 것이라면 소리가 없을 때에는 듣는 성능도 당연히 향동을 따라서 소멸해야 하는데, 어찌하여 또 소리가 없는 정의 경계를 들을 수 있는 것이냐?

만약 귀로부터 나온다면 귀는 동정 두 가지 경계를 간직하고 있지 않다. 그렇다면 이 듣는 작용은 본래 자성이 없는 것이다.

만약 허공으로부터 생겨나는 것이라면 허공 자신이 이미 듣는 성능이 있는 이상 이미 허공이 아니다. 게다가 허공이 자연히 들을 수 있음은 귀가 듣는 것과 또 무슨 상관이 있겠느냐?

그러므로 마땅히 알아야 한다, 귀가 외부경계에 소리가 있고 소리가 없는 동정 등을 듣고 감수(感受)하는 것인 '이입(耳入)'은 모두 시간과 공간속에서의 허망한 잠시 있는 현상으로서, 인연으로 생겨남에도 속하지 않고 자연계의 성능도 아니다.

③ 비(鼻): 코

예컨대 어떤 사람이 코로 공기를 급격히 빨아들이면서 수축시키되 오래 수축시키면, 피로한 변태가 발생하여 차가운 공기가 흡입되는 감각이 있다. 이런 감촉이 있기 때문에 코의 통함과 막힘[通塞], 허와 실[虛實] 그리고 향기와 구린내[香臭] 등의 냄새를 분별해낼 수 있다. 코와 피로 작용 이 둘은 모두 정각 자성이 발생시키는 변태인줄 알아야 한다.

통함과 막힘 두 가지 작용이 있기 때문에 사람들은 그 사이에서 후각(嗅覺) 작용을 발생시켜 이런 통함과 막힘 현상을 감수하는데, 우리는 이것을 '후각의 성능'이라고 부른다. 이런 감수는 통함과 막힘 두 가지 현상을 떠나서는 마침내 하나의 고정된 자체가 없다.

---

103 움직이는 소리. 기척. 동정.(역주)

그러므로 마땅히 알아야 한다. 이 감수의 성능은 통함과 막힘으로부터 오는 것도 아니요, 코로부터 나오는 것도 아니요, 허공으로부터 자연히 생겨나는 것은 더더욱 아니다.

만약 통함으로 인하여 오는 것이라면 코가 막혀 있을 때에는 당연히 감수의 성능도 통함을 따라서 소멸해야할 것인데, 어찌하여 또 막힘을 감수할 수 있겠느냐?

만약 막힘으로부터 오는 것이라면 통하게 되었을 때에는 당연히 또 막힘을 따라서 소멸해야할 것인데, 어찌하여 또 향기나 구린내 등의 감촉을 감수할 수 있는 것이냐?

만약 코로부터 나온다면 코 속에는 통함과 막힘 등의 현상이 간직되어 있지 않다. 그렇다면 이 후각의 성능은 본래 자성이 없는 것이다.

만약 허공으로부터 생겨난 것이라면 허공속의 후각은 당연히 너의 코를 냄새 맡을 수 있어야 하고, 아울러 허공은 자연히 후각 작용이 있으니 코가 감수하는 것과 또 무슨 상관이 있겠느냐?

그러므로 마땅히 알아야 한다, 코가 안과 밖으로 감수하는 것인 '비입(鼻入)'은 모두 시간과 공간속에서의 허망한 잠시 있는 현상으로서, 인연으로 생겨남에도 속하지 않고 자연계의 성능도 아니다.

④ 설(舌): 혀

예컨대 어떤 사람이 혀로 자기의 입술을 핥되 오래 핥고 나면, 입술에는 피로한 변태가 발생한다. 이 사람이 만약 병이 있다면 쓴 맛이 있음을 느끼고, 병이 없다면 단 감각이 있다. 달고 씀이 다름이 있기 때문에 혀의 감각 작용이 드러나고, 입술과 혀가 움직이지 않을 때에는 당연히 싱거워 맛이 없다. 혀와 맛의 작용은 모두 정각 자성이 발생시키는 변태인 줄 알아야 한다.

달고 쓰고 싱거운 등등의 미성(味性)의 변화가 있기 때문에 사람들은 그 사이에서 감각 작용을 발생시켜서 각종의 변화하는 맛의 성질을 흡수하는데 우리는 이것을 '맛을 아는 성능'이라고 부른다. 맛을 아는 이 감각 작용은 달고 쓰고 싱거운 등등의 변화를 떠나서 는 마침내 하나의 고정된 자체가 없다.

그러므로 마땅히 알아야 한다, 달고 쓰고 싱거운 맛의 성질을 맛볼 줄 아는 것은 달고 쓰고 싱거움으로부터 오는 것도 아니요, 혀로부터 나오는 것도 아니요, 허공으로부터 생겨나는 것은 더더욱 아니다.

만약 달고 씀으로부터 온다면 맛없음을 맛 볼 때에는 맛을 아는 이 감각 작용도 당연히 달고 씀을 따라서 소멸해야 하거늘, 어찌하 여 또 싱거움을 감각할 수 있느냐?

만약 싱거움으로부터 나오는 것이라면 단 맛을 맛볼 때는 아는 성능은 당연히 소멸해야 하는데, 어찌하여 또 달고 쓴 두 가지 맛을 감각할 수 있느냐?

만약 혀로부터 나온다면 혀는 달고 쓰고 싱거운 맛의 요소[味素] 를 간직하고 있지 않다. 그렇다면 맛을 아는 감각은 본래 자성이 없 는 것이다.

만약 허공으로부터 생겨나는 것이라면, 허공 스스로가 맛의 성질 에 대한 감각이 있으니 너의 혀를 통해 맛의 성질의 변화를 알 필요 가 없다. 게다가 허공 스스로가 맛볼 줄 아는 것이니 혀가 맛을 아 는 감각과는 또 무슨 상관이 있겠느냐?

그러므로 마땅히 알아야 한다, 혀가 맛의 감각을 분별하고 아는 것인 '설입(舌入)'은 모두 시간과 공간속에서의 허망한 잠시 있는 변화 로서, 인연으로 생겨남에도 속하지 않고 자연계의 성능도 아니다.

⑤ 신(身): 몸

예컨대 어떤 사람이 한 손은 차갑고 한 손은 뜨겁다면, 차가운 손으로 뜨거운 손을 접촉할 경우 차가운 손의 온도가 아주 낮으면 뜨거운 손의 온도는 곧 따라서 내려가고, 뜨거운 손의 온도가 높으면 차가운 손의 온도는 곧 따라서 올라간다. 이렇게 차가움과 뜨거움[冷熱]이 접촉하고 분리되는 작용은 감촉을 발생시켜 지각 작용을 드러낸다. 차가움과 뜨거움이 상호 교류하면 감촉이 피로한 변화를 발생시킨다. 신체와 감촉이 피로한 현상은 모두 정각 자성이 발생시키는 변태임을 알아야 한다.

접촉과 분리 두 가지 감수 작용이 있기 때문에 사람들은 그 사이에서 감각 반응을 발생시켜 차갑거나 뜨거운 등의 각종의 현상을 흡수하는데, 우리는 이를 '지각하는 성능'이라 부른다. 이 지각의 체성(體性)은 접촉과 분리 이 두 가지 감각 작용을 떠나서는 마침내 하나의 고정된 자체가 없다.

그러므로 마땅히 알아야 한다. 이 지각하는 작용은 접촉과 분리의 감각으로부터 오는 것도 아니요, 네가 뜻에 맞아함[順: 合意]과 뜻에 맞아하지 않음[違: 不合意]으로부터 비로소 있는 것도 아니다. 신체로부터 생겨나는 것도 아니요, 허공으로부터 나오는 것도 아니다.

만약 접촉할 때로부터 비로소 감각이 있다면, 분리될 때에는 접촉이 분리됨에 따라서 감각이 소멸해야하는데, 어찌하여 또 분리됨을 알고 감각하겠느냐? 뜻에 맞아함과 뜻에 맞아하지 않음 두 가지 작용도 그런 도리이다.

만약 신체로부터 생겨나는 것이라면 몸에는 접촉과 분리, 뜻에 맞아함과 뜻에 맞아하지 않음 이 네 가지 고정 현상이 간직되어 있지 않다. 그렇다면 너의 신체상의 이 지각은 원래에 자성이 없다. 만약 허공으로부터 나온 것이라면, 허공 스스로가 지각이 있으니 신체의 감각과는 또 무슨 상관이 있겠느냐?

그러므로 마땅히 알아야 한다, 신체가 외부경계의 차가움과 뜨거움 등을 감각하는 것인 '신입(身入)'은 모두 시간과 공간속에서의 허망한 잠시 있는 변화로서, 인연으로 생겨남에도 속하지 않고 자연계의 성능도 아니다.

⑥ 의(意): 의식생각

예컨대 어떤 사람이 수고하여 피곤하면 잠을 자고자 한다. 충분히 자고 난 다음 깨어나서는, 보았던 적이 있던 일을 기억할 것이고 기억을 잃어버리면 잊어버린 것이다. 생명 과정에서의 갖가지 사실과 생각, 생겨나고 · 머물고 · 변화하고 · 소멸한[生住異滅] 갖가지 전도(顚倒)된 경험은 습관적으로 흡수하여 마음속에 남겨져 마치 매우 질서 있게 잠복해 있는 듯하다. 이런 상황을 '의식 지각 작용'이라고 부른다. 의식과 지각이 피로한 현상 이 둘은 모두 정각 자성이 발생시키는 변태임을 알아야 한다.

생겨남[生]과 소멸[滅] 두 가지 작용이 있고 사람들의 자성에는 지각을 수집(收集)하는 기능이 있기 때문에, 생겨남과 소멸 두 가지 작용 사이에서 흡수 보존하고, 내재의 지각 생각의 경계를 형성하여 능히 알고 능히 듣는 등의 작용을 발생시킨다.

만약 보고 듣는 기능의 흐름을 되돌려 (저 생각할 수 있는 의식의 뿌리를 찾아/역자 보충) 보면, 흐름이 미치지 못하는 그곳은 텅텅 비고 지각력이 있는[了了明明] 경계인데, 이런 현상을 우리는 '지각의 성능'이라고 부른다. 이 지각의 성능은 만약 수면과 깨어남 그리고 생멸(生滅) 등의 상대적인 작용을 떠난다면, 마침내 하나의 고정된 자체가 없다.

그러므로 마땅히 알아야 한다, 이 지각의 근원(根元)은 수면과 깨어남과 생멸의 작용으로부터 있는 것도 아니요, 몸으로부터 나오는 것도 아니요, 허공으로부터 생겨난 것은 더더욱 아니다.

만약 깨어남으로부터 오는 것이라면, 수면할 때에 이르러서는 이 지각의 작용은 이미 깨어난 현상을 따라서 소멸했는데, 어찌하여 또 잠을 자게 되는 것이냐?

만약 반드시 생각이 일어날 때라야 비로소 지각의 작용이 있다면, 생각이 소멸했을 때에는 당연히 이미 생각이 소멸했음을 알지 못해야하는데, 또 누가 있어서 생각의 소멸을 지각할 수 있는 것이냐?

만약 지각이 생각의 소멸로부터 있는 것이라면, 생각이 다시 일어날 때에는 지각은 이미 생각의 소멸에 따라서 소멸했는데, 이 사이에 누가 또 생각이 다시 일어남을 지각할 수 있는 것이냐?

만약 아는 작용이 몸 안으로부터 나오는 것이라면 수면과 깨어남 두 가지 현상은 모두 몸을 빌려야 작용을 발생하게 된다. 만약 수면과 깨어남 두 가지 행위를 떠난다면, 이 지각의 작용은 허공중의 꽃과 다름없어서 마침내 고정된 자성이 없다.

만약 허공으로부터 생겨난 것이라면 허공 스스로가 지각이 있는 것이니 사람 몸의 지각과는 또 무슨 상관이 있겠느냐?

그러므로 마땅히 알아야 한다, 의식 지각 생각인 '의입(意入)'은 모두 시간과 공간속에서의 허망한 잠시 있는 현상으로서, 인연으로 생겨남에도 속하지 않고 자연계의 성능도 아니다.

復次阿難。云何十二處, 本如來藏妙眞如性。

阿難。汝且觀此祇陀樹林, 及諸泉池。於意云何。此等爲是色生眼見, 眼生色相。阿難。若復眼根, 生色相者。見空非色, 色性應銷。銷則顯發一切都無。色相旣無, 誰明空質。空亦如是。若復色塵, 生眼見者。觀空非色, 見卽銷亡。亡則都無, 誰明空色。是故當知見與色空, 俱無處所。卽色與見, 二處虛妄。本非因緣, 非自然性。

阿難。汝更聽此祇陀園中, 食辦擊鼓, 衆集撞鐘, 鐘鼓音聲, 前後相續。於意云何。此等爲是聲來耳邊, 耳往聲處。阿難。若復此聲, 來於耳邊, 如我乞食室羅筏城。在祇陀林, 則無有我。此聲必來阿難耳處。目連迦葉, 應不俱聞。何況其中一千二百五十沙門, 一聞鐘聲。同來食處。若復汝耳, 往彼聲邊。如我歸住祇陀林中。在室羅城, 則無有我。汝聞鼓聲, 其耳已往擊鼓之處, 鐘聲齊出, 應不俱聞。何況其中象馬牛羊, 種種音響。若無來往, 亦復無聞。是故當知聽與音聲, 俱無處所, 即聽與聲, 二處虛妄。本非因緣, 非自然性。

阿難。汝又齅此鑪中栴檀, 此香若復然於一銖, 室羅筏城四十里內, 同時聞氣。於意云何。此香爲復生栴檀木, 生於汝鼻, 爲生於空。阿難。若復此香, 生於汝鼻, 稱鼻所生, 當從鼻出。鼻非栴檀, 云何鼻中有栴檀氣。稱汝聞香, 當於鼻入。鼻中出香, 說聞非義。若生於空, 空性常恒, 香應常在, 何藉鑪中, 爇此枯木。若生於木, 則此香質, 因爇成烟。若鼻得聞, 合蒙烟氣。其烟騰空, 未及遙遠, 四十里內, 云何已聞。是故當知, 香鼻與聞, 俱無處所。即齅與香, 二處虛妄。本非因緣, 非自然性。

阿難。汝常二時, 衆中持鉢, 其間或遇酥酪醍醐, 名爲上味。於意云何。此味爲復生於空中, 生於舌中, 爲生食中。阿難。若復此味, 生於汝舌, 在汝口中, 祇有一舌, 其舌爾時已成酥味, 遇黑石蜜應不推移。若不變移, 不名知味。若變移者, 舌非多體, 云何多味一舌之知。若生於食, 食非有識, 云何自知。又食自知, 即同他食, 何預於汝, 名味之知。若生於空, 汝噉虛空, 當作何味。必其虛空若作鹹味, 既鹹汝舌, 亦鹹汝面, 則此界人, 同於海魚。既常受鹹, 了不知淡。若不識淡, 亦不覺鹹。必無所知, 云何名味。是故當知, 味舌與嘗, 俱無處所。即嘗與味, 二俱虛妄。本非因緣, 非自然性。

阿難。汝常晨朝以手摩頭。於意云何。此摩所知, 誰爲能觸, 能爲在手, 爲復在頭。若在於手, 頭則無知, 云何成觸。若在於頭, 手則無用, 云何名觸。若各各有, 則汝阿難, 應有二身。若頭與手一觸所生, 則手與頭, 當爲一體。若一體者, 觸則無成。若二體者, 觸誰爲在。在能非所, 在所非能。不應虛空與汝成觸。是故當知, 覺觸與身, 俱無處所。即身與觸, 二俱虛妄。本非因緣, 非自然性。

阿難。汝常意中。所緣善惡無記三性，生成法則。此法爲復即心所生，爲當離心，別有方所。阿難。若即心者，法則非塵。非心所緣，云何成處。若離於心，別有方所，則法自性，爲知非知。知則名心，異汝非塵，同他心量。即汝即心，云何汝心，更二於汝。若非知者，此塵既非色聲香味，離合冷煖，及虛空相，當於何在。今於色空，都無表示，不應人間，更有空外。心非所緣，處從誰立。是故當知，法則與心，俱無處所。則意與法，二俱虛妄。本非因緣，非自然性。

심신과 외부경계 작용(12처) 경험의 분석

부처님은 또 말씀하셨다. "12처(심신과 외부경계)의 본능이 모두 진여 자성의 본체 기능임을 어떻게 알까?

① 안(眼: 눈)과 색상

너는 지금 눈을 들어 밖의 나무숲과 정원 중의 샘물을 보아라. 이런 색상들은 색상이 있기 때문에 비로소 눈이 보는 성능이 생겨나는 것이냐, 아니면 눈이 있기 때문에 비로소 색상의 현상이 생겨나는 것이냐?

만약 눈이 색상의 현상을 생겨나게 하는 것이라면, 눈이 허공을 볼 때에는 허공에는 색상이 없다. 색상의 성능이 소멸하면 당연히 온갖 것이 없음이 드러나야 한다. 온갖 색상이 다 없다면 누가 또 그것이 바로 허공인줄 알겠느냐? 마찬가지로 허공을 가려 분석해보아도 그런 도리이다(만약 허공에 근본적으로 아무 색상도 없다면 또 무엇을 가지고 허공이라고 부르겠는가?).

만약 외부경계 색상이 눈의 보는 성능을 생겨나게 한다면, 허공에 색상이 없음을 볼 경우 이 볼 수 있는 성능도 당연히 소멸해야

한다. 보는 성능이 소멸한 바에야 기타 모든 것도 없어질 텐데, 무엇이 허공이고 무엇이 색상인줄 누가 또 알겠느냐?

그러므로 마땅히 알아야 한다, 볼 수 있는 성능과 외부의 색상과 허공은 모두 고정(固定)되어 있는 곳[所在]이 없다. 다시 말해 보는 성능과 색상 이 둘은 모두 허망한 잠시 있는 현상으로서, 인연으로 생겨남에도 속하지 않고 자연계의 본능도 아니다.

② 이(耳: 귀)와 소리

너는 이 정원 안에서 대중들에게 식사하라고 알릴 때는 북을 치고, 대중을 집합시킬 때는 종을 치는 것을 다시 들어보아라. 종과 북 소리는 앞뒤로 연속된다. 물어보겠다, 이것은 소리가 귓가로 오는 것이냐, 아니면 귀가 소리 나는 곳으로 가는 것이냐?

만약 소리가 귓가로 온다면, 이는 내가 성안으로 걸식하러 가고 이곳에는 내가 없는 것과 같다. 마찬가지로 만약 소리가 이미 너의 귓가로 온 것이라면, 나머지 사람들은 당연히 모두 듣지 못해야 한다. 그런데 어찌하여 많은 사람들이 동시에 종소리를 들을 수 있어서 동시에 모두 와서 모이는 것이냐?

만약 너의 귀가 소리 쪽으로 도달한다면, 이는 마치 내가 성안으로부터 이곳에 돌아오고 성안에는 내가 없게 된 것과 마찬가지이다. 마찬가지로 네가 북치는 소리를 들었을 때에 너의 귀는 이미 북이 있는 곳으로 가버렸으니, 만약 동시에 종소리가 났다면 당연히 동시에 들을 수 없어야 한다. 또 하물며 동일한 시간에 그밖에도 코끼리·말·소·양 등의 갖가지 동물과 기타 혼잡한 소리가 난다면 더 말할 나위가 있겠느냐?

만약 듣는 성능과 소리가 왕래 접촉하는 것이 아니라면, 온갖 소리는 당연히 들을 수 없게 될 것이다(소리는 음파 진동으로서 음파를 발생시켜 내면 두루 전달되어 고막[耳膜] 청각의 반응을 발생시킨다. 음파가 뒤섞이면 청각 역시 동시에 뒤섞인 소리를 들을 수 있는데, 귀가 소리 쪽으로 가는 것도 아니요, 소리가 귀로 오는 것도 아니다. 음파가 도달하지 못하면 고막에는 청각 반응이 없다. 이상은 청각과 소리와의 우연적인 작용이 항상 존재하는 것이 아님을 설명한 것이다. 예를 바꾸어서 말해보면, 예컨대 마음속에 일이 있어 깊은 생각에 잠겨 있는 경우, 비록 음파가 고막에 도달하더라도 정신이 딴 데 팔려 있기 때문에 역시 청각 반응을 일으키지 않는다. 뿐만 아니라 음파도 시간과 공간의 제한을 받기 때문에 잠시 있다가 없어진다. 청각 작용도 심리와 시간과 공간의 제한을 받아서 일어났다 사라졌다하므로 모두 실제로 길이 존재하는 것이 없다).

그러므로 마땅히 알아야 한다, 청각(聽覺)과 소리는 모두 고정되어 있는 곳이 없다. 다시 말해 청각과 소리 이 둘은 허망한 잠시 있는 현상으로서, 인연으로 생겨남에도 속하지 않고 자연계의 본능도 아니다.

③ 비(鼻: 코)와 후각

너는 지금 이 화로에서 타고 있는 전단(栴檀) 향기를 다시 맡아 보아라. 이 향을 많이 태우면 성(城) 안 전체가 모두 향기를 맡을 수 있다. 물어보겠다. 이 향기는 전단 나무에서 생겨나느냐, 아니면 코 안에서 나오는 것이냐, 혹은 허공중에서 발생하는 것이냐?

만약 이 향기가 너의 코 안에서 나온다면, 너의 코로부터 나온 이상 향기는 당연히 코 안으로부터 뿜어 나와야 한다. 코가 전단 나무가 아닌데 어찌하여 코 안에 전단 향기가 있을 수 있겠느냐? 게다가 네가 향기를 맡으면 당연히 코로 흡입해야 하는데, 만약 향기가 코 안으로부터 나온다고 한다면 냄새 맡는다는 말이 불합리하게 된다.

만약 향기가 허공중에서 생겨난다면, 허공의 본성은 영원히 똑같은 것이므로 향기도 당연히 영원히 존재해야하는데, 어찌하여 반드시 향로 속에 마른 나무를 태우고서야 비로소 향기가 있을 수 있겠느냐?

만약 향기가 전단 나무에서 발생하는 것이라면, 이런 향질(香質)은 태워서 연기로 변했으니 코가 향기를 맡을 때에는 당연히 먼저 연기에 덮여야 향기를 맡을 수 있을 것인데, 어찌하여 연기는 허공으로 올라 그리 멀지 않게 퍼져 흩어져버리는데도 4십 리 안에서 모두 이미 냄새를 맡은 것이냐?(향기와 구린내는 모두 방사성放射性 작용으로서 콧구멍으로 하여금 반응을 발생하게 한다. 전단 나무에서 나는 연기는 결코 향이 아니라 목질이 타고난 뒤에 단지 질량이 변화하여 연무烟霧가 된 것이다. 이상 말한 것은 후각과 냄새의 우연적인 감응 작용일 뿐이라는 것을 설명한 것이다).

그러므로 마땅히 알아야 한다, 코와 후각(嗅覺)과 냄새는 모두 고정되어 있는 곳이 없다. 다시 말해 후각과 냄새 이 둘은 모두 허망한 잠시 있는 현상으로서, 인연으로 생겨남에도 속하지 않고 자연계의 본능도 아니다.

④ 설(舌: 혀)과 미각

너는 식사를 하고자 할 때는 발우를 받쳐 들고 밥을 빌러 간다. 그 중에 소락제호(酥酪醍醐)[104]를 만나게 되면 이를 상 등급의 맛이라고 부른다. 이런 맛은 허공중에서 스스로 생겨나는 것이냐, 아니면 혀로부터 발생하는 것이냐, 혹은 음식물 속에 존재하는 것이냐?

만약 이런 맛이 혀로부터 발생하여 나온다면, 너의 입 안에는 혀가 하나 있고 이 혀는 이미 소락 맛으로 되었으니, 다시 꿀 사탕을 만나게 되더라도 당연히 다시 변하지 않을 것이다. 만약 정말로 변하지 않는다면, 맛을 안다고 할 수 없다. 만약 변한다면 혀는 오직 한 개 뿐 인데, 어찌하여 한 개의 혀가 여러 가지의 맛을 맛보아내

---

104 소락은 소나 양 등의 젖. 제호는 우유를 다른 것이 섞이지 않게 정제한 것.
(역주)

는 것이냐?

만약 맛이 음식물 안에 존재한다면, 음식물은 결코 지각 분별이 없는데 어떻게 스스로 맛을 알 수 있겠느냐? 게다가 음식물 스스로가 맛을 안다면 다른 사람이 음식을 먹고 있는 것과 같은데, 너와는 무슨 상관이 있으며, 또 어떻게 맛을 안다고 할 수 있겠느냐?

만약 허공중에서 스스로 생겨난다면, 네가 허공을 씹어보아라, 허공은 도리어 어떤 맛이냐? 만약 허공이 짠 맛이라면 너의 혀를 짜게 한 바에야 당연히 동시에 너의 얼굴도 짜게 했어야 한다. 만약 그렇다면 이 세계 사람들은 모두 바닷물고기와 마찬가지가 된다. 뿐만 아니라 이미 항상 짠 맛을 받은 바에야 싱거운 맛을 모를 것이다. 그러나 만약 정말로 싱거운 맛을 모른다면 당연히 짠 맛도 느끼지 못할 것이다. 짠 맛과 싱거운 맛을 모두 모른다면 어떻게 이를 맛이라고 하겠느냐?(혀가 가지고 있는 맛을 감각하는 미각 신경은 음식물 자체의 맛의 요소가 다르기 때문에 입으로 먹으면 혀의 미각 반응이 다르다. 그러므로 맛이 다름을 안다. 위에서 말한 '혀는 오직 한 개 뿐 인데, 어찌하여 한 개의 혀가 여러 가지의 맛을 맛보아내는 것이냐?'는 혀와 맛의 반응 작용이 항상 있지 않다는 것을 설명하는 것일 뿐이다).

그러므로 마땅히 알아야 한다, 맛과 혀와 미각은 모두 고정되어 있는 곳이 없다. 다시 말해 맛보는 성능과 미각(味覺), 이 둘은 모두 허망한 잠시 있는 현상으로서, 인연으로 생겨남에도 속하지 않고 자연계의 본능도 아니다.

⑤ 신(身: 몸)과 감촉

너는 아침에 손으로 머리를 만지는데, 이 만짐의 지각은 누가 감촉할 수 있는 것이냐? 물어보겠다, 능히 감촉하는 것은 손이냐 아니면 머리이냐?

만약 손이라면 머리는 지각이 있을 리 없는데 어찌하여 또 머리도 지각할 줄 아는 것이냐?

만약 지각이 머리에 있다면 손은 소용이 없는데 또 어떻게 감촉이라고 할 수 있겠느냐?

만약 손과 머리가 각자 모두 감촉의 지각이 있다면 너 한 사람에게 당연히 두 개의 신체가 있어야 한다.

만약 손과 머리가 한 개의 지각이 일으킨 감촉이라면, 손과 머리는 곧 일체(一體)가 된다. 정말로 일체라면 감촉은 도대체 어디에 있는 것이냐?

만약 본능 안에 있다면 본능은 고정되어 있는 곳이 없다. 만약 고정되어 있는 곳이 있다면 곧 본능이 아니게 된다.

본능과 고정되어 있는 곳을 떠나 허공이 너와 감촉을 발생하는 것은 당연히 불가능하다.

그러므로 너는 마땅히 알아야 한다, 몸이 감각하는 작용과 몸은 모두 하나의 고정되어 있는 곳이 없다. 다시 말해 몸의 작용과 감각이 둘은 모두 허망한 잠시 있는 현상으로서, 인연으로 생겨남에도 속하지 않고 자연계의 본능도 아니다.

⑥ 의(意: 의식)와 생각

사람들의 의식으로부터 일어나는 생각은 선(善)한 것·악(惡)한 것·무기(無記)의 것 이 세 가지 성능 범위를 벗어나지 못하면서 갖가지 법칙[105]을 낳는다. 이 생각의 법칙은 마음으로부터 생겨나는 것이냐, 아니면 마음을 떠나서 따로 있는 곳[所在]이 하나 있는 것이냐?

---

105 논리.(역주)

만약 생각하는 것이 바로 마음이라면, 생각에서 생겨나는 법칙은 자기 마음의 추상적인 영상(影像)이 아니게 된다.

만약 자기 마음에서 일어나는 것이 아니라면, 생각의 근원은 도 대체 어디에 있는 것이냐?

만약 자기의 마음을 떠나 따로 있는 곳이 있다면, 생각의 법칙의 성질은 앎이 있는 것이냐, 아니면 앎이 없는 것이냐?

만약 앎이 있는 것이라면, 이를 마음이라고 부를 수 있게 된다. 자 기의 마음인 이상, 이것은 너의 추상적인 인상(印象)과는 다르다. 왜냐 하면 그 앎이 있는 생각은 마찬가지로 너의 자기 마음의 에너지[能量] 와 같기 때문이다. 만약 이것도 바로 너의 마음이라면, 어찌하여 너의 마음에서 일어나는 생각이 때로는 또 너의 개성과 다른 것이냐?

만약 생각이 본래 자체가 앎이 없는 것이라면, 이 생각의 작용은 사실상 색상[色]·소리[聲]·냄새[香]·맛[味]·분리와 결합[離合]·차 가움과 따뜻함[冷暖]·허공(虛空)의 형상(形象) 등 어떤 모양의 물상이 결코 아니다. 그렇다면 그것은 도대체 어디에 있는 것이냐? 현재의 색상과 허공은 실제로는 모두 생각의 표시가 없다. 현실 인간세계 이외에 또 다른 하나의 허공 존재가 있다고 말해서는 안 된다. 마음 이 붙잡을 수 없는 것인 이상, 마음에서 일어나는 의식의 처소(處所) 를 또 어디로부터 건립하겠느냐?

그러므로 마땅히 알아야 한다, 생각과 마음은 모두 하나의 고정 되어 있는 곳이 없다. 그렇다면 마음에서 일어나는 의식과 생각 법 칙 이 둘은 모두 허망한 잠시 있는 현상으로서, 인연으로 생겨남에 도 속하지 않고 자연계의 본능도 아니다.

| 역자보충 1 |

'⑥ 의(意: 의식)와 생각' 이 단락의 이해를 돕기 위하여 남회근 선생의 능엄경 강

좌에서 뽑아 번역하였으니 참고하기 바랍니다.

　"아난(阿難), 여상의중(汝常意中), 소연선악무기삼성(所緣善惡無記三性), 생성법칙(生成法則), 차법위부즉심소생(此法爲復卽心所生), 위당리심(爲當離心), 별유방소(別有方所)".

　이것은 주의해야 합니다. 부처님이 아난에게 물으신 것은 바로 우리들에게 물어, 우리로 하여금 선(禪)을 배우면서 화두참구는 자기가 참구하라고 시키는 것입니다. 부처님은 아난에게 묻습니다. "여상의중(汝常意中)", 당신의 이른바 머릿속의 생각, 마음속에서 생각할 수 있는 이 의식, 우리들의 생각을 부처님은 선(善), 악(惡), 무기(無記) 이 삼성(三性)으로 귀납하십니다. 나는 날마다 염불한다고 하면, 그것은 선념(善念)에 속합니다. 의념이 선성(善性)입니다. 나는 오늘 남에게 해를 끼칠 생각만 하고 남의 덕만 입을 생각만 했다면, 그것은 악성(惡性)입니다. 나는 아무것도 생각하지 않았고 하루 종일 흐리멍덩하게 하루 지냈다면, 그것은 무기성(無記性), 즉 흐리멍덩한 것입니다. 그러나 대체로 교육을 많이 받은 우리들 보통사람들의 생각은 선에 속하지 않으면 악에 속합니다. 무기는 비교적 적습니다. 평소에 게으른 사람은 무기가 많습니다. 무기를 공(空)으로 여기지 말기바랍니다. 머리를 아무 것에도 사용하지 않고 배불리 먹고 종일 마음 쓰는 곳이 없다면, 그것은 무엇일까요? 그는 성씨가 검을 흑(黑)자 흑씨로서 바로 돼지 형씨입니다. 배불리 먹고 종일 하는 일없이 잠만 잡니다. 그래서 그는 무기성의 과보에 떨어집니다. 그는 미래생에 돼지로 변하기 쉽습니다. 그러므로 정좌하고서 혼침(昏沈)하더라도 그런 과보를 만날 것입니다. 닦지 않으면 그런대로 좋은데 혼침을 선정(禪定)으로 여겨도 미래생에 수행이 그 길로 갑니다. 그 길은 바로 중앙시장으로 가는 것이니 주의하기 바랍니다. 그러므로 의식은 삼성인 선, 악, 무기로 나누어집니다.

　"생성법칙(生成法則)", 후세의 우리들의 논리와 같은데, 오늘날 이 논리는 법칙이라고도 하고 이칙(理則)이라고도 합니다. 과학에서 사용하는 법칙이라는 인문과학의 이 명사는 불경에서 먼저 창조한 것입니다. 능엄경 여기서 먼저 창조한 것입니다. 일체법은 유위법을 말합니다. 부처님은 말씀하십니다. 우리들 이 생각은 일정한 규율이 있어 하나의 법칙을 형성한다. 생각에는 일정한 습관이 있고 일정한 법칙이 있다.

"차법위부즉심소생(此法爲復即心所生), 위당리심(爲當離心), 별유방소(別有方所)", 아난아 내가 너에게 묻겠다. 우리들의 이 생각, 이 법칙은 한 가지 것을 생각하는 습관이 되어 있다. 예컨대 우리가 차를 마시는 습관이 되어 있다면 남의 그 차를 마실 경우 맛이 없습니다. 왜일까요? 나의 그 차만큼 맛이 없습니다. 왜냐하면 의식에 이 법칙이 있고 기준이 하나 있기 때문입니다. 예컨대 묻습니다, 이 사람이 예쁩니까 예쁘지 않습니까? 나는 좋아하지 않습니다. 왜 좋아하지 않습니까? 왜냐하면 나는 저런 종류의 사람을 좋아하기 때문입니다. 그의 의식에는 하나의 법칙이 있습니다. 이 옷감 좋아요 좋지 않아요? 저는 좋아하지 않아요. 나는 하늘색 것을 좋아합니다. 그는 노란색 것을 좋아합니다. 사람마다 생각에는 그 기준이 있어 습관, 습성의 하나의 법칙이 있습니다. 부처님은 말씀하십니다. 이 생각의식의 법칙은 "위부즉심소생(爲復即心所生)", 내가 너에게 묻겠다, 자기 마음에서 생겨나는 것이냐? "위당리심(爲當離心), 별유방소(別有方所)", 아니면 이 전체 마음의 작용을 떠나서 따로 어느 한 곳이 있는 것이냐? 아니면 머릿속에 있느냐, 아니면 어느 곳에 있느냐? 습관 습성은 어디에 있을까요? 제가 제기했던 것이 아닙니다.

오늘날 심리학은 더 재미있습니다. 사람에게는 이런 습성이 있습니다. 어떤 사람이 다리 하나를 잘라버렸습니다. 그곳에 병이 나서 잘라버렸습니다. 그 자신도 아래쪽으로 다리 하나가 없어졌다는 것을 압니다. 하지만 의사는 그의 병을 진찰해야합니다. 그가 며칠 지나며 한 번 쉬고 나서는 말하기를 자기의 그곳이 아프다고 했습니다. 의사는 잘라낸 다리의 절반의 다리 그곳, 그 비어 있는 곳에 주사를 놓아주겠다며 정말로 주사를 놓아주었습니다. 좀 나앗지요? 응, 좀 나앗습니다. 이 습기(習氣)[106]에는 이

---

106 업의 잠재적 인상. 잠재여력. 습관성. 훈습에 의해 남겨진 기분. 실질적으로는 종자와 같음.(역주)

렇게 심한 것이 있습니다. 오늘날 심리학적으로 많은 부분이 증명하고 있습니다. 그에게 이 육체가 없어졌어도 여전히 이 작용이 있는데, 설마 마음에 "별유방소(別有方所)". 따로 한 곳이 있을까요? 뇌 속에서 간뇌(間腦), 전뇌(前腦), 후뇌(後腦)에 있을까요? 아니면 밖에 있을까요?

"아난(阿難), 약즉심자(若即心者), 법즉비진(法則非塵), 비심소연(非心所緣), 운하성처(云何成處)",

부처님은 말씀하십니다. 아난아, 너는 의식이이라는 이 생각이 유심(唯心)이 지은 것으로서 심리작용이라고 여기느냐? 우리는 지금 심리작용을 말하고 있습니다. 부처님은 말씀하십니다. 그럼 내가 너에게 묻겠다, 이 심리작용은 "법즉비진(法則非塵)", 이 심리작용은 습관적인 것인데, 습관적인 것은 하나의 어떤 것이 없는 것이다. 심장 속에 어떤 것이 하나 없습니다. 머릿속에 어떤 것이 하나 없습니다. "법즉비진(法則非塵)", 외부의 것에 하나의 영상이 있는 것처럼 그렇지 않다. "비심소연(非心所緣)", 뿐만 아니라 마음이 어디에 있는지 찾을 수 없으니, "운하성처(云何成處)", 이로써 알 수 있듯이 그것은 어떤 것이 하나 없다. 그것은 머릿속에도 없고 어느 곳에도 없다

"약리어심(若離於心), 별유방소(別有方所), 즉법자성(則法自性), 위지비지(爲知非知)"

다시 너에게 묻겠다, 가령 마음의 작용이 아니라고 한다면, 마음의 작용을 떠나 따로 다른 것이 반응이 있어야 한다. "즉법자성(則法自性)", 그럼 이 반응의 작용인 의식작용은 "위지비지(爲知非知)", 물질적인 것이냐 아니면 유심의 정신적인 것이냐? 물질적인 것은 무지한 것으로 아는 것이 아니다. 물질적인 것이 아니라면, 그것은 지성(知性)이 있는 것이다. 지성이 있는 것이라면, 그것의 마음은 어디에 있느냐?

"지즉명심(知則名心), 이여비진(異汝非塵), 동타심량(同他心量)"

"지즉명심(知則名心)", 능히 알 수가 있다면, 알 수 있음은 마음의 작용이다. 이 의식반응의 작용이 우리들 마음의 작용이 아니라 물리의 작용이라면, 부처님은 말씀하십니다, 나 여기의 한 물질에는 마음이 없느냐? 정신

이 없느냐? "이여비진(異汝非塵)", 우리와 다른 것이라면 그것은 우리의 생각 작용을 일으킬 수 없다. "동타심량(同他心量)", 뿐만 아니라 그것의 작용은 생각하여 나에게 영향을 미칠 것이다. 우리의 과학은 오늘날에 이르러 로봇인간조차도 나왔는데, 로봇인간은 결국 자기 스스로 생각할 줄 모릅니다. 로봇인간을 사용하려면 역시 사람이 지휘해야 합니다. 부처님은 말씀하시기를 그 로봇인간은 결국 감정이 없고 생각이 없다고 합니다.

"즉여즉심(即汝即心), 운하여심(云何汝心), 경이어여(更二於汝)"

마음이 바로 나이고 나가 바로 마음이라면, 그렇다면 너의 마음이 두 개로 변해버려서 나가 하나 있고 마음이 하나 있게 된다.

"약비지자(若非知者), 차진기비색성향미(此塵既非色聲香味), 리합냉난(離合冷煖), 급허공상(及虛空相), 당어하재(當於何在)"

가령 이 마음의 작용이 지성이 아니라 물질적인 것이라면, 부처님은 말씀하십니다, 우리들 이 생각은 색깔에도 속하지 않고 소리에도 속하지 않으며 냄새에도 속하지 않고 맛에도 속하지 않는다. 향내와 구린내, 분리와 합함, 차갑고 뜨거움은 모두 상대적인 작용이며, "급허공상(及虛空相)", 허공의 현상도 없는데, 내가 너에게 묻겠다, 너의 마음, 의식작용은 도대체 어디에 있는 것이냐?

"금어색공(今於色空), 도무표시(都無表示), 불응인간(不應人間), 경유공외(更有空外), 심비소연(心非所緣), 처종수립(處從誰立)"

그러므로 너는 자세히 분석해보아라. 신체인 색상에서는 의식의 작용을 찾을 수 없고 허공에서도 찾을 수 없다. "도무표시(都無表示)", 그 하나의 작용이 어디에 있는지 찾아낼 수 없다. 인간세계의 이 생명 밖으로 떠나 허공중에도, "심비소연(心非所緣)", 따로 하나의 마음이 없다. "처종수립(處從誰立)", 이 의처(意處), 이 의식생각은 도대체 어디로부터 오는 것이냐? 부처님은 말씀하십니다, 너는 연구해보고 연구해보아라. 참구하는 것은 별개의 일입니다. 부처님은 그에게 화두참구하기 전에 그의 양면을 다 막아버리고 있습니다.

"시고(是故), 당지법칙여심(當知法則與心), 구무처소(俱無處所), 즉의여법

(則意與法), 이구허망(二俱虛妄), 본비인연(本非因緣), 비자연성(非自然性)"

마음의 작용도 아니요 물질도 아니다. "시고(是故), 당지법칙여심(當知法則與心)", 의식생각의 법칙과 보통의 심리작용은 결코 하나의 고정된 지점이 없으며 하나의 고정된 작용도 없다. "즉의여법(則意與法), 이구허망(二俱虛妄)", 그러므로 의식형태 생각의 구성과 모든 사유의 법칙은 인류문화의 빈말로서 없는 것이요 공(空)한 것이다. "이구허망(二俱虛妄)", "본비인연(本非因緣), 비자연성(非自然性)", 완전히 공한 것으로서 인연에도 속하지도 않고 자연에도 속하지 않는다.

復次阿難。云何十八界, 本如來藏妙眞如性。

阿難。如汝所明, 眼色爲緣, 生於眼識。此識爲復因眼所生, 以眼爲界。因色所生, 以色爲界。阿難。若因眼生, 旣無色空, 無可分別, 縱有汝識, 欲將何用。汝見又非靑黃赤白, 無所表示, 從何立界。若因色生, 空無色時, 汝識應滅, 云何識知是虛空性。若色變時, 汝亦識其色相遷變, 汝識不遷, 界從何立。從變則變, 界相自無。不變則恒。旣從色生, 應不識知虛空所在。若兼二種, 眼色共生, 合則中離, 離則兩合, 體性雜亂, 云何成界。是故當知眼色爲緣, 生眼識界, 三處都無。則眼與色, 及色界三, 本非因緣, 非自然性。

阿難。又汝所明, 耳聲爲緣, 生於耳識。此識爲復因耳所生, 以耳爲界。因聲所生, 以聲爲界。阿難。若因耳生, 動靜二相, 旣不現前, 根不成知。必無所知, 知尙無成, 識何形貌。若取耳聞, 無動靜故, 聞無所成。云何耳形, 雜色觸塵, 名爲識界。則耳識界, 復從誰立。若生於聲, 識因聲有, 則不關聞, 無聞則亡聲相所在。識從聲生, 許聲因聞而有聲相, 聞應聞識, 不聞非界。聞則同聲。識已被聞, 誰知聞識。若無知者, 終如草木。不應聲聞雜成中界。界無中位, 則內外相, 復從何成。是故當知, 耳聲爲緣, 生耳識界, 三處都無。則耳與聲, 及聲界三, 本非因緣, 非自然性。

阿難。又汝所明, 鼻香爲緣, 生於鼻識。此識爲復因鼻所生, 以鼻爲界。因香所生, 以香爲界。阿難。若因鼻生, 則汝心中, 以何爲鼻。爲取肉形雙爪之相。爲取齅知動搖之性。若取肉形, 肉質乃身, 身知卽觸, 名身非鼻, 名觸卽塵。鼻尙無名, 云何立界。若取齅知, 又汝心中以何爲知。以肉爲知, 則肉之知, 元觸非鼻。以空爲知, 空則自知, 肉應非覺。如是則應虛空是汝, 汝身非知。今日阿難, 應無所在。以香爲知, 知自屬香, 何預於汝。若香臭氣, 必生汝鼻, 則彼香臭二種流氣, 不生伊蘭。及栴檀木。二物不來, 汝自齅鼻, 爲香爲臭。臭則非香, 香則非臭。若香臭二俱能聞者, 則汝一人, 應有兩鼻。對我問道, 有二阿難, 誰爲汝體。若鼻是一, 香臭無二, 臭旣爲香, 香復成臭。二性不有, 界從誰立。若因香生, 識因香有。如眼有見, 不能觀眼。因香有故, 應不知香。知卽非生。不知非識。香非知有, 香界不成。識不知香, 因界則非從香建立。旣無中間, 不成內外。彼諸聞性, 畢竟虛妄。是故當知, 鼻香爲緣, 生鼻識界, 三處都無。則鼻與香, 及香界三, 本非因緣, 非自然性。

阿難。又汝所明, 舌味爲緣, 生於舌識。此識爲復因舌所生, 以舌爲界。因味所生, 以味爲界。阿難。若因舌生, 則諸世間甘蔗、烏梅、黃連、石鹽、細辛、薑、桂、都無有味。汝自嘗舌, 爲甜爲苦。若舌性苦, 誰來嘗舌。舌不自嘗, 孰爲知覺。舌性非苦, 味自不生, 云何立界。若因味生, 識自爲味, 同於舌根, 應不自嘗, 云何識知是味非味。又一切味, 非一物生。味旣多生, 識應多體。識體若一, 體必味生。鹹淡甘辛, 和合俱生, 諸變異相, 同爲一味, 應無分別。分別旣無, 則不名識, 云何復名舌味識界。不應虛空, 生汝心識。舌味和合, 卽於是中元無自性, 云何界生。是故當知, 舌味爲緣, 生舌識界, 三處都無。則舌與味, 及舌界三, 本非因緣, 非自然性。

阿難。又汝所明, 身觸爲緣, 生於身識。此識爲復因身所生, 以身爲界。因觸所生, 以觸爲界。阿難。若因身生, 必無合離二覺觀緣, 身何所識。若因觸生, 必無汝身, 誰有非身知合離者。阿難。物不觸知, 身知有觸。知身卽觸, 知觸卽身。卽觸非身, 卽身非觸。身觸二相, 元無處所。合身卽爲身自體性。離身卽是虛空等相。內外不成, 中云何立。中不復立, 內外性空則汝識生, 從誰立界。是故當知, 身觸爲緣, 生身識界, 三處都無。則身與觸, 及身界三, 本非因緣, 非自然性。

阿難。又汝所明, 意法爲緣, 生於意識。此識爲復因意所生, 以意爲界, 因法所生, 以法爲界。阿難。若因意生, 於汝意中, 必有所思, 發明汝意。若無前法, 意無所生。離緣無形, 識將何用, 又汝識心, 與諸思量, 兼了別性, 爲同爲異。同意即意, 云何所生。異意不同, 應無所識。若無所識, 云何意生。若有所識, 云何識意。唯同與異, 二性無成, 界云何立。若因法生世間諸法, 不離五塵。汝觀色法, 及諸聲法, 香法味法, 及與觸法, 相狀分明, 以對五根, 非意所攝, 汝識決定依於法生。今汝諦觀, 法法何狀若離色空, 動靜通塞, 合離生滅, 越此諸相, 終無所得。生則色空諸法等生。滅則色空諸法等滅。所因既無, 因生有識, 作何形相。相狀不有, 界云何生。是故當知, 意法爲緣, 生意識界, 三處都無。則意與法, 及意界三, 本非因緣, 非自然性。

심신과 외부경계 사이(18계) 경험의 분석

부처님이 또 말씀하셨다. "18계의 본능(심신과 외부경계 사이의 한계성)이 모두 진여 자성의 본체 기능임을 어떻게 알까?

① 안(眼: 눈)과 색상 사이

네가 이해하고 있듯이, 눈과 색상은 안식(眼識)을 생겨나게 하는 기본 원인으로서, 눈의 식별(識別) 본능을 생겨나게 한다. 이 식별 작용은 눈으로 인하여 생겨나서 눈을 한계로 하겠느냐, 아니면 색상으로 인하여 생겨나서 색상을 한계로 하겠느냐?

만약 눈으로 인하여 생겨난 것이라면, 외부경계에 색상과 허공이 없을 경우 무슨 분별할 것이 없게 되어, 네가 설사 식별 본능이 있다 할지라도 무슨 소용이 있겠느냐? 뿐만 아니라 너의 능히 보는 본능은 근본적으로 파랗거나 노랗거나 붉거나 흰[靑黃赤白] 색상이 아니다. 그것이 표시할 길이 없는 바에야, 또 어떻게 한계를 세우겠느냐?

만약 외부경계의 색상으로 말미암아 생겨난다고 여긴다면, 허공에 색상이 없을 때에는 너의 눈의 식별 작용은 당연히 소멸해야 하는데, 또 어찌하여 이것이 허공인줄 식별하고 알 수 있는 것이냐? 뿐만 아니라 외부경계의 색상이 변화할 때에는 너도 색상이 변화하고 있음을 식별할 수 있다. 만약 너의 식별 본능이 따라서 변화하지 않는다면, 색상에서 생겨나는 한계는 또 어떻게 세우겠느냐? 만약 색상의 변화에 따라서 변화한다면, 한계라는 상황이 자연히 없어지게 된다. 만약 변화하지 않는 것이라면, 당연히 영원한 것이어야 한다. 색상으로 인하여 작용을 일으키는 이상, 당연히 또 허공의 소재를 식별하지 못해야 한다.

만약 안식이 동시에 이 두 가지 작용을 함께 가질 수 있다고 생각한다면, 이는 눈과 색상이 서로 마주 대하여 공동으로 생겨난 것이 된다. 그렇다면 눈과 색상 이 둘이 서로 합할 때에는 중간의 식성(識性)은 분리되어 작용을 일으키지 못한다. 식성이 분리될 수 있는 것이라면, 식성은 눈과 색상과도 모두 서로 합할 수 있게 된다. 그렇게 되면 체성에는 뒤섞여 어지러움[雜亂]이 발생하는데, 또 어떻게 한계가 성립하겠느냐?

그러므로 마땅히 알아야 한다, 눈이 외부경계의 색상을 접촉하는 기본 원인이 되어, 눈의 식별 작용을 생겨나게 함과, 안식과 색상 사이의 한계 이 세 곳은 모두 고정된 자성이 없다. 그러므로 눈과 색상, 그리고 색상 사이의 한계 이 셋은 인연으로 생겨남에도 속하지 않고 자연계의 본능도 아니다.

② 이(耳: 귀)와 소리 사이

또 네가 이해하고 있듯이, 귀와 소리는 이식(耳識)을 생겨나게 하는 기본 원인으로서, 귀의 식별 본능을 생겨나게 한다. 이 식별 작용은 고막으로 인해 생겨나서 고막을 한계로 하겠느냐, 아니면 소리로 인하여 생겨나서 소리를 한계로 하겠느냐?

만약 귀로 인해 생겨났다면 움직임과 고요함[動靜] 이 두 가지 현상이 앞에 나타나지 않는 이상, 고막은 알지 못할 것이다. 만약 고막이 아는 바가 하나도 없다면, 지각도 오히려 성립하지 않는데 이 식별 작용은 또 어떤 형상이겠느냐? 만약 네가 고막이 소리를 들었다고 여긴다면, 외부경계의 움직임과 고요함이 없기 때문에 듣는 작용을 형성하지 못하는데 어떻게 육질 형상의 귀가 색상 중에 섞여 있는 것을 식계(識界)라고 하겠느냐? 이른바 이식의 한계는 또 어디로부터 세우겠느냐?

만약 이식이 소리에서 생겨난다면, 소리가 있기에 비로소 식별작용이 있으므로 능히 듣는 청각과는 관계가 없다. 그러나 능히 듣는 청각이 없다면 또 소리의 소재를 잃어버릴 것이다.

만약 식별 작용이 소리로부터 생겨나고, 소리는 능히 듣는 청각으로 인하여 소리의 현상이 있다고 인정한다면, 능히 듣는 청각은 당연히 동시에 식별의 작용도 들어야 한다. 만약 식별 작용을 들을 수 없다면 한계가 없는 것이다. 식별 작용을 들을 수 있다면 이 식별도 소리나 마찬가지가 된다. 뿐만 아니라 식별 작용이 이미 능히 듣는 청각에 의해 들렸으니, 저 능히 들음을 아는 본능이 이미 들음에 있는 것은 또 누구이겠느냐? 만약 근본적으로 앎이 없는 것이라면, 마치 초목이나 흙덩이 같아서 응당 소리와 능히 듣는 청각이 뒤섞여서 이루어진 중간의 한계가 있어서는 안 된다. 한계에 중간적인 고정된 본래의 위치[本位]가 없는 이상, 어디에 다시 안과 밖의 현상이 성립할 수 있겠느냐?

그러므로 마땅히 알아야 한다, 고막은 소리를 청각하는 기본 원인으로서, 고막 청각의 식별작용을 생겨나게 함과, 그리고 청각과 소리 사이의 한계 이 셋은 모두 고정된 자성이 없다. 그러므로 고막 청각과 소리, 그리고 청각과 소리 사이의 한계 이 셋은 인연으로 생겨남에도 속하지 않고 자연계의 본능도 아니다.

③ 비(鼻: 코)와 냄새 맡음 사이

또 네가 이해하고 있듯이, 코와 냄새는 후각을 생겨나게 하는 기본 원인으로서, 코의 후각 식별 본능을 생겨나게 한다. 이 식별 작용은 코로 인하여 생겨나서 비강(鼻腔)을 한계로 하겠느냐, 아니면 냄새로 인하여 생겨나서 냄새를 한계로 하겠느냐?

만약 코로 인하여 생겨나기 때문이라면, 네 마음에서는 무엇을 코로 여기느냐? 양 손톱 모양 같은 그 육질의 코이냐, 아니면 후각 작용을 갖춘 것이 코이냐? 만약 육질의 것이 코라면 육질인 것은 신체의 일부분일 뿐이다. 그렇다면 신체의 지각은 감촉의 일종이니 당연히 이를 몸이라 불러야지 코라고 부를 수 없다. 그렇다면 신체의 감촉 작용이라 말할 수 있을 뿐 코의 단독 본능이라고 여길 수 없다. 만약 감촉 작용이라고 여긴다면, 감촉은 생리 본능의 반응이니 더더욱 반드시 코의 작용이라고 여겨서는 안 된다. 코라는 명사의 형상이 오히려 확정됨이 없는데, 이른바 코와 후각과 냄새의 한계를 또 어느 곳으로부터 세우겠느냐?

만약 후각이 바로 코의 지각이라고 여긴다면, 네 마음에서는 무엇이야말로 지각이라고 여기느냐? 만약 육체 신경의 반응을 지각으로 여긴다면, 육체의 지각은 생리 신경의 촉각 반응이므로 코의 작용이라고 말할 수 없다. 허공을 지각으로 삼는다면, 허공이 스스로 지각이 있는 이상, 육체는 당연히 자기의 지각이 없어야 한다. 그렇다면 당연히 허공이 바로 너 자신이어야 한다. 너의 신체에 이미 지각이 없다면 너라는 사람도 존재하지 않게 된다.

만약 냄새를 지각으로 여긴다면, 지각이 이미 냄새에 속했으니 너와는 또 무슨 상관이 있겠느냐? 만약 냄새와 냄새 맡음이 코로부터 생겨난다면, 향기와 구린내 이 두 가지 기류(氣流)는 이란(伊蘭)[107]과 단향(檀香)에서 생기지 않으니, 이 둘이 없을 때에 네가 자신의 코를 냄새 맡아보면 향기로운 것이냐 아니면 구린 것이냐? 구리다면 향기로움이 아니요, 향기롭다면 당연히 구리지 않아야 한다. 만약 향기와 구린내 두 가지 냄새를 다 동시에 맡을 수 있다면, 너 한 사람에게 당연히 두 개의 코가 있어야 해서, 두 개가 동시에 냄새 맡을 수 있는 자성이 있는 것이나 마찬가지이다. 그렇다면 지금 내가 묻고 답하는 것과 같이 역시 당연히 두 개의 아난이 있어야 하는데, 어느 것이야말로 너 자신의 진체(真體)이냐? 만약 코가 하나뿐이라면 향기와 구린내는 본래 무슨 두 가지 모습이 없어서 구린내가 바로 향기이고 향기가 바로 구린내이어서, 향기와 구린내 두 가지가 개별적인 체성이 없는데, 한계는 또 어디로부터 세우겠느냐?

만약 냄새로 말미암아 식별 작용이 생겨난다면, 식별 작용이 냄새로 인하여 스스로 있는 이상, 눈이 사물을 볼 수 있는 것과 마찬가지여서 눈은 사물을 볼 수 있지만 동시에 자기의 눈은 볼 수 없다. 만약 냄새 자체가 스스로 식별 성능이 있다면, 당연히 자기에게 냄새가 있음을 알지 못해야 한다. 냄새가 있음을 알 수 있다면 냄새를 나게 함은 불가능하게 된다. 냄새를 모르는 것은 당연히 냄새를 식별할 수 없다. 냄새가 자기가 갖추고 있는 바를 지각하는 것이 아닌 바에야, 냄새의 한계도 성립할 수 없게 된다. 식별 작용 스스로가 냄새가 있음을 알지 못하고, 냄새의 한계도 냄새로 인하여 건립되는 것이 아니며 중간적인 존재도 없는 바에야, 자연히 안과 밖도 형성될 수 없다. 그렇다면 코의 후각 작용은 마침내 허망한 잠시 있

---

107 식물의 이름으로 아주까리에 속하는 일종. 종자에 약간의 독성물이 포함되어, 거기에서 짜낸 기름은 설사에 효과가 있다고 함. 옛날부터 악취가 있는 독초로서, 향기를 지닌 전단(栴檀)과 대립적으로 사용되어지고 있다.(역주)

는 현상이다.

그러므로 마땅히 알아야 한다, 코는 냄새를 맡는 기본 원인이 되어 코 후각의 식별 작용을 생겨나게 함과, 코와 냄새 사이의 한계 이 세 곳은 모두 고정된 자성이 없다. 그러므로 코와 냄새, 그리고 후각과 냄새 사이의 한계 이 셋은 인연으로 생겨남에도 속하지 않고 자연계의 본능도 아니다.

④ 설(舌: 혀)과 미성 사이

또 네가 이해하고 있듯이, 혀와 미성(味性)은 맛의 변별을 생겨나게 하는 기본 원인으로서, 혀가 맛을 변별하는 식별 본능을 생겨나게 한다. 이 식별 작용은 혀로 인하여 생겨나서 혀를 한계로 하겠느냐, 아니면 맛으로 인해 생겨나서 맛을 한계로 하겠느냐?

만약 혀에서 스스로 생겨난다면, 세간의 사탕수수[甘蔗]·오매(烏梅)[108]·황련(黃連)[109]·식염(食鹽)·세신(細辛)[110]·강계(薑桂)[111]는 모두 그 자체의 맛이 없을 것이다. 너 스스로 혀를 맛볼 경우 달콤하냐 아니면 쓰냐? 만약 혀가 쓴 것이라면, 혀의 쓴 맛을 맛보는 것은 또 누구이냐? 혀 그 자체가 맛을 볼 수 없는 것이라면, 맛을 지각하고 가릴 수 있는 것은 또 누구이냐? 혀 자체의 자성이 만약 쓴 것이 아니라면, 맛이 발생함이 없는데 또 어떻게 한계를 성립할 수 있겠느냐?

---

108 덜 익은 푸른 매실을 짚불 연기에 그을려 말린 것으로 맛이 떫고 시다.

109 미나리아재비 과에 속하는 여러해살이 초본식물인 황련의 뿌리. 맛은 쓰고 차다.

110 족두리 풀의 뿌리를 건조시킨 약재. 뿌리가 지극히 가늘고 몹시 매운 맛을 띠고 있어서 명명된 것이다.

111 생강과 계피. 맛은 맵다.(107~110 역주)

만약 식별 작용이 맛으로 인해 생겨난다면, 그 자체가 맛이 될 수 있을 테니 역시 혀나 마찬가지여서 응당 무슨 맛인지 스스로 맛볼 수 없어야하는데, 또 어찌하여 이것은 맛이요 저것은 맛이 아님을 식별하고 나누어 가릴 수 있겠느냐? 게다가 온갖 서로 다른 맛은 결코 한 사물에서 생겨나는 것이 아니다. 맛이 여러 방면으로부터 생겨나는 바에야, 식별 작용도 당연히 많은 체성이 있어야 한다. 만약 식별 작용의 체성이 하나뿐인데 맛은 식체(識體)로부터 생겨난다면, 짜고 싱겁고 달고 매움이 혼합하여 함께 생겨나서 형상이 어떻게 변하든 간에 맛의 성질은 하나 뿐으로서 당연히 서로 다름을 분별하는 작용이 없어야 한다. 만약 서로 다른 분별이 없다면 식별의 본능이라고 부르지 못하는데, 무엇이 또 혀와 맛을 가리는 식별 사이의 한계가 되겠느냐? 당연히 허공이 너의 심성의 식별 본능을 생겨나게 한다고 말해서는 안 된다. 만약 혀와 맛이 화합하여 맛을 가리는 식별 작용을 생겨나게 한다면, 화합의 중간에는 원래 식별의 자성이 없는데, 또 어떻게 한계를 생겨나게 할 수 있겠느냐?

그러므로 마땅히 알아야 한다, 혀는 맛 성질의 기본 원인이 되어 혀의 맛 변별의 식별 작용을 생겨나게 함과, 혀와 맛 사이의 한계 이 세 곳은 모두 고정된 자성이 없다. 그러므로 혀와 맛, 그리고 혀의 맛 변별 작용과 맛 사이의 한계 이 셋은 인연으로 생겨남에도 속하지 않고 자연계의 본능도 아니다.

⑤ 신(身: 몸)과 감촉 사이

또 네가 이해하고 있듯이, 몸과 감촉은 감각을 생겨나게 하는 기본 원인으로서, 몸의 식별 감각 본능을 생겨나게 한다. 이 식별 감각 작용은 몸에서 생겨나서 몸을 한계로 하겠느냐, 아니면 감촉으로 인해 생겨나서 감촉을 한계로 하겠느냐?

만약 몸으로 인하여 생겨난 것이라면, 몸이 다른 물체와 접촉 분리하지 않을 경우에는 접촉과 분리 두 가지 감각이 있을 리 없는데, 몸 어디에 식별 작용이 존재하겠느냐?

만약 물체와 접촉하여 생겨나는 것이라면, 두 가지 물체가 스스로 접촉하는 것이니 근본적으로 너의 몸은 없는 것이다. 그런데 몸의 감각 없이도 물체와의 접촉이나 분리를 알 수 있는 일이 있겠느냐?

너는 알아야 한다, 물질은 감각과 지각이 없는 것이며, 몸은 지각과 감각의 작용이 있는 것이다. 몸이 감각을 아는 것은 접촉에서 생겨나기 때문이며, 접촉 작용을 아는 것은 몸이 있기 때문이다. 그러나 감촉 작용은 결코 곧 몸이 아니요, 몸도 결코 곧 감촉이 아니다. 몸의 형상과 감촉 현상 이 두 가지는 본래 고정되어 있는 곳이 없다. 모든 기능을 연합하는 것은 바로 몸의 자체 체성이다. 몸의 모든 기능과 감각이 흩어져버리면 형상은 허공이나 마찬가지가 된다. 그러므로 알 수 있듯이, 몸 안팎의 한계는 오히려 그 고정성이 성립될 수 없는데, 이른바 중간성이 또 어떻게 성립하겠느냐? 중간성이 성립하지 않는 바에야 내외성(內外性)은 근본적으로 공(空)한 것이다. 그렇다면 너의 식별 감각의 발생은 또 어느 것으로부터 한계를 세워 정하겠느냐?

그러므로 마땅히 알아야 한다, 몸은 감촉의 기본 원인이 되어 몸이 식별하는 감각 작용을 일어나게 함과, 그리고 몸과 감각 사이의 한계 이 세 곳은 모두 고정된 자성이 없다. 그러므로 몸과 감촉, 그리고 몸의 식별과 감촉 사이의 한계 이 셋은 인연으로 생겨남에도 속하지 않고 자연계의 본능도 아니다.

⑥ 의(意: 의식)와 생각 사이

또 네가 이해하고 있듯이, 의념(意念)은 생각이 의식을 일어나게 하는 기본 원인으로서, 분별의식 사유법칙의 본능을 생겨나게 한다. 이 분별의식 사유의 작용은 의념으로 인하여 생겨나서 의념을 한계로 하겠느냐?, 아니면 사유법칙으로 인하여 생겨나서 사유법칙을 한계로 하겠느냐?

만약 의념으로 인하여 생겨난다면, 너의 의념 중에는 반드시 사유 작용이 있어야 비로소 너의 의념을 발현 표명할 수 있다. 만약 사유법칙이 없다면 의념도 생겨날 까닭이 없게 된다. 외연(外緣)과 사유법칙을 떠나면 의념은 곧 형태가 없는데, 분별 의식이 또 무슨 소용이 있겠느냐? 게다가 너의 분별 의식심과 온갖 생각의 교량(較量)[112]하는 작용, 그리고 이해하고 변별하는 성능 등은 의념과 동일한 작용이냐, 아니면 다른 작용이냐? 만약 동일한 작용이라면, 그 역시 의념인데 어떻게 또 무슨 생각하는 것을 생겨나게 하겠느냐? 만약 동일하게 하나의 의념이 아니라면, 당연히 분별하는 의식이 없어야 한다. 만약 분별하는 의식이 없다면, 어찌하여 의념에서 생겨나는 것이겠느냐? 만약 분별하는 의식이 있다면, 또 어찌하여 이 의념을 식별하는 것이냐? 의념과 분별의식이 같든 다르든 두 개의 성질은 확정적인 성립이 없는데(단지 이론 명사상의 구별 방편일 뿐임), 한계를 또 어떻게 절대적으로 정하여 세울 수 있겠느냐?

만약 식별 작용이 사유법칙으로 인해 생겨난다면, 세상의 온갖 사유법칙의 발생은 색(色)·성(聲)·향(香)·미(味)·촉(觸)의 작용을 떠나지 못한다. 그렇다면 네가 지금 색법(빛·색·시간·공간과 물질 등), 모든 소리·향기·맛·그리고 신체의 감촉을 관찰해보아라. 현

---

112 비교하여 생각해 봄.(역주)

상과 형상(形狀)이 모두 분명하고 모두 5근(안이비설신)과 직접 상대적이되 의념에 완전히 포함되는 것은 아니다. 너의 분별의식은 결정적으로 사유법칙에서 의지해서 생겨나는 것인데, 지금 너는 자세히 관찰해 보아라. 각종의 법칙은 어떠한 형상이냐? 만약 색상·허공·움직임·고요함·통함·막힘·결합·분리·생기(生起)·소멸 등을 떠나서 이런 온갖 현상을 초월하면 결국에는 무슨 얻을 것이 없게 된다. 분별의식이 생겨나면 색상 허공 등의 현상법칙도 따라서 생겨나고, 분별의식이 소멸하면 색상 허공 등의 현상법칙도 따라서 소멸한다. 그러한 까닭인 근본 원인이 존재하지 않은 이상, 그것으로 인하여 생겨나는 분별의식 작용은 무슨 형상(形相)이겠느냐? 만약 그 형상이 없다면 분별의식 사유법칙의 한계는 또 어떻게 생겨나겠느냐?

그러므로 마땅히 알아야 한다. 의념은 생각의 기본 원인이 되어 분별의식의 사유법칙을 발생함과, 의념생각과 분별의식의 사유법칙 등의 사이의 한계 이 세 곳은 모두 절대적으로 고정된 자성이 없다. 그러므로 의념과 사유법칙, 그리고 분별의식 사이의 한계 이 셋은 인연으로 생겨남에도 속하지 않고 자연계의 본능도 아니다.

| 역자보충 2 |

'⑥ 의(意: 의식)와 생각 사이' 이 단락의 이해를 돕기 위하여 남회근 선생의 능엄경 강좌에서 뽑아 번역하였으니 참고하기 바랍니다.

"아난(阿難). 우여소명(又汝所明), 의법위연(意法爲緣), 생어의식(生於意識)."

부처님은 말씀하십니다. 네가 이해하고 있듯이 우리 사람에게는 의식이 하나 있다. 법(法)은 외부 온갖 사물들, 물리세계, 인류세계의 온갖 일들 온갖 물건, 온갖 이치를 통틀어서 법이라고 합니다. "의법위연(意法爲緣)", 의식생각이 있고, 외부의 온갖 물(物), 온갖 이치, 온갖 일이 있기 때문에, 즉, 의식과 법이 서로 인연이 되어 "생어의식", 의식이 일어나자마자 곧 우리들의 의식의 생각이 있습니다.

"차식위부인의소생(此識爲復因意所生), 이의위계(以意爲界), 인법소생(因法所生), 이법위계(以法爲界)."

이것은 앞에서와 마찬가지로 아난에게 반문하고 있습니다. 너는 말해 보아라, 이 의식은 도대체 어디에 있느냐? 오늘날 사람이 이렇게 묻는 것이나 같습니다, 이 의식은 뇌신경속에서 작용을 일으킵니까? 물론 심장이 작용을 일으키는 것이 아닙니다. 그러면 전뇌일까요 아니면 후뇌일까요? 아니면 유물적인 것일까요? 아니면 유심적인 것일까요? 현재의 문제는 이것을 토론하고 있습니다. 당시 3천 년 전에는 이런 학문들이 없었습니다. 인류는 그렇게 복잡하지 않았습니다. 그러므로 부처님은 현상으로부터만 말씀하셨습니다. 그분은 말씀하십니다. 그 의식생각은 무엇으로써 한계를 삼느냐?

"아난(阿難). 약인의생(若因意生), 어여의중(於汝意中), 필유소사(必有所思), 발명여의(發明汝意). 약무전법(若無前法), 의무소생(意無所生). 리연무형(離緣無形), 식장하용(識將何用),"

이 단락은 우리가 주의해야 합니다. 부처님은 말씀하십니다. 우리들의 생각 감정은 의식 자체가 생겨나게 하는 것이냐? "어여의중(於汝意中)", 너의 의식 작용 중에는 "필유소사(必有所思), 발명여의(發明汝意)", 반드시 너의 생각이 일어나야 의식 작용이 있다. 이 말은 무슨 뜻일까요? 우리들은 모두 여기에 앉아있는데, 여러분, 여러분은 집을 생각합니까 하지 않습니까? 제가 이렇게 말하자마자 속임을 당했습니다. 보세요, 다들 모두 집의 그 모습[影像]을 생각했습니다. 왜냐하면 집이 하나 있고 이 생각 이 사량(思量)의 작용이 있기에, 지금 집을 언급하자마자 곧 우리 집 전등을 껐을까? 나올 때 문을 잘 잠갔을까? "어여의중, 필유소사". 이 사량 작용이 "발명여의", 의식작용을 일으켰고 생각이 의식의 작용을 일으킬 수 있었습니다.

그래서 서양 철학자 데카르트는 말하기를, 나는 생각한다. 그러므로 나는 존재한다고 했습니다. 그것은 의식 경계로서, 내가 생각하기에 내가 존재한다는 것입니다. 바꾸어 말하면 데카르트의 경계에 대해 제가 방금 너무 낮게 평가했는데, 그는 제6식을 이해했을 뿐만 아니라 제7식도 이해했습니다. 사량의식을 그는 이해했습니다. 그는 제7식까지만 이해했습니다. 왕양명(王陽明)이나 마찬가지인데, 우리 중국의 이학가인 왕양명이 양지양능(良知良能)이라 부른 것도 제7식인 사량의식입니다. 제7식은 제6식의 의근(意根)입니다. 생각이 있으니 내가 있고 의식이 있습니다. "필유소사, 발명여의". "약무전법(若無前法), 의무소생(意無所生). 리연무형(離緣無形), 식장하용(識將何用)", 만약 전면의 하나의 의타기(依他起)가 없다면, 유식에서 의타기를 말합니다, 전면의 하나의 생각 작용이 일어남이 없다면 그 의식형태는 구성되지 않을 것입니다. "약무전법, 의무소생", 의식형태가 구성되지 않을 것입니다. "리연무형", 생각 인연을 떠나면 우리의 의식 상태는 사라져버립니다. "식장하용", 이 의식은 소용이 없습니다. 그러므로 저는 말하기를 의식은 재미있다고 말합니다. 우리가 종교의식을 하나 얘기하는 것은 여기서 얘기할 수 있지만 어느 부분들은 얘기할 수 없습니다. 얘기하면 남이 저를 때려죽이려 할 겁니다. 하하, 이 세계는 하느님[상제上帝]이나 보살이나 종교가 재미있는데, 모두 인류의 의식이 만든 것입니다. 보세요, 우리에게도 상제가 있습니다. 중국인의 상제인 옥황대제(玉皇大帝)는 어떤 모습일까요? 중국인의 모습입니다. 다섯 가닥의 긴 수염에 그 눈이며 눈썹도 모두 중국인의 모습입니다. 물론 저 같은 이 모습도 일어서면 흉악한 몰골입니다. 그리고 중국인의 모자인 평관(平冠)을 쓰고 있습니다. 입은 옷은 중국의 도포로서 옥황상제입니다. 우리는 보자마자 어! 이분은 옥황상제이군. 욕계의 옥황상제인줄 압니다. 서양인의 하느님은 코가 높고 푸른 눈인데, 그건 바로 유럽인의 모습입니다. 백인종의 모습입니다. 동양인인 아랍인의 하느님은 큰 천을 하나 머리에 감고 수염은 그렇게 구불구불하면서 팔자수염인데, 마치 지저분한 인도 사람처럼 그렇습니다. 서양인의 천당은 서양인의 모습이요 중국인의 천당은 중국인의 모습입니다. 중국의 지옥은 중국인의 모습이요 서양인의 지옥은 서양인의 모습입니다. 서양에도 신통이 있는 사람이 많습니다. 미국에도 많습니다. 운명을 감정할 줄 아는 여성에게 당신이 가서 물어보십시오. 당신은 인도인이 환생한 것이요 당신의 남편은 전생에 당신의 부인이었어요 라고 말합니다. 그녀는 당신은 중국인이 환생한 것이라고 말한 적이 없습니다. 왜냐하면 그녀는 중국에 와본 적이 없기 때문입니다. 그녀의 그 의식형태 속에는 그런 형상이 없어서 그녀에게서는 일어나지 않습니다. 그러므로 인류의 모든 종교가의 하느님 그림마다 모두 다릅니다. 믿지 못하겠거든 당신이 생각하는 귀신은 내가 생각하는 귀신과 다릅니다. 왜냐하면 내가 본 귀신은 당신이 본 그 귀신이 아니기 때문입니다. 그래서 당신의 기괴한 일은 나의 기괴한 일이 아닙니다. 하! 사람마다 의식 형태는 모두 자기가 장난을 한 것입니다. 이해하셨지요? 그래서 의식생각입니다. 그래서 당신이 본 보살은 내가 본 것이 아닙니다. 제가 보니 여러분 모두 저마다 보살입니다. 살아있는 보살입니다. 여러분들이 보는 다른 보살도 다릅니다. 우리 여기의 보살은 얼굴이 둥글고 어느 부분들은 네모지고 깁니다. 보세요, 불상은 태국 사람이 빚은 것은 태국 사람의 얼굴입니다. 마닐라 같은 곳에서 빚은 불상은 바로 그들 모습입니다. 중국인이 빚은 불상은 중국인의 모습입니다. 하지만 모두 육중하고 배가 불룩 나온 게 마치 돼지고기를 많이 먹은 것 같고 오십여 세가 된 모습입니다. 바로 저 미륵보살처럼 그렇습니다, 중국의 모습입니다. 미륵보살은 인도 사람인데 저런 모습일까요? 이런 것들은 모두 바로 "의법위연, 생어의식", 당신의 생각형태가 의식의 생각을 불러일으킨 것입니다. 그러므로 불학은 과학적입니다. 그것은 미신을 타파합니다. 진정으로 하나의 여래, 보리 진리를 믿고 당신 생명의 본래를 찾아야 그거야말로 진짜 부처입니다. 그러므로 당신은 이 도리를 이해했습니다.

"우여식심(又汝識心), 여제사량(與諸思量), 겸료별성(兼了別性), 위동위이(爲同爲異)."

게다가 너의 의식심리는 "여제사량(與諸思量)", 네가 생각할 수 있는 것과, 사상(思想)은 사상(思想)이고 사량(思量)은 사(思)입니다. 우리가 지금,

이 녀석이 하는 말이 옳다 옳지 않다고 생각하면, 그것은 상(想)입니다. 무엇이 사(思)일까요? 당신이 돌아가서 그 녀석이 거기서 엉망진창으로 떠들어댔던 것을 좀 생각했는데, 눈을 감고 함부로 떠들어대는 그 모습을 당신이 일부러는 생각하지 않았습니다. 그 영상(影像)이 사(思)입니다. 그러므로 상(想)과 사(思)는 두 가지입니다. 지금 또 심리상 요별(了別)이라는 것이 하나 나왔는데, 그것은 사(思)가 아닙니다. 지금 여러분은 생각하고 있는데, 만약 돌아가서 생각해보면 그 영상이 재미있습니다. 그게 사(思)입니다. 그럼 당신은 자기를 알기를, 지금 내가 왜 그 남회근이라는 녀석을 생각하지, 그래 내가 왜 그 쪽으로 생각하게 되었지 한다면, 그것은 요별입니다. 명명료료(明明了了)입니다. 요별의 의미는 중문으로 명명료료, 또렷이 분별한다 인데, 종합해서 요별이라고 합니다. 이런 중문들은 개념을 분명히 해야 합니다. 이것은 중국문화인데, 하루 배우고 중국문화 하지 말기 바랍니다. 당신이 무슨 중국문화를 압니까? 그러므로 상(想), 사량(思量), 요별(了別)은 서로 다릅니다. 그렇지 않고, 당신이 나는 중국글자를 모두 알아본다, 이것이 중국문화이다 라고 말하면 그건 안 됩니다. 당신이 매 글자마다의 관념의 논리 범위를 이해하지 못했는데 이제 우리는 이해했습니다. "우여식심, 여제사량, 겸료별성, 위동위이", 예컨대 우리가 지금 스스로 생각하고 있고 자기가 무엇을 생각하는지를 아는데, 그게 요별 작용입니다. "위동위이", 너는 자신이 한번 반성 관찰해보아라, 이것은 지관입니다, 네가 곧바로 한번 바르게 관찰해보아라, 이것은 하나인가? 아니면 세 개인가? 아니면 두 개인가? 동일한 것인가? 아니면 별 개의 것인가?

"동의즉의(同意即意),"

만약 네가 관찰해내서 말하기를 이것이 바로 의식작용이라고 한다면 그것은 의식작용이라고 하지, 구태여 사량이라고 부를 필요가 어디에 있겠으며, 요별이라고 부를 필요가 어디에 있겠느냐? 그것의 작용은 왜 그렇게 많이 다름이 있겠느냐?

"운하소생(云何所生),"

만약 네가 통틀어서 이것이 의식작용이라고 생각한다면, 부처님은 물으십니다, 의식은 어디에서 오는 것이냐? 어디로부터 생겨나는 것이냐? 하느님으로부터이냐? 보살이 네게 주는 것이냐? 많은 사람들이 말하기를 아, 선생님, 저 이것은 저의 지혜가 아닙니다. 보살이 저에게 준 영감(靈感)입니다. 평소 저와 둘이 얘기하면 저는 항상 말하기를 좋아요 좋아, 당신은 정말 대단해서 감응이 있어요, 감응이 있어서 보살이 당신에게 영감을 주었어요. 그것은 저의 방편반야(方便般若)라고 합니다. 그것은 성이 방(方)씨입니다. 보살이 당신에게 영감을 주었다는데, 당신의 영감이 없으면 보살이 주고 싶어도 줄 수가 없습니다. 그러므로 '온갖 법은 스스로 생겨나는 것도 아니고, 다른 것으로부터 생겨나는 것도 아니며, 그 양자에서 함께 생겨나는 것도 아니며 원인 없이 생겨나는 것도 아니다. 이것을 무생(無生)이라고 말한다[諸法不自生 亦不從他生, 不共不無因, 是名謂無生]'입니다. 이것은 공(空)을 말하는 것입니다. 그러나 유(有)를 말하면 자타불이(自他不二)입니다. 보살이 바로 당신이요 당신이 바로 보살입니다. 자기와 타자가 둘이 아닙니다. 그러기에 당신이 염불하면 반드시 서방극락에 왕생하고, 염불하면 반드시 성불합니다. 자타불이입니다. 둘이 없이 하나입니다. 하지만 일체(一體)일까요? 분별해보고자 하면 작용은 절대로 두 가지입니다. 온갖 중생은 일체로서 모두 부처입니다. 그러나 아미타불, 석가모니불, 약사불은 개체로서 또 다릅니다. 이 도리를 이해해야 합니다. 그러므로 "동의즉의, 운하소생", 당신은 자기의 이 의식생각을 따져 묻고 관찰해보아야 합니다. 그 첫 번째 생각은 지금의 첫 번째 생각이 아닙니다. 최초의, 나의 생명이 있게 된 첫 번째 생각은 어떻게 왔을까요?

"이의부동(異意不同), 응무소식(應無所識),"

만약 그 요별과 그 사량의 작용이 제6의식과 다르다고 한다면, "이의부동(異意不同)", 이미 다른 바에야 따로 어떤 것이 하나 있게 되니 너는 찾아내어야 한다. "응무소식(應無所識)", 그게 의식작용이 없다면 의식작용은 어디에 있느냐?

"약무소식(若無所識), 운하의생(云何意生)."

만약 정말로 의식이라는 작용이 없다면, 그것이 어떻게 오겠느냐? 바로 화두 참구인데, 부모가 나를 낳기 전에 나는 도대체 어디에 있었을까요? 만약 내가 지금 죽는다고 가정하면, 죽어서 나는 어디로 갈까요? 천지가 있기 전에는 닭이 먼저 있었을까요 달걀이 먼저 있었을까요? 어디에서 왔을까요? 이것을 찾아내야 비로소 부처님을 배우는 것입니다.

"약유소식(若有所識), 운하식의(云何識意)."

만약 의식분별의 작용이 하나 있다면, 이 말은 부처님이 더 심하게 물으신 것입니다, "운하식의", 너는 이 의식의 작용이 어떻게 온 것인지를 자기가 어떻게든 한번 돌이켜 관찰하고 파고 들어가 보아라. 이 의식의 작용을 어떻게 인식하는 것이냐? 어떻게 오는 것이냐?

"유동여이(唯同與異), 이성무성(二性無成), 계운하립(界云何立)."

믿지 못하겠거든 당신 스스로 정좌해보세요. 정좌하면 이미 지(止)가 되었습니다. 적어도 신체가 활동하지 않음이 지(止)이니까요. 당신은 이 도리를 다시 관찰해보면 이미 지(止)가 되었습니다. 염두(念頭)가 어지럽게 생각하지 않고 오로지 도리를 관찰합니다. 지(止)와 관(觀)이 동시에 이루어지는 것이 대지관(大止觀)입니다. 그럼 이 지관은 "이성무성", 양쪽과 같고 다름이 모두 없어 찾아낼 수 없고 모두 비워졌습니다. "계운하립", 그러므로 의식 중간에 의식계가 하나 있는데, 이 계는 가설적으로 이 명사를 둔 것이지 그런 일이 없습니다. 논리적인 설법상 이 명사가 있습니다. 논리는 사고 논변을 위한 것으로, 이 명사를 둔 것이지 실체상으로는 그런 것이 없습니다. 본래에 어떤 것 하나도 없습니다.

"약인법생세간제법(若因法生世間諸法), 불리오진(不離五塵). 여관색법(汝觀色法), 급제성법(及諸聲法), 향법미법(香法味法), 급여촉법(及與觸法), 상상분명(相狀分明), 이대오근(以對五根), 비의소섭(非意所攝),"

의식 범위에서 조금 더 토론하겠습니다. "약인법생", 당신이 의식생각은 외부경계가 일으킨 것이라고 여긴다면, 만약 유식에서 말하는 의타기라고 여긴다면, 오늘날 교육학 이론은 어떤 사람의 인성은 빚을 수 있다고 합니다. 바꾸어 말하면 오염시킬 수 있는 것이기도 합니다. 당신이 그것을 무슨 색깔로 염색하느냐에 따라 그 색깔로 변하듯이 생각이 곧 변합니다.

그런데 우리는 교육학을 말하고, 이게 교육학 박사요 당신이 한참 널리 말했지만 중국은 수천 년 동안 내내 말했습니다. 묵자(墨子)는 그 말을 했습니다. 당신은 중국의 묵자가 말한 것은 비과학적이요, 높은 코에 파란 눈이 아닌 자가 말한 것은 가치가 없다고 말하는데, 오늘날 중국인의 비애입니다. 외국인이 말한 것은 옳다는 겁니다. 사실은 중국에 일찍이 있었습니다. 묵자는 말했습니다. '소사염색(素絲染色)', 인성은 선하다고 말할 것도 악하다 말할 것도 없다. 한 오라기의 실이나 마찬가지로, 누에가 만든 실이나 마찬가지로, 한 조각 흰 천이나 마찬가지로 당신이 그것을 무슨 색깔로 물들이느냐에 따라 그 색깔이 된다고 했습니다. 그러나 묵자와 순자(荀子)는 인성이란 후천적인 것이라고 했는데, 지금 부처님이 토론하는 명심견성(明心見性)은 후천적인 것이 아닙니다. 후천이란 생명이 있는 뒤인데, 부처님이 토론하는 명심견성은 최초의 그 생명이 어디서 온 것인가 입니다. 이 부분을 토론함에는 한계를 분명히 해야 합니다. 그러므로 유식학에 의거해 말하면, 우리들 의식생각은 후천의 의타기성(依他起性)입니다. 외부경계의 염오(染汚)에 의지하는 것, 외부경계가 일으킨 것입니다. "세간제법, 불리오진", 만약 외부경계가 일으킨 것이라고 당신이 여긴다면 외부경계의 것은 5진을 떠나지 않는데, 5진이 무엇일까요? 색성향미촉, 이 5진입니다. 외부경계의 것을 불학에서 귀납시킨 것입니다.

"여관색법(汝觀色法), 급제성법(及諸聲法), 향법미법(香法味法), 급여촉법(及與觸法), 상상분명(相狀分明).", 보세요, 이 색성향미촉은 "상상분명", 매 감각마다 매 현상마다 모두 다릅니다. 색법을 보면 눈은 오로지 색깔만 볼 수 있고 눈은 소리를 들을 수 없습니다. 귀는 색깔을 볼 수 없고 소리만 들을 수 있습니다. 그래서 5진은 다릅니다. "이대오근", 눈이 볼 수 있고 귀가 들을 수 있음은 모두 상대적인 작용입니다. "비의소섭", 앞의 5근인 안이비설신은 의식이 포함할 수 있는 것이 아닙니다. 예컨대 우리들의 입은 맛있는 것을 먹을 수 있어서, 아 정말 맛있다고 하면 의식은 말하기를 좀 적게 먹어라, 많이 먹으면 혈압이 높아진다고 합니다. 그 입은 말하기를 정말 맛있어. 나는 다시 좀 더 먹을래 하면, 의식은 그를 지배하지 못합니다. 의식은 그에 대해 어찌할 방법이 없습니다. 당신은 말하기를 이곳은 가지 마라. 보기에 안 좋다. 자기가 좋아하는 보기 좋은 곳이 좋아 보이지 않으면 문제점을 보아내고는, 몰래 한번 보는 것은 아무래도 괜찮겠지 하면 의식은 그를 통제하지 못합니다. 그러므로 앞의 5근5법은 상대적이지만 "비의소섭"입니다.

"여식결정의어법생(汝識決定依於法生). 금여제관(今汝諦觀),"

만약 당신이 이 의식경계가 의타기라고 여긴다면, 외부의 온갖 법상(法相)이 일으킨 것이라고 여긴다면, 부처님은 말씀하십니다. 그럼 좋다, 너는 다시 관찰하고 참구 분석해보아라. 안을 향하여 관찰하지 말고 밖을 향하여 관찰하되 "금여제관", 너는 자세히 관찰해보아라, 관찰이 바로 반야입니다. 그러기에 반야심경은 당신더러 '행심반야바라밀다시(行深般若波羅蜜多時)' 하라고 하는데 이 '행(行)'이 바로 깊이깊이 관찰하는 지혜로운 관찰입니다. "금여제관", 너는 자세히 관찰해보아라.

"법법하상(法法何狀)"

색성향미촉법 외부경계 법마다 그 자체, 물리적인 자체를 가지고 그것이 무슨 모습인지 분석 연구해보아라. 오늘날 과학은 이미 물리의 배후는 역시 공(空)한 것이라고까지 분석했는데, 부처님이 말씀하신 것과 마찬가지로 연기성공(緣起性空)으로서 하나의 공상(空相)입니다.

"약리색공(若離色空), 동정통색(動靜通塞), 합리생멸(合離生滅), 월차제상(越此諸相), 종무소득(終無所得)."

그러므로 전체 물리세계의 작용과 우리들 생명, 신체와 이 생각 감각 작용이 "약리색공", 색법을 떠나고 생리 물리 작용을 떠나버리면, 허공을 떠나버리고, 움직이는 작용과 정지하는 작용을 떠나버리고, 통하고 막히는 작용을 떠나버리고(코가 막히면 통하지 않고 감기가 낳으면 통합니다), 결합과 분리를 떠나버리고, 생을 떠나고 멸을 떠나버리면, 이 모두는 상대적입니다, 바꾸어 말하면 "색공, 동정, 합리, 생멸"의 상대적인 이런 현상을 떠나서 치워버리면 "월차제상", 상대적인 현상 밖으로 초월하여 당신이 그 자성의 작용을 어디에서 찾아낼 수 있을까요? "종무소득", 그래서 육조는 여기서 도를 깨닫기를, '본래에 어떤 것 하나도 없는데 어느 곳에서 먼지가 일어나겠는가!' 라고 했습니다. 이런 외부경계의 현상들을 떠나면, 여러분은 주의해야 합니다, 정좌하여 다리가 아프고 저린 것은 오래 앉아 피곤해졌고 기가 통하지 않기 때문이고, 등이 부풀어 오른 것은 기가 통하지 않게 되어서인데, 그것은 신경 반응이 피로한 것으로, '눈을 뜬 채 허공을 바라보면 피로가 발생하는 것[瞪發勞相]'과 같은 것입니다. 모두 도가 아닙니다. 이런 것을 떠나서 마침내 얻을 수 없는 것이 하나 있다고 안다면, 그것은 거의 된 겁니다. "리차제상, 종무소득"

"생즉색공제법등생(生則色空諸法等生). 멸즉색공제법등멸(滅則色空諸法等滅)."

그래서 이 생멸법은 유(有)해야 할 때는 온갖 것이 있고 공(空)해야 할 때는 온갖 것이 공합니다.

"소인기무(所因既無)"

그러므로 당신이 그것이 최초에 온 원인을 찾아보면 자성이 공한 것입니다.

"인생유식(因生有識)"

신체 작용이 있기 때문에 비로소 의식의 생각이 있습니다.

"작하형상(作何形相)"

이 의식은 형상이 없어서 사용하고 지나면 바로 공한 것입니다.

"상상불유(相狀不有), 계운하생(界云何生)."

의식형태란 말을 오늘날 철학에서 늘 사용하는데 우리가 불학의 입장에서 의식을 보면 형태가 없습니다. 형태는 무슨 형태입니까! 형태는 인위적으로 가설한 것입니다. 그래서 제가 늘 말하는데 철학문제를 말하면서 생각[思想]에 문제가 있다고 말하는 것은 잘못된 말입니다. 생각 자체가 문제입니다. '사람은 태어나면서부터 문제가 있습니다. 문제가 있기 때문에 생각할 줄 압니다. 생각이 있으면 곧 문제가 있습니다. 생각에 그 누가 문제가 없겠습니까? 사람마다 다 문제가 있습니다.'라고 하는데 저는 당신이 말을 잘못했다고 말합니다. 이 말은 함부로 남에게 아첨해서는 안 되는데, 세상에는 오직 두 사람이 생각에 문제가 없습니다. 죽어버린 저 장례식장에 있는 자는 문제가 없습니다. 또 하나는 아직 투태(投胎)하지 않는 자입니다. 설사 백치라도 문제가 있습니다. 백치요, 하하, 그것도 생각의 문제입니다. 당신이 말하기를 이 사람이 정치사상에 문제가 있다. 이 사람은 문화사상에 문제가 있다고 한다면, 그 말은 통합니다. 위에다 범위를 하나 더 해야 합니다. 함부로 생각에 문제가 있다고 말해서는 안 됩니다. 생각이 바로 문제입니다.

그래서 오늘날 철학에 무슨 의식형태니 하는 명칭이 있는데, 저는 말합니다. 의식은 형태가 없습니다. 당신이 의식형태를 하나 가져오면 내 머리를 당신에게 주겠습니다. 내 두 개의 머리를 베어버리면 물론 나는 세 개도 있으니 다시 하나 나옵니다. 그러므로 이런 것들은 모두 인위적으로 가설한 것으로 본래 공한 것입니다. "상상불유, 계종하생", 그래서 의식은 계(界)가 없습니다. 이 때문에 당신은 능엄경을 이해했고 반야심경도 이해했습니다. 관자재보살은 당신에게 일러주시기를, '무안계 내지 무의식계(無眼界 乃至 無意識界)' 그 다음으로 쭉 이어가 끝에 이르러 '무지역무득(無智亦無得)'이라고 합니다. 정말로 모든 것이 공한 경지 이르렀다면 '무지역무득(無智亦無得)'입니다. 그럼 무엇이라고 부를까요? 당신이 바로 보살입니다. '보리살타'로서 바로 보살경계를 이룬 것입니다. 당신이 정말로 끝까지 공해가면 바로 보살이 됩니다. 그럼 공이 바닥에 도달하면 바로 보살일까요? 아직 아닙니다. 이제 막 입문한 겁니다. '무지역무득, 이무소득고, 보리살타, 의반야바라밀다고(無智亦無得, 以無所得故, 菩提薩陀, 依般若波羅密多故)', 공해진 다음에 다시 수행을 일으킵니다. 그래야 보살이 될 수 있습니다. '심무가애, 무가애고, 무유공포, 원리전도몽상, 구경열반(心無罣礙, 無罣礙故, 無有恐怖 ,遠離顛倒夢想, 究竟涅槃)' 과 같은 도리입니다. 능엄경을 강의하면서 왜 반야심경도 얘기 했을까요?

"시고당지(是故當知), 의법위연(意法爲緣), 생의식계(生意識界), 삼처도무(三處都無)."

의(意)와 법(法)은 서로 인연이 되고 서로 인과가 되어 생겨난 의식계, 이 세 곳은 모두 없다. 너는 자성이 본래 공함을 자세히 관찰해보아라.

"즉의여법(則意與法), 급의계삼(及意界三), 본비인연(本非因緣), 비자연성(非自然性)."

그리고 의식계는 본래 인연도 아니요 자연성도 아니다. 부처님은 18계도 모두 반박하셨습니다. 하지만 '의(意)' 이 단락은 지관을 닦는 우리 수행자들은 한 번 잘 참구하기 바랍니다. 12근진은 인연이 아니요 자연도 아니라고 양면을 모두 부처님은 부정하셨습니다. 그러나 부처님은 아난에게 일러주시지 않았는데, 인연이 아니요 자연이 아니면 무엇일까요? 부처님은 맨 처음에 말씀하시기를, 모두 여래장묘진여성(如來藏妙真如性)이요, 모두 그것이 일으키는 작용이요, 모두 자기의 이 물건인 자성이 일으키는 작용이라고 했습니다. 그럼 그의 결론으로 부처님은 한 가지 것을 말씀하셨는데, 바로 저 좀도둑이 아들에게 도망 나오도록 가르친 것입니다. 당신이 어떻게 도망 나오든 상관없고 당신이 나오기만 해도 됩니다.

阿難白佛言。世尊。如來常說和合因緣, 一切世間種種變化, 皆因四大和合發明。云何如來, 因緣略然, 二俱排擯。我今不知, 斯義所屬。惟垂哀愍, 開示衆生, 中道了義, 無戲論法。

爾時世尊, 告阿難言。汝先厭離聲聞緣覺諸小乘法, 發心勤求無上菩提。故我今時, 爲汝開示第一義諦。如何復將世間戲論, 妄想因緣, 而自纏繞。汝雖多聞, 如說藥人, 眞藥現前, 不能分別。如來說爲眞可憐愍。汝今諦聽, 吾當爲汝, 分別開示。亦令當來修大乘者, 通達實相。阿難默然, 承佛聖旨。阿難。如汝所言四大和合, 發明世間種種變化。阿難。若彼大性, 體非和合, 則不能與諸大雜和。猶如虛空, 不和諸色。若和合者, 同於變化。始終相成, 生滅相續。生死死生, 生生死死, 如旋火輪, 未有休息。阿難。如水成冰, 冰還成水。

汝觀地性, 麤爲大地, 細爲微塵。至鄰虛塵, 析彼極微色邊際相, 七分所成。更析鄰虛, 即實空性。阿難。若此鄰虛, 析成虛空, 當知虛空, 出生色相。汝今問言, 由和合故, 出生世間諸變化相。汝且觀此一鄰虛塵, 用幾虛空, 和合而有。不應鄰虛, 合成鄰虛。又鄰虛塵, 析入空者, 用幾色相, 合成虛空。若色合時, 合色非空。若空合時, 合空非色。色猶可析, 空云何合。汝元不知如來藏中, 性色眞空, 性空眞色, 淸淨本然, 周徧法界。隨眾生心, 應所知量, 循業發現。世間無知, 惑爲因緣, 及自然性皆是識心, 分別計度。但有言說。都無實義。

阿難。火性無我, 寄於諸緣。汝觀城中未食之家, 欲炊爨時, 手執陽燧。日前求火。阿難。名和合者, 如我與汝, 一千二百五十比丘, 今爲一眾。眾雖爲一, 詰其根本, 各各有身, 皆有所生氏族名字如舍利弗, 婆羅門種。優樓頻螺, 迦葉波種。乃至阿難, 瞿曇種姓。阿難。若此火性, 因和合有。彼手執鏡於日求火。此火爲從鏡中而出, 爲從艾出, 爲於日來。阿難。若日來者, 自能燒汝手中之艾, 來處林木, 皆應受焚。若鏡中出, 自能於鏡, 出然於艾。鏡何不鎔。紆汝手執, 尙無熱相, 云何融泮。若生於艾, 何藉日鏡光明相接, 然後火生。汝又諦觀, 鏡因手執, 日從天來, 艾本地生, 火從何方遊歷於此。日鏡相遠, 非和非合, 不應火光, 無從自有。汝猶不知如來藏中, 性火眞空, 性空眞火, 淸淨本然, 周徧法界, 隨眾生心, 應所知量。阿難。當知世人, 一處執鏡, 一處火生。徧法界執, 滿世間起。起徧世間, 寧有方所, 循業發現。世間無知, 惑爲因緣, 及自然性。皆是識心, 分別計度。但有言說, 都無實義。

阿難。水性不定, 流息無恒。如室羅城, 迦毗羅仙, 斫迦羅仙, 及鉢頭摩, 訶薩多等, 諸大幻師, 求太陰精用和幻藥。是諸師等, 於白月晝, 手執方諸, 承月中水, 此水爲復從珠中出, 空中自有, 爲從月來。阿難。若從月來, 尙能遠方令珠出水, 所經林木, 皆應吐流。流則何待方諸所出。不流, 明水非從月降。若從珠出, 則此珠中, 常應流水, 何待中宵承白月晝。若從空生, 空性無邊, 水當無際, 從人洎天, 皆同滔溺。云何復有水陸空行。汝更諦觀, 月從天陟。珠因手持, 承珠水盤, 本人敷設, 水從何方, 流注於此。月珠相遠, 非和非合, 不應水精, 無從自有。汝尙不知, 如來藏中, 性水眞空, 性空眞水, 淸淨本然, 周徧法界。隨眾生心, 應所知量。一處執珠, 一處水出。徧法界執, 滿法界生。生滿世間, 寧有方所, 循業發現。世間無知, 惑爲因緣, 及自然性。皆是識心, 分別計度。但有言說, 都無實義。

阿難。風性無體, 動靜不常。汝常整衣入於大眾, 僧伽梨角動及傍人, 則有微風拂彼人面。此風爲復出袈裟角, 發於虛空, 生彼人面。阿難。此風若復出袈裟角, 汝乃披風, 其衣飛搖, 應離汝體。我今說法會中垂衣。汝看我衣, 風何所在, 不應衣中, 有藏風地。若生虛空, 汝衣不動, 何因無拂。空性常住, 風應常生。若無風時, 虛空當滅。滅風可見, 滅空何狀。若有生滅, 不名虛空。名爲虛空, 云何風出。若風自生被拂之面, 從彼面生, 當應拂汝。自汝整衣, 云何倒拂。汝審諦觀, 整衣在汝, 面屬彼人, 虛空寂然, 不參流動, 風自誰方鼓動來此。風空性隔, 非和非合, 不應風性, 無從自有。汝宛不知如來藏中, 性風眞空, 性空眞風, 清淨本然, 周徧法界隨衆生心, 應所知量。阿難。如汝一人微動服衣, 有微風出。徧法界拂, 滿國土生周徧世間, 寧有方所, 循業發現。世間無知, 惑爲因緣, 及自然性。皆是識心, 分別計度。但有言說, 都無實義。

阿難。空性無形, 因色顯發。如室羅城, 去河遙處, 諸刹利種, 及婆羅門, 毗舍, 首陀, 兼頗羅墮, 旃陀羅等, 新立安居, 鑿井求水。出土一尺, 於中則有一尺虛空。如是乃至出土一丈, 中間還得一丈虛空。虛空淺深, 隨出多少, 此空爲當因土所出, 因鑿所有, 無因自生。阿難。若復此空, 無因自生, 未鑿土前, 何不無礙, 唯見大地迥無通達。若因土出, 則土出時, 應見空入。若土先出無空入者, 云何虛空因土而出。若無出入, 則應空土元無異因。無異則同, 則土出時, 空何不出。若因鑿出, 則鑿出空, 應非出土。不因鑿出, 鑿自出土, 云何見空。汝更審諦, 諦審諦觀, 鑿從人手, 隨方運轉, 土因地移, 如是虛空, 因何所出。鑿空虛實, 不相爲用, 非和非合, 不應虛空, 無從自出。若此虛空, 性圓周徧, 本不動搖。當知現前地水火風, 均名五大。性眞圓融, 皆如來藏, 本無生滅。阿難。汝心昏迷, 不悟四大元如來藏。當觀虛空, 爲出爲入, 爲非出入。汝全不知如來藏中, 性覺眞空, 性空眞覺, 清淨本然, 周徧法界。隨衆生心, 應所知量。阿難。如一井空, 空生一井。十方虛空, 亦復如是。圓滿十方, 寧有方所, 循業發現。世間無知, 惑爲因緣及自然性。皆是識心, 分別計度, 但有言說, 都無實義。

제4장
물리세계와 정신세계는 둘 다
자성 기능의 나타남이다

지수화풍공 5대 종성의 분석

아난이 일어서서 부처님께 물었다. "당신은 늘 말씀하시기를 온 갖 사물은 화합과 인연으로 생겨나는 것으로서 우주간의 갖가지 변화는 모두 물질 원소인 4대종(지地·수水·화火·풍風)의 화합으로 인하여 발생한다고 하셨는데, 어찌하여 지금은 또 '인연으로 생겨난다'와 '자연히 있다'는 두 가지 이론에 대해 모두 물리치시는지요? 저는 정말 그 이유가 어디에 있는지를 모르겠습니다. 저희들의 어리석음을 가련히 여겨 중도료의(中道了義)[113]의 진리를 가리켜보여서 사람들로 하여금 세간의 희론(戱論)인 학문적 이론에 미혹되지 않도록 해주시기 바랍니다."

부처님이 말씀하셨다. "너는 앞서 소승 도업을 학습하기를 원하지 않고 무상정각(無上正覺)의 대도를 구하고 싶어 했기에, 내가 너에게 자성 본체의 진리인 제일의(第一義, 형이상의 체성)를 가리켜 보였는데, 어찌하여 또 세간의 학문 이론인 희론의 범위 내에 뒤흔들려 있

---

113 중도(中道) 제일의(第一义) 구경료의(究竟了义). 究竟: 무상의. 궁극의. 필경의. 사리의 궁극. 궁극의 경지. 사물의 극한. 지극. 철저히 규명하다. 다다르다. 철저히 체득함. 최후의 목적. 불교의 최종적이며 가장 높은 목적. 상대를 초월한 경지. 깨달음. 성불하는 자리. 了义: 명료한 의리(義理). 그 의미가 완전히 해명된 것. 완전한 교설을 말함. 불료의(不了義)에 대응하여 말함.(역주)

으면서 망상에 지배를 받아 인연소생이야말로 궁극[究竟]의 법칙이라고 여겨 스스로 얽어매는 일을 행하느냐? 너는 비록 박학다문(博學多聞)하지만, 마치 약성(藥性)만 말할 줄 아는 사람이 진짜 약이 눈 앞에 놓여있는데도 오히려 변별할 줄 모름과 마찬가지이니 너는 정말로 가련한 사람이라고 내가 말한다. 너는 이제 자세히 들어라, 내가 너를 위해 분별하여 가리켜 보이겠다. 그리고 장래에 대승을 닦고 배우는 사람들도 자성 본체의 실상을 통달할 수 있도록 하겠다.

　네가 말한 대로, 물리 세계는 4대종의 물질 화합으로 우주 사이 만유의 갖가지 변화를 발생한다. 만약 물질의 본능이 화합성이 아니라면 다른 물질과 서로 화합하지 못함은 마치 허공이 온갖 색상과 화합하지 않음과 같다.

　만약 물질의 본능이 화합성이라면, 마찬가지로 모두 변화의 작용으로서 처음부터 끝까지 모두 서로 형성하기 때문에 존재하고 서로 변화하기 때문에 소멸할 것이다. 이렇게 생성과 소멸이 고정적이 아니어서 태어나서 죽고 죽어서 태어남이, 마치 횃불을 빨리 돌리면 환유(幻有)의 둥근 바퀴 형상을 하나 형성하여 영원히 휴식 정지하는 때가 없음과 같을 것이다. 비유하면 물이 얼어 얼음이 되고, 얼음은 다시 녹아 물이 됨과 같을 것이다.

① 고체인 지대(地大) 종성(種性)

　너는 이 지대 종성을 관찰해보아라. 굵고 무거운 것은 대지(大地)로 변하고 가늘고 작은 것은 미진(微塵)이 된다. 미진은 다시 인허진(鄰虛塵)으로 쪼갤 수 있다(인허진은 현대 자연 물리학에서 말하는 물질의 최소 기본단위와 같다. 불학에서는 색법 중의 극소분極少分을 가리켜 물리의 최소기본원소라고 하는데, 거의 허공이나 마찬가지이다. 그러므로 인허라고 부른다. 고대 인도의 외도 학자들의 학설에서는 인허는 10방분十方分이 없으며 둥글고 상주한다고 여겼다. 세계 전체가 말겁에 이르러 훼멸할 때 인허진은 파괴되지 않고 허공에 분산하여 상주한다고 하는데 물질불멸 이론과 같다. 소승 불법에서는 인허 역시 인연으로 만들어진 것으로서 업력이 소멸할 때 역시 소멸한다고 한다. 이는 일반 학설과는 다른 바이고 현대 자연물리 학설의 에너지 상호변화 이론과 같다. 비담毗曇에서 설명하기를 인허는 10방분이 없지만 두 가지 연緣을 갖추었다고 한다. 그러므로 역시 무상無常한 것이다. 첫째는 인연이요, 둘째는 증상연增上緣이다. 현대 이론과학이 이 학설과 서로 가깝다. 다시 극미極微의 원소 한계까지 분석하면 또 7분으로 구성되어 있다. 유부有部 불학에서는 7분을 물질의 최소기본원소라면서 또 말하기를 8사八事와 함께 생겨난다고 한다. 8사란 물리의 기본 에너지로서 지수화풍 4대종의 성능을 갖추고 있으면서 그 자체는 동시에 색향미촉 4경四境을 갖추고서 상호 융합하여 1극미를 이루는데, 이를 미취微聚라고도 한다. 이런 극미에는 6방분六方分이 있는데 6위六位의 공간이란 말과 같고 여전히 자성 본체 기능에서 생겨난 중생 업력의 심력을 중심으로 삼는다. 그러므로 7분七分이라 부른다. 천안통의 경계를 얻은 사람만이 볼 수 있으므로 극미색極微色이라고도 하며 수數를 알 수 없는 유형의 물질이라고도 말할 수 있다. 다시 물질인 인허진을 더욱 쪼개면 최후에는 공성空性이 된다).

이 물질인 인허진을 최후까지 분석하면 절대 허공이 된다. 너는 마땅히 알아야 한다. 바로 이 절대 허공이라야 각종 물리 색상을 생겨나게 한다. 이제 너에게 묻겠다. 네가 우주 사이의 온갖 변화 현상의 발생은 물질의 화합이라고 여기는 바에야, 이 인허진을 한 번 관찰해 보아라. 몇 개의 허공으로써 화합하여 이루어진 것이냐?

아마 인허가 합하여 인허를 이루지는 않았으리라. 게다가 인허진은 쪼개면 최후에는 허공으로 변하는데, 이 허공은 또 몇 개의 알 수 없는 광색(光色) 형상(形相)이 화합하여 이루어진 것이냐?

만약 색상이 화합하여 이루어진 것이라면 색상 화합은 허공이 아닐 것이다. 만약 허공이 합성하였다면 허공 화합은 색상이 아닐 것이다. 광색 형상은 그래도 쪼갤 수 있지만 허공이야 어떻게 쪼갤 수 있겠기에 그것이 화합한 것 인줄 알겠느냐?

너는 자성 본체의 기능 중에는 색상을 생겨나게 할 수 있는 가장 기본원소의 기능이 갖추어져 있으면서 그 본체는 원래 공(空)한 것임을 아직 모르고 있다. 바꾸어 말하면 자성 본체의 진공(眞空) 기능이 비로소 색상을 생겨나게 한다. 자성 본체는 원래부터[本然] 청정하고 우주 사이에 충만하여 두루 있으면서, 온갖 중생의 마음의 힘[心力]¹¹⁴의 작용에 따르고 지식학문의 아는 양(量)에 따르고 중생의 심신의 개성적인 업력에 따라 작용을 발생한다. 세간 사람들은 인식하고 체험할 지혜가 부족하여서, 그것은 인연으로 생겨나는 것이라거나 물리자연의 성능이라고 오인한다. 사실은 이 모두가 의식생각의 마음을 써서 분별 짐작하고 헤아려서 그 궁극의 진리를 깊이 탐구하고 있는데, 단지 일종의 언어적인 추상적 이론일 뿐 진실한 의미와 이치[義理]는 없다.

② 열에너지인 화대(火大) 종성

화대 종성도 자아의 고정된 성능은 없고 기타 온갖 인연에 의탁하여 생겨난다. 이제 네가 보면 성(城) 안에는 아직 식사를 하지 않은 집에서 밥 지을 준비를 할 때 손에 화경(火鏡)인 양수(陽燧: 고대에 태양을 향하여 불을 일으키는 데 썼던 거울)와 쑥 풀을 들고서 태양을 향하여 불을 일으킨다.

만약 화성(火性)이 화합하여 있는 것이라면, 저 서로 화합하는 것은 무엇이냐? 예컨대 우리 대중이 지금 화합하여 한 곳에 있지만 저마다 모두 자기의 몸과 저마다의 단독적인 성명(姓名)이 있다. 이제 이 화성이 만약 화합으로 인하여 있다면, 그들이 손에 거울을 들고

---

114 후천적인 망상심의 힘.(역주)

서 태양을 향해 불을 일으킬 때, 이 불은 거울 속으로부터 나오는 것이냐, 아니면 쑥 풀로부터 나오는 것이냐? 아니면 태양으로부터 나오는 것이냐?

만약 태양으로부터 나오는 것이라면, 네 손안에 있는 쑥 풀을 태울 수 있는 바에야 햇볕이 지나가는 숲의 나무들도 모두 당연히 태워져야 할 것이다.

만약 거울 속으로부터 나오는 것이라면, 불이 나와서 쑥을 태울 수 있는 바에야 어찌하여 거울 자체는 타져서 녹지 않는 것이냐? 뿐만 아니라 네가 거울을 들고 있는 손은 일찍이 열의 힘[熱力]에 화상을 입은 적이 없으니 당연히 거울을 녹이지는 않을 것이다.

만약 화성(火性)이 쑥 풀에서 나온다면, 구태여 꼭 태양과 거울의 빛 에너지를 빌려 상호 접촉하고 난 뒤에야 화성이 발생하겠느냐?

너는 자세히 관찰해보아라. 거울은 손에 있고 태양광은 하늘로부터 오고 쑥 풀은 본래 땅으로부터 생겨나는데, 이 화성은 도대체 어디로부터 오는 것이냐? 태양과 거울의 거리는 저렇게 멀어서 본래 함께 화합한 사물이 아닌데, 어떻게 태우는 화성을 발생시킬 수 있겠느냐?

그렇다고 태양과 거울이 서로 화합하지 않는다면 화광(火光)은 까닭 없이 생겨나지는 않을 것이다(오늘날의 전기에너지가 발생시키는 화성과 불땔감 등이 발생시키는 화성은 모두 상호 마찰하는 동력에 힘입어야 발생한다. 만약 분석해보면 역시 위에서 말하는 이치와 마찬가지가 된다. 화합하여 있다고 하자니 각자 독립적이고, 스스로 화광을 발생할 수 있다고 하자니 또 기타 요소와 상호 발동해야만 발생할 수 있다).

너는 자성 본체의 기능 중에는 화성인 빛과 열의 본능이 갖추어져 있으면서 그 본체는 원래 공한 것임을 아직 모르고 있다. 바꾸어 말하면, 자성 본체의 진공 기능이라야 화성인 빛과 열을 생겨나게 할 수 있다. 자성 본체는 원래부터 청정하고 우주 사이에 충만하여 두루 있으면서, 온갖 중생의 마음의 힘의 작용을 따르고 지식학문의 아는 양에 따라서, 이곳에서 손에 거울을 들고 태양을 향해 불을 일으키면 이곳에서 불이 타오른다. 이런 상황이 세간에 두루 있어서 모두 똑같은 화성이 존재하면서 일정한 처소가 없고, 단지 심신의 개성적인 업력에 따라서 작용을 발생시킨다. 세간 사람들은 인식하고 체험할 지혜가 부족하여서, 화성은 물리 작용으로서 인연이 공유(共有)함으로써 생겨나는 것이라거나 자연계의 성능이라고 오인하고 있다. 사실은 모두 의식생각의 마음을 써서 분별하고 헤아려서 그 궁극의 진리를 깊이 탐구하고 있는데, 단지 일종의 언어적인 추상적 이론일 뿐 진실한 의미와 이치는 없다.

③ 액체인 수대(水大) 종성

　수대 종성은 일정하지 않은 것으로서 유동(流動)과 멈춤이 모두 고정된 형태가 없다. 예컨대 일반적으로 대 마술사들이 태음(太陰: 달)의 정화(精華)를 얻어 약을 만들기 위해 보름달 밤에 손에 방저(方諸: 고대에 달밤에 물을 구하는 데 사용한 기구로 마치 구슬 모양이다. 즉, 고대의 승로반承露盤과 같다)를 들고서 달을 향해 비추고 있으면 자연히 물이 흘러나올 수 있다. 이 물은 방저라는 구슬로부터 흘러나오는 것이냐, 아니면 허공중에 스스로 있는 것이냐 혹은 달빛으로부터 오는 것이냐?

　만약 달빛으로부터 온다면, 달은 우리와 거리가 저렇게 먼 곳에 있으면서 구슬로 하여금 물을 흘려내도록 할 수 있는 바에야, 달빛이 지나온 숲의 나무들도 응당 자연히 물을 흘려내야 한다. 만약 그것이 자연히 흐른다면, 또 구태여 방저를 비추어야 물을 흘려내겠느냐? 만약 자연히 흐르는 것이 아니라면, 물은 달로부터 흘러내려

오는 것이 아님을 알 수 있다.

만약 물이 구슬로부터 흘러나오는 것이라면, 이 구슬이 당연히 항상 물을 흘려내야 할 것인데, 또 어찌하여 밤중에 달을 향해 비추어야만 비로소 물을 얻게 되느냐?

만약 허공으로부터 생겨난다면, 허공은 끝이 없으니 물도 응당 끝이 없어야한다. 그렇다면 인간세상부터 천상까지 모두 물에 잠길 것인데, 어떻게 또 물속에 육지와 공중의 만물 존재가 있겠느냐?

너는 다시 자세히 관찰해보아라. 달은 허공을 지나가고, 구슬은 손에 가지고 있고, 흐르는 물을 받는 쟁반은 원래 역시 사람이 놓아둔 것인데, 물은 도대체 어디로부터 흘러들어 가는 것이냐? 달과 구슬은 거리가 저렇게 아득하여 본래 한 곳에 화합할 수 없으니 흐르는 물은 까닭 없이 스스로 생겨나는 것이라고 당연히 말해서는 안 된다(만약 세상의 물이 지구상의 강, 호수, 바다의 수증기가 발생 변화한 것이라면 증기에는 물이 없으니 근본적으로 산생할 수 없다는 것을 알 수 있다. 최초의 물은 도대체 또 어느 곳으로부터 오는 것일까?).

너는 자성 본체의 기능 중에는 물의 유동을 생겨나게 하는 본능이 갖추어져 있으면서 그 본체는 원래 공하다는 것을 아직 모르고 있다. 바꾸어 말하면 자성 본체의 진공 기능이야말로 수성(水性)의 유동을 생겨나게 할 수 있다. 자성 본체는 원래부터 청정하고 우주 사이에 충만하여 두루 있으면서 온갖 중생의 마음의 힘의 작용에 따르고 지식학문의 아는 양에 따른다. 마치 마술사들이 이곳에서 구슬을 가지고 있으면 이곳에서 곧 물이 흘러나오고, 우주 사이의 사람들이 만약 각처에서 구슬을 가지고 있으면 우주 사이에 두루 가득히 있으면서 물 흐름이 생겨날 것이다. 사람마다의 의식생각도 마치 구슬의 물 흐름과 같아서, 사람마다 자기의 아는 바와 보는 바를 흘려내어 각자 개별적으로 발전하여 세간에 생겨나 가득히 있는데, 어찌 고정된 방향과 처소가 있겠느냐? 단지 심신 개성의 업력에 따라서 작용을 발생할 뿐이다. 세간 사람들은 인식하고 체험할 지혜가 부족하여서, 수성의 물리 작용은 인연이 공유함으로써 생겨나는 것이라거나 자연계의 성능이라고 오인하고 있다. 사실은 모두 의식생각의 마음을 써서 분별하고 헤아려서 그 궁극의 진리를 깊이 탐구하고 있는데, 단지 일종의 언어적인 추상적 이론일 뿐 진실한 의미와 이치는 없다.

④ 기체인 풍대(風大) 종성

풍대 종성은 고정된 자체가 없어서 움직임과 고요함[動靜]이 일정하지 않다. 네가 평소에 대중 가운데에서 옷을 단정하게 바로잡으면서 옷자락이 진동하여 옆 사람에게 영향을 미치면, 옆 사람은 곧 미풍이 얼굴을 스치는 것을 느낀다. 이 바람은 옷자락에서 발생한 것이냐, 아니면 허공에서 발생한 것이냐 혹은 사람의 얼굴에서 발생하는 것이냐?

만약 이 바람이 옷자락으로부터 발생한 것이라면, 너는 온 몸이 입은 것은 바람이나 마찬가지가 된다. 그렇다면 너의 옷은 자연히 날아오를 수 있을 테니 당연히 너의 몸을 떠나야 한다. 내가 지금 말하고 있고 옷은 내 몸에 입혀져 있으니, 네가 지금 보아라, 이 옷 속의 바람이 어디에 있느냐? 옷 속에 따로 바람을 감춘 곳이 하나 있다고 당연히 말해서는 안 된다!

만약 허공에서 발생한 것이라면, 너의 옷이 움직이지 않을 때에는 어찌하여 또 바람이 움직이지 않고 있는 것이냐? 뿐만 아니라 허공은 영원히 자기의 본래의 위치에 항상 머물고 있으니 바람도 당연히 항상 발생해야 한다. 만약 바람이 없을 때에는 허공도 당연히 소멸해야 한다. 바람이 소멸할 때에는 오히려 볼 수 있다. 허공이 소멸할 때에는 일종의 무슨 형상이겠느냐? 만약 허공이 생성과 소멸이 있다면 허공이라 부르지 않는다. 허공이라고 부르는 바에야 어찌하여 바람이 속으로부터 나오겠느냐?

만약 바람이 바람을 쐬는 사람의 얼굴 자체가 발생하여 내는 것이라면, 그 사람의 얼굴에서 발생하여 나온 뒤에도 당연히 너에게 불어야할 것이다. 그런데 네가 옷을 바로잡아 단정하게 하면서 움직여야 비로소 바람이 나와 어찌하여 또 너 자신의 얼굴에 거꾸로 불어 올 수 있는 것이냐?

너는 지금 자세히 관찰해보아라, 옷을 단정하게 바로잡으면서 움직이는 것은 너 자신이요, 바람을 쐬는 사람은 다른 사람의 얼굴이다. 허공은 본래 스스로 고요하여 움직이지 않아서[寂然不動] 유동(流動)에 참가하지 않았다. 바람은 어느 방향으로부터 일으켜져 이곳에 이른 것이냐? 바람과 허공의 성능 이 두 가지는 다르고 각자 나누어져 본래 결코 한 곳에 화합하지 못하니 바람의 유동이 까닭 없이 자연히 있다고 당연히 말해서는 안 된다. 너는 자성 본체의 기능 중에는 풍성(風性)의 유동을 생겨나게 할 수 있는 본능을 갖추고 있으며 그 본체는 원래 공한 것임을 사실 모르고 있다. 바꾸어 말하면 자성 본체의 진공 기능이야말로 풍성의 유동을 생겨나게 할 수 있다. 자성 본체는 원래부터 청정하고 우주 사이에 충만하여 두루 있으면서 온갖 중생의 마음의 작용을 따르고 지식학문의 아는 양을 일으킨다. 마치 너 한 사람이 옷을 단정하게 바로잡으면서 움직이면 미풍이 나오듯이, 우주 사이의 모두가 단정하게 바로잡으면서 움직이고 있으면 전체 국토에도 바람이 일어난다. 풍성은 온 세간에 충만한데 어찌 고정된 방향과 처소가 있겠느냐? 단지 심신 개성의 업력에 따라서 작용을 발생할 뿐이다. 세간 사람들은 인식하고 체험할 지혜가 부족하여서, 풍성은 물리 작용으로서 인연이 공유함으로써 생겨나는 것이라고 오인하거나 그것은 자연계의 성능이라고 여기고 있다. 사실은 모두 의식생각의 마음을 써서 분별하고 헤아려서 그 궁극의 진리를 깊이 탐구하고 있는데, 단지 일종의 언어적인 추상적 이론일 뿐 진실한 의미와 이치는 없다(이상에서 말하는 물리부분은 본 장의 물리세계 물질 형성의 장과 참조하여 보면 더욱 분명함).

⑤ 허공인 공대(空大) 종성

허공인 공대 종성은 형상(形相)이 없다. 왜냐하면 허공 사이에 존재하는 광색(光色)이 허공의 모습[空相]을 나타내기 때문이다.

어떤 사람이 물을 구하기 위해 우물을 판다고 가정해 보자. 한 자[尺]의 흙을 파내면 중간에는 한 자의 허공이 있게 된다. 만약 한 길[丈]을 파내면 중간에는 한 길의 허공이 있게 된다. 파내는 흙의 양에 따라 중간에는 같은 양의 크기의 허공이 나타날 것이다. 이 허공은 흙으로 인하여 생겨난 것이냐, 아니면 파냄으로 인하여 나타난 것이냐 혹은 원인 없이 저절로 생겨난 것이냐?

만약 이 허공이 원인 없이 저절로 생겨난 것이라면, 흙을 파내기 이전에는 어찌하여 허공이 막혀있고 단지 큰 땅덩이만 볼 수 있고 허공은 통할 수 없었느냐?

만약 허공이 흙이 파내어졌기 때문에 있다면, 흙을 파낼 때에 당연히 허공이 들어감을 보았어야한다. 만약 흙을 파내어도 근본적으로 허공이 들어감이 없다면, 어찌하여 허공이 흙으로 인해 나타나는 것이라고 말할 수 있겠느냐? 만약 본래 들어가고 나옴이 없다면, 허공과 대지는 당연히 원래부터 다름이 없는 것이어야 한다. 허공과 대지가 만약 무슨 다름이 없다면, 이 둘은 서로 같은 것이 되어버린다. 하지만 흙이 나올 때에 허공은 어찌하여 동시에 나오지 않느냐?

만약 파내기 때문에 허공이 출현한다고 한다면, 흙을 파낼 때에 당연히 허공을 파내는 것이지 흙을 파내는 것이 아니다. 만약 파내는 관계로 허공이 생겨나는 것이 아니라면, 파냄은 단지 흙만 파내는 것인데 어찌하여 허공을 보느냐?

너는 다시 살펴 관찰해보아라. 파냄은 사람의 손으로 말미암고 방위에 따라서 운전하며, 흙은 단지 땅의 위치를 옮기고 있는 것이다. 그렇다면 허공은 도대체 어느 곳으로부터 나타나는 것이냐? 파냄과 허공은 하나는 실질이고 하나는 허무여서 이 둘은 서로 (인과의/역자보충) 작용(用)이 될 수 없으므로 양자는 화합할 수 있는 것이 아니다. 설마 허공이 근본적으로 터무니없이 생겨난[無中生有] 것이겠느냐?

만약 허공의 공성(空性)이 두루 있으면서 원만하여 본래 동요가 없음을 인식했다면, 마땅히 알아야 한다, 허공과 지금 눈앞의 지·수·화·풍을 서로 합하여 통틀어 5대 종성이라고 부르고, 그 체가 본래 원만하면서 모두 자성 본체의 기능이 생겨나게 한 작용으로서 원래부터 생성과 소멸이 없는 것이다. 단지 너의 자성이 혼미하여 4대가 모두 자성 본체의 기능임을 납득하여 깨닫지 못하고 있을 뿐이다.

너는 마땅히 관찰해보아라. 허공은 나오느냐 들어가느냐? 혹은 나옴과 들어감이 없느냐? 너는 자성 본체의 기능 중에는 그 본성이 허공이면서[虛空], 진각영지(眞覺靈知)를 갖추고 있다는 것을 전혀 모르고 있다. 이 자성의 진각영지의 체(體)야말로 허공의 공성을 생겨나게 한다. 자성 본체는 원래부터 청정하고 우주 사이에 충만하여 두루 있으면서 온갖 중생의 마음의 힘의 작용을 따르고 지식학문의 아는 양에 따른다. 마치 한 개의 우물 구멍을 파면 단지 한 개의 우물 크기와 같은 허공이 있음을 아는 것과 같다. 시방의 허공도 그런 이치여서 시방 어디나 다 그와 같은데, 어찌 고정된 방향과 처소가 있겠느냐? 단지 심신의 개성 업력에 따라 작용을 발생할 뿐이다. 세간 사람들은 인식하고 체험할 지혜가 부족하여서, 공성은 물리 작용으로서 인연이 공유함으로써 생겨난 것이라고 오인하거나 허공은 곧 물리의 자연 성능이라고 여기고 있다. 사실은 모두 의식생각의 마음을 써서 분별하고 헤아려서 그 궁극의 진리를 깊이 탐구하고 있는데, 단지 일종의 언어적인 추상적 이론일 뿐 진실한 의미와 이치는 없다.

阿難。見覺無知, 因色空有。如汝今者在祇陀林, 朝明夕昏。設居中宵, 白月則光黑月便暗。則明暗等, 因見分析。此見爲復與明暗相, 幷太虛空, 爲同一體。爲非一體。或同非同, 或異非異。阿難此見若復與明與暗, 及與虛空, 元一體者。則明與暗, 二體相亡。暗時無明, 明時無暗。若與暗一, 明則見亡。必一於明, 暗時當滅。滅則云何, 見明見暗。若明暗殊, 見無生滅, 一云何成。若此見精, 與暗與明, 非一體者。汝離明暗, 及與虛空, 分析見元, 作何形相。離明離暗, 及離虛空, 是見元同, 龜毛兔角。明暗虛空, 三事俱異, 從何立見明暗相背, 云何或同。離三元無, 云何或異。分空分見, 本無邊畔, 云何非同。見暗見明, 性非遷改, 云何非異。汝更細審微細審詳, 審諦審觀, 明從太陽, 暗隨黑月, 通屬虛空, 壅歸大地, 如是見精, 因何所出。見覺空頑, 非和非合, 不應見精, 無從自出。若見聞知, 性圓周徧, 本不動搖。當知無邊不動虛空, 幷其動搖地水火風, 均名六大。性眞圓融, 皆如來藏, 本無生滅。阿難。汝性沉淪, 不悟汝之見聞覺知, 本如來藏。汝當觀此見聞覺知, 爲生爲滅, 爲同爲異。爲非生滅, 爲非同異。汝曾不知如來藏中, 性見覺明, 覺精明見, 淸淨本然, 周徧法界。隨衆生心, 應所知量。如一見根, 見周法界。聽齅嘗觸覺觸覺知, 妙德瑩然, 徧周法界。圓滿十虛。寧有方所, 循業發現。世間無知, 惑爲因緣, 及自然性。皆是識心, 分別計度。但有言說, 都無實義。

阿難。識性無源, 因於六種根塵妄出。汝今徧觀此會聖衆, 用目循歷。其目周視, 但如鏡中, 無別分析。汝識於中次第標指, 此是文殊, 此富樓那, 此目犍連, 此須菩提, 此舍利弗, 此識了知, 爲生於見, 爲生於相, 爲生虛空, 爲無所因, 突然而出。阿難。若汝識性, 生於見中, 如無明暗及與色空, 四種必無, 元無汝見, 見性尙無, 從何發識。若汝識性, 生於相中, 不從見生, 旣不見明, 亦不見暗, 明暗不矚, 即無色空, 彼相尙無, 識從何發。若生於空, 非相非見, 非見無辨, 自不能知, 明暗色空, 非相滅緣, 見聞覺知, 無處安立。處此二非, 空則同無, 有非同物。縱發汝識, 欲何分別。若無所因, 突然而出, 何不日中, 別識明月。汝更細詳, 微細詳審, 見託汝睛, 相推前境, 可狀成有, 不相成無, 如是識緣, 因何所出。識動見澄, 非和非合。聞聽覺知, 亦復如是, 不應識緣, 無從自出。若此識心, 本無所從。當知了別見聞覺知, 圓滿湛然, 性非從所。兼彼虛空地水火風, 均名七大。性眞圓融, 皆如來藏, 本無生滅。阿難。汝心麤浮, 不悟見聞, 發明了知, 本如來藏。汝應觀此六處識心, 爲同爲異, 爲空爲有, 爲非同異, 爲非空有。汝元不知, 如來藏中, 性識明知, 覺明眞識, 妙覺湛然, 徧周法界。含吐十虛, 寧有方所, 循業發現。世間無知, 惑爲因緣, 及自然性, 皆是識心, 分別計度, 但有言說, 都無實義。

심의식(心意識)인 정신 영역의 투시

⑥ 견각(見覺: 6근)의 작용

　부처님은 또 아난에게 말씀하셨다. "능히 보고 능히 감각 지각하는 작용은 결코 독립적인 지성(知性)이 없고, 모두 만유 색상과 허공의 각종 현상이 일으킨 것이다. 예컨대 너는 일상생활 중에서 아침은 밝고 저녁은 어둡다. 어두운 밤에 달이 있으면 밝음이 있고 달이 없으면 어두울 것이다. 이런 밝음과 어둠 등은 모두 현상이 있어 모두 볼 수 있기에 비로소 알고 분석한다. 이 능히 보는 작용과, 밝음과 어둠의 현상, 그리고 허공은 동일한 체성이냐, 혹은 같음 가운데 다름이 존재하는 것이냐, 다름 가운데 또 같음이 존재하는 것이냐?

이 능히 보는 작용이 만약 밝음·어둠·허공과 원래 모두 하나의 체성이라고 여기자. 그렇지만 밝음과 어둠 이 둘은 원래 서로 교대하는 것이어서, 어두울 때에는 밝음이 없고 밝을 때에는 어둠이 없다. 만약 보는 작용[見性]과 어둠이 하나의 체라면, 밝음이 왔을 경우에는 보는 작용은 당연히 어둠과 함께 사라져야 한다. 마찬가지로 어둠이 오면 보는 작용은 당연히 밝음과 사라져야한다. 보는 작용이 사라질 수 있는 바에야, 어찌하여 밝음을 볼 수 있고 어둠을 볼 수 있는 것이냐? 만약 밝음과 어둠 자체는 비록 다름이 있지만 능히 보는 작용은 본래 생멸이 없다고 말한다면, 이른 바 하나의 체라는 것이 어떻게 성립할 수 있겠느냐?

만약 능히 보는 정명(精明)과 밝음 어둠 등의 현상이 동일한 체성이 아니라고 여긴다면, 너는 밝음과 어둠 그리고 허공을 떠나서 이 능히 보는 작용의 본원(本元)을 분석해 보아라. 또 이 무슨 형상이냐? 밝음과 어둠 그리고 허공을 떠나서 이 능히 보는 작용의 본원은 역시 없는 것이나 마찬가지가 된다.

만약 밝음과 어둠과 허공 이 세 가지 현상이 모두 서로 같지 않다면, 능히 보는 자성은 어느 곳으로부터 건립되느냐? 뿐만 아니라 밝음과 어둠은 근본적으로 서로 어긋나는 것인데, 그것이 또 어떻게 그것들과 동일한 체성이겠느냐? 그러나 보는 자성은 밝음과 어둠과 허공 이 세 가지 현상을 떠나서는 본래에 없게 되는데, 그것이 또 어떻게 그것들과 동일한 체성이 아니겠느냐? 게다가 허공과 능히 보는 작용을 분석해보면 본래 모두 한계가 없는데, 어찌하여 둘이 동일한 체성이 아니겠느냐? 동시에 밝음을 보고 또 어둠을 볼 수 있으니 능히 보는 작용의 자성은 결코 바뀜이 없음을 알 수 있는데, 어찌하여 그것이 밝음이나 어둠과 하나의 체성이겠느냐?

너는 다시 자세히 관찰해보고 특별히 더욱 세밀하게 연구해보아

라. 밝음은 태양으로부터 나오고, 어둠은 밤의 색깔을 따르고, 통합은 허공에 속하며, 막힘은 대지에 속한다. 이 능히 보는 작용은 도대체 어느 곳으로부터 나오느냐? 능히 보는 작용은 영명(靈明)한 지각성(知覺性)이 있지만 허공은 도리어 어둡고 무지한[冥頑] 것으로, 이 두 가지는 본래 화합할 수 없다. 설마 이 능히 보는 정명(精明)이 근본적으로 터무니없이 생겨난 것이겠느냐?

만약 능히 보고 듣고 감각하고 지각하는 자성이 원만하여 두루 있는 것으로서 본래에 동요함이 없다고 여긴다면, 마땅히 알아야 한다, 그것과 가없는 허공과 그리고 변동적인 지 · 수 · 화 · 풍, 이 모두를 통틀어서 6대종(六大種)이라고 부른다. 비록 종성 작용은 각각 차별적인 성질이 있지만, 그 체는 본래 원만하며 모두 자성 본체의 기능이 작용을 일으킨 것으로, 본래 생멸이 없는 것이다(물질과 정신은 명백히 볼 수 있음이 다르지만 모두 상호 관계가 있으면서 상호 변화에 영향을 미친다). 단지 너 자신의 마음이 미혹에 빠져 있기에 너의 보고 듣고 감각하고 지각하는 작용이 본래 모두 자성 본체의 기능임을 납득하여 깨닫지 못하고 있는 것이다.

너는 마땅히 관찰해보아라. 이 보고 듣고 감각하고 지각하는 기능은 생성이 있고 소멸이 있느냐? 서로 같은 것이냐, 서로 다른 것이냐? 혹은 불생불멸하는 것이냐? 같지도 않고 다르지도 않는 것이냐? 너는 자성 본체의 기능 중에는 능히 보고 듣고 감각하고 지각하는 정명이 갖추어져 있음을 전혀 알지 못하고 있다. 이 능이 보고 듣고 감각하고 지각하는 정명은 영명하게 사물을 보는 작용을 일으키면서도 자성 본체는 여전히 원래부터 청정하고 우주 사이에 충만하여 두루 있으면서, 온갖 중생의 마음의 힘의 작용을 따르고 지식 학문의 아는 양에 따르면서, 그 작용이 눈에 있어서는 허공 우주간의 물상을 두루 볼 수 있고, 귀에 있어서는 들을 수 있고, 코에 있어서는 냄새 맡을 수 있으며, 혀에 있어서는 맛볼 수 있으며, 몸에 있어서는 촉각할 수 있다. 이를 종합적으로 이름 하여 심령(心靈)이라고 하는데, 심신 내외의 각종 작용을 감각할 수 있고 또렷이 지각할 수 있다. 그것은 허령(虛靈)하고 환하면서 우주 허공 사이에 충만하여 두루 있는데, 어찌 고정되어 있는 곳이 있겠느냐? 단지 심신 개성의 업력에 따라서 작용을 발생할 뿐인데, 세간 사람들이 인식하고 체험할 지혜가 부족하여서, 인연으로 생겨나는 것으로 오인하거나 자연의 성능이라고 여기고 있다. 사실은 모두 의식생각의 마음을 써서 분별하고 헤아려서 그 궁극의 진리를 깊이 탐구하고 있는데, 단지 일종의 언어적인 추상적 이론일 뿐 진실한 의미와 이치는 없다.

⑦ 의식(6식)의 작용

의식의 성능은 근원이 없고 모두 6근 6진(안이비설신의, 색성향미촉법)으로부터 허망하게 나옴으로부터 생겨난다.

너는 지금 이 자리에 있는 대중을 두루 보면서 눈을 한번 자유롭게 이리저리 굴려보아라. 이 눈은 마치 거울이 사물을 비추는 것과 같아서 분석 변별하는 작용은 없다. 그러나 너의 의식은 그 사이에서 이 사람은 누구요 저 사람은 누구라고 차례로 지적한다. 또렷이 분별하는 이 의식은 눈이 봄으로부터 생겨나는 것이냐 아니면 외부 경계의 색상 현상으로부터 생겨나는 것이냐? 허공에서 생겨나는 것이냐? 아니면 원인 없이 스스로 생겨나서 갑자기 나타난 것이냐?

만약 이 의식의 성능이 봄으로부터 생겨나는 것이라면, 밝음 · 어둠 · 허공 · 색상 이 네 가지 현상이 없을 경우 근본적으로 너의 봄은 없다. 보는 성능도 오히려 없는데 어느 곳으로부터 의식이 발생하겠느냐?

만약 이 의식의 성능이 봄으로 인하여 생겨나는 것이 아니라 외부경계의 현상 중에서 생겨나는 것이라면, 너의 의식은 밝음도 볼 수 없고 어둠도 볼 수 없어서, 밝음과 어둠을 모두 볼 수 없으니 색상과 허공이 없게 된다. 색상 현상도 오히려 없는데 의식이 어디로부터 발생하겠느냐?

만약 허공에서 생겨나는 것이라면, 색상이 아니니 역시 보는 성능이 아니게 된다. 봄으로 인하지 않으면 허공을 변별할 수 없으니 자연히 밝음과 어둠, 색상과 허공의 현상을 알 수 없다. 색상이 아니면 반연함이 없어서 능히 보고 듣고 감각하고 지각하는 작용은 세울 곳이 없게 된다. 보는 성능과 색상 이 두 가지를 떠나서는 절대적인 허공은 없는 것이나 마찬가지이다. 이와 같다면 설사 존재하는 것이 있더라도 물상(物相)이 아니어서, 비록 다시 의식으로써 사유하더라도 무엇을 분별할 수 있겠느냐?

만약 원인 없이 스스로 생겨나는 것이어서 갑자기 나오는 것이라고 여긴다면, 어찌하여 낮에 달의 광명을 볼 수 없는 것이냐? 너는 더욱 자세히 살피고 관찰해보아라. 능히 보는 기능이 너의 눈에 의탁하여야 비로소 작용이 발생한다. 무릇 색상은 모두 목전의 현상으로서 상황을 지적할 수 있어야 비로소 있는 것이고, 현상이 없다면 바로 없는 것이 된다. 이렇게 네가 이 의식 작용을 살펴보면 무엇 때문에 생겨나는 것이냐? 의식 활동은 활동적인 것이고 능히 보는 기능은 티 없이 맑은[澄淸湛然] 것으로서, 이 두 가지는 본래 서로 화합할 수 없다. 듣고 감각하고 지각하는 작용도 마찬가지로 이런 이치이다. 모두 각자 독립적인 성질이 있어서 화합할 수 없는데, 설마 이 의식의 작용이 근본적으로 까닭 모르게 터무니없이 생겨난 것이겠느냐?

만약 의식심(意識心)이 본래 어디로부터 오는 곳이 없다면, 마땅히 이해해야 한다, 능히 보고 듣고 감각하고 지각하는 자성 기능도 본래에 원만하고 티 없이 맑으며[圓滿湛然] 그 성능이 결코 기타 사물에서 생겨나는 것이 아니다. 그렇다면 식심(識心)은 지(地)·수(水)·화(火)·풍(風)·공(空)·견(見) 등의 작용과 함께 통틀어 이름 하여 7대(七大) 종성이라고 한다. 그 체는 본래 원융자재(圓融自在)하면서 모두 자성 본체의 기능이 작용을 생겨나게 한 것으로서, 원래 생멸이 없는 것이다. 단지 너 자신의 마음이 거칠고 들떠[粗浮]서, 너의 보고 듣는 자성이 분명히 이해하는 영지[明瞭靈知]의 작용을 발생함이, 본래 모두 자성 본체의 기능임을 납득하여 깨닫지 못할 뿐이다.

   너는 마땅히 관찰해보아라, 이 (안이비설신의) 6처의 의식심은 같느냐 다르냐? 공(空)이냐 유(有)이냐? 혹은 같지도 않고 다르지도 않느냐? 공도 아니고 유도 아니냐? 너는 자성 본체의 기능 중에 자성은 식별하는 허명한 영지[虛明靈知]의 본능이 있음을 원래 알지 못하고 있다. 이 영지의 허명이 진식(眞識)[115]의 작용을 일으키되 자성은 본래의 허묘한 영각[虛妙靈覺]이 여전히 티 없이 맑고[湛然] 불변하며 우주허공 사이에 충만하여 두루 있으면서, 시방의 허공을 머금고 토하는데 어찌 고정된 소재가 있겠느냐? 단지 심신 개성의 업력을 따라서 작용을 발생하는 것일 뿐이다. 세간 사람들은 인식하고 체험할 지혜가 부족하여서, 인연으로 생겨나는 것으로 오인하거나 자연의 성능이라고 여기고 있다. 사실은 모두 의식생각의 마음을 써서 분별하고 헤아려서 그 궁극의 진리를 깊이 탐구하고 있는데, 단지 일종의 언어적인 추상적 이론일 뿐 진실한 의미와 이치는 없다.

爾時阿難, 及諸大衆, 蒙佛如來, 微妙開示, 身心蕩然, 得無罣礙。是諸大衆, 各各自知, 心徧十方。見十方空, 如觀手中所持葉物。一切世間諸所有物, 皆

---

115 제8식인 아뢰야식.(역주)

即菩提妙明元心。心精徧圓, 含裏十方。反觀父母, 所生之身, 猶彼十方, 虛空之中, 吹一微塵, 若存若亡。如湛巨海, 流一浮漚, 起滅無從。了然自知, 獲本妙心, 常住不滅。禮佛合掌, 得未曾有。於如來前, 說偈讚佛。

妙湛總持不動尊。	首楞嚴王世希有。
銷我億劫顛倒想。	不歷僧祇獲法身。
願今得果成寶王。	還度如是恒沙衆。
將此深心奉塵刹。	是則名爲報佛恩。
伏請世尊爲證明。	五濁惡世誓先入。
如一衆生未成佛。	終不於此取泥洹。
大雄大力大慈悲。	希更審除微細惑。
令我早登無上覺。	於十方界坐道場。
舜若多性可銷亡。	爍迦羅心無動轉。

　　이때에 아난과 대중은 부처님의 미묘한 가르침을 듣고서 몸과 마음이 텅 비어 조금도 장애가 없었다. 저마다 모두 스스로 깨닫고 알아서 진심 자성의 본체가 허공우주 사이에 두루 가득함을 이해했다. 시방허공을 보니 마치 손안에 가지고 있는 나뭇잎 같았다. 무릇 모든 세간에 있는 물상은 모두 정각의 영묘하고 밝은 진심 자체가 변화하여 나타난 것이었다. 자성 진심의 정령(精靈)은 시방세계속의 온갖 것[一切]을 포함하고 있었다. 이에 부모가 낳아준 이 몸을 돌아보니 마치 허공중에서 미세한 먼지[微塵] 한 점이 부는 것처럼 있는 듯 없는 듯 했다. 마치 투명하게 맑고 고요하며 가없는 거대한 바다의 한없는 흐름 속에 물거품 한 방울이 있어 뜨고 가라앉고 생겨나고 소멸함이 일정하지 않음과 같았다. 모두 본래 스스로 갖추고 있는 영묘한 진심이야말로 항상 있으면서 소멸하지 않음을 또렷이 스스로 알고 얻었다. 대중은 근본 스승인 석가모니불에게 공경히 예

경(禮敬)하고 미증유(未曾有)[116]를 얻었다. 그래서 공동으로 게송을 말하여 부처님의 숭고하고 위대함을 찬탄했다(게송체 어구인 게어偈語는 고대 인도의 가송체歌頌體 운문이다. 간결한 문자로 요점 의미를 포함하고 있으므로 번역이 쉽지 않아 이런 체재로 변했는데 음절은 있지만 운언韻言은 없다. 하지만 가창歌唱할 수 있으며 세속에서는 범패창梵唄唱이라고 한다).

묘잠총지부동존(妙湛總持不動尊)

(먼저 말한다. 부처님과 온갖 중생이 함께 같은, 몸과 마음의 자성 본체는 영묘하고 투명하게 맑고, 우주허공 만유의 총체總體이며, 고요하고 움직이지 않으면서 만상이 돌아가 받드는[歸尊] 바입니다. 즉, 무상정각을 이미 얻은 본사 석가모니불이 자성 법신에 증득하여 들어갔음을 찬탄한 것이다. 법신이란 바로 자성 본체를 가리킨다).

수릉엄왕세희유(首楞嚴王世希有)

(수능엄首楞嚴은 부처님이 말한 본 경의 이름을 가리킨다. 수능엄이란 적연부동하면서 견고하고 확고하며, 확실하고 뽑히지 않으며, 엎어져도 깨지지 않는다는 의미이다. 즉, 이 능엄경이 말하는 자성 본체의 체용體用의 진리는 절대로 뒤엎을 수 없는 지극한 이치로서 온갖 법과 온갖 이치의 왕으로서 세간에 없는 것입니다).

소아억겁전도상(銷我億劫顚倒想)

(이 지극한 이치인 진정한 요의了義를 납득하여 깨닫고 나니 우리들이 무시겁 이래로 찾아왔던 우주와 인생, 심령과 물리에 대한 갖

---

116 이제까지 없었던 것. 대단히 진귀한 것. 세상에서도 신비한 것. 기적 등의 뜻.(역주)

가지 생각들이 이로 인해 모두 소멸되고 이제는 이미 도리에 어긋나지 않아 마음이 편안해졌습니다).

불력승기획법신(不歷僧祇獲法身)

(승기僧祇는 수학 상 52번째 숫자 이름이다. 즉, 무량한 시간인 겁수劫數라는 의미이다. 어떤 중생이 초발심에서 성불하기까지 3대 아승기겁을 지나야 무상정각을 이룰 수 있는데, 부처님이 능엄의 지극한 이치를 설함으로부터 대중이 지금 자성 본체의 체용을 돈오했기에 아득히 먼 시간 겁수 동안 수행을 거쳐 수행 증득할 필요 없이 곧바로 자성 본체의 법신을 획득했습니다 라고 말하고 있다).

원금득과성보왕(願今得果成寶王)

(이제 법신을 이미 얻었고 정과正果를 이루었음은 마치 보배 가운데 왕을 얻음과 같습니다 라며, 그러기에 또 동시에 다음과 같이 발원한다고 스스로 말하고 있다).

환도여시항사중(還度如是恒沙衆)

(되돌아와 다시 시방허공 중의 모든 세간에서 여전히 미혹에 빠져있는 오탁세상 속의 고난 중생들로 하여금 해탈을 얻게 하겠습니다. 항사는 무량수를 형용하는 말로서 마치 항하강의 모래알처럼 많다는 것이다).

장차심심봉진찰(將此深心奉塵刹)

(이는 윗 구절의 뜻을 세워 발원함의 연장으로서, 간절하고 확고한 깊은 마음을 잡고 또 동시에, 자성의 모습 없는 심원한 자기 마음의 기능을 한 방울도 남기지 않고 털끝만큼도 남기지 않고 티끌

수와 같은 무수한 국토의 온갖 중생에게 바치겠습니다 라고 표명하고 있다. 진찰塵刹이란 털끝의 점 같은 물방울로서 가늘게는 무간無間에 들어갈 정도의 유형有形 유상有相적 존재를 형용하는 말이다).

시즉명위보불은(是則名爲報佛恩)

(오직 이렇게 해야만, 부처님이 오늘 저희들에게 해주신 가르침이 저희로 하여금 납득하여 깨닫게 하고 제도 받게 하신 자비로운 은혜에 비로소 보답할 수 있습니다).

복청세존위증명(伏請世尊爲證明)

(위에서는 부처님 설법을 듣고 돈오頓悟를 얻고 난 뒤 뜻을 세워 크나큰 서원을 일으키는 깊은 마음의 염원을 설명했고, 이제는 부처님에게 이 서원의 마음이 무모하고 우발적인 것이 아님을 증명해 주십시오 라고 청하는 것이다).

오탁악세서선입(五濁惡世誓先入)

(중생을 교화하겠다고 발원하고 널리 중생을 제도하여 적정寂靜의 성인 경계에 오르도록 해주되, 어느 때 어느 지역에서나 이 서원을 잡고 세간에 들어가 사람을 제도하겠습니다. 무릇 말겁 시대 오탁악세五濁惡世는 자신이 반드시 먼저 세간에 들어가 교화하겠습니다. 오탁악세란 우리들의 이 세간을 가리킨다.

오탁五濁이란 첫째는 겁탁劫濁이다. 말겁 세상에 이르면 사람의 수명이 최저한도로 감소한다.

둘째는 견탁見濁이다. 5종의 예리한[利使] 생각이 충만하다. ① 신견身見-절실하게 자기 자신을 위하는 생각이다. ② 변견邊見-사람이나 일 그리고 사물에 대해서 생각이 모두 한계가 있어서 마음의 운용이 널리 미치게 하지 못한다. ③ 계취견戒取見-각자가 자아적인 주장 등을 굳게 고집하여 세운다. ④ 견취견見取見-자기 주관으로 일체를 개괄한다. ⑤ 사견邪見-선악시비가 뒤바뀌는 것 등이다.

셋째는 번뇌탁煩惱濁이다. 5종의 우둔한 생각이 충만하다. 즉 탐심貪心·진심嗔心·우치愚癡·아만我慢·다의多疑이다.

넷째는 중생탁衆生濁이다. 육질의 생명이 갖추고 있는 5음에서 생겨나는 각종 고통과 번뇌이다.

다섯째는 명탁命濁이다. 생명은 고뇌가 많고 생활 과정에서는 악연이 많다.

이런 오탁의 악한 말세에 처해서 이런 원력을 행하려면 자기희생 정신을 갖추고, 어려움을 두려워하지 않으며, 편안함을 추구하지 않고, 고통과 불행을 참아내야 한다는, 무한한 마음의 힘과 피눈물로써 비할 바 없는 자비의 심정을 써내고 있다. 말은 무겁고 의미는 심장하니 세심하게 읽어보면 뜻있는 사람으로 하여금 동감하여 눈물이 줄줄 흐르게 한다).

여일중생미설불(如一衆生未成佛)
종불어차취니환(終不於此取泥洹)
(온갖 중생의 자성은 본래 부처의 경계로서 영명하고 자재한데, 모두 심리 업력과 후천 교육의 견해 때문에 자기의 본성을 미혹하고 있습니다. 깨달으면 부처와 같고 미혹하면 마침내 물욕의 세상 그물에 빠집니다. 그러므로 먼저 오탁악세에 들어가 사람들을 제도할 뿐만 아니라, 만약 한 중생이라도 깨달아 성불하지 못하면 자신은 시종 감히 상락아정常樂我淨의 적정寂靜하고 안락한 과지에 머무르지 않겠습니다 라고 말했다. 구역에서는 니환泥洹이라 하고 또 열반涅槃이라고도 번역했는데 적연부동하고 번뇌가 다 소멸한 상락아정의 과위이

다).

　대웅대력대자비(大雄大力大慈悲)
　희경심제미세혹(希更審除微細惑)
　(윗 구절은 부처님을 찬탄하는 송사頌辭이다. 오직 부처님의 자비
의 품과 세상 구제의 흥금만이 진정한 대영웅 대장부 대웅력 대자
비입니다. 저희 대중은 비록 자성이 청정한 체용의 원칙을 깨달았
지만 여전히 아직 없애지 못한 미세한 곁가지의 의혹들이 많이 있
습니다. 바라건대 부처님은 더 가르쳐 보여 우리들의 의혹을 없애
주십시오)

　영아조등무상각(令我早登無上覺)
　어시방계좌도량(於十方界坐道場)
　(저희들이 미세한 의혹을 없애고 무상정각無上正覺에 올라 자성의
청정하고 원만한 체용을 돈오하여 다함없는 허공 시방세계에 정지
정각正知正覺의 도량을 세워서 그 곳에 앉아 미래의 중생을 교화하
고 제도하게 하여 주십시오).

　순약다성가소망(舜若多性可銷亡)
　삭가라심무동전(爍迦囉心無動轉)
　(순약다舜若多는 번역하면 허공성虛空性이요, 삭가라爍迦囉는 견고
한 마음이다. 이 두 구절은, 설사 허공은 소멸할 수 있더라도 저희
들의 이 뜻을 세워 발원한 진심은 결코 흔들려 퇴전하지 않을 것입
니다 라는 말이다).
　(이상으로 제3권을 마침)

능엄경 제4권

大佛頂如來密因修證了義諸菩薩萬行首楞嚴經 卷第四

爾時富樓那彌多羅尼子, 在大衆中, 即從座起。偏袒右肩, 右膝著地, 合掌恭敬而白佛言。大威德世尊。善爲衆生敷演如來第一義諦。世尊常推說法人中, 我爲第一。今聞如來微妙法音, 猶如聾人, 逾百步外, 聆於蚊蚋, 本所不見, 何況得聞。佛雖宣明, 令我除惑, 今猶未詳斯義究竟無疑惑地。世尊。如阿難輩, 雖則開悟, 習漏未除。我等會中登無漏者, 雖盡諸漏, 今聞如來所說法音, 尙紆疑悔。世尊。若復世間一切根塵陰處界等, 皆如來藏淸淨本然。云何忽生山河大地諸有爲相。次第遷流, 終而復始。又如來說, 地水火風, 本性圓融, 周徧法界, 湛然常住。世尊。若地性徧, 云何容水。水性周徧, 火則不生。復云何明水火二性俱徧虛空, 不相陵滅。世尊。地性障礙, 空性虛通, 云何二俱周徧法界。而我不知是義攸往。惟願如來, 宣流大慈, 開我迷雲, 及諸大衆。作是語已, 五體投地, 欽渴如來無上慈誨。

爾時世尊告富樓那, 及諸會中漏盡無學諸阿羅漢。如來今日普爲此會, 宣勝義中眞勝義性。令汝會中定性聲聞, 及諸一切未得二空迴向上乘阿羅漢等, 皆獲一乘寂滅場地, 眞阿練若, 正修行處。汝今諦聽。當爲汝說, 富樓那等, 欽佛法音, 默然承聽。

佛言。富樓那。如汝所言, 淸淨本然, 云何忽生山河大地。汝常不聞如來宣說, 性覺妙明, 本覺明妙。富樓那言。唯然, 世尊。我常聞佛宣說斯義。佛言。汝稱覺明。爲復性明, 稱名爲覺。爲覺不明, 稱爲明覺。富樓那言。若此不明, 名爲覺者, 則無所明。佛言。若無所明, 則無明覺。有所非覺, 無所非明。無明又非覺湛明性。性覺必明, 妄爲明覺。覺非所明。因明立所。所旣妄立, 生汝妄能。無同異中, 熾然成異。異彼所異, 因異立同。同異發明, 因此復立無同無異。如是擾亂, 相待生勞。勞久發塵, 自相渾濁。由是引起塵勞煩惱。起爲世界。

靜成虛空。虛空爲同。世界爲異。彼無同異，眞有爲法。覺明空昧，相待成搖，故有風輪執持世界。因空生搖，堅明立礙，彼金寶者明覺立堅，故有金輪保持國土。堅覺寶成，搖明風出，風金相摩，故有火光爲變化性。寶明生潤，火光上蒸，故有水輪含十方界。火騰水降，交發立堅，濕爲巨海，乾爲洲潬。以是義故，彼大海中火光常起，彼洲潬中江河常注。水勢劣火，結爲高山。是故山石，擊則成燄，融則成水。土勢劣水，抽爲草木，是故林藪遇燒成土，因絞成水。交妄發生，遞相爲種。以是因緣，世界相續。

물리세간 물질의 형성

이때에 부루나미다라니자(富樓那彌多羅尼子: 만자자滿慈子)가 대중 가운데 있다가 일어나 석가모니불께 경례하고는 부처님께 물었다. "부처님께서 중생을 위해 자성의 형이상(形而上)의 제일의제(第一義諦)의 지극한 이치를 가장 잘 가르쳐 보이십니다. 부처님께서는 항상 말씀하시기를 설법하는 사람 중에서는 제가 제일이라고 하십니다. 그러나 제가 이상의 미묘한 강해를 듣고 보니 마치 어떤 귀머거리가 백 걸음 떨어진 곳에서 한 마리의 모기 소리를 듣는 것 같습니다. 아예 보이지도 않은데 어디 들을 수 있겠습니까! 부처님께서 비록 명백하게 말씀하셔서 저희들이 의혹을 없애도록 하셨지만, 저는 지금도 여전히 이 도리를 자세히 깨닫지 못해서 절대 의혹이 없는 정도까지 도달할 수 없습니다. 아난 등도 단지 이해 수준에서 깨달은 바가 있을 뿐임은 말할 필요가 없고, 설사 이 법회에 있는 사람이 이미 번뇌가 다한 무루(無漏)의 경지를 얻었다할지라도, 지금 부처님께서 말씀하신 도리를 들으면 얽힘이 풀리지 않는 의문점이 많이 있습니다.

만약 세간의 모든 6근·6진·5음·12처·18계(根塵陰處界: 생리

물리 심리 등) 등이 모두 자성 본체가 청정하고 본래 그러한 기능이라면, 본체가 이미 본래 그러하고 청정한데 어찌하여 홀연히 산하대지 등의 만유인 세계 물상이 생겨나오는 것입니까? 뿐만 아니라 시간과 공간적인 순서에 따라 변화하는 흐름이 끝났다가는 다시 시작하는 일이 있는 것입니까? 또 위에서 부처님이 말씀하신대로 지수화풍 등 4대 종성도 모두 자성 본체의 기능으로서 원융무애(圓融無礙)하고 온 허공우주 사이에 충만하면서 티 없이 맑고 영원히 존재한다면[湛然常住], 만약 땅[地: 고체]의 성능이 허공 사이에 두루 가득할 경우 어찌하여 물[水]의 존재를 용납합니까? 만약 물의 성능이 허공 사이에 두루 가득하다면, 불[火]의 성능이 근본적으로 생겨날 수 없는데 어떻게 또 물과 불 두 가지의 성능이 모두 허공에 두루 가득하면서 결코 충돌하지 않습니까? 게다가 땅의 성능은 장애하는 것이요, 허공[空]의 성능은 통하는 것으로 두 가지의 성능은 절대적으로 상반되는데 어떻게 모두 우주 사이에 충만하여 있는 것입니까? 저는 이 원리의 중심이 어디에 있는지 정말 모르겠습니다. 원컨대 부처님께서는 대자대비를 베풀어 명백하게 가르쳐 보임으로써 저의 마음속의 미혹의 구름을 걷어주십시오. 아울러 대중도 목마른 듯이 우러러 바라는 바입니다."

부처님이 말씀하셨다. "오늘 나는 이 자리에 있는 대중을 위하여 우주만유 근원(根元)의 원인과, 어떻게 만유 성능이 발생하는지의 진리(불경에서는 원래 승의유勝義有라고 부르는데 자성 본체가 만유를 낳을 수 있는 기능을 가리킨다. 승의성勝義性이라고도 한다)를 명백하게 열어서 보이겠다. 그리고 이미 정성(定性)[117]이 소승 성문과로 향하는 일반 사

---

117 성문, 연각, 보살의 삼승의 무엇인가로 되어야 할 본성이 결정되어 있는 자를 말함. 정성이승(定性二乘)은 어떤 중생은 연각(緣覺)의 종자만 있어 곧 연각이 되어 무여열반에 들고, 어떤 중생은 성문(聲聞)의 종자만 있어 이는 무여

람과, 아직 아공(我空)과 법공(法空)을 얻은 적이 없는 일반 사람들, 그리고 소승과를 얻었더라도 또 마음을 상승(上乘)[118]으로 돌린 아라한들이 오직 일승(一乘)의 적멸장지(寂滅場地: 불생불멸의 심지心地)를 얻고 진정한 적정(寂靜)에 도달하는 바른 수행처를 얻을 수 있도록 하겠다. 여러분들은 자세히 듣기 바란다. 이제 여러분들을 위하여 강해하겠다."

부처님이 이 문제를 자세히 풀이하려고 또 만자자(滿慈子)에게 물으셨다. "네가 물은 대로, 자성 본체가 이미 본래부터 청정한 바에야, 어찌하여 홀연히 산하대지 등의 만유의 세계 물상이 생겨났겠느냐? 너는 평소 내가 이렇게 말하는 것을 늘 듣지 않았느냐? '네가 자성의 묘하고 밝음[妙明][119]을 처음 깨달을 때 비로소, 자성은 원래 본각(本覺)이 어둡지 아니하여 영명(靈明)한 기능을 갖추고 있음을 안다'고 말이다[性覺妙明, 本覺明妙]."

만자자가 대답했다. "그렇습니다. 저는 부처님께서 이 도리를 강연하시는 것을 늘 들었습니다."

부처님이 말씀하셨다. "너는 말해보아라, 자성의 영명을 깨달았을 때, 자성이 본래 영명을 갖추고 있기 때문에 각성(覺性)[120]이라고 이름을 하느냐, 아니면 본각 자성이 원래는 영명이 없었다가 자신이 이제 깨달으니 비로소 영명한 정각(正覺)을 얻었다고 이름을 하느냐?"

만자자가 대답했다. " 만약 각성이라고 불리는 이것이 본래 영명을

열반에 든다.(역주)

118 대승.(역주)

119 妙는 불가사의라는 뜻이다. 明자는 물리세계로는 光明이며, 정신세계로는 明白, 즉 '밝아 또렷하다, 알다, 이해하다, 깨닫다', 다시 말해 감각하고 지각하는 것이라고 저자는 능엄경 강좌에서 설명함.(역주)

120 본각 자성. 모든 미망(迷惘)을 끊고 떠나서 진리를 깨닫는 본성.(역주)

갖추고 있지 않다면, 밝혀 알 수 있는[明白] 무슨 까닭도 없게 됩니다."

부처님이 말씀하셨다. "만약 밝혀 알 수 있는 무슨 까닭이 없다면, 밝혀 알 수 있음과 깨달을 수 있음이 근본적으로 없다. 만약 밝혀 알 수 있는 까닭이 있다면, 원래 자성의 본각이 아니다. 또한 밝혀 알 수 있는 까닭이 없다면, 도리어 또 밝혀 알 수 있는 바가 있다고 말할 수 없게 된다. 저 무명(無明)으로서 혼탁한 것은 맑고 투명한 본각의 영명한 자성도 아니다. 반드시 알아야한다, 자성 본각은 원래 스스로 영명하다. 밝음이 극점에 이르러[明極] 망동(妄動)[121]을 일으켰기 때문에 비로소 조명(照明)하고 감각하는 작용이 발생했다. 그러나 감각과 조명[覺照]은 결코 본래 각성의 성명(性明)이 아니다. 이 후천적인 망동의 감각과 조명이 유소위(有所爲)[122]의 기능작용[功用][123]을 형성한다. 이 유소위의 망동 기능작용이 성립한 뒤에는 각종 허망한 성질[妄性]의 본능[本能]을 생겨나게 한다(여기서 말하는 바는 형이상의 체성이 형이하의 물리 기세간을 발생시키는 본능을 설명하는 것이다. 반드시 가장 깊고 고요하며 영명한 지혜로써 이해하고 체험해야 한다. 문자로는 설명하기 지극히 어렵다. 만약 선천과 후천이라는 두 개의 명사를 차용하면 또 사람들의 의식상에 뚜렷이 두 개로 나누어지게 하겠지만 잠시 차

---

121 허망하게 움직이다. 허망한 성질의 움직임. 허망한 성질의 변동. '妄이란 가짜의, 진실하지 않은, 허망한, 실재하지 않은, 멋대로 하는, 소란을 피우는 등등의 의미가 있다. 그러나 망은 없다는 것도 아니요 좋지 않다는 것도 아니다. 망상(妄想)은 바로 우리들의 생각, 감각, 지각인데 왜 그것을 망이라고 하는가 하면, 그것은 허망하여 실재하지 않으며 그곳에 영원히는 머물러 있지 않기 때문이다'라고 저자는 설명함.(역주)

122 유위의, 형이하의.(역주)

123 공용(功用)의 의미로는 기능, 작용, 용도, 효용, 공부, 공리(功利). 인위, 공덕, 애써 노력함, 공들인 보람, 신구의 3업의 작용, 의식적인 노력, 인공 조작, 수양, 조예 등이 있으며 구체적인 사용 맥락에서 의미를 파악해야 한다. 여기서는 기능작용이라는 의미가 타당하므로 기능작용으로 번역함.(역주)

용하여 말하겠다. 선천의 자성 본능은 적연부동하고 영명하며 청허한 것이다. 영명하고 청허한 기능이 자연히 허망하게 변동을 일으키면, 곧 후천의 성능이 생겨나고 각종 작용이 발생하여 물질세계의 본능을 형성한다).

원래의 자성 본체 상에서는 본각의 영명과, 발생하여 나오는 망동 조명 작용은 본래 하나의 체[一體]에서 생겨난 것으로, 같음[同]과 다름[異]이 없다. 다만 망동 기능이 발생한 뒤에는 같지 않는[不同] 기능작용을 산생하기 때문에 같지 않는 변화가 있다. 다시 개별적으로 서로 다른[互異] 성능 안으로부터, 같지 않는[不同] 가운데 서로 같은[相同] 점을 갖추고 있다. 같음[同]과 다름[異]이 또 서로 변화하기 때문에 다시 같음도 없고 다름도 없음을 세운다(논리상으로 보면 서로 상대적이지만 또 절대로 귀납할 수 있다. 절대 속에는 다시 서로 상대적인 존재가 있다. 모순은 통일될 수 있고 통일은 또 모순을 지니고 있다).

망동하여 상반상성(相反相成)[124]하는, 같음과 다름[同異]이 대립하는 이런 변화들 가운데에서, 서로 교란하기 때문에 상대적으로 물리의 변태 현상이 일어난다(이런 변태의 힘도 상반상성 한다).

물리적인 변태는 기나긴 시간을 지나면 물질 본능인 진로(塵勞)의 운동이 발생하고 자연히 서로 혼돈(渾沌)되어 혼돈(昏沌), 혼탁(混濁)의 상태를 형성한다.

이로 인해 물리 본능의 변태 작용을 일으키는 동시에 심리의 지각 감각상의 진로 번뇌를 일으켜서 세계를 형성한다(부처님이 말씀한 자성 본체는 티 없이 맑고 밝은 각[湛然明覺]이다. 티 없이 맑고 밝은 각의 동성動性으로 인해 상반상성이라는 두 가지 기능이 발생한다. 서로 뒤섞여 교란함[混擾]은 물리세계 형성의 본능이다. 그렇지만 여전히 그 자성 기능을 떠나지 않으므로 그 근본은 동일한 체성이다. 상반상성의 동력기능[動能]이 서로 오래 충돌하면 두 힘이 폭발하기 때문에 다시 상대적인 본능이 발생한다. 구심력이

---

124 서로 반대되면서도 일정한 조건 아래서는 서로 비슷하여 잘 어울린다. 상반되는 것도 서로 같은 점이 있다.(역주)

수축하여 극점에 이르면 원심력이 발생하고, 원심력이 방사하여 극점에 이르면 다시 구심력이 발생한다. 그러나 이 두 가지 능력의 분화·수축 작용은 모두 자성 기능이 그 중심점이 된다. 그 중심점은 진공眞空 무형의 진성眞性 기능으로서 절대적으로 영명하면서 독립적이다. 그러므로 같음과 다름이 없는 가운데 또 같음과 다름이 있고, 같음과 다름 가운데 또 같음도 없고 다름도 없는 존재가 있다고 말하는 것이다. 경전의 이 부분에서 자주 말하는 진로塵勞라는 두 글자는 바로 우주간의 물질운동 현상으로서 물리 본능이 발생하려 하면서도 아직 발생하지 않은 힘이요, 다하려고 하면서도 다하지 않는 유형변화 현상이다. 그 형용이 지극히 절묘하여 사실 다른 글자로 대신할 수 없으므로 우선 이상과 같이 나름대로 말함으로써 설명해본 것이다. 하지만 역시 경전 원문에 따르는 것이 확실하다. 그리고 부처님이 말씀하신 것은 역경易經의 원리와 완전히 일치한다. 동양의 성인이나 서양의 성인이나 이 마음은 동일하고 그 이치도 같아서, 정말 서로 속이지 않는다. 역경은 태극太極으로써 본체를 표시한다. 태극은 적연부동寂然不動하다가 일단 감응하면 천하의 모든 이치에 통한다[感而遂通]. 태극 자체는 음양이라는 두 가지 상생상극相生相剋의 기능을 갖추고 있다. 음양 역시 동력기능을 말하는 일종의 대명사이다. 생生과 극剋은 상반상성의 작용이다. 그리고 태극은 또 혼연한 일체이다. 음양이 움직인 다음에는 만물을 낳고, 하나의 일事 하나의 물物은 또 저마다 하나의 태극을 갖추고 있으며, 태극은 또 음양으로 나뉜다. 이렇게 겹겹으로 발전하여 무궁무진한 만물에 이르지만 총체總體는 단지 하나일 뿐이다. 그 속의 진리의 의미와 지취旨趣는 모두 서로 통하지만 간략히 그 논리를 끌어다 부처님이 말씀하신 이치에 대한 참고로 삼는다. 자성 본체가 망동妄動 변화의 기능을 일으킨 뒤에는 물리 본능의 작용이 발생하여 세계를 형성한다).

부처님이 말씀하셨다. "그러므로 정태적인 것은 허공 현상을 형성한다. 허공의 체성(體性)은 모두 동일하다. 세계 만유의 형상은 저마다 같지 않게 된다. 이 자성 본체만은 같음과 다름의 차별이 없다. 이 본체의 기능이야말로 진정으로 각종 만물 만상의 유위(有爲)의 법칙을 생겨나게 한다.

자성 본체는 본래 각성(覺性)과 광명 공허의 기능을 다 갖추고 있어서 상대적으로 동요(動搖) 현상을 형성하기 때문에, 풍륜성(風輪性)인 대기층의 본능이 생겨나서 이 세계를 유지[執持]한다.

허공이 동요 현상을 형성하여 자성 본체 기능의 광명이 견고하게 응결되어 고체 물질을 성립하기 때문에 금속 성능의 물질 보장(寶藏)이 대지의 중심이 된다. 그러므로 대지의 중심과 지각(地殼)에는 금륜성(金輪性)의 고체가 국토를 유지한다.

각성의 공허의 기능[空能]이 응결하여 고체인 대지의 물질 보장으로 변하고, 또 허공 광명중에서 동요하기를 그치지 않으므로 풍성(風性)인 공기가 생겨난다.

풍성의 공기와 고체인 지질(地質)이 서로 마찰하므로 화성(火性)인 빛과 열[光熱]이 온갖 변화의 본능을 발생시킨다.

대지 중심의 물질 보장과 빛과 열은 서로 어울려[相成] 습윤(濕潤)의 본능을 생겨나게 한다. 화성인 빛과 열이 위로 증발하므로 수륜(水輪)이 형성되어 시방세계 중에 에워싼다.

화성인 빛과 열이 위로 올라가고 수성인 습윤은 아래로 내려가서 교호(交互)[125]함으로써 작용이 발생하여 견고성인 물질 세간을 성립시킨다. 습한 것은 큰 바다가 되고 건조한 것은 대륙[洲陸]의 토지로 변한다. 바로 이런 이치 때문에 큰 바다 가운데에서는 항상 화광(火光)이 폭발하고 대륙 토지 사이에는 또 강하(江河)가 있어 흐른다. 물의 세력이 부딪치는 힘이 강하고 화성인 열의 힘이 약하면 지각이 점점 응결 형성되어 높은 산이 된다. 그러므로 산의 돌을 힘껏 치면 불꽃이 발생하고 암석이 녹으면 물이 된다. 땅의 응결력이 크고 수성인 습기의 힘이 약하면 초목을 나서 자라게 한다. 그러므로 나무숲과 초목은 태울 경우 토질로 변하고 힘껏 비틀어 짤 경우 걸쭉한 물이

---

125 교대로. 번갈아가며. 교호작용은 두 가지 물리 현상이 상호 작용하여 에너지가 생기는 과정.(역주)

된다.

이런 물질 종성의 본능이 망동 교호(交互)하여 작용을 발생시킨다. 에너지[能量]가 번갈아 바뀌어 서로 종인(種因)이 되고, 이런 인연으로 물질세계는 부단히 상속 존재한다.

復次富樓那。明妄非他, 覺明爲咎。所妄旣立, 明理不踰。以是因緣, 聽不出聲, 見不超色。色香味觸, 六妄成就。由是分開見覺聞知。同業相纏, 合離成化。見明色發, 明見想成。異見成憎, 同想成愛。流愛爲種, 納想爲胎。交遘發生, 吸引同業。故有因緣生羯羅藍遏蒲曇等。胎卵濕化, 隨其所應。卵唯想生。胎因情有。濕以合感。化以離應。情想合離更相變易。所有受業, 逐其飛沈。以是因緣, 衆生相續。富樓那。想愛同結, 愛不能離, 則諸世間父母子孫, 相生不斷, 是等則以欲貪爲本。貪愛同滋, 貪不能止, 則諸世間卵化濕胎, 隨力強弱, 遞相呑食, 是等則以殺貪爲本。以人食羊, 羊死爲人, 人死爲羊, 如是乃至十生之類, 死死生生, 互來相噉, 惡業俱生, 窮未來際, 是等則以盜貪爲本。汝負我命, 我還汝債, 以是因緣, 經百千劫, 常在生死。汝愛我心, 我憐汝色, 以是因緣, 經百千劫, 常在纏縛。唯殺盜婬三爲根本。以是因緣, 業果相續。富樓那。如是三種顚倒相續。皆是覺明, 明了知性, 因了發相, 從妄見生。山河大地諸有爲相次第遷流。因此虛妄終而復始。

중생세계 생명의 형성 원인

부처님이 말씀하셨다. "그 다음으로, 심신이 조명(照明) 망동하는 것은 다른 물건이 아니라, 실제로는 바로 자성 본각의 영명이 발생시키는 변태이다. 변태 망동이 유소위(有所爲)의 작용을 형성하지만, 여전히 영명한 자성 본체의 실제(實際)를 넘어서지 않는다. 이 인연 때문에 온갖 함령(含靈)[126]의 중생들이 듣는 것은 소리의 범위를 벗어나지 못하고, 보는 것은 색상의 범위를 넘지 못한다. 그리고 색(色)·성(聲)·향(香)·미(味)·촉(觸)·법(法)인 물리현상과 안(眼)·이(耳)·비(鼻)·설(舌)·신(身)·의(意)와 상대상성(相對相成)하여 여섯 가지 망동의 본능을 형성한다. 본능은 보고[見]·듣고[聞]·감각[覺]하고·지각[知]하는 작용으로 나뉜다. 업력이 서로 같은 것은 서로 얽히고, 상대적인 결합과 상반적인 분리로 갖가지의 변화를 형성한다. 보는 자성[見性]은 영명하여 색상을 만나면 작용을 일으키는데, 이 영명한 보는 자성은 색상을 보면 상념(想念)을 형성한다. 보는 바가 다르면 서로 증오하고, 상념이 같으면 서로 애정(愛情)을 갖는다. 애정이 교합하면 유질(流質)을 발생시키고 종자가 될 수 있다. 동시에 상념을 흡수(吸收)하면 포태(胞胎)를 이루고 피차 서로 교구(交媾)[127]하여 서로 같은 업력을 흡인(吸引)한다. 그러므로 비로소 인연의 작용이 있게 되어 포태 인류와 동물을 생겨나게 한다(태생胎生인 인류와 일부 동물들의 생장은 반드시 네 가지 인연을 갖추어야 하며 서로 같은 업력 감응 부름[感召]을 주요 원인으로 삼는다). ① 자성 망동 업력에서 생겨난 식심(識心) 종성은 입태의 친인연(親因緣)이 된다. ② 교구한 정자와 난자는 증상연(增上緣)이 된다. ③ 포태는 모체의 갖가지 영양으로 생장하며 출생 후의 교육 등등은 소연연(所緣緣)이 된다. ④ 생명 존재의 선악 행위는 또 새로운 선악 업력을 낳아 증가시키고 생사를 반복함은 등무간연(等無間緣)이 된다. 부와 모, 자기 자신의 식심(識心) 종성인 중음신(中陰身) 이 세 가지 인연이 화합해야 비로소 사람이 태어날 수 있다. 입태 초기를 갈라람(羯羅藍: 응활凝滑이라 번역하는데 정자와 난자가 처음 응결되었다는 뜻이다)이라고 한다. 기타

---

126 영성(靈性)을 감추어 갖고 있는 것. 또는 마음이 있는 것. 즉, 인류 또는 중생. 함식(含識)과 동일.(역주)

127 성교하다.(역주)

동물들에는 태생(胎生)하는 것도 있고(소·말·개·양 등), 난생(卵生)하는 것도 있으며(새 종류), 습생(濕生)하는 것도 있으며(미생충류) 화생(化生)하는 것도 있다(곤충류). 각자 저마다의 업력의 감응에 따라 서로 흡인 변화한 뒤에 태어난다. 난생은 상념(想念) 성분이 가장 많다. 예컨대 닭이 알을 부화시키는 등은 정신 상념을 많이 씀으로써 태어난다. 태생은 애정의 성분이 가장 무겁다. 예컨대 사람들의 감정 작용이다. 습생은 서로의 감각의 성분이 가장 많다. 예컨대 물고기나 갑각류가 서로 보면 감응하여 임신할 수 있다. 화생은 분리 변화 작용을 필요로 한다. 예컨대 모기의 유충과 같은 것들이다. 애정의 생명이든 변화 작용의 생명이든 모두 상호 변역(變易)하고 상호 관계를 발생시킨다. 그러므로 모든 생명 존재는 모두 업력의 지배를 받아 각자 좇으면서 세간에 날거나 잠기거나 뜨거나 가라앉는다. 이런 인연 때문에 중생세계가 상속하여 끊어지지 않고 존재한다. 상념과 애정의 힘은 마치 아교가 맺힘과 같아서 떨어지지 않으므로 서로 사랑하여 분리되지 않는 것이다. 이 때문에 인류세간은 부모자손이 서로 태어나 끊어지지 않는다. 이런 것은 모두 욕망의 탐심(貪心)을 업력의 근본으로 삼는다. 탐심과 애정의 힘이 서로 공동으로 자라나 탐심이 영원히 그칠 수 없다. 그러므로 세간의 온갖 태생·난생·습생·화생 등의 생물은 힘의 강약에 따라 서로 잡아먹음으로써 자기 생명을 위한 영양을 취하는데, 이런 것은 모두 살육의 탐심을 업력의 근본으로 삼는다(약육강식은 자연히 업력에서 그렇게 된 것이다). 그러므로 사람이 양을 잡아먹으면, 양이 죽어서 사람이 되고 사람은 죽어 양이 된다. 마찬가지로 10류 중생들(①태생 ②난생 ③습생 ④화생 ⑤유색有色인 것 ⑥유상有想인 것 ⑦비유색非有色인 것 - 예컨대 공환空幻 중의 물체 ⑧비유상非有想인 것 - 미생물 등 ⑨허공에 흩어지거나 녹아빠지는[空散銷沉] 무색류無色類 ⑩정신이 변화한 것이니 쇠나 돌 같은 것의 무상류(無想類)은 태어나고 죽기를 반복하면서 서로 잡아먹는데, 모두 생명과 함께 지니고 온 악업에서 생겨나기 때문이다. 마치 끝없이 돌아가는 바퀴처럼 빙빙 돌아서 궁극적으로는 다함없는 미래에도 시종 끊이지 않는다. 이런 것들은 모두 훔침과 탐심을 업력의 근본으로 삼는다(사람의 육체 생명 성분 중에는 모두 동식물 광물질 등에 힘입어 생존한다. 하지만 동식물 광물질 등도 때로는 사람의 물체를 필요로 하며 동시에 사람의 모든 것을 갖추고 있다. 피차 서로가 영양을 취하는데, 이는 일종의 현실 세간의 윤회이다). 그리하여 중생들 사이에 너는 내게 목숨 빚을 지고, 나는 다시 네게 빚을 갚는다. 이런 인연 작용 때문에 백천 겁의 시간을 지나더라도 항상 생사의 흐름 중에서 맴돈다. 사람들과 중생계는, 너는 나의 마음을 사랑하고 나는 너의 색(色)을 가련히 여기게 된다. 이런 작용이 있기 때문에 백천 겁의 시간이 지나도록 항상 애정 속에 얽혀 있다. 요컨대 모두 살생[殺], 도둑질[盜], 음행[淫] 이 세 가지 업력을 근본으로 삼기 때문에 세계상으로 업과(業果)가 상속하는 일이 있는 것이다. 이 세 가지 업력의 작용이 서로 전도(顚倒)하면서 계속되는 것은 모두 정각의 영명한 자성 본체 중에 갖추고 있는, 또렷이 분별하는[明明了了] 지성(知性)의 변태이다. 또렷이 분별하여 아는[了知] 자성(自性)이 변태를 발생하였기 때문에 망견(妄見)의 변태가 생겨나고, 산하대지 온갖 만유의 현상들이 차례로 순환하면서 변천 유동하는 것은, 모두 이 허망한 동력기능[動能]의 작용 때문이다. 그러므로 끝나면 다시 시작함이 마치 사슬고리가 이어져 끊어지지 않음과 같다.

| 역자보충 3 |

'물질세간 물질의 형성', '중생세계 생명의 형성 원인' 이 두 절(節)의 문장은 그 내용이 대단히 난해하므로 독자의 이해를 돕고자 인터넷상의 저자의 '능엄경 강좌' 제23, 24, 25집에서 뽑아 번역하여 보충합니다.

능엄경이 제기한 문제는 바로 아난이 제기하여 질문한 것입니다. '어떻게 지(止)를 닦고 정(定)을 얻을 수 있는가? 어떻게 명심견성(明心見性)하고 보리를 증득할 수 있는가?'입니다. 여기 이전에서는 부처님과 아난이 논변하기를, '어떠한 것이 명심견성인가? 마음은 무엇인가? 이른바 능히 보는 성[能見之性]은 어떠한 것인가?'를 논변하였습니다. 바꾸어 말하면 우주만유 생명의 본체 문제를 토론하였는데, 이 본체는 사람의 입장에서는 대명사로 바로 심성(心性)이므로, 심성 문제입니다. 이 심성 문제는 가장 중요한 하나의 중점인데, 부처님은 우리에게 일러주시기를, "본래의 마음[本心]은 매우 크니 스스로 이 몸과 마음, 우리들 현재의 생명인 이 심신에 있어서, 큰 것을 도리어 작은 것으로 여기고, 작은 것을 큰 것으로 여기지 말라. 본래 있는 자성은 대단히 위대한 것이니 현재 가지고 있는[現有] 이 생명을 그런 작은 범위에 축소하지 말라."고 했습니다.

여기까지 얘기한 뒤 이제는 부루나가 제기한 문제, 다시 말해 "부처님은 말씀하시기를, '이미 우리들의 본래 있는 자성이 '본연청정(本然淸淨)', 본래 청정하며 '주변법계(周邊法界)', 법계에 두루 있어 있지 않는 곳이 없다, '묘명(妙明)', 본래 묘(妙)하고—미묘하여 불가사의하고, '명(明)'—명백(明白)하고 광명(光明)하며, 청정(淸淨)하다'라고 하셨는데, 왜 이 물질세계와 우리의 이 생명이 있게 되었습니까? 자성이 본래 원명(圓明)하고 청정한데, 왜 이 물리세계 만유의 현상과 우리들 이런 개별적인 생명들이 생겨나올 수 있습니까?"라는 문제인데, 이제부터의 답변은 이 문제에 대한 것으로 대단히 중요합니다. 이 앞의 3권까지는 본체 문제입니다. 그런데 본체는 어디에 있을까요? 결코 우리의 심신 밖으로 떠나지 않아서, 안[內]과 밖[外] 중간(中間) 모두 다 '이다' 아닌 곳이 없습니다[無所不是]. 칠처징심(七處徵心)에서 부처님은 모두 '아니다[不是]'라고 말씀하셨고, 팔환변견(八還辨見)에서도 모두 '아니다'라고 말씀하시고는, 최후의 부처님의 결론은 그 모두가 다 '이다[是]'이며, '이다도 없고 아니다도 없다[無是不非]'였습니다. 이제 이 문제에 답변하시니 특별히 주의하기 바랍니다. 그럼 우리는 다시 한 번 이 원문을 중복하겠습니다. 부처님은 답변을 시작하십니다.

"불언(佛言), 부루나(富樓那), 여여소언(如汝所言),""네가 방금 제기하여 묻는 말 대로, "청정본연(淸淨本然)", 자성 자체는 본래 청정하다."

주의하기 바랍니다, '본연(本然)'은 바로 본래 그러하다는 것입니다. 이 말에 주의하기 바랍니다, '본연', 본래 바로 그러한 모습이어서, 자성은 바로 본래 그러합니다. 본래 청정하니 따로 하나의 청정을 구하지 않으며, 우리는 현재에도 청정합니다. '본연청정', 본래 그러하여 청정합니다. 부처님이 그렇게 말씀하신 것으로, 우리의 이 심성 자체는 본래 청정합니다. 중문의 고문은 문자를 도치(倒置)하는 문화여서 '청정본연'이라고 했습니다.

"네가 방금 나에게 묻기를, 자성이 본래 청정한 바에야, "운하홀생산하대지(云何忽生山河大地)?", 왜 우주만유, 물리세계와 우리들 개체 생명의 그렇게 많은 차별들이 존재합니까?"라고 했다. 부처님은 이 말 이 두 마디를 중복하셨습니다.

부처님은 다시 말씀하십니다, "여상불문여래선설(汝常不聞如來宣說)?", 다음 여덟 글자에 주의하기 바랍니다."성각묘명(性覺妙明), 본각명묘(本覺明妙)",
이 여덟 글자에 특별히 주의하기 바랍니다. 우리가 능엄경을 연구함에 있어, 이것은 '제일의(第一義) 형이상의 본체로부터 어떻게 형이하의 우주만유가 생겨나고 정신세계와 물리세계 그리고 우리 생명이 어떻게 오는 것인가?'인데, 이것은 하나의 큰 문제입니다. 제1권부터 제3권까지는 모두 형이상의 본체를 말했습니다. 형이상의 본체가 어떻게 작용을 일으킬 수 있을까요? 여기에 있는 여덟 글자가 중요합니다. 부처님은 말씀하십니다, "부루나여 너는 내가 말한 적이 있는 것을 늘 듣지 않았느냐? 부처가 말한 '성각묘명(性覺妙明), 본각명묘(本覺明妙)'", 이 여덟 글자의 두 마디 말이 중점인데, 능엄경 여기에서의 중점입니다. 원문에 부처님이 이 문제를 제기했습니다, "너는 내가 '성각묘명, 본각명묘'를 말하는 것을 늘 듣지 않느냐?"

"부루나언(富樓那言), 유연(唯然)."

부루나가 '유연'!이라고 답합니다. '유연'은 현재 중문으로 두 글자의 번역인데 실제로는 진정으로 '유(唯)'라고 읽어야 마땅합니다. '유'는 현재 우리가 말하는 예! 이고, '연(然)'은 그렇다 입니다. "너는 내가 '성각묘명(性覺妙明), 본각명묘(本覺明妙)'를 말하는 것을 늘 듣지 않느냐? 너는 아직 기억하느냐?" 부루나가 말합니다, "'유연', 그렇습니다, 그렇습니다." 두 가지 의미를 중문으로 하나로 합하면 '유연'인데, '그렇습니다'로서 바로 대답하는 말입니다.

"세존(世尊)", 그가 말합니다, "부처님이시여, "**아상문불선설사의(我常聞佛宣說斯義)**", 맞습니다. 저는 당신이 설법하시면서 바로 그렇게 강연하는 것을 늘 들었습니다."

무엇을 강연했을까요? '성각묘명(性覺妙明), 본각명묘(本覺明妙)'인데, 이 중문의 네 글자를 만지작거리면서 묘(妙)·명(明)·성(性)·각(覺), 네 글자를 이리 저리 거꾸로 놓았습니다. 이것은 마치 청나라의 대유(大儒) 고정림(顧亭林)이 말하기를, "불학은 연구할 수 없다. 두 개의 물통이 한 통에는 물이 있고 한 통은 비어있는 것이어서, 이 통에 쏟아 부었다 다시 저 통에 쏟아 부어 넣으니 바로 이 한 통의 물이다."라고 한 것이나 다름없습니다. 왜냐하면 그가 보기에는 이런 경전 같은 것은 그런 모양과 같았기 때문입니다. '성각묘명, 본각명묘,' 어떻게 묘할까요? 막명기묘(莫名其妙)[128]라고 하는데, 다시 네 글자를 더해서 이런 모습으로 변했습니다. 주의하기 바랍니다, 이 여덟 글자에 대해서 부처님은 제3권 이전에서, 능엄경은 칠처징심과 팔환변견으로 시작하여 형이상 자체를 줄곧 설했습니다. 다시 말해 이른바 '직지인심(直指人心), 견성성불(見性成佛)'로서 비밀이 없습니다. 그러나 최대의 비밀입니다. 부처님은 말씀하십니다, "부루나여, 나는 늘 '성각묘명(性覺妙明)'을 말한다." 우리의 이 자성은 본래 또렷한 것이며 본래에 바로 각성이 있는 것입니다. 자성은 본래에 깨달았으며[覺悟] 미혹한[迷] 적이 없습니다. 누구라도 미혹하지 않아서 온갖 중생은 자성이 본래 각성이 있을 뿐만 아니라 또한 묘합니다. 묘는 어디까지나 묘이며, 묘는 묘해서 해석할 방법이 없습니다. '유(有)'도 묘의 작용이고 '공(空)' 또한 묘의 작용입니다. '공'도 묘공(妙空)이고 '유'도 묘유(妙有)입니다. 어떻게 비워버릴 수 있을까

---

128 그 영문을 알 수 없다.(역주)

요? 대단히 묘합니다. 어떻게 '유'가 생겨나오는 것일까요? 대단히 묘합니다. 묘는 어디까지나 묘이기 때문에 '성각묘명(性覺妙明)', 본래 명백하여 흐릿하지 않으며, 또한 광명한 것입니다. 물리세계에서는 광명하고, 정신세계에서 명(明)은 바로 명백합니다. 그러기 때문에 여러분이 선(禪)을 닦거나, 불법을 학습하거나, 현교를 닦거나, 밀종을 닦으면서, 당신이 정좌하는 중에 광명을 보는 경우, 이 광명은 생리작용이며 물리작용입니다. 당신이 이 유상(有相)의 광명을 자성의 작용—상(相)으로 본다면 괜찮지만, 그것을 자성의 체(體)라고 여긴다면 틀렸습니다. 이 점을 특별히 주의하기 바랍니다!

그래서 부처님은 말씀하시기를 "자성은 미혹한 적이 없다. 이 성(性) 자체는 스스로가 바로 밝은 것[明]이며 대단히 묘하다[妙]. 바로 명백한 것이요 광명한 것으로, 스스로 각성이 있다"고 하십니다. 예를 들어 우리 사람들 중에 어느 사람이 각성이 없겠습니까? 누가 당신을 때리려고 하면 피할 줄을 알고, 당신이 피로하면 잠잘 줄을 알고, 배고프면 먹을 줄 아는, 이 영각(靈覺)의 성은 본래 있습니다. '성각'은 본래 묘합니다. 이 작용이 얼마나 묘합니까! 당신 자신의 생각이 스스로 생각을 알고, '자기가 지금 들은 게 맞는지 맞지 않는지, 나는 알아들었다 나는 알아듣지 못했다'며, 당신의 본래 이 성이 깨달아서[性覺], 자기가 또렷이 압니다! 대단히 묘한 것이기에 '성각묘명(性覺妙明)'입니다. 그래서 정말로 자성을 알면 그것은 본래에 각입니다. 본각(本覺)은 미혹한 적이 없고 누구도 미혹한 적이 없습니다. 그런데도 당신은 어디에서 깨달음을 하나 구하는 겁니까? 당신은 무슨 깨달음을 구해서 뭐 하자는 겁니까? 당신은 여태까지도 깨닫지 못함이 없었는데, 당신은 어느 날 깨닫지 못합니까? 어느 날 미혹한 적이 있습니까? 본래 영각 자성은 매우 또렷합니다. 당신이 사람을 보면 볼 줄 알고, 책을 보면 이것은 본(本) 자이며 이것은 각(覺) 자인지를 알아서, 모두에 또렷합니다. 본각은 대단히 명묘(明妙)합니다. 그것은 본래 그러하니, 당신이 닦아야 비로소 광명이고 닦아야 비로소 명백하다는 것이 바로 이 여덟 글자의 의미라고 여기지 말기 바랍니다. 그래서 '본각명묘(本覺明妙)'

입니다. 뒷날 우리 불학은 그것을 분류하였고, 중국의 불학은, '온갖 중생이 본래 부처요 사람마다 자성이 본래 부처이다'는, 이것을 '본각'이라고 부릅니다. 그러나 우리는 스스로 미혹하였다고 생각합니다.

현재 그래서 도를 닦고 불법을 학습하면서 깨달음이 열리기[開悟]를 구하고 싶어 합니다. 그러면 당신이 선(禪)을 배우든 밀종을 배우든 청토를 배우든 어느 날 닦아서 거기에 도달하여 홀연히 깨닫고는, '응! 바로 이 본래이구나.'합니다. 그것은 지각(知覺)이라고 하는데, 이제 막 깨닫기 시작했습니다. 바로 지각이 깨닫기 시작했는데 무엇을 깨달았을까요? 하나의 본각을 깨달았습니다. 무엇을 깨달았을까요? 하나의 '본각명묘(本覺明妙)'를 깨달았습니다. 교리로 분류한다면 '성각묘명(性覺妙明)'은 지각의 경계라고 말할 수 있습니다. 당신이 지금 깨달음이 열리고서야[開悟] 비로소 느끼기를, '자기 자성을 깨달으니[覺悟], 하, 그렇게 묘하군, 하, 그렇게 명백하며 본래 이루어져 있군[現成]' 합니다. 그렇다면 무엇을 깨달았을까요? 자기 자성의 본래가 '본각명묘(本覺明妙)'인 것을 깨달았습니다. 본래를 당신이 깨달았다고 말하는 겁니다. 그러기에 선종 조사가 말하기를 깨달았음과 아직 깨닫지 못했음은 마찬가지라고 했습니다. 어느 조사, 황벽(黃蘗) 선사도 말하기를, "이른바 대철대오(大徹大悟)한 사람은 어떠할까? 지난 시절의 사람과 다르지 않다[不異舊時人]." 나는 여전히 나이고, 너는 여전히 너이며, 그는 여전히 그입니다. 코는 여전히 코이고 눈은 여전히 눈입니다. "단지 지난 시절의 행위 부분이 다를 뿐이다[只異舊時行履處]." 사람됨과 일처리나 말하는 등등의 언행거동이 모두 달라졌습니다. 왜 다르겠습니까? 보세요, 당신이 보기에 그는 여전히 마찬가지입니다. 바로 그 자신으로서,…'성각묘명(性覺妙明)'입니다. 그러므로 이 여덟 글자는 능엄경 앞쪽 제1권부터 제3권까지의 결론의 요점입니다.

제4권 시작에서 부루나가 묻습니다. "자성이 본래 청정한 것이라면, 이미 청정한 바에야 왜 엉망진창으로 이런 산하대지가 생겨나는 겁니까? 만유의 현상이 생겨나고 인류의 세계가 생겨나는 겁니까?" 이것을 부루나가 물어야 했습니다. 아난도 이해하지 못하고 모두도 이해하지 못했습니다.

이 부분은 바로 화엄(華嚴) 경계와 잇닿아집니다. 실제로 우리가 '이 세계는 좋지 않고 만유가 좋지 않다.'라고 여기는 것은 역시 망견(妄見)입니다. 이 만유 세간은 묘공(妙空) 묘유(妙有)이며, 좋다고 말할 것도 없고 좋지 않다고 말할 것도 없습니다. 온갖 것이 지극한 진선미(眞善美)입니다. 그래서 중국문화 입장에서 말하면 회오리바람이 불고 뇌성이 치며 비가 내리면[飇風雷雨], 태풍이 불어와 온갖 것을 쓰러뜨리면, 우리들은 좋지 않다고 느끼지만 천지의 입장에서는 무슨 좋지 않음이 없고, 한숨을 한 번 쉬고 피로해서 한 번 움직인 것과 같아서 무슨 좋지 못함이 없습니다. 산은 여전히 산이요 땅은 여전히 땅입니다. 어떤 때는 바람이 한 번 지나가면 땅을 청소하는 것처럼 청소가 되어 좀 깨끗하고 좀 청명해집니다. 그러므로 온갖 것은 본래 모두 청정하다는 것이 우리가 강조해야 하는 것입니다. 동시에 제3권에서 부루나가 이 문제를 제기하기 이전은, 부처님이 유식법상(唯識法相)으로써, 진여와 아뢰야식의 작용과, 제7식 제6식 등등의 작용, 그리고 물리세계의 작용을 설명한 것과 같다는 것을 이해해야 합니다. 이제는 이 아뢰야식이 어떻게 바람을 일으키고 파랑을 만들어 이 세계만유의 이런 차별 현상으로 변해서 나올 수 있는지를 말하는데, 부처님이 하신 말씀과 질문이 대단히 묘합니다. 지금 여러분들은 도를 깨닫기를 바라는데, 부처님은 부루나에게 묻습니다. "너는 내가 '성각묘명(性覺妙明), 본각명묘(本覺明妙)'라고 설하는 것을 늘 듣지 않느냐?" 부루나가 말합니다. "그렇습니다. 우리는 부처님께서 그렇게 말씀하시는 것을 늘 듣습니다."

"불언(佛言), 여칭각명(汝稱覺明), 위부성명(爲復性明), 칭명위각(稱名爲覺), 위각불명(爲覺不明), 칭위명각(稱爲明覺)",

이것은 정말 이해하기 어려워 죽을 지경입니다. 이 중문에서 여러분은 능엄경이 이해하기 어렵다고 느끼며, 이 중문 문자의 고문 작문법 응용상에 사로잡혀 있습니다. '여칭각명(汝稱覺明), 위부성명(爲復性明), 칭명위각(稱名爲覺), 위각불명(爲覺不明), 칭위명각(稱爲明覺)?', 주의하기 바랍니다. 여러분 젊은 학우들은 중문을 배움에 있어, 이곳의 중문을 잘 배워서 당신이 문자의 논리를 이해하고 나면, 철학적이거나 논리적인 문장을 쓸 줄 알게 될 것입니다. 부처님은 말씀하십니다, "좋다, 너는 자성 본각이 본래 묘해서 말로 할 수 없고 불가사의하다는 것을 이미 안다." '묘(妙)'는 다른 경전에서 하나의 명칭으로 바꾸어서 '불가사의(不可思議)'라고 합니다. '불가사의'가 바로 '묘'입니다. '명(明)'은 물리세계에서는 광명함이라고 하고 정신세계에서는 명백함이라고 하는데, 잠시 후에 설명하겠습니다. 광명함과 명백함이 어떻게 그것의 상(相)인지 부처님은 여기서 설명합니다. 부처님이 말씀하십니다, "그러면 너는 본래 다 알았다. 이 때문에 여러분 성문 대중은 내가 말하는 것을 듣고는, 명백하기를 바라고 도를 밝히고 도를 깨닫기를 바라며, 깨닫고 싶어 하고 보리를 구하고 싶어 하고 자기가 깨닫고 싶어 한다."

'여칭각명(汝稱覺明), 위부성명(爲復性明), 칭명위각(稱名爲覺)', "그렇다면 네가 이해하고 네가 말하는, '각(覺)'은 깨달았다는 것이요, '명(明)'은 명백해졌다는 것이다. 그렇지 않느냐? 깨달았다면 곧 명백해졌다. 네가 이해한 바로는, 깨달았다면 명백해졌다는 것이냐?" '위부성명(爲復性明), 칭명위각(稱名爲覺)', "아니면 우리 사람들의 자성은 본래 명백하기 때문에 그것을 각성이라고 하고, 그래서 그것이 깨달았다 한다는 것이냐?" 이것은 묻는 말입니다. 다시 한 번 말하겠습니다. '여칭각명(汝稱覺明)', "네가 이해한 바로는, 능히 깨달을 수 있는 것은 밝은 이 작용이냐, 아니면 '위부성명(爲復性明)', 자성이 본래 명백하고 본래 깨달음이기 때문에 '칭명위각(稱名爲覺)?' 그래서 그것을 깨달음이라고 부르느냐? 아니면 '위각불명(爲覺不明), 칭위명각(稱爲明覺)', 우리의 이 각성이 현재 밝지 않아 무명(無明)이고 흐리멍덩하기 때문에, 자신이 그것을 명백하게 하고 싶어 하고 그것을 깨닫고 싶어 하는 것을 말하는 것이냐? 아니면 이 각성은 스스로 현재 본래 밝지 못하고 흐릿하기 때문에 '칭위명각(稱爲明覺)', 자신이 지금 그것을 명백하게 하고자하고 그것을 깨닫고자 하는 것을 말하는 것이냐?" 이 반복되는 논리를 명확히 해야 합니다.

이 한 단락은 우리 잠시 멈추겠습니다. 여러분이 애를 많이 쓰고 경전을 대하고 좀 더 생각해보십시오. 절대로 저를 보지 말고 더 좀 생각하기 바랍니다. 그렇지 않았다가는 스스로 정신을 낭비하면서 이 경전을 들은 것입니다. 우리가 어떤 것을 하나 배우는 것처럼 시간을 좀 낭비했으면 아무래도 약간은 쓸모가 있어야 하니까요. 그렇지 않는다면 헛되이 들은 것입니다. 여러분은 이 불경을 대하고 다시 생각 좀 해보십시오. 우리는 여러분이 부처님이 말씀하신 '성각묘명(性覺妙明), 본각명묘(本覺明妙)'에 주의를 기울이도록 다시 일깨웁니다. 부처님은 말씀하십니다, "너는 내가 말하는 것을 늘 듣지 않느냐?" 부루나가 말합니다, "그렇습니다. 저는 부처님이 그렇게 말씀하시는 것을 늘 듣습니다." 부처님이 말씀하십니다, "좋다, 네가 이미 내가 말하는 것을 이미 들은 바에야, 너는 본성은 본래 이 각성이 본래 명백하고 광명한 것이기 때문에 '칭명위각(稱名爲覺)', 그것으로 하여금 깨닫게 해서 보리를 증득한다고 여기느냐, 아니면 '위각불명(爲覺不明), 칭위명각(稱爲明覺)?', 우리가 현재 이 각성이 현재 흐릿하기 때문에 자신이 반드시 그것을 명백하게 하고 깨달음을 얻어야 하겠다고 여기는 것을 말하는 것이냐. 도대체 어느 것이냐?" 부루나에게 묻고 부루나에게 답변을 요구합니다. 그래서 이 자리에 있는 우리 친구들 여러분은 모두 오늘 스스로 자신을 부루나로 여기고 부처님이 그렇게 그에 질문한 것을 생각 좀 해보십시오. 보세요, 우리의 이 분 부루나 존자는 당연히 우리들의 큰 스승이고 선배 선생님이 되었습니다.

"부루나언(富樓那言), 약차불명(若此不明), 명위각자(名爲覺者), 즉무소명(則無所明)",

그가 예! 라고 말했습니다. 부루나는 자신이 현재 도를 깨닫지 못했고 명심견성하지 못했다고 여겼습니다. "만약 제가 이 심성 도리를 찾지 못했다면 저는 지금 도를 깨닫지 못했습니다. 하지만 어르신 당신의 의미대로라면 '본각'은 본래 여기에 있습니다. 현재 저의 이 감각하고 지각하는 물건은 아마 도가 아니겠지요? '약차불명(若此不明)', 가령 저는 지금 명백함이 없어 무명 속에 있는데, '명위각자(名爲覺者)', 자신이 무명임을 능히 아는 이것이 바로 각성이라고 한다면, '즉무소명(則無所明)', 우리의 각성은 본래 여기에 있으니 저는 깨달음을 하나 구할 필요가 어디 있겠습니까?" 부루나가 답한 말에 주의하기 바랍니다. 문자를 보세요, 부루나는 이렇게 말합니다, '약차불명(若此不明), 명위각자(名爲覺者), 즉무소명(則無所明)', 그가 말하기를, "어르신 당신이 맞습니다. 맞아요. 당신이 질문한 게 맞습니다. 제가 지금 각(覺)이 없겠습니까? 우리 사람은 저마다 총명합니다. 사람뿐만 아니라 온갖 중생이 총명합니다. 개미 한 마리가 기어가고 있을 때 우리가 손으로 옆에서 똑똑 두드리면 개미는 즉시 감각하고는 옆으로 기어가서 떠나버립니다. 개미의 각성도 영민합니다. 하지만 개미가 도를 깨달았을까요? 이것이 개미 부처일까요? 아니겠지요? 아이~, 그래서 이 무명 경계를 말하는데, 그 속에는 바로 각성이 있으니, '즉무소명(則無所明)', 다시 깨달음을 하나 구할 필요가 없습니다." 여러분 모두에게 각성이 하나 있는데 무엇을 밝게 하고자 합니까? 무슨 도를 깨달으려고 합니까? 이것이 의문을 가지고 있는 문제입니다. 부처님이 하신 말씀을 그는 이해한 듯합니다. 이치를 이해한 것 같아 이해는 가는데 자신이 믿을 수 없습니다. '바로 이러합니까? 나의 이 인성이 바로 불성입니까? 바로 이러합니까?' '즉무소명(則無所明)?', 다시 깨달음을 하나 구할 필요가 없습니까? 이것이 의심을 가지고 있는 하나의 질문입니다.

"불언(佛言), 약무소명(若無所明), 즉무명각(則無明覺)",

부처님은 말씀하십니다, "만약 네가 그렇게 말한다면, 도를 깨달음이란 무엇을 깨닫겠는가? 본래 현재 우리들 모두는 인성이 바로 불성이고, 온갖 중생은 저마다 불성이 있다. 우리들 인성이 바로 불성인데 구태여 다시 따로 명심견성을 하나 구할 필요가 있겠는가? 현재 감각하고 지각하는 '이것'이 바로 현묘한 물건이다, 그런데 또 무엇을 하나 밝히겠는가? 또 무엇을 하나 깨치겠는가?" 부처님은 말씀하십니다, "만약 도를 깨달음이, 깨달아야 할 하나의 어떤 것이 없다면 '즉무명각(則無明覺)', 명백함을 구해야할 필요가 없게 되고, 하나의 오도 성불의 경계도 있을 필요가 없게 된다." 이것은 원칙을 말한 것입니다. 이어서 말씀하십니다, "'즉무소명(則無所明)', 이러한대도 무엇을 하나 깨닫고자 하는가? 자신이 구태여 구할 필요가 있겠는가?' '약무소명(若無所明)', 부처님은 말씀하십니다, "만약 오도

한 어떤 사람이, 자성을 찾아낸 사람이, 하나의 소명(所明) 경계가 없다면, '즉무명각(則無明覺)', 무슨 명백해졌고 오도했다고 부를 것이 없는데, 각오(覺悟)했다는 게 쓸데없는 말이 아니겠느냐?"

"유소비각(有所非覺), 무소비명(無所非明)',

주의하기 바랍니다, 우리는 수행하여 도를 깨닫기를 구하며 당신이 정토법문이나, 지관·천태·밀종·선종·화엄을 닦든, 당신이 무슨 종이든 관계없이, 심지어는 외도이거나 내도(內道)이건 무슨 도이든 간에, '유소비각(有所非覺)', 우리에게 깨달은[覺] 바가 있다면, 예컨대 우리가 정좌하고 있을 경우, '응, 내게 이런 경계가 있다. 이때에 나는 공하다. 야~, 나의 염두가 하나도 움직임이 없구나, 좋다, 허공과 합일되었다'고 한다면, '유소(有所)', 그런 하나의 경계는 마음이 일으킨 것으로 모두 제6의식 망념의 경계요 망심의 경계입니다. '유소각(有所覺)'으로서, 유소(有所)이면 비각(非覺)이 되어버립니다. 마음이 일으킨 작용이 있다면 당신이 얼마나 위대한 경계이고 대단하든 간에, 당신이 여기 앉아있으면서 스스로 방광하고 다른 사람도 볼 수 있더라도, 일으켜진 경계가 있다면 본각 자성이 아니요, 자성이 아니며 형이상의 도체가 아닙니다. '유소각(有所覺)'이거나 '유소오(有所悟)'로서, '유소'이면 비각[有所非覺]입니다. 그러므로 경계가 있는 것은 모두 아닙니다. 그러기 때문에 나는 오도(悟道)했다고 느낀다면 당신은 오도했을까요? '오'는 오인데 잘못 '오(誤)'자입니다. '유소'이면 '비각'입니다. 진정한 깨달음인 진오(眞悟)가 아니라, 시간을 허비했다는 뜻의 탐오(耽誤)입니다.

부처님은 또 말씀하십니다, '무소비명(無所非明)', 만약 경계가 없다고 한다면, 당신이 잠을 자는 게 얼마나 좋겠습니까? 흐리멍덩한 것입니다. '무소(無所)면 비명(非明)', 그러므로 당신이 경계가 있다고 해도 보리가 아니요 경계가 없다고 해도 보리가 아닙니다. 이미 깨달은 이상 온갖 것을 다 깨달아서 모든 심소(心所)가 전환됩니다. 그러므로 '소(所)'가 있을까요? '유소견(有所見)·유소오(有所悟)·유소명(有所明)' 경계는 진정한 깨달음이 아니요 본각의 경계가 아닙니다. 이 본각·지각의 개념을 명확히 하십시오. '무소비명(無所非明)', 당신이 무소각(無所覺)이라고 여긴다면 일부 외도들이 무상정(無想定)을 닦는 것과 같습니다. 무상정은 어렵습니다. 석가모니불의 복덕과 지혜로도 3년을 배우고서야 비로소 성공(成功)에 도달하였고 완전한 무상(無想)이었습니다. 그 무상의 경계는 '무소(無所)이어서 비명(非明)', 바로 흐리멍덩한 경계로서 이것도 도가 아닙니다.

"무명우비각잠명성(無明又非覺湛明性)",

이미 각오(覺悟)의 경계가 없는 바에야 무명의 경계는 어떨까요? 예컨대 어떤 사람들은 정좌하여 입정(入定)하면 아무것도 모르는 것이 바로 입정이라고 여깁니다. 예컨대 우리는 늘 나가정(那伽定)을 말하는데, 나가대정(那伽大定)이며 심가(心伽)입니다. 나가대정에는 이중의 의미가 있습니다. 한 가지 설은 말하기를, 성불한 사람은 걷고 머물고 앉고 눕는 등 일상 활동[行住坐臥] 중에 언제 어디서나 정(定)중에 있지 않음이 없음을 나가대정이라 한다고 합니다. 또 하나의 도리는 나가대정은 바로 용상(龍象)의 대정입니다. 용의 신체가 엄청나게 크고 코끼리의 신체가 엄청나게 큰데 거기에 서서 움직이지 않습니다, 보세요, 저 큰 코끼리의 그 큰 발이 길을 걸어감은 내내 느릿느릿하며 정(定)의 상태의 모습으로 그런 외형입니다. 내심의 나가대정은 곧 말법 시대의 일부 아라한들입니다. (녹음중단) 원력이 용으로 변하는 것이기 때문에 자기가 용으로 변신하여 해저에 이르러 나가대정에 들어갑니다. 불경에서 용상의 정(定)을 말하는데 거기서 정에 들어 무엇을 할까요? 미륵불이 하생하기를 기다렸다가 하생하면 설법을 듣습니다. 왜냐하면 세상에 밝은 스승이 없고 찾을 수 없다고 생각하기 때문에 이 큰 밝은 스승이 오기를 기다릴 수밖에 없습니다. 그래서 나가대정에 들어갑니다.

실제로 나가대정은 무엇일까요? 바로 용상의 동면정(冬眠定)입니다. 이것은 바로 겨울잠, 동물의 겨울잠인 대동면정(大冬眠定)으로서 하나의 심령이 어둡지 않는 것[一靈不昧]입니다. 많은 사람이 나가대정에 있거나 혹은 혼침정(昏沈定)에 들어간 것을 정(定)의 경계로 여깁니다. 그것은 일종의 정의 경계이지 명심견성의 정이 아니며 행주좌와 부처님의 정이 아닙니다. 행주좌와가 모두 정(定)중에 있으면 그게 부처님의 나가대정입니다. 그래서 무명(無明)인 '무소비명(無所非明)', 경계가 하나도 없으니 당신이 말하기를 나는 본래 경계가 없고 한 생각도 일어나지 않는다고 하며, 한 생각도 일어나지 않은 것을 도로 여기지 말기 바랍니다. '무명우비각잠명성(無明又非覺湛明性)'은 무명의 경계입니다. 무명은 불학의 한 개의 명사인데, 이 명사는 마음이 흐리멍덩해서 명백하지 못함을 대표하고, 광명이 없는 경계도 대표합니다. 이 무명의 경계는 결코 그 본성 본각의 '잠(湛)'이 아닙니다. 청잠(清湛)은 밑바닥까지 맑은 것입니다. 마치 거울이 말끔히 닦아진 것이나 물에 조금도 혼탁함이 없는 것과 마찬가지인 것을 '잠'이라고 부릅니다. 결코 본각의 청잠(清湛)하고 명백하며 광명한 자성이 아닙니다. 당신은 주의하기 바랍니다, 이 마디의 말을 다시 한 번 중복하겠습니다. 이 단락에서 제가 여러분을 그르치지 않기를 바라기 때문에 특별히 주의하라고 제기합니다.

부처님이 부루나에게 말씀하십니다, "맞다. 네가 말하기를 '약무소명(若無所明), 즉무명각(則無明覺)', 도를 깨달았다면 '무소명(無所明)', 무소오(無所悟), '즉무명각(則無明覺)'이라 했는데, 그렇다면 또 무엇을 밝게 하겠느냐? 그러면 어떠한 것을 밝음이라고 하고 오도라고 하느냐?" 그러나 당신은 주의해야 합니다, '유소각(有所覺)·유소오(有所悟)'는 본각 자성의 경계가 아닙니다. '유소(有所)'면 곧 '비각(非覺)', 그것은 대철대오가 아닙니다. 아직은 하나의 경계가 있고, 여전히 하나의 청정한 경계를 지키고 있으면서 움직일 수 없습니다. 일단 움직이면 변해서 사라져버립니다. 그것은 '유소'입니다. 이것은 심의식(心意識) 4대가 변하여 얻은 하나의 임시적이고 우연한 잠시 있는 경계입니다. '유소정(有所定)·유소득(有所得)·유소(有所)'면 '비각(非覺)'이어서 각성이 아니며 본각 자성 경계가 아닙니다. 그럼 당신은 말합니다, 온갖 경계가 모두 없는 '무소'가 '비명'[無所非明]이라고 한다면, 또 무엇을 깨닫습니까? 오도는 경계가 없다는 것을 말합니까? 경계가 없습니다. 경계가 없는 것을 어떻게 오도라고 할까요? '그것은 경계가 없다는 깨달음', 그것이 바로 경계입니다. 그러기에 '무소비명(無所非明)', 이 때문에

'무명우비각잠명성(無明又非覺湛明性)'이라고 말합니다. 만약 아무것도 없는 그것이, 바로 그것이라면, 그것은 틀렸습니다. 그것은 본각의 티 없이 환히 맑은[淸淸湛湛] 본래 있는 광명한 자성이 아닙니다. 부처님은 반복해서 부루나에게 일러주시면서 정면 반면으로 말씀하여서 정·반·합(正反合)입니다. 다시 설하십니다.

"성각필명(性覺必明), 망위명각(妄爲明覺). 각비소명(覺非所明) 인명립소(因明立所), 소기망립(所旣妄立), 생여망능(生汝妄能), 무동이중(無同異中), 치연성이(熾然成異), 이피소이(異彼所異), 인이립동(因異立同), 동이발명(同異發明), 인차부립무동무이(因此復立無同無異), 여시요란(如是擾亂), 상대생로(相待生勞), 로구발진(勞久發塵), 자상혼탁(自相渾濁), 유시인기진로번뇌(由是引起塵勞煩惱), 기위세계(起爲世界)."

이 단락은 난해하여 죽을 지경인데, 대단히 중요합니다. 하지만 그 난해함을 두려워하지 마십시오. 매우 중요합니다. 과학을 연구하든 자기 수양을 하든, 철학을 배우고 연구하고 사상적인 일을 하든, 과학을 연구하든 간에 대단히 중요합니다. 우리는 부처님이 여기서 말한 '성각묘명(性覺妙明). 본각명묘(本覺明妙)'를 기억해 두어야 합니다. 이 한 단락이 중요합니다. 앞의 제1, 2, 3권에서 앞에서 말했듯이 아난도 이치상으로는 깨달았다고 느꼈습니다. '묘잠총지부동존(妙湛總持不動尊)', 이 자성은 본래 움직인 적이 없었습니다. 처음부터 끝까지 우리의 이 자성은 동요한 적이 없습니다. 설령 물질세계가 상전벽해(桑田碧海)가 되고 끊임없이 변하여, 성주괴공(成住壞空)하고 생로병사(生老病死)하며 변화를 반복하더라도, 우리 자성은 움직인 적이 없습니다. '묘잠총지부동존(妙湛總持不動尊)', 부처님과 온갖 중생이 함께 동일한, 몸과 마음의 자성 본체는 영묘하고 투명하게 맑고, 우주허공 만유의 총체이며, 고요하고 움직이지 않으면서 만상이 돌아가 받드는 바입니다. '수릉엄왕세희유(首楞嚴王世希有)'[129], 능엄경이 말하는 자성 본체의 체용(體用)의 진리는 절대로 뒤엎을 수 없는 지극한 이치로서 온갖 법과

---

129 '묘잠총지부동존(妙湛總持不動尊), 수릉엄왕세희유(首楞嚴王世希有)' 이에 대해서는 제3권 제4장 끝 부분의 찬불게(讚佛偈) 풀이를 읽어보기 바람.(역주)

온갖 이치의 왕으로서 세간에 없는 것입니다. 그렇지요? 이것은 결론을 지은 것입니다. 이 자성의 '성각묘명(性覺妙明), 본각명묘(本覺明妙)'입니다. 우리 우주만유와 우리의 생명의 동일한 근원인 그 본체, 이 본각은, 주의하기 바랍니다, '명묘(明妙)'합니다. 어떻게 명(明)할까요? 정신세계에서, 즉 우리들 이 생명 속에서 그것은 수시로 모두 명백합니다. 이 명백함의 기능, 그것의 기능 반영은 제2월로서 바로 물리세계의 광명입니다. 광명에 주의하기 바랍니다. 밝은 것도 광명이고 어둠도 광명입니다. 우리 이 중생들은 밝은 광명을 좋아합니다. 우리를 몇 억 배나 초과하는지 모르는 많은 중생들이 밤의 그 어둠의 광명을 좋아합니다. 그래서 이 세상의 많은 생물들은 밤이 되어서야 나와서 활동합니다. 밝은 광명을 그것들은 견디지 못합니다. 그러므로 물리세계의 광명은 우리가 정좌하기 시작하여 발생하는 정(定) 중의 광명과 같은데, 그 광명은 무엇일까요? 기맥의 변화는 좋은 것입니다. 그래서 방금 어느 학우가 저에게 말했습니다, "수술했습니다. 눈 망막이 파열되어 있었는데 자신도 못 느꼈습니다." 제가 그게 뭐냐고 말했습니다. 그가 말했습니다, "제가 정좌했는데 빛 그림자가 있었기 때문에 자신이 정좌하여 기맥이 움직인 것으로 생각했습니다. 결과적으로 의사가 검사해보니 눈 망막이 파열되어 있었습니다. 그래서 앉으면 전면에 밝은 빛이 번쩍거렸던 겁니다. 얼른 수술하면 좋아질 것이라고 했습니다. 불보살이 보우하여 평안하고 무사해졌습니다." 그러므로 그 유상(有相)의 광명은 물리세계와 생리세계의 변동으로서, 이 자성의 명백함의 기능의 반영인 두 번째 달[第二月]입니다.

'물질은 달이 아니다[物非是月].'라고 능엄경에서 당신에게 말해줍니다. 그러므로 이 '명(明)'은 자성이 본래 밝은 것입니다. 그래서 부처님은 여기서 물었습니다, "세계 우주만유가 어떻게 일어난 것일까?

"성각필명(性覺必明)",

우주만유와 우리의 동일한 근원이며 동일한 뿌리인 이 자성, 본성인 본각의 성은, 본래 미혹한 적이 없으며 본래 명백한 것이다."라고 부처님은 말씀하십니다, 그 본각의 성의 명백함의 반면에는, '반면'이란 두 글자는 우리 인류의 중문의 형용사입니다, 그에 부착된 성능으로 자연히 광명이 있습니다, 그래서 우리가 알 듯이, 예컨대 성불하면 우리도 마찬가지요 범부도 마찬가지입니다.

우리의 법신(法身), 명심견성의 이 심성 법신은 이 신체와 함께 모두 정보(正報)이며, 산하대지는 의보(依報)로서 물질입니다. 무엇을 정보와 의보라고 할까요? 예컨대 우리 법신은 정보인데, 마음속의 생각, 이 생각과 정신이 생각할 수 있고 감각 할 수 있으며 지각할 수 있는, 이것이 정보입니다. 우리 신체는 우리의 의보입니다. 이 신체가 좋지 못한 사람은 매일 고통을 받는데 누가 고통스러울까요? 마음속에서 그 고통을 받습니다. 심리의 보응은 정보이며, 육체의 고통과 4대는 의보입니다. 그래서 육체, 이 신체도 보신(報身)입니다. 청정은 법신입니다. 성불하여 32상 80종호가 원만하고 청정하며 생로병사가 다 끝난 것, 그게 정보(正報)입니다. 공덕의 정보입니다. 우리는 업력의 보응으로서 업보입니다. 업보 자체가 바로 이것과 연대하여서 정(正)도 있고 반(反)도 있습니다.

신체로 말하면, 우리 신체는 정보입니다. 당신에게 있는 얼마의 재산·당신의 가정·당신의 부인·당신의 남편·당신의 자녀·당신의 재산·당신의 탁자·당신의 긴 의자·당신의 침대와 깔개·당신의 손목시계 등등 당신의 소유에 귀속되는 것은 모두 의보입니다. 정보·의보인 업보의 차별입니다. 그래서 정보와 의보, 더 나아가 온갖 중생과 만유와 나의 동일한 뿌리인 이 자성인 '성(性)', 본각의 성은 '필명(必明)'입니다. 주의하기 바랍니다, '성각필명(性覺必明)', 당연히 필연적으로 부인할 수 없고, 본래 청정하고 담연명징(湛然明澄)하며 청정본연(淸淨本然)하니 당신더러 그것을 밝게 [明] 하라고 요구하지 않습니다. '성각(性覺)', 이 본각 자성은 필연적으로 명백합니다. 그럼 당신이 말합니다, "나는 지금 명백하지 않습니다. 저에게 묻지 마세요. 저는 범부입니다. 우리가 부처님에게 물어본다고 가정합시다, '성각필명'이니 반드시 깨닫고 명백한가요? 그런데 저는 지금 깨닫지 못했을까요?" 부처님이 당신에게 답하십니다,

"망위명각(妄爲明覺). 각비소명(覺非所明)",

당신의 망상이 자기를 이렇게 여깁니다, '나는 지금 깨닫지 못했다. 나는 망상해서 그것을 명백하게 함을 하나 구해야겠다.' '망위명각(妄爲明覺)', 당신이 스스로 믿을 수 없습니다. 본각 자성은 본래 자성이 밝다는 것을 스스로 믿으면 각오(覺悟)를 믿을 수 있습니다. 그래서 80권의 화엄경에서 처음에 믿을 '신(信)' 자만을 말했습니다. "믿음은 도의 근원이며 공덕의 어머니이다[信爲道源功德母].", 믿자마자 지나갑니다. '성각필명', 성각이 어떻게 '필명'일까요? 왜냐하면 '성각묘명(性覺妙明), 본각명묘(本覺明妙)'하기 때문에, '성각필명'입니다. 바꾸어 말해서 우리가 다시 되돌아가 말하면, 자성 본각은 본래 명백한 것이고 본래 광명한 것인데, 왜 망상으로 변했을까요? 왜 반동(反動)의 망상으로 변했을까요? '망위명각(妄爲明覺)', 모두 당신 망상이 일으킨 것으로 밝기[明]를 구하고자 탓입니다. 왜냐하면 방금 말했듯이 '성각필명'이기 때문입니다. 본래 청정하고 본래 광명하다는 것을 여러분은 잊지 말기 바랍니다. 아무 소리도 내지 않고 잠잠히 침묵을 지키는 것을 청정이라 한다고 알고 있는데, 당신은 저 왁자지껄하는 것도 청정임을 알지 못하고 있습니다! 그래서 여러분은 다들 틀린 관념이 하나 있는데, 망상입니다. 당신은 등을 켜서 밝은 것이 광명인 줄로 늘 알고 있는데, 당신은 등이 꺼져 어두운 것도 광명인 줄은 모르고 있습니다. 이곳에 주의하기 바랍니다, 관건이 여기에 있습니다. 온갖 중생은 모두 자기가 망상하여 자기를 괴롭혔고 '성각필명'를 알지 못합니다. 오랫동안 밝으면 잊어버려서, '망위명각(妄爲明覺)', 찾고자 망상하여, '아이고! 내가 어떻게 밝음을 찾아낼까? 어떻게 깨달을까? 어떻게 광명을 구할까?'하는데, 모두 망상 작용입니다.

그래서 저는 늘 말하기를, 부처님이 설한 이 단락을 분명히 하고 싶다면, 당신은 반드시 중국의 역경(易經)의 이치로 명확히 해서 이점을 보충하여 설명해야 한다고 합니다. 음(陰)이 극점에 도달하면 양(陽)이 발생하고 양이 극점에 도달하면 음이 발생합니다. 음양은 쌍방의 현상이며, 그 능히 음의 작용을 일으키고 능히 양의 작용을 일으키는 자성은 음양에 있지 않습니다. 밝음이 극점에 도달하면 어둠이 발생하고 어둠이 극점에 도달하면 밝음이 발생합니다. 밝음과 어둠은 쌍방의 현상이며, 능히 밝음의 작용을 일으키고 능히 어둠의 작용을 일으키는 그것은 밝음과 어둠에 있지 않습니다. 그것은 자성입니다. 이른바 온갖 중생은 자성의 이 작용을 이해하지 못합니다. 그래서 '망위명각(妄爲明覺)', 이 때문에 미혹하였지, 누가 당신을 미혹시켰습니까? 당신을 미혹시킨 사람은 없습니다. 자기가 자기를 미혹시켰습니다. 이것을 망심(妄心)이라 하는데, 망심 또한 진심(眞心)이 변한 것입니다. 망상의 마음이 하나의 밝은 도[明道]를 구하고 하나의 각오를 구합니다. 자, 이렇게 된 것은, 마치 하나의 물리인 이 광명 존재, 매우 좋은 광명의 경우와 같습니다. 마치 하나의 깊은 못의 물과 같은데, 이 못의 투명하게 맑디맑은 물이 파랑이 일어나지 않고 거울처럼 맑고 밝습니다. 이 못의 물은 본래 평온하고 고요합니다[平靜]. 우리가 그것에게 묻기를, 언제 그것이 비로소 어지러워지기[攪亂] 시작했습니까? 물론 바람이 불어왔기 때문에 물에 파랑이 일어나서 어지러워졌지만 사실은 바람으로 인하여 움직인 것도 아닙니다. 수성(水性)이 스스로 어지러워진 것입니다. '망위명각(妄爲明覺)', 스스로 움직인 것입니다. 그러기에 '각비소명(覺非所明), 인명립소(因明立所)', 이 때문에 부처님이 부루나에게 일러주시기를, "본각 자성은 네가 그것을 깨달을 필요가 없다."고 합니다. 당신이 그것에서 하나의 광명을 구할 필요가 없습니다. 그것은 본래 명백합니다. 본래 이미 갖추어져 있는[現成] 명백한 것이며 본래 광명한 것이니, 당신은 그것을 구할 필요가 없습니다. 만약 당신이 그것을 구하고자 하면 '유소명(有所明)', 내가 깨닫고자 하고 '요명(要明)', 내가 자성의 광명을 하나 구하고자 하면,

"인명립소(因明立所)",

당신이 도를 구하는 마음이 간절하기 때문에 도리어 도를 깨닫지 못합니다. 오히려 당신이 명(明)을 하나 구하고 공(空)을 하나 구하고자 하기 때문에, 당신은 공하지 않게 되어버렸습니다. 청정을 하나 구하기 때문에 당신은 청정하지 않게 되어버렸으며, 나와 법계가 원융하기를 하나 구하기 때문에 당신은 더더욱 원융하지 않게 되어버렸습니다. 법계가 원융한 것은 본래 원융한 것이지, 당신이 그것을 원융하게 하는 것이 아닙니다.

당신이 그것을 원융하게 하면, 그것은 법계라고 하지 않고 당신의 법계라고 부릅니다. 그러므로 능엄대정(楞嚴大定)은, 어떤 사람이 능엄대정의 법문을 전한다고 말하면, 그게 그래도 능엄대정이라 할까요? 능엄의 자성은 본래에 정(定)입니다. 당신이 그것을 정하게 하는 것이 아니라 그것이 본래 당신을 정하게 합니다. '본각명묘(本覺明妙)'하니 '망위명각(妄爲明覺)'하지 마십시오. 그래서 본각 자성은 '각비소명(覺非所明)'입니다. 만약 당신이 밝음을 하나 구하고자 하고 깨달음을 하나 구하고자 하면, '인명립소(因明立所)', 밝음을 구하고 깨달음을 구하기 때문에 심소(心所)의 작용이 건립되었습니다. '소(所)'는 바로 '유(有)'의 현상으로서, 어떤 것이 하나 건립되었습니다. 한 번 움직인 뒤에는 어떤 것이 하나 건립됩니다.

"소기망립(所旣妄立), 생여망능(生汝妄能)",

바로 정신세계가, 이 정신 심념이 움직여 어떻게 물리세계가 생겨나오는지의 도리입니다. 왜냐하면 당신은 본래 광명—자성 속에 있고, 광명이 오래되면, 우리의 보통 말처럼 비유하자면 한번 깜박 좋아 흐리멍덩해지고, 이번에는 흐리멍덩한 상태에서 꾸벅하고는 '앗, 내가 흐리멍덩해졌다! 야단났네!'하며 곧 찾기 시작합니다. 사실 당신은 좀 흐리멍덩해졌다가 이미 깨어났기에 찾을 필요가 없어졌습니다. 그 흐리멍덩함도 자성이 변한 것입니다. 그래서 '망위명각(妄爲明覺). 각비소명(覺非所明), 인명립소(因明立所), 소기망립(所旣妄立), 생여망능(生汝妄能)', '소기망립(所旣妄立)'하면 곧 당신의 '망능(妄能)'이 생겨나옵니다. 이 '능(能)'은 물리세계의 '능'과 우리 생명의 '능'이 하나입니다. 그러므로 물리세계의, 현재 과학에서 말하는 '능', 에너지와 질량의 상호변화의 이 '능'(자연 물리에서 말하는 에너지)과, 우리 철학의 범주에서 말하는, 능히 생각하는 유심(唯心)의 '능'은 그 명칭을 모두 '능'이라고 하는데, 바로 자성의 기능[功能]입니다. 그러나 주의해야 합니다, 그 다음에 이어지는 요 몇 마디는 이리 뒤집었다 저리 뒤집었다 하는데, 차별이 바로 여기에 있습니다.

"무동이중(無同異中), 치연성이(熾然成異)",

무엇이 같음[同]과 다름[異]일까요? 이 '능'은 무슨 능일까요? 동업(同業)

과 별업(別業)입니다. 우주만유, 물리세계의 산하대지는 우리 생명과 함께 생명 본래는 바로 동업입니다. 앞에서 말한 동업입니다. 그러면 우리 이 인류와 우주만유를 말해보면 같음 속의 다름[同中之異]으로서, 인류는 별업입니다. 이 별업인 인류 속에서 백인종, 황인종은 같음 속에서도 다름이 있고 다름 속에서도 같음이 있습니다. 동업 속에 별업이 있고 별업 속에 동업이 있음은 모두 '허망성 본능'이 일으킨 작용입니다.

자, 우리는 다시 돌아가 이 한 단락의 경문을 보고 다시 연구하겠습니다. '성각묘명(性覺妙明), 본각명묘(本覺明妙)', 우주만유의 본래인 이 생명 자성의 본체는 본래 청정하고 광명합니다. '청정본연(淸淨本然)', 본래 바로 이와 같습니다. 그것은 본래 바로 광명한 것이요, 본래 바로 청정한 것입니다. 광명하고 청정함, 그것이 스스로 장난으로 여겼기 때문에 갑자기 한 생각 사이에 야! 예를 들어 밝은 빛이, '나는 본래 밝은데 내가 다시 조금 더 밝게 켜고 싶다, 야! 이게 바로 나의 밝음이다' 자기가 밝은 빛을 가지고 놀기를 오래하다 보니 회의가 일어났습니다. '이게 바로 그것일까?' 회의가 일어났습니다. 자, 이 때문에 밝음을 구했습니다. 따로 자기의 광명을 구하고자 했습니다. 그러므로 누가 당신을 미혹시켰습니까? 자기가 자기를 미혹시킨 것, 이것이 제2중(第二重)입니다. 광명을 구하기 때문에 제3중의 이 능(能)으로 변했습니다. 그러기에 우리가 능엄경에서, 만약 물리학이 말하는 것에 비추어보면, 물리학은 현재까지를 기준으로 말하는 겁니다, 자연과학상의 이 에너지와 질량[能量]의 상호변화라는 이 기능이 오는 근원이 어디일까요? 불학에 의하면(이 둘은 본래 합치하지는 않는데 우리는 지금 마지못해 말하고 있습니다. 장래에 과학자의 증명을 기다려보겠습니다) 이 에너지인 능은 여전히 우주 최초의 그것은 아닙니다. 여전히 제3중의 것으로 제3중의 투영입니다. 위쪽 여기에는 2층의 것이 있습니다.

'성각필명(性覺必明), 망위명각(妄爲明覺). 각비소명(覺非所明), 인명립소(因明立所),',

이것은 본성으로부터 이 능으로 바뀌는 중간에는 하나의 과정이 있는데, 심소(心所)가 건립한 것입니다. "소기망립(所既妄立), 생여망능(生汝妄能)", 이 허망성 본능, 이른바 능이 일단 시작된 이후에, 자! 다원(多元)의 세계이며 제3중의 세계인 정신세계, 물리세계가 나오게 됩니다.

'무동이중(無同異中), 치연성이(熾然成異)',

본래는 차별이 없습니다. 대동(大同)이라고 할 것도 없고 부동(不同)이라고 할 것도 없습니다. 같음과 다름이 없는 속에 하나의 '능(能)'이 있게 되어, 능히 움직이고 능히 깨닫습니다. 그와 상대적으로 하나의 '소(所)'가 있게 됩니다. 깨달아진[所悟] 경계와 능히 깨닫는[能悟] 기능이 일단 오고난 뒤에는 '치연성이(熾然成異)', 차별이 있음으로 변하여 옵니다.

"이피소이(異彼所異)",

그럼 제4층에 도달했습니다. 우리가 함께 서서 살펴보면, 나는 난쟁이고 그는 키다리입니다. 당신은 이쪽에 서 있고 난쟁이는 이쪽으로 와서 우리가 함께 섭니다. 나는 말라깽이라 말라깽이가 이쪽으로 오고, 그는 뚱뚱보라 저쪽으로 갑니다. '이피소이(異彼所異)', 당신은 나와 같지 않고, 나는 당신과 같지 않습니다.

"인이립동(因異立同)",

같지 않음 속에서 우리 두 사람은 똑같이 말랐고 키가 작으니 한 팀입니다. 당신들 두 사람은 똑같이 뚱뚱하고 키가 크니 한 팀입니다. 본래 같음도 없고 다름도 없는데 망상으로 생겼습니다, '인이립동(因異立同)', 다름으로 인하여 같음을 건립했습니다.

"동이발명(同異發明)",

동(同)은 본체가 같은 것이고, 제3중 기능도 서로 같으며, 현상과 경계가 다릅니다. 같음과 다름은 서로 변화하는데[發明], 이속에서 연구해보면, 각각 개인적인 관점이 있습니다.

"인차부립무동무이(因此復立無同無異)",

최후의 추론은 본체 경계로 돌아갑니다. 본체는, 이론상으로 우리가 알기를 일체(一體)로서 만물은 일체이며 같지도 않고 다르지도 않다고 합니다. 온갖 중생이나 물리세계는 바로 그러합니다. 이 단락은 번거롭고 가장 이해하기 어렵습니다. 앞의 칠처징심과 팔환변견보다 다루기가 훨씬 어렵습니다. 제가 생각하건대 우리는 오늘 아직은 첫 번째 다룬 것이니 다음 번에 한 번 이를 중복해야겠습니다.

　"여시요란(如是擾亂), 상대생로(相待生勞)",

　그래서 이 유형의 세계로 변화된 뒤에 물리세계와 정신세계의 생명은 모두 마찬가지로, 서로 같음 속에 다름이 있고 다름 속에 같음이 있습니다. 이 때문에 이 물리세계와 정신세계는 '상대(相待)', 모두 상대적입니다. 절대적인 것은 없습니다. 상대적인 것은 모두 상호 모순적인 것입니다. '모순생로(矛盾生勞)', '로(勞)'는 바로 움직임입니다. '로(勞)'는 바로 동력입니다. 역경(易經)은 어떨까요? '동(動)'의 관념을 사용합니다. 동(動)을 쓰지 않고 중국문화는 '행(行)'을 씁니다. 오행(五行)은 중국문화입니다. 그러기에 '천행건(天行健)'입니다. 그런데 불학은 어떨까요? 이 글자를 쓰지 않습니다. '행'은 그 원리를 말하는 것입니다. 불학은 그 현상을 말해서 '로동(勞動)'이 오래 지속되면 '로(勞)'가 발생합니다. 움직임이 오래 지속되면 '로'가 발생하는데, 이 '로'에서 또 변태(變態)가 발생합니다. 그래서 물리세계와 심리세계는 겹겹이 변태입니다. 그럼 이 한 절(節)에서 부처님이 말씀하신 것은 5중 변태의 세계입니다. '상대생로(相待生勞)', 서로 상대적인 모순이 '로'를 발생시킵니다.

　"로구발진(勞久發塵), 자상혼탁(自相渾濁), 유시인기진로번뇌(由是引起塵勞煩惱), 기위세계(起爲世界)",

　이 물리세계는 굴러 움직이는[轉動] 것입니다. 모두 굴러 움직이고 있으며, 그 기능이 내내 동란(動亂)하고 있습니다. 전동(轉動)은 불학의 형용으로는 윤회인데, 바퀴처럼 영원히 구르고 있습니다. '상대성로(相待成勞)', 영원히 구르고 있으면서 이 바퀴는 멈추지 않습니다. '로구발진(勞久發塵)', 우리 이 진(塵)의 세계가 발생하는데, 이 물리세계는 욕계·색계·무색계라는 현상입니다. '자상혼탁(自相渾濁)', 자기가 하면 할수록 어지러워지고, 이 때문에 진(塵) 번뇌를 불러일으키고 이 세계를 생겨나게 합니다. 이 단락은 몹시 수다스럽고 대단히 번거롭기도 하지만, 대단히 중요하기도 합니다.

부처님이 부루나에게 답하시기를, 이 생명인 정신세계와 물리세계는 심물일원(心物一元)이라고 하십니다. 심물일원의 '원(元)'은 철학적 명칭으로서 바로 일체(一體)입니다. 체(體)도 하나의 부호인데, 불학에서는 자성입니다. 자성 기능이 변해 나온 것입니다. 자성 기능이 어떻게 변할 수 있을까요? 이 본각은 '성각묘명(性覺妙明), 본각명묘(本覺明妙)'입니다. 묘(妙)가 어떻게 불묘(不妙)로 변했을까요? 명(明)이 어떻게 불명(不明)으로 변했을까요? 그래서 앞에서 부처님은 말씀하시기를, "이것은 인연(因緣)이 변한 것도 아니요 자연(自然)이 변한 것도 아니며, 자성이 스스로 변한 것이다."고 했습니다. 그러나 변한 뒤로는 어떨까요? 제2중의 도리가 비로소 연기성공(緣起性空) 성공연기(性空緣起)를 말했습니다. 그러므로 비로소 5중의 변화가 그 안에 있는데 몹시 번거롭습니다. 제가 생각하건대 우리가 다시 토론하면 여러분은 머리가 띵해지고 진로(塵勞) 번뇌로 바뀌어 불경을 들으면 청정하지 않게 될 것이니, 우리는 우선 한번 언급하고 다음번으로 보류했다가 되돌아와 우리가 다시 한 번 말하겠습니다. 이렇게 하면 진로 번뇌로 바뀌지 않아서 그것을 청정본연 하게 할 것입니다. 이어지는 아래 한 단락도 이해하기가 그리 쉽지 않기 때문입니다. 그러나 아래 한 단락은 여러분이 수행하며 노력하고 정좌하고 불법을 학습함과 필연적인 상호 관련이 있는 곳입니다.

부처님은 말씀하시길, "정신세계와 물리세계는 심물일원(心物一元)으로서 '본각명묘(本覺明妙)'가 변화하여 발생한 것이다."라고 합니다. 당신이 지금 도를 깨닫기를 구하고 싶다면 당신은 근본의 이치상으로부터 해야 합니다. 이미 '본각'이라고 부르는 바에야 당신은 하나의 경계를 구할 필요가 없으며 일부러 하나의 무슨 어떤 것을 구할 필요가 없습니다. 당신이 이치적으로 알고 믿을 수 있으며 분명하게 인식한다면, 자연히 또렷해질 것입니다. 당신이 구하는 바가 있고 하나의 경계를 구한다면, 무릇 경계가 있음은 모두 본각이 아니라 모두 본각의 제2중, 제3중의 변화입니다. 물론 당신이 수행하고 정좌하고 노력하기를 오랫동안 하게 되면 반드시 경계가 나타납니다. 당신이 염불을 하든, 정(定)을 닦든, 밀종 관상(觀想)을 닦든 관상을 닦지 않든, 당신이 참선을 하든 참선을 하지 않든, 당신은 어쨌든 한 가지 일을 해야 하며 심의식(心意識)을 가지고 해야 합니다. 당신이 마음대로 어느 한 가지 일을 하되 오랫동안 연마하면 반드시 경계가 나타나게 되는데, 이 경계는 무엇일까요? '상대생로(相待生勞), 로구발진(勞久發塵), 자상혼탁(自相渾濁)!', 상대적으로 물리의 변태 현상이 일어나고, 물리적인 변태는 기나긴 시간을 지나면 물질 본능인 진로의 운동이 발생하고 자연히 서로 혼돈(渾沌)되어 혼돈(混沌) 혼탁의 상태를 형성합니다. 무슨 희기(稀奇)한 것이 없습니다. 이 때문에 당신이 이해하였고, 당신은 큰 길을 걸어가게 되며 작은 길을 걸어가지 않을 것입니다. 무슨 경계, 이 법문 저 법문, 이 경계 저 경계에 의해 흐리멍덩해지지 않을 것입니다.

그래서 선종 조사가 말했습니다, "백천 가지 법문은 함께 방촌으로 돌아간다[百千法門同歸方寸].", '방촌'은 중문의 형용으로 바로 마음입니다. "항하강 모래처럼 많은 묘한 공덕은 모두 마음 근원에 있다[恒沙妙德總在深源]", 이것은 선종의 오조(五祖)가 그의 제자 우두융(牛頭融: 육조의 사형제)에게 법을 전한 것입니다. 그러므로 온갖 정(定)의 문, 혜(慧)의 문, 계정혜(戒定慧)의 문은 당신 마음속에 있습니다. 당신에게 모두 있는데 당신은 구태여 밖으로 구합니까? 그 다음으로 줄곧 이어지면서 말해가고 있는데, 첫머리 이 몇 마디의 말인, '백천 가지 법문은 함께 방촌으로 돌아가고, 항하강의 모래처럼 많은 묘한 덕의 이 온갖 공덕은' 어디서 오는 걸까요? '모두 마음 근원에 있다'는 것이 바로 이 도리입니다. 주의하기 바랍니다, 이 때문에 다음의 이 단락인 정신세계와 물리세계는 '본각명묘'가 스스로 번뇌를 찾고 어리석은 사람이 스스로 골칫거리를 만들어[庸人自擾] 움직인 것입니다. 이 하나의 움직임은 동적 허망성 본능[妄能]의 한 번의 시작을 말하는데, 이 '능(기능)'이 물리세계의 일어남입니다.

"정성허공(靜成虛空)",

저 정태를 주의하기 바랍니다, 이 네 글자를 특별히 주의하기 바랍니다,

물리세계는 우리 신체 4대와 같이 생리이자 물리적인 것입니다. 신체라는 이 물리세계의 그 정태, 동(動)과 정(靜)은 모두 마음의 본체가 변화한 양면의 현상입니다. 마치 손은 꺼내자마자 양면이어서, 손바닥과 손등은, 하나는 음(陰)이고 하나는 양(陽)입니다. 어떤 사물이든 움직이자마자 음양으로 나뉘고 '상대생로(相待生勞)'입니다. 움직이지 않으면 어떨까요? 움직이지 않음[不動]에도 음양이 있으며, 움직이지 않음도 움직임입니다. 당신은 말합니다, "움직임의 음양은 내가 이해하기 쉽지만 움직이지 않음의 음양은 이해하기 어렵습니다." 이해하기 어렵지 않습니다. 음양이 그 속에 있습니다. 그래서 우리가 지금 정좌의 청정(淸靜)이나 혹은 물리세계, 예를 들어 우리가 높은 산에 가서 산속의 동굴에 이르면 혼자이고 아무 소리도 없으면, '야~, 정말 고요하다'고 여기는데, 과학자가 보면 결코 고요함이 아니라 그 속에는 어떤 것이 있습니다. 우리가 어느 때에 이르면 자기의 심리가 매우 고요함을 느끼는 것도 여전히 고요함이 없습니다. 이 고요함은 당신의 감각 상태로서 허망성 본능입니다. '생여망능(生汝妄能)', 그래서 이 허망성 본능의 정태가 물리세계로 변화한 것이 바로 물리세계의 이 허공입니다. 이 태공(太空)[130], 이 허공은 물리의 태공입니다. 태공은 바로 물리세계이고, 우리가 대충 보면 하나의 정태이지만, 사실 태공도 하나의 동태입니다. 우주는 본래 하나의 동태이지 정태가 아닙니다. 그러기에 중국 역경도 천행건(天行健), 우주는 영원히 동태이고 정태가 없으며 영원히 움직인다는 것을 알았습니다. 이 정태의 현상 그 표상(법상)을 불학은 '법상(法相)'이라고 부르고, 역경은 '상(象: 相)'이라고 부릅니다. 이 형상(刑象), 형태(形態), 그것이 이 물리세계의 허공을 나타나게 하여서, 물리세계의 첫 번째는 허공입니다.

"허공위동(虛空爲同), 세계위이(世界爲異)",

우리의 이 세계, 시방 허공은 서로 같은 것으로서 모두 정태입니다. 그러니 주의하기 바랍니다. 부처님은 제9권에서 우리에게 일러주시기를, "시방의 허공은 우리 심체(心體), 마음의 본체 속에 있음이 마치 조각구름 하

---

130 매우 높은 하늘. 우주.(역주)

나가 하늘에 점을 찍은 것 같다."고 합니다. "자성 진심의 정령(精靈)은 시방세계의 온갖 것을 포함하고 있다[心精圓明, 含裹十方]", 제3권에서 마침 말했던 것으로, 자기의 자성의 체인 심체는 그렇게 큽니다. 그러므로 물리세계의 '허공위동(虛空爲同)', 시방 허공은 서로 같은 것입니다. '세계위이(世界爲異)', 물질세계는 어떨까요? 차별이 있습니다. 물질세간은 나누어져 많아서, 우리가 지금 아는 달, 태양, 각각의 천체, 우리의 지구, 각각의 세계 같은 것입니다. 불학의 분류로는 욕계·색계·무색계입니다. 그래서 항상 많은 사람과 친구들이 저에게 물으면서 욕계를 말하기를, "가령 우리 이 지구가 욕계라면" 하는데, 에이, 제가 말합니다, "당신은 잘못하지 마십시오. 지구는 욕계의 하나의 작은 부분입니다. 진짜 대승 경전인 화엄경은, 이것은 제가 말한 것이고 저의 주해입니다, 진정한 수미산이 바로 중심이 되는데. 이 우주의 수미산은 은하계를 말하는 것이지 지구의 히말라야 산이 아닙니다. 멋대로 말하지 마시기 바랍니다. 그것은 소승으로서 이 도리를 알지 못하고 해석한 것입니다. 당신이 화엄경을 읽어 보면 알게 됩니다. 그래서 화엄경에서 하나의 세계 중간 사이의 것이 향수해(香水海)입니다. 이 무량무변의 세계는, 하나의 꽃이 하나의 세계요 하나의 잎이 한 분의 여래입니다. 한 송이의 꽃이 하나의 세계를 대표합니다. 꽃에는 잎이 있고 잎 속에 또 꽃이 있고, 중중무진(重重無盡)합니다. 이 세계는 '체망중중무진(締網重重無盡)', 하나의 거대한 그물과 같아 한 개의 작은 구멍이 하나의 세계이고, 그 하나의 세계 속에 한 개의 구멍이 있고, 또 한 개의 구멍 속에 하나의 세계가 있고... 이 우주 속의 허공에 얼마나 많은 세계가 있는지 알지 못하는데, 부처님은 말씀하시길 '불가설(不可說) 불가설 항하강의 모래알 숫자와 같다'고 하였습니다. 오늘날 과학은 부처님의 말씀하신 것이 맞다고 증명합니다." 그런데 이 많은 세계는, 화엄경은 말하기를, '세계와 세계 사이 중간에 향수해가 있다'고 합니다. 향수해라. 자, 우리는 빨리 태공으로 가서 발견합시다. 우주에 가서 발견한 뒤에는 프랑스인은 샤넬 향수를 팔 필요가 없게 될 겁니다. 우리가 향수해에 가서 퍼오면 됩니다. 그것은 중국 문자로 번역된 형용사인데, 향수해가 무엇일까요?

바로 한 천체와 한 천체 사이의 태공(太空)을 향수해라고 부릅니다. 진짜로 향수에 도달한다고 알지 말기 바랍니다. 우리는 또 악취 물의 바다가 있습니다! 해수는 모두 오염되었습니다. 그러므로 이것을 알아야 합니다, '허공위동(虛空爲同). 세계위이(世界爲異)', 하나의 세계마다 같지 않고 같음 속에 다름이 있습니다.

"피무동이(彼無同異), 진유위법(真有爲法)",

주의하기 바랍니다, 이 물리세계에 대해서 부루나가 부처님에게 묻기를, "이 세계는 어떻게 일어났습니까?"라고 했습니다. 세계의 연기(緣起)는 아직 지질학(地質學)에 도달하지 않았습니다. 부처님이 말씀하셨습니다, "이 허공중에는 본래 세계가 없다." 우리가 말했듯이, 능엄경은 7대(七大)를 말했습니다, 지수화풍(地水火風)의 4대 이외에 공(空), 바로 이 허공인 제5대입니다, 이 허공이 있게 되었고, '피무동이(彼無同異)' 속에는 같음도 없고 다름도 없다. 자성의 기능은 '진유위법(真有爲法)', 이 '유위(有爲)'는 연기(緣起)의 유위입니다. 이 우주만유는 어떻게 일어난 것일까요? 무위(無爲)가 일어난 것입니다. 자체가 본래 무위입니다. 유위와 무위는 명사 상으로 상대적이고 논리상으로 상대적이며 차별입니다. 실제로는 일체 양면의 기능입니다. 유(有)와 무(無), 공(空)과 유(有)로서 일체 양면의 기능일 뿐입니다. 그래서 '자기 본체는 같고 다름이 없는 속에서[彼無同異]', '진유위법(真有爲法)', 그래서 유위는 잘못이 없습니다. 여기서 부처님은 또 비밀을 하나 드러내셨는데, 세계는 유위이며, 물리세계가 물질세계로 변하는 것은 유위의 기능작용(功用)이 일으킨 것이라는 것입니다. 주의하십시오, 본체는 무위이고, 수도하고 공부하여 즉생성불(即生成佛)하려면, 닦아야 합니다. 공부해야 하고 온갖 것을 수증(修證)해야 합니다. 유위(有爲)는 반드시 다하여 무위(無爲)에 이르러야 합니다[有爲須極到無爲]. 당신은 무위의 길만 걸어가겠다고 말하지 말기 바랍니다. 꼭 닦아서 성공하는 것은 아닙니다. 그러므로 능엄경은 대비밀종(大祕密宗)입니다. 그러기에 '피무동이(彼無同異), 진유위법(真有爲法)', 이 '진(眞)'은 진짜와 가짜의 의미가 아니라, 진여(眞如) 자성 스스로 이 기능이 있어서 이 유위 기능을 일으킨다는 것입니다. 본체 속에는, 본래 같음과 다름이 없는 본체 속에는 그것이 자연히 일면의 이러한 기능이 있습니다, 진여 자성의 유위의 기능입니다.

　"각명공매(覺明空昧), 상대성요(相待成搖), 고유풍륜집지세계(故有風輪執持世界)",

　부처님은 말씀하시기를 물리세계는 공(空)한 것이라고 합니다. 우리 이 지구, 이 세계가 형성되기 이전입니다. 그럼 이 공(空)의 중간에 어떻게 이 지구가 형성되었을까요? 불경에서 말했는데, 이 태공 속에서 우리 지구가 형성되기 이전인 시기를 공겁(空劫)이라고 합니다. 공겁은 20 대겁(大劫)입니다. 시간의 문제, 시공의 문제가 나왔는데, 그 20 대겁이 지나면 바로 성겁(成劫)입니다. 이 세계를 형성하고 지구가 형성되는 성겁 또한 20 대겁이 필요합니다. 어떻게 형성되었을까요? 그것은 공겁으로부터 성겁까지 세계의 형성은 '진유위법(真有爲法)', 이 스스로 그러한[自然] 기능이 온 것입니다. 바로 '성각묘명(性覺妙明)'이 온 것입니다. '각명공매(覺明空昧), 상대성요(相待成搖)', 우리의 그 본체 자성은 본래 영명(靈明)하고 영각(靈覺)합니다. 본래에 지각이 있고 감각의 작용이 있으며, 본래 밝고 빛납니다. '공매(空昧)', 왜냐하면 텅 비어있는 경계 속에 있기 때문이고, '매(昧)', 꼭 밝은 것은 아닙니다. 중문의 글자 매(昧)는 혼매(昏昧)하다는 뜻입니다. 어두컴컴한 것입니다. 광명이기도 하고 공매이기도 합니다. 일음(一陰)과 일양(一陽)이 '대대(對待)', 이 두 개의 힘이 서로 맞섭니다. 그러므로 물리세계 물질세계는, 아인슈타인이 발견했는데, 이 세계와 저 세계는 모두 상대적입니다. 이 상대적인 지구에는 지구중심의 흡인력이 있고 지구를 이탈해버리는 또 다른 것이 있습니다.

　'상대(相待)'는 서로 '대대성요(對待成搖)', '요(搖)'는 바로 동태입니다. 우주는 비록 움직이더라도 본래 공한 것입니다. 주의하십시오, '정성허공(靜成虛空)', 허공이 오랫동안 방치되면, 이 단락을 얘기해보면, 서서히 현재의 지질학에 접근합니다. 이 허공은 본래 공(空)합니다. 공이란 아무것도 없는 것이 아닙니다. 공은 생명의 일종 현상입니다. 그러므로 주의하기 바랍니다, 사망은 아무것도 없는 것이 아니라, 이 또한 생명의 일종 현상입니다.

수면(睡眠)과 어둠은 두려워할 게 뭐 없습니다. 이 또한 생명의 일종 현상입니다. 그래서 이 공의 경계 속에 오래 있으면, 이것이 구르고 있는지를 알지 못합니다. 이 공이 얼마나 오랫동안 굴렀는지를 알지 못합니다. '상대(相待)'를 오래할수록 동태는 그만큼 커집니다. '상대성요(相待成搖)', 풍륜이 일어나고 기류가 있게 되며 대기층이 일어납니다. 역경(易經)으로는 바로 진괘(震卦)입니다. 진(震)이 뢰(雷)가 되고 진괘의 상대 면이 손괘(巽卦)인데 손(巽)은 풍(風)이 되고 풍뢰(風雷)가 곧 달라집니다. 물리세계의 공속에서 공겁이 굴러서 물질을 이루어 이 세계를 형성하고, 이 공겁, 성겁이 각각 20겁씩입니다. 성겁이 어떻게 형성될까요? 먼저 공기, 대기층이 있습니다. 대기층의 밖은 여전히 공입니다. 그래서 지구는 대기층 밖이 태공이며, 태공 속에서 구르고 있습니다. 저 늙은 할머니가 주방에서 일이 없이 선풍기를 켜 놓아 어지럽게 돌아서, 그 결과 밀가루가 반죽 되어 덩어리가 되는 것과 같은지 모릅니다. '집지세계(執持世界)', 그래서 이 지구의 지각 밖은 바로 한 층의 공기가 둘러싸고 있습니다.

"인공생요(因空生搖), 견명립애(堅明立礙), 피금보자(彼金寶者), 명각립견(明覺立堅), 고유금륜보지국토(故有金輪保持國土)",

'인공생요(因空生搖)', 공(空)과 풍(風), 즉 허공과 대기 둘이 미쳐서 굴러 돌아가고 있습니다. 한참 굴러 돌아갔는데, 그 안의 이 굴러 돌아가는 동력에 불순물이 있고, 그게 고체의 것을 구성합니다. 오늘날 이미 태공에 도달하여 틀리지 않다는 것을 증명했는데, 부처님이 말씀하신 대로 안쪽은 풍륜인 대기층이고 대기층의 안쪽이 비로소 지구입니다.[131]

'견명립애(堅明立礙)', 모두 동태로부터 온 것으로, 이 우주는 영원히 움직이고 있으며, 자성 본체 기능의 명백함이 견고하게 응결되어 장애를 건립하였습니다.

'피금보자(彼金寶者), 명각립견(明覺立堅)', 이 때문에 지질의 형성이 있게 되었습니다. 단단한 지질이 형성되었는데 이 지질은 무엇일까요? 자성 기

---

131 이 구절은 천문학에서 말하는 '별의 탄생과 진화 과정' 자료를 찾아 참고하기 바랍니다.(역주)

능의 그 '명각(明覺)'입니다. 우리 자성의, 능히 명백할 수 있고, 각성이 있는 그 기능이 투영되어 변화되어 나온 것입니다. '명각'이 '립견'하였습니다. 견고한 이 대지를 건립하였고 이 지질을 건립하였습니다. 이 지질은 여전히 굴러 돌아가고 있고 그 풍도 여전히 굴러 돌아가고 있습니다. 일단 굴러 돌아가고 있기 때문에, 대기층이 굴러 돌아가고 있기 때문에, 마찰하여 열이 발생합니다. 그러기에 지구 안에 화산(火山)이 있습니다. 마찰하기 때문에 액체가 있어서, 물이 있고 해양이 있으며, 요동을 칠 수 있어서 높은 것은 바로 높은 산이 되고 낮은 것은 바로 해양의 물 흐름이 됩니다.

　'고유금륜보지국토(故有金輪保持國土)', 무엇이 '금륜(金輪)'일까요? 불경에서 말하는 것인데, 이 세계의 주위에는 금륜산(金輪山)과 칠보륜산(七寶輪山)이 있습니다. 그래서 우리 대만의 화련(花蓮)이나, 대중(臺中)의 변두리에는 모두 보석이 있습니다. 그런데 그것을 파내지 말아야 합니다. 파내서는 안 되는 것입니다. 당신이 파내면, 변두리를 파내서 무너지면, 땅의 기초가 파내져서 이 지구는 무너집니다. 그러나 현재 중생은 재물을 탐내서 한사코 스스로 그것을 훼손하고자 합니다. 세계 각지를 보세요, 다들 훼손하고 있습니다. 그 변두리 것들입니다. 저 석유를 보세요. 석유는 인체 속의 골수와 같은데 날마다 골수를 뽑아내는데도 그게 위축되지 않겠습니까? 천천히 하다보면 결국 그것을 끝장내게 될 것입니다. 끝장 내버려도 괜찮습니다. 그러면 '자성 본체 기능의 광명이 견고하게 응결되어 요동(搖動)하는 현상을 형성하고, 요동하면 물질의 본능인 진로(塵勞)가 발생하며, 진로의 동력이 견고함을 발생할 것이니[堅明立搖, 搖動發勞, 勞動發堅]', 마음대로 하라지요 뭐. 어쨌든 제2차로 다시 오기 마련입니다. 그래서 이 요동으로 금륜이 국토를 유지합니다. 세계의 변두리 토지는 모두 견고하고 고체이며 보석입니다. 그러면 이렇게 견고한 돌이나 보석은, 세상의 이러한 보석들인, 백옥이나 다이아몬드나 이것들은 바로 우리 사람의 인성, 자기 본성 속에 있는 밝은 것[明亮], 현재 우리의 감각 상으로 두뇌가 또렷이 밝은 것, 명백한 각성 이 기능의 투영입니다. 저는 늘 이렇게 비유합니다, 양초를 켜면 밝은 빛이 나고 그 검은 연기가 나오고 있습니다. 밝은 것은 바로 우리 정신세계인 마음의 작용이고, 그 검은 연기가 나는 것은 바로 물리세계의 작용으로서, 그것이 결합하여 한 덩어리를 이루었습니다.

"견각보성(堅覺寶成), 요명풍출(搖明風出)",

이것은 지구 내부를 말한 겁니다. 우리의 이 지구의 경우 내부의 지구가 형성됩니다. 지구도 굴러 돌아가고 있습니다. '견각보성(堅覺寶成)', 각성의 기능이 응결하여 고체인 대지의 물질 보장으로 변하고 나서는, '요명(搖明)', 갑자기 태양이 와서 낮은 밝고 밤은 어두우면서 지구는 영원히 굴러 돌아가고 있습니다. 지구와 태양과 달, 세 개의 동그라미가 영원히 굴러 돌아가고 있습니다. '요명풍출(搖明風出)', 그렇게 허공 광명중에서 동요하기를 그치지 않으므로 풍성인 공기가 생겨납니다. 그래서 지구 위쪽에도 기류가 있습니다.

"풍금상마(風金相摩), 고유화광위변화성(故有火光爲變化性)",

지구의 이 지각 외면에 공기가 있고 고체의 지구 곳곳에 높은 산이 있습니다. 이 둘은 서로 굴러 돌아가고 있고 영원히 움직이고 있습니다. 서로 마찰하고, 마찰하면 열이 발생하여 기류가 있고 불이 일어납니다. 그러므로 화광이 있고 열에너지가 있습니다. 주의하십시오, 여러분이 정좌한 채 노력하면 당신의 신체 내부 변화 또한 이렇게 온 것이니 당신은 이를 공부라고 여기지 말기 바랍니다. 부공(夫功)이지 공부(功夫)가 아닙니다. 4대 본유의 변화는 신기할 것이 못됩니다. 당신이 이것을 이해하고 나면 수행하기 좋습니다. 당신은 기맥 변화를 알더라도 당신이 그것을 추구해서는 안 됩니다. 당신은 정말로 고요히 할 수 있기만 하면 그것은 자연스러워 사람마다 기맥의 변화가 일어날 것이며, 이 4대 변화와 마찬가지인 것입니다. 이 단락에서 부처님은 비밀을 당신에게 일러주셨는데, 그것은 기맥을 닦는 원리입니다. '견각보성(堅覺寶成), 요명풍출(搖明風出)', 기류가 또 요동합니다. '풍금상마(風金相摩)', '풍'은 바로 기(氣)이며. '금'은 고체이고 신체상으로는 뼈인데, 이 기맥들의 유동이 '고유화광위변화성(故有火光爲變化性)', 그래서 내부에 광명이 있는 경계가 발생하니 각종 현상을 모두 거들떠보지 말기 바랍니다.

"보명생윤(寶明生潤), 화광상증(火光上蒸), 고유수륜함시방계(故有水輪含十方界)",

열기가 위로 오릅니다. 이것은 지구 물리입니다. 우리 지구는 왜 비가 올까요? 비는 땅에 내립니다. 이 지구의 증기는 위로 오르고 열이 몹시 뜨거워지면 위로 향하여 발휘하고, 위쪽의 허공을 만나면 허공은 서늘한 것이라, 서늘한 것과 접촉하자마자 쏵! 비가 내립니다. 바로 그렇습니다. 부처님도 바로 그렇다고 당신에게 말씀하십니다. 우리 자성의 기능은, 본래 자성은 바로 살아있는 보배입니다. 우리가 바로 인포체입니다. 인포체는 티베트어로 보배라는 뜻입니다. 자성은 바로 '보명(寶明)' 자성으로, 자성은 광명합니다. 그 부속 기능에는 윤택의 작용이 있습니다. 보세요, 다이아몬드 한 알이나 한 덩이 옥은 깨끗하고 투명하며 만져보면 윤택하고 기분이 좋습니다. 자성도 그렇습니다. 그래서 '보명생윤(寶明生潤)', 이 보배는 보석류가 아니라, 자성이 본래 보배와 같이 귀하며 윤택의 작용이 있다는 것을 형용하는 것입니다.

'화광상증(火光上蒸)', 이 때문에 화광이 상승하고 열에너지가 위로 증발합니다. 증발한 뒤에는 액체로 변합니다,

'고유수륜함시방계(故有水輪含十方界)', 그러므로 수륜이 형성되어 시방세계 중에 에워쌉니다. 그래서 지질학에서 알고 있는데, 이 지구의 형성에는 물과 세멘트처럼 이 밀가루 덩이처럼 굴러 돌고 돌아가고 있습니다, 굴러 돌아간 뒤에는 일단 얼게 되고, 내려온 뒤에는 돌출한 것은 고산 평지이고, 움푹 들어간 곳은 바로 해양으로서, 수(水)가 있고 화(火)가 있습니다.

"화등수강(火騰水降), 교발립견(交發立堅), 습위거해(濕爲巨海), 건위주단(乾爲洲潬)",

이 때문에 이 지구 세계가 형성된 뒤에 열에너지와 화광은 위로 증발해서 '수강(水降)', 위쪽의 비가 내립니다.

'교발립견(交發立堅)', 그래서 오랫동안 비가 내리지 않으면 열기가 상승하여 견디지 못합니다. 위쪽은 너무 뜨거워서 또 비로 변하여 내리고 또

서늘해지면서, 스스로 변화합니다. 물리세계에서 '화등수강(火騰水降)', '교발(交發)', 서로 번갈아가며 상호작용을 일으켜, '립견(立堅)', 이 견고한 지구세계를 건립하는 것이 바로 성겁입니다. 성(成)·주(住)·괴(壞)·공(空)에서 공(空)해진 뒤에 다시 성(成)입니다. 우리의 현재 지구는 형성된 뒤로서 현재는 우리들의 주겁(住劫)입니다. 주겁은 바로 존재하는 것인데, 얼마나 존재할까요? 장래 지구는 역시 파괴되기 마련이며, 한 겁 단계마다 모두 20대겁인데, 시간으로 말한 것입니다.

그래서 이렇게 되자 이 지면에서 '습위거해(濕爲巨海)', 물이 흘러 모인 것은 해양이 되고 '건위주단(乾爲洲潬)', 메마른 곳은 육지로 변하여 사람이 살 수 있게 됩니다. 인종은 아직 오지 않았습니다.

그런데 이 세계의 인종은 어디서 온 것일까요? 기타 종교는 하느님이 만들었다고 하지만, 불경에서 인종의 내원(來源)은 그렇지 않습니다. 우리 인류의 조상은 천인(天人)이 내려온 것으로, 색계(色界) 중간인 광음천(光音天)에서 왔습니다. 본래 조상들이 여기에 왔을 때는 마치 오늘날 사람들이 이 태공[太空]이라는 발원지를 발견한 것과 같았습니다. '야~, 이 세계에는 인류가 없구나, 놀기 좋구나' 날아와서 놀았습니다. 한 번 날아오고 또 자신들의 광음천으로 날아서 되돌아갔습니다. 나중에 여기서 오래 날아다니며 놀기 좋다고 느끼고는 다들 저 지미(地味)를 집어 먹기를 좋아했습니다. 어떤 사람이 저에게 지미가 무엇이냐고 물었는데 지미는 소금입니다. 그 천인들은 소금을 많이 먹어서 날지 못하게 되었습니다. 털도 빠지고 사람도 날지 못하게 되어서 여기에 머물러 있게 되자 욕념이 일어났습니다. 아담과 이브 두 사람이 소란을 피워서 시작한 것이 아닙니다. 우리의 옛 조상들은 본래 얌전하지 않았습니다. 하지만 당신이 광음천의 인종은 또 어디서 온 것이냐 묻고, 또 그 이전을 묻고자 하고, 또 그 이전의 이전을 물어가고자 합니다. 그러므로 당신들이 불학을 연구함에 있어 좋은 박사 논문 주제가 많습니다. 이 세계 인종은 어떻게 온 것일까요? 광음천에서 왔습니다, 그러기에 우리의 조상은 천인 경계입니다. 다윈은 말하기를 인류의 조상은 원숭이가 변한 것이라고 하지만, 저는 말하기를 그의 조상은 원숭이고 우리의 조상은 신(神)이라고 합니다.

'습위거해(濕爲巨海), 건위주단(乾爲洲潬)', 부처님은 말씀하시기를 이 세계는 바로 이렇게 형성된 것이라고 합니다. 또 말씀하시기를, 물리세계는 이렇게 형성되었고, 우리의 신체 세계도 이렇게 형성되었다고 합니다. 주의하십시오, 조금 뒤로 가면 사람이 어떻게 출생하는지를 말씀하십니다. 내원을 말씀하시지는 않습니다. 우리 사람의 부친과 모친은 어떻게 우리를 낳을까요?

"이시의고(以是義故)", 이 도리입니다. "피대해중(彼大海中), 화광상기(火光常起), 피주단중(彼洲潬中), 강하상주(江河常注)",

그래서 이 도리로 말미암아 당신이 이 물리세계를 보면 해수의 중심 해양에 화산이 있고, '화광상기(火光常起)', 해저 중심에도 화산이 있습니다. 강하(江河) 안에도 무슨 섬이 있고 또 있어서 이 세계는 삼라만상이 끝없이 관계하면서 한데 뒤섞여서 하나로 융합되어 있습니다[重重無盡].

"수세열화(水勢劣火), 결위고산(結爲高山)",

이 물질세계는 열에너지[熱能], 즉 화(火)가 있기 때문에 수(水)의 세력이 열에너지를 만나서 이 지구도 수시로 변화하고 있습니다. 당신은 우리 지구가 변화가 없다고 보지 말기 바랍니다. 이 지구도 하나의 살아있는 생명으로서 수시로 변동하고 있습니다. 매일 변하고 있음이 우리 신체와 같은 것으로 역시 서서히 노쇠하여가고 있으며 그것도 신진대사를 합니다. '수세열화(水勢劣火), 결위고산(結爲高山)', 물의 세력이 부딪히는 힘이 강하고 화성인 열의 힘이 약하면 지각이 점점 응결합니다. 바로 이렇게 얼어 모아졌다가 갑자기 화산이 폭발합니다. 대지는 왜 진동할까요? 불학의 도리와 지질학의 도리가 필요한데, 지하의 그런 화산들이 지하에서 폭발하고 진동하며 불타서 느슨해지고, 위쪽으로 진동이 계속되어 한 층 한 층씩 형성합니다. 그래서 '결위고산(結爲高山)', 돌출하여 고산으로 변합니다. 지구가 진동하여 틈이 갈라지면 우리조차도 밑으로 내려가게 되어 끝장납니다.

"시고산석(是故山石), 격즉성염(擊則成焰), 융즉성수(融則成水)",

그래서 부처님은 말씀하기를, 당신이 산의 돌을 하나 쥐고, 산의 돌은 당신이 보기에 그렇게 단단한데 당신이 그것을 가지고 치면 석화(石火)가 나올 수 있습니다. 우리 고인, 중국인은 처음엔 불이 없어서 돌 두 개로 서로 쳐서 불을 일으키는 것을 발명했습니다. '융즉성수(融則成水)', 암석이 녹으면 물이 됩니다. 흙탕물을 가지고 돌을 갈면 걸쭉한 액체로 변합니다. 그래서 시멘트 회사가 돈을 벌었습니다. 돌을 가지고 갈면 걸쭉한 액체가 됩니다.

"토세열수(土勢劣水), 추위초목(抽爲草木), 시고림수(是故林藪), 우소성토(遇燒成土), 인교성수(因絞成水)",

땅의 응결력이 크고 수성인 습기의 힘이 약하면, 흙과 물 둘이 결합하면 대지에 초목이 발생합니다. '시고림수(是故林藪), 우소성토(遇燒成土), 인교성수(因絞成水)', 그래서 보세요, 나무와 초목을 불로 태우면 재가 되고 흙으로 변합니다. 만약 태우지 않고 가지고 비틀어 짜면, 그것을 비틀어 짜면 그 물이 뚝뚝 떨어집니다. 무슨 로순자(蘆順子)로 변해서(해음諧音인데 구체적으로 무엇인지 조사하지 못함), 팔아서 돈으로 바꿀 수 있는데, 바로 이렇게 온 것입니다.

"교망발생(交妄發生), 체상위종(遞相爲種)"

그러므로 어느 것이 종자일까요? 수(水)가 종자일까요? 화(火)가 종자일까요? 일정하지 않고 상대적입니다. '체상(遞相)', 서로 인과가 됩니다. 열이 극점에 도달하면 찬 것으로 변하고, 찬 것이 극점에 도달하면 열로 변합니다. 그래서 우리가 늘 물리를 배운 적이 있기에 알 듯이, 저 찻주전자로 물을 끓이는데, 뜨겁게 끓여 가장 뜨겁게 끓여진 찻주전자를 비록 당신이 손으로 찻주전자 밑을 받치고는, 당신이 말하기를,'저의 무공이 얼마나 좋은지를 보세요. 이렇게 펄펄 끓는 물에 저는 데일 까 두렵지 않아요'라고 하는데, 밑 부분은 뜨겁지 않으니 그런 건 당연합니다. 펄펄 끓인 물은 열에너지가 모두 위에 있으니 그 위에 손을 놓자마자 데여서 부어오를 것입니다, 아래쪽은 차갑습니다. 주전자 물이 펄펄 끓지 않게 되거든 온도는 아래쪽으로 천천히 내려가기에, 그 밑 부분을 만져서는 안 됩니다. 그래서 열정이 내려간 사람에게는 (아무 일도 아니라는 뜻으로) 엉덩이를 두드려주어서는 안 됩니다. 그가 당신을 때리려고 할 것입니다. 그러므로 함부로 두드려 주지 마십시오.

"이시인연(以是因緣), 세계상속(世界相續)",

이 물리세계에 대하여 부처님이 말씀하신 결론인데, 물리세계는 무슨 세계일까요? 역시 변화의 세계이며, 죽은 것이 아닙니다. 당신은 물질에 생명이 없다고 보지 말기바랍니다. 부처님이 이 단락에서 우리들에게 일러주신 바에 따르면 물질도 마찬가지로 생명이 있습니다. 하지만 그것의 일부분은 물질의 생명이라고 부르며 그것은 상호 변화합니다. 그러기에 우리 중국문화인 역경에서는 도가와 유가가 분가하지 않고 이것이 일관되게 내려왔습니다. 우리는 이 세계를, 우리의 문화를, 불학이 아직 들어오기 전에, 조화(造化)라고 불렀습니다. 이 세계는 대조화(大造化)이며 하나의 화학 용광로입니다. 우리 생명, 우리 인류 생명은, 중국문화 도가의 관념으로 말하면, 바로 화학 용광로 속에서 변화되어 나온 세균일 뿐 무슨 대단할 것이 없습니다. 그 큰 생명을 찾아내야 비로소 도(道)입니다.

우리는 오늘 능엄경에서 여전히 제4권입니다. 이 세계가 어떻게 생겨났는지를 앞에서 정식으로 제기했습니다. 이 우주만유는 어떻게 생겨난 것일까요? 정신세계와 물질세계의 관계는 하나의 어떤 관련일까요? 앞에서 부처님은 총괄적인 답변을 하나 하셨습니다. 그런데 이 일단의 글은 간략합니다. 고문에서 '간련(簡練)'이라고 하는데, 간단하면서 명백하고 철저합니다. 현재 백화문 교육으로부터 시작한 우리로서는 이러한 중문을 보는 게 곤란합니다. 오히려 그것이 말하는 게 분명하지 못하다고 생각합니다. 만약 구 문학 저작의 방법에 대하여 수양이 있다면, 그것이 말하는 게 간결 세련되었고 분명할 뿐만 아니라 농축하였기 때문에 기억하기도 좋고 암기하기도 좋다고 생각합니다. 우리 옛 문자와 언어는 이 두 가지를 서로 떼어내었기에 중국 글자를 알아야 했습니다. 이러한 생각은 수천 년 동안 이 문자의 구조를 이해했습니다. 시대의 언어는 변화하고 차이가 있겠지만 이 관념과 생각은 차별이 없습니다. 이게 바로 우리 옛 문자의 고명한 부분입니다. 하지만 저는 복고를 주장하지는 않습니다. 복고는 너무나 어렵습니다. 복고는 오직 전체적인 교육이 근본적으로 이 방법이 아니라 여전히 옛 방법이어야만 합니다. 옛 방법은 자기의 문자를 잘 안다면 기타의 학과는 뒤따라 할 수 있게 됩니다. 물론 영문을 뒤따라 할 수 없고 불어도 뒤따라 할 수는 없습니다. 대체로 예컨대 음운학을 이해하고 외국어를 배우면 쉬워집니다. 중국의 음운학을 이해하면 외국어를 배우기도 쉬운데, 우리는 이 문제를 많이 관련시키지 않겠습니다.

앞의 총론의 중점을 여러분에게 다시 한 번 말하겠습니다. 인성의 본래를 말하면, 온갖 중생은 저마다 모두 부처로서 평등합니다. 어떤 자가 하느님이 될 수 있다는 것이 아니라, 사람마다 그 자신이 바로 하느님입니다. 즉, 부처님이며 보통사람이자 개이기도 하며 개미이기도 하며 세균이기도 하여서, 이 성(性)은 평등합니다.

그렇다면 왜 중생과 만물이 다름이 있을까요? 이것은 동업 속에서 별업의 감응[感]인데, 이 힘, 생명의 힘을 불학은 업력(業力)이라고 부릅니다. 업력의 이 업은 세 가지 뜻을 포괄합니다. 선업(善業: 좋은 짓), 악업(惡業: 나쁜 짓), 무기업(無記業: 선하지도 않고 악하지도 않은 것) 이 3종의 업력인데 각자가 형성된 것이 같지 않습니다. 그런데 그것의 중점은 바로 '성각묘명(性覺妙明), 본각명묘(本覺明妙)'입니다. 우리 온갖 중생의 자성, 불성은 평등하여서 낱낱이 부처입니다. 이 평등한 불성이 바로 본각인데, 본래 미혹하지 않았고 모두 맑게 깨어있습니다. 그것은 본래 바로 광명한 것이요 본래 묘해서 불가사의한 것입니다. 그래서 이 여덟 글자를 뒤집어서 이해해 본다면, 우리가 오늘 만약 자성을 깨달을 경우, 이 깨달음은 이해상의 깨달음을 말하는 것이 아니라 증오(證悟)를 말합니다, 자성이 본래 광명하고 묘하여 불가사의하다는 것을 실증한 것입니다. 그게 바로 '성각묘명(性覺妙明)'입니다. 우리가 자성을 깨달으면[悟] 묘해서 말로 표현할 수 없고 본래 광명하다는 것을 깨닫습니다[覺悟]. 이것은 어디서 오는 것일까요? '본각명묘'이지 결코 당신의 재주가 아닙니다. 우리 자성이 본래 미혹하지 않았고, 그것은 그렇게 광명하고 그렇게 묘해서 불가사의하다는 것, 이것이 중점입니다.

부루나가 부처님에게 답변했는데 그는 말했습니다, "이 말씀은 당신께서 늘 하시는 것을 저는 들었습니다." 그러자 부처님이 그에게 질문을 하셨습니다, "너는 들었다." 우리가 현재 대화하면서 '당신은 이해하였지요?'라고 묻는 것이나 같습니다. "너는 내가 말하는 '성각묘명(性覺妙明), 본각명묘(本覺明妙)'에 대하여 이해하는 바로는, '여칭각명(汝稱覺明), 위복성명(爲復性明), 칭명위각(稱名爲覺)?, 위각불명(爲覺不明), 칭위명각(稱爲明覺)?', 부처님은 말씀하십니다, 너는 틀림없이 오해가 있다, 일반인들이 불법을 배움에 있어 이 부분에서 오해한다. 네가 이해하는 바는, 본래 광명하고 본래묘각의 자성은, 온갖 중생의 본성이 그러한 것을 보리(菩提)라고 부르고오도(悟道)라고 부른다는 것을 말하느냐, 아니면 네가 지금 자기가 흐리멍덩하여, 무명이고 명백하지 않다고 여겼다가 이제 자신이 깨달은 것을 명묘(明妙)라고 부르는 것을 말하느냐?" 부처님은 말씀하십니다, "너는 이 관념을 명확하게 해야 한다. 이 논리와 관념을 명확하게 하지 못한다면, 네가 불법을 배우는 그 모든 것이 흐리멍덩한 것이다."

이어서 부처님은 부루나가 답변하기를 기다리지 않고 자신의 한 세트의가설적인 문답을 하면서 사리를 따져 말해가십니다. 그런 다음 이 본성의기능을 다 얘기하시기를, "만유의 세계, 허공을 포함한 이 우주만유는 온갖 중생이 함께 가지고 있는 이 심성의 체(體)의 일종의 변태이다."라고 합니다. 그러기에 우리는 현재 늘 어떤 사람의 심리 변화 상태를 말하는데, 저는 말하기를 "온갖 중생은 모두 심리의 변태입니다. 부처님의 눈으로 보면 온갖 중생은 모두 변태의 심리입니다. 불변하려면 오직 성불하여 대철대오 하고 본래를 찾아내야 한다."고 합니다. 그래서 이어서 부처님은 말씀하시길 "우주만유와 이 세계, 내지 온갖 중생의 정신적인 것과 생리적인것은 모두 하나의 변태의 투영이다. 자성 변태의 투영일 뿐이다."고 합니다.

이 때문에 물리세계를 설명하십니다. 예컨대 우리가 고요함[靜]을 여기기를, 즉 정(靜)과 동(動) 이 둘은 상대적인 물리 현상인데, 우리는 보통 정이 고명하다고 여깁니다. 그런데 부처님은 여기서 우주만유를 얘기하면서 정태(靜態)는 본체 기능의 일면에 불과하여서 마치 이 손의 손바닥과 같고, 동태(動態)는 손등과 같으니 한 몸[一體]의 두 가지 쓰임이라는 겁니다. 여러분은 동과 정의 두 가지 모습[相], 이 두 가지 현상에 대하여 심리적으로 모호하고 뚜렷하지 않기 때문에 자기가 차별하여 항상 정태가 대단하고 위대한 것이라고 여기는데, 이는 물리세계에서의 이른바 '정성허공(靜成虛空)'과 같습니다. 그런데 먼저 공이 있고, 허공이 있고 난 뒤에, 허공 속에서, 이 태공 속에서 물리의 작용이 지수화풍(地水火風)의 상호 변화를 발생시킵니다. 그럼 변태 중에서의 제3층의 투영은 영원히 회전[旋轉]으로서 변화해갑니다. 이 회전성[旋轉性]을, 불법이 중국에 들어오기 이전 우리 자신의 옛 조상의 문화인 역경에서는 '순환왕복(循環往復)'이라고 부릅니다. 즉, 회전하는 현상인데 '순환'은 바로 하나의 동그라미가 굴러 돌아가는 것입니다. '왕복'은 바로 이 하나의 점에서 시작해서 한 바퀴 돌고 다시 이 한 점으로 돌아오는 것인데, '왕'은 가는 것이고 '복'은 되돌아오는 것입니다. 그런데 불학은 그것을 어떻게 형용할까요? 현상은 윤회라고 부르며, 하나의 바퀴처럼 굴러 돌고 있다고 말합니다. 그래서 부처님은 말씀하시기를 이 물리세계는 서로 원인이 되는 까닭에 서로 변화한다고 합니다. 그리고 물리세계에서 제시한 변화로서 부처님은 단지 지수화풍공(地水火風空) 5중(五重)만을 얘기하셨습니다. 그런데 우리 조상은 불학이 중국에 들어오기 이전에 금목수화토(金木水火土) 오행(五行)을 제시했습니다. '행'은 바로 영원히 굴러 돌아가고 있으면서 서로 변화하고 있고 생극(生剋)하고 있는 것입니다. 그래서 오행은 상생상극입니다. 생명이 올 때가 이미 사망의 시작입니다. 그래서 후세에 장자(莊子)는 말하기를, 예컨대 사람의 생명은 "방생방사(方生方死), 방사방생(方死方生)"한다고 했습니다. 우리는 오늘 방금 아이가 태어날 때를 태어난 것으로 여기는데, 그것은 사망의 시작입니다. 2백 년을 살아도 거기서 2백 년간 죽음을 기다리면서 죽은 것일 뿐입니다. 당신은 지금 사망했다고 생각하지만 또 하나의 생명의 시작입니다. 그러므로 '방생방사(方生方死), 방사방생(方死方生)'입니다. 생사는 아침과 같고 낮과 같으며 저녁과 같아서, 양쪽의 현상입니다. 저 우주로 하여금 낮으로 바뀌게 하고 밤으로 바뀌게 할 수 있는 그러한 기능에는 생사가 없고 어둠도 없고 밝은 빛도 없으니, 그것은 '본각묘명(本覺妙明)'입니다. 지난 번 대략 여기까지 토론했는데 비교적 이해하기 어렵습니다. 그러나 이 단락은 대단히 중요합니다.

만약 이제 학우들이 이 단락을 연구하려면 태공·물리·화학·지질·생물 등과 결합시켜야 합니다. 어쨌든 당신은 다방면의 상식이 필요하고 다시 이해해야 합니다. 그런 다음에는 부처님의 설법이 대단히 위대하다는 것을 느끼게 됩니다. 그분은 일찍이 2, 3천 년 이전이었습니다. 오늘날 같은 과학 시대도 아니어서 그 때를 현대 자연과학과 비교하면 낙후되었을 지도 모르지만, 결국 그 시기의 문명이나 현재의 문명이나 그 정의를 내리기 어렵습니다. 하지만 적어도 자연과학은 현재만큼 발달하지 못했습니다. 그렇지만 부처님이 설하신 것을, 현재까지 로서는 자연과학이 그분의 범주를 뛰어넘지 못했습니다. 단지 시대가 다르고 표현이 다를 뿐으로, 현재에는 분석이 정교 세밀하다는 것이고, 과거에는 비교적 개괄적이었다는 것입니다. 이어서 이제 사람의 생명을 얘기하기 시작합니다. 부처님은 기타의 생물 생명은 이 단락에서 얘기하지 않으십니다. 그것을 다시 계속 토론해간다면 번거롭고, 기타의 경전 속에 있으니 여기서는 얘기하시지 않습니다. 그럼 이제 우리 시작하겠습니다. 우리는 원문에 주의를 기울이여야 합니다. 특히 청년 학우들은 마땅히 자기의 중국 문자에 있어, 간결하고 세련된 문자는 어떻게 쓰는지 그 방법을 학습해야 합니다. 간결하고 세련된 문자가 중요합니다.

"부차(復次)", 바로 우리가 현재 말하는, '게다가 두 번째 문제로는'입니다.

"부루나(富樓那), 명망비타(明妄非他), 각명위구(覺明爲咎)",

지금 우리와 관련이 있는데, 여러분은 불법을 배워서 명심견성하고 오도하고 구도하려고 합니다. 일반 불학은 말하기를 우리가 명심견성(明心見性) 할 수 없는 까닭은 망상에 가로막혔고 망상(妄想)이 있기 때문이라고 합니다. '망(妄)'은 중국 글자인데 먼저 이 글자를 이해하면, 바로 '가짜이고 허망하고 실재하지 않고 마음대로 함부로 하고 제멋대로 군다'는 의미입니다. 그래서 우리는 고문으로는 말하기를, 어떤 때 우리는 고문으로 가령 어떤 사람을 욕할 경우, 이 청년이나 혹은 이 사람이 제멋대로 하는 자라면 우리는 예전에 지금처럼 란개(亂蓋: 제멋대로 하다, 멋대로 허튼소리를 하다의 뜻/역주) 등 많은 새로운 명사를 말해 그렇게 욕하는 것이 아니라, 말하기를 '모모인은 어떠한가? 그는 망인(妄人)이다'라고 했습니다. 망인은 바로 이 '망'으로, '분별없고[狂妄], 허망하고, 실재하지 않고, 말이 과장되어 사실과 부합하지 않고, 너무 심하게 허풍을 떨고, 사실은 해내지 못한다'가 망인이고 망어(妄語)입니다. 이것이 '망'의 뜻입니다. 그러나 '망'은 없다는 뜻이 아닙니다. 좋지 않다는 뜻도 결코 아닙니다. 당신이 거짓말 하면 망어라고 하더라도, 말을 하고 있는 것입니다. 하지만 그 말이 진실하지 않다는 뜻입니다. 이 망의 의미를 이해해야 합니다. 그러므로 망상은 바로 우리의 생각·감각·지각인데, 왜 '망'이라고 부를까요? 그것이 허망하여 실재하지 않고 그것이 영원토록 여기에 머무르지 않을 것이기 때문입니다. 그래서 모두 망상을 두려워합니다.

망상이 뭐 두려할 게 없지만, 당신이 그것을 멈추게 하려해도 해내지 못합니다. 하나의 망상이 지나가면 지나가버린 것이어서 당신이 다시 붙잡아서 되돌리고 싶어도 되돌릴 수 없습니다. 이미 망상인 바에야 구태여 그것을 없애려고 할 필요가 있을까요? 맞지 않습니까? 여러분은 다들 망상을 없애서 도를 이루려고 하지만 정말로 명청합니다. 뻔히 그것을 망상이라고 부르는데 당신이 왜 그것을 없앱니까? 그것을 없애서 뭐 하려고요? '망'은 바로 가짜이니까요. 가짜를 가지고 놀다가 진짜로 여기지 않으면 됩니다. 망상을 알고 보면, 예컨대 당신은 '이 사람이 나를 속인다'고 말하지만, 그가 나를 속인다는 것을 알고서 속임을 당하지 않으면 되듯이,

'망'은 바로 그까짓 것입니다. 그런데 망상 그것이 어디로부터 오는가를 말해보면, 그것은 진(眞)으로부터 옵니다. 진짜가 있으면 가짜가 있고 음(陰)의 면이 있으면 양(陽)의 면이 있습니다. 망상은 허망하고 부실한 것으로, 그것은 영원히 머무르지 않을 것입니다. 그래서 그것을 '무상(無常)'이라고 합니다. 영원하지 않기에 변해가기 마련입니다. '망'은 그런 것입니다. 그런데 우리가 지금 일반적으로 불법을 배우면서, 부처님이 망상은 좋지 않다고 설하신 것을 듣습니다. 그런 다음 정좌하거나 염불하거나 수행하면서 필사적으로 망상을 없애고 싶어 합니다. 일생 동안 닦으면서 망상과 둘이 원수가 되고 있는데, 망상이 또 당신을 해친 게 무엇입니까? 진정으로 당신을 해치는 것은 망상이 아닙니다. 물론 망상과 관련 있지만, 당신이 일생동안 망상을 없애려고 해도 망상을 없애지 못합니다. 왜냐하면 당신이 망상을 없애려고 하는 그 관념이 바로 망상으로서, 그것 자체가 망상이기 때문입니다. '나는 정좌하니 시끄럽게 하지 마라, 나는 앉아 있다, 불법을 배우고 선정에 들어가니 울지 마라. 너희들은 얌전히 책을 읽어라 아빠는 정좌한다' 본래 매우 좋았고 아무 일이 없다가, 하게 되니 일이 있습니다. 수도하고 망상을 없애려 하기 때문입니다. '에이, 어떻게 아직도 망상이 있지?' 당연히 망상이 있지요, 당신의 그런 모습은 그곳에서 망상하고 있으면서 기(氣)를 수련하고도 싶고 또 임맥과 독맥 두 맥도 뚫어 통하게 하고 싶습니다. 방광(放光)도 하고 싶고 방귀도 뀌고 싶습니다. 이렇게 한바탕 함부로 합니다. 당신은 온통 망상 가운데서 아무렇게나 하고 있습니다.

평상(平常)이 바로 도입니다. 그래서 선종 조사가 말하기를 평상심(平常心)이 바로 도라고 했습니다. 이 말을 이해하기는 쉬우면서도 가장 이해하기 어려운 말입니다. 무엇을 '평상'이라고 하는지 당신은 그 정도까지 할 수 없습니다. 당신은 바로 평상을 해내지 못하는 겁니다. 세상에 어떤 사람이 정말로 평상한 마음 상태까지 성취한다면 이 사람은 성공했습니다. 세간을 벗어나서는 도를 얻었고 세간에 들어가서는 한 사람의 대 영웅이요 대 성인입니다. 영웅이란 결코 살인을 많이 한 자를 영웅이라고 부르는 것을 말하지 않습니다. 바로 자신이 하늘을 떠받치고 땅에 우뚝 서는 한 인간입니다. 평상 할 수 없다면, 예컨대 우리가 불법을 배우든 뭐든 다 망상심으로 하는 겁니다. 그래서 부처님은 여기서 우리에게 엄중한 것을 하나 말씀하셨는데, 모든 생사의 근원은 이 생각·망상이다는 것입니다. '나는 돈을 벌어야겠다·내가 방법을 생각해내야겠다·나는 머리를 써야겠다' 이 모두가 망상입니다. 망상이 열린 뒤로는 멈추지 못하고 그것은 순환 왕복합니다. 이 생각은 영원히 끊이지 않으며 이러한 망상을 끊지 못합니다. 망상이 일어나지 않으면 어떨까요? 그러면 어떠할까요? 청년 학우들은 주의하십시오. 능엄경으로써 한 답안입니다. 지금 우리는 연합고사의 구두시험입니다. 망상이 일어나지 않는다면, 어떤 사람이 만약 평상의 정도까지 성취했다면, 어떠할까요? 제가 여러분을 대신하여 답하겠는데 능엄경 본문입니다. '청정본연(淸淨本然), 주변법계(周遍法界)', 원래부터 청정하고 우주 사이에 충만하여 두루 있습니다. 좋아요 좋지 않아요? 이 답안은 80점으로, 틀리지는 않았습니다만 100점에는 부족 합니다. 그러므로 평상심이 바로 도로서, 망상이 일어나지 않고 '청정본연, 본각명묘'가 옵니다.

그러나 우리가 그 경계에 도달하면, 어떤 사람들은 정좌하고 염불하면서 우연히 눈먼 고양이가 죽은 쥐를 만났을 때 때로는 이러한 경계도 만났다고 저는 믿는데, 그는 생각 좀 해보고는, '정상이 아니지 정상이 아니야, 그렇게 쉽지는 않지. 내가 어떻게 한 번 하자마자 그럴 수 있겠어?'라고 생각합니다. 여러분은 그렇게 여러 해 동안 닦아왔는데도 자신이 믿지 못합니다. 믿을 수 없는 것은 무슨 이유일까요? '각명위구(覺明爲咎)'. 자신이 항상 대철대오를 구하고 싶습니다. 특히 선종 조사가 말하기를 대철대오 할 때 갑자기 '펑!' 한 번 한다고 말한 것을 듣고는, '아이고 내게는 펑! 하지 않았다'고 합니다. 그렇다면 폭죽을 사서 좀 터트리면 얼마나 좋겠습니까? 그 사람은 펑! 한 번 했지만, 당신은 한 번 펑! 하지 않음도 있습니다. 왜 반드시 한 번 펑! 해야 합니까? '남은 말하기를 대철대오하고 나면, 그것은 차가운 재에서 콩이 튀는 것[冷灰爆豆]과 같다고 하는데 나는 차가움이 없는데, 좋을까 좋지 않을까?' 모두 하나의 각(覺)을 구하고 명(明)을 구하고자 함이 '위구(爲咎)', 고장(故障)을 낳았습니다. '구(咎)'는 바로 고장, 잘못입니다.

그래서 부처님이 말씀하셔서 처음에 부루나에게 일러주십니다, '명망비타(明妄非他)', 한 걸음 더 나아가 말씀하시기를, "너는 이 망상이 어디로부터 오는지를 밝히고자 하느냐? 망상은 다른 하나의 망상이 아니다. 망상은 너 자신이, '천하에는 본래 일이 없는데, 어리석은 사람이 스스로 골칫거리를 만드는 것[天下本无事, 庸人自扰之]'으로, 각명위구(覺明爲咎)이다."라고 합니다. 당신은 늘 생각하기를, '나는 망상해서는 안 된다. 내가 청정을 유지해야 하는 것이 도이다'하고는 바로 자신이 총명하다고 느낍니다. 이 점의 총명에서 병폐가 생겼습니다, '각명위구(覺明爲咎)', 자성 본각의 영명이 발생시키는 변태입니다. 그러므로 망상은 누가 변한 것일까요? 바로 그것이 변한 것입니다. 마치 물위의 파랑과 같은데, 파랑은 누가 변한 것일까요? 물이 변한 것입니다. 물이 움직여서 파랑으로 변하면 곧 혼탁해집니다. 파랑이 일어나지 않으면 어떨까요? 바로 물이지요. 물은 바로 물인데 물은 어떠할까요? '청정본연(清淨本然), 주변법계(周遍法界)', 원래부터 청정하고 우주 사이에 충만하여 두루 있습니다. 그래서 부처님은 당신에게 일러주십니다, "망상은 어디에서 오는가? 너는 망상을 없애서 뭐 하자는 것인가? '명망비타(明妄非他)', 망상은 다른 것이 아니다. 별도의 것이 아니고 그것은 네가 변한 것이다. 바로 나 자신이 변한 것이다. 왜 그렇게 망상으로 변한 것이 많을까? '각명위구(覺明爲咎)'이다" 첫째, 자기가 오도하고 따로 하나의 경계에 호기심을 갖기를 늘 생각합니다. 항상 경계가 하나 있는데 어떤 경계가 하나 있으면 그 경계가 바로 망상입니다. 망상이 없다면 어떻게 경계가 하나 나오겠습니까? 당신이 말합니다, "저는 절대로 망상이 조금도 없습니다." "오! 그거, 좋아요." "저는 지금 명묘(明妙)함을 압니다." "명묘는 무슨 묘(廟)입니까? 토지공(土地公)의 묘입니까? 당신에게 묘(妙)가 하나 있으면 묘하지 못합니다. 그것은 바로 각명위구(覺明爲咎)입니다. 중점을 해내야 합니다."

"소망기립(所妄既立), 명리불유(明理不踰)",

그러나 온갖 중생은 자기의 '청정본연'을 잊어버리고 평상이 바로 도임을 감히 인정하지 못합니다. 평상심이 바로 도라는 것을 감히 인정하지 못하고 늘 신기한 것을 좋아합니다. 신기한 것을 좋아하기 때문에, 그래서 하루 내내 망상 속에서 구릅니다. 소망(所妄: 심소)은, 이 심능(心能)이 본능이 변해서 일어난 이 현상인데, 일어난 바가 무슨 현상일까요? 하루 내내 망상 속에 있는 것입니다. '소망기립(所妄既立)', 어떤 것이 하나 건립되었지만, '명리불유(明理不踰)', 그러나 당신의 그 스스로 명백한 그 본각의 성(性)은 변함이 없습니다. '불유(不踰)', 뛰어넘지 못합니다. 이 두 마디 말의 의미를 이해했지요? 이해했는데, 당신은 말하기를 '나 자신과 문자 이 둘이 합해지지 않는다'고 합니다. 이는 마치 제가 학생을 대하는 것과 같습니다. 저는 학교에서 수업할 때 학생이 아주 많습니다. 그래서 많은 학생들이 저의 고질병을 알고 있습니다. 전화를 걸어와서 말합니다, "선생님, 저는 당신의 학생입니다." 제가 말합니다, "알아요, 알아. 이름이 무엇이지요?" 저는 그 학생의 이름을 모릅니다. 저는 출석을 부르지 않기 때문에 이름과 사람 이 둘이 영원히 합해지지 않습니다. 그가 저에게 이름을 알려주면, "저는 알아요, 알아." 라고 하고는 잠시 후 또 잊어버립니다. 저의 두뇌 속은 이 망상을 집어넣고 싶지 않습니다. 왜냐하면 당신의 이름을 기억하고 있으면, 당신이 장래 돈을 벌어 부자가 되었고 관직이 높아졌을 때, '아, 그는 나의 학생이다'라는, 이 한 생각이 있을까봐 두렵기 때문입니다.

'소망기립(所妄既立)'은 너무 고통스럽게 되니 차라리 잊고, 저는 그저 그가 한 사람으로서 그도 한 사람이고 저도 한 사람임을 알면 좋습니다. 사람은 어디까지나 사람입니다. 사람을 알까요? 압니다. 사실은 전생에 알았으면 곧 알고, 내생에도 압니다. 현재는 잊어버려도 관계가 없습니다. 그래서 망상이 건립된 이후, 비록 망상이지만 당신의 그 본래 묘명한 이 하나의 명백한 '명리불유(明理不踰)', 도망 가버리지 않았습니다. 여러분은 지금 이 두 마디 말을, 제가 방금 말한 것처럼 제가 학생을 대하는 것과 같이 인식합니까? 중문은 다들 압니다. 이름을 뭐라고 하지요? 하나로 합해지지 않습니다. 의미와 합하지 못합니다. 뭐랄까? 우리 지금 온갖 중생은 자기의 이 본성이 한 번 요동하여서 망념이 영원히 굴러 돌아가고 있는 겁니다.

'소망기립(所妄既立)', 망상이 여기서 구르고 있기 때문에 당신이 망상을 없애고 본성을 구하려고 하는데, 당신이 3대아승기겁, 아니 9대아승기겁 동안 닦더라도 성공하지 못합니다. 망상이 무슨 방해가 있습니까? 바꾸어 말하면 망상도 괜찮습니다! 그것도 본성 기능의 하나의 투영으로서 제2월입니다. 결코 달그림자는 아닙니다. 이 말을 아직 기억합니까? 부처님이 말씀하신 것입니다, 제 말이 아닙니다. 여러분들에게 암기하라고 합니다. 앞에서 능엄경이 얘기하기를, 망상도 제2월이라고 했습니다. 이른바 '일천 강에 물이 있으니 일천 강에 달이 있다[千江有水千江月]'로서, 그 자성에 이 기능이 있습니다. 왜일까요? '명리불유(明理不踰)'이기 때문입니다. 우리가 망상을 할 때 마음속으로, '짜증나, 난 줄곧 이 생각을 멈추지 못하네'라고 알아서, 당신의 그 것은 아주 밝아 또렷합니다. 그것은 미혹하지 않았습니다. 이번에 이해했지요? 이번에 다시 이해하지 못하면 저는 방법이 없습니다. 저의 재간은 단지 이 정도까지만 말할 수 있습니다. '소망기립(所妄既立), 명리불유(明理不踰)', 예컨대 우리들 어떤 사람이 나쁜 일을 할 때, 그에게 선량한 마음이 없을까요? 한편으로는 당신을 손찌검하며 때리고 한편으로는 마음속은, '됐어, 이 사람아'라고 생각하고, 그가 이미 고통스러워하는 것을 보고는 두 주먹 때리고 다시 한 주먹 때리고는, '너 가봐' 하는, 그 한 점이 역시 착한 마음입니다. 왜냐하면 내가 더 때려 가면 그가 죽을 것 같다고 느끼기 때문에, 한 생각 자비로서 '명리불유(明理不踰)' 합니다. 우리는 한편으로는 망상을 하고 있으면서 바로 의식 속에 그 경각심은, 그것을 감찰하는 마음[監察心]이라고 불러도 좋습니다, 감찰하는 의식 경각하는 자성, 이 경각은 달아나지 않았습니다. 예컨대 우리가 독서할 때 자신이 독서하고 있음을 압니다. 책을 볼 때 자기가 책을 보고 있다는 것을 아는 생각이 하나 있습니다. 우리가 한편으로는 노래 부르고 있을 때 자기가 스스로 노래를 부르고 있으며 알기를, '이 글자는 잘 못 불렀다, 입이 바뀌지 않네, 얼굴 여기에서 단 냄새가 나네, 립스틱을 붉게 칠해서… '라며 얼굴이 빨개집니다. 왜냐하면 '명리불유(明理不踰)'라서, 자기의 명백한 그것은 변한 적이 없기 때문입니다. 주의하십시오, 불법을 배움에 있어 이 도리, 요 몇 마디 말을 명확하게 이해해야 합니다. 즉, 당신에게 수행의 기본 도리를 일러주는 겁니다. '명망비타(明妄非他), 각명위구(覺明爲咎)', 온갖 중생은 이 도리를 이해하지 못하기 때문에 '소망기립(所妄旣立), 명리불유(明理不踰)', 그러나 당신 자신이 자신을 밝게 또렷이 아는[明白] 이 한 생각이 움직인 적이 없고 늙은 적도 없습니다. 눈이 노화되었고 우리 사람의 머리가 하얗게 되었으며 얼굴에 주름이 졌습니다. 우리는 어렸을 때부터 현재의 자기를 압니다. '아이고, 내 몸은 이제 늙었다, 나는 예전에는 어떠어떠했는데'라며, 저 자기의 예전을 알고 현재를 아는 이것은 시간과 공간이 없으며 변한 적이 없습니다. '명리불유(明理不踰)', 이 명백한 것 '본각명묘', 이것은 변동한 적이 없습니다. 당신은 이것을 찾아야 합니다. 망상을 상관하지 마십시오.

"이시인연(以是因緣), 청불출성(聽不出聲), 견불초색(見不超色). 색향미촉(色香味觸), 육망성취(六妄成就). 유시분개견문각지(由是分開見覺聞知)",

한 생각이 움직입니다. 생명은 한 생각입니다. 이 육체가 아니라 육체는 생명의 도구일 뿐입니다. 그래서 이 인연 관계로 말미암아 한 생각 무명으로 변했습니다. 자기가 명백하지 못함이 '명리불유(明理不踰)', 영명한 자성 본체의 실제를 넘어서지 않으면서 무명으로 변했습니다. 이 때문에 우리의 현재의 생명으로 변했습니다. 자기의 본성을 깨닫지 못했기 때문인데, 자기의 본성은 어떠할까요? 깨달으면, '자성 진심의 정령(精靈)은 시방세계의 온갖 것을 포함하고 있다[心精圓明, 含裹十方]'라고 능엄경 앞 권에서 말했습니다. 시방 허공이 당신의 마음가운데서 생겨나고 온 허공이 당신 마음의 체 속에 있음이, 마치 조각구름이 하늘[太淸]에 점을 찍은 것과 같습니다. 이 마음의 체는 그렇게 큽니다. 그러나 온갖 중생은 어떨까요? 자기 본유의 지극히 위대한 생명을, 이것은 대단히 평상하건만, 잊어버려 인식하지 못하고 한사코 신기한 것만 좋아해서 현묘한 것을 하나 찾고, 이 때문에 망상을 따라서 추구하고 있습니다.'이시인연(以是因緣)', 큰 것은 인식하지 못하고 작은 것을 인지하여, 자기가 현재 가지고 있는 이 몸과 마음을, 생명으로 알기 때문에, 그래서 그 결과, '청불출성(聽不出聲)', 귀가 듣는 기능은 그저 그 정도 크기입니다. '견불초색(見不超色)', 시력은 그저 그 정도입니다. 결과적으로 다들 지금 유리를 그 위에 더함으로써 근시 안경을 써서 그런대로 비교적 또렷이 볼 수 있습니다. 사실 저는 늘 때로는 생각을 좀 해보는데, 생리에 대하여 밉습니다. 눈이 피로할 때는 저는 눈에 대해 조금 원망을 품기를, '나 자신이 보고 눈 네가 필요 없다면 얼마나 좋을까' 나 자신이 본다는 것은 육안을 떼어내 버리고 당신의 그 심안(心眼)이 스스로 책을 볼 수 있는 것인데, 그럴 수 있다면 당신은 거의 다 된 겁니다. '이런 공부를 나는 다 닦고 싶다'고 말한다면, 망상입니다! 이 망상이 없다면 그에 도달할 것입니다. 그래서 중생은 큰 것은 인식하지 못하고 작은 것을 인식합니다. 이 때문에 이 생명은 변한 결과, '청불출성(聽不出聲)', 청각이 현재 소리의 범위를 뛰어넘지 못합니다. '견불초색(見不超色)', 눈으로 보는 기능은 유한한 정도로 변했기에 이 물리세계의 빛과 색상을 뛰어넘지 못합니다. 다만 이 두 가지, 소리와 색상 두 가지만을 말했습니다. 우리 세계의 중생은, 특히 우리 욕계 중생은 가장 좋아하는 것이 어느 두 가지일까요? 소리와 색상인데, 보기 좋은 것과 듣기 좋은 것입니다. 소리와 색을 가장 다루기 어렵습니다. 그리고 그 다음 이어지는 것은 향(香: 코가 맡는 냄새), 미(味: 입이 먹는 것), 촉(觸: 감수, 향수)입니다. 우리 육체는 누리기를 탐냅니다. 이 육체는 생리가 누리기를 대단히 탐냅니다. 그래서 좋은 촉을 원합니다. 촉은 여러 가지로 많습니다. 입기 좋은 옷을 하나 몸에 걸치니 편안하고 촉이 좋습니다. 각 방면에서 촉은 다양합니다. 사람과 사람 사이의 접촉, '이 사람이 귀엽다', 심리상의 촉, 감수상의 촉입니다. 이 때문에 색·성·향·미·촉 등의 6가지 망상이 형성되었습니다. 그러므로 우리의 생명은 하루 내내 여섯 종류의 망상 속에 있습니다. 눈은 보기 좋은 것을 요구하고, 귀는 듣기 좋은 것을 요구하는데,

물론 많은 것이 포함됩니다. 듣기 좋은 말, 남이 치켜세워주기를 좋아하는 것, 그것은 바로 이렇게 의식작용이 더해집니다. 신체는 좋은 누림을 요구하고 입은 맛있는 것을 요구합니다. '색향미촉(色香味觸), 육망성취(六妄成就)', 색·성·향·미·촉·법은 6근의 대상이며, '육망(六妄)'은 6근의 망상입니다. '색·성·향·미·촉·법'에서 '법'은 바로 의식의 사유입니다. '육망성취(六妄成就)', 6종의 망상이 성취됩니다.

불학의 6근의 대상인 6진에서 앞의 다섯 개를 분석한 것은 모두 생리적인 것으로 색·성·향·미·촉인데 생리에 편향됩니다. 법은 의(意)이며 심리적인 것입니다. 그래서 이것을 6근, 6진이라고 부르는데, 이 여섯 가지는 모두 망상이 온 것으로 6망이 성취됩니다. '유시(由是)', 현재 이 때문에 '분개견문각지(分開見覺聞知)', 우리의 생명은 견·문·각·지(見聞覺知)로 나누어지는데, 귀납적입니다. 경전에서 나누어진다고 말하지만 실제로는 귀납입니다. 이 6근과 6진이 접촉하는 대상으로 귀납하면 4개로 돌아갑니다. '견(見)'은 어떤 것을 보는 것입니다. '각(覺)'은 어떤 것이나 현상을 감각하거나 지각하는 것입니다. '문(聞)'은 어떤 것을 듣습니다. 그러므로 '견문각지'입니다. 그러면 뒤의 네 개를 들어서 '견문각지'를 사용해도 됩니다. '견'은 보는 것입니다. '각'은 감각 상태를 가리키고, '문'은 듣는 것입니다. '지(知)'는 아는 것, 지각 상태입니다. 다시 그것을 농축하면 우리의 생명인 신체 몸과 마음 이 양면은 바로 두 개의 작용입니다. 하나는 감각 상태이고 하나는 지각 상태입니다. 그러므로 우리가 정좌하고, 수도하고, 기공을 닦고, 무슨 맥을 뚫어 통했다(打通)고 하는데, 한참 동안 했어도 모두 감각 상태에서 하고 있습니다. 그것은 모두 망상에서 하고 있습니다. 그렇지 않으면 염불하거나 생각을 하거나 모두 지각 상태에서 걸어갑니다. 그러므로 '견문각지'로 귀납하여 네 글자가 바로 사람의 생명입니다. 기타 중생 생명도 그렇습니다. 하지만 사람의 입장에서 우리 자신이 말하는 중국 문화는 말하기를, 사람은 만물의 영장으로서 기타 만물보다 좀 고명하다고 합니다. 견문각지·6근·6진의 기능이 모두 온전히 갖추어졌습니다. 어떤 중생들은 온전히 갖추고 있지 못하고 모두 편차가 있습니다. 오직 사람이 특별히 좋은 조건을 갖추어서 이 여섯 가지를 모두 온전히 갖추고 있습니다. 이것은 이러한 생명을 말한 것입니다. 이 때문에 다음이 이어집니다.

"동업상전(同業相纏), 합리성화(合離成化)",

여덟 개 글자 이로부터 이후는 공동의 업력을 말합니다. 예를 들어 말하면, 부부는 둘이 애정으로 결합하여 너는 나를 사랑하고 나는 너를 사랑합니다. 동업(同業)인데, 이 둘은 서로 뒤엉켜서 놓아버리지 못합니다. 『홍루몽(紅樓夢)』은 말합니다, "악연이 아니면 서로 만나지 않는데, 악연들이 만나니 언제나 쉴 것인가[不是冤家不聚頭, 冤家聚頭幾時休]?" 쉬어버리지 못하고 동업이 서로 얽혀서 영원히 얽혀갑니다. '합리성화(合離成化)', '합(合)'은 결합하여 모이는 것으로, 둘이 결합하는 겁니다. 분화(分化)하면 곧 변화하는 만상의 세계를 이룹니다. 그렇다면 이 사회의 형태, 인류의 형태도 바로 이러해서 동업과 별업의 감응[感]이 사회, 가정, 개인 등의 각종 변화입니다. '합리(合離)', 혹은 합하고 혹은 나누어져서 하나의 변상(變相), 변화의 사회, 변화의 인생, 변화의 세계를 형성하였습니다. 이것이 앞에 대한 결론인 여덟 개의 글자입니다.

"견명색발(見明色發), 명견상성(明見想成). 이견성증(異見成憎), 동상성애(同想成愛)",

이 때문에 사람으로 말하면 현유(現有)의 생명을 말하고 전생은 말하지 않습니다. 현유의 생명으로부터 말하기 시작합니다. 전생은 또 한 층의 도리로 들어가는데 뒤에서 말할 것입니다. 이 때문에 '견명색발(見明色發)', 우리 사람은 아직 살아있으니까 눈은 광명 속을 보고 이 사람이 정말 예쁘고 정말 귀여운 것을 보는데, 그렇게 많은 사람 중에서 당신은 어떤 사람을 사랑합니까? 나는 그를 사랑합니다. 왜 당신은 그를 사랑하고 다른 사람은 그를 사랑하지 않습니까? 당신과 그 두 사람은 동업이 서로 얽혀있어 정리되지 못한 원한의 빚[冤債]이 있기 때문입니다. 사람과 사람 사이는 때로는 정말 해석할 방법이 없는데, 그게 바로 부처님이 말씀하신 '인연(因緣)'입니다. 당신은 이 두 사람이 그다지 어울리지 않는다고 말하는데,

바로 어울리지 않기 때문에 그가 비로소 어울립니다. 그 이유는 무엇일까요? 이유는 해설이 없습니다. 해설이 없는 것을 무엇이라고 부를까요? 오직 부처님만이 해석할 수 있습니다. 인연입니다. 인연의 의미는 많은 것을 포괄합니다. 좋은 것은 선연(善緣)이고, 좋지 못한 것은 악연(惡緣)입니다. 그럼 당신이 말하기를 이 사람은 좋지도 않고 나쁘지도 않다고 하면, 그것은 무기연(無記緣)인데, 좋지도 않고 나쁘지도 않는 동업이 서로 감응합니다. 그래서 '견명색발(見明色發)', 광명이 있으면 보자마자 '야아, 정말 예쁘다' 사람을 보는 것과 마찬가지입니다. 당신이 물건을 봅니다. 당신은 길거리에 걸려 있는 것을 봅니다. 백화점에는 그렇게 많은 물건이 있는데, 다 팔리지 않는 것이 하나도 없습니다. 왜냐하면 나는 이것이 좋지 않다고 느껴서 방금 던져버렸는데 당신은 이를 포장해 가거나, 다음 사람이 이것을 선택해서 포장해 가져가기 때문입니다. 그래서 우리의 저 시골 사람으로서 돼지고기를 파는 사람은 말하기를, "상관없어요, 썩은 돼지머리에도 먹고 싶어 하는 짓무른 코를 가진 보살이 있습니다."라고 하는데, 그것은 동업이 서로 감응한 것으로 말하지 못할 이유가 없습니다. 그러므로 '견명색발(見明色發)', '명견(明見)'하면 '상성(想成)', 사람에게 생각이 있고 영명한 광명[靈光]이 있어 빛나기 때문에, '견(見)'은 보는 것인데, 보면 생각합니다. 우리가 길거리에서 물건을 사는 것도 마찬가지입니다. '야아, 어제 나는 어느 곳에서 그런 물건을 보았는데 값이 1만 원이었습니다. 나는 8천9백 원 만 가지고 있어서 1천1백 원이 부족했습니다. 정말 안타까웠습니다. 오늘 다시 택시로 갔는데 오전에 다 팔려버렸기에 당신에게 몹시 생각나게 합니다' 그러므로 '명견상성(明見想成)', 광명에서 보고 '상성(想成)', 이 생각이 곧 옵니다. 돈을 버는 것도 마찬가지입니다. 관리가 되거나 돈을 벌거나 명예를 구하거나 부귀를 구하거나 연합고사를 치르는 것도 마찬가지로, '명견(明見)이면 상성(想成)', 이것이 망견입니다. '이견성증(異見成憎)', 당신과 나 둘이 의견이 맞지 않으면 원수로 변합니다. 그래서 의식은, 부부는 의견이 맞지 않으면 말다툼하고, 최후에는 '합리성화(合離成化)'하고, 의견이 맞으면, 어휴, 그럼 죽도록 사랑합니다. '동상성애(同想成愛)',

같은 생각이면 사랑을 이룹니다. 왜냐하면 공동의 목적이 서로 같기 때문입니다. 이것이 인세간(人世間)입니다.

"류애위종(流愛爲種), 납상위태(納想爲胎)",

서로 간의 사랑입니다. 사랑한 이후에 사랑의 결합이 미래 생명의 종자를 얻어서 또 하나를 낳습니다. 그러므로 '류애위종(流愛爲種)', 어떻게 와서 투생할까요? 남자의 정자와 여자의 난자 둘의 결합이 아니면 생성하지 않고 생겨나올 수 없습니다. 어떤 사람이 시험관 아기도 마찬가지이냐고 저에게 물었습니다. 반드시 삼연(三緣)화합이어야 합니다. 정자와 난자, 게다가 와서 투태(投胎)하고자 하는 저 하나의 식신(識神: 바로 중음신입니다)이 결합해야 합니다. '류애위종(流愛爲種)', 종자로 변하여, '납상위태(納想爲胎)', 남녀가 태를 이루고 태를 맺으려면 삼연이 화합해야 비로소 생길 수 있습니다. 오직 정자와 난자만으로는 태가 이루어지지 않습니다. 반드시 삼연이 화합해야 하고 하나라도 빠지면 안 됩니다. 당신은 말하기를 이 식신이 있고 이 영혼이 있어서 투태를 한다고 합니다. 그러나 음(陰) 하나만으로는 생겨나지 않고 양(陽) 하나만으로는 자라지 않아서 역시 안 됩니다. 반드시 삼연이 화합해야 합니다. 그러므로 능엄경에서 부처님이 말씀하시기를, 이 생명은 악차가 모인 것[惡叉聚]같다고 합니다. 마치 세 개의 막대기가 삼각으로 하나의 가위표로 모아져야 합니다. 세 개의 막대기, 세 개의 젓가락을 묶어 모아야 서 있습니다. 두 개의 젓가락은 서 있지 못합니다. '류애위종(流愛爲種), 납상위태(納想爲胎)', 애정이 교합하면 유질(流質)을 발생시키고 종자가 될 수 있으며, 동시에 상념을 흡수하면 포태(胞胎)를 이룹니다.

"교구발생(交遘發生), 흡인동업(吸引同業)",

불경의 이 부분은 명백하게 말하고 있습니다. 이 '교구(交遘)'의 '구(遘)'는 불경을 인쇄하는 사람이 그런 저속한 글자를 피하고 더러운 말을 피하여 책받침[辶]을 더한 이 遘자로 바꾸었습니다. 정확하게 쓰자면 계집녀[女]변의 媾자로서, 바로 남녀의 성 행위입니다. 부처님은 말씀하시기를, "그러므로 둘이 생각이 서로 같고 생각을 움직임[動念]이 서로 같으면 그 영혼이 금방 와서 투태를 하는데, 만약 당신이 그와 연(緣)이 없다면, 연이란 선연이 아니면 악연인데, 그런 연이 없다면 태를 이룰 수 없다."고 합니다. 그래서 이것을 저는 여러 번 얘기한 적이 있습니다. 사람이 어떻게 투태를 하고 어떻게 입태할까요? 어떻게 출생할까요? 이를 간단하게 여러 번 얘기한 적이 있습니다. 남녀 교합[遘精]은 인도(人道)에 태어날 때를 말하며, 당신과 연이 있는 영혼이 찾아오는데, 이것은 공간과 시간의 장애가 없으며 산하와 장벽의 장애도 없습니다. 그러므로 여러분은 주의하십시오, 자기 남녀 둘이 성교를 하고 있는데 당신은 곁에서 모르고 있다고 생각하지만, 얼마나 많은 사람이 표를 사서 그곳에서 기다리면서 참관하고 있는지 모릅니다. 정말입니다, 정말. 그것은 모두 기회를 찾아와 투태 하고자 합니다. 그래서 부처님은 비유하시기를, 이 생명을 얻기 어려움은 큰 바다의 눈먼 거북이와 같다고 합니다. 부처님은 이 생명의 얻기 어려움을 말씀하시며 "우리의 이 생명을 경시하지 말라, 대단히 얻기 어렵다."고 합니다. 그분은 말씀하십니다, "이 큰 바다에 수레가 한 대 있다." 고대의 수레입니다. "이 수레가 지구상의 4대 바다의 물에서 다니고 있다. 이 큰 바다가 얼마나 큰가! 눈이 먼 거북 한 마리가 수레에 뚫고 들어가서 수레상의 나사못 하나로 변하고 싶어도 그렇게 하지 못한다. 이 수레는 큰 바다에서 몇 천만 년 동안 다녔는지 모른다. 방금 나사못 하나가 떨어졌는데 이 눈먼 거북이 마침 딱! 하고 머리가 그 나사못의 구멍으로 뚫고 들어갔다. 사람의 몸을 얻기 어려움이 큰 바다의 눈먼 거북이 수레의 나사로 변하려고 하는 것과 같다." 그렇습니다. 우리 남녀가 성행위를 하면서 한 번 배설되는 정자는 적어도 6억 개 이상입니다. 우리의 형제자매와 우리는 함께 앞 다투어 와서 모두 표를 샀습니다. 최후에는 우리가 간신히 헤치며 들어왔습니다. 그래서 인생은 얻기 어려우니 자기의 이 생명을 경시하지 말기 바랍니다. 그러기에 도가와 불가는 말합니다, "이 몸을 금생에 제도하지 못한다면[此身不向今生度]", 바로 이 사람 생명의 얻기 어려움을 찬탄하는 겁니다, "다시 어느 생에 이 몸을 제도하겠는가[更向何生度此身]?", 당신이 후생 내세에 사람으로 별할 수 있을까요? 그리고 능엄경을 만날 수 있을까요? 역시 쉽지 않습니다. 그러나 이 자녀와 부부는, 저도 늘 인용하는 것인데, 모두 인연으로 생긴 것입니다. 그래서 저는 늘 인용하는 것을 다시 한 번 보고합니다. 항주(杭州)의 성황묘 앞에 대련이 한 폭 있는데 명나라 시대의 어떤 사람이 지은 것인지 모르겠습니다. 조사해낼 수 없습니다. 항주에 있는데, 정말로 좋습니다. '부부시전연(夫婦是前緣)', 사람이 부부로 변하는 것은 전생의 연(緣)입니다. 선연이거나 악연인데, 좋은 부부는 전생의 선연이고 나쁜 부부는 전생의 악연입니다. 연이 있어야 비로소 합해집니다. 선연이든 악연이든 연이 없으면 합해지지 못합니다. 이것이 부부입니다. '부부시전연(夫婦是前緣)', 선연이나 악연이나 연이 있어야 비로소 합해집니다. '아녀원숙채(儿女原宿债)', 아들이나 딸이나 부모 자식 사이는 진 빚입니다. 빚을 졌거나 빚을 갚거나, 빚이 없으면 오지 않으며, 빚을 독촉하는 게 아니라면 오지 않습니다. 이 관념은 불가에서 온 관념입니다. 그래서 어떤 때는 효자가, 부모가 전생에 당신을 사랑해 주었던 빚을 갚는 것입니다. 어떤 때는 나쁜 자녀가, 당신을 화가 나서 죽을 지경으로 만드는데, 그것은 빚을 독촉하려고 온 것입니다. 빚 갚으라고 청구하는 가장 좋은 방법은 당신의 자녀가 되는 것인데, 당신을 화가 나서 미치게 해도 당신은 감히 말하지 못합니다. 화가 나서 죽을 지경이어도 방법이 없습니다. 다른 사람이 당신을 화가 나 죽을 지경이게 하면 당신도 그에게 일러주고는, 그런 다음 그의 자녀로 태어나, 짓궂게 굴고 화나게 하며, 사랑하여 그를 죽도록 사랑한다면, 그 빚을 다 돌려받게 됩니다. 그러므로 '아녀원숙채(儿女原宿债)', 전생의 채무입니다. 빚을 지고 빚을 갚아서 빚이 없으면 오지 않습니다. 그러므로 남녀 둘이 사랑을 나눌 때 삼연이 화합한다고 말합니다. '교구발생(交遘發生), 흡인동업(吸引同業)', 저 자석이 철을 당기는 것처럼, 저 영혼으로서 마땅히 투태 해야 할 자가 옵니다. 그런데 투태를 할 때는, 이것은 전문적인 주제로 여러분에게 말해주어야겠는데, 불경에서는 말합니다, 아득히 멀리서 두 사람을 보고는 일단 옆에 도착해서 사람은 보지 않고 남녀도 나누지 않습니다, 그래서 투태 하여 마땅히 여성으로 변해야 하는 자이면, 그때에 그는 자신이 하나의 여성임을 느끼고 이 남성과 이렇게 한 번 사랑하고 태에 들어갑니다. 남자로 투태 하여 태어나야 할 자이라면 자신이 당시에 남자로 변했음을 느끼고, 그래서 바로 이렇게 사랑을 하자마자 태에 들어가게 됩니다. 태에 들어갈 때 저 높은 산꼭대기로부터 굴러 내려와 갑자기 꾸르륵! 하며 혼미해져서 들어갑니다. 이 한 가닥의 흡인력이 들어가면 태가 이루어집니다. 태가 이루어졌다고 저마다 모두 태어날 수 있는 것은 아닙니다. 당신의 전생의 과보가 어떤 때는 태아가 된 지 7일 만에 죽습니다. 어떤 때는 당신이 절반까지 형성되고 죽습니다. 어떤 때는 모태를 나오면서 산문(産門)에서 죽습니다. 어떤 때는 태어난 지 한두 살에 죽고, 어떤 때는 7, 8세에 죽습니다. 그러므로 생명은 쉽지 않습니다. '이 몸을 금생에 제도하지 않는다면 다시 어느 생을 향해서 이 몸을 제도할 수 있을까요?'는 바로 이 도리입니다. 그래서 불경은 여기서 모두 대단히 명백하게 말하고 있으니, 당신은 기피할 필요가 없습니다. '교구발생(交遘發生), 흡인동업(吸引同業)', 서로 성교하여 서로 같은 업력을 흡인합니다.

"고유인연(故有因緣), 생갈라람(生羯羅藍), 알포담등(遏蒲曇等)",

'생갈라람'과 '알포담' 이 두 개는 범어의 명칭입니다. 하나의 생명이 입태하였을 때 7일에 한 번의 변화를 1 주기로 하여 40 여개의 7일이 지나면, 즉 서서히 9개월이 채워지면 출생하게 되는데, 부처님은 그 첫째 7일간을 '갈라람'이라고 부릅니다. 범어의 음역인 갈라람의 의미는 바로 '액체 같은 작은 점'이란 뜻입니다. 정자와 난자가 결합하여 한 무더기 콧물처럼 작은 하나의 점입니다. 둘째 7일에 천천히 모아지고, 7일 단위로 한 번씩 변화해갑니다. 그래서 태아는 이 정자가 난자 속으로 뚫고 들어가고, 뚫고 들어가자마자 영혼이 따라서 들어간 이후에 그 사이에 이미 변화가 시작하였습니다. 첫 번째의 맥으로 생겨나는 것은 중맥(中脈)입니다. 바로 등뼈 [背脊骨]의 중심인 부분인데 먼저 여기가 생기고 나누어져 두 개의 눈이 먼저 있게 됩니다. 당신이 믿지 못하겠으면 산부인과에 가서 태아성장 과정 사진을 보세요. 저 영아들은 7일째인 것도 있고 1개월 째 영아도 있습니다. 당신이 가져와서 보자마자 알게 됩니다. 뿐만 아니라 지금은 전문적인 이런 의학 서적도 있습니다. 그러면 태아는 속에서 제1주에는 마치 하나의 꼬리와 같으면서 앞면에 두 개의 눈이 있습니다. 그럼 여기서 나누어진 중간의 한 개의 선(線)인 이것은 무엇일까요? 등뼈입니다. 그래서 우리 중국인은 최초의 조상을 비조(鼻祖)라고 부르는데, 사조(師祖)나 비조란 말은 이로부터 나왔습니다. 사람이 생겨나기 시작하는 것은 바로 여기서 시작합니다. 그래서 일부 도가에서는, 여러분 일부는 일관도(一貫道)를 배운 적이 있습니까? 마땅히 좀 이해해야 하며, 일관이나, 이관, 삼관, 오관이든 관계없습니다. 도가의 일부인 그들은 도를 가리키면서 당신에게 수규(守竅)를 일러주기를 여기를 수규라고 하는데, 그들의 이유는 사람은 생명 시작이 이곳에서 발생하기 때문이라는 겁니다. 사실 이것은 하나의 규(竅)인데 이곳을 오랫동안 지켜서는 안 됩니다. 그들은 조금만 알고 있어서 잘못 했습니다. 특히 이제 막 처음 배우는 사람, 혈압이 높은 사람은 여기를 지켜서는 안 됩니다. 여성이 초보로 정좌할 때는 하단전을 지켜서는 안 됩니다. 그래서는 안 됩니다. 하지만 지금은 정좌를 가르치는 때가 아니므로 우선 이것을 말합니다. 그래서 부처님은 이것이 입태 할 때 인연으로 생겨나온다는 것을 말씀하시고, 이 태아 등등에 관해서는 이어서 말씀하시지 않기로 했습니다. 이 사람에 대해서는 2개의 7일까지만 얘기한 것으로도 충분합니다. 왜냐하면 능엄경의 중점이 여기에 있지 않기 때문입니다. 생명이 오기 때문에, 그래서 우리 이 세계의 생명을 욕계라고 부릅니다. 동물이나 소, 말, 더 나아가 세균이든, 내지 식물이든 모두 이성애(異性愛)로 발생한 것이기 때문에 욕계라고 부릅니다. 색계는 욕(欲)이 아닙니다. 색계는 바로 호색(好色)입니다. '야아, 보기 좋다. 정말 마음에 든다' 두 명의 남녀가 둘의 눈이 마주 대하자마자 끝나고 곧 임신합니다. 무엇이 태를 맺는 것과 같을까요? 물속의 고기와 같습니다. 물고기와 물고기가 교접하면, 보세요, 두 마리의 물고기가 함께 유영하고 마주대하고 있는 두 눈을 부릅뜨고 움직이지 않을 때, 그것은 우리 인류와 마찬가지로 교접하고 있는 것이며, 그 물고기의 배는 커집니다. 이는 색계와 같습니다. 색계의 남녀는 우리 욕계와 같지 않습니다. 욕계는 육체가 요구됩니다. 오욕

(五欲)을 모두 갖추고 색·성·향·미·촉을 요구합니다. 게다가 보기 좋은 것을 요구하고 또 듣기 좋은 것을 요구합니다. '나는 좋아요. 당신이 좋아요. 너는 나를 사랑하고 나는 너를 사랑한다'고 입으로 말까지 해야 하고, 향수도 발라야 합니다. 색, 성, 향, 미 이외에도 촉과 법(法)을 요구하고 의식까지 6가지로 완전히 갖추는 것을 대욕(大欲)이라고 부릅니다. 색계의 중생은 욕이 아니고 색입니다. 무색계의 중생은 어떻게 태어날까요? 욕은 사라졌지만 정(情)입니다. 한 생각이 정을 잊을 수 없으면 태어납니다. 그래서 정·애·욕 세 가지는 모두 두렵습니다! 그러므로 욕을 끝내기[了欲]는 쉽다고 하지만, 애를 끝내기는 어렵고, 정을 끝내기는 가장 어렵고 어렵습니다. 이 사람은 '욕심이 없다[無欲].'라고 하는데 욕심이 없기는 쉽습니다. 당신이 말하기를 '그는 다정하지 않으려 해도 그러지를 못한다.'라고 하는데, 이것은 넓은 의미의 정입니다. 그래서 정을 끝내기가 가장 어렵습니다. 부처님은 생명의 도리를 말씀하시면서 사람의 생명을 얘기했습니다. 그러므로 우리 이 세계의 생명은 모두 욕계에서 온 것입니다. 부처님이 사람의 생명에 대해서 얘기한 것은 이 단락 정도이고, 다른 불경에서는 더욱 상세합니다.[132] 부처님은 이어서 말씀하십니다.

"**태란습화(胎卵濕化)**",

'태(胎)', 우리들 사람은 태에서 태어나고 말이나 고양이도 태에서 태어납니다. 일부는 태생이 아닙니다. 사람은 사실 '태란습화' 4생입니다. 태포의(胎胞衣)가 있으며, 물론 정자가 있고 여성의 난자가 있으니 난(卵)이라고 할 수 있습니다. 습(濕)으로는 수분이 있고, 화생이니 1개월마다 7일간마다 천천히 변화 성장합니다. 그렇게 분류하면 사람이나 말 이런 것들은 모두 태생입니다. 닭이나 새·거위·오리 등은 난생으로서 알로 태어납니다. 물고기는 습생입니다. 일부 생물은 변화하여 생기는데 모기, 파리 등 많은 것이 변화하여 생깁니다. 그래서 불학의 분류는 욕계의 생명을 대략적으로 분류하면 단지 태란습화 네 각지입니다. 실제로 능엄경은 뒤에 가

---

132 태아생명에 관하여는 역자가 번역한, 남회근 지도 이숙군 역저 '사람은 어떻게 태어나는가'(원서명은 불설입태경금석)를 읽어보기 바람.(역주)

면 12류생(類生)으로 분류합니다. 12 종류인데 장래에 다시 보충하겠습니다. 12 종류는, '유상(有想)', 일부 생명은 생각이 있습니다. '무상(無想)', 일부 생명은 생각이 없지만 하나의 생물입니다. '유색(有色)', 일부 생명은 볼 수 있습니다. 귀신과 같은 일부 생명은 볼 수 없으므로 '무색(無色)'이라고 부르고, '비유색(非有色)', '비무색(非無色)', '비유상(非有想)', '비무상(非無想)' 등 등 12 종류의 생명인데, 간단하게는 '태란습화'입니다. 금강경에서도 4생을 말합니다.

"수기소응(隨其所應)",

어떠한 것을 '수기소응(隨其所應)'이라 할까요? 지금 우리가 시험을 보겠는데, 능엄경을 가지고 능엄경 시험을 보겠습니다. 이 '응(應)'은 감응인데, 전기적인 감응이 온 것입니다. 어떻게 전기적인 감응이 오는 것일까요? 능엄경 자체에서 부처님은 어떻게 말씀하셨을까요? 기억납니까? 제가 당신의 대리응시자가 되어주는 게 좋아요 안 좋아요? '수중생심(隨衆生心), 응소지량(應所知量), 순업발현(循業發現)' 그러기에 여러분에게 암기하라고 합니다. 그래서 저는 암기할 수 있으니 여기 앉아서 압도해도 되지만, 당신은 암기하지 못하니 제가 압도하는 것을 들을 수밖에 없습니다. 당신이 암기하면 제가 당신이 올라와서 압도하는 것을 들으며 저는 아래에서 당신에게 압도당하는 게 맞습니다. 그러니 암기해야 합니다. 암기하면 응용이 무궁합니다. '온갖 중생의 마음의 힘의 작용에 따르고, 지식학문의 아는 양에 따르고 중생의 심신의 개성적인 업력에 따라 작용을 발생한다[隨衆生心, 應所知量, 循業發現]', 바로 이렇게 감응하여 온 것으로서 심념과 업력의 다름입니다. 그래서 동업은 서로 감응합니다. 어떤 사람은 형제자매가 특히 사이가 좋습니다. 제가 말하기를 "당신들도 숙명통이 없으니 알지 못하는데, 그 두 형제는 과거 전생에 부부였기에 이 금생에서 서로 사이가 지독히도 좋습니다. 어떤 때 두 형제자매는 전생에 원수였기 때문에, 현재는 바로 원수를 갚기 위해 같은 곳에 태어나 매일 당신을 화가 나서 죽을 지경에게 합니다. 당신을 죽도록 미워하고 당신에게 죽도록 고통을 줍니다. 이것이 원수를 갚는 가장 좋은 방법입니다." 그래서 제가 예전에 말한 적이 있는데, 우리 저쪽 고향의 어떤 사람이 남의 돈을 빚졌습니다. 좋은 친구인 그에게 빚진 돈이 정말 너무나 많았습니다. 그 친구는 사람이 대단히 좋아서 무엇이든지 그를 도와주었습니다. 이것은 제가 아직 어렸을 때 들은 수십 년 전의 일입니다. 그런 뒤에 두 친구는 나이도 많아졌습니다. 그 친구가 말했습니다(우스운 이야기를 함), "내가 보니 나의 이 일생은 그대에게 면목이 서네. 만약 또 내생이 있다면 자네가 나에게 어떻게 하는지 보겠네." 이 친구는 그가 그렇게 말하는 것을 듣자 신중하게 한참 생각하고는 말했습니다. "내가 생각해보았네. 나는 내생에 자네의 아빠가 되겠네.", 어허, 그 친구는 화가 났습니다. "에이, 나와 자네 둘이 농담한 것이지 정말로 자네에게 묻고 요구하는 것도 아닌데 자네는 왜 이렇게 말하는가?", 이 친구가 말했습니다. "자네는 화내지 말게. 나는 진담이네. 자네에게 진 이 빚을 내 일생에 갚지 못했으니 나는 내생에 자네의 부친이 되어 자수성가하여 자네를 위해 한 무더기의 재산을 벌고 자네가 성장하거든 나는 죽고 빚을 다 갚게 될 걸세." 바로 이 도리로서 이점은 조금도 틀림이 없습니다. 그러기에 달마 조사가 보원행(報寃行)을 말했던 것은 바로 이 도리입니다. 사람이 이 세상에 태어나 오는 것은 바로 빚을 갚는 것입니다. 진정으로 불법을 배우는 사람은 통쾌하게 갚습니다. 선업도 갚아야 하고 악업도 갚아야 합니다. 통쾌하게 갚으며 무아(無我)인 것이 바로 보시입니다. 자기는 없고 오직 공헌만 있습니다. 누구에게 진 빚을 갚을까요? 친인척에게만 갚는 것이 아닙니다. 천하 사람들에게 갚고 사회에 갚고 인류에게 갚고 국가에 갚아서 마땅히 베풀어야 합니다. 이것이 불법을 배우는 정신으로서, 오직 봉헌만 있고 회수는 없습니다. 이것이 보살도로서 빚을 놓지 않고 빚만 갚습니다. 그러기 때문에 '수기소응(隨其所應)', 각자 저마다의 업력의 감응에 따릅니다.

"란유상생(卵唯想生)",

난생, 알로 태어나는 생명은 망상으로 생긴 것입니다. 그러나 당신이 이것을 알면 수도를 이해하게 될 것입니다. 정말입니다. 비밀이 여기에 있습니다. 여러분은 어미 닭이 알을 품는 것을 본 적이 없습니다. 제가 보기에는 여러분 젊은이들은 가련합니다. 현대화된 사람은 쌀이 어느 나무에서 자라는지 조차도 모릅니다. 저 닭이 알을 품는 것은 재미있습니다. 저도 시골에서 성장했는데, 어미 닭이 알을 품고 있으면서 그 얼굴은 온통 붉습니다. 하루 종일, 설사 당신이 때리더라도, 그것은 움직이지 않는데, 마치 술을 마셔 취한 것과 같습니다. 당신이 이 알을 그 아래에 넣으면 닭은 하루 내내 그곳에 엎드려 있습니다. 당신이 발로 닭을 한번 차면 닭은 보통은 꼬꼬꼬꼬 합니다. 이때 닭은 꼼짝도 하지 않습니다. 그것을 괴롭혀도 꼼짝도 하지 않습니다. 온 몸에서 열이 나고 있으면서 그 알 위에 엎드려 있는 채 그의 그 정신, 6근의 정신은 완전히 아래로 내려가 이 알에 있습니다. 그래서 생명은 그 망상의 생명의 따뜻한 힘이 이 알을 부화시키는데, 20일이 된 것 같아 곧 이루어지려한 뒤에도 때로는 병아리가 나오지 않을 수 있습니다. 이 또한 그것의 업보로서, 알껍데기 속에서 생명이 형성은 되었지만 그때에 죽습니다. 그래서 선종 조사가 그것을 이렇게 형용했습니다, 어떻게 해야 비로소 나올 수 있을까요? 인연이 서로 화합해야 합니다. 손가락, 발톱, 그리고 눈이 위로 응시하고 있어야 합니다. 병아리가 안으로부터 나오려하고 형성되었고 그 몸이 커져있습니다. 바로 생명이 형성된 것입니다. 바로 겉 한 층의 그 부드러운 알, 그 알껍데기가 이미 변해 부드러워져 있습니다. 어미 닭의 그 따뜻한 몸에 의해 훈훈하게 쪄진 것입니다. 그 한 층의 얇은 힘을, 병아리는 안에서 부드러운 부리 껍데기로, 그 스스로가 방법을 생각하며 그것을 깨고 나오고 싶어 합니다. 그러면 어미닭은 감응이 있어서 어미닭의 그 부리는 밖에서 마주대하고 있으면서 그 이 병아리 부리가 안에서 그 알껍데기를 쪼기를 기다리고 있다가, 저 어미닭이 밖에서 부리로 탁! 하고 쪼면 갈라져 병아리가 나옵니다. 만약 이렇게 한 번 꼭 실제에 부합하지 못하면 1초 만에 병아리의 생명은 사라져서 병아리는 나오지 못합니다. 나오지 못하면 어디에 있을까요? 우리 뱃속에 있습니다. 사람들은 그 나오지 못한 알을 술지게미에 담급니다. 술지게미에 담근 것이 최고의 보약이라고 합니다. 우리도 어렸을 때 먹어 보았기 때문에 뱃속에 닭이 많습니다. 그러므로 난생(卵生)의 생명은 정신이 집중되어서 생긴 것입니다. 난(卵)은 생각으로 인하여 생깁니다. 사실 당신도 알 듯이 사람의 생명도 생각으로 생긴 것입니다. 그러기에 중국인은 태교를 중시합니다. 중국의 옛 도리로는, 여성이 임신하자마자 남녀 부부는 서로 떨어져 지내면서 교육을 시작했습니다. 임신 기간에는 나쁜 것을 보아서는 안 됩니다. 좋은 책을 읽고 좋은 그림을 보고 좋은 음악을 들어야 합니다. 그렇게 시골 사람은 미신하는데, 집안에 집을 지어서도 안 되고 못을 박으면 난산 할 수도 있습니다. 머리털이 조금 희면 곧 흰 털 아이기에 흰 양을 보는 것조차도 안 됩니다. 임신부가 흰 양을 보게 되면 이 아이를 낳았을 때 온 몸이 흰 털일 수 있습니다. 실제로는 일부러 당신을 속인 겁니다. 왜냐하면 고대에 '어떤 일에 있어서는 차라리 백성들로 하여금 따라오게 하면 되지 그 까닭을 알게 할 수는 없어서[寧可使由之不可使知之].', 당신더러 도리를 알기를 바라는 게 너무 어려우므로, 미신을 가지고 당신이 그렇게 하면 되도록 할 수 밖에 없습니다. 태교 문제로서는 생각이 순수하고 깨끗해야[純淨]합니다. 그렇게 태어난 태아는 다릅니다. 그래서 중국의 교육은 태교로부터 시작할 것을 말합니다. 이것이 옛 도리입니다. 현재 날마다 중국 문화나 서양 문화를 얘기합니다. 외국인은 말하지 않는데, 외국인이 말하면 맞고 좋습니다. 저의 코는 높지도 않고 눈은 파랗지도 않으니 몇 십 년 동안 말했어도 소용이 없었습니다. 그러기에 화가 납니다. 그 당시에 코를 좀 높게 자라게 하고 눈이 파랗게 되었다면 방법이 있게 되었고 말을 하면 듣는 사람이 있게 되었을 것이라고 말입니다. 난생은 정신의 작용이 큽니다. 사실은 우리 사람의 태교도 생각의 작용이 있습니다.

"태인정유(胎因情有)",

태생의 생명은 남녀 감정에서 온 것입니다. 이게 생명의 근원입니다. 그런데 이 속은 모두 과학입니다. 요 몇 마디 말은 간단하지만, 당신이 생물학 박사 논문을 쓰고자 한다면 저는 당신이 많은 책을 참고하고 많은 자료를 찾아보라고 말해줄 수 있습니다.

"습이합감(濕以合感)",

'습(濕)'은 물고기, 새우 같은 것입니다. 그것은 정신이 감응하여 합한 것입니다. 그래서 앞에서 당신에게 말했듯이, 물고기 두 마리가 물속에서 헤엄치다 거기 머물러 움직이지 않고 두 눈이 마주볼 그 때 입니다. 사실 물고기는 눈을 감은 적이 없습니다. 물고기는 처음부터 끝까지 눈이 떠져 있습니다. 그러므로 사원에서 목탁[木魚]을 치는 것은 여러분이 출가 수행함에 있어 주야로 머리가 맑게 깨어있어서, 마치 물고기처럼 눈을 감지 말아야 한다는 바로 그런 의미를 일러주는 겁니다. 그러므로 '습이합감(濕以合感)', 습생의 동물은 서로 간에 교감 작용이 이 생명을 발생시킵니다.

"화이리응(化以離應)",

또 일부의 생명들은 변화해서 오는 것인데, 이것은 두루 많은 것[博物]을 배워야 합니다. 중국은 이 방면이 매우 많으니 고대의 것을 찾아보아야 합니다. 고대의 자료는 당신에게 일러주기를, 예컨대 당나라 왕조에 도가의 책이 한 권 있습니다. 신선 담초(譚峭)는 당대의 유명한 재자(才子)였으며 그의 부친은 대학 총장이었습니다. 중앙 대학의 총장이었는데 고대의 대학은 오직 하나만 있고 황제가 창립 운영하였습니다. 담초는 당나라 시대 이 대학 총장의 외아들이었는데 그는 공명을 원하지 않고 수도하러 갔습니다. 나이 젊을 때 줄행랑을 쳤는데, 이는 불량소년[太保]이 집을 떠나 도망가는 것과 같았습니다. 부모는 찾지 못해 괴로웠습니다. 그는 나쁜 일을 하러 간 것도 아니고 수도하러 간 것입니다. 십 몇 년이 지나 돌아와서 부모에게 도를 닦으시라 권했습니다. 부친은 그를 꾸짖고 듣지 않았습니다. 그의 권고를 듣지 않아도 상관하지 않고 한번 웃었습니다. 뒷날의 유명한 신선이었지만 그의 학문은 대단히 훌륭하였습니다. 화서(化書)라는 책 한 부를 썼는데 유명한 것으로 담자화서(譚子化書)라고 합니다. 생물의 변화를 얘기하면서 생명은 변화에서 오는 것이며 이 우주 생명은 하나의 화학의 세계라고 합니다. 그러나 화서에서는 대정치 영도의 도리가 있는데, 정치·사회·역사의 문제는 투쟁에서 온 것이 아니라 이것과 저것이 서로 감화해야 한다는 화생의 도리입니다. 그의 화서는 수준이 이렇게 높아서, 과학으로부터 철학에 도달하고 다시 정치 철학에 도달합니다. 담자

화서는 모두 도가의 유명한 저작입니다. 게다가 불가와 배합하여 설명합니다. '화이리응(化以離應)', 많은 생명은 화생으로서 변화하여 온 것입니다. 예컨대 우리가 귤을 어떤 곳에 오랫동안 놓아두면 썩을 것입니다. 한 달 정도면 곰팡이가 피고, 곰팡이가 피면 세균이 나오고, 그 세균은 생명으로 변합니다. 모두 화생입니다. 사실 우리의 이 생명인 육체에는 태란습화가 모두 있습니다. 우리 몸에는 많은 기생충들이 있고 세균 또한 신진대사를 하면서 끊임없이 변화합니다. 그러므로 사람은 이 생명 속에 비교적 다 갖추고 있습니다.

"정상합리(情想合離), 경상변역(更相變易). 소유수업(所有受業), 축기비침(逐其飛沈). 이시인연(以是因緣), 중생상속(衆生相續)",

부처님이 여기에서는 모두 간략하게 당신에게 알려주십니다. 왜냐하면 전문적 주제로 다른 경전에서 생명이 어떻게 오는 지를 토론하고 있기 때문입니다. 그래서 그분은 말씀하시기를, "우리 이 세계의 생명은 사람과 사람 사이가 감정과 망상의 결합이다."라고 합니다. 어떤 때는 서로 결합하는데, 업력의 감응입니다. 어떤 때는 서로 분화합니다. 이 '리(離)'가 분화(分化)입니다. '정상합리(情想合離), 경상변역(更相變易)', 온 우주 생명은 하나의 변화의 세계입니다. 그래서 중국은, 과거에 불학이 중국에 들어오기 이전에, 우리 도가는 앞에서 언급했듯이 이 세계우주를, 온갖 변화하는 생명을 만들어낼 수 있는 조화(造化)라고 불렀습니다. 그러기에 옛사람은 죽음을 별것 아니라고 여겼습니다. 이에 대해 도가는 시들어 허물을 벗는 것[萎蛻]으로 여겼습니다. 사람이 죽으면 이 육체 껍데기를 이곳에 버리고, 마치 매미나 뱀처럼 이 한 층의 껍데기를 벗고 또 하나의 생명이 다른 하나의 윤회로 굴러갑니다. 시들어 허물벗기로 변하고 이 육체를 여기에 버리는 이런 일이지 무슨 대단할 것이 없습니다. 그래서 말하기를 '정상합리(情想合離), 경상변역(更相變易). 소유수업(所有受業), 축기비침(逐其飛沈)', 그러므로 사람은, 이 세계의 생명은, 바로 이러한 망상이며 망상이 감각과 지각을 발생시켰습니다. 왜냐하면 감각과 지각이 있고 정(情)이 있고 욕(欲)이 있고 애(愛)가 있기 때문에, 정(情)과 상(想)이 나누어지고 합하며 변화하고 모든 업을 받는, 이런 감수(感受)를 발생시킵니다. '수(受)'에는 5종이 있습니다. 불학의 명사로는 수음(受陰)입니다. 낙수(樂受)는 선업으로부터 옵니다. 고수(苦受)는 악업으로부터 오고, 사수(捨受)는 감수가 떠나가면 또 다른 종류의 감수가 오는 것입니다. 자세하게는 5수(五受)인데, 괴로움[苦]·즐거움[樂]·근심[憂]·기쁨[喜]·버림[捨]의미 없음]입니다. 우리는 늘 심리상으로, 어느 날 장사가 잘 되지 않았거나 혹은 일이 뜻대로 되지 않아서 매일 번뇌하고 근심합니다. 야아~, 만족해하면서 기뻐합니다[喜]. 괴롭지 않으면 즐겁습니다. 괴롭지도 않고 즐겁지도 않은 중간은 없습니다. 괴롭지 않으면 즐겁거나, 근심하지 않으면 기쁩니다. 다시 그렇지 않으면 사(捨)로서, 이 생명의 감수는 사수(捨受)입니다. 우리가 '업(業)이다, 업'이라고 말하는데, 우리 생명이 살아있는 것이 이 힘이며, 이 힘을 '업'이라고 부릅니다. 업은 바로 선업, 악업, 무기업 이 세 가지가 있습니다. 그러면 업력인 이 생명이 이 세계에 살면서 과보를 받는데[受報], 그 받는 '수(受)'는 무엇일까요? '수'는 감수입니다. 그래서 저는 오늘 오후에도 몇몇 학우들과 농담을 하고 있기를, 몇 사람 학우는 몸이 늘 좋지 않고 늘 병이 생긴다며 제가 말하기를, "당신의 이 신체는 법규를 위반하고 건축된 신체여서 항상 병이 생깁니다. 이 학우 분은 신체가 좋습니다. 그는 철근 시멘트로 건축된 것입니다. 하지만 여러분은 지금 마찬가지로 모두 좋지 않습니다. 레이더를 잘 선택하지 못해서 모두 근시이며 모두 안경을 썼습니다." '수'는 감수이며 업을 받는 것입니다. 모두 고수가 있어서 고통을 받고 어려운 일을 당합니다[受苦受難]. 그래서 우리 이 생명은 세간에서 이러한 업보를 받고 '소유수업(所有受業), 축기비침(逐其飛沈)', '비(飛)'는 승화이며 상승입니다. '침(沈)'은 타락입니다. 이 생명의 승화와 타락은 그 결정권을 가지고 있는 하느님이 없으며, 불보살님이 당신에게 결정해주는 것도 아닙니다. 자기 스스로가 결정권을 가지고 있습니다. 그것은 바로 마음입니다. 바로 이 업력이며 자기가 지은 업입니다. '소유수업(所有受業), 축기비침(逐其飛沈)', '축(逐)'자를 주의하십시오. 중문으로 축자이며 '따라 달려가고 쫓아가고 있다'는 뜻입니다. 제가 보기에 우리는 상공업이 발달한 시기에 분초를 다투어야 하는데 한참 쫓아가며 모두 업을 짓고 있습니다. 한참동안 지은 업은 빚을 갚아 그 원수에게 돌려줍니다. 아들이 가지고 손자가 가지고는 죽기 살기로 쓰고, 다 써버린 그 손자의 손자는 또 가련하게 되어 또 천천히 빈손으로 자수성가하지만 다시 그 후손은 또 그것을 재빨리 다 써버립니다. 이게 바로 '소유수업(所有受業), 축기비침(逐其飛沈)'인데, '축'은 바로 추구로서, 모두 추구하고 있습니다. '이시인연(以是因緣), 중생상속(衆生相續)', 이 세계의 생명은 바로 이런 인연입니다.

　"부루나(富樓那), 상애동결(想愛同結), 애불능리(愛不能離), 즉제세간부모자손(則諸世間父母子孫), 상생부단(相生不斷), 시등즉이욕탐위본(是等則以欲貪爲本)",

　사람의 사회인 인류사회를 말합니다. 부처님은 말씀하십니다. "부루나여", 부처님은 그의 이름을 부릅니다. "부루나여, 너는 주의하기 바란다, 이 인류사회나 사람의 생명은 망상인데 망상으로부터 시작한다. 왜냐하면 생각이 있고 감정이 있기 때문이다." '애(愛)', '나는 사랑한다'는 이 '애'의 심리가 발생하기 때문에 명예를 사랑하고 이익을 사랑하며 무엇을 사랑하는 등 넓은 의미의 '애'는 많습니다. 이 사람이 "나는 부귀공명을 모두 바라지 않는다."고 말하면 저는 말합니다, "당신은 허풍 치지마세요. 부귀공명이 영원히 당신을 찾아오지 않을 것인데 당신이 구태여 바라지 않는다고 합니까?" "아이참, 나는요, 나라는 사람은 지금까지 이런 것들을 보지 않습니다." "당신은 보세요, 당신은 어디로 가서 봅니까? 당신은 그림자조차도 없습니다. 공명부귀가 당신의 눈앞에 이르렀는데도 당신이 보기조차도 않는다면 그런대로 진짜입니다. 보고도 안 보는 것이나 다름없어야 비로소 공부가 있고 수양이 있다고 합니다. 공명부귀를 나는 바라지 않는다고요? 누가 당신에게 줍니까? 그렇다면 당신이 부귀공명을 바라지 않는다고 하면 당신은 무엇을 바랍니까?" "나는 청정(淸淨)을 바랍니다." 청정 또한 '애'입니다. "에!, 나는 단지 산에서 수도하고 싶을 뿐입니다." 수도 또한 '애'입니다. "나는 아무것도 사랑하지 않고 책보기만을 사랑합니다." 책을 보는 것도 '애'로서 역시 끈의 매듭이며 역시 연루(連累)입니다. 정말입니다. 이 말은 농담을 하는 것이 아닙니다. 저 같은 경우는 이 업력이 무겁다는 것을 깊이깊이 느낍니다. 책을 읽고는 사랑하여서 '좋다 좋아'합니다. 자기가 어떤 때는 책을 보면 모두 싫습니다. '네가 나를 해쳤다. 나를 끌어당겨 꼼짝 못하게 하고 있다' 그러므로 싫습니다. 그러기에 넓은 의미의 애로는, 당신이 청고함[淸高]을 사랑하는 것도 애입니다. 좁은 의미의 애는 남녀 사이의 사랑입니다. 그러므로 망상과 애심이 함께 결합하고 업력이 서로 같으면 매듭을 하나 맺은 것 같아 영원히 풀지 못합니다. 그래서 옛 소설이 말하기를, 어느 소설을 제가 보았는지는 잊었습니다. '그대여 권하노니 동심결을 맺지 말게나, 동심결을 한 번 맺으면 풀지 못한다네[勸君莫打同心結, 一結同心解不開]', 『홍루몽(紅樓夢)』이 아니라 『화월흔(花月痕)』 같습니다. 어느 유명한 벼슬아치와 기녀 이 둘의 연애 이야기인데 그 속에는 좋은 재료가 많습니다. '그대여 권하노니 동심결을 맺지 말게나, 동심결을 한 번 맺으면 풀지 못한다네', 고대에는 연애를 하면 끈을 하나 가지고 엮었는데 남녀 사이의 동심결을 하나 엮었습니다. '상애동결(想愛同結)', 서로 생각하고 사랑하는데, 사랑의 최후는 사랑이 얼마나 깊고 한이 얼마나 크던지, 그대가 나를 사랑하지 않으니 나는 그대를 죽이겠다며 원수가 왔습니다. '상애동결(想愛同結), 애불능리(愛不能離)', 왜냐하면 이 '애'라는 이 업력이 끌어당기고 있어서 이 업력 때문에, 그것이 끌어당겨서 나누어 풀릴 수 없게 되었기 때문에 인류세계를 형성하여 바로 하나의 '애'의 세계입니다. '즉제세간부모자손(則諸世間父母子孫), 상생부단(相生不斷)', 이 인류사회의 형성은 이 '애'의 힘에 의지하여 계속됩니다. 생사를 해탈하고 도를 이루려면, 이른바 도가가 말하는 '순위범(順爲凡)', 이 순로를 걷기 시작하면 바로 범부요 보통 사람입니다. '역위선(逆爲仙)', 거슬러서 걸어가면 바로 신선이나 부처의 길이며, 이것이 도가입니다. '순위범(順爲凡), 역위선(逆爲仙), 지재중간전도전(只在中間顚倒顚)', 이것은 장삼풍(張三豊) 조사의 도가의 무근수(無根樹)의 시입니다. 무근수의 시는 좋습니다. 중간에 말하는 것은 인류의 생명을 말합니다. '순위범(順爲凡)', 순로를 걸어가면, 이 애욕의 길을 걸어가면 범부입니다. 거꾸로 돌아 걸어가는 것 역시 이 방법, 역시 이 애욕의 방법을 거꾸로 돌려서 걸어가면 '역위선(逆爲仙)'입니다. 교묘합니다. 공부는 어디에 있을까요? 단지 중간의 뒤집어지고 뒤집어진다[顚倒顚]에 있습니다. 무근수의 이 사(詞)는 대단히 묘합니다. 그러므로 이 인류의 사회가 형성되는 까닭은 어떨까요? '시등즉이욕탐위본(是等則以欲貪爲本)', 그러기에 부처님은 이 세계를 욕계라고 부른다고 말씀하십니다. 이 '욕'과 '애'는 넓은 의미의 욕입니다. '나는 수도 하고 싶다, 나는 사원에 가서 절하고 싶다 하는 것'도 욕입니다. 좁은 의미의 욕은 남녀 사이의 이성에 대한 성욕의 욕입니다. 그러면 여기서 가리키는 것은 무엇일까요? 성욕입니다. 인류사회의 이런 것들은 곧 욕탐의 이 탐심(근본 번뇌)을 근본으로 하여 비로소 애정이 있으며, 비로소 망상의 애정이 인류의 이 세계를 형성합니다.

"탐애동자(貪愛同滋), 탐불능지(貪不能止), 즉제세간란화습태(則諸世間卵化濕胎), 수력강약(隨力强弱), 체상탄식(遞相呑食), 시등즉이살탐위본(是等則以殺貪爲本)",

인류사회로부터 전체적인 생물 세계에 이르렀습니다. 인류사회로부터 범위를 확대하면, 실제로는 개이든 호랑이든 동물이든, 날아다니는 것이든 물속에서 헤엄치는 것이든, 이 욕계 중생은 결국 양성(兩性)의 애입니다. '탐', 이 탐하는 생각[貪念]을 그치지 못하는데, 마음속의 탐입니다. '애'는 생리적인 요구인데 그 절반은 심리적인 요구입니다. '탐애동자(貪愛同滋)', 마치 비료처럼 서로 비료가 되어서 심리적인 탐심, 망상이 와서, 탐심은 1만이 있으면 1억을 생각하고, 1억이 있으면 10억을 생각하고, 10억이 있으면 100억을 생각합니다. 이 한 걸음이 있으면 저 한 걸음을 생각하고, 80세까지 살면 85세까지 살고 싶고, 85세까지 살면 90세까지 살았으면 제일 좋겠다고 합니다. 이 모두는 '탐애동자(貪愛同滋), 탐불능지(貪不能止)'입니다. 그래서 탐심을 전환변화 시킬 수 없다면 도를 이룰 수 없습니다. 넓은 의미의 탐은 매우 많습니다. 당신이 청정을 탐내어 추구하고[貪圖], 수행을 탐내어 추구하며, 자기의 생사 해탈[自己]만을 탐내어 추구하는 것도 탐입니다. '탐불능지(貪不能止)', 심리적으로 전환변화 시키지 못하면 도를 이룰 수 없고, 생리적으로 '애'와 '욕'을 전환변화 시키지 못하고 뒤바꿀 수 없으면 도를 이룰 수 없습니다. 그러므로 '탐애동자(貪愛同滋), 탐불능지(貪不能止)', 이 때문에 이 세계의 태란습화(胎卵濕化)는 다윈의 진화론의 하나인 약육강식으로 변합니다. 힘이 강한 것이 힘이 약한 것을 업신여기고 모욕합니다. 사람은 동물을 먹을 수 있고, 동물은 이 사람을 하나 보고 당신을 먹어버립니다. 어느 것을 먹어버리느냐는 어느 것이 강하는가에 달려있습니다. 그래서 이 세계는 투쟁과 전쟁이 영원히 끊어질 수 없습니다. '수력강약(隨力強弱), 체상탄식(遞相呑食)', 피차 모두 남의 생명을 가져다 사용하고 죽이고 상해하고 자기의 생명을 보호하기 위함은 탐애가 근본이 되며, '시등즉이살탐위본(是等則以殺貪爲本)', 살생합니다. 그래서 세계의 전쟁을 형성시킵니다. 그러므로 인류는 뒷날로 갈수록 말겁의 시대에 전쟁이 갈수록 심해지는 것은 무슨 원인일까요? 바로 '살탐(殺貪)'이 근본입니다. 그러기에 우리 중국 고인이 말했습니다. '욕지세상도병겁(欲知世上刀兵劫)', 세상의 전쟁은 시대를 따라서 갈수록 진보하고 전쟁은 갈수록 심해집니다. 어떻게 오는 것일까? '차청도문야반성(且聽屠門夜半聲)', 당신이 도살장에 가서 보십시오, 전동(電動)으로 소를 죽입니다. 전동 도살장에 가서 보면 알게 됩니다. '욕지세상도병겁(欲知世上刀兵劫)?', 이 사회는 왜 그렇게 어지러울까요? 인류의 살생에서 죽이는 것으로는 희기하고 괴상한 것들이 다 나옵니다. '저 비둘기요, 좋지요,' 비둘기를 불에 굽고, 돼지고기를 굽고, 무엇을 굽습니다. 아무튼 당신이 먹을 수 있는 것은 무엇이든 먹습니다. 우리는 농담하기를, 단지 세 가지만은 먹지 못한다고 합니다. 날아다니는 것으로는 비행기를 먹을 수 없고, 물속 것으로는 잠수함을 먹을 수 없으며, 육지 것으로는 기차를 먹을 수 없습니다. 이 밖의 것은 모두 먹는데, '살탐'이 근본이 됩니다. '세상에 전쟁이 일어나는 원인을 알고 싶은가[欲知世上刀兵劫]?', 전쟁은 왜 올까요? '도살장에서 밤중에 나는 소리를 들어보라[且聽屠門夜半聲]', 다들 저 도살장에 가서 좀 보라고 하십시오. 능엄경보다 훨씬 보기 쉽습니다.

현재 우리는 능엄경 제4권입니다. 지금 토론하는 문제는 부루나가 부처님에게 질문한 것으로, 만유 생명의 내원과 개인 생명인 우리 생명의 내원입니다. 그래서 지난번에 개인 생명의 내원이 애욕에서 생겨난 것임을 얘기했고 이미 토론했습니다. 부처님이 말씀하신 것으로, 욕계의 생명은 '욕(欲)'과 '애(愛)'입니다. 이 문제는 앞에서 부처님이 제기한 하나의 문제의 양면을 잇는 것이기도 합니다. 이 우주만유 이 세계의 형성은 한 줄기의 동력입니다. 힘은 우리의 오늘날 자연물리 방면의 이른바 동력 에너지의 문제입니다. 불법에서는 이를 업력이라고 하는데, 이 업은 선업·악업·무기업 이 3가지를 포괄합니다. 그런데 만유가 공유하는 업력은 공업(共業)이며 이 세계를 형성합니다. 사람과 기타의 생명은 각자마다 각자의 별업이 있고 개별적입니다. 사람으로 말하면, 사람의 업력, 인류의 전체적인 업력이 사람으로 변한 것이 공업입니다. 사람마다 태어난 시대가 다르고, 국토가 다르고, 가정환경이 다르고, 사람마다 운명과 처지가 다른 것이 별업입니다. 공업은 전체적이고 공유적이며, 별업은 단독적입니다. 지금 사람을 말한다면 인류 이 생명도 이 별업이며, 이 욕계의 생명은 애욕으로부터 생겨난 것입니다. 그럼 이 문제는 우리가 토론해가지 않겠습니다. 토론해가 보면 능엄경이 비교적 핵심으로서 원시적인 것을 말해줍니다.

만약 자세히 이해하고자 한다면 반드시 12인연인, '무명연행(無明緣行), 행연식(行緣識), 식연명색(識緣名色), 명색연육입(名色緣六入), 육입연촉(六入緣觸)' 등등을 알아야 합니다. '촉연수(觸緣受), 수연취(受緣取), 취연애(取緣愛), 애연유(愛緣有), 유연생(有緣生), 생연로사(生緣老死)'는 하나의 둥근 원으로서 윤회(輪廻)입니다. 한 생각 무명이 도를 깨닫지 못해 자성 본유의 광명을 찾아내지 못했기에 항동력(恒動力)의 지배를 받습니다. 한 생각 무명이 스스로 깨치지 못해 청정본연(淸淨本然)을 찾아내지 못했기 때문에, 무명이 비로소 행(行: 항동력, 바로 영원한 움직임임)을 연기(緣起)하여, 비로소 업력이라는 이 영원한 동력의 지배를 받습니다. 이 때문에 이 식신(識神)이 발생하며, 이것이 앞 원인입니다. '무명연행(無明緣行)', 무명이 움직여야 비로소 움직입니다. '행연식(行緣識)', 이것이 앞 원인입니다. 식신은 바로 중음신입니다. 우리의 이 영혼이 태에 들어갑니다. 태에 들어간 뒤에 '명색(名色)'을 태라고 부릅니다. 태에 들어가고 나서 태아로부터 사람으로 변합니다. 이 명색 있고 나서 이 생리와 육체의 형성이 있게 되는데 바로 4대입니다. 명색이 있고나면 '6입(六入)'이 있게 되어서 천천히 이 기맥과 혈맥이 생겨나 성장하고, 이어서 안이비설신과 뇌신경의 생각이 있게 됩니다. 6입이 있고 나서 '촉(觸)'이 있게 되는데, 안과 밖의 교감으로서, 외부와의 온갖 교감작용입니다. 교감작용이 있고 나서 '감수[受]'가 있습니다. 감수가 있으면 붙들어 쥡니다[取]. 사람은 모두 무엇인가를 하나 붙들어 쥐기를 좋아합니다. 우리는 늘 말하기를, 사람은 태어나자마자 손을 쥐고 있다가 죽어서 장의사에 가서야 놓아버린다고 합니다. 그가 언제나 붙들어 쥐고 있는 상태가 '취(取)'인데, 취할수록 취할 수 없다고 느낍니다. 실제로 우리는 일생동안 사람으로 살면서, 이것도 붙들어 쥐고 저것도 붙들어 쥐고 싶어 하지만 모두 붙들어 쥐지 못하고, 결과적으로 한 가지도 붙들어 쥐지 못했습니다. 그러나 붙들어 쥐지 못하기에 더욱 탐내기 때문에, 곧 '애(愛)'가 있습니다. '애'가 있기에 '생(生)'이 있는데, 바로 현유의 이 한 기간의 생명입니다. '생'이 있으면 '노(老)'가 있고, 늙으면 필연적으로 죽습니다[死]. 죽으면 또 '무명(無明)'이 옵니다. '노사(老死)'는 미래의 과보입니다.[133] 지금 부처님은 여기서 애(愛), 즉 이 한 기간의 현유의 생명만을 말씀하십니다. 그럼 우리 이제 토론을 계속해 가겠습니다. 부처님이 부루나에게 말씀하십니다.

'상애동결(想愛同結), 애불능리(愛不能離), 즉제세간부모자손상생부단(則諸世間父母子孫相生不斷)', 이것은 앞에서 우리가 얘기했던 것입니다..

"시등즉이욕탐위본(是等則以欲貪爲本)", "탐애동자(貪愛同滋), 탐불능지(貪不能止), 즉제세간란화습태(則諸世間卵化濕胎), 수력강약(隨力強弱), 체상탄식(遞相吞食), 시등즉이살탐위본(是等則以殺貪爲本)",

'시등(是等)', 이것은 고문인데, 백화문으로는 바로 '이런 것들 등등의 현

---

133 12인연에 대한 좀 더 자세한 풀이는 역자가 번역한 남회근 선생 저작 '생과 사 그 비밀을 말한다' 제5강중의 해설을 읽어보기 바람.(역주)

상'입니다. 온갖 중생은 태어나면 곧 이 욕애·욕탐, 탐욕이 있습니다. 거꾸로 방향을 바꾸면 바로 현재 우리 보통사람의 생명 내원은 바로 이 탐욕에서 온 것이며, 욕계의 이 생명은 이 욕을 탐내어 추구합니다. 무엇을 욕이라고 할까요? 5욕인 색·성·향·미·촉입니다. 보기 좋은 것, 듣기 좋은 것, 먹기 좋은 것, 접촉하기 좋은 것, 향수하기 좋은 것을 요구하는 것이 큰 5욕[大五欲]입니다. 작은 5욕[小五欲]은 욕계의 이성 간에, 특히 남녀 사이에 웃거나·보거나·교접하거나·포옹하거나·만지거나 하는 것이 5욕입니다. 보세요, 이것을 부처님이 분명하게 분석 귀납하였습니다. 이른바 연애하고 사랑을 속삭임은 웃거나[笑]·보거나[視]·교접하거나[交]·포옹하거나[抱]·만지거나[觸] 하는 이 다섯 가지 범위를 벗어나지 못합니다. 이 중생의 생명은 5욕의 탐욕이 본래입니다. 이미 생명이 있고 난 이상, 이 세계의 생명은 모두 타인을 해치면서 자기가 살아있습니다. 부모가 아이를 낳는 일은, 자녀가 해치게 되는데, 부모의 생명을 해치면서 자기가 사는 것입니다. 한 세대 한 세대 모두 상생상극(相生相剋)입니다. 그러므로 인류의 천성에는 탐욕이 있고 살생도 있습니다. 왜 살생이 있을까요? 자기가 살아있으려면 남을 해쳐야하고 타인의 생명을 방해하면서 살아있기 때문입니다. 그러기에 불가에서는 고기를 먹지 않고 채식을 합니다. 채식하는 원인은 이 자비심을 배양하고 살생을 삼가하며 생명을 죽이지 않고 기타의 것을 상해하지 않기 위해서입니다. 물론 비록 목숨을 죽이지 않더라도 생(生)을 방해합니다. 채소나 초목에는 생이 있지만, 그러나 우리는 부득이 단지 조금만 방해할 수 있어서 생을 방해하지만, 명(命)을 방해하지는 않습니다. 영지성(靈知性)이 있고 감정이 있고 고통의 감수가 엄중한 것에는 생이 있고 명이 있습니다. 채소와 초목은 생이 있지만, 명은 아닙니다. 그러기에 목숨을 하나 죽인다고 말할 수 없습니다. 하지만 동물은 다릅니다. 그러므로 부처님은 말씀하시기를 "이 세계는 욕탐과 살탐을 근본으로 한다."고 합니다. 두 가지가 되었는데, 욕탐과 살탐은 인성으로서 천성적으로 왔고, 도를 깨닫지 못해서 본래에 이런 습기(習氣)와 업력이 있다는 것을 잊어버렸습니다. 그래서 다음이 이어집니다,

"이인식양(以人食羊), 양사위인(羊死爲人), 인사위양(人死爲羊), 여시내지십생지류(如是乃至十生之類), 사사생생(死死生生), 호래상담(互來相噉), 악업구생(惡業俱生), 궁미래제(窮未來際), 시등즉이도탐위본(是等則以盜貪爲本)",

앞에서 우리가 바로 말했듯이 고인은 말했습니다, 이 세계의 전쟁은 사람과 사람 사이에서 왜 살인을 하고자 하고, 남을 살해하는 게 그렇게 엄중해서 말세의 시기로 갈수록 심해지는가? 고인은 한 두 마디 말인, '욕지세상도병겁(欲知世上刀兵劫), 차청도문야반성(且聽屠門夜半聲)'을 앞에서 우리는 언급했는데 이제 다시 기억을 떠올립니다. 피차 모두 타인을 상해하면서 살고 있습니다. 예컨대 우리 대북시의 통계의 경우, 하루에 몇 마리의 소, 몇 마리의 양, 몇 마리의 닭과 오리를 죽여야 하고 얼마나 많은 물고기와 새우들을 먹었을까요? 이런 빚들은 갚지 않을 수 없으며 모두 갚아야 합니다. 바로 살생의 과보를 말하는 것입니다. 그러므로 사람은 말세의 시대로 갈수록 살해의 심리가 더욱 엄중해집니다. 예컨대 사람이 죽어서 윤회의 과보로 양으로 변하면 양은 죽어서 사람으로 변합니다. 이렇게 태어나고 죽기를 반복하는 '여시(如是)', 이와 같은 것을 윤회라고 합니다. 사람을 죽이면 자기의 목숨으로 보상하고, 빚을 지면 돈을 갚아야 하는 일은 융통성이 없는 것이어서 모두 이러한 과보를 반드시 갚아야 합니다. 이와 같이 내지 10가지 종류의 중생인 태생·난생·습생·화생·유형·유색·무형·무색 등등의 10가지 종류의 중생은 생사를 반복하고 피차 모두 남을 잡아먹고 있습니다. 당연히 우리도 살아가면서 남을 먹여주며 우리도 저 작은 물고기들이나 작은 새우들을 먹습니다. 우리 몸의 세균도 우리를 먹고 있으니 마찬가지입니다. 모두 먹고 있으며 서로 와서 서로 먹는 것, 이게 바로 살생의 악업 과보입니다. 그래서 '악업구생(惡業俱生)', 무엇을 '구생'이라고 할까요? 생명과 함께 있는 것입니다. 생명이 함께 오는 것이어서 목숨[命]이 있으면 이 현상이 있습니다. '궁미래제(窮未來際)', 현재 이와 같을 뿐만 아니라 장래에도 이와 같습니다. '시등(是等)', 이러한 현상, 이러한 것들은 어떻게 온 것일까요? 인류, 더 나아가 온갖 중생의 심리 때문인데, 인류와 그리고 온갖 중생을 포함하여 '즉이도탐위본(則以盜貪爲

本)’, 모두 남의 것을 훔치고 남의 것을 빼앗기 때문입니다.

그러기에 불법을 배우는 데는 3귀의(三歸依)와 5계(五戒)가 있습니다. 어떠한 종교나 철학이든 도덕적 계율에 있어서는 거의 모두 같습니다. 전 인류가 모두 같습니다. 불교이든 기독교이든, ‘살생하지 말라[戒殺]·도둑질하지 말라[戒盜] 등 살생·도둑질·음행하지 말라[戒婬]’는 모두 서로 같습니다. 그러므로 계율에서 이 세 가지는 ‘성계(性戒)’라고 말합니다. 왜냐하면 인성은 타고나면서부터 어떤 사람이든 어떤 생명이든 이것을 모두 두렵다고 여기므로 모두 경계해야 하기 때문입니다. 일부 계율은 같지 않습니다. 일부 계율은 ‘차계(遮戒)’인데, 무엇을 차계라고 부를까요? 지역이 다르고 시간이 다르고 환경이 다르므로 반드시 일종의 도덕 행위를 건립해야 하는데, 그러한 종류가 차계입니다. 차계는 때로는 변통해도 되지만, 성계는 공동으로 죄과라고 여기는 것으로 모두 두려워하는 것인 살(殺)·도(盜)·음(婬)입니다. 그래서 도둑질 하지 말라는 계율을 말했습니다.

우리도 늘 언급하는데, 사람이 살생하지 않는 것을 해낼 수 있을까요? 부처님은 2, 3천 년 전에 언급하셨는데, 부처님의 계율에서는 그가 물을 좀 마시는 것조차도 여과해야 합니다. 외올베[紗布: 거즈]로 여과하고, 여과한 뒤에 이 외올베를 또 물속에 넣어야 합니다. 부처님은 한 그릇의 물을 관찰해보니 8만 4천 마리의 벌레, 8만 4천 마리의 생명, 세균이 있기 때문에, 그래서 여과하지 않으면 마시지 않는 것이 부처님의 계율입니다. 그 당시의 출가자는 손에 병을 하나 가지고 자기가 마시고 쓸 물을 지니고 있었는데, 날마다 외올베로 여과해야 했습니다. 이 병은 현재 우리가 관음보살의 손에 정병(淨瓶)이 하나 있는 모습을 그리는데, 정병이라고 부르고 일부 경전에서는 이 병을 군지(軍持)라고 부릅니다. 이것은 부대가 전투할 때 모두 물통을 지녀야 하는 것과 같습니다. 우리가 만약 고문의 당시(唐詩)나 송사(宋詞)를 보면, 어떤 문장은 ‘실내에는 오직 군지 하나가 있다[室內唯一軍持]’라고 썼는데, 만약 당신이 알지 못하면 ‘오, 이 방안에는 오직 전쟁 무기 하나만 있다’라고 이해할 것입니다. 딱 틀렸습니다. 오직 군지 하나만 있다는 것은 이 방에 바로 정수 병이 하나 있다는 것입니다. 번역하여 군지라고 했습니다. 그렇다면 왜 그랬을까요? 살생이 두렵기 때문입니다. 사실 우리가 물 한 모금을 마심에도 정말로 불살생(不殺生)을 실천해낼 수 있을까요? 우리는 호흡하면서 모두 살생하고 있습니다. 당신이 선정(禪定)을 얻어서 내쉬지도 않고 들이쉬지도 않으며 음식조차도 필요하지 않게 되었고 호흡이 정지하였다면, 굳이 말해서 불살생을 실천해낸 것입니다.

투도(偸盜) 또한 마찬가지로서, 훔치는 것은 바로 타인의 이익을 차지하여 자기 것으로 바꾸는 것이라고 말합니다. 세상은 모두 큰 도둑입니다. 모두 남의 것을 훔칩니다. 부모는 자녀의 것을 훔치고, 자녀는 부모의 것을 훔칩니다. 피차가 서로 훔치고 있습니다. 그래서 저는 늘 일부 친구들에게 일러줍니다, "자녀를 가르치기는 잘 가르칩니다. 그러나 한 가지 잘못을 범했습니다. 자기 일생에 완성하지 못한 희망을 모두 자녀에게 거는 것은 침략이니 해서는 안 됩니다. 자신이 공부를 잘하지 못했다고, 내가 공부를 잘하지 못했기 때문에 너는 공부를 잘해주어야 한다고 말한다면, 이것은 얼마나 잔인합니까? 자기가 실패한 희망을 자녀에게 거는 것은 당치도 않습니다." 어떤 친구들에게 제가 말합니다, "당신은 책 좀 사세요." "저는 보아도 모릅니다." "당신이 보아도 모른다고 당신의 손자가 보아도 모를까요? 당신은 자기의 후대를 경시하지 마십시오." 그러나 자녀는 부모의 행복과 이익을 잠식해서 그 자신을 성장시켰습니다. 도계(盜戒)로서, 주지 않는 것을 취한 것입니다. 그래서 도둑질은 온갖 것을 훔치고 있고 타인에게 지장을 줍니다. 당신은 말하기를 나는 봉급에 의지하여 생활한다고 하는데 당신이 꼭 이 돈의 값어치를 할까요? 당신이 한 업무 노동의 범위가 꼭 이 보수에 상응합니까? 게으름을 피울 수 있으니, 게으름을 피우는 것은 아닙니까? 그래서 당신이 남의 대우를 받고 1분이라도 게으름을 피운다면 도계입니다. 엄격하게 말하면 도둑질 심리로서, 큰 도둑과 작은 도둑일 뿐 모두 도둑질을 하고 있습니다. 그래서 불가에서 도계를 말하는데, 무엇을 도계를 범하는 것이라고 할까요? '주지 않는 것을 취하는 것[不與取]'입니다. 세상에서 어떤 것을 타인의 동의 없이 가져가는 것은 바로 도계를 범한 것입니다. 불학에서 말하는 이른바 도계는 주지 않는 것을 가져가는 것으로, 바로 도둑질입니다. 예컨대 우리가 산 위에 올라가거나 공터에 가서 땅 위의 진흙 한 덩이를 취한다면, 옆에 사람이 있는지를 살피고 한 마디 하기를, "저는 공터에서 진흙 한 덩이를 파겠습니다."라고 합니다. 그러면 어떤 사람이 알게 되니 불투도계를 범하지 않습니다. 설사 사람이 없더라도 한 마디 알리기를, "에, 죄송합니다. 저는 진흙 한 덩이가가 필요합니다." 적어도 토지공(土地公: 토지신/역주)에게 알리십시오, 그가 있는지 없는지는 상관하지 말고요. 토지공이라, 토지는 공유적인 것입니다. 이것은 간단합니다. 당신은 말해야 합니다, "죄송합니다, 토지공님, 저는 한 덩이의 진흙을 파갑니다." 한 마디 하면 도계를 범하지 않습니다. 말하지 않으면 바로 도계입니다. 그러므로 우리가 진정으로 불경을 보고 이해하고 난 뒤에는 저는 말합니다. "야단났습니다, 불투도의 계율을 실천해야 하고 다른 사람에게 지장을 주지 말아야 하니, 자기가 살아가는데 이 계율은 단지 무엇만 있을까요?" 우리는 말합니다, 먹을 밥이 없으니 서북풍을 마십니다. 서북풍을 마시는 것을 도계를 범하는 것에서 제외됩니다. 말합니다, 당신은 현재 일을 합니까 하지 않습니까? 일하지 않습니다. 그렇다면 당신은 무엇으로 생활합니까? 저는 집에 돌아가면 집에서 아빠와 엄마가 주는 밥을 먹습니다. 도계입니다. 그것은 부모님의 수고인데, 당신은 집에 앉아서 공밥을 먹고 당신은 자신의 힘으로 자기를 유지하지 않습니다. 이것은 도계입니다. 그래서 불학의 도둑질을 이해하고 나서 우리가 도계를 범하고 싶지 않다면, '오직 강 위의 맑은 바람이나 산간의 밝은 달과 같은[唯江上之淸風啊, 如山間之明月]', 고인의 이런 문자처럼 지내는 것입니다. 오직 강에서 서북풍 좀 마시고 산속에 누워서 밝은 달 좀 보는 것은 표를 사지 않아도 괜찮습니다. 만약 그렇지 않다면 역시 도계를 범한 것입니다.

지금 부처님은 세 조목인 살(殺)·도(盜)·음(婬)의 심리를 말했습니다. 온갖 중생의 생명과 함께 온 것인 이 생명의 악업의 근본은 사람마다 모두 있습니다. 성인(聖人)이 도를 깨닫기 이전에는 태어나면서 역시 마찬가지어서 욕탐, 탐욕, 탐살·탐도합니다. 즉 탐심으로 탐내 추구하는 것입니다. 탐이란 자기가 남의 것을 점유하고자 하여 자기가 점유하여 오는 것입니다. 그러기에 인성의 점유성은 태어나면서부터 그런 것입니다. 그러므로 일부 청년 학우들은 사랑의 철학을 늘 묻습니다, "사랑이 어떠한 것입니까? 사랑을 저는 알지 못합니다." 정말로 사랑을 말해보고자 하면, 바로 '나는 너를 사랑한다'에는 '나'가 있습니다. '나'가 너를 사랑하기에 비로소 너를 사랑하고, '나'가 너를 사랑하지 않으면 곧 너를 사랑하지 않으니, 역시 '나'를 위하는 것이 아닙니까? 왜 나에게 사랑의 심리가 있을까요? 차지하려는 마음입니다. '이 물건은 나의 것에 속합니다. 당신들은 건드리면 안 됩니다' 내 것, 내가 점유하겠다는 점유의 심리로서 탐심입니다. 어떤 사람은 말합니다, '그렇다면 나는 감히 살생하지 못합니다. 일생동안 살생을 범하지 않았습니다' 하지만 당신에게는 이 생명은 당신에게 속한 것이라는 점유심이 있다면 모두 이 계를 범했습니다. 그러기에 살생하지 않기는 어렵습니다. '아이고, 나는 감히 죽이지 못하겠으니 당신이 야채 시장으로 가지고 가서 죽여서 가지고 오면 어떨까요?' 이게 바로 죽이는 것입니다. 무엇을 불살생이라고 할까요? 이것은 '불자살(不自殺)', 자기가 손을 대서 죽이지 않았습니다. '교타살(敎他殺)', 자기는 그것을 죽이지 않았지만 야채 시장으로 가지고 가서 그것을 죽였다면, 그 사람더러 죽이라고 한 것으로 그 죄는 더욱 무겁습니다. 지금 형법의 교사죄와 같은데, 범죄는 당신이 그를 지휘한 것입니다. 그러면 말합니다. '야채 시장에서 죽이는 것은 원하지 않고, 방금 어떤 사람이 이미 다 죽여 놓은 것을 만나서 야 아, 정말 좋다. 나는 죽이기가 두려워요' 한다면, 이것을 '견살수희(見殺隨喜)'라고 합니다. 남이 다른 생명을 죽이는 것을 보고는, '좋아, 이게 좋다. 그럼 이 고기를 내가 먹겠다'고 하는 것은 '탐살위본(貪殺爲本)'입니다. 그래서 이 별업의 악업인 '살·도·음'을 주의하십시오. '살·도·음'은 타고난 것으로 생명과 함께 온 것입니다. 앞의 능엄경에서 '직지인심, 견성성불'하라고 하지 않았던가요? 가령 우리가 하나의 문제를 제기해보겠습니다. 오도한 사람, 득도한 사람은, 진정으로 지금 대철대오한 사람은 즉시 '살

·도·음'의 이 심리가 없어졌을까요? 그렇게 해내지 못합니다. 깨달음이 철저한 것일 뿐입니다. 그렇지 않습니다. 도는 깨달아서 본체 자성은 보았 지만 '여습미단(餘習未斷)', 남은 습기를 끊지 못했습니다. 그러기에 저는 항 상 학우들에 우스개 애기를 합니다, 밥을 먹지 않기는 그래도 쉽습니다. 지금 많은 학우들이 다들 밥 먹지 않기를 학습하는데 제가 말합니다. 그 것은 쉽습니다. 저의 경험을 당신에게 일러주겠습니다. 저 또한 오랫동안 밥을 먹지 않아도 됩니다. 그러나 '먹을까? 먹지 말까?'를 제가 아는 것은 이미 벌써 먹으려는 의식을 범했습니다. 의식이 범죄에 있습니다. 여러분 이 먹고 있는 것을 보고는 제가 당신에 말합니다. '에, 이거 맛있어요. 많 이 드세요. 아주 맛있어요. 하지만 저는 오늘 먹지 않습니다. 정말 좋습니 다. 많이 드세요' 이것은 의식이 먹고 의식이 탐하고 있는 것입니다. 이것 은 바로 여습이 끊어지지 않은 것입니다. 그러므로 당신이 말하기를 '이 사람은 음계를 범하지 않는다'고 하지만 저 의식상의 음행[意淫]은 그 상황 이 엄중합니다. 당신은 살생하지 않는다고 말하지만 그 의식상의 살생은, '이 녀석을 내가 죽이지 못해서 안타깝다. 그런데 나는 방법이 없어 그를 이기지 못한다'라고 하는데, 그것은 당신의 자비가 아닙니다. 당신의 그 살생은 무겁습니다. 이러한 여습들 같은 것은 설사 도를 본 사람이라 할 지라도 닦아야 비로소 끊을 수 있는데, 어렵습니다. 그러기에 수도는 어렵 습니다. 수도란 바로 무엇을 닦는 것일까요? 수행은 심리 행위의 습기를 전환하는 것입니다. 여습은 끊어 없애기가 가장 어렵습니다. 이 습기가 바 로 업력입니다. 이 업력은 중문으로 번역하여 습기라고 하는데, 습관이 되 어 일종의 힘으로 변한 것입니다. 그럼 '살·도·음' 이 세 가지를 우리는 이해했습니다. 다음에서 다시 분석해서 말씀하십니다.

"여부아명(汝負我命), 아환여채(我還汝債), 이시인연(以是因緣), 경백천겁(經百 千劫), 상재생사(常在生死). 여애아심(汝愛我心), 아린여색(我憐汝色), 이시인연 (以是因緣), 경백천겁(經百千劫), 상재전박(常在纏縛). 유살도음삼위근본(唯殺盜 婬三爲根本). 이시인연(以是因緣), 업과상속(業果相續)."

부처님은 말씀하시기를, 개별적인 사람의 생명이 오면서부터, 한 사람뿐만 아니라 모든 동물과 생물은, 모두 '살·도·음' 이 세 가지가 있다고 합니다. 생물을 보세요, 여러분은 때로는 영화를 좀 보거나 텔레비전을 켜서 동물세계를 좀 보는데, 당신은 온 세상이 모두 남의 생명을 해치면서 자기가 살고 있음을 봅니다. 우리 사람은 결코 남보다 문명적인 것은 아닙니다. 인류 자신이 만물의 영장이라고 하는데, 그것은 인류가 자화자찬하는 것입니다. 그렇다면 우리 돼지 형에게, 돼지는 저 검고 털이 있는데, 돼지 형에게 우리 이 사람을 보여주면 사람은 모든 생명 중에서 가장 나쁜 것입니다. 보세요, 날마다 얼마나 많은 돼지를 먹어야 합니까? 그것의 털은 또 사용해야 하고 그것의 뼈는 또 국으로 끓여야 합니다. 그렇다면 인류는 만물의 악(惡)입니다. 악 중의 악입니다. 만물의 영장이라고 자칭하면서 인류 자신이 이미 허풍을 치고는 얼굴에 금칠하고 분칠했습니다. 그러므로 이 세계의 생명은 모두 업과(業果) 윤회 보응으로서, '여부아명(汝負我命)', '부(負)'란 '빚지다'는 뜻입니다. 회계를 배운 적이 있으면 알 것인데 '부'는 바로 빚진 쪽입니다. 그대는 나의 목숨을 빚졌습니다. 내가 이 이생에 와서 혹은 당신의 부인이 되거나 당신의 남편이 되어, 당신을 죽도록 사랑하고 내내 당신을 시중 들어야 하는 것, 그것은 모두 빚을 갚는 것입니다. 혹은 당신의 자녀가 되거나, 혹은 당신의 부친이나 모친이 되어 그 모친이 자녀를 위하는 것은 정말로 빚을 지는 것입니다. 아들과 딸이 수업을 마치고 조금 늦게 돌아오면, 그의 마음은 아픕니다. 당신의 마음은 아픈데 자녀는 아직도 거기서 기뻐하고 있습니다. 이게 바로 빚지는 것입니다. 그래서 '여부아명(汝負我命), 아환여채(我還汝債), 이시인연(以是因緣), 경백천겁(經百千劫), 상재생사(常在生死).', 살업의 과보입니다.

"여애아심(汝愛我心), 아린여색(我憐汝色), 이시인연(以是因緣), 경백천겁(經百千劫), 상재전박(常在纏縛).",

애정의 과보요 욕의 과보입니다. 여기 문자는 대단히 아름답습니다. 여러분 보세요, 애정 소설 쓰기는 석가모니불이 가장 잘 쓰실 줄 알았습니다. 보세요, '여애아심(汝愛我心), 아린여색(我憐汝色)', 나는 너의 마음을 사랑하고 너는 너의 색을 가련히 여긴다. 정말 사랑스럽습니다. '이시인연(以是

因緣)', 바로 온갖 중생으로서 이것이 음욕의 업력이며 '경백천겁(經百千劫), 상재전박(常在纏縛)', 영원히 풀지 못하며 정말로 풀지 못합니다. 그러므로 살·도·음 이 세 가지 업은 교호하여 과보가 됩니다. 이 때문에 우리 모두는 계율을 지켜야 합니다. 계율의 근본은 소승 계율이든 대승 계율이든 바로 당신더러 하나의 관계, 즉 인과관계인 업력을 이해하라고 요구합니다. 그러기에 부처님은 계율 부분을 재삼 언급하기를, "설사 백겁이 지나더라도 지어진 업은 없어지지 않고, 인연은 때를 만났을 때 과보를 도리어 스스로 받는다[縱使經百劫, 所做業不亡, 因緣會遇時, 果報還自受]."(녹음 중단) 특히 글을 쓰는 사람은 자기가 통쾌하게 남을 꾸짖는 문장을 한 편 썼다고 생각하지만, 통쾌하게 꾸짖으면 그 과보로 당신이 금생 혹은 내생에 집에 앉아 있는데 밖에서 남이 당신에 대한 유언비어를 퍼뜨립니다. 바로 자신이 전생에 남에게 이렇게 했던 것이 올 것입니다. 뜻하지 않은 재난이 당신의 몸에 이를 수 있습니다. 이것이 바로 인과입니다. 그러므로 수행(修行)이란 행위를 수정(修正)하는 것입니다. 그러기에 말하기를, '설사 백겁이 지나더라도 지어진 업은 없어지지 않고, 인연은 때를 만났을 때 과보를 도리어 스스로 받는다.'라고 했습니다. 그래서 계율을 지켜야 합니다. 계율은 무엇일까요? 당신의 행위를 삼가하여 당신의 행위를 바꾸는 것을 계율이라고 부릅니다. 왜 계율을 말할까요? 그래서 저는 항상 여러분 청년 학우들에게 말합니다. "여러분은 계율을 담론하지 마십시오. 당신은 유가의 서적인 사서오경을 잘 배우면 그게 바로 계율입니다. 사람됨의 계율이며 인승도의 사서오경인 인승도의 계율을 잘 행하고 다시 불가의 소승 계율을 보십시오. 소승 계율을 잘 배우십시오. 소승 계율은 배우기 어렵습니다. 불가의 것으로 그것은 인천승의 것입니다. 공맹의 도의 행위는 인승도이며 소승 계율은 천승도의 것입니다. 대승의 계율은 보살도의 것인데 너무나 어렵습니다. 보세요, 대승 보살도에는 얼마나 많은 계율 조목이 있을까요? 조문(條文)이 없습니다. 조목의 글을 말하자면 8만 4천 조목의 계율이 있으니 당신이 지켜보시지요. 당신은 어떻게 계율을 지키겠습니까? 보살 대계는 8만 4천 조목입니다. 8만 4천 조목은 그래도 적습니다. 아직 완전히 말하지는 안했습니다. 왜냐하면 마음이 일어나고 생각이 움직임[起心動念]이 계율이기 때문입니다. 온갖 중생의 한 생각 사이에 8만 4천 가지의 번뇌가 있으므로 마음이 일어나고 생각이 움직임이 바로 계율입니다. 그러기에 그것에는 조문이 없어서 더욱 지키기 어렵습니다. 그러므로 심리 행위는 인과응보를 구성합니다. 우리가 어렸을 때 받은 교육의 경우는, 여러분의 이 세대와는 달랐습니다. 어렸을 때 먼저 이런 것을 교육 받았습니다. '선에는 선의 보답이 있고, 악에는 악의 보답이 있다, 보답하지 않음이 아니라, 그 때가 아직 이르지 않아서다[善有善報, 惡有惡報, 不是不報, 日子未到]' 이를 우리는 어렸을 때부터 다 알았고 그 때의 교육은 이런 것들에 근거해서 말한 것이었습니다." 그래서 부처님은 말씀하시기를 온갖 중생이 개별적으로 생명을 형성하는 행위는 살·도·음에서 온 것이라고 합니다.

그럼 여기서 저도 끼어들겠습니다. 오늘날 세계상의 문제인데, 인구가 갈수록 증가하고 있습니다. 그래서 인류학자·경제학자·과학자들은 인류가 생산해내는 식량이 분배하기에 부족할까 봐 걱정합니다. 그래서 가능한 한 인구를 통제하려고 하고 산아제한을 합니다. 이런 일이 몇 십 년간 소란을 피웠습니다. 십몇 년 전에 미국의 어느 교수, 미국인이 이 문제를 연구하는데 어떤 학우의 소개로 그가 저에게 와서 말했습니다. 제가 말했습니다, "이것은 맞기는 맞습니다. 인구는 갈수록 증가합니다. 중국문화인 도가에서는 인구가 말겁의 시대에 갈수록 많아진다는 것을 알았습니다. 당신이 산아제한을 해도 방법이 없고 장래에 갈수록 많아질 것입니다. 그 교수가 말했습니다, 그것은 무슨 도리입니까? 제가 말했습니다. 이것은 토지가 분배하기에 부족하고 식량이 분배하기에 부족할까 걱정할 일이 아닙니다. 만약 그렇게 말한다면 장래에 자연과학의 발달로 사람은 밥을 먹을 필요가 없게 됩니다. 이후의 세계는 1,2백 년 뒤에는 한 알의 약만 먹으면 충분할 것입니다. 지금 이미 거의 되었습니다. 혹은 주사 한 방 맞고 나면 오랫동안 밥을 먹지 않아도 될 것입니다. 식량이 분배하기에 부족한 문제가 아닙니다. 그러나 인구는 갈수록 증가한다는 것을 우리 중국문화의 도가나 불가는 벌써 이미 알았습니다. 이 지구는 살아있는 생명입니다. 그 교수가 그게 무엇이냐고 물었습니다. 제가 말했습니다, 사람의 마음이 짓는 것인데, 인류의 인심은 갈수록 나빠지고, 사람이 태어날수록, 나쁜 놈이 태어날수록 그만큼 많아질 것이니, 사람이 결코 좋은 물건들이 아닙니다. 무슨 도리일까요? 지구는 마치 과일과 같은데 그 과일이 탁자에 놓여 있습니다. 저 귤 속이 썩었다면, 벌레는 성장할수록 많아지는데 그 벌레는 어디서 온 것일까요? 외부의 세균이 들어온 것입니다. 그러나 그 과일이 좋을 때는 벌레가 자랄 수 없습니다. 이것을 일컬어 '물건은 반드시 스스로 부패한 다음에 벌레가 생겨나고, 사람은 반드시 자기를 모멸한 다음에 남의 모멸을 받는다[物必自腐而後蟲生, 人必自侮而後人侮之]'고 일컬었습니다. 이것이 중국의 옛 가르침으로서 선현의 명언입니다. 물건은 자체 내부가 썩으면 밖의 벌레가 갈수록 많아집니다. '인필자모(人必自侮)', 어떤 사람이 스스로 자신을 모욕하고 자신을 우롱하면 다른 사람이 다시 와서 당신을 모욕하고 우롱합니다. 자기가 자강(自强)하지 못하고 자립하지 못하기에 다른 사람이 비로소 와서 당신을 모욕하고 우롱합니다. 이는 필연의 도리입니다. 그러기에 세계는 뒷날로 갈수록 이 지구라는 이 과일은 갈수록 썩을 것입니다. 우리 사람들은 무슨 물건일까요? 바로 그 지구라는 과일 위의 벌레입니다. 그래서 더러운 벌레가 갈수록 많아지고 당신은 통제할 수 없다고 저는 말합니다."

그렇다면 불법을 배우는 학우도 물었습니다, 그는 말했습니다, "불가(佛家)대로 말한다면 사람이 태어나 오는 것은 인과응보입니다. 왜냐하면 살생해야 태어나서 죽고 죽어 태어나기 때문입니다. 왜 이 지구는 인구가 갈수록 많아지는 것입니까? 이 사람의 인과응보는 과보를 다 했는데, 많이 태어나오는 것은 어디에서 옵니까?" 그러므로 부처님은 삼천대천세계를 설하셨는데, 기타의 세계가 파괴되면, 업과 응보로, 이곳이 파괴되지 않았기에 또 이곳으로 와서 다시 과보를 받는다고 합니다. 가령 우리 지구가 어느 날 파괴된다면 일부 인과응보가 끝나지 않은 자는 그렇게 끝나버릴까요? 그것은 유물론이 아닙니다. 그럼 이 지구 중생의 인과응보가 끝나지 않은 자는 다른 천체로 가서 마찬가지로 이 보응을 받습니다. 감옥을 하나 바꿀 뿐입니다. 그러므로 삼계는 감옥과 같습니다. 욕계·색계·무색계는 바로 거대한 감옥인데, 이 감옥을 벗어나야 비로소 성불한 것으로 인정합니다. 삼계의 감옥을 벗어나지 못하면 도를 이룬 것으로 인정하지 않습니다. 여러분들이 무슨 임맥 독맥 두 맥을 타통(打通)한다고 하는데, 타통했더라도 무슨 소용이 있겠습니까? 타통했어도 여전히 욕계 속에 있고 색계로 아직 뛰어오르지 못했습니다. 삼계를 뛰어넘어 벗어나야 합니다. 하지만 당신이 기맥을 타통하는 것이 쓸모없다고 말하는 것은 결코 아닙니다. 타통하는 것도 좋습니다, 정말입니다. 다만 진짜가 아닐까 봐 걱정될 뿐입니다. 진짜라면 천천히 욕(欲)을 끊을 수 있습니다. 기맥 타통은 욕을 전환 변화시키기 위한 것입니다. 남녀의 애욕의 그 충동의 힘이 없어지고 변화되어 되돌아온다면 색계의 광명인 빛으로 변합니다. 그러니 역시 쓸모가 있습니다. 지금 부처님은 '살·도·음' 이 세 가지 업이 근본이 된다고 얘기하셨습니다. 그분은 말씀하시기를 이 인연 때문에 업과가 상속된다고 합니다. 단지 사람의, 욕계의 별업인, 개별의 업력 생명의 내원만을 말씀하셨습니다.

"부루나(富樓那), 여시삼종전도상속(如是三種顚倒相續), 개시각명(皆是覺明), 명료지성(明了知性), 인료발상(因了發相), 종망견생(從妄見生). 산하대지제유위상차제천류(山河大地諸有爲相次第遷流), 인차허망종이부시(因此虛妄終而復始)",

이제 엄중해졌습니다. 우리가 알 듯이 앞에서 들었던 것은 모두 쉬웠습니다. 여러분은 부처님이 부루나에게 답변하셨던 것을 잊지 말기 바랍니다. 가령 우리가 학교에서 수업을 할 때, 지금 즉시 책을 덮고 시험을 치르고자 종이를 나누어주고 답안을 요구하면 곧바로 답해야하니 엄중해질 것입니다. 부처님은 이 능엄경을 설하고 계시면서 부루나에게 이 문제에 대한 답을 일러주고 계십니다. 부루나가 물었습니다, "만유인 산하대지, 우주만유의 중생 생명은 어떻게 유래[來源]하였습니까?" 부처님의 한 마디가 중요합니다. 부루나가 말했습니다, "이미 본성이 본래 청정하고 광명하여 저마다 부처인바에야, 왜 이 세계로 변해서 나왔습니까? 왜 이 세계상의 중생이 있게 되었습니까요? 어떻게 온 것입니까? 본래 청정하고 본래 광명한데 왜 청정하지 못하고 광명하지 못함으로 변했습니까? 본래 온갖 중생이 부처인데 왜 우리는 지금 미혹하여 있습니까?" 이것이 부루나가 제기한 문제였습니다. 여러분은 능엄경을 듣고 재미있다고 생각하지 말기 바랍니다. 이것은 근본 문제입니다. 사람이 양을 먹고 양이 사람을 먹는다는 것을 듣고 '나는 이해했다' 하지 마십시오. 그것은 역시 부차적인 문제이며, 당신이 소고기를 먹는 문제는 모두 제3, 제4의 문제입니다.

그렇다면 부처님이 답하신 한 마디는 무슨 말이었을까요? 이게 중점입니다. 광명이 어떻게 무명으로 변했으며 미혹으로 변했을까요? 가령 시험을 치르고자 지금 쪽지를 나누어주고 즉시 답안을 작성하면, 연합고사에 점수를 매기고자 한다 합시다. 그러기에 능엄경에서 부처님이 말씀한 한 마디 중요한 말인 '각명위구(覺明爲咎)'를 들었습니다. '무명(無明)'은 어디로부터 올까요? 무명은 '명(明)'으로부터 옵니다. 어느 하나의 '명(明)'으로부터 올까요? 온갖 중생이 자기가 '명'을 구함으로부터 옵니다. 자기가 밝음을 구하고 있음으로부터 옵니다. 이 때문에 생명은 자기가 혼미하였습니다. 가장 이해하기 어려운 능엄경의 요점인데, 여러분이 도를 깨닫고자 한다면 바로 여기에 있습니다. 그러므로 생사를 철저히 해탈함[了生脫死]은 바로 '각명위구(覺明爲咎)' 이곳에 있습니다. 자성은 본래 밝다[自性本明]는 점을 우리는 다시 제시하니 주의하기 바랍니다.

능엄경의 중점으로서 부처님이 설하신 것인데, 물리세계와 생명의 영성 정신세계 두 방면으로 나누어서 말씀하십니다. 물리세계의 중점으로 능엄경에서 부처님이 설하신 것입니다, '성화진공(性火眞空), 성공진화(性空眞火), 성수진공(性水眞空), 성공진수(性空眞水)'등 4대로부터 '성공진각(性空眞覺), 성각진공(性覺眞空)'인 5대까지[134] '청정본연(淸淨本然), 주변법계(周遍法界), 수중생심(隨眾生心), 응소지량(應所知量), 순업발현(循業發現)' 맞지요? 제가 암기한 게 틀리지 않았지요? 좋습니다. 여러분이 저를 통과시켰습니다. 그렇다

---

134 5대 종성에 대한 풀이는 제3권 제4장 '지수화풍공 5대 종성의 분석'을 읽어보기 바람.(역주)

면 저는 틀리지 않았다는 이 학위도 받았습니다. 여러분도 이렇게 암기하기를 바랍니다. 당신이 수행하고자 하면 써먹어야 합니다. 능엄경을 들었는데 경은 경이고 능은 능이며 엄은 엄이라면 소용이 없게 됩니다. 그러기에 이것은 물리세계가 여전히 '청정본연'하다는 것입니다 이 세계는 본래 바로 진선미(眞善美)로서, 선악이 없는 물리세계입니다. 정신세계는 어떨까요? '청정본연(淸淨本然), 주변법계(周遍法界), 원융무애(圓融無碍)'한 것으로 역시 그러합니다. 이미 우리는 자성이 본래 부처로서 본래 청정한 바에야 왜 미혹하였을까요? 왜 우리는 지금 자기가 바로 부처라고 인정할 방법이 없을까요? 명심견성하지 못한 게 확실합니다! 성(性)은 어디에 있을까요? 마음[心]은 어디에 있을까요? 이게 능엄경이 추적하여 찾고자 하는 것입니다. 왜 이 생명은 와서 우리들로 변했을까요? 우리는 육체가 있게 된 뒤부터 줄곧 이 육체의 생명과 물질세계의 제한을 받고 있으면서 우리는 이 근본적인 업력을 뛰어넘지 못합니다. 부처님도 말씀하시는데, 이제 총괄적인 답변은 또 이 본성 문제로 돌아갑니다. "부루나여, 이 살·도·음 세가지의 인성이다."

보세요, 이곳에서 하나의 철학적인 문제가 또 발생합니다. 당신이 말합니다, "부처님은 인성이 본래 선하다고 하십니까 아니면 악하다고 하십니까?" 이것은 수 천 년 동안 중국과 외국의 철학이 토론하고 있는 것입니다. 우리의 인성은 본래 선할까요? 아니면 악할까요?

바꾸어 말하면 중국에 세 파가 있는데, 공자(孔子)와 맹자(孟子) 이 일파는 '인지초성본선(人之初性本善)', 인성은 선하다고 봅니다. 맹자와 동시대의 순자(荀子)도 유가인데, 그는 말했습니다, "인성은 악이며 선은 위장이다. 후천적인 교육은 그것을 억지로 바꾼다. 그래서 교육하기를 주장한다. 사람이 교육을 하지 않으면 인성은 타고나면서부터 악이다. 타고난 것에는 선이 없다. 갓난애가 태어나면 예컨대 한 쌍의 쌍둥이는 둘이 배가 고프면 둘 다 젖을 먹으려 둘이 앞 다툰다. 자기 배가 고프면 나가 중요하다. 그 나는 선천적으로 지니고 온 것으로 악업이다. 인성은 본래 악이다." 이것이 순자의 일파입니다. 그런데 고자(告子)의 일파는 인성은 선하지도 않고 악하지도 않다고 봅니다. 이상이 중국 문화이며 불교가 아직 전래하지 않았을 때입니다.

그럼 우리가 세계의 종교를 좀 살펴보겠습니다. 기독교의 교의는 말하기를 인성은 천성적으로 선하였는데, 나빠진 것은 바로 아담과 이브가 사과를 함부로 먹은 잘못에 있다고 합니다. 그러니 사과를 함부로 먹어서는 안 됩니다. 저는 늘 이런 우스갯말을 합니다, 서양문화는 두 개 반의 사과입니다. 하나는 아담과 이브가 먹었던 에덴의 사과입니다, 또 하나는 뉴턴이 사과가 땅에 떨어지는 것을 보고 지구 인력을 발견했던 사과입니다. 그리고 한 부의 소설속의, 트로이의 목마 속의 반쪽의 사과입니다. 이렇게 서양문화는 두 개 반의 사과입니다. 그렇다면 인성은 본래 선하였는데 바로 사과를 먹어서 나빠진 것임을 알 수 있습니다. 그러나 추궁해보자면 그는 왜 사과를 먹고자 했을까요? 먹기를 탐낸 것입니다. 이를 통해서 인성은 역시 악하다는 것을 알 수 있습니다. 맞습니다. 탐욕이 근본입니다. 인성이 본래 선할까요 아니면 악할까요? 무엇이라 분명히 말하기 어렵습니다.

그런데 불법은 '청정원융(淸淨圓融), 주변법계(周遍法界)'로서, 인성은 본래 선하며 악은 후천적으로 붙은 것이라고 봅니다. 그렇다면 이 악은 그 내원이 무엇일까요? 부처님은 말씀하시기를 악은 선으로부터 온 것이라고 합니다. 엄중합니다. 이렇다면 엄중해집니다. 그것을 뒤집으면 곧 이렇게 변하고, 그것은 묘하게 됩니다.

그것은 바로 우리 정토종의 한 분인 연지(蓮池) 대사의 오도시(悟道詩)입니다. 그러기에 그는 일생동안 정토와 염불을 제창했습니다. '향을 사르나 창을 던지나 모두 꿈과 같고, 마구니네 부처네 시비로 헛되이 다투네[焚香擲戟渾如夢, 魔佛空爭是與非]', 연지 대사가 오도한 것입니다. 정토종의 이 조사 분은 물론 수행하느라 고생했습니다. 어느 날 입정하였는데 그가 보니 모든 부처님과 보살들이 왔습니다. 부처님이나 보살마다 손에서 모두 향을 피우려고 향 한 개비씩 가지고 불을 붙였습니다. 잠시 후에 이 경계가 변해버렸고, 보니 많은 마귀들이 왔습니다. 많은 악마들로서 살인자들 식인자들이 그의 앞에 서 있었습니다. 그는 부처님이 와도 마음을 움직이지 않았고 마구니가 와도 마음을 움직이지 않았습니다. 갑자기 경계가 변하더니 그 마구니들이 변해서 모두 부처님이었습니다. 저 향을 한 개비씩 피운 불보살들, 그가 매일 절을 올렸던 아미타불이 변하여 모두 마구니가 되었습니다. 아!, 그는 문득 대오하였습니다. '마구니와 부처가 한 생각 사이에 있구나' 그래서 향을 사르거나 창을 던지거나 도살 칼이거나를 모두 내려놓고 그 자리에서 성불합니다. '마구니네 부처네 시비로 헛되이 다투네[魔佛空爭是與非]', 마구니와 부처, 선과 악은 한 생각 사이이며 일체(一體)의 양면으로서, 음이 있으면 양이 있습니다. 우리는 먼저 이런 자질구레한 이야기를 이해했으니 다시 부처님 말씀을 이해해 보겠습니다.

인성은 도대체 선할까요 악할까요? 그래서 이 속에서 토론하게 되면 아주 많아지게 되는데, 동서양의 문화, 종교, 철학, 특히 정치 철학이 영도하고 타투는 것은 모두 이곳에 입각하고 있고 기초가 모두 여기에 있습니다. 우리가 불법을 배우며 다투고 구하는 것도 이것입니다. 보통 일반적으로 불학을 연구함에 있어서는 적어도 전제가 하나 있는데, 결국 인성은 선하다고 여기는 것입니다. 인성은 도대체 선할까요 악할까요? 이 형이상과 형이하의 층차와 순서를 분명히 구분해야 합니다. 그러기에 부처님의 답변은, '부루나(富樓那), 여시삼종전도상속(如是三種顛倒相續)'입니다. 살·도·음은 인성의 후천이며 제일의(第一義)가 아닙니다. 본체의 인성이 바로 불성입니다. 만약에 부처님의 입장에서 말하면, 인류의 인성이 선이다거나 악이다라고 여기고 토론하는 것은 알맹이 없는 빈말입니다. 그것은 빈말로서 희론(戲論)이라고 합니다. 불학은 이를 희론이라고 합니다. 희론은 바로 두 아이가 그곳에서 말다툼 하는 게 의미가 없는 것인데, 무엇 때문일까요? 이 본체에는 악이 없을 뿐만 아니라 선도 없습니다. 자성은 본래 공하고 청정본연합니다. 악이 없을 뿐만 아니라 선도 없습니다. 선이 있으면 악이 있어 서로 대립합니다. 그래서 불법은 말하기를, 인성은 '선도 아니요 악도 아니며[非善非惡], 공이면서 유이며[卽空卽有], 유도 아니요 공도 아니다[非有非空]'라고 합니다. 선악은 후천적인 대립 행위이며, 양(陽)이 있으면 음(陰)이 있고 음이 있으면 양이 있습니다. 선념이 있으면 상대적으로 악념이 있는데, 그것은 제이의(第二義)이지 제일의가 아닙니다. 그러므로 제일의는 불학에서 시비(是非)가 아니며, 선악이 아니며, '청정본연, 주변법계'입니다. 생각을 움직여 '시'가 있으면 '비'가 있고, '비'가 있어도 '시'가 있으며, '선'이 있으면 '악'이 있습니다. 그것이 제이의인 도리가 여기에 있습니다.

그래서 서양 문화의 성경(聖經)에 근거하면, 하느님이 만물을 창조하고자 한 첫 째 날에 하느님은 이미 틀렸습니다. 그는 이미 생각을 움직였고 그는 이미 제일의가 아니었습니다. 그래서 하느님은 본체를 대표하기에는 부족하니, 그것은 아닙니다. 그는 왜 이 한 생각을 움직였을까요? 물론 그것이 하느님이든 콧물이든 그것은 부호이니 상관없습니다. 한 생각이 움직이자마자 선악(善惡)으로 나누어집니다. 그렇다면 동(動)과 정(靜)은 없을까요? 선악 또한 있으며, 정(靜)이 원인이고 청정(淸淨)이 바로 결과입니다. 동정, 시비, 선악은 모두 양쪽의 상대적인 것이니, 모두 제일의가 아닙니다. 그러기에 자성은 동(動)도 아니고 정(靜)도 아닙니다. 당신은 자신이 정(靜)을 구하는 것이야말로 도라고 여기지 마십시오. 당신은 완전히 틀렸습니다. 동(動) 또한 도입니다. 이 관념을 명확히 해야 합니다. 그렇지 않았다가는 불법을 당신이 수행함에 있어 첫걸음에서 잘못하여 정(靜)이 옳다고 여기니 틀렸습니다. 동정은 본체가 작용을 일으키는[起用] 두 가지 현상[相]으로 양쪽입니다. 생사·시비·동정·선악·거래(去來)·명암은 모두 상대적으로서, 그것은 상(相)과 용(用)이지 체(體)가 아닙니다. 체에는 이런 명칭들이 모두 없습니다. 연기성공(緣起性空)입니다. 그래서 부처님이 부루나에게 말씀하십니다. "살·도·음 이 세 가지 업력 근본의 내원은 어디서 오는 것일까? '개시각명(皆是覺明), 명료지성(明了知性), 인료발상(因了發相), 종망견생(從妄見生)'", 부처님은 살·도·음의 세 가지를 말씀하셨습니다.

능엄경 이곳에 있는 부처님의 이 한마디 말씀은 이해하기 어려우니 여러분은 반드시 세밀해야 합니다. 부처님은 말씀시기를 "모두 자기 본성인 '각명위구(覺明爲咎)'에서 온 것이다." 바꾸어 말하면 '천하에는 본래 일이 없는데 스스로 골칫거리를 만든 것입니다[天下本無事, 庸人自擾之].' 자기가 하나의 깨달음을 구하고 하나의 광명하고 청정한 경계를 구하는 것입니다. 당신은 모르고 있는데, 당신이 처음에 청정을 구하고 성불을 구하고자 하는 그 처음 그 한 번이 맞습니다. 따로 첨가하지 마십시오. 첨가하면 곧 '명료지성(明了知性), 인료발상(因了發相), 종망견생(從妄見生)', 한 점을 첨가하면 증가가 있고 감소가 있습니다. 한 점을 첨가하면 이 본래 밝고 밝아 또렷한 이 능히 스스로 아는 이 자성이 '인료발상(因了發相)', 스스로 말하기를 이것은 옳지 않다며, 그것을 버리고자 하고 그것을 비워버리려고 하지만 버리려고 해도 버려지지 않고 비우려고 해도 비워지지 않으면서 갈수록 현상에 집착하고 망상은 갈수록 커집니다. 성불하려는 생각이 바로 대망상입니다. 진정한 부처는 결코 성불하려고 생각하지 않습니다. 물론 범부가 되려고 생각하지도 않으며, 더더욱 마구니가 되려고 생각하지도 않습니다. 모든 것을 구함이 없고 생각함이 없다면 도달하게 됩니다. 구하고 생각함이 있는 것은 망견(妄見)으로부터 발생하고, 이로 인하여 업력이 있습니다. 저는 명백하게 말하지 못하겠으니 그저 여기까지만 얘기할 뿐입니다. 저는 여러분이 듣고 막연하리라 믿습니다. 여러분이 틀린 것이 아니라 제가 말한 것이 분명하지 않기 때문입니다. 그러나 저의 재주는 여기까지만 말할 수 있을 뿐입니다. 나머지는 물론 제가 배워서 좀 고명해지면 다시 얘기하겠습니다. 주의하기 바랍니다, 이 몇 마디를 암기하여 많이 참구해야 합니다. 여러분이 선(禪)을 배우면서 화두를 참구하고자 하는데, 이게 바로 화두입니다. 화두란 바로 큰 문제입니다.

왜 부처님은 말씀하시기를 "생사윤회가 '개시각명(皆是覺明), 명료지성(明了知性), 인료발상(因了發相), 종망견생(從妄見生)', 모두 정각의 영명한 자성 본체 중에 갖추고 있는, 또렷이 분별하는[明了]하는 지성(知性)의 변태이다. 또렷이 아는 자성(自性)이 변태를 발생하였기 때문에 망견의 변태가 생겨났다."라고 했을까요? 바로 당신의 밝은 자성[明性]으로부터 스스로 온 것으로서 밝음이 극점에 도달하여 자연히 번뇌가 일어났습니다. 그러므로 방금 우리는 진정으로 불법을 배움을 언급했는데, 불법은 어디에 있을까요? 보통의 한마디 말이 최고도에 도달합니다, '천하에는 본래 일이 없는데 스스로 골칫거리를 만든다[天下本無事, 庸人自擾之]', 모두 스스로 골칫거리를 만든 데에서 나온 것입니다. 자성은 본래 청정한데도, 당신이 각(覺)을 구하고 명(明)을 구하기 때문에 자성이 본래 명백하고 본래 끝마쳤음[了]을 망각하고는 당신은 끝마치고자[了] 하는데, 무엇을 끝마치고자 합니까? 번뇌가 본래 공하고 업장이 본래 공한 줄 확실히 알았을 때는 끝마쳐야 할 것이 없습니다[了了時無可了], 끝마칠 수 있는 것은 모두 밖에 있는 것이지만 끝마칠 수 없는 것은 바로 우리들의 본래면목으로서 이 또렷이 아는 지성(知性)입니다. 사람이 뭔가 하려고 생각하기 때문에, '나는 지금 아이고 몹시 고통스럽다. 이 사업과 가정에 얽매어서 내가 몹시 고통스럽다. 오늘은 절에 가서 마침내 한 번 끝마쳐야겠다'고 하지만 당신은 끝마쳤습니까? '끝마쳤습니다. 저쪽 집안 일을 끝마쳐버리고 이쪽으로 달려와서 또 이 일을 했습니다.' 어떤 사람들도 마찬가지입니다. '어휴, 정말 번거롭습니다. 그래서 나는 불당을 하나 차려 남들에게 수행하게 해주고 강의해서 남들에게 듣게 해 주겠습니다' 그리고는 잘 하지 못해서 스님(법사)과 둘이서 번뇌를 일으킵니다. '인료발상(因了發相), 종망견생(從妄見生)', 자신이 수행하고 수도한다고 여기지만 바로 갈수록 업을 짓고 있는데, '종망견생(從妄見生)', 바로 이러해서 어리석은 사람이 스스로 골칫거리를 만든 것입니다. '산하대지제유위상(山河大地諸有爲相)', 이 때문에 별업이 결합되어 공업을 구성했고, 이 세계, 물질의 세계의 '제유위상(諸有爲相)'은 '차제천류(次第遷流)', 생각 생각마다 변화하고 있습니다. 이 세계도 허망한 것이며 업력도 허망한 것으로, 모두 어리석은 사람이 스스로 골칫거리를 만든 것입니다. 그래서 '종이부시(終而復始)' 비로소 윤회가 있습니다. 이 단락의 답변입니다.

富樓那言。若此妙覺本妙覺明，與如來心不增不減。無狀忽生山河大地諸有爲相。如來今得妙空明覺，山河大地有爲習漏何當復生。

佛告富樓那。譬如迷人，於一聚落，惑南爲北，此迷爲復因迷而有，因悟所出。

富樓那言。如是迷人，亦不因迷，又不因悟。何以故。迷本無根，云何因迷。悟非生迷，云何因悟。

佛言。彼之迷人，正在迷時。倏有悟人指示令悟。富樓那。於意云何。此人縱迷，於此聚落，更生迷不。

不也世尊。

富樓那。十方如來亦復如是。此迷無本，性畢竟空。昔本無迷，似有迷覺。覺迷迷滅，覺不生迷。亦如翳人見空中華，翳病若除，華於空滅。忽有愚人，於彼空華所滅空地，待華更生。汝觀是人爲愚爲慧。

富樓那言。空元無華，妄見生滅。見華滅空，已是顚倒，敕令更出，斯實狂癡。云何更名如是狂人爲愚爲慧。

佛言。如汝所解，云何問言諸佛如來妙覺明空，何當更出山河大地。又如金礦雜於精金。其金一純，更不成雜。如木成灰，不重爲木。諸佛如來菩提涅槃，亦復如是。富樓那。又汝問言。地水火風，本性圓融，周徧法界。疑水火性不相陵滅。又徵虛空及諸大地，俱徧法界，不合相容。富樓那。譬如虛空，體非群相，而不拒彼諸相發揮。所以者何。富樓那。彼太虛空，日照則明，雲屯則暗，風搖則動，霽澄則清，氣凝則濁，土積成霾，水澄成映。於意云何。如是殊方諸有爲相，爲因彼生，爲復空有。若彼所生。富樓那。且日照時，旣是日明，十方世界同爲日色，云何空中更見圓日。若是空明，空應自照云何中宵雲霧之時，不生光耀。當知是明，非日非空，不異空日。觀相元妄，無可指陳。猶邀空華，結爲空果。云何詰其相陵滅義。觀性元眞，唯妙覺明。妙覺明心，先非水火。云何復問不相容者。眞妙覺明亦復如是。汝以空明，則有空現。地水火風，各各發明，則各各現。若俱發明，則有俱現。云何俱現。富樓那。如一水中現於日影。兩人同觀水中之日，東西各行，則各有日隨二人去。一東一西，先無準的。不應難言，此日是一，云何各行。各日旣雙，云何現一。宛轉虛妄，無可憑據。富樓那。汝以色空相傾相奪於如來藏。而如來藏隨爲色空。周徧法界。是故於中，風動空澄，日明雲暗，衆生迷悶，背覺合塵，故發塵勞，有世間相。我以妙明不滅不生合如來藏。而如來藏唯妙覺明圓照法界。是故於中，一爲無量，無量爲一。小中現大，大中現小。不動道場，徧十方界。身含十方無盡虛空。於一毛端現寶王刹。坐微塵裏轉大法輪。滅塵合覺，故發眞如妙覺明性。而如來藏本妙圓心。非心非空。非地非水。非風非火。非眼非耳鼻舌身意。非色非聲香味觸法。非眼識界，如是乃至非意識界。非明無明，明無明盡。如是乃至非老非死，非老死盡。非苦非集非滅非道。非智非得。非檀那，非尸羅，非毗梨耶，非羼提，非禪那，非般剌若，非波羅密多。如是乃至非怛闥阿竭，非阿羅訶，三耶三菩。非大涅槃。非常非樂非我非淨。以是俱非世出世故。即如來藏元明心妙。即心即空。即地即水。即風即火。即眼即耳鼻舌身意。即色即聲香味觸法。即眼識界，如是乃至即意識界。即明無明，明無明盡。如是乃至即老即死，即老死盡。即苦即集即滅即道。即智即得。即檀那，即尸羅，即毗梨耶，即羼提，即禪那，即般剌若，即波羅密多。如是乃至即怛闥阿竭，即阿羅訶，三耶三菩。即大涅槃。即常即樂即我即淨。以是俱即世出世故。即如來藏妙明心元，離即離非，是即非即。如何世間三有衆生，及出世間聲聞緣覺，以所知心測度如來無上菩提，用世語言入佛知見。譬如琴瑟箜篌琵琶，雖有妙音，若無妙指終不能發汝與衆生，亦復如是。寶覺眞心各各圓滿。如我按指，海印發光。汝暫舉心，塵勞先起。由不勤求無上覺道，愛念小乘，得少爲足。

제5장
불법을 닦아 익히는 실험 원리

개인의 해탈 성불과 단체와의 관계

만자자가 물었다. "만약 이 영묘한 본각의 자성이 본래 정각이 묘명(妙明)한 것으로서, 현재 부처님은 이미 원래의 진심 자성의 체의 정각의 묘명함을 증득하였기 때문에 여래(如來)라 한다면, 여래는 이미 늘어나지도 않고 줄어들지도 않는[不增不滅] 자성의 영명(靈明)의 본체로 되돌아가신 것입니다. 그렇다면 지금 까닭 없이 홀연히 생겨나온 이런 산하대지 등 온갖 만유 현상은, 이제 부처님께서 이미 증득한 영묘하고 자성이 공(空)한 밝은 정각의 성취 중에서는, 응당 온갖 것이 모두 부처님의 힘에 따라서 원래대로 되돌아가야 하는데, 어찌하여 산하대지 만유의 각종 유위적인 습관 번뇌는 여전히 끊임없이 생겨나고 생겨나면서 그치지 않습니까?"

부처님이 물으셨다. "예컨대 어떤 사람이 어떤 곳에서 방향을 잃어서 남쪽을 북쪽으로 오인(誤認)했다면, 이런 미혹은 미혹으로 인해 비로소 있게 된 것이냐 아니면 깨달음[覺悟]으로 인해 생긴 것이냐?"

만자자가 대답했다. "이 사람의 미혹은 미혹했기 때문에 비로소 있는 것도 아니요, 깨달음으로 인해 생기는 것도 더더욱 아닙니다. 미혹은 본래 근원이 없는데 어떻게 미혹으로 인해 비로소 있다고 말할 수 있겠으며, 깨달으면 미혹이 생기지 않을 텐데 어떻게 또 깨달음으로 인해 생긴다고 말할 수 있겠습니까?"

부처님이 물으셨다. "이 사람이 마침 미혹 중에 있을 때 어떤 깨달은 사람이 홀연히 나타나 그에게 방향을 가리켜주어서 그로 하여금 알도록 했다고 하자. 미혹한 그 사람은 그 곳에서 여전히 미혹을 일으킨다고 하겠느냐?"

만자자가 대답했다. "당연히 다시는 미혹하지 않을 것입니다."

부처님이 말씀하셨다. "이미 정각을 이룬 시방세계의 부처가 정각의 자성을 증득한 것도 그 사람과 마찬가지이다. 이런 미혹은 원래 근본이 없어서 소위 미혹의 성능은 본래 궁극적으로 절대 공[畢

竟空]한 것이다. 이전에 미혹이 없었으니 갑자기 그가 미혹된 감각이 있는 듯하다가도, 그가 깨닫고 난 뒤에는 미혹이 곧 사라지게 되고 깨달았기에 미혹이 다시는 생겨나지 않을 것이다. 또 마치 눈에 예병(翳病)[135]이 있는 사람이 허공중에 꽃이 있음을 보는 것과 같다. 예병을 없애면 허공중의 꽃을 보는 착각도 없어질 것이다. 만약 어떤 어리석은 사람이 눈병이 다 나은 뒤에도 이전에 꽃이 있음을 감각했던 그 곳에서 여전히 허공 꽃이 출현하기를 기다린다고 하자. 네가 보기에 이 사람은 어리석은 것이냐 지혜로운 것이냐?"

만자자가 대답했다. "허공중에는 본래 꽃이 없었는데 눈병의 망견(妄見)이 있으므로 비로소 허공중에 꽃의 생멸이 있음을 보았습니다. 허공의 꽃이 소멸함을 보는 것이 이미 미혹 전도(顚倒)된 것인데 다시 허공 꽃이 허공에 출현하기를 바라는 것은 사실 미치고 어리석은 사람입니다. 그런데 왜 또 이 미친 사람이 어리석은지 지혜로운지를 물으신지요?"

부처님이 말씀하셨다. "너의 견해대로라면, 어찌하여 또 모든 부처가 이미 증오(證悟)[136]한 자성 묘각의 영명한 공성(空性) 중에서 어떻게 산하대지가 생겨나느냐고 묻느냐? 또 예컨대 금광속의 금은 진흙과 모래 속에 섞여있지만 이것을 단련(鍛鍊)하여 순금을 이룬 뒤에는 당연히 더 이상 진흙과 모래가 섞여있지 않을 것이다. 또 예컨대 나무가 이미 재가 되었다면 당연히 다시는 원래의 나무가 아니다. 이미 자성을 증오한 부처가 그 정각의 적멸(寂滅)하고 원명(圓明)한 경지에 있음도 그런 이치와 마찬가지이다"(또 자성 본체는 하나의 맑은 바다와 같고 만유물상과 중생은 처음부터 이 바다에서 변하여 일어난

---

135 백내장이나 녹내장 등 눈이 흐릿한 병.(역주)

136 깨닫는 것. 진리를 인식하고 이해함과 동시에 완전히 몸에 익히는 것. 깨달음.(역주)

뜬 거품이다. 자성을 증오한 사람은 마치 물거품이 큰 바닷물로 되돌아감과 같다. 바닷물은 본래 바닷물이다. 나머지 뜬 거품 자신이 이미 원래대로 되돌 아가 그 원래의 바닷물이 되려하지 않은 이상, 부처님도 그 뜬 거품을 소멸하게 할 방법이 없다. 그 거품이 시종 바다 표면에서 떴다 가라앉았다 허망하게 움직이며 파도를 따라 좇아가면서 옮겨 흐르는 대로 따를 수밖에 없다. 만자자가 질문한 문제는 이 비유를 통해 이해할 수 있다).

부처님이 말씀하셨다. "너는 또 묻기를 지·수·화·풍의 물리적인 성능 본성은 모두 원융무애(圓融無涯)하면서 우주 사이에 충만하여 있는데, 어찌하여 물과 불 이 두 가지 반대적인 성능은 서로 침범하여 소멸하지[凌滅] 않을 수 있으며, 허공과 대지의 성능이 모두 우주 사이에 충만하여 있다면 응당 서로 용납하지 않을 것이라고 했는데, 너는 알아야한다, 예컨대 허공의 자체는 어떠한 현상에도 속하지 않지만 또 만상을 포용할 수 있다. 그러므로 만물은 허공중에서 저마다의 성능을 양껏 발휘할 수 있다. 예를 들어 해가 허공을 비추면 광명이 있다. 운무(雲霧)가 가리면 어둠이 발생하고, 바람이 불면 요동하는 현상이 있다. 하늘이 개이면 청명함[晴明]을 볼 수 있으며, 대기층이 응결되면 혼탁하게 변한다. 먼지가 쌓이면 하늘이 흐리고 흙비가 올 상황[陰霾]을 이루고, 빗물이 내려 맑히고 나면 다시 청명함이 비친다. 너는 어떻게 생각하느냐? 이런 모든 현상은 현상 자체에서 생겨나는 것이냐, 아니면 허공에 있는 것이냐? 만약 현상 자체에서 생겨나는 것이라면, 태양이 빛날 때에는 이미 햇볕 광명이니 시방세계의 허공이 응당 태양 자체의 색깔과 같아야 옳은데 어찌하여 허공중에 여전히 태양이 하나 있음을 볼 수 있느냐? 만약 허공 자체에 광명이 있다면, 허공은 응당 스스로 비출 수 있어야하는데 어찌하여 밤중이나 운무가 어둡게 가렸을 때에는 또 광명을 내지 않는 것이냐? 그러므로 마땅히 알아라, 이런 광명은 태양에서 생겨나는 것도 아니요, 허공 자체가 내는 것도 아니다. 그러나 또 허공과 태양을 떠나지도 않는다. 사람들이 바라보고 얻는 현상은 원래 모두 허망한 것으로서, 절대적으로 가리킬 수 있는 근본이 없다. 만약 반드시 어떤 현상으로부터 그 근본 소재를 찾아야 한다면, 그것은 마치 허공중의 허깨비 꽃[幻花]이 허깨비 열매[空果]를 맺기를 요구함과 같다. 어찌하여 너는 여전히 물리현상이 상호 침범하여 소멸하는 이치를 따져 묻는 것이냐?(물리 세계의 현상은 모두 상대적으로 상반상성 하지만, 공성 본능은 절대적으로 초연히 독립한다). 그런데 능히 각종의 현상을 관찰하는 성능은 원래 진심의 묘용(妙用)으로서, 묘각의 영명을 갖추고 있는 것이다. 이 영명한 묘각의 진심은 결코 물과 불 등 어떠한 물리에서 생겨나는 것도 아닌데, 그것이 어떻게 또 우주 사이에서 서로 용납될 수 있는지 여부를 묻느냐? 자성 진심의 허묘(虛妙)한 정각의 영명도 이 이치와 마찬가지이다. 너는 허공과 광명으로부터 보면 허공과 광명이 생겨난다. 만약 지수화풍의 각종 현상으로부터 관찰해보면 그에 따라 다르게 각종 현상이 생겨난다. 만약 동시에 갖가지 현상으로부터 관찰하면 동시에 갖가지 기능이 나타난다. 어떻게 동시에 모두 작용이 나타날까? 예컨대 하나의 맑은 연못물 중간에 태양의 그림자가 있을 경우, 두 사람이 모두 동시에 연못물 속의 해 그림자를 보고 난 다음 두 사람이 또 각기 동쪽과 서쪽으로 나누어 간다고 하자. 그러면 두 사람 각자에게 한 개의 태양이 있게 되어 각각 자신의 방향을 따라서 이동하게 된다. 하나는 동쪽으로 향하고 하나는 서쪽으로 향하여 기준 목적이 각기 다르다. 태양은 하나인데 어떻게 나뉘어 동쪽과 서쪽으로 동시에 이동할 수 있겠느냐? 라고 강변하여 말할 수 없음은 물론이다. 태양이 이미 두개로 나뉘었다면 어떻게 물속에 나타난 것은 오직 한 개뿐이겠느냐? 이 모두는 물리 현상이 구른 허망한 상호변화에서 생겨난 것으로서, 실제로는 근거할 수 있는 것이 없다. 너는 알아야한다, 물질 색상과 허공은 서로 변화하며 상생상극[生剋]한다. 비록 천변만화(千變萬化)를 나타내더라도 자성 본체의 기능을 초월하지 못하고, 자성 본체의 기능은 변화에서 생겨난 물질 색상과 허공을 따라서 우주 사이에 충만하여 두루 있다. 그러므로 자성 본체 기능의 공성 중에서는, 바람의 불어움직임과 허공의 맑음, 태양의 광명, 그리고 운무의 어둠 등의 각종 현상이 있음에도 온갖 중생 스스로가 미혹 번민하여 정각의 자성을 위배하고 스스로 물리 변화에 따라 합하기[背覺合塵] 때문에 갖가지 진로를 발생시켜 세간의 모습[世間相]을 형성한다. 나는 묘하고 밝으면서[妙明] 생멸이 일어나지 않는 자성을 증오하여 얻었기 때문에 자성 본체에 합한다. 이 자성 본체는 묘각(妙覺)이 원만하고 밝아[圓明] 온 우주 사이를 원만하게 두루 비추고 있다. 그러므로 자성 기능 중에서는 하나[一]가 무량한 작용을 갖추고 있고, 무량(無量)도 단지 하나이다. 작은 것[小] 속에서 큰 것[大]을 나타낼 수 있고, 큰 것 속에서 작은 것을 나타낼 수 있다. 이 자성은 여여부동(如如不動)한 것으로 시방의 허공세계에 두루 가득히 있다. 몸이 시방세계의 다함없는 허공을 머금고 있으면서 한 터럭 끝에서 보왕찰을 나타내며, 미세한 먼지 속에 앉아서도 대법륜을 굴린다[身含十方無盡虛空, 於一毛端, 現寶王刹. 坐微塵裏, 轉大法輪]. 만약 온갖 물리 작용의 속박을 없애고 그것을 정각 자성의 본체로 돌아가 합하게 하면[滅塵合覺], 자성 본체 묘각의 원만하고 밝은 기능을 일으킬 수 있게 된다. 그러나 이 자성 본체는 원래 만유의 기능을 다 갖추고 있다. 뿐만 아니라 허묘하고 원만한 진심이다. 하지만 그것은 보통의 심리 작용도 아니요, 물리 작용도 아니다. 지식 도리적인 작용도 아니요, 불법에서 말하는 것과 같은 그런 숭고하고 초월적인 이해(理解)들로써 확실히 알 수 있는 것도 아니다. 마찬가지로 바로 보통의 심리 작용, 물리 작용, 지식 도리적인 작용이기도 하며, 바로 부처가 말한 것과 같은 그런 숭고하고 초월적인 진선미(眞善美)의 명사(名詞) 작용이기도 하며, 바로 세간의 온갖 현상과 지식 그리고 출세간의 초월적 이해로써 확실히 알 수 있는 것이기도 하다. 그러므로 말하기를 자성 본체의 허묘하고 영명한 진심 본원은 온갖 현상 작용을 떠나야만 비로소 깨달을 수 있고, 역시 이런 온갖 현상 작용을 떠나지 않아야만 그것의 기능을 볼 수 있다고 한다. 이 자성 본체의 기능은 바로 이런 온갖 현상 작용이 표현한 바이면서도, 이런 온갖 작용은 도리어 자성 본체가 아니다. 이런 이치는 오직 자신이 몸소 증득해보아야 비로소 안다. 욕망과 무명과 번뇌 속에 있는 세간 중생, 그리고 세간을 벗어난 성문과 연각들이 유한한 지식으로써 부처의 무상정각의 대도를 헤아릴 수 없는데, 일반적인 세간의 언어로써 부처의 아는 바와 보는 바로 뚫고 들어가고자 생각하느냐? 이는 마치 금(琴)·슬(瑟)·공후(箜篌)·비파(琵琶) 등의 악기가 비록 미묘한 소리를 내는 작용을 갖추고 있지만, 만약 뛰어난 솜씨를 지닌 사람이 퉁기지 않으면 시종 그 스스로는 원만할 수 없음과 같다. 너와 일반 중생들도 이와 마찬가지이다. 이 자성 보물창고인 본각 진심은 저마다 원만한 것이다. 만약 내가 가리켜 보임으로 인하여 바람이 잦아들고 파도가 고요해져서 자성의 바다에 마음의 파도가 모두 마침내 일어나지 않는다면, 심경에 곧 맑은[澄淸] 광명이 약간 일어날 수 있다. 여러분들은 잠깐 동안 심념을 일으키기만 하면 먼저 저절로 진로 번뇌가 발생한다. 이는 모두 무상정각의 대도를 노력하여 부지런히 구하지 않고, 소승의 과실(果實)을 탐애하여서 약간의 얻는 바가 있으면 곧 스스로 만족해하기 때문이다."

富樓那言。我與如來寶覺圓明，眞妙淨心，無二圓滿。而我昔遭無始妄想，久在輪迴。今得聖乘，猶未究竟。世尊，諸妄一切圓滅，獨妙眞常。敢問如來，一切衆生何因有妄，自蔽妙明，受此淪溺。

佛告富樓那。汝雖除疑，餘惑未盡。吾以世間現前諸事，今復問汝。汝豈不聞室羅城中，演若達多。忽於晨朝以鏡照面，愛鏡中頭眉目可見。瞋責己頭不見面目。以爲魑魅無狀狂走。於意云何。此人何因無故狂走。

富樓那言。是人心狂，更無他故。

佛言。妙覺明圓，本圓明妙既稱爲妄云何有因。若有所因，云何名妄。自諸妄想展轉相因。從迷積迷以歷塵劫。雖佛發明，猶不能返。如是迷因，因迷自有。識迷無因，妄無所依。尙無有生，欲何爲滅。得菩提者，如寤時人說夢中事。心縱精明，欲何因緣取夢中物。況復無因本無所有。如彼城中演若達多，豈有因緣自怖頭走。忽然狂歇，頭非外得。縱未歇狂，亦何遺失。富樓那。妄性如是，因何爲在。汝但不隨分別世間業果衆生三種相續。三緣斷故，三因不生。則汝心中演若達多狂性自歇，歇即菩提。勝淨明心，本周法界。不從人得。何藉劬勞肯綮修證。譬如有人於自衣中繫如意珠，不自覺知。窮露他方，乞食馳走。雖實貧窮，珠不曾失。忽有智者指示其珠。所願從心，致大饒富。方悟神珠非從外得。

即時阿難在大衆中，頂禮佛足，起立白佛。世尊現說殺盜婬業，三緣斷故，三因不生。心中達多狂性自歇。歇即菩提，不從人得。斯則因緣皎然明白。云何如來頓棄因緣。我從因緣心得開悟。世尊。此義何獨我等年少有學聲聞。今此會中大目犍連及舍利弗須菩提等，從老梵志聞佛因緣，發心開悟得成無漏。今說菩提不從因緣。則王舍城拘舍梨等，所說自然成第一義。惟垂大悲，開發迷悶。

佛告阿難。即如城中演若達多，狂性因緣，若得滅除。則不狂性自然而出。因緣自然，理窮於是。阿難。演若達多，頭本自然。本自其然，無然非自。何因緣故，怖頭狂走。若自然頭因緣故狂。何不自然因緣故失。本頭不失，狂怖妄出。曾無變易，何藉因緣。本狂自然，本有狂怖。未狂之際，狂何所潛。

不狂自然, 頭本無妄, 何爲狂走。若悟本頭, 識知狂走, 因緣自然, 俱爲戲論。
是故我言三緣斷故即菩提心。菩提心生, 生滅心滅, 此但生滅。滅生俱盡, 無
功用道。若有自然, 如是則明, 自然心生, 生滅心滅, 此亦生滅。無生滅者, 名
爲自然。猶如世間諸相雜和, 成一體者, 名和合性。非和合者, 稱本然性。本
然非然。和合非合。合然俱離。離合俱非。此句方名無戲論法。菩提涅槃尙
在遙遠。非汝歷劫辛勤修證。雖復憶持十方如來十二部經, 淸淨妙理如恒河
沙, 祇益戲論。汝雖談說因緣自然決定明了。人間稱汝多聞第一。以此積劫
多聞熏習, 不能免離摩登伽難。何須待我佛頂神咒, 摩登伽心婬火頓歇, 得阿
那含, 於我法中, 成精進林。愛河乾枯, 令汝解脫。是故阿難。汝雖歷劫憶持
如來祕密妙嚴, 不如一日修無漏業, 遠離世間憎愛二苦。如摩登伽宿爲婬女,
由神咒力銷其愛欲, 法中今名性比丘尼。與羅侯母耶輸陀羅同悟宿因。知歷
世因貪愛爲苦。一念熏修無漏善故, 或得出纏, 或蒙授記。如何自欺, 尙留觀
聽。

자성 진심을 증오하는 법칙과 원리

만자자가 물었다. "자성의 보물창고요 정각이 원만하고 영명한
진심은 원래 영묘하고 청정한 것으로, 저와 부처님이 본래 똑같이
원만합니다. 그러나 저는 무시이래로 망상에 엉겨 붙어 오랫동안
세간의 윤회 속에 굴러 흘러 다니면서 멈추지 못했습니다. 이제 조
금 얻은 바가 있어 성도(聖道)의 대열에 들어섰으나 아직 궁극의 지
위를 얻지는 못했습니다. 부처님은 이미 온갖 망심을 제거 소멸하
고 원만히 정각을 이루어서 자성이 진실하고 영원히 존재하면서[眞
常], 훤하고 홀로 뛰어나십니다[獨妙]. 이제 제가 묻겠습니다. 온갖
중생이 자성이 본래 청정하고 원만한 바에야, 어찌하여 또 망심생
각 작용이 있어서 자기가 허묘하고 영명한 진심을 가려버린 채 생
사윤회의 괴로움의 바다에 빠짐[沈淪]을 당하는 것입니까?"

부처님이 말씀하셨다. "너는 비록 내가 말한 지극한 이치를 믿지만 아직도 많은 의혹이 남아 있어 버리지 못하고 있다. 내가 이제 세간의 일로써 네게 묻겠다. 우리들 이 성(城)중에 미친 사람이 하나 있는데, 그 이름이 연약달다(演若達多: 번역하면 사접祠接이라 한다)이다. 그가 어느 날 아침에 일어나 자신이 거울을 보고서는 갑자기 거울 속의 자기 머리와 아름다운 눈과 외모가 대단히 사랑스럽게 여겨졌다. 그런데 자신의 머리가 얼굴을 볼 수 없어서 몹시 미웠다. 생각하면 생각할수록 이상하여 마귀의 훼방을 받아 자신의 머리가 이미 잃어진 것으로 여겼다. 그 때문에 까닭 없이 미쳐서 도처를 쏘다녔다. 네 생각에 어떠하냐? 이 사람은 왜 까닭 없이 미쳐서 쏘다니는 것이냐?"

만자자가 대답했다. "이 사람은 마음속에서 스스로 미친 것이지 다른 원인이 없습니다."

부처님이 말씀하셨다. "묘각이 영명하고 원만한 진심은 본래 원명(圓明)하고 영묘한 것이다. 지금 이를 망심이라고 부른 바에야, 어찌 그런 원인이 있겠느냐? 만약 원인이 있다면 망심이라 부르지 않을 것이다. 자기에게 이런 허다한 망상이 있어 자기가 서로 엎치락 뒤치락하면서 서로 원인과 결과가 되어 어리석은 미혹[癡迷]속으로부터 미혹의 어리석음[迷癡]이 누적된다. 그러므로 무수한 시간의 겁을 지났다. 비록 부처가 열어서 명백히 가르쳐보여 주더라도 여전히 미혹한 길에서 돌아올 줄 모른다. 이 어리석은 미혹의 원인은 미혹 때문에 있는 것이다. 만약 어리석은 미혹이 본래 무슨 원인이 없는 줄 인식한다면, 망심에 무슨 의거할 것이 있겠느냐? 망심이 생겨나는 곳을 본래 얻을 수 없는 바에야 또 어디로부터 가서 없애겠느냐? 정각을 얻은 사람은 마치 깨어난 사람이 꿈속의 일을 말하는 것과 같다. 설사 마음속으로는 분명하더라도 꿈속의 것들을 잡으려고 할 이유가 무엇이 있겠느냐? 하물며 망심은 원래 원인이 없어서 진실한 존재가 있다 라고 할 것이 근본적으로 없는데 더 말할 나위가 있겠느냐? 마치 성중의 연약달다가 원래부터 무슨 원인 없이 그 스스로가 자신의 머리를 잃어버렸다고 무서워하여 미쳐 돌아다님과 같다. 그가 갑자기 미친 마음이 멈추어버리자 비로소 자신의 머리는 원래 그대로 있었음을 알게 되었는데, 따로 머리 하나를 어디서 얻을 수 있겠느냐! 그의 미친 마음이 아직 쉬지 않았을 때에도 그의 머리는 역시 잃어버린 적이 없었다. 너는 알아야한다, 망심의 성질도 이와 같은데 고정된 소재가 어디에 있겠느냐. 네가 분별생각의 작용을 따르지 않아서 물리의 형기(形器) 세계상(世界相)을 굳게 집착하지 않고, 더 이상 업과(業果)[137]를 짓지 않으며, 분별없는 중생상(眾生相)을 따라 좇아가지 않고 놓아버리기만 하면, 이 세 가지 인연은 자연히 끊어져 없어진다. 세간의 모든 망심 작용을 귀납해보면 이 세 가지 원인에 지나지 않는다. 이 세 가지 원인이 일어나지 않을 때 네 마음속의 미친 성질[狂性]도 자연히 쉬게 된다. 미친 마음이 일단 스스로 쉬면 곧 보리이다[歇即菩提]. 수승하고[殊勝] 청정하며 영명한 진심은 본래 우주 사이에 충만하여 두루 있어서 다른 사람한테서 얻는 것이 아닌데, 구태여 심신을 수고롭게 하면서 수지(修持)해야 비로소 증득할 수 있겠느냐? 또 예컨대 어떤 사람이 자기 옷 속에 여의주(如意珠) 보배 구슬이 본래에 매어져 있었는데도, 자신이 지각하지 못하고 도리어 가는 곳마다 거지가 되어 밥을 비느라 분주했다. 그 당시에는 비록 정말 빈궁했지만 옷 속의 보배 구슬은 결코 잃어진 적이 없었다. 홀연히 이치를 아는 어떤 사람이 그 사람 자신의 몸에 있는 여의주 보배 구슬을 가리켜주니 즉시 큰 부

---

137 업의 과보. 선악의 행위에 의해 초래된 과보.(역주)

자가 되고 이 신비한 구슬[神珠]이 밖에서 얻어온 것이 아님을 비로소 알았다.

　이때에 아난이 또 일어나서 물었다. "방금 부처님께서 말씀하시기를, '살생·도둑질·음행 이 세 가지 업력을 일으키지 않으면 세 가지 연(緣)도 끊어 없어지면서 마음속의 미친 성질이 자연히 쉰다. 미친 성질이 쉼이 바로 보리이다. 정각 자성은 다른 사람한테서 얻는 것이 아니다'라고 하셨습니다. 이렇게 말씀하셨으니 모든 것은 인연의 이치로 말미암음이 확실히 명백한데, 어찌하여 부처님은 앞에서는 또 갑자기 인연을 논박(論駁)하셨습니까? 인연의 이치로 말미암아 저의 마음이 깨닫고 이해하게[開悟領解] 되었으며 지금 이 법회에 있는 선배 동학인 목건련(目犍連)[138], 사리불(舍利弗)[139] 수보리(須菩提)[140], 노범지(梵志)[141]등 같은 분들도 모두 부처님이 말씀하신 인연의 이치를 들었기 때문에 심지(心地)를 열어 일으키고 깨달은 바가 있어서 무루 경계에 도달할 수 있었습니다. 그런데 이제 부처님께서는 정각 자성이 인연으로부터 생겨나는 것이 아니다 라고 말씀하시니, 우리 같은 젊은이들이 아직 불법을 구하고 있는 단계에 있으면서 마음속에 의혹을 느끼고 있을 뿐만 아니라, 제 생각에는 나머지 사람들도 모두 동감일 것입니다. 게다가 이렇게 말씀하시니 외도학자들의 주장인, '우주 전체는 모두 자연에서 생겨나는 것이다'라고 보는 이론이 당연히 지고무상(至高無上)의 진리가 되겠

---

138 목련(目連)이라고도 한다. 채숙씨(採菽氏)라고 번역한다. 부처님 10대제자 중 신통제일이었다.

139 추자(鶖子)라고 번역한다. 부처님 10대제자 중 지혜제일이었다.

140 공생(空生) 혹은 선현(善現)이라 번역한다. 부처님 10대제자 중 해공제일(解空第一)이었다.

141 모든 외도의 출가자를 범지라고 한다.

습니다. 부처님께서 자비심을 내어 다시 저희들의 미혹의 번민을 가르쳐주시기 바랍니다."

부처님이 말씀하셨다. "예컨대 미치광이 연약달다의 미친 성질의 인연이 만약 소멸한다면 미치지 않은 본성이 자연히 드러날 것이다. 인연과 자연이라는 상대적 이론은 여기에서 다할 뿐이다. 연약달다의 머리는 본래 자연히 그 자리에 있었는데, 이 자연은 자연히 그런 것이지, 자연이 자연 아닌 어떤 것은 없다. 그는 무슨 인연 때문에 자신의 머리를 잃어버렸다고 스스로 두려워하여서 미쳐 쏘다녔느냐? 만약 머리가 자연히 그대로 있었다면, 단지 거울을 본 인연 때문에 발광한 것일 뿐이다. 어찌하여 자연히 발광하지 않고 거울을 보는 인연을 기다려서야 진짜 머리를 잃었다고 두려워했겠느냐? 사실 그의 머리는 결코 잃은 적이 없었고, 단지 발광하고 두려워했기 때문에 망상이 생겨난 것이다. 이를 보면 본래의 머리는 일찍이 바뀐 적이 없는데, 또 어찌하여 인연이 미친 성질을 나타내기를 기다릴 필요가 있겠느냐? 만약 발광이 자연이라 한다면, 그는 본래에 미쳐서 두려워하는 마음이 있는 것인데, 그가 발광하지 않았을 때에는 이 미친 성질은 또 어느 곳에 잠복하고 있었던 것이냐? 만약 발광하지 않음이 자연이라면, 그 머리는 본래 병이 없는데 어찌하여 또 발광하여 쏘다닐 수 있는 것이냐? 만약 머리가 여전히 본래의 머리임을 일단 알고 나면, 역시 자신이 까닭 없이 발광하여 쏘다녔음을 알게 된다. 이른바 인연과 자연은 모두 어린애 장난 같은 이론이 되어버린다. 그러므로 내가 말하기를 세 가지 연(緣)이 끊어져 없어지면 바로 정각 진심이라고 하는 것이다. 정각심이 생겨나면 생멸하는 망심은 바로 사라진다. 그러나 비록 생멸이 사라졌더라도 생멸이 그치지 않았던 망심이 이미 사라진 것일 뿐이다. 만약 능히 생겨나게 하고 능히 소멸하게 하는 기능을 철저하게 깨끗이 없앤다면, 비로소 무공용도(無功用道)[142]의 자성 묘용이다. 만약 하나의 자연이 있다면, 자연의 진심이 생겨나기를 기다렸다가 생멸의 망심이 비로소 소멸해버릴 것이다. 그렇다면 아직도 생멸 작용에 속한다. 절대적으로 생멸 작용이 없어야 비로소 자연이라 부른다. 마치 세간의 사물은 각종 요소가 뒤섞여 화합하여 하나의 전체적인 것을 구성하는 것을 화합성이라고 하고, 화합성에 속하지 않는 것은 본래 자연이라고 부름과 같다. 본래 자연적인 것은 하나의 다른 그런 까닭의 성질이 존재하지 않아야 자연이라고 부른다. 화합할 수 있는 것은 능히 화합하게 하는 본능이 아니다. 화합과 자연은 상대성적인 것으로 분리되기 마련이다. 분리될 수 있고 화합할 수 있는 것은 모두 자성이 아니다. 이와 같아야 비로소 어린애 장난 같은 이론 법칙이 아니라고 부른다. 그러나 이 역시 일종의 이론일 뿐 정각의 적멸하고 원명한 자성을 증득하고자 하면, 그 거리는 아직 요원하다. 네가 비록 겁의 세월을 지나오면서 부지런히 닦아 증득하여 시방 부처님의 12부경전(十二部經典)[143]을 기억하고 외울 수 있으며 셀 수 없을 정도의 청정한 묘한 이치를 이해하더라도 단지 너의 희론에 유익할 뿐이다. 그래서 네가 비록 인연과 자연의 이론을 담론하고 최고의 결정적인 진리를 이해하고 있기에 남들은 모두 너를 박학다문 제일이라고 말하고 있지만, 너처럼 겁의 세월을 지나오면서 널리 배워 얻은 지식으로도 마등가녀의 곤욕을 면할 수 없어서, 여

---

142 무공용(無功用)이란 자연 그대로로, 어떠한 조작이나 의도적인 노력을 가하지 않는 것. 분별 사량 조작 작위가 없는 자연스런 진리의 작용.(역주)

143 ①계경(契經) ②중송(重頌) ③풍송(諷誦) ④인연(因緣) ⑤본사(本事) ⑥본생(本生) ⑦미증유(未曾有) ⑧비유(譬喩) ⑨논의(論議) ⑩자설(自說) ⑪방광(方廣) ⑫수기(授記). 이 12부 가운데 계경·중송·풍송 세 가지는 경문상의 체재이다. 나머지 9부는 경문에 실어진 별사(別事)로부터 이름을 세운 것이다.

전히 부처의 신주(神呪)의 힘에 의지해서야 비로소 마등가녀의 음념(淫念)이 단박에 쉬고 아나함과(阿那含)[144]를 얻게 하였다. 그녀는 이제 내 법 가운데에서 노력 정진하여 애욕의 강이 철저하게 말랐으며, 동시에 너로 하여금 해탈을 얻게 하였다. 그러므로 말하기를, 네가 비록 겁의 세월을 지나면서 부처의 비전(祕典)을 기억하고 외우더라도, 하루라도 공부하여 부지런히 무루(無漏)[145] 법문을 닦아 세간의 애정과 증오 이 두 가지 고뇌를 멀리 떠날 수 있음만 못하다고 하는 것이다. 예컨대 마등가녀는 원래 창녀였는데 신주의 힘 때문에 그녀의 애정과 욕념을 소멸하고, 이제는 내 법 가운데에서 비구니라 한다. 라후라(羅睺羅)[146]의 어머니인 야수다라(耶輸陀羅)[147]와 함께 모두 과거의 인연을 깨닫고 지나온 세상의 생사의 원인을 알게 되었다. 그러므로 알아야한다, 단지 이 한 생각 탐애(貪愛)[148]가 바로 온갖 고통의 근본이다. 그들은 한 생각 사이에 무루 선업(善業)을 훈습(薰習)[149]하여 세속 인연의 속박을 초월하거나 혹은 부처의

---

144 불래(不來)라고 번역한다. 욕계의 번뇌를 끊어 다한 성자로서 소승4과 중 제3과이다.

145 루(漏)는 번뇌의 다른 이름으로 누설(漏泄)의 의미이다. 탐욕, 성냄 등 번뇌가 밤낮으로 눈귀 등 6근문으로 새어나와 흘러 그치지 않는 것을 루(漏)라고 한다. 또한 루는 누락(漏落)의 의미이다. 번뇌는 사람으로 하여금 3악도에 떨어지게 할 수 있는 것을 루라고 한다. 이 때문에 번뇌가 있는 법을 유루(有漏)라고 하고, 번뇌를 떠난 법을 무루라고 한다.

146 집월(執月) 혹은 장폐(障蔽)라고 번역한다. 석가모니불의 적자로서 15세에 출가하였다. 부처님 10대제자 중 밀행제일(密行第一)이었다.

147 지예(持譽)라고 번역한다. 라후라의 어머니이며 뒷날 마하파사파제를 따라 출가하였다.

148 탐욕의 다른 이름. 욕심. 탐하는 것을 좋아하는 것. 애착. 집착.(역주)

149 향기가 나는 것. 인상을 남기는 것. 어떤 것(갑)의 세력을 다른 것(을) 위에 적용시켜서 습관적으로 자주 자극을 주고, 인상을 부어 넣는 것. 습관적으로 자주, 어떤 것에 작용시킬 때, 그것이 점점 그 영향을 받는 작용.(역주)

수기(授記)를 받을 수 있었다. 너는 이제 어찌하여 여전히 자기를 속이고 이론상으로만 넌지시 바라만 보고 있는 것이냐?

阿難及諸大衆, 聞佛示誨, 疑惑銷除, 心悟實相. 身意輕安, 得未曾有. 重復悲淚, 頂禮佛足, 長跪合掌而白佛言. 無上大悲淸淨寶王, 善開我心. 能以如是種種因緣, 方便提奬, 引諸沈冥出於苦海. 世尊. 我今雖承如是法音, 知如來藏妙覺明心徧十方界, 含育如來十方國土, 淸淨寶嚴妙覺王刹. 如來復責多聞無功, 不逮修習. 我今猶如旅泊之人, 忽蒙天王賜與華屋, 雖獲大宅, 要因門入. 惟願如來不捨大悲, 示我在會諸蒙暗者, 捐捨小乘, 畢獲如來無餘涅槃本發心路. 令有學者, 從何攝伏疇昔攀緣, 得陀羅尼, 入佛知見. 作是語已, 五體投地. 在會一心, 佇佛慈旨.

爾時世尊, 哀愍會中緣覺聲聞, 於菩提心未自在者. 及爲當來佛滅度後, 末法衆生發菩提心, 開無上乘妙修行路. 宣示阿難及諸大衆. 汝等決定發菩提心, 於佛如來妙三摩提, 不生疲倦. 應當先明發覺初心二決定義. 云何初心二義決定.

阿難. 第一義者, 汝等若欲捐捨聲聞, 修菩薩乘入佛知見, 應當審觀因地發心, 與果地覺爲同爲異. 阿難. 若於因地以生滅心爲本修因, 而求佛乘不生不滅, 無有是處. 以是義故, 汝當照明諸器世間可作之法, 皆從變滅. 阿難. 汝觀世間可作之法, 誰爲不壞. 然終不聞爛壞虛空. 何以故. 空非可作, 由是始終無壞滅故. 則汝身中, 堅相爲地, 潤濕爲水, 煖觸爲火, 動搖爲風. 由此四纏, 分汝湛圓妙覺明心, 爲視爲聽爲覺爲察. 從始入終, 五疊渾濁. 云何爲濁. 阿難. 譬如淸水, 淸潔本然. 卽彼塵土灰沙之倫, 本質留礙. 二體法爾, 性不相循. 有世間人, 取彼土塵, 投於淨水. 土失留礙, 水亡淸潔. 容貌汨然, 名之爲濁. 汝濁五重, 亦復如是.

阿難. 汝見虛空徧十方界. 空見不分. 有空無體. 有見無覺. 相織妄成. 是第一重, 名爲劫濁. 汝身現搏四大爲體. 見聞覺知, 壅令留礙. 水火風土, 旋令覺知. 相織妄成. 是第二重, 名爲見濁. 又汝心中憶識通習. 性發知見。容現六塵。離塵無相。離覺無性。相織妄成。是第三重，名煩惱濁。又汝朝夕生滅不停。知見每欲留於世間。業運每常遷於國土。相織妄成，是第四重，名衆生濁。汝等見聞元無異性。衆塵隔越，無狀異生。性中相知。用中相背。同異失準。相織妄成。是第五重，名爲命濁。

阿難。汝今欲令見聞覺知，遠契如來常樂我淨。應當先擇死生根本，依不生滅圓湛性成，以湛旋其虛妄滅生，伏還元覺，得元明覺無生滅性爲因地心，然後圓成果地修證。如澄濁水，貯於靜器，靜深不動，沙土自沈，清水現前，名爲初伏客塵煩惱。去泥純水，名爲永斷根本無明。明相精純，一切變現，不爲煩惱，皆合涅槃清淨妙德。

第二義者，汝等必欲發菩提心，於菩薩乘生大勇猛，決定棄捐諸有爲相，應當審詳煩惱根本。此無始來發業潤生誰作誰受。阿難。汝修菩提，若不審觀煩惱根本，則不能知虛妄根塵何處顛倒。處尚不知，云何降伏取如來位。阿難。汝觀世間解結之人，不見所結，云何知解。不聞虛空被汝隳裂。何以故。空無形相，無結解故。則汝現前眼耳鼻舌，及與身心，六爲賊媒，自劫家寶。由此無始衆生世界，生纏縛故，於器世間不能超越。

阿難。云何名爲衆生世界。世爲遷流。界爲方位。汝今當知東、西、南、北、東南、西南、東北、西北、上、下、爲界。過去、未來、現在、爲世。方位有十。流數有三。一切衆生織妄相成。身中貿遷，世界相涉。而此界性設雖十方，定位可明。世間祇目東西南北，上下無位，中無定方，四數必明。與世相涉，三四四三，宛轉十二。流變三疊，一十百千。總括始終。六根之中，各各功德有千二百。阿難。汝復於中，克定優劣。如眼觀見，後暗前明。前方全明。後方全暗。左右旁觀三分之二。統論所作，功德不全。三分言功。一分無德。當知眼唯八百功德。如耳周聽，十方無遺。動若邇遙。靜無邊際。當知耳根圓滿一千二百功德。如鼻齅聞，通出入息。有出有入，而闕中交。驗於鼻根，三分闕一。當知鼻唯八百功德。如舌宣揚，盡諸世間出世間智。言有方分，理無窮盡。當知舌根圓滿一千二百功德。如身覺觸，識於違順。合時能覺。離中不知。離一合雙。驗於身根，三分闕一。當知身唯八百功德。如意默容，十方三世一切世間出世間法，唯聖與凡，無不包容，盡其涯際。當知意根圓滿一千二百功德。

阿難。汝今欲逆生死欲流，返窮流根，至不生滅。當驗此等六受用根，誰合誰離，誰深誰淺，誰爲圓通，誰不圓滿。若能於此悟圓通根，逆彼無始織妄業流，得循圓通，與不圓根，日劫相倍。我今備顯六湛圓明，本所功德，數量如是。隨汝詳擇其可入者。吾當發明，令汝增進。十方如來，於十八界一一修行，皆得圓滿無上菩提。於其中間，亦無優劣。但汝下劣，未能於中圓自在慧。故我宣揚，令汝但於一門深入。入一無妄，彼六知根，一時清淨。

阿難白佛言。世尊。云何逆流深入一門，能令六根一時清淨。

佛告阿難。汝今已得須陀洹果。已滅三界眾生世間見所斷惑。然猶未知根中積生無始虛習。彼習要因修所斷得。何況此中生住異滅，分劑頭數。今汝且觀現前六根，爲一爲六。阿難。若言一者，耳何不見，目何不聞，頭奚不履，足奚無語。若此六根決定成六。如我今會，與汝宣揚微妙法門。汝之六根，誰來領受。

阿難言。我用耳聞。

佛言。汝耳自聞，何關身口。口來問義，身起欽承。是故應知非一終六，非六終一。終不汝根元一元六。阿難當知。是根非一非六。由無始來顛倒淪替，故於圓湛一六義生。汝須陀洹，雖得六銷，猶未亡一。如太虛空參合群器。由器形異，名之異空。除器觀空，說空爲一。彼太虛空，云何爲汝成同不同。何況更名是一非一。則汝了知六受用根，亦復如是。由明暗等二種相形。於妙圓中黏湛發見。見精映色，結色成根。根元目爲清淨四大。因名眼體，如蒲萄朵。浮根四塵，流逸奔色。由動靜等二種相擊。於妙圓中黏湛發聽。聽精映聲，卷聲成根。根元目爲清淨四大。因名耳體，如新卷葉。浮根四塵，流逸奔聲。由通塞等二種相發。於妙圓中黏湛發齅。齅精映香，納香成根。根元目爲清淨四大。因名鼻體，如雙垂爪。浮根四塵，流逸奔香。由恬變等二種相參。於妙圓中黏湛發嘗。嘗精映味。絞味成根。根元目爲清淨四大。因名舌體，如初偃月。浮根四塵，流逸奔味。由離合等二種相摩。於妙圓中黏湛發覺。覺精映觸，搏觸成根。根元目爲清淨四大。因名身體，如腰鼓顙。浮根四塵，流逸奔觸。由生滅等二種相續。於妙圓中黏湛發知。知精映法，攬法成根。根元目爲淸淨四大。因名意思，　如幽室見。浮根四塵，　流逸奔法。

우주시공과 물리세간 속박의 해탈 법칙과 원리

아난과 대중은 부처님의 가르침을 듣고 마음속의 의혹이 모두 사라지고 자성의 실상을 이해하였다. 몸과 마음[身意]이 단박에 경안함[輕安]을 느꼈고 지금까지 없었던 바를 느꼈다.

아난은 계속해서 물었다. "자성 본체인 허묘한 정각의 영명한 진심은 우주 사이에 두루 충만하여 있습니다. 비록 시방국토의 부처님 세계의 만유를 포함하고 기를 수 있지만 자성은 여전히 청정하고 장엄하면서 의연히 영묘한 정각입니다. 그런데 부처님은 또 꾸짖으시기를, 제가 많이 배우고 견문이 해박한 것이 무익하다며 노력해서 불법을 닦고 익히는 것만 못하다고 하셨습니다. 저는 이제 마치 정처 없는 떠돌이가 홀연히 대왕으로부터 장엄하고 화려한 대저택을 하사받았지만 들어가는 문을 아직 모름과 같습니다. 부처님은 자비로써, 어둠속에 있는 일반 저희들에게 소승을 닦고 배우는 것을 어떻게 버리고 자성의 적정(寂靜)한 본제(本際)를 증득할 것인지를 가리켜보여서 저희들이 자성 진심의 대도를 알 수 있도록 일깨워주시고, 불법을 배우고자하는 일반인들로 하여금 어떻게 이전부터 있던 반연심(攀緣心)을 항복시키고 총지(總持) 법문을 얻어 부처님의 지견에 들어가는지를 알도록 해주시기 바랍니다."

이때에 부처님은 법회에 있는, 소승과를 얻었거나 혹은 정각 진심에 대해 아직 자재하지 못한 사람들을 애통하고 불쌍히 여기고, 또 장래 부처님이 세상을 떠나신 후 말법 시대에 진심 자성 정각을 발명하려는 사람들을 위하여 상승(上乘)[150]의 미묘한 수행 길을 하나 열어보이고자 아난에게 물으셨다. "너희들이 이미 정각의 마음을 결정코 일으켜서, 부처의 경지인 영명한 대정(大定)에 대하여 뜻을 세워 부지런히 구하되 피곤해 하지 않고 영원히 물러나지 않기로 한 이상, 응당 먼저 알아야 할 것으로 정각 자성을 발명하려는 기본 초심에서는 맨 처음에 두 가지의 결정적인 의미 이치[義理]를 분명히 인식해야한다. 무엇이 그 기본 초심의 결정적인 의미 이치 두 가지일까?"

정신과 물리세계에 얽힌 고뇌

"첫째, 너희들이 만약 소승의 성문과(聲聞果)[151]를 버리고 대승의 보리도[152]를 닦고 배워서 부처의 지견(知見) 경지로 들어가고자 한다면, 마땅히 발심 동기와, 과위를 증득할 때 얻는 정각 진심이, 서로 같은가 같지 않은가를 자세히 관찰해야한다. 만약 자성을 수증하고자 최초에 발심할 때에 생멸하는 마음을 기본 수행의 요인으로 하여서 불승(佛乘)[153]의 불생불멸의 과위를 증득하고자 한다면, 그것은 절대로 잘못된 것이다. 왜냐하면, 이 도리를 네가 마땅히 투철하게 관찰해보아라, 온갖 물리 세간의 만들어질 수 있는 사물은 모두

---

150 대승.(역주)

151 범어로는 사라파과(舍羅婆果)이며 부처님의 소승법 중의 제자이다. 부처님의 가르침의 음성[聲敎]을 듣고 고집멸도(苦集滅道) 사성제의 도리를 깨달아 견혹(見惑)과 사혹(思惑) 이 두 가지 미혹을 끊고 열반에 들어가는 자이다. 불도 가운데 가장 하근기이다.

152 보리(菩提): 구역(舊譯)에서는 도(道)라고 번역하고 신역(新譯)에서는 각(覺)이라고 번역한다. '도'란 통(通)한다는 의미이고 '각'이란 깨닫는다[覺悟]는 의미이다. 법성(法性)을 깨닫기 때문이다.

153 부처님이 타는 것의 뜻. 부처가 될 목표로 하는 것. 대승과 동일. 불도.(역주)

변화 소멸하기 마련이기 때문이다. 네가 다시 관찰해보아라, 세간에 만들어질 수 있는 사물로서 어느 것이 파괴되지 않느냐? 그러나 허공이 썩어 무너졌다는 말은 지금까지 들은 적이 없는데, 왜 그러겠느냐? 허공은 만들어질 수 있는 것이 아니기 때문이다. 그러므로 처음부터 끝까지, 변화하여 무너지고 소멸될 수 없다. 너의 신체 중에 단단한 것(골격 등)은 땅의 종성이요, 축축한 것(혈액 등)은 물의 종성이요, 따뜻한 감촉인 것(온도, 따뜻한 힘)은 불의 종성이요, 동요하는 것(호흡 순환 등)은 바람의 종성이다. 이를 종합하면 사람을 구성하는 4전(四纏)이라고 부른다. 이 4대 종성의 4전 작용이, 너의 티 없이 맑고[澄澄湛湛] 원만하고 묘한 정각으로서 영명한 진심 자성의 기능을 분화시키고 발전시켜 신체 각 부분의 작용이 되었기 때문에, 능히 보고 · 듣고 · 감각하고 · 사유하고 · 관찰하면서 시종일관 시간과 공간의 다섯 겹의 혼탁(混濁)에 엉겨 붙게 된다. 어찌하여 탁(濁)이라고 부르는가? 예컨대 맑은 물은 본래 정결한 것이었건만 흙먼지나 모래 등의 물질이 함유되었기 때문에 본래의 청결함이 장애를 받았다. 청결과 혼탁 두 가지 체성은 서로 다르다. 예를 들어 어떤 사람이 먼지를 청결한 물속에 던져 넣었을 경우 토질은, 고정되어 장애로 머무는 작용을 잃음과 동시에 맑은 물도 청결한 본래의 모습을 잃어버리고 혼탁한 상태를 형성한다. 그러므로 이를 탁이라고 부른다. 너의 탁은 모두 5종이 있는데 그것이 탁하게 된 것도 이런 이치이다."

5탁 악세를 설명함

"너는 허공이 시방세계에 두루 가득함을 보는데, 허공과 보는 작용을 나누어 구별할 수 없다. 비록 허공 현상이 있지만 허공 자체는 없다. 비록 보는 작용은 있지만 보는 성능은 지각할 수 없다. 허공과 현상들은 상호 교직(交織)[154]하여 허망하게 세간상(世間相)을 이루는데, 이것이 제1중으로서 겁탁(劫濁)이라고 한다.

너의 신체는 지수화풍 4대가 조합하여 이루어졌고, 보고 듣고 감각하고 지각하는 기능은 생리적인 제한을 받아 신체에 제한적인 본능에 의해 장애로 머문다. 그리고 지수화풍의 변화 성능은 또 너로 하여금 지각이 있게 하고, 이런 심리적 생리적 상호 변화 교직이 허망하게 정신 작용을 형성하였는데, 이것이 제2중으로서 견탁(見濁)이라고 한다.

너의 마음속에는 기억·지식·외워 지님[誦持]·습관 등의 작용이 있어 알고 보는 성능을 발생하여 외부의 색·성·향·미·촉·법(사물) 등의 영상을 포용하여 나타나게 한다. 외부경계를 떠나면 현상을 찾을 수 없으며 지각을 떠나면 자성을 찾을 수 없다. 마음속의 변화가 상호 교직하여 허망하게 몸과 마음의 현상을 이루는데, 이것이 제3중으로서 번뇌탁(煩惱濁)이라고 한다.

너는 언제 어디서나 심사(心思)가 쉬지 않고 생멸하면서, 의식 지견은 현실의 모습[景象]이 영원히 세간에 남아있기를 바라지만, 업력의 자연적인 운행은 오히려 온갖 모습이 항상 시간과 공간을 따라서 변천하게 한다. 모순이 상호 교직하여 허망하게 인간 세상사의 고통을 이루는데, 이것이 제4중으로서 중생탁(眾生濁)이라 한다.

너희들이 능히 보고 능히 듣는 것은 본래의 각성(覺性)과 원래 둘이 아니건만 외부경계 현상이 다르기 때문에 생리상의 각성 작용도 서로 다르게 되어버린 것이다. 그런데 실제 심령(心靈) 상으로는 또 모두 상호 지각할 수 있으며, 단지 응용 면에 있어 달라졌을 뿐이다. 이런 본체와 작용면에서의 같고 다름이 준칙을 잃어 양자가 상

---

154 엇섞이다. 섞어 짜다. 교차하다.(역주)

호 교직하여 허망하게 생명의 역정(歷程)을 이루는데, 이것이 제5중으로서 명탁(命濁)이라고 한다."

수증의 법칙

"네가 이제 보고 듣고 감각하고 지각하는 기능면으로부터 자성 본래의 상락아정(常樂我淨)인 부처의 경지에 부합[契合]하고자 한다면, 응당 먼저 생사의 근본 원인을 스스로 골라잡아야 한다. 그런 다음 본래 불생불멸하고 원만하며 티 없이 맑은 자성 본래의 원리에 의거해야한다. 티 없이 맑은 경계로써 허망한 생멸의 망상 작용을 되돌려 점점 원래의 본각 자성으로 되돌아가게 하여서, 원래 영명한 정각으로서 생멸이 없는 자성 본체를 얻어야한다. 너는 응당 불법을 닦고 배우는 인지(因地) 발심을 이렇게 결정해야한다. 그런 다음 다시 정진 수증하여 부처의 과지(果地) 묘용(妙用)을 원만히 성취해야 한다. 예를 들어 흐린 물을 맑게 하려면, 첫걸음으로 반드시 먼저 그 흐린 물을 고요히 멈추어 있는[靜止] 그릇 속에 부어놓고, 고요히 깊이 가라앉도록 움직이지 않으면 흙먼지 모래는 자연히 가라앉고 맑은 물이 드러난다. 이렇게 하는 것을 객진(客塵) 번뇌를 처음 억누름[初伏]이라고 한다. 이로부터 다시 정진하여 그 흙 찌꺼기를 제거해버리고 물의 순수한 맑음을 보존한다. 이렇게 하는 것을 영원히 근본 무명을 끊음이라고 한다. 최후에 다시 더욱 정진하여 청결하고 영명한 자성의 모습[性相]이 더욱 완전히 순수하도록 하여 온갖 변화 현상[變現]에 대해서 다시는 번뇌심이 일어나지 않게 한다. 그리고 온갖 변화 현상의 묘용을 일으킬 수 있되 모두 자연스럽게 자성 본체의 적멸한 청정한 묘덕(妙德)에 부합하게 할 수 있다(이상은 만약 물리 생리에만 의거해서 자성 정각을 구한다면 궁극이 아님을 설명하고 있음).

둘째, 너희들이 만약 모든 소승을 버리고 자성 정각의 진심을 부지런히 구하기로 발심하여 대승 보살도에 대해 대 용맹 정신으로 증득하기로 결정했다면, 응당 번뇌의 근본을 자세히 살펴보아야한다. 너로 하여금 무시이래로 업력 생명을 발생시키는 이 작용은 도대체 누가 짓고 누가 받는 것이냐? 네가 자성 정각을 수증하고자 하면, 번뇌의 근본을 자세히 관찰하지 않고서는 심리적 생리적인 허망한 전도(顚倒) 작용이 어디로부터 발생한 것인지를 알 수 없다. 만약 그 전도가 어디에 있는지도 모른다면, 어떻게 그것을 항복받아 부처의 과위를 증득하여 취할 수 있겠느냐? 너는 또 세상에서 끈 매듭을 푸는 사람을 보아라. 그가 매듭의 소재를 보지 못한다면 어떻게 알고서 풀겠느냐? 허공이 너에 의해 풀릴 수 있다고 들어본 사람은 아무도 없다. 왜 그러겠느냐? 허공은 형상이 없기에 애초부터 네가 풀어야 할 매듭이 없기 때문이다. 너는 알아야한다, 현재의 안(眼)·이(耳)·비(鼻)·설(舌)·신(身)·의(意) 이 여섯 가지는 너의 도적 앞잡이[賊媒]로서, 자기 스스로 자기의 집안 보배를 빼앗아가는 것이다. 그러므로 무시이래로 중생세계에는 서로 얽어매는 단짝을 생겨나게 하여 물질세간을 초탈하지 못한다."

시간과 공간

중생세간과 시공

"어떤 것을 중생세간이라고 할까? '세(世)'란 바로 시간의 흘러감이고, '간(間)'이란 공간의 방위이다. 너는 마땅히 알아야한다, 동서 남북, 여기에다 동남 서남 동북 서북 그리고 상하까지가 모두 공간의 계위(界位)이다. 과거 · 현재 · 미래는 시간의 세상(世相)이다. 공간의 방위는 10위요 시간 흐름의 숫자는 3개이다. 온갖 중생은 처음부터 끝까지 시간과 공간에 섞여 짜여서 만유의 각종 현상을 구성한다. 몸속의 변화와 시간 공간 세계와의 관계는 상호 관련되어 간섭된다. 공간의 방위는 10개를 설정하지만 그 방위는 각각 확정된 범위가 있어 명백해 보인다. 그러나 보통 동서남북 4방에만 주의한다. 왜냐하면 상하는 고정된 위치가 있을 수 없으며 중간도 고정된 곳이 없기 때문이다. 공간은 단지 4개의 위치 숫자만을 취해도 분명하게 응용할 수 있다. 공간의 4위와 시간의 3위는 상호 배합하면 3443으로 이리저리 서로 곱하면 12라는 숫자를 얻는다(물리 작용은 단지 6위가 있다. 생리인 6근도 단지 6개가 있다. 시공세계와 서로 대응하면 12위로 나뉜다. 그러므로 심신도 12근진根塵만을 취해 기본 숫자로 삼는다). 이런 숫자를 시간과 공간 숫자인 3과 4로 다시 중첩하여 서로 곱하면 십백천의 무궁한 숫자를 얻을 수 있다. 그러므로 처음과 시작을 총괄하면 6근 가운데는 각각 1,200공덕이 있게 된다. 너는 이런 작용 가운데에서 그 본능의 우열을 결정해보아라. 예컨대 눈이 보는 본능은 단지 앞쪽만 볼 수 있고 뒤쪽은 볼 수 없다. 앞쪽은 완전히 명백하지만 뒤쪽은 완전히 어둡다. 시선은 좌우 옆을 곁 볼 수 있어도 단지 3분의 2만 볼 수 있다. 눈이 짓는 공덕을 종합해 보면 결코 완전하지 않고 단지 3분의 기능만 얻을 수 있고 1분은 덕업(德業)이 없다. 그러므로 마땅히 알아라, 눈은 단지 800공덕만 있다.

예컨대 귀가 소리를 듣는 본능은 모든 처소에 두루 있을 수 있다. 시방에서 나는 소리를 완전히 빠뜨리지 않는다. 소리가 한번 진동하면 멀고 가까움에 상관없이 모두 들을 수 있다. 고요히 멈추었을 때는 또 한계가 없어 찾을 수 없다. 그러므로 알아야한다, 귀의 기능은 1,200공덕이 원만하다.

예컨대 코가 냄새 맡는 본능은 출입하는 숨을 흘러 통하게 할 수 있다. 비록 출입이 있지만 중간의 교호(交互) 작용이 결여되므로 실제 코의 작용은 3분에서 1이 결여된다. 그러므로 마땅히 알아야한다, 코도 단지 800공덕만 있다.

예컨대 혀의 본능은 언어를 내어 모든 세간의 혹은 세간을 초월하는 지혜와 이론을 선양 표현할 수 있다. 언어는 비록 지역별로 각각 다름이 있지만 각종의 이치를 말할 수 있는 기능은 도리어 무궁무진하다. 그러므로 마땅히 알아야한다, 혀의 기능은 1,200공덕이 원만하다.

예컨대 신체의 감각 지각의 본능은 편한지 불편한지를 알고 중성적[中性]인 지각을 갖지 못한다. 외부 사물이 분리되면 곧 분리되는 작용을 알고 외부 사물을 접촉하면 몸과 사물의 작용이 있다. 그러므로 신체의 본능을 검증해보면 역시 3분에서 1이 결여된다. 그러므로 마땅히 알아야한다, 신체의 기능은 단지 800공덕만 있다.

예컨대 의식의 본능은 시방삼세 온갖 세간 출세간의 각종 사물 사유의 법칙을 포함할 수 있다. 성인이든 범부이든 포용하지 않은 것이 없을 뿐만 아니라 그 한계를 다할 수 있다. 그러므로 마땅히 알아야한다, 의식의 기능은 1,200공덕이 원만하다."

심신 초탈의 원리

"너는 이제 생사 욕망의 바다의 거대한 흐름을 역전(逆轉)시키고, 생사 흐름의 힘의 근원으로 되돌아가 궁구(窮究)[155]하여 불생불멸의 자성 실제에 도달하려고 한다면, 응당 생리적인 6종의 기능 중 어

---

155 속속들이 깊이 연구하다.(역주)

느 것이 서로 합하고, 어느 것이 서로 떨어지고, 어느 것이 깊고, 어느 것이 얕고, 어느 것이 원통(圓通)[156]하며, 어느 것이 원만하지 못한지를 체험해야 한다. 만약 이러한 작용들에 있어서 원통의 근본을 깨달아, 이를 통해 무시이래 상호 교직한 업력의 흐름을 역전시킬 수 있으려면, 어느 것을 이용하여 수증하면 쉽게 원통에 도달할 수 있으며 어느 것은 쉽게 원만함을 얻지 못하는지를 알 필요가 있다. 이렇게 그 우열을 선택 비교하는 것은 수행 증과(證果)의 시간 면에서 볼 때 하루와 한 겁과의 차이나 마찬가지이다. 내가 이제 생리 6근의 티 없이 맑고 원만하고 밝은[澄湛圓明] 기능이 본래 갖추고 있는 공덕 수량을 완전히 설명했으니, 너 스스로가 입문할 수 있는 것을 하나 자세히 선택해 보아라. 내가 너를 위해 더욱 깊이 설명하여 분명히 함으로써 너로 하여금 진보 속도를 더욱 증가하도록 하겠다. 시방세간의 이미 성불한 자는 18계의 심신 작용에서 어느 문(門)을 이용하더라도 수행할 수 있고, 또 어느 것이나 모두 원만한 무상정각을 얻을 수 있다. 이런 생리 기능 중에는 그분들에게 우열의 분간이 없지만 너의 지혜는 저열(低劣)하기 때문에 이 많은 작용들 가운데에서 자재하게 운용하여 스스로 지혜가 원만하도록 하지 못한다. 그래서 내가 이렇게 명백하게 선양(宣揚)하여 너로 하여금 한 문만을 선택하여 깊이 들어가게 하는 것이다. 한 문으로 깊이 들어가 진심이 허망이 없는[無妄] 정도에 도달하기만 하면, 심신의 6근의 지각 성능도 모두 일시에 청정해질 수 있다.”

아난이 물었다. “어떻게 생사의 흐름을 역전시켜 한 문으로 깊이 들어가 6근이 모두 청정하도록 할 수 있습니까?”

부처님이 말씀하셨다. “너는 지금 이미 수다원과를 얻어서 이 욕

---

156 원만하게 통달함.(역주)

계 · 색계 · 무색계의 3계 중생세간의 견해 상 끊어야 할 의혹을 없앴지만, 생리 6근의 기능 가운데 많은 생에 걸쳐 허망한 습기(習氣)가 누적되어 있음을 아직 모르고 있다. 이런 습기는 수증해야만 끊을 수 있는데, 하물며 이런 6근 6경 작용사이에는 또 생겨나고 머물고 변화하고 소멸하는[生住異滅] 4대 과정이 있어서 얼마나 많은 다른 수량과 번잡한 실마리[頭緖]가 있는 데야 더 말할 나위가 있겠느냐? 이제 너는 관찰하여 보아라, 앞에 나타나고 있는 6근의 기능은 도대체 하나이냐 여섯이냐? 만약 하나라면, 귀는 어찌하여 볼 수 없으며 눈은 어찌하여 들을 수 없는 것이냐? 머리는 어찌하여 길을 걸을 수 없으며 발은 어찌하여 말을 할 수 없는 것이냐? 만약 6근 기능이 결정코 여섯 개라면, 예컨대 내가 지금 너희들에게 미묘한 법문을 천양(闡揚)하고 있는데, 너의 6근 기능 중에 어느 것이 받아들이고 있느냐?"

아난이 대답했다. "저는 귀로써 듣습니다."

부처님이 말씀하셨다. "너의 귀가 듣고 있다면, 너의 몸과 입과는 또 무슨 관계가 있기에 어찌하여 입으로 도리를 물으면서 동시에 몸은 일어나 공경을 표시하는 것이냐? 그러므로 너는 응당 알아야 한다, 그것은 하나 아니면 여섯이요 여섯 아니면 하나이다. 결국 너의 6근이 하나이기도 하고 여섯이기도 하다고 멋대로 말할 수 없다. 반드시 분명히 해야 한다. 6근은 도대체 하나의 기능이냐, 아니면 여섯 개의 기능이냐? 너는 마땅히 알아야한다, 6근의 기능은 하나도 아니요, 여섯 개도 아니다. 무시이래로 자성은 원명(圓明)하면서도, 허망하게 전도된 교호(交互) 변화를 일으켜왔기 때문에 하나 혹은 여섯 개의 작용이 발생한 것이다. 너는 수다원과를 얻어 비록 6근의 외치(外馳)[157] 습기는 이미 소멸하였지만, 내재 면에서는 아직도 청정한 경계가 하나 존재한다. 이는 마치 태허공이 각 종류의 물질적인 것들을 포함하고 있는 것과 같다. 그 물질적인 것들은 형상(形狀)[158]이 각각 다르기 때문에 나타내는 공간이 다르다. 만약 물질적인 것을 제거하고 허공을 바라보면 허공은 온전한 하나라고 말하는데, 사실 태허공이 너의 말에 따라서 같은 것이 되거나 혹은 다른 것이 되기도 할 가능성이 어디 있겠냐? 그러므로 당연히 허공은 하나다 혹은 하나가 아니다 라고 더더욱 말할 수 없게 된다. 그러므로 너의 그 또렷이 알 수 있는 6근의 근본 기능도 이와 같은 이치이다.

밝음과 어둠 등 두 가지 상대적인 현상이, 원만하고 묘한[圓妙] 자성 중에서 티 없이 맑은 영명(靈明)에 달라붙어 능히 보는 기능을 발생시키기 때문에, 능히 보는 정령(精靈)이 색상과 반영하여 변화를 생겨나게 하여서 생리 기능으로 응결되는데, 이 기능이 바로 눈이다. 눈은 지수화풍 4대종 성능의 미묘한 성분을 갖추고 있으면서 포도 모양의 눈알을 구성한다. 4대종의 미묘한[微妙] 성능은 방사(放射)하여 떠도는 작용을 생겨나게 하여 외부경계의 색상을 쫓고 있다.

또 소리의 울림[響動]과 고요함[安靜] 이 두 가지의 현상이 서로 격발(激發)시켜, 묘하고 원만한 자성 중에서 티 없이 맑은 영명에 달라붙어 능히 듣는 기능을 발생시키기 때문에, 듣는 정령과 소리의 울림과 고요함의 반영은 음파 작용을 간직하여 생리 기능으로 응결되는데, 이 기능이 바로 귀이다. 역시 4대종 성능의 미묘한 성분을 갖추고 있으면서 마치 말아진 연잎 모양 같은 귀를 구성한다. 4대종의 미묘한 성능은 방사하여 떠도는 작용을 생겨나게 하여, 외부경계의 울리거나 고요한[動靜] 음성을 쫓아 본능의 달려 흐르는 작용

---

157 밖으로 달리다.(역주)
158 물건의 생긴 모양이나 상태.(역주)

을 생겨나게 한다.

또 통합과 막힘 이 두 가지 다른 현상이 서로 격발시켜, 묘하고 원만한 자성 중에서 티 없이 맑은 영명에 달라붙어 능히 냄새 맡는 기능을 발생시키기 때문에, 후각의 정령과 향내와 구린내 등의 냄새의 반영은 향내와 구린내의 방사 작용을 흡수하여 생리적인 기능으로 응결되는데, 이 기능이 바로 코이다. 역시 4대 종성의 미묘한 성분을 갖추고 있으면서 한 쌍의 손톱을 드리운 듯한 코의 모양이다. 4대종의 미묘함이 방사하여 떠도는 작용을 생겨나게 하여 외부 경계의 향내와 구린내 등의 냄새를 좇아서 본능의 달려 흐르는 작용을 일으킨다.

또 싱거운 맛과 갖가지 변화된 맛 이 두 가지 현상이 서로 맞서 드러내어, 묘하고 원만한 자성 중에서 티 없이 맑은 영명에 달라붙어 능히 맛보는 기능을 발생시키기 때문에, 능히 맛보는 정령과 갖가지 변화성 맛의 반영은, 맛의 변화성을 능히 맛보는 기능을 생겨나게 하여 생명의 기능으로 응결되는데, 이 기능이 바로 혀이다. 역시 4대종 성능의 미묘한 성분을 갖추고 있으면서 마치 반달 모양의 혀이다. 4대종의 미묘한 성능은 방사하여 변화하는 작용을 생겨나게 하여 맛의 변화성을 좇아서 본능의 달려 흐르는 작용을 일으킨다.

또 분리와 접촉 이 두 가지 상반되는 현상이 서로 마찰하여, 묘하고 원만한 자성 중에서 티 없이 맑은 영명에 달라붙어 능히 감각 접촉하는 기능을 발생시키기 때문에, 능히 감각하는 정령과 접촉 반영하여 변화가 생겨나서 생리적인 감촉 신경의 전체 기능으로 응결되는데, 이 기능이 바로 몸 전체이다. 역시 4대종 성능의 미묘한 성분을 갖추고 있으면서 마치 가죽 부대에 공기가 가득한 모양이다. 4대종의 미묘한 성능은 감수 작용을 생겨나게 하고 방사하여 외부

경계의 감촉을 좇아서 본능의 운동 작용을 일으킨다.

　또 생겨남과 변화소멸 이 두 가지 현상이 서로 끊임없이 연속되어, 묘하고 원만한 자성 중에서 티 없이 맑은 영명에 달라붙어 능히 지각하는 기능을 발생시키기 때문에, 지각하는 정령은 사물의 법칙과 반영하여 사물의 법칙을 모아 쌓아서 심신의 지각 기능을 형성한다. 이 기능도 4대종 성능의 미묘한 성분을 갖추고 있으면서 의식생각을 형성함이 마치 어두운 실내에서 영상(影像)의 현상을 보는 것과 같다. 4대종의 미묘한 성능은 생각 작용을 생겨나게 하고 방사하여 외부의 사물의 법칙을 좇는다."

阿難。如是六根, 由彼覺明, 有明明覺, 失彼精了, 黏妄發光。是以汝今離暗離明, 無有見體。離動離靜, 元無聽質, 無通無塞, 齅性不生。非變非恬, 嘗無所出。不離不合, 覺觸本無。無滅無生, 了知安寄。汝但不循動靜、合離、恬變、通塞、生滅、明暗, 如是十二諸有爲相。隨拔一根, 脫黏內伏伏歸元眞, 發本明耀。耀性發明, 諸餘五黏, 應拔圓脫。不由前塵所起知見。明不循根, 寄根明發。由是六根互相爲用。阿難。汝豈不知今此會中, 阿那律陀, 無目而見。跋難陀龍, 無耳而聽。殑伽神女, 非鼻聞香。驕梵鉢提, 異舌知味。舜若多神, 無身覺觸。如來光中, 映令暫現。旣爲風質其體元無。諸滅盡定得寂聲聞。如此會中摩訶迦葉, 久滅意根, 圓明了知不因心念。阿難。今汝諸根若圓拔已, 內瑩發光。如是浮塵及器世間諸變化相, 如湯銷冰, 應念化成無上知覺。阿難。如彼世人聚見於眼。若令急合, 暗相現前, 六根黯然, 頭足相類。彼人以手循體外繞, 彼雖不見, 頭足一辨, 知覺是同。緣見因明, 暗成無見。不明自發, 則諸暗相永不能昏。根塵旣銷, 云何覺明不成圓妙。
阿難白佛言。世尊。如佛說言, 因地覺心, 欲求常住, 要與果位名目相應。世尊。如果位中, 菩提、涅槃、眞如、佛性、菴摩羅識, 空如來藏, 大圓鏡智, 是七種名, 稱謂雖別, 淸淨圓滿, 體性堅凝, 如金剛王, 常住不壞。若此見聽, 離於明暗動靜通塞, 畢竟無體。猶如念心, 離於前塵, 本無所有。云何將此畢竟

斷滅以爲修因, 欲獲如來七常住果。世尊。若離明暗, 見畢竟空。如無前塵,
念自性滅。進退循環, 微細推求, 本無我心及我心所, 將誰立因求無上覺。如
來先說湛精圓常。違越誠言, 終成戲論。云何如來眞實語者。惟垂大慈, 開
我蒙悋。

佛告阿難。汝學多聞, 未盡諸漏, 心中徒知顚倒所因。眞倒現前, 實未能識。
恐汝誠心猶未信伏。吾今試將塵俗諸事, 當除汝疑。即時如來敕羅侯羅擊鐘
一聲。問阿難言。汝今聞不。

阿難大衆, 俱言我聞。

鐘歇無聲。佛又問言。汝今聞不。

阿難大衆, 俱言不聞。

時羅侯羅又擊一聲。佛又問言。汝今聞不。

阿難大衆, 又言俱聞。

佛問阿難。汝云何聞, 云何不聞。

阿難大衆俱白佛言。鐘聲若擊, 則我得聞。擊久聲銷, 音響雙絕, 則名無聞。

如來又敕羅侯擊鐘。問阿難言。汝今聲不。

阿難大衆, 俱言有聲。少選聲銷。

佛又問言。爾今聲不。

阿難大衆, 答言無聲。

有頃羅侯更來撞鐘。佛又問言。爾今聲不。

阿難大衆, 俱言有聲。

佛問阿難。汝云何聲, 云何無聲。

阿難大衆俱白佛言。鐘聲若擊, 則名有聲。擊久聲銷, 音響雙絕, 則名無聲。

佛語阿難及諸大衆。汝今云何自語矯亂。

大衆阿難, 俱時問佛。我今云何名爲矯亂。

佛言。我問汝聞。汝則言聞。又問汝聲, 汝則言聲。唯聞與聲, 報答無定。
如是云何不名矯亂。阿難。聲銷無響, 汝說無聞。若實無聞, 聞性已滅, 同於
枯木。鐘聲更擊, 汝云何知。知有知無, 自是聲塵或無或有。豈彼聞性爲汝
有無。聞實云無, 誰知無者。是故阿難。聲於聞中自有生滅。非爲汝聞聲生

聲滅。令汝聞性爲有爲無汝尙顚倒，惑聲爲聞。何怪昏迷以常爲斷，終不應言。離諸動靜閉塞開通，說聞無性。如重睡人，眠熟牀枕。其家有人，於彼睡時，擣練舂米。其人夢中聞舂擣聲，別作他物。或爲擊鼓。或爲撞鐘。即於夢時自怪其鐘爲木石響。於時忽寤，遄知杵音。自告家人，我正夢時，惑此舂音將爲鼓響。阿難。是人夢中，豈憶靜搖開閉通塞。其形雖寐，聞性不昏。縱汝形銷，命光遷謝，此性云何爲汝銷滅。以諸衆生從無始來，循諸色聲，逐念流轉。曾不開悟性淨妙常。不循所常，逐諸生滅。由是生生雜染流轉。若棄生滅，守於眞常，常光現前，根塵識心應時銷落。想相爲塵，識情爲垢，二俱遠離。則汝法眼應時淸明。云何不成無上知覺。

자성을 수증하는 법칙과 원리

부처님이 말씀하셨다. "위에서 말한 것처럼 6근의 심신 작용은 모두 정각 영명(靈明)의 기능이 발생시키는 것이다. 사람들은 자성이 본래 스스로 다 갖추고 있는 영명을 증오하지 못하고 도리어 현행(現行)[159]의 유위적인 의식의 또렷이 분별하는[明了] 작용만을 인식하고는, 오히려 이를 이용하여 본래 영명한 정각의 자성을 알려고 생각한다. 그러므로 정령이 또렷이 아는[了然] 자성 기능을 잃어버리고 망상의 동력기능[動能]이 발생시키는, 형상(形相)이 있는 빛에 달라붙는다. 너는 지금 만약 어둠과 밝음을 떠나면, 볼 수 있는 자체가 없다. 소리의 있음과 소리의 없음인 동정(動靜)을 떠나면, 처음부터 능히 듣는 실질이 없다. 통하고 막히는 작용이 없다면, 냄새맡는 성능이 발생할 수 없다. 변화된 맛과 싱거운 맛이 없다면, 능히 맛보는 성능이 발생할 수 없다. 분리하지 않고 접촉하지 않으면,

---

159 현재 작용하고 있는 것. 유식설에 있어서 아뢰야식 속의 종자에서 현상세계의 사물이 나오는 것. 어떤 종자에서 생겨 현재 행동하고 있는 번뇌장 소지장 두 장애. 감각 지각의 대상으로서 실현하는 것.(역주)

감각의 본능이 없게 된다. 소멸하지도 않고 생기지도 않으면, 의식의 앎[了知]이 자리 잡고 기댈[安寄] 곳이 없다. 네가 움직임과 고요함[動靜]·접촉과 분리[合離]·싱거움과 변화된 맛[淡變]·통합과 막힘[通塞]·생기와 소멸[生滅]·밝음과 어둠[明暗] 등 12종의 유위(有爲) 현상을 좇지 않고, 네 마음대로 어느 한 기능상에서 자신이 그 집착 습관을 뽑아 제거하고 교착성(膠著性)¹⁶⁰인 진득진득 붙어 굳는[黏固] 작용을 벗어나, 그것을 안에 잠복(潛伏)시킨다(여기서 말하는 안이란 신체 내부를 확정적으로 가리키는 것이 아니다. 안은 밖에 대하여 상대적으로 하는 말로서 곧 안팎이 없는 안이다. 그러나 또 몸 안의 안을 떠나지도 않는다. 이 부분은 온전히 지혜로운 밝은 결단에 있다). 깊이 가라앉혀 잠기고 안으로 다스리기[沉潛內伏]를 오래오래 하여 정정(靜定)이 극점에 이르면, 도리어 자성 근원의 진심에 돌아가 본성의 영명이 환이 빛남을 발명할 수 있다. 영명이 환히 빛나는 본성이 발명되고 나면, 그 나머지 5근이 습기에 집착하는 교고성(膠固性)도 따라서 뽑혀져서 자연히 전체가 원명하고 자재할 것이다. 그런 다음에는 외부경계 영향으로 말미암아 자성의 알거나 보는[知見] 기능을 일으키지 않을 수 있다. 이때의 영명은 반드시 생리적인 기능에 의지하여 따를 필요는 없고, 단지 6근에 기탁하여 영명의 작용을 발생하여 낼 수 있다. 그러므로 6근은 서로 통용할 수 있다(이렇게 되어야 신묘하게 통할 수 있다. 즉, 세속에서는 이를 일컬어 신통이 있다 라고 한다). 너는 설마 모르지는 않겠지? 이 법회에 있는 아나율타(阿那律陀: 번역명은 무탐無貪으로 절반의 천안을 얻었다)가 비록 눈은 멀었지만 볼 수 있고, 발난타용(跋難陀龍: 불경에서 일컫는 용신의 이름으로 번역명은 선환희善歡喜이다)은 비록 귀가 없지만 소리를 들을 수 있고, 긍가신녀(殑伽神女: 불경

---

160 달라붙는 성질.(역주)

에서 일컫는 여자 강신江神의 이름으로 긍가는 인도의 강 이름이다)는 비록 코가 없지만 냄새를 맡을 수 있다. 교범발제(驕梵砵提)는 혀를 사용할 필요 없이도 맛을 알 수 있으며, 순약다신(舜若多神: 불경에서는 허공신이라고 일컫는다)은 비록 몸이 없지만 감촉할 수 있다. 허공신은 본래 접촉하여 감촉할 수 있는 몸이 없으나 부처가 신력(神力)[161]을 베풀어 자성 광명중에서 비추자 그가 잠시 몸을 갖추게 되어 감촉이란 무엇인지를 깨닫게 해주었다. 왜냐하면 그의 성질은 본래 바람과 같아서 처음부터 사람과 같은 몸이 없기 때문이다. 또한 멸진정(滅盡定) 공력(功力)을 얻은 모든 사람들이나 적멸(寂滅) 과위 경지에 도달한 모든 성문들, 예컨대 지금 이 자리에 있는 마하가섭(摩訶迦葉: 금색두타金色頭陀로서 부처님의 심인心印을 전한 분으로 대가섭大迦葉이라고도 한다) 같은 이들은 아주 오래전에 이미 의식 작용을 없애버렸기 때문에 보통사람들처럼 생각 심념(心念)을 쓸 필요가 없다. 즉, 자성 기능이 원만하고 영명하여 온갖 사물을 또렷이 아는 것이다. 너는 알아야한다, 너의 지금의 6근은 만약 집착하는 교고성을 뽑아없애버린다면 자성 기능에 원만하게 돌아가 다스릴[歸伏] 수 있다. 정정(靜定)의 상태에 오래오래 있다 보면 심성의 내재(內在)는, 비유컨대 푸른 옥돌에 티끌이 없듯이 맑고 빛난다. 다만 이와 같이 할수 있다면, 모든 4대종 성능의 미묘한 방사 작용과 물질세간 등의 온갖 변화 현상은 마치 뜨거운 물에 차가운 눈이 녹 듯 하면서, 언제 어디서나 온갖 망념 망상을 자성의 무상(無上)의 지각으로 변화시킨다. 예를 들어 어떤 보통 사람이 주의력을 눈에 집중해서 만약 재빨리 눈을 감으면, 눈앞에는 오직 온통 어두운 현상만 있고 6근도 뚜렷이 보이지 않는다. 그때에는 머리와 발도 마찬가지로 분명

---

161 불보살이 갖는 불가사의한 작용. 신통력. 위신력.(역주)

히 보이지 않는다. 그러나 이 사람이 손으로 두루 온 몸을 만져보면, 비록 6근의 형상은 보이지 않지만 머리와 발은 다른 구별이 있다. 이 지각할 수 있는 기능은 그대로 여전히 존재한다. 그러므로 응당 알아야한다, 능히 보는 자기 마음은 기능작용[功用]을 발휘할수 있어서, 그것은 어두운 현상에도 가려지지 않는다. 그러므로 네가 만약 생리적인 6근과 외부경계의 현상을 모두 녹여 장애가 없도록 할 수 있다면, 자연히 자성의 본각 영명은 원융하고 영묘한 기능을 발생하게 된다."

아난이 물었다. "부처님이 말씀하신대로라면, 정각을 증득하고자하는 최초의 인지의 마음이 만약 상주불변(常住不變)하고자 한다면, 반드시 자성 정각을 증득한 과지의 명목(名目)과 상응해야 합니다. 그렇다면 자성을 증득한 과지 중에서 일컫는, 보리(菩提: 정각正覺)·열반(涅槃: 적멸寂滅)·암마라식(庵摩羅識: 백정식白淨識)·진여(眞如)[162]·불성(佛性)[163]·공여래장(空如來藏)[164]·대원경지(大圓鏡智)[165]등과 같은

---

162 진(眞)이란 진실하다는 뜻이고 여(如)란 여상(如常)하다는 뜻이다. 제법의 체성은 허망을 떠나 진실하므로 진(眞)이라고 하며, 항상 머물러 있으면서 바뀌지 않으므로 여(如)라고 한다.

163 불(佛)이란 깨달음이다. 온갖 중생은 각성(覺性)이 있는데, 이를 불성이라고 한다. 성(性)이란 바뀌지 않는다는 의미이며 인과에 통하면서 자체가 바뀌지 않는 것을 성이라고 한다. 보리(麥)의 인(因) 보리의 과(果) 보리의 성(性)은 바뀌지 않음과 같다.

164 여래장이란 진여의 덕명(德名)이다. 진여의 체성은 필경에 공적(空寂)하다. 뿐만 아니라 온갖 더럽거나 깨끗한 법은 마치 밝은 거울 안에는 하나의 실질이 없는 것 같다. 그러므로 공(空)이라고 한다. 진여의 체가 없다고 말하는 것이 아니다.

165 대원경(大圓鏡)이란 비유이다. 그 지혜의 체가 청정하여 유루잡염(有漏雜染)의 법을 떠났으며 중생의 선악의 업보로부터 온갖 공덕의 경계를 드러내는 것이 마치 크고 둥근 거울과 같으므로 대원경지라고 이름 한다. 범부의 제8식인 아뢰야식은 성불에 이르렀을 때 대원경지가 된다.

7종의 명칭은 비록 서로 다르지만, 그 명칭들이 표시하는 함의는 모두 자성 본체 기능은 청정하고 원만하며, 그 체성은 단단하게 응고되어 마치 금강이라는 보배의 왕처럼 절대로 깨지지 않고 영원히 존재하면서 무너지지 않음을 칭송하는 것입니다. 그러나 지금 이 보고 듣는 것은 밝음과 어둠·움직임과 고요함·통함과 막힘 등의 현상의 반영을 떠나서는 마침내 하나의 자체가 없습니다. 마치 의식심념이 면전의 외부경계의 작용을 떠나서는 본래 있는 바가 없음과 같습니다. 그런데 어떻게 끝내는 단멸(斷滅)할 것인 이런 성능들을 이용하여 수증의 기본 인지(因地)로 삼아서, 위에서 말씀하신 영원히 머무르는 과위를 얻을 수 있겠습니까? 만약 밝음과 어둠을 떠나면 보이는 바는 바로 절대적인 허공입니다. 만약 면전의 외부 모습[外景]이 없다면 의념의 자성은 자연히 소멸합니다. 이렇게 이리저리 연구해보고 미세하게 따져보니 나의 진심이 되는 하나의 자체가 본래 없고, 나의 진심이 되는 하나의 소재처도 없습니다. 이러한 대 무엇으로써 수증의 인지를 삼아 무상정각 얻기를 구할까요? 부처님은 앞에서 말씀하시기를 자성의 본체의 티 없이 맑은 정명(精明)은 원만하고 영원히 존재한다 하셨는데, 우리가 파악할 수 없는 바에야 결코 진실한 말씀이 아닌 듯 하고, 결국은 마치 아이들 장난이론 같습니다. 도대체 어떤 것이야말로 부처님의 진실한 이치입니까? 부처님은 다시 자비를 내려 저희들의 우매함을 열어주시기 바랍니다.

부처님이 말씀하셨다. "네가 비록 박학다문하더라도 아직 모든 습루(習漏)[166]를 완전히 없애지 못해서, 너는 전도(顚倒)의 원인이 하나 있음을 마음속으로 아는 데 지나지 않는다. 그러나 진실로 전도

---

166 습기(習氣). 업의 잠재적 인상. 습관성. 훈습에 의해 남겨진 기분. 종자.(역주)

가 너의 면전에 놓여있을 때에는 너는 정말 인식하지 못하고 있다. 나는 네가 비록 정성스런 마음이 있다할지라도 아직 내 말을 믿지 않을까 걱정된다. 나는 이제 잠시 세속적인 사실을 가지고 너의 의혹을 풀어 없애주겠다."

이때에 부처님은 라후라(羅睺羅: 부처님의 아들로 복장覆障이라 번역함)에게 종을 한 번 치라한 다음 아난에게 물으셨다. "너는 지금 들었느냐?"

아난과 대중은 모두 대답했다. "들었습니다."

조금 지난 뒤 종소리가 멎자 부처님은 또 물으셨다. "너는 지금 들었느냐?"

아난과 대중은 모두 대답했다. "이제는 들리지 않습니다."

이때 라후라가 또 한 번 종을 치자 부처님은 또 물으셨다. "너는 지금 들었느냐?"

아난과 대중은 또 대답했다. "모두 들었습니다."

부처님은 또 아난에게 물으셨다. "너는 어쩌면 들을 수 있고 어쩌면 들리지 않는 것이냐?"

아난과 대중은 모두 대답했다. "만약 종을 쳐 소리가 나면 우리가 들을 수 있고, 치고 난지 오래지나 소리가 사라져서 소리와 향동(響動)[167]이 모두 없어지면 들리지 않는다고 합니다."

이때에 부처님은 또 라후라에게 종을 한 번 치게 하고는 아난에게 물으셨다. "지금 소리가 있느냐?"

아난과 대중은 모두 대답했다. "소리가 있습니다."

잠시 지나 소리가 사라지자 부처님은 또 물으셨다. "지금 소리가 있느냐?"

---

167 메아리, 울림 진동.(역주)

아난과 대중은 모두 대답했다. "소리가 없습니다."

다시 잠시 지나자 라후라가 또 종을 쳤다. 부처님이 다시 물으셨다. "지금 소리가 있느냐?"

아난과 대중은 모두 대답했다. "소리가 있습니다."

부처님이 아난에게 물으셨다. "너는 어떠해야 소리가 있다고 하고, 어떠해야 소리가 없다고 하느냐?"

아난과 대중은 모두 말했다. "종을 쳐서 소리가 나면 소리가 있다 하고, 종을 친지 오래지나 소리가 사라져 소리와 향동이 모두 없어져버리면 소리가 없다고 합니다."

부처님이 말씀하셨다. "너희들은 지금 어찌하여 이렇게 말이 이랬다저랬다 하여서 기준이 전혀 없는 것이냐?"

대중과 아난은 부처님이 이렇게 말씀하시는 것을 듣고 물었다. "저희들이 어떻게 말이 이랬다저랬다 해서 기준이 전혀 없다는 것인지요?"

부처님이 말씀하셨다. "내가 너희들에게 들었느냐고 물으면 들었다고 말하고, 또 소리가 있느냐고 물으면 소리가 있다고 말한다. 들었다고 대답했다가 소리가 있다고 대답하는데, 이렇게 하면서 어떻게 말이 이랬다저랬다 하는 것이 아니겠느냐?

소리가 사라져서 향동이 없으면 들리지 않는다고 말하는데, 만약 실제로 들리지 않는다면 능히 들을 수 있는 자성이 이미 소멸해서 고목이나 마찬가지가 된다. 그렇다면 종소리를 다시 칠 때에 너는 어찌하여 소리가 있는지 소리가 없는지를 또 아는 것이냐? 소리가 있거나 소리가 없음은 자연히 음향의 작용이지만, 음향을 능히 듣는 자성은 소리가 있거나 소리가 없음과 또 무슨 관계가 있느냐? 설마 그 능히 듣는 자성이 너의 필요에 따라 있고 없고 하는 것이냐? 능히 듣는 자성이 만약 정말 절대적으로 없다면, 이 절대적으로 없다는 사실을 아는 그것은 또 누구이겠느냐?

　그러므로 너는 알아야한다, 소리는 능히 듣는 자성의 기능 속에 있으면서 단지 소리가 스스로 생겨났다가 소멸한 것이다. 결코 네가 소리가 생겨나고 소리가 소멸함을 듣기 때문에, 너의 그 능히 듣는 자성 기능이 따라서 있게 되고 없게 되는 것이 아니다. 어느 것이 음향이고 어느 것이 능히 듣는 자성인지 네가 아직 모르는 이상, 네가 혼미하여 깨닫지 못해서 진실하고 영원히 존재하는[眞常] 자성이 장차 단멸할 것으로 여기는 것도 무리가 아니다.

　너는 움직임과 고요함[動靜], 막힘과 통함을 떠나면 능히 듣는 자성이 없다고 말해서는 더더욱 안 된다. 왜 그러겠느냐? 예를 들어, 깊이 잠든 사람이 잠을 자고 있는 바로 그 때에 집안에서 어떤 사람이 다듬이질을 하거나 쌀 방아를 찧는다고 하자. 깊이 잠든 그 사람은 꿈속에서 이 쌀 방아 찧는 소리를 듣고서 다른 물건의 소리로 환각하여, 북치는 것으로 여기거나 혹은 종을 치고 있는 것으로 여겼다. 이 사람은 꿈을 꾸고 있는 중에 이 종소리가 충분히 우렁차지 못하고 나무나 돌의 음향 같다고 스스로 이상하게 여겼다. 그리고는 깨어나 보고서야 다듬이 소리인줄 알고 나서는 집안사람에게 이르기를, '내가 방금 꿈을 꾸고 있었는데 이 다듬이 소리를 북 울리는 소리로 여겼다'라고 했다. 이 사람은 꿈을 꾸고 있는 중에도 설마 움직임과 고요함, 열림과 닫힘, 통함과 막힘을 기억하고 있겠느냐?

　이로써 알 수 있듯이 그의 몸은 비록 잠들어 있지만, 그의 능히 듣는 자성은 결코 혼미하지 않는다. 한 걸음 더 나아가 말하면 설사 너의 형체가 완전히 소멸하여 생명의 빛나는 본능이 변천했다하더라도, 이 능히 듣는 자성이 너의 형체를 따라 소멸할 것이라고 어찌 말할 수 있겠느냐? 모두 다 온갖 중생이 무시이래부터 온갖 소리와 색상을 뒤쫓고 의식심념을 따라서 멈추지 않고 생사에 윤회[流轉]하면서, 자성은 청정하고 영묘하며 상주불변한 것임을 지금까지 스스로 깨닫지 못했기 때문이다. 중생들은 상주하는 자성을 따르지 않고 외연(外緣)의 변천만을 따라서 온갖 생멸 작용과 현실을 뒤쫓아 간다. 그러므로 세세생생 그치지 못하고 습염(習染)[168]에 얽히고 헝클어져서[雜亂] 그 때문에 쉬지 않고 생사에 윤회한다.

만약 생멸작용을 버리고 진실하고 영원히 존재하며 불변하는[眞常不變] 자성을 지키면서 정지(定止)의 상태가 오래되면, 자성의 진실하고 영원히 존재하는 광명이 나타날 것이다. 그리고 생리 기능인 6근의 본능과 상대적인 외부경계인 6진 현상, 그리고 의식심념의 작용이 단박에 녹아 없어질 것이다. 생각의 현상은 곧 청정한 자성의 먼지 찌꺼기요, 의식 정념(情念)의 작용은 바로 청정한 자성의 더러운 때이다. 만약 이 두 가지를 다 멀리 떠난다면 너의 법안(法眼: 불법에서 가리키는 자성의 마음의 눈을 갖추어 봄)이 단박에 환히 청명(淸明)해질 것인데, 어찌 무상정각을 이루지 못할 이치가 있겠느냐?

(이상으로 제4권을 마침)

능엄경 제5권

大佛頂如來密因修證了義諸菩薩萬行首楞嚴經 卷第五

阿難白佛言。世尊。如來雖說第二義門。今觀世間解結之人, 若不知其所結之元, 我信是人終不能解。世尊。我及會中有學聲聞, 亦復如是。從無始際

---

168 나쁜 버릇에 물젖다. 나쁜 버릇, 악습. 번뇌하는 것.(역주)

與諸無明, 俱滅俱生。雖得如是多聞善根, 名爲出家, 猶隔日瘧。惟願大慈,
哀愍淪溺。今日身心, 云何是結, 從何名解。亦令未來苦難衆生, 得免輪迴,
不落三有。作是語已, 普及大衆五體投地。雨淚翹誠, 佇佛如來無上開示。
爾時世尊憐愍阿難, 及諸會中諸有學者。亦爲未來一切衆生, 爲出世因作將
來眼。以閻浮檀紫金光手, 摩阿難頂。即時十方普佛世界, 六種震動。微塵
如來住世界者, 各有寶光從其頂出。其光同時於彼世界, 來祇陀林, 灌如來
頂。是諸大衆, 得未曾有。於是阿難及諸大衆, 俱聞十方微塵如來, 異口同
音, 告阿難言。善哉阿難。汝欲識知俱生無明, 使汝輪轉生死結根, 唯汝六
根, 更無他物。汝復欲知無上菩提, 令汝速證安樂解脫寂靜妙常, 亦汝六根,
更非他物。
阿難雖聞如是法音, 心猶未明。稽首白佛。云何令我生死輪迴, 安樂妙常, 同
是六根, 更非他物。
佛告阿難。根塵同源。縛脫無二。識性虛妄, 猶如空華。阿難。由塵發知。
因根有相。相見無性, 同於交蘆。是故汝今知見立知, 即無明本。知見無見,
斯即涅槃無漏眞淨。云何是中更容他物。爾時世尊, 欲重宣此義, 而說偈言。

眞性有爲空　　　緣生故如幻

無爲無起滅　　　不實如空華

言妄顯諸眞　　　妄眞同二妄

猶非眞非眞　　　云何見所見

中間無實性　　　是故若交蘆

結解同所因　　　聖凡無二路

汝觀交中性　　　空有二俱非

迷晦即無明　　　發明便解脫

解結因次第　　　六解一亦亡

根選擇圓通　　　入流成正覺

陀那微細識　　　習氣成瀑流

眞非眞恐迷　　　我常不開演

自心取自心	非幻成幻法
不取無非幻	非幻尙不生
幻法云何立	是名妙蓮華
金剛王寶覺	如幻三摩提
彈指超無學	此阿毗達磨
十方薄伽梵	一路涅槃門

자성해탈 수증의 총강

이때에 아난이 또 물었다. "부처님께서 비록 제이의문(第二義門: 수증 법칙과 원리)을 말씀하셨지만 세간 사람들이 만약 이 매듭을 풀고 싶어 해도 맺힌 중심이 어디에 있는지 알지 못한다면, 이 매듭을 시종 풀지 못하리라 저는 믿습니다. 설사 저와 이 법회에 있는 자들로서 아직 배움을 구하는 일반 성문들도 그래서, 그 시작도 모르는 먼 옛날부터 이런 무명(無明)을 따라서 함께 생겨났다 함께 소멸하였습니다. 비록 박학다문의 선근을 얻어 출가하여 전문적으로 불법을 닦고 배우지만, 마치 날거리 학질 병에 걸린 사람이 때로는 좀 나앗다가 때로는 또 병이 남과 같습니다. 부처님께서는 자비를 일으켜 너무나도 깊이 빠져있는 저희들을 연민히 여기어, 저희들의 심신의 맺힌 바가 어디에 있는지? 어떻게 해야 풀 수 있는지를 가리켜 보여 주시기 바랍니다. 아울러 장래의 고난 중생들도 생사의 바다 속에서 맴돌고 윤회하면서, 시종 무명과 욕망과 번뇌의 3유(三有)[169] 속에 떨어지지 않도록 하여 주십시오."

부처님은 아난의 요청을 듣고서 말씀하셨다. "네가 생명과 함께

---

169 3계. 즉 욕계 · 색계 · 무색계.(역주)

지니고 온 무명을 명백하게 인식하고 싶다면, 어느 것이 너로 하여금 생사의 흐름 속에 윤회하도록 하는지 그 맺힌 뿌리를 알아야 한다. 그것은 결코 다른 어떤 것[物]이 아니라 바로 너의 6근이다. 네가 지금 무상정각을 알고 싶고 해탈을 빨리 증득하는 안락 법문을 따르고 싶으며, 적정하고 영묘하며 진실하고 영원히 존재하는[眞常] 과지를 얻고 싶다면, 그것 역시 다른 어떤 것에 의지하는 것이 아니라 여전히 너의 6근에 의지해서이다."

아난은 부처님의 가르침을 들었지만 마음속으로 아직 이해하지 못해 다시 물었다. "부처님은 말씀하시기를 저희들이 생사에 윤회함도, 그리고 안락과 묘상(妙常)[170]을 얻음도 결코 다른 어떤 것이 아니라 모두 6근의 작용이라고 하시는데 그 무슨 도리입니까?"

부처님이 말씀하셨다. "생리 기능인 6근과 자연계의 각종 물리 성능은 동일한 근원으로부터 발생한 것이다. 그러므로 결박과 해탈은 근본 체성 상 결코 두 가지가 없다. 이 분별의식의 성능은 단지 잠시 있는 허망한 현상으로서, 마치 허공속의 꽃무늬[華文]가 허깨비로 나타나고 허깨비로 사라짐과 같다. 너는 알아야 한다, 물리 작용 때문에 지각 성능이 일어나게 되고, 생리 기능 때문에 비로소 6근의 형상(形相)이 있게 된다. 6근의 형상과 알고 보는 이런 작용은 모두 자성이 없다. 마치 교로(交蘆)나 마찬가지이다(교로는 일종의 식물로 보통의 갈대와는 다르다. 나서 자랄 때에는 반드시 두 줄기가 서로 교차하면서 나란히 서고 뿌리 부분은 얽혀 서로 이어져 있다. 단독으로는 곧 땅에 넘어지고 홀로 설 수 없다. 겉은 실하면서 속은 비어 있다. 예컨대 마음과 물질 그리고 심신은 모두 서로 의지함으로써 작용을 일으킨다. 그러면서도 동일한 체성에서 생겨난 것이다. 동시에 있어도[有] 속은 실제 비어[空] 있다. 속이 공空하기에 유有의 작용을 나타낼 수 있다).

---

170 묘하고 불생불멸함.(역주)

그러므로 너는 이제 마땅히 알아야 한다, 만약 이 알고 보는 작용을, 하나의 능히 아는 어떤 것[物]으로 인정해버린다면, 그것이 바로 무명의 근본이다. 만약 이 알고 보는 작용, 그것의 자성 기능은 본래 볼 수 없고 형상이 없는 것임을 분명히 이해한다면, 그것은 바로 번뇌가 없는 적멸하고 청정한 진심이다. 너는 어찌하여 이 중간에 그 밖의 다른 어떤 것이 존재한다고 오인하는 것이냐?"

이때에 부처님은 이런 지극한 이치를 요약하여 간단명료한 말로 해주기 위하여 종합해서 한 게송을 지어 아난에게 말씀하셨다.

진성유위공(眞性有爲空)　연생고여환(緣生故如幻)

진심 자성 자체는 공(空)하여 형상이 없는 것으로 어떤 것도 존재하지 않는다. 그렇지만 온갖 만유, 즉 유위(有爲)를 생겨나게 하는 작용이 있다.

만유가 작용을 일으킬 수 있음은 모두 인연의 모임이다. 인연이 모이면 생겨나고 인연이 흩어지면 소멸한다. 만유 존재는 단지 시간과 공간속에서 잠시 있는 현상으로서, 잠시 있는 존재는 허깨비같은 것이다. 자성은 공을 체(體)로 삼고 온갖 현상을 상(相)으로 삼으며 온갖 작용을 용(用)으로 삼는 것임을 알아야한다.

무위무기멸(無爲無起滅)　부실여공화(不實如空華)

자성은 공을 체로 삼는다. 체성의 공은 티 없이 맑고 적멸(寂滅)하고 무위(無爲)한 것이다. 그 어떤 것 하나도 존재하지 않으면서 불생불멸이다.

비록 인연이 모이면 만유의 작용을 일으키지만 온갖 만유는 결코 실제 고정적으로 존재하고 있는 것이 아니다. 마치 허공속의 꽃무늬가 홀연히 일어났다 홀연히 소멸함과 같다.

언망현제진(言妄顯諸眞)　　망진동이망(妄眞同二妄)

망심(妄心)이라는 명사를 하나 제시함은 단지 진심(眞心)의 이성(理性)을 드러내기 위해서일 뿐이다.

사실은 망심도 허망하게 있는 것일 뿐만 아니라, 만약 진심이라는 존재가 하나 있다고 여기고 집착한다면, 이 진심이란 관념도 하나의 망심과 같게 된다.

유비진비진(猶非眞非眞)　　운하견소견(云何見所見)

진심 자성은 정말 따로 또 하나의 진심이 있어 단독으로 존재하는 것이 아니다. 그렇지만 진심은 하나의 자성 존재가 없다고 집착해서도 안 된다. 망심인 의식 작용을 떠나야 비로소 깨달아 증득할 수 있다.

그러므로 이 이성 사이에서 네가 어떻게 하나의 능히 보는 기능이 있다고 굳게 집착하거나 하나의 보는 작용을 포착할 수 있겠느냐?

중간무실성(中間無實性)　　시고약교로(是故若交蘆)

본능과 일어난 작용 사이, 공(空)과 유(有) 사이, 진(眞)과 망(妄) 사이, 체(體)와 용(用) 사이에는 모두 하나의 고정된 진실 자성이 없다.

그러므로 말하기를 자성의 체와 용 사이는 마치 교로와 마찬가지여서 모두 일체(一體)의 양면이라고 한다. 공과 유가 근원이 같지만 공과 유에 집착하지도 않는다.

결해동소인(結解同所因)　　성범무이로(聖凡無二路)

공과 유는 본래 근원이 같은데, 다만 일체(一體)의 두 작용일 뿐이다. 온갖 만유는 모두 인연으로 생겨나고 그 체성은 본래 공한 것이다. 그러므로 연생성공(緣生性空)이요 성공연생(性空緣生)이다. 유는 다시 공으로 돌아가고 공은 유를 생겨나게 할 수 있다. 범부 중생은 인연으로 생겨나는 환유(幻有)에 미혹되어 6근이 일으키는 결박을 풀 수 없다. 그러므로 뒤쫓아 간 결과 생사의 거대한 흐름 속에서 맴돌고 있다. 만약 환유인 인연으로 생겨난 것을 뛰어넘어 진공(眞空) 자성을 증득하면 곧 해탈이요 성인이라 이름 한다.

사실 자성 본체의 입장에서 보면 처음부터 성인과 범부라는 두 모습이 없고 본래 같은 것이다.

여관교중성(汝觀交中性)　공유이구비(空有二俱非)

위에서 인용한 교로의 비유에 의거하면 자성 체용의 일체(一體) 양면의 원리를 알게 된다. 너는 이 교로 사이의 성능을 관찰해 보아라.

그것이 두 줄기라고 하자니 본래 뿌리가 같고, 한 뿌리라고 하자니 두 줄기라는 현상(現狀)이 발생한다. 그 형상이 한 줄기 실제 뿌리라고 하자니 그 속은 비었고, 그 속이 비었다고 하자니 또 실질적인 줄기 형상을 생겨나게 할 수 있다. 이론상이든 사실상이든 어느 일면을 정론(定論)으로 여겨 고집할 수 없다. 만약 굳게 고집하면서 말하기를 그것이 공이라거나 혹은 유라고 한다면 곧 착오 편견이 된다.

미매즉무명(迷昧卽無明)　발명변해탈(發明便解脫)

만약 공과 유 어느 일면의 도리를 궁극이라고 굳게 고집한다거나 공과 유 어느 한 쪽이 바로 자성의 근본이라고 오인한다면, 그것은 혼매함[昏昧]에 미혹된 것으로 이를 무명(無明)이라고 부른다.

무명이 공한 것임을 깨달으면 무명이 곧 확 풀려 사라질 것이다. 무명 망상이 한 번 전환되면 영명한 정각이 되는데, 이렇게 되면 해탈의 경지에 도달한다.

해결인차제(解結因次第)　　육해일역망(六解一亦亡)

그러나 원만한 해탈의 과지에 이르고 무시이래의 생사 습기의 6근의 속박을 풀어 없앨 수 있고자 한다면, 반드시 먼저 어느 한 근원(根源)으로부터 수증하기 시작해야한다.

그런 다음 6근의 속박이 차례로 풀려 없어진다. 6근이 해탈하고 나면 그 하나의 청정한 경계도 따라서 사라지고 자성 본래로 되돌아간다.

근선택원통(根選擇圓通)　　입류성정각(入流成正覺)

그러므로 해탈 원통의 경계에 도달하고자 한다면, 처음 수증에 착수할 때에 6근 문(門)의 선택에 대해 살펴서 어느 근으로부터 수증에 착수해야 자기에게 적합하여 성취가 있을 수 있는지에 주의해야한다.

선택하여 확정한 다음에는 수지(修持)에 정진하여 본체 기능의 흐름에 들어가 정각의 과위를 닦아 이루어야한다.

타나미세식(陀那微細識)　　습기성폭류(習氣成暴流)

진비진공미(眞非眞恐迷)　　아상불개연(我常不開演)

(아타나식阿陀那識은 아뢰야식阿賴耶識이라고도 한다. 불법은 심신의 보고 듣고 감각하고 지각하는 분별의식 작용을 자세히 분석하여 그 현상을 법상法相이라고 하고 유식唯識이라고도 한다. 대체로 식識은 모두 8종으로 구별하므로 8식이라고도 한다. 안이비설신眼耳鼻舌身의 개별 작용은 전5식前五識이다. 제6식은 분별 사유하는 의식이다. 제7식은 태어날 때 지니고 온 아집으로 말나식末那識이라 한다. 제8식인 아뢰야식은 심신일체心一體요 심물일원心物一元으로서 전7식과 온갖 종자 기능을 간직한 기관총괄중추[總機樞]이다)

아뢰야식이 온갖 종성(種性) 기능을 간직함도 본래 공(空)과 유(有)를 서로 체용(體用)으로 삼는다. 그것이 아뢰야식의 기능을 형성하는 까닭은 정말로 아뢰야식이라는 존재가 하나 있기 때문이 아니다.

그것은 무시이래의 무명 습기의 종자가 찰나찰나 생멸하면서 멈추지 않기 때문에 작용을 드러낸다. 마치 한 줄기 폭포수 흐름이 끊임없이 이어지면서[生生不已] 쉬지 않고 운행하면, 면면히 이어져 마치 그 현상을 형성하는 것과 같다.

그것을 자성 진심의 기능이라 하자니 그 자체는 공한 것이고, 그것이 진심의 기능이 아니라고 하자니 작용을 떠나서는 진심의 기능이 생겨날 길이 없다. 일반인들은 그 속의 공과 유의 일체이용(一體二用)의 도리를 이해하기 대단히 어렵다. 공이라고 말하면 하나의 공에 집착하고, 유라고 말하면 역시 하나의 유에 집착한다.

부처는 세상 사람들이 쉽게 미혹될까 걱정되었기 때문에 평소에 이런 도리를 열어 보여 설하려 하지 않으셨다.

자심취자심(自心取自心)　비환성환법(非幻成幻法)
불취무비환(不取無非幻)　비환상불생(非幻尙不生)
환법운하립(幻法云何立)

이성(理性) 면에서의 진(眞)과 망(妄), 사실 면에서의 공(空)과 유(有), 현상 면에서의 실(實)과 환(幻) 등등 및 우주만유의 온갖 현상은 사실 모두 자성 진심의 기능이 발생시키는 작용이다. 그 진심 체성은 본래 공하여 형상이 없는 것이다. 진심의 공성(空性)과 온갖 현상의 본원(本元)이 모두 자기 마음으로써 자기 마음의 체용을 취하고자 하는 것임을 이제 이해하고자 하고, 환유(幻有)를 논박하기 위해, 그것이 환법(幻法)이라고 말하지만, 사실 붙잡을 수 있는 어떤 것이 하나라도 어찌 있은 적이 있으리오.

그러므로 진심 공성의 체 입장에서 보면 환유의 존재라 할 것이 처음부터 없다. 그러나 성공(性空) 자체는 인연의 모임을 만나면 작용을 일으켜 환유인 온갖 현상을 형성한다. 환유의 작용에 집착하지 않으면, 비록 환유의 현상이 있다하더라도 근본적으로 상관이 없다.

그러나 만약 환유를 취하지 않음이야말로 궁극이라고 집착한다면, 이 취하지 않는 작용이 오히려 환(幻)인 것이다.

진심 자성의 체성은 환 아닌 현상이라고 할 것도 없다. 환 아님도 오히려 존재하지 않으며,

온갖 환유의 법칙이 모두 성공(性空)의 본체를 분석하기 위하여 세운 것에 지나지 않는데, 환법이라는 게 어디에 있기에 얻을 수 있으리오.

시명묘련화(是名妙蓮華) 금강왕보각(金剛王寶覺)
여환삼마제(如幻三摩提) 탄지초무학(彈指超無學)

이상 말한, 자성 진심의 이성을 곧바로 가리킴은 궁극의 요의(了義)의 가르침이요 문 없는 법문이다. 마치 묘련화(妙蓮華)가 진흙 수렁에서 자라 나와도 털끝만큼도 진흙의 더러움이 묻어있지 않음과 같다.

마치 어떤 경우에도 깨뜨려지지 않는 금강이라는 보배 왕처럼 무상정각이다.

즉, 여환삼매(如幻三昧) 경지에 도달하는 첩경으로,

손가락 튕기는 사이에 무학의 과위를 뛰어넘을 수 있다.[171/172]

차아비달마(此阿毗達磨) 시방박가범(十方薄伽梵)[173]

---

171 삼마제(三摩提): 삼매(三昧)이다. 정(定) 또는 등지(等持), 심일경성(心一境性)으로 번역한다. 심념이 정지(定止)하였으므로 정(定)이라 하고, 도거(掉擧)를 떠났으므로 등(等)이라 하고, 마음이 산란하지 않으므로 지(持)라 한다.

172 무학(無學): 성문승 4과 가운데 앞 3과는 유학(有學)이고, 제4과인 아라한과는 무학이다. 도를 배움이 원만하여져 더 이상 닦고 배우지 않는다.

일로열반문(一路涅槃門)

(아비달마는 간단히 번역하면 논장論藏인데 진리에 대한 가장 궁극적인 이론이다. 박가범은 정각 성불자의 또 다른 칭호이다. 이 세 마디는 본 게송 전체의 결론으로서 위에서 설한 이성이 바로 최고의 심오한 이론임을 설명하고 있다)

시방의 모든 부처님은 이 문으로부터 자성 적멸해(寂滅海: 열반)의 과지로 들어갈 수 있었다.

(이성理性에 대한 이론과 사실의 실증實證은 별개의 것으로 보통 여기는데, 실제로는 사실과 이치가 본래 합하여 하나임을 모르고 있다. 이성에 대해 진정으로 투철하게 이해해도 실증의 과지에 도달할 수 있다. 만약 이성만을 알고 사실 증험에는 도달하지 못한다면, 이 역시 이성에 대한 철저한 이해가 없기 때문이다. 최후의 해탈은 반야지혜의 해탈임을 반드시 알아야한다. 즉, 이성과 실증이 끊어져버린 일체一體의 구경究竟 정각이다. 유상有相도 아니고 무상無相도 아니면서 분명하면서 어둡지 않다[歷歷不昧]. 이른바 '생인生因으로 말미암아 생기生起하는 것이 아니라 요인了因을 통하여 비추어 드러내 깨닫는 것일 뿐이다[非生因之所生, 實了因之所了].[174]

---

173 박가범(薄伽梵): 바가바(婆伽婆)라고도 한다. 세존으로 번역하는데 부처님의 열 가지 명호 중 하나이다.

174 생인(生因)이란 제8식인 아뢰야식이 온갖 종자를 본래 갖추고 있어서 온갖 사물을 생겨나게 할 수 있음을 가리킨다. 마치 풀씨에서 뿌리가 나고 싹이 남과 같다. 요인(了因)이란 지혜로써 진리를 비추어 봄을 가리킨다. 마치 등불 빛이 사물을 비추면 또렷이 알 수 있음과 같다.
　이 두 마디 말은 종경록(宗鏡錄) 제1권 제1 표종장(標宗章)에 나오는데 관련부분을 옮기고 풀이하면 다음과 같다.
　"이것이 바로 여래장속의 법성의 본체인데, 그 본성은 본래부터 원만 구족하여 더러움에 처하여도 더러움에 물들지 않고 도야(陶冶)로 말미암아 깨끗해지지도 않는다. 그러므로 자체가 청정하며 광명이 시방세계를 널리 비추어서 두루 덮지 않는 곳이 없다. 그러므로 말하기를 원만히 빛나면서도 파도를 따르고 흐름을 좇음이 마치 더러움을 받은듯하지만 처음처럼 깨끗하다. 인연을 따르면서도 자재하므로 더러움을 없애서 깨끗하지 않음이 없다. 성인에 있어서도 늘어남이 없고 범부에 있어서도 줄어듦이 없다. 비록 드러나고 숨는 다름이 있지만 본질 면에서는 차이가 없다. 만약 이것을 번뇌가 덮고 있으면 숨고 지혜가 비춰보면 분명히 드러난다. 그것은 생인으로 말미암

於是阿難及諸大衆, 聞佛如來無上慈誨, 祇夜伽陀, 雜糅精瑩, 妙理淸徹, 心目開明, 歎未曾有。阿難合掌頂禮白佛。我今聞佛無遮大悲, 性淨妙常眞實法句。心猶未達六解一亡, 舒結倫次。惟垂大慈, 再愍斯會及與將來, 施以法音, 洗滌沈垢。

即時如來於師子座, 整涅槃僧, 斂僧伽梨, 攬七寶几。引手於几, 取劫波羅天所奉華巾。於大衆前綰成一結。示阿難言。此名何等。

阿難大衆俱白佛言。此名爲結。

於是如來綰疊華巾, 又成一結。重問阿難。此名何等。

阿難大衆, 又白佛言。此亦名結。

如是倫次綰疊華巾, 總成六結。一一結成, 皆取手中所成之結, 持問阿難, 此名何等。阿難大衆, 亦復如是次第詶佛, 此名爲結。

佛告阿難。我初綰巾, 汝名爲結。此疊華巾, 先實一條。第二第三, 云何汝曹復名爲結。

阿難白佛言。世尊。此寶疊華緝績成巾, 雖本一體。如我思惟, 如來一綰, 得一結名。若百綰成, 終名百結。何況此巾祇有六結。終不至七, 亦不停五。云何如來祇許初時。第二第三不名爲結。

佛告阿難。此寶華巾, 汝知此巾元止一條。我六綰時, 名有六結。汝審觀察, 巾體是同, 因結有異。於意云何。初綰結成, 名爲第一。如是乃至第六結生。吾今欲將第六結名, 成第一不。

不也, 世尊。六結若存, 斯第六名, 終非第一。縱我歷生盡其明辯, 如何令是六結亂名。

佛言。如是, 六結不同。循顧本因, 一巾所造。令其雜亂, 終不得成。則汝六根, 亦復如是。畢竟同中, 生畢竟異。佛告阿難。汝必嫌此六結不成, 願樂一

아 생기(生起)하는 것이 아니라 요인을 통하여 비추어 드러내 깨닫는 것이다. 이것이 중생 자심의 본체이다. 이는 영지영각(靈知靈覺)을 갖추고 있으며 고요한 체[寂]와 비추는 작용[照]이 함께 하여 빠뜨림이 없다. 이것이 화엄종의 근본일 뿐만 아니라 모든 교문(敎門)의 핵심이다."(역주)

成, 復云何得。

阿難言。此結若存, 是非鋒起。於中自生此結非彼, 彼結非此。如來今日若總解除。結若不生, 則無彼此。尙不名一, 六云何成。

佛言。六解一亡, 亦復如是。由汝無始心性狂亂, 知見妄發。發妄不息, 勞見發塵。如勞目睛, 則有狂華。於湛精明, 無因亂起。一切世間山河大地生死涅槃, 皆即狂勞顚倒華相。

阿難言。此勞同結, 云何解除。

如來以手將所結巾偏掣其左。問阿難言, 如是解不。不也, 世尊。

旋復以手偏牽右邊。又問阿難, 如是解不。不也, 世尊。

佛告阿難。吾今以手左右各牽, 竟不能解。汝設方便, 云何解成。

阿難白佛言。世尊。當於結心解即分散。

佛告阿難。如是如是。若欲除結, 當於結心。阿難。我說佛法從因緣生。非取世間和合麤相。如來發明世出世法, 知其本因隨所緣出。如是乃至恒沙界外一滴之雨, 亦知頭數。現前種種松直棘曲鵠白烏玄皆了元由。是故阿難。隨汝心中選擇六根。根結若除, 塵相自滅。諸妄銷亡, 不眞何待。阿難。吾今問汝, 此劫波羅巾六結現前, 同時解縈, 得同除不。

不也, 世尊。是結本以次第綰生。今日當須次第而解。六結同體, 結不同時。則結解時, 云何同除。

佛言。六根解除, 亦復如是。此根初解, 先得人空。空性圓明, 成法解脫。解脫法已, 俱空不生。是名菩薩從三摩地, 得無生忍。

아난과 대중은 부처님이 개괄하여 결론짓는 가르침의 게송을 듣고 나서는, 자성 영명의 묘한 이치에 대해 이해한 바가 있어 마음의 눈이 열려 밝아져서 온통 새로워졌다. 그러나 여섯 개의 매듭을 풀고 나면 하나 또한 지키지 않는다는 도리와 순서에 대해 아직은 철저하게 이해할 수 없어 부처님께 다시 더 설명해주시라고 청했다.

이에 부처님은 수건[華巾] 하나를 들어서 한 개의 매듭을 짓고는 아난에게 물으셨다. "이것이 무엇이냐?"

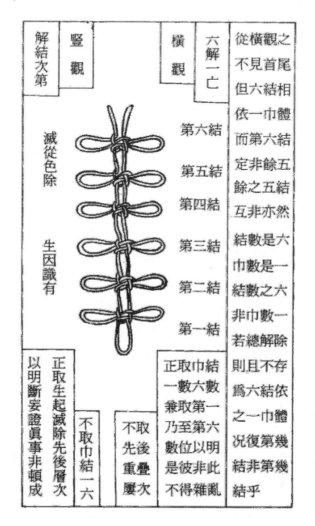

解結次第　豎觀　　橫觀　六解一亡

從橫觀之
不見首尾
但六結相
依一巾體
而第六結
定非餘五
餘之五結
互非亦然
結數是六
巾數是一
結數之六
非巾數一
若總解除
則且不存
爲六結依
之一巾體
況復第幾
結非第幾
結乎

滅從色除　　生因識有

第六結
第五結
第四結
第三結
第二結
第一結

正取生起滅除先後層次　以明斷妄證眞事非頓成

不取巾結一六

不取先後重疊屢次

正取巾結一數六數兼取第一乃至第六數位以明是彼非此不得雜亂

아난과 대중은 대답했다. "매듭이라고 합니다."
부처님은 그 수건에 한 매듭 한 매듭 이어 다섯 개의 매듭을 지으면서 그 때마다 "이것이 무엇이냐?"고 물으셨다.

아난과 대중은 그 때마다 매듭이라고 대답했다.

부처님은 말씀하셨다. "이 하나의 수건에 내가 맨 처음 매듭을 하나 짓자 여러분들은 매듭이라고 말했다. 그 뒤에 내가 연이어 한 매듭씩 짓자 왜 여러분들은 역시 매듭이라고 대답했는가?"

아난이 대답했다. "그 하나의 수건은 본래 하나의 체(體)일뿐입니다. 부처님이 한 매듭을 지으시니 한 매듭이라고 했습니다. 만약 일백 개의 매듭을 짓는다면 일 백 개의 매듭이라고 합니다. 지금 부처님께서는 많지도 적지도 않게 오직 여섯 개의 매듭만 지으셨으니 다섯 개라고도 말할 수 없고 일곱 개라고도 말할 수 없습니다."

부처님이 말씀하셨다. "이 수건은 딱 하나일 뿐이다. 내가 여섯 개의 매듭을 지으니 여섯 개의 매듭이라고 했다. 너는 보아라, 수건은 하나가 전체인데 여섯 개의 매듭을 지었기 때문에 다른 차별이 있게 된 것이다. 최초의 한 매듭은 첫 번째 매듭이라고 부르고, 최후의 한 매듭은 여섯 번째 매듭이라고 부른다. 첫 번째와 여섯 번째 사이는 임으로 그 순서를 변경할 수 있느냐?"

아난이 대답했다. "하나의 수건에 이미 여섯 개의 매듭이 지어진 이상, 그 앞뒤 차례가 분명히 달라서 결코 여섯 매듭의 처음과 끝을 뒤바꿀 수 없습니다. 설사 저의 일생의 총명을 다해 추리하더라도 이 여섯 개의 매듭 이름을 함부로 정할 수 없습니다."

부처님이 말씀하셨다. "이 여섯 개의 매듭은 비록 다르지만 그 근본 내원(來源)은 모두 하나의 수건으로 이루어진 것이다. 만약 여섯 개의 매듭의 차례를 교란하려 한다면, 그것은 불가능하다. 너의 6근도 이와 같은 이치이다. 그 본체는 결국 원래 동일한 체성인데 작용을 발생하면 여섯 개의 형태를 구성한다. 그리하여 그것은 마침내 달라진 것이다. 네가 만약 여섯 개의 매듭이 군더더기라고 여기고 단지 하나만 지킴이 옳다고 생각한다면, 그게 어떻게 가능하겠느냐?"

아난이 대답했다. "매듭이라는 존재가 있으면 시비(是非)가 발생할 수 있어서, 이 매듭은 저 매듭과 다르다고 다투고 우기는 일이 있을 수 있습니다. 부처님이 만약 모든 매듭을 다 풀어 없애면 매듭 자체가 이미 생겨남이 없으니 저절로 저것과 이것이 없게 되고 하나의 매듭이라는 이름도 없는데, 하물며 여섯 개라고 말할 나위가 없습니다."

부처님이 말씀하셨다. "6근을 해탈하면 하나도 지키지 않는 이치가 바로 이와 같다. 너는 알아야한다. 네가 무시이래로 자성 진심이 변태한 망동(妄動) 때문에 광란(狂亂)[175] 지견이 발생했다. 망심의 광란 지견이 발동한 뒤로 그치지 않았고, 변태 망동의 기능이 물리 진로(塵勞)의 작용을 일으켰다. 마치 눈이 힘을 다해 허공을 주시할 경우 피로로 인해 변태 현상이 발생하여 허공중에 미친 꽃이 어지럽게 춤추는 것과 같다. 자성은 본래 티 없이 맑고 정명(精明)하다. 모든 세간의 산하대지 등 물질과 중생의 생사 열반도 다 자성 본체 기능이 변태 망동한, 광란 진로[狂勞] 전도(顚倒)의 현상으로서, 마치 허공 꽃이 원인 없이 생겨나서 자연히 사라짐과 같다."

아난이 물었다. "이런 변태 망동의 진로 작용은 그 결습(結習)[176]을 없애기 어렵습니다. 어찌해야 해탈할 수 있을까요?"

부처님은 가지고 있는 매듭진 수건을 좌우로 돌려 잡아당기고는 아난에게 물으셨다. "내가 수중의 수건을 이렇게 좌우로 잡아당겼건만 모두 이런 매듭들을 풀 수 없다. 마침내 어떻게 해야 매듭을 풀 수 있겠느냐?"

---

175 미쳐 날뛰다.(역주)

176 번뇌의 습기. 또는 번뇌. '결'은 마음의 응어리, '습'은 잘못된 습관성. 생멸의 마음이 '결'이고 생멸의 부정이 '습'이다.(역주)

아난이 대답했다. "이런 매듭들을 풀려면 반드시 매듭의 중심에서부터 착수해야합니다."

부처님이 말씀하셨다. "조금도 틀림없다. 매듭을 풀려면 반드시 중심에서부터 시작해야한다. 내가 말한 불법은 온갖 만유 현상이 모두 인연에서 생겨난 것이라고 말한다. 이를 확대해가면 모든 세간 출세간의 각종 사물의 법칙을 이해할 수 있으며, 그 본래 원인을 알 수 있다. 심지어 한 방울 한 방울 떨어지는 빗물도 그 수량을 다 알 수 있다. 예컨대 눈앞의 갖가지 현상인, 소나무는 왜 곧게 자라며 가시나무는 왜 굽었으며 고니는 왜 흰 깃털이 자라며 까마귀는 왜 검은 지, 이런 현상들에 대해 부처는 그 근원을 다 이해할 수 있다. 그러므로 너는 마음속으로 6근 문(門)을 선택하여, 그를 통해 해탈하기를 생각하라. 6근의 매듭 뿌리를 풀어 없애기만 하면 외부의 진로 현상은 자연히 소멸하게 된다. 온갖 망심 망상이 이미 소멸하고 나면 남아있는 것은 자성의 진심이 아니고 또 무엇이겠느냐? 이제 내가 다시 네게 묻겠다. 여섯 개의 매듭이 져 있는 이 하나의 수건은 동시에 한꺼번에 모두 풀어 없애는 게 가능하겠느냐 불가능하겠느냐?"

아난이 대답했다. "이 매듭들은 본래 차례로 맺어 이뤄진 것이니 이제 역시 차례에 따라 풀어야하겠습니다. 여섯 개의 매듭은 비록 하나의 전체로 이루어져 있더라도 맺혀진 앞뒤 시간 순서가 다른데 어떻게 동시에 풀어 없앨 수 있겠습니까?"

부처님이 말씀하셨다. "네가 6근에서 해탈하고자 하는 것도 같은 이치이다. 생리상으로 6근의 본능 활동이 먼저 해탈하게 되면 먼저 인공(人空)[177]인 아공(我空)의 경계를 얻을 수 있다. 더 나아가 공성(空

---

177 이공(二空)인 아공(我空)과 법공(法空) 가운데 하나이다. 생공(生空) 또는 아공(我空)이라고도 한다. 사람은 관찰해보면 색수상행식 오온의 가화합이며

性)이 원명하고 자재하게 되어 법해탈(法解脫: 지혜에 의한 해탈)에 이르게 된다. 법해탈의 경계에 이르고 나면 이른바 공의 경계도 자연히 생겨나지 않는다. 이렇게 되어야 비로소 보살이 삼마지(三摩地:정혜쌍용定慧雙融의 삼매정정三昧正定 경계)로부터 무생법인(無生法忍)[178]을 얻은 것이라고 한다.

阿難及諸大衆, 蒙佛開示, 慧覺圓通, 得無疑惑。一時合掌, 頂禮雙足, 而白佛言。我等今日身心皎然, 快得無礙。雖復悟知一六亡義。然猶未達圓通本根。世尊。我輩飄零, 積劫孤露。何心何慮, 預佛天倫。如失乳兒, 忽遇慈母。若復因此際會道成。所得密言, 還同本悟。則與未聞無有差別。惟垂大悲, 惠我秘嚴。成就如來最後開示。作是語已。五體投地。退藏密機, 冀佛冥授。

爾時世尊, 普告衆中諸大菩薩, 及諸漏盡大阿羅漢。汝等菩薩及阿羅漢, 生我法中, 得成無學。吾今問汝, 最初發心悟十八界, 誰爲圓通, 從何方便入三摩地。

憍陳那五比丘, 即從座起, 頂禮佛足, 而白佛言。我在鹿苑, 及於雞園, 觀見如來最初成道。於佛音聲, 悟明四諦。佛問比丘, 我初稱解。如來印我名阿若多。妙音密圓。我於音聲得阿羅漢。佛問圓通, 如我所證, 音聲爲上。

스물다섯 분의 실제수행 실험방법의 자술

또 인연으로 생겨난 것으로 그 가운데는 항상하고 단일한[常一] 나의 체가 없다. 그러므로 인공이라고 한다.

178 줄여서 무생인(無生忍)이라고 한다. 무생법이란 생멸을 멀리 떠난 뒤의 진여실상의 이체(理體)이다. 진지(眞知)가 이 이치에 안주하여 움직이지 않음을 무생법인이라 한다. 초지(初地)에서부터 7, 8, 9지에 이르기까지에서 얻은 깨달음이다.

아난과 대중은 부처님이 귀찮아하시지 않고 자세히 가르쳐주시자, 지혜로워서 깨닫고 홀연히 원만히 이해하여[圓通] 더 이상 의혹이 없는 경지를 얻었다. 비록 하나와 여섯의 이치를 납득하여 깨달았지만[領悟] 원통의 본근(本根)에는 아직 도달하지 못했다.

그리하여 다시 부처님께 청했다. "저희들이 겁(劫)의 세월을 지나오면서 생사고해(生死苦海) 속에 떠돌아다녔습니다. 마치 고아처럼 외롭게 타향을 떠돌아다녔습니다. 제 자신이 부처님과 형제로서 천륜(天倫) 혈통이 될 줄 감히 생각이나 했겠습니까? 마치 젖을 잃은 고아가 홀연히 자애로운 어머니를 만남과 같습니다. 만약 이 기회로 인해 도(道)를 이룰 수 있다면, 오늘 들은 묘하고 비밀한[妙密] 법어의 가르침은 응당 본래의 깨달음과 다름없습니다. 그렇지 않으면 듣지 않은 것이나 마찬가지입니다. 오직 바라건대 다시 자비를 베풀어서, 저에게 묘하고 비밀하며 장엄한 수행[妙密莊嚴修持] 법문을 가르쳐 주심으로써 부처님이 가르침을 열어 보이신 궁극적인 소망을 완성하소서."

이때에 부처님은 법회 대중 가운데 있는 여러 보살들과 번뇌가 다한 여러 대아라한들에게 말씀하셨다. "보살과 아라한 여러분들은 내가 가르쳐준 불법 가운데에서 이미 무학(無學)의 과위를 이루었다. 이제 여러분들에게 묻겠는데, 다들 최초 발심한 동기와 그리고 깨달은 18계의 기능 가운데서 어느 것이 가장 원만히 통달하는 것인가? 어떤 것이 삼마지(三摩地)에 들어가는 방편 법문인가?"

(1) 성(聲): 미묘한 이치를 듣는 수행법

제일 먼저 일어나 발언 자술한 이는 교진나(橋陳那: 번역명은 요본제 了本際이다) 등 다섯 비구였다

(비구比丘는 부처님 제자 중 출가한 남자의 명칭이다. 걸식·마구니의 파괴

등의 의미를 갖고 있다. 교진나 등 다섯 사람은 부처님을 따라 최초로 출가한 제자들이다. 즉, 부처님이 성도한 뒤 가장 먼저 부처님의 설법을 듣고 제도된 사람들이다).

그가 말했다. "저는 부처님의 성도(成道)를 맨 처음 보았던 사람입니다. 부처님은 성도한 뒤 저희 다섯 사람에게 가장 먼저 설법하여 득도(得度)[179]하도록 해주셨습니다. 부처님은 저희들을 위하여 3전4제법륜(三轉四諦法輪)을 설하여 주셨고 저희들은 곧 4제(四諦)의 이치를 깨달았습니다.

(4제, 즉 사성제는 고집멸도苦集滅道로, 세상의 모든 것은 다 괴로움이다[一切皆苦]라고 설한다. 괴로움은 생사의 과보로서 세간은 괴로울 뿐 즐거움이 없다. 세상 사람들이 인식하는 즐거움은 단지 우연적 일시적 상대적인 또 하나의 괴로움의 원인이 된다. 그러나 세상 사람들은 한사코 괴로움을 즐거움으로 여긴다. 뿐만 아니라 오히려 괴로운 과보를 적극적으로 쫓아가 갖가지 번뇌를 자초한다. 오직 자기 마음이 번뇌를 소멸하여 없애고 다시는 괴로운 과보를 짓지 않아야 적멸寂滅의 즐거운 과보를 얻는다. 만약 언제 어디서나 관찰 사유함으로써 자기의 번뇌를 소멸시킨다면, 바로 수행의 바른 길이다).

부처님이 저희들에게 이해했는지 물으셨을 때 제가 이해했다고 제일 먼저 말씀드렸습니다. 그러자 부처님께서는 인증 인가하시고 저가 최초로 이해한 사람이라고 말씀하셨습니다. 제가 당시에 이해할 수 있는 데는 결코 다른 방법이 있었던 것이 아니라, 단지 부처님이 미묘한 도리를 말씀하시는 소리를 듣는 것이었습니다. 이 소리로 말미암아 저는 미묘한 도리를 이해하고 마음이 직관적으로 깨닫게 되었습니다[心領神會]. 그리하여 번뇌의 괴로운 과보를 소멸하고 적멸의 지극한 즐거움의 바른 도를 얻어 아라한(阿羅漢)[180]의 과

---

179 도(度)는 건너다는 뜻. 미혹의 세계에서 깨달음의 피안으로 건너는 것. 깨달음을 얻다. 승려가 되는 것.(역주)

180 소승의 최고의 깨달음의 과위의 이름이다. 첫째는 살적(殺賊)이라고 번역하는

위를 증득하였습니다.

부처님이 이제 저희들에게 무슨 방법을 닦아야 부처의 과위를 원만히 통달할 수 있는지 물으시니, 제가 실험하여 얻은 것처럼 역시 미묘한 도리를 많이 듣는 것이 제일 좋다고 생각합니다. 미묘한 도리의 소리를 들음으로써 도를 깨달음이 바로 최상승(最上乘)의 수행법입니다."

優波尼沙陀, 即從座起, 頂禮佛足, 而白佛言。我亦觀佛最初成道。觀不淨相, 生大厭離。悟諸色性。以從不淨白骨微塵, 歸於虛空。空色二無, 成無學道。如來印我名尼沙陀。塵色旣盡, 妙色密圓。我從色相, 得阿羅漢。佛問圓通, 如我所證, 色因爲上。

(2) 색(色): 색상을 관찰하는 수행법

우파니사타(優波尼沙陀: 번역명은 색성공色性空이다)가 일어나 스스로 말했다. "저도 맨 처음 부처님의 성도를 본 사람입니다. 부처님은 저더러 신체 안팎의 더러운 모습[不淨相]을 관찰하여 지극히 큰 염리심(厭離心)[181]을 일으키라고 가르치셨습니다.

그리하여 온갖 색상의 성능은 모두 더러움으로부터 오는 것임을 깨닫고 신체의 색질(色質)은 마침내 백골로부터 미진(微塵)으로 변화했습니다. 그리하여 마침내 허공으로 돌아갔습니다. 그 궁극을 깊

데, 번뇌의 도적을 죽인다는 뜻이다. 둘째는 응공(應供)이라고 번역하는데, 인간과 천인의 공양을 받아 마땅하다는 뜻이다. 세 번째는 불생(不生)으로 번역하는데, 영원히 열반에 머물러 다시는 생사과보를 받지 않는다는 뜻이다.

181 멀리해서 버리고 떠나는 마음.(역주)

이 파고 들어가 보니 허공과 색상 두 가지는 모두 자성이 없었습니다. 이 때문에 무학 과위의 도업을 이루게 되었습니다.

(부정관不淨觀은 일종의 수행 방법이다. 번뇌장煩惱障이 무겁고 탐심이 왕성한 사람들이 닦으면 비교적 적당하다. 관의 시작 방법은 사유를 운용하여 관상觀想의 의미를 관하고 관찰하는 것이다. 부정관에는 반장상胖脹想, 청어상青瘀想, 괴상壞想, 혈도상血塗想, 농란상膿爛想, 충담상蟲噉想, 분산상分散想, 백골상白骨想, 소상燒想 이렇게 아홉 가지의 생각이 있다. 사람의 몸은 가죽 부대로서 죽으면 무너져 소멸하는 과정에서 자연히 이런 아홉 가지 현상이 나타난다. 가죽 부대는 먼저 부어 부풀어 오르고 따라서 푸르스름한 색깔이 일어나면서 한 덩이 한 덩이씩 썩어 무너진다. 그런 다음 피가 고름으로 변하여 썩기 시작하고 구더기가 생겨난다. 피부·살·터럭·피가 점점 다 흩어지고 나면 백골만 한 구 남는다. 점점 오래되면 백골도 풍화되어 날리는 먼지가 된다. 부귀빈천富貴貧賤 지우현불초智愚賢不肖 남녀노소男女老少 미인추녀美人醜女를 막론하고 최후에는 다 마찬가지이다. 그러므로 이 방법을 닦아 익히면 가장 쉽게 세속을 벗어나겠다는 관념을 일으킬 수 있다. 동시에 인아人我의 집착과 신체적인 생리 장애로부터도 쉽게 해탈한다. 이 수행법은 먼저 좌선을 통해 사량 관찰하는 게 제일 좋다. 타인이나 나는 모두다 가죽 부대가 한 몸의 안팎을 싸고 있는 더러운 물건이다. 무슨 아름다운 사람이든 못생긴 사람이든 가죽이 뼈를 감싸고 있는 그 안에는 모두 창자와 똥오줌인데 무슨 미련을 가지고 사랑할 가치가 있겠는가! 점점 또렷이 관찰하면 하나의 관념을 구성하여 이 몸은 떠나기 아쉬워할 가치가 없다고 느낀다. 심경이 대단히 평정平靜해지고 망상잡념은 점점 희박해져서 평정으로 돌아간다. 이 정도에 도달했다면 부정관이 성취된 것이다. 그런 다음에는 두 가지 현상이 발생하는데 어떤 사람에게는 있을 수도 있지만 어떤 사람에게는 없을 수도 있다. 첫 번째 현상으로, 사람들을 바라보면 남녀노소를 막론하고 한 구의 백골인으로 보인다. 이런 현상이 이미 형성이 되었다면 더 이상 계속 백골관이나 부정관을 할 필요가 없다. 단지 두 눈썹 중간에 흰 점 하나를 지킨 채 마음을 한 곳으로 통제 전념하여 어지럽지 않아야 한다. 오래오래 하다보면 두 번째 현상이 발생한다. 즉, 이 한 생각도 자연히 비워지면서 정정正定에 들어갈 수 있다. 이로부터 게을리 하지 않고 정

진하면 점점 향상하여 과위를 증득할 수 있다).

그래서 부처님이 곧 인증하고 인가하여 말씀하시기를 저는 색성(色性)의 공(空)을 얻은 사람이라고 하셨습니다. 신체 색질이 이미 비어 다하면 자성의 묘유(妙有) 기능에 대해 색질의 작용을 일으켜서 묘하고 비밀한 원통의 과지에 도달합니다.

저는 색상을 통해 아라한 과위를 증득했습니다. 부처님께서 이제 저희들에게 무슨 방법을 닦아야 부처의 과지를 원만히 통달할 수 있는지 물으시니, 제가 실험하여 얻은 것처럼 색상을 관상함으로부터 닦기 시작함이 바로 최상승의 수행법입니다."

香嚴童子, 即從座起, 頂禮佛足, 而白佛言。我聞如來敎我諦觀諸有爲相。我時辭佛, 宴晦淸齋。見諸比丘燒沈水香, 香氣寂然來入鼻中。我觀此氣, 非木非空, 非烟非火, 去無所著, 來無所從, 由是意銷, 發明無漏。如來印我得香嚴號。塵氣倏滅, 妙香密圓。我從香嚴, 得阿羅漢。佛問圓通, 如我所證, 香嚴爲上。

(3) 향(香): 후각의 수행법

향엄동자(香嚴童子)가 일어나 스스로 말했다. "저는 최초에 부처님께서 저에게 온갖 유위법(有爲法)의 현상을 자세히 관찰하라고 가르쳐 주시는 것을 들었습니다. 그때에 저는 부처님께 인사드리고 떠나 홀로 지내며 휴식하면서 깨끗한 마음으로 고요히 안거(安居)하였습니다. 심리의 온갖 망념을 쓸어 없앴습니다.

그런데 홀연히 보니 비구들이 침수향(沉水香)을 피워 그 향기가 유연히 저의 콧구멍으로 들어왔습니다. 저는 곧 이 향의 냄새를 관찰해보니 침수향 나무가 발생시키는 것도 아니요, 허공에서 나오는 것도 아니었습니다. 연기도 아니고 불도 아니었습니다. 그것이 콧구멍으로 들어왔는데, 그 향냄새가 도대체 어디로부터 오는 것인지 알지 못했습니다. 그것은 그림자도 자취도 없이 가버려 향냄새가 또 어디로 돌아갔는지 알지 못했습니다. 이 때문에 이 분별 사유하는 의식도 이와 같다는 것을 발견했습니다. 망상의식이 흩어져 공적(空寂)으로 돌아갔습니다. 이로 말미암아 번뇌가 없는 무루 과위를 증득했습니다.

(의식망상은 마치 연기와 같아서 홀연히 일어났다 홀연히 소멸하여 오고감에 그 자취를 찾을 수 없다. 물론 찾아 집착할 필요도 없고 깨끗이 쓸어 없앨 필요도 없다. 이로 인해 편안한 휴식 경계를 얻을 수 있다는 것을 설명한다).

부처님은 곧 인증 인가하시고 저에게 향엄이라는 명호를 내려주셨습니다. 망상의식의 심리 상태와 자연계 물리현상의 에너지의 상호변화는 모두 먼지안개[塵氣]의 기류와 마찬가지여서 일어났다 사라졌다 합니다. 향기를 피우는 이치로부터 만유 현상의 미묘한 작용을 증득하고 자성의 비밀하고 원만한 기능을 철저히 깨달을 수 있습니다.

저는 향기 장엄으로부터 아라한의 과위를 증득하였습니다. 부처님이 이제 저희들에게 무슨 방법을 닦아야 부처의 과위를 원만히 통달할 수 있는지 물으시니, 제가 실험하여 얻은 것처럼 코로써 향기 장엄을 관함이 바로 최상승의 수행법입니다."

(불법에서 사람들에게 좋은 향을 피우도록 가르치는 것은 도량을 장엄할 뿐만 아니라 아울러 비관鼻觀으로 청정심을 얻게 하는 묘용을 갖고 있다. 더러움을 풀게 하고 벌레를 쫓아내어 공기를 청결히 함은 그 부차적인 작용일 뿐이다).

藥王藥上二法王子, 并在會中五百梵天, 即從座起, 頂禮佛足而白佛言。我無始劫, 爲世良醫, 口中嘗此娑婆世界草木金石, 名數凡有十萬八千。如是悉知

苦酢鹹淡甘辛等味。并諸和合俱生變異, 是冷是熱, 有毒無毒, 悉能遍知。承事如來, 了知味性, 非空非有, 非即身心, 非離身心。分別味因, 從是開悟。蒙佛如來印我昆季, 藥王藥上二菩薩名。今於會中爲法王子。因味覺明, 位登菩薩。佛問圓通, 如我所證, 味因爲上。

(4) 미(味): 혀를 통해 미성을 관찰하는 수행법

약왕(藥王) 약상(藥上) 두 보살이 동행한 권속 5백 명의 천인들과 함께 일어서서 스스로 말했다. "저는 그 시작도 알 수 없는 먼 옛날부터 세상의 훌륭한 의사였습니다. 입으로 몸소 이 사바세계의 각종 약물로서 풀이나 나무 그리고 쇠나 돌 등의 광물을 맛보았는데, 그 명칭 수량은 대략 10만 8천 가지나 됩니다. 이런 것들의 물리 성능을 완전히 알고 있습니다. 모든 약물의 짜고 달고 쓰고 맵고 시고 싱거운 등의 미성(味性) 그리고 그 변화작용, 차갑거나 따뜻함, 독성이 있거나 없는 성질도 저는 완전히 이해하고 있습니다.

저는 부처님을 따라 불법을 수학했기 때문에 이런 온갖 미성의 근본 자성은, 절대 존재하지 않는 공(空)도 아니요 영원히 고정된 유(有)도 아님을 확실히 압니다. 심신의 관계에 의지하여야 비로소 그 기능이 드러나 보이는 것이 아니지만, 또 심신을 떠나서는 그 작용을 표현할 수 없습니다. 약물 미성의 처음 원인[初因]을 분별하였기 때문에 자성 본체의 기능을 깨닫게 되었습니다.

그러므로 부처님은 인증 인가하여 저희 두 형제를 보살의 경지 중의 사람이라고 허락하셨고, 지금 부처님의 법회 중에서 불법을 전승한 법왕자(法王子)가 되었습니다.

(약왕 약상 두 형제는 아득히 멀고 먼 과거로부터 유리광불琉璃光佛 전신前身의 교화를 만나 스스로 발심하기를, 세세생생토록 훌륭한 의사가 되어 세상

사람들을 구제하는 사업을 하겠다고 하고 세간의 약물 성능을 두루 맛보았다. 현대어로 말하면 대 의사일 뿐만 아니라 물리화학을 연구하는 대 약제사나 다름없다. 진실한 자비 구제의 동기에서 출발하여 물리의 성능을 다 알아 만물과 인성의 본체를 깨달았다).

저는 미성을 이해하여 깨닫고 자성을 발명함으로써 대승보살의 과위에 올랐습니다. 부처님께서 이제 저희들에게 무슨 방법을 닦아야 부처의 과지를 원만히 통달할 수 있는지 물으시니 제가 실험하여 얻은 것처럼 물리적인 미성을 연구하고 몸소 맛보아 체험함이 바로 최상승의 수행법입니다."

跋陀婆羅, 幷其同伴十六開士, 即從座起, 頂禮佛足, 而白佛言。我等先於威音王佛, 聞法出家。於浴僧時, 隨例入室。忽悟水因, 旣不洗塵, 亦不洗體, 中間安然, 得無所有。宿習無忘。乃至今時從佛出家, 令得無學。彼佛名我跋陀婆羅。妙觸宣明, 成佛子住。佛問圓通如我所證, 觸因爲上。

(5) 촉(觸): 신체 감촉을 관찰하는 수행법

현수(賢首)보살과 그의 동반 도반 등 16분의 개사(開士)[182]들은 일어서서 스스로 말했다. "저희들은 옛날 위음왕불(威音王佛) 때에 불법을 듣고서 발심 출가했습니다. 관례에 따라서 승중(僧眾)[183]을 따라 목욕하러 들어갔기 때문에 홀연히 물의 인연을 깨달았습니다. 물은 먼지와 때를 말끔히 씻어낼 수도 없고 신체를 깨끗이 씻을 수도 없으면서 물은 시종 중성(中性)입니다. 정결하든 더럽든 물은 모

---

182 정도(正道)를 열고 중생을 개도(開導)하는 사부(士夫)의 뜻. 중생의 어두운 눈을 열어주는 사람. 즉 보살을 말함. 대승의 수행자.(역주)

183 승은 승가의 음역의 준말이고 중은 그 한역임. 승려대중.(역주)

두 집착[沾滯]하지 않아서 자성은 무소유를 얻습니다. 과거세에 이해했던 이런 기억은 줄곧 금생에 이르기까지 잊을 수 없습니다. 그때부터 부처님은 저를 현수(賢首)라고 불렀고 이제는 부처님을 따라서 출가하여 무학의 과위에 도달했습니다.

(수성水性은 영원히 청정하다. 더러운 것이든 깨끗한 것이든 다 용납하지 않는다. 경미한 것은 떠 가게 하고 무거운 것은 가라앉게 하지만 수성 자체는 여전히 더럽지도 깨끗하지도 않다. 자성 진심도 마치 수성과 같다. 미세한 망상이나 좋은 망상은 마치 물위에 뜬 먼지 같아서 가볍게 수시로 미끄러져 간다. 무겁거나 나쁜 정욕은 마치 수중의 침전물과 같아서 깊이 가라앉는다. 그러나 능히 알고 능히 지각하는 자성은 시종 변하지 않는다. 이런 체험을 통해 자성의 실상을 깨달을 수 있다. 게다가 마음 상의 망념은 마치 물 위에 뜬 먼지나 파문과 같다. 거품이 일어났다 사라짐 그리고 뜬 먼지와 파문의 변화는 시종 수성을 변화시킬 수 없다. 다만 마음을 멈추어 있는 물처럼 하여 마음의 파도와 뜬 먼지의 변화를 모두 몽환처럼 관찰할 수 있다면 자연히 자성의 실제를 깨달을 수 있다. 현수보살은 과거세에 비록 부처님을 따라 출가하였지만 항상 경만한 마음으로 남을 깔보았기 때문에 티끌 수 같은 겁 동안 타락했다. 뒷날 바뀌어 상불경常不輕 보살의 교화를 따라서 온갖 중생에 대해 절대 경시하지 않고 어떤 중생에 대해서도 다 공경했다. 그래서 현수라는 명호를 얻었다).

저는 미묘한 감촉으로 인하여, 자성에는 멈춘 물과 같은 이치가 있음을 이해했고 부처님의 법요(法要)를 얻어서 부처님의 도통을 계승한 법왕자가 되었습니다.

부처님이 이제 저희들에게 무슨 방법을 닦아야 부처의 과지를 원만히 통달할 수 있는지 물으시니, 제가 경험하여 얻은 것처럼 미묘한 감촉작용으로부터 체험함이 바로 최상승의 묘법입니다."

摩訶迦葉, 及紫金光比丘尼等, 即從座起, 頂禮佛足, 而白佛言。我於往劫, 於此界中, 有佛出世, 名日月燈。我得親近, 聞法修學。佛滅度後, 供養舍利, 然

燈續明。以紫光金塗佛形像。自爾已來，世世生生，身常圓滿紫金光聚。此紫金光比丘尼等，即我眷屬，同時發心。我觀世間六塵變壞，唯以空寂修於滅盡，　身心乃能度百千劫，　猶如彈指。我以空法成阿羅漢。世尊說我頭陀爲最。妙法開明，銷滅諸漏。佛問圓通，如我所證，法因爲上。

(6) 법(法): 마음에서 의념을 비우는 수행법

마하가섭(摩訶迦葉; 번역명은 대음광大飮光이다)이 자금광(紫金光) 비구니(자금광 비구니는 원래 마하가섭 존자의 부인이었다. 출가 후에 비구니로 불렀다. 비구니는 불제자 중 출가한 여승의 명칭이다)와 함께 일어나 스스로 말했다. "얼마 겁 전에 이 사바세계에 한 부처님이 출현하셨는데, 그 이름이 일월등(日月燈)이었습니다. 제가 그 분을 친근히 할 기회가 있어 부처님의 법요를 듣고는 법대로 학습 수행하였습니다. 일월등 부처님이 열반하여 세상을 떠난 뒤 저는 그 분의 사리[舍利子][184]에 공양했습니다. 불상과 사리 앞에 언제나 연등(燃燈) 공양을 하여 영원히 이 광명을 이어갔습니다. 아울러 자금색 빛 물질로 부처님의 형상 위에 발랐습니다. 이로부터 세세생생 몸에는 항상 자금색 빛이 충만했습니다. 이 자금광 비구니는 저의 세세생생의 권속으로 저와 함께 발심했습니다.

(과거 비바시불(毗婆尸佛)[185]이 열반한 뒤에 불탑상의 금색이 훼손되어 있었다. 한 가난한 집 소녀는 불상에 대해 한없는 슬픈 감정이 일어나서 마음속으로 이를 위해 수리하여 온전하도록 하고 싶었다. 그러나 자신에게 재물이

---

184 석가가 죽자 제자 아난 등은 그 신체를 화장하고 오색의 구슬을 얻었는데 빛이 밝고 견고하였다. 이를 사리자라고 이름 하고 곧 탑을 세워 그 속에 갈무리하였다.

185 승관(勝觀)이라고 번역한다. 과거7불 중 첫 번째 부처님으로 석가모니불이 세간에 출현하기 91겁 이전이다.

없었으므로 구걸로 금전을 마련해 장인을 청해 불상에 금을 입혔다. 금을 입히는 장인은 몹시 기뻐하면서 그녀와 함께 이 공덕을 완성했다. 공덕이 완성되고 난 뒤 둘은 부부로 맺어 세세생생 영원히 헤어지지 않았다. 91겁 동안 비록 인간과 천상세계에 태어났지만 몸은 언제나 자금광색을 띠었다. 석가모니불이 세상에 출현했을 때 부부는 또 동시에 발심 출가하였는데, 이 소녀의 전신이 바로 자금광 비구니이다).

제가 세간의 6진(六塵: 생리인 5관五官과 심리의식의 각종 현상)의 갖가지 작용을 관찰해보니 온갖 것이 변환(變幻)[186] 중에 나타나는 환상(幻像)과 같아 최후에는 마침내 파괴 소멸로 돌아갑니다. 오직 마음이 한 생각을 비워[心空一念] 적연부동(寂然不動)하여야 몸과 마음이 적멸한 경지까지 닦아 도달할 수 있습니다. 그래야 비로소 정(定) 중에서 백천만 겁의 시간을 마치 손가락 한 번 튕기는 찰나처럼 지낼 수 있습니다.

(마음이 한 생각을 비움은 의근意根을 통해 해탈하는 최고의 묘한 법이다. 천태종이나 밀교에서 닦는 지관 등의 방법은 바로 이 이치에 따라 수행한다. 심의식心意識은 공적空寂하게 하기가 가장 어렵다. 가섭이 말한 방법은 관심觀心하는 한 문이다. 정좌 관심으로 심의식의 각종 현상을 알아차리고 분별망상 등의 현상이 모두 허공중의 새의 자취 같다고 사유한다. 또 반사하는 빛의 환영幻影이 긴 허공을 획 지나감과 같아서, 홀연히 일어났다 홀연히 소멸하여 수시로 변환하여 간다. 만약 변화를 따르지 않고 쫓아가 잡지 않으며, 그저 스스로 일어나 스스로 소멸하도록 맡겨놓고 물리치지 않고 집착하지 않을 수 있으면, 자연히 자기 마음의 하나의[一段] 공상空相이 나타난다. 그런 다음 이 심공일념心空一念과 그대로 하나이면서[即] 또 놓아버려야 한다. 공空이 공空한 경계도, 공空한 때에 도달하면 이 하나의 묘용을 깨달을 수 있다).

저는 이 마음이 한 생각을 비우는 방법을 닦아 익히고 고행 두타(頭陀)[187]의 규범을 지켰기 때문에 아라한의 과위를 이루었습니다.

---

186 갑자기 나타났다 사라졌다함. 출몰이나 변화가 종잡을 수 없이 빠름.(역주)

부처님께서는 저를 두타 중에서 가장 성공한 사람이라고 말씀하셨습니다. 이 심의(心意)를 이해하는 묘법으로부터 깨달아 알았기 때문에 온갖 유루의 번뇌를 소멸했습니다. 부처님이 이제 저희들에게 무슨 방법을 닦아야 부처의 과지를 원만히 통달할 수 있는지 물으시니, 제가 경험하여 얻은 것처럼 심의식(心意識)을 관찰하는 방법으로부터 체험하여 수증함이 바로 최상승의 방법입니다."

阿那律陀, 即從座起, 頂禮佛足, 而白佛言。我初出家, 常樂睡眠。如來訶我爲畜生類。我聞佛訶, 啼泣自責。七日不眠, 失其雙目。世尊示我樂見照明金剛三昧。我不因眼, 觀見十方。精眞洞然, 如觀掌果。如來印我成阿羅漢。佛問圓通, 如我所證, 旋見循元, 斯爲第一。

(7) 안(眼): 눈의 견정(見精) 수행법

아나율타(阿那律陀: 번역명은 무탐無貪이다)가 일어나 스스로 말했다. "제가 처음 출가했을 때 항상 잠자기를 좋아했는데, 부처님께서 저를 축생이나 마찬가지라고 꾸짖으셨습니다. 저는 부처님의 꾸지람을 듣고 부끄러워 반성하고 눈물을 흘리면서 자책하였습니다. 그리고 스스로 분발(奮發) 정진하여 7일 동안 밤낮으로 잠자지 않고 쉬지 않았습니다. 이로 인해 두 눈을 실명했습니다. 부처님은 저에게 낙견조명금강삼매(樂見照明金剛三昧)의 수행법을 가르쳐주셨습니다. 저는 이로 인해 육안이 필요 없이 단지 자성의 진정한 본심의 정혼[眞精]이 막힘없이 훤히 빛남[洞然煥發]에 의지해 시방세계 중의 모든

---

187 두수(抖擻), 완세(浣洗) 등으로 번역한다. 의복·음식·거처 이 세 가지에 대한 탐착을 떨쳐버리는 수행법이다. 세속에서는 승려의 행각 걸식자를 두타라고 일컫고 행자라고 일컫는다. 고행(苦行)한다는 뜻이다.

것을 마치 손안의 과일을 보듯이 봅니다. 부처님은 제가 이미 아라한 과위를 이루었다고 인증하셨습니다.

부처님이 이제 저희들에게 무슨 방법을 닦아야 부처의 과지를 원만히 통달할 수 있는지 물으시니, 제가 경험하여 얻은 것처럼 능히 보는 근원(根元)을 되돌려 회광반조(廻光返照)함으로써 무(無)에 도달함이 바로 제일 묘법(妙法)입니다."

(낙견조명삼매樂見照明三昧는 경전에 그 이름만 있어서 마침내 어떻게 닦는 것인지 모르겠다. 아난이 제바달다提婆達多에게 천안天眼을 닦아 익히도록 가르쳐주어 안통眼通 등 신력神力을 얻은 뒤에 제바달다는 오히려 신통을 분별없이 자기가 사용했기 때문에 마장魔障을 이루었다. 그 이후로 현교顯敎 경론에는 수행법에 대한 기술이 없어졌다. 밀교에서 가르치는 안통과 빛을 관하는[觀光] 수행법도 이로운 점과 해로운 점이 반반이다. 뿐만 아니라 정정正定을 얻지 못한 사람이 이를 닦으면 무익할 뿐만 아니라 도리어 해를 입기 쉽다. 그러므로 이 수행법에 대해서는 자세하게 보충 설명할 필요가 없다. 본경에 실린 아나율타의 자술 속에는 이 원리 원칙에 대해서도 이미 뚜렷하게 말해놓았다. 눈의 견정見精은 능견能見과 소견所見 두 가지로 나눈다. 눈이 외부경계의 온갖 모습을 봄은 모두 소견의 작용이다. 설사 두 눈이 실명했더라도 마음속에서는 눈앞이 온통 깜깜함을 볼 수 있는데, 이 깜깜한 모습은 여전히 소견의 작용이다. 그것은 자성의 능견의 기능상으로부터 발생하여 나온 것이다. 이로써 체험할 수 있듯이 소견의 작용을 되돌려, 눈앞의 현상을 볼 수 있는 이 자성 기능을 깊이 파고들어가기를 오래 오래 하다보면 소견의 작용이 능견의 기능상으로 완전히 되돌아가 잠복한다. 그런 다음 이 능견의 기능도 온통 공적空寂해진다. 이치상으로 능소쌍망能所雙亡이라고 부르고, 사상事相상으로는 성공실상性空實相에 완전히 들어간다. 견을 되돌린다함[旋見]은 반관返觀 반조返照한다는 의미이다. 순원循元이란 자성 본원에 의지한다는 의미이다. 이 성공실상性空實相으로 말미암아 상적常寂의 무상광無相光중에 담담하게 정定의 상태로 머무르면 시방세계를 훤히 보는 천안 작용이 자연히 일어난다. 하지만 반드시 기억하기 바란다. 만약 천안을 얻기 위해 닦고 성공性空에 의지하여 정定의 상태에 있지 않으면, 능소能所를 제거할 수 없을 뿐만 아니라 설사 부분적인 천안을

언더라도 모두 반사하는 빛의 그림자이어서 마장이 된다는 사실을. 게다가 안통이란 육안과 같은 눈이 아니다. 그 때에 이르면 자성정상自性定相으로부터 발생하는 기능과 허공이 일체一體가 될 것이다. 가없는 허공과 능히 관하는 작용이 혼연히 합일한다. 허공과 내가 외짝 눈[一隻眼]일 뿐이다).

周利槃特迦, 即從座起, 頂禮佛足, 而白佛言。我闕誦持, 無多聞性。最初值佛, 聞法出家。憶持如來一句伽陀。於一百日, 得前遺後, 得後遺前。佛愍我愚, 教我安居調出入息。我時觀息, 微細窮盡, 生住異滅, 諸行剎那。其心豁然。得大無礙。乃至漏盡成阿羅漢。住佛座下, 印成無學。佛問圓通, 如我所證, 反息循空, 斯爲第一。

(8) 비(鼻): 기식(氣息)을 조복하는 법문

주리반특가(周利槃特迦: 번역명은 도생道生이다)가 일어서서 스스로 말했다. "저는 외워 지니고 많이 들어 기억하는 능력이 부족했습니다. 최초에 부처님을 만났을 때 불법을 듣고 출가했습니다. 부처님은 저에게 네 마디의 게송을 기억하라고 가르쳐 주셨습니다. 백일 동안에 앞쪽 마디 게송을 기억하면 뒤쪽 마디 게송을 잊어버려 시종 암송할 수가 없었습니다.

(도생은 과거 가섭불(迦葉佛)[188]때에 경률론經律論 삼장을 모두 통달한 사문(沙門)[189]이었다. 5백 명의 제자가 있었지만 도생은 경전 교리에 대단히 인색하여 마음을 다해 가르치지 않았다. 그래서 이런 우둔한 과보를 받았다. 그의

---

188 과거칠불 중의 하나. 음광(飮光)이라고 번역한다.

189 식(息), 식심(息心), 정공(靜空), 정지(淨志), 핍도(乏道), 빈도(貧道) 등으로 번역한다. 공로(攻勞), 근식(勤息)으로 번역하기도 한다. 부지런히 불도를 닦는다는 뜻이다. 또 번뇌를 그치도록 부지런히 닦는다는 뜻이다. 원래는 외도이든 불교도이든 출가자의 통칭이었다.

형이 먼저 출가하였는데 도생더러 우둔하므로 환속하라고 했다. 도생은 새끼 줄을 하나 가지고 뒤뜰의 나무 아래로 가서 자살했다. 부처님은 신력으로 그를 구해주고는 소추(掃帚)[190]를 가리키면서 오로지 이 두 글자만을 생각하게 했다. 그는 부처님께서 자신의 마음 상의 먼지 때를 깨끗이 쓸어내라는 것임을 홀연히 이해하고 이로 말미암아 도를 깨달았다).

이 때문에 부처님은 또 저의 우둔함을 가련히 여기시고 가르쳐주시기를, 저더러 안거하고 스스로 닦되 출입하는 기식(氣息)[191]을 조정하고 다스리라고[調攝] 말씀하셨습니다. 저는 그 때 기식을 관찰하여 미세함으로부터 끝남[窮盡]에 도달했습니다. 기식의 생기[生]·존재[住]·변이[異]·소멸[滅]의 모든 경과가 찰나사이에도 고정적으로 상존(常存)함을 얻지 못함을 이해했습니다. 그래서 심경(心境)이 탁 터지며 대무애(大無礙)의 경지를 얻었습니다. 이에 더욱 닦아나가 번뇌의 누진(漏盡)에 도달하고 아라한의 과위를 완성했습니다. 이제 부처님의 문하에서 제가 이미 무학의 과위를 얻었다고 인증하셨습니다.

부처님께서 지금 저희들에게 무슨 방법을 닦아야 부처의 과지를 원만히 통달할 수 있는지 물으시니, 제가 경험하여 얻은 것처럼 기(氣)를 조정함으로부터 식(息)을 돌이켜 관찰함[反息]에 도달하고, 식(息)이 멈추고 마음이 공(空)하며, 공에 의지해 증득을 취함이 바로 제일 묘법입니다."

(기식 조복을 닦는 법문에는 여러 가지 방법이 있다. 천태종의 육묘문六妙門의 지관止觀 수행법도 조식調息의 수행법을 중시한다. 생명 존재의 생리기능 활동은 기기氣機의 왕래에 의지한다. 기식에는 네 가지 현상이 있다. 소리가 있는 것은 풍風, 결체結滯한 것은 기氣, 출입에 힘이 있는 것은 천喘, 면면히 끊

---

190 즉, 빗자루임.(역주)

191 호흡시 출입하는 기(氣). 숨. 숨결. 기운.(역주)

어지지 않고 소리도 없고 정체함이 없는 것은 식息이라고 부른다. 망심 상념이 몹시 성하면 기도 거칠고 들뜬다. 바꾸어 말하면 기식이 정지靜止할 때는 상념 망심도 비교적 경미하다. 심心과 식息 이 둘은 서로 작용하고 서로 인연이 된다. 각종의 조식 방법 중에서도 간단하고 빠른 수행법이 있다. 먼저 시선을 되돌리고 생각을 추슬러 기식에 합한다. 그런 다음 이근耳根의 청각을 이용하여 출입하는 자신의 기식을 듣는다. 먼저 출입하는 기의 거칠고 무거운 소리를 듣는다. 이는 모두 풍風과 기氣와 천喘의 단계에 속한다. 이렇게 오래오래 하다 보면 심과 식이 합일하여 서로 의지하면서 면면히 끊어지지 않는데, 이렇게 되어야 비로소 식息에 그친다고 한다. 그리고 이때의 기식은 있는 듯 없는듯하면서 심신이 비할 바 없이 경쾌하다. 이로부터 더 닦아나가면 기식은 호흡 작용을 일으키지 않는다. 들음과 감각도 느끼지 못한다. 망상잡념은 확 풀려 얼음 녹듯 하고 심과 식 모두 공적空寂한 대정大定의 경계에 들어간다. 더욱더 정진하면 과위를 얻을 것은 의심의 여지가 없다).

憍梵鉢提, 即從座起, 頂禮佛足, 而白佛言。我有口業, 於過去劫輕弄沙門, 世世生生有牛呞病。如來示我一味淸淨心地法門。我得滅心入三摩地。觀味之知, 非體非物。應念得超世間諸漏。內脫身心。外遺世界。遠離三有, 如鳥出籠。離垢銷塵, 法眼淸淨, 成阿羅漢。如來親印登無學道。佛問圓通, 如我所證, 還味旋知, 斯爲第一。

(9) 설(舌): 혀의 미성 수행법

교범발제(憍梵鉢提: 번역명은 우시牛呞이다)가 일어서서 스스로 말했다. "저는 과거세에, 치아가 빠져 없는 어떤 늙은 비구가 먹는 모습이 마치 소가 풀을 먹는 것 같다고 오만하게 그에게 모욕을 주는, 구업을 지었기 때문에 세세생생 우시병의 과보를 받았습니다(소의 되새김질과 같은데, 이는 식도와 위 부위의 병이다).

부처님께서는 저에게 일미(一味)[192]청정한 심지(心地) 법문을 가르쳐주셨습니다. 저는 이 때문에 모든 망심을 끊어 없애고 정정(正定) 삼매의 경계로 들어갔습니다. 맛을 관찰하는 지성(知性) 기능은 몸에도 속하지 않고 물질에도 속하지 않았습니다. 한 생각 사이에 세간의 모든 번뇌의 습루(習漏)를 초월했습니다. 이로부터 안으로는 심신을 벗어났고 밖으로는 세계를 벗어났습니다. 욕유(欲有)·무명유·번뇌유의 3유(三有)[193]의 속박을 멀리 떠났습니다. 마치 나는 새가 새장을 떠났듯이 온갖 먼지 때를 떠났습니다. 망심은 자연히 소멸하고 정도(正道)의 법안이 청정함을 인식하여 아라한의 과위를 성취했습니다. 부처님은 제가 이미 무학의 도과에 올랐다고 친히 인증하셨습니다.

(설관舌觀의 수행법은 보편적이기는 비교적 쉽지 않을 뿐만 아니라 닦기도 매우 어렵다. 보통 사람들은 맛의 식욕에 대해 모두 심각하고도 절실하다. 먼저 맛이 진한 음식물을 탐하지 않고 점점 담박해지게 할 수 있어야한다. 그 다음 점점 음식을 줄여서 평담하여 맛없음으로 돌아가고, 나아가 식욕에 대한 탐착 미련이 없는 정도에 도달해야한다. 이로부터 생리에 전환변화가 발생하며 심경의 망념도 따라서 모두 공해지면서 자연히 정정正定삼매에 들어간다. 그러므로 불법 제도 중의 두타행은 사람들에게 하루에 한 끼를 먹도록 가르친다. 그리고 반드시 담박해야한다. 맛이 진하고 달콤한 음식을 금절함은 정말 아주 깊은 작용이 있다. 도생 존자가 설근舌根으로 말미암아 도를 깨달음도 단지 한 생각 사이의 전환 변화에 있었다. 마음이 없으면 먹어도 그 맛을 모른다는 것을 가슴에서 훤히 알 수 있다).

부처님이 이제 저희들에게 무슨 방법을 닦아야 부처의 과지를 원

---

192 본질과 현상이 평등한 것을 모든 바닷물이 동일한 짠맛임에 비유한 것. 무차별한 것.(역주)

193 3계에 있어서 각각 존재하는 방법을 가리키는데, 욕유는 욕계, 번뇌유는 색계, 무명유는 무색계의 중생을 가리킨다.(역주)

만히 통달할 수 있는지 물으시니, 제가 경험하여 얻은 것처럼 미성 (味性)을 능히 아는 자성 기능으로 되돌아가 추궁함이 바로 제일 묘법입니다."

畢陵伽婆蹉, 即從座起, 頂禮佛足, 而白佛言。我初發心從佛入道。數聞如來說諸世間不可樂事。乞食城中, 心思法門。不覺路中毒刺傷足, 擧身疼痛。我念有知, 知此深痛。雖覺覺痛, 覺淸淨心, 無痛痛覺。我又思惟, 如是一身, 寧有雙覺。攝念未久, 身心忽空。三七日中, 諸漏虛盡, 成阿羅漢。得親印記, 發明無學。佛問圓通, 如我所證, 純覺遺身, 斯爲第一。

(10) 신(身): 신체 감각의 수행법

필릉가파차(畢陵伽婆蹉: 번역명은 여습餘쬅이다)가 일어서서 스스로 말했다. "제가 처음 발심하여 부처님을 따라 도를 배웠는데, 부처님께서는 세간의 온갖 사물은 온통 괴로움이고 즐거움이 없다고 설하심을 항상 들었습니다.

어느 날 성에 들어가 걸식하면서 마음속으로는 불법의 깊은 의미[精義]를 사유하고 있었습니다. 그런데 저도 모르게 발이 독가시에 찔려 상처를 입어 즉시 온몸에 아픔이 발생함을 느꼈습니다. 바로 이때에 저는 어떤 지각 작용이 있기 때문에 비로소 이런 아픈 감각이 있을 수 있다고 생각했습니다. 이 지각 작용은 비록 아픈 감각이 있음을 알지만, 이 아픈 감각을 아는 지각 자성 기능에 대해 돌이켜 비추어 추적해 찾아보니[返照推尋], 본래 청정하면서 아무것도 없고 결코 아픔의 영향을 받지 않았으며 감각 존재도 없었습니다. 그리하여 제가 또 더 사유하기를, 이 몸에 설마 두 개의 각성(覺性) 존재가 있을까 하면서 이렇게 끝가지 추궁해가자 모든 망상잡념이 곧 모두 일념으로 거두어졌습니다. 더욱 이 일념의 근본을 다시 추적하여 찾아보니 심신이 홀연히 공적(空寂)해졌습니다. 이렇게 공적 가운데 머물러 있으면서 21일을 지냈습니다. 온갖 번뇌 누습(漏習)이 모두 다 비워져 아라한의 과위를 성취하여 부처님의 직접 인증을 받았고, 이미 자성을 발명해 무학의 과지까지 올랐다고 인정하셨습니다.

부처님께서 이제 저희들에게 무슨 방법을 닦아야 부처의 과지를 원만히 통달할 수 있는지 물으시니, 제가 경험하여 얻은 것처럼 자성 본각으로 되돌아가 그쳐 머물러 심신의 감각과 지각 작용을 잊어버림이 바로 제일 묘법입니다.”

須菩提, 即從座起, 頂禮佛足, 而白佛言。我曠劫來, 心得無礙。自憶受生如恒河沙。初在母胎, 即知空寂。如是乃至十方成空。亦令衆生證得空性。蒙如來發性覺眞空。空性圓明, 得阿羅漢。頓入如來寶明空海。同佛知見。印成無學。解脫性空, 我爲無上。佛問圓通, 如我所證, 諸相入非, 非所非盡, 旋法歸無斯爲第一。

(11) 의(意): 의념 공적의 수행법

수보리(須菩提: 번역명은 공생空生이다)가 일어서서 스스로 말했다. “저는 아득히 먼 세상으로부터 겁의 세월을 지나오도록 마음은 이미 무애(無礙)의 경지에 도달하여서, 자신이 과거에 태어나게 되었던[受生] 경과와 겁을 지내오는 동안의 무수한 생사의 반복을 기억해낼 수 있습니다. 제가 처음 모태에 있을 때 공적(空寂)의 경계를 알고 있었습니다. 이렇게 하여 더 나아가서는 시방세계를 모두 공상(空相)을 이루게 할 수 있었을 뿐만 아니라, 온갖 중생으로 하여금 공성(空性)을 증득하게 할 수도 있었습니다. 이제 부처님의 가르침의 계발을 입어 자성 정각의 진공무상(眞空無相)을 훤히 똑똑하게 스스로 알게 되고 공성의 원만한 광명을 증득하여 아라한의 과위를 얻어서, 단박에 불성보명공해(佛性寶明空海)[194]의 경계에 진입하여 부처님의 능지능견(能知能見)[195]과 같습니다. 부처님은 제가 이미 무학의 과지를 이루었다고 인증하고, 성공(性空)을 해설함에는 제가 최상승(最上乘)이라고 인정하셨습니다.

부처님이 이제 저희들에게 무슨 방법을 닦아야 부처의 과지를 원만히 통달할 수 있는지 물으시니, 제가 경험하여 얻은 것처럼, 심신과 세계의 온갖 마음과 물질과 사리(事理) 등 모든 현상이 전혀 마음속에 머무르지 않게 하며 온갖 의념에 대한 염착(染著)[196]을 놓아버리고 공적무상(空寂無相)의 경계에 들어가고, 최후에는 공적무상의 경계도 함께 비워버려서, 공(空)이 공해야할 것이 없는[空無可空] 실제에 도달합니다. 그때 온갖 인연이 모두 고요하고[寂] 온갖 법이 다 공(空)하여, 얻을 바 없는 대정(大定)에 들어가는 것이 바로 제일 묘법입니다."

舍利弗, 即從座起, 頂禮佛足, 而白佛言. 我曠劫來, 心見淸淨. 如是受生如恒河沙. 世出世間種種變化, 一見則通, 獲無障礙. 我於路中, 逢迦葉波兄弟相逐, 宣說因緣, 悟心無際. 從佛出家, 見覺明圓, 得大無畏, 成阿羅漢. 爲佛長子, 從佛口生, 從法化生. 佛問圓通, 如我所證, 心見發光, 光極知見, 斯爲

---

194 보명공해란 값없는 진정한 보배로서 영원히 밝은 자성의 공성의 바다라는 뜻으로 도를 깨달은 이후의 경지.(역주)

195 부처의 지견(知見). 즉, 부처의 지혜만을 말함.(역주)

196 마음이 다른 것에 물들어 떨어지지 않는 것. 집착하는 것. 더러움. 더러워짐.(역주)

第一。

(12) 안식계(眼識界): 심안 관조의 수행법

사리불(舍利弗: 번역명은 취자鷲子이다)이 일어서서 스스로 말했다.
"저는 아득히 먼 세상에서부터 겁의 세월을 지내오는 동안 자기 마
음의 청정한 모습[境相]¹⁹⁷을 관조했습니다. 이렇게 겁의 세월을 지
나오면서 태어나게 되었는데, 그 거쳐 온 생사의 반복 횟수는 이미
항하강의 한량없는 모래알 숫자나 같습니다. 세간과 출세간의 갖가
지의 사물 변화의 이치에 대하여는 보자마자 통하는 걸림 없는 경
계를 얻었습니다.

어느 날 제가 길에서 가섭파 3형제(迦葉波三位弟兄)¹⁹⁸를 만났는데,
그들이 부처님이 말씀하신 '인연으로 생겨난 법, 그것을 나는 말하
기를 바로 공(空)이요, 가명(假名)이라고도 하며, 중도의 이치라고도
한다[因緣所生法, 我說即是空. 亦名爲假名, 亦名中道義]'를 서로 강론하는
것을 들었습니다. 그들은 이것이 바로 불법 대승의 요지라고 말했
습니다. 저는 듣고서 곧 심념이 본래 공(空)하여 실제(實際)¹⁹⁹가 없
는 도리를 깨달았습니다. 그리하여 부처님을 따라 출가하였습니다.
자성 정각의 밝고 원만한 체를 보았으며 대자재(大自在) 대무애(大無
碍)의 지혜를 얻어 아라한의 과위를 성취하였습니다. 지금은 불법
전통에서의 장자가 되었는데, 부처님께서 입으로 설법한 가르침으

---

197 대상의 모습.(역주)

198 삼형제 중 첫째는 우루빈라가섭이라고 하고, 모과림(木瓜林)이라 번역한
다. 둘째는 가야가섭인데 성(城)이라 번역한다. 막내는 나제가섭인데 하
(河)라고 번역한다. 모두 석가불의 제자이다.

199 구극(究極)의 근거.(역주)

로부터 태어난 것입니다.

부처님이 이제 저희들에게 무슨 방법을 닦아야 부처의 과지를 원만히 통달할 수 있는지 물으시니, 제가 경험하여 증득한 것처럼 자기 마음을 관조합니다. 오래 오래도록 자기 마음의 본래의 청정한 실상을 비추어보면 심경(心境)에 자성의 광명[200]이 나타나고, 광명이 원만하여 극점에 이르게 되면 자성이 부처의 체용(體用)임을 자연히 알 수 있고 볼 수 있음이야말로 제일 묘법입니다."

普賢菩薩, 即從座起, 頂禮佛足, 而白佛言。我已曾與恒沙如來爲法王子。十方如來, 敎其弟子菩薩根者, 修普賢行, 從我立名。世尊。我用心聞, 分別衆生所有知見。若於他方恒沙界外, 有一衆生, 心中發明普賢行者, 我於爾時乘六牙象, 分身百千, 皆至其處。縱彼障深, 未得見我。我與其人暗中摩頂, 擁護安慰, 令其成就。佛問圓通, 我說本因, 心聞發明, 分別自在, 斯爲第一。

(13) 이식계(耳識界): 마음의 소리를 듣는 수행법

보현(普賢)보살이 일어서서 스스로 말했다. "저는 이미 과거 한량 없는 부처님들의 법왕자가 되었습니다. 모든 시방세계의 부처님들은 자신들의 제자들에게 대승보살도의 근본을 닦도록 가르쳐줄 때 모두 보현의 행지(行持)를 닦아 익히도록 가르치십니다. 이런 보현의 법문은 저로 인하여 건립되었습니다."

(보현보살은 구역舊譯에서는 보현普現이라고 했다. 이름으로 그 의미를 생각할 수 있듯이 모든 곳에 나타난다는 뜻이다. 보현보살의 수행법은 대승보살도의 대행大行을 대표한다. 현교와 밀교에서의 수행법의 같고 다름이 있지만 모두 화엄경의 보현행원품에 근거하여 기초로 삼는다. 금강살타대법金剛薩埵大法

---

200 무상(無相)의 광명.(역주)

등과 같은 밀교 수행법은 진언을 유가관상瑜伽觀想과 결합하여 행지로 삼는다. 현교의 수행법은 몸으로써 힘써 행함을 위주로 한다. 하지만 일반 수습修習 염송자는 대부분 입으로 외우고 지나갈 뿐 그의 효용을 깊이 생각하고 힘써 행하는 일이 없다. 대승도를 발심 수습하는 사람을 위해 법에 적합한 수행법이 있다. 이제 현교와 밀교 수행법의 이치를 융회하여 그 간단한 규범을 말하겠다. 무릇 대승 불도를 수습하고자 진실로 발심한 사람은 먼저 보현행원품을 숙독해야한다. 읽어서 완전히 익숙해지고 난 뒤에는 그 의미와 의경意境을 깊이 생각한다. 그런 다음 그가 말한 십대행원十大行願으로 일종의 의경 상의 경계로 구성한다. 예를 들어 제1행원인 예경시방제불禮敬十方諸佛의 법문을 말하겠다. 당신이 몸을 일으켜 예불하거나 혹은 선정禪定 중에 의식意識을 일으켜 시방제불에게 예경할 때, 자신이 심신의 감각을 잊고, 의경 상에서 시간도 공간도 없는 광대무변한 경계를 하나 구성하여, 의식적으로 생각하기를 시방의 제불이 모두 한 분 한 분 면전에 나타난다고 한다. 그 매 부처님 앞에 마다 의경 상의 화신化身인 내가 하나 있어 부처님 앞에서 공경 예배한다. 차례대로 계청啓請이나 공양하는 경우도 한 분 한 분 모두 다 내 앞에 계신다고 생각하고 소리를 내어 찬탄하거나 염송한다. 매 행원마다 일종의 의경 상의 실제 모습을 구성한다. 이렇게 오래 오래하면 의경이 묘유妙有의 실상을 형성한다. 즉, 마치 보현보살의 실상장엄實相莊嚴과 같다. 여섯 개의 어금니를 가진 흰 코끼리[六牙白象]를 타고 앉아 있는 모습도 마치 눈앞에 있듯이 완연히 나타난다. 법화경의 기술을 참고로 보아도 좋다. 그러나 의경 상의 일념을 거두어버리면 곧 이러한 모든 현상도 완전히 적멸불생寂滅不生 한다. 심신에 모두 집착하지 않으면 자연히 전혀 있는 것이 없는 적멸성상寂滅性相 속으로 돌아간다. 그 중의 진공묘유眞空妙有·연기성공緣起性空의 지극한 이치도 이런 수행법 상에서 체험 인증할 수 있다).

보현보살이 또 말했다. "저는 마음으로 듣는 이런 수행법을 쓴 결과로 온갖 중생의 모든 지견과 의념을 분별할 수 있습니다. 설사 무량수(無量數)의 먼 곳의 세계 밖의 어느 한 중생이 마음으로 이 법에 발심하여 닦아 익힐 수 있으면, 저는 그 때 여섯 개의 어금니를 가진 흰 코끼리를 타고 백천 개의 화신으로 나누어 그의 앞에 도달합니다. 설사 그의 업장이 깊고 무거워 일시적으로 저를 보지 못하더라도, 저는 그들을 위해 보이지 않는 가운데 정수리를 만져주고 애호하고 도와주어서 그 사람이 점점 성취한 바가 있게 합니다.

부처님이 이제 저희들에게 무슨 방법을 닦아야 부처의 과지를 원만히 통달할 수 있는지 물으시니, 제가 이제 말씀드렸듯이 옛날 부처님을 배우기 시작하였을 때 마음의 소리[心聲]를 듣는 법 이 방법을 써서 청정한 자성을 발명하고 깨달았을 뿐만 아니라 묘용을 발생시킬 수 있어 분별심을 자재하게 운용할 수 있었는데, 이것이야말로 제일 묘법입니다."

(마음의 소리는 심리전파心理電波의 교감작용이란 말과 마찬가지이다. 오늘날의 심령교감心靈交感과 참고해서 연구할 수 있다).

孫陀羅難陀, 即從座起, 頂禮佛足, 而白佛言. 我初出家從佛入道, 雖具戒律. 於三摩地心常散動未獲無漏. 世尊教我, 及拘絺羅, 觀鼻端白. 我初諦觀, 經三七日. 見鼻中氣出入如烟. 身心內明, 圓洞世界, 徧成虛淨, 猶如琉璃. 烟相漸銷, 鼻息成白. 心開漏盡, 諸出入息化爲光明, 照十方界, 得阿羅漢. 世尊記我當得菩提. 佛問圓通, 我以銷息, 息久發明, 明圓滅漏, 斯爲第一.

(14) 비식계(鼻識界): 비식(鼻息) 조기(調氣)의 수행법

손타라난타(孫陀羅難陀: 번역명은 염희艶喜이다)가 일어서서 스스로 말했다. "저는 예전에 출가해서 부처님을 따라 도를 배웠습니다. 비록 형식상의 계율은 받았지만 시종 정정(正定)의 삼매 경계에 도달할 수 없었습니다. 마음속이 항상 산란(散亂)하고 들떠 움직여서 번뇌 누진의 무루 과지를 얻지 못했습니다. 그래서 부처님은 저와 구치라(拘絺羅: 대슬씨大膝氏) 두 사람에게 먼저 마음을 한 곳에 통제하여 [制心一處] 오로지 한 점을 지키라고 가르쳐 주셨습니다. 저는 생각을 코끝[鼻端]에 통제하고 자세히 관상(觀想)하면서 주시하기 시작했습니다. 이 수행법으로 3주간인 21일을 지내자 코의 호흡 기식(氣息)이 마치 뽀얀 안개인 듯 한 번 나가고 한 번 들어옴을 보게 되었습니다(이 정도에 이를 수 있으면 심신의 감각이 경안輕安한 단계에서 점점 공空하여 무감각의 단계에 이른다).

이로 인해 심신은 곧 내면으로부터 자연히 광명의 경계가 나타났습니다. 더욱 확충해가니 광명은 점점 원만해지면서 모든 공간에 두루 가득했고, 세계 전체가 두루 벌거벗은 듯 깨끗하게 청허(淸虛)한 세계를 이루었는데, 마치 하나의 온통 유리체(琉璃體)와 같았습니다. 한 걸음 더 나아가 뽀얀 안개 현상도 흩어졌습니다. 코의 출입 기식은 완전히 온통 순백(純白)의 광명 현상으로 변했습니다. 이로부터 심개의해(心開意解)[201]하여 온갖 번뇌 습루가 깨끗이 다했습니다. 모든 출입 기식은 한 덩이 광명으로 변화하여 시방세계를 비추고 곧 아라한의 과위를 얻었고, 부처님은 제가 장래에 자성 정각을 얻을 것이라고 미리 수기하셨습니다.

부처님께서 이제 저희들에게 무슨 방법을 닦아야 부처의 과지를 원만히 통달할 수 있는지 물으시니, 제 생각에는, 기식(氣息)을 녹임[銷融]으로부터 기주맥정(氣住脈停)[202]에 이르고, 기식을 정지 조복한 [止伏] 상태로 오랫동안 머물게 한 뒤에 심성의 광명이 나타나게 합니다. 최후에는 광명의 벌거벗은 듯 깨끗함을 원만하게 하여 온갖

---

201 마음을 깨달으면 제6의식이 녹아버려 모든 번뇌결사가 사라져버린다고 함. 도를 깨달을 때는 심맥륜(心脈輪)이 열리고 의식이 해탈한다고 함.(역주)

202 호흡과 맥박이 거의 멈춤. 숨을 들이쉬지도 내쉬지도 않는 경지로서 기맥이 정지한 상태.(역주)

번뇌의 습루를 소멸하여 다함이야말로 제일 묘법입니다."

富樓那彌多羅尼子, 即從座起, 頂禮佛足, 而白佛言。我曠劫來, 辯才無礙。宣說苦空, 深達實相。如是乃至恒沙如來秘密法門, 我於衆中微妙開示, 得無所畏。世尊知我有大辯才, 以音聲輪敎我發揚。我於佛前助佛轉輪, 因師子吼, 成阿羅漢。世尊印我說法無上。佛問圓通, 我以法音降伏魔怨, 銷滅諸漏。斯爲第一。

(15) 설식계(舌識界): 설법의 수행법

부루나미다라니자(富樓那彌多羅尼子: 번역명은 만자자滿慈子이다)가 일어서서 스스로 말했다. "저는 아득히 오랜 먼 세상에서부터 겁의 세월을 지나오며 이미 변재(辯才)를 얻어 부처님의 교법인 고(苦)와 공(空)의 묘리(妙理:중생의 세계는 괴로운 경계만 있고 절대적인 즐거운 일은 없다. 세계 모든 것은 시종 결국은 공空으로 돌아간다)를 선양(宣揚)했습니다. 그래서 자성의 실상이 필경에는 공하다는 것을 깊이깊이 통달했습니다. 그리고 시방삼세의 헤아릴 수 없는 부처님들의 비밀 법문을 제가 다 중생계에서 미묘하게 열어 보이고 선양할 수 있어서 대무외(大無畏)[203]의 공덕능력을 얻었습니다. 부처님께서는 저에게 대변재가 있음을 아시고 저로 하여금 언어음성으로 불교를 선양하도록 가르쳤습니다. 그래서 저는 부처님 앞에서 부처님을 도와 법륜을 굴립니다. 사자후처럼 불법을 홍양(弘揚)하기 때문에 설법하는 가운데 묘한 진리[妙諦]를 스스로 깨달아 아라한의 과위를 이루었습니다. 부처님은 저를 설법 제일이라고 인증하고 인가하셨습니다.

---

203 무외는 확신. 두려움을 갖지 않는 것. 진리에 대해 바르게 알고 확신으로 말하며 어떠한 불안이나 의혹도 없는 것.(역주)

부처님께서 이제 저희들에게 무슨 방법을 닦아야 부처의 과지를 원만히 통달할 수 있는지 물으시니, 제 생각에는 언어음성으로 설법하여 모든 마원(魔怨)[204]을 항복시키고 온갖 번뇌 습루를 소멸함이야말로 제일 묘법입니다."

優波離, 即從座起, 頂禮佛足, 而白佛言。我親隨佛踰城出家。親觀如來六年勤苦。親見如來降伏諸魔, 制諸外道。解脫世間貪欲諸漏。承佛教戒。如是乃至三千威儀, 八萬微細, 性業遮業, 悉皆淸淨。身心寂滅, 成阿羅漢。我是如來衆中綱紀。親印我心。持戒修身, 衆推爲上。佛問圓通, 我以執身, 身得自在, 次第執心, 心得通達, 然後身心一切通利, 斯爲第一。

(16) 신식계(身識界): 몸을 단속하고 계율을 지키는 수행법

우파리(優婆離: 번역명은 상수上首이다. 원래 이름은 차닉車匿이다)가 일어서서 스스로 말했다. "저는 몸소 부처님을 뒤따라 밤중에 성을 넘어 출가했습니다. 또 제가 친히 보니, 부처님은 6년간 고행을 닦아서 온갖 악마의 장애를 항복받고 모든 외도를 굴복시켰습니다. 세간의 애착의 그물로부터 해탈하여 번뇌와 탐욕을 깨끗이 다하고 무루의 과지를 얻으셨습니다. 부처님은 저에게 계율을 엄격히 지키라고 가르쳐주셨습니다. 이렇게 몸을 단속하고 계율을 지킴[執身持戒]으로부터 더 나아가 3천위의(三千威儀)와 8만세행(八萬細行), 성업(性業: 태어날 때부터 지니고 온 탐욕 성냄 어리석음 등), 차업(遮業: 때와 장소에 따라 제정한 계율 등)에 이르기까지 모두 완전히 청정했습니다. 심신이 적멸의 경계에 들어가 아라한의 과위를 이루었습니다. 그래서

---

204 악마. 악마는 사람들에게 원수를 만드는 원적이기 때문에 마원이라 불린다.(역주)

부처님의 제자 중에서 기강(紀綱)을 통솔하는 상수(上首)가 되었습니다. 부처님은 친히 인증하기를 저의 마음이 계율을 지키고 몸을 닦음은 부처님의 전체 제자들 중에서 제1인자라고 하셨습니다.

부처님이 이제 저희들에게 무슨 방법을 닦아야 부처의 과지를 원만히 통달할 수 있는지 물으시니, 제 생각에는 자신이 선(善)을 선택하여 굳게 잡고 실행하고[擇善固執] 엄격히 몸을 닦아 먼저 인격을 정화(淨化)합니다. 몸으로 힘써 행하여 정화할 수 있게 된 다음에는 밖에서 안으로 다시 심념을 정화합니다. 정화가 극점에 이르면 마음은 통달무애(通達無礙)를 얻습니다. 그런 다음 심신은 모든 것이 걸림 없이 통합니다[通利]. 이렇게 보리 정각을 원만히 함이야말로 제일 묘법입니다."

大目犍連, 即從座起, 頂禮佛足, 而白佛言。我初於路乞食。逢遇優樓頻螺、伽耶、那提、三迦葉波, 宣說如來因緣深義。我頓發心, 得大通達。如來惠我袈裟著身, 鬚髮自落。我遊十方, 得無罣礙。神通發明, 推爲無上。成阿羅漢。寧唯世尊。十方如來歎我神力, 圓明淸淨, 自在無畏。佛問圓通, 我以旋湛, 心光發宣, 如澄濁流, 久成淸瑩, 斯爲第一。

(17) 의식계(意識界): 의념을 관조하는 수행법

대목건련(大目鍵連: 번역명은 대채숙씨大采菽氏이다)이 일어서서 스스로 말했다. "저는 당초에 길에서 걸식하고 있을 때 가섭파(迦葉波) 3형제를 만났는데, 그들은 불법의 인연의 이치를 선전하고 설명했습니다. 이로 인해 저는 단박에 자기 마음의 실상을 이해하여 대통달(大通達)을 얻었습니다.

(의식이 일으키는 망상심념은 모두 인연으로부터 일어난다. 인연으로 생겨

나 인연으로 소멸하는 것[緣生緣滅]은 모두 다른 인연인 타자에 의지하여 일어
난다[依他起]. 이로 말미암아 정정定靜의 경계 중에서 망상심념이 인연으로 생
겨나 인연으로 소멸함이 환화幻化 같아서 모두 의식 망동의 현상임을 자세히
관찰한다. 이렇게 한 생각마다의 근본을 관찰해보면 모두 전혀 얻을 수 없다.
그 능히 망상을 낳는 심의식心意識 자체는 본래 청정하여 불변한다. 이 청정 불
변의 경계 상에서 정定의 상태로 오래 있을수록 좋다. 정의 힘이 굳세어지면
한 생각이 작용을 일으켜 곧 신통 자재한 묘용을 얻을 수 있다).

그래서 부처님은 저에게 은혜를 베풀어 저더러 비구가 되라고 명
령하셨습니다. 저는 자발적으로 몸에 가사를 입고 자발적으로 머리
털과 수염을 깎았습니다. 시방세계를 아무런 걸림 없이[無罣無礙] 멀
리 노닐고 신통이 자재한 대 능력을 발명했습니다. 부처님 제자 중
에서 제가 신통제일이며 아라한의 과위를 얻었다고 받들어 칭찬하
셨습니다. 우리 석가부처님만이 아니라 시방의 모든 부처님들도 저
의 신통 능력이 이미 원만하며 밝고 청정함에 도달하여 자재무외(自
在無畏)할 수 있다고 찬탄하셨습니다.

부처님이 이제 저희들에게 무슨 방법을 닦아야 부처의 과지를 원
만히 통달할 수 있는지 물으셨습니다. 저는 망상이 일어나고 소멸
함을 깊이 파고들어가 찾아봄[追尋]으로부터 망념이 일어나지 않고
티 없이 맑은 심경의 실상으로 되돌아갔습니다. 이렇게 정(定)의 힘
이 오랠수록 자성의 마음의 광명은 환히 빛남이 생겨나고 온갖 망
상망념은 마치 한 줄기 혼탁한 물 흐름이 점점 맑아지게 됨과 같습
니다. 정의 힘이 오랠수록 심경은 청정하면서 파도가 없고 광명은
티 없는 상태에 도달하게 되는데, 이것이야말로 제일 묘법입니다."

烏芻瑟摩, 於如來前, 合掌頂禮佛之雙足, 而白佛言。我常先憶久遠劫前, 性
多貪欲。有佛出世, 名曰空王。說多婬人, 成猛火聚。教我遍觀百骸四肢諸

冷煖氣。神光內凝，化多婬心成智慧火。從是諸佛皆呼召我，名爲火頭。我
以火光三昧力故，成阿羅漢。心發大願，諸佛成道，我爲力士，親伏魔怨。佛
問圓通，我以諦觀身心煖觸，無礙流通，諸漏旣銷，生大寶燄，登無上覺，斯爲
第一。

(18) 화대(火大) 종성에 의지하여 자신의 욕락의 따뜻한
감촉을 닦는 수행법

　　오추슬마(烏芻瑟摩: 번역명은 화두금강火頭金剛이다)가 일어서서 스스
로 말했다. "제가 기억해보니 아득히 오랜 먼 세상에서부터 겁의 세
월을 지나오며 저의 천성은 음욕을 탐애하였습니다.

　　공왕불(空王佛)이 세상에 출현하심을 만났는데 말씀하시기를, '음
욕을 좋아하고 탐하는 사람은 이 음욕의 심념이 신체상의 삿된 불
을 불러일으킬 수 있다. 음심이 왕성할수록 욕정의 불이 강해진다.
삿된 불이 쌓여 모임은 마치 뼈를 녹이면서 타들어가는 강렬한 불
꽃덩이 같아서 심성을 혼미하고 타락하게 하는데도 자각하지 못한
다. 마침내 욕정의 불길이 몸을 태우고 심식을 깊이 빠지게 하여 스
스로 빠져나올 수 없다.'라고 하시면서 공왕불은 저로 하여금 제 몸
의 내면의 동력기능[動能]과, 오가며 흘러 다니는 차고 따뜻한 기질
(氣質) 등의 현상을 돌이켜 관찰하라고 가르쳐주셨습니다. 저는 안
으로 관찰하고 돌이켜 비추어보는[內觀返照] 방법으로부터 수행에
착수했습니다. 신광(神光)이 안으로 응결하여, 많은 생애에 걸쳐 쌓
인 오랜 버릇[多生積習]인 음심을 큰 횃불 같은 지혜 불꽃으로 전환
변화시켰습니다. 그래서 모든 부처님들은 저를 화두금강(火頭金剛)
이라고 부릅니다. 저는 자성 기능에 갖추어져 일으키는 생리적인
본능에서 생겨나는 화광(火光)삼매의 힘으로부터 아라한의 과위를

이루었습니다. 이로부터 저는 마음으로 대원력을 일으키기를 '만약 모든 부처님이 성도할 때에는 나는 한 대력(大力) 용사가 되어 친히 모든 부처님을 위해 법을 보호하고 온갖 악마[魔怨]를 항복시키리라'고 했습니다.

부처님이 이제 저희들에게 무슨 방법을 닦아야 부처의 과지를 원만히 통달할 수 있는지 물으셨습니다. 저는 몸과 마음의 따뜻한 감촉[暖觸]을 안으로 관찰하고 돌이켜 비추어봄으로써 걸림 없이 흘러 통하는[無礙流通] 경지를 얻어 온갖 번뇌 습루를 소멸하고 지혜의 큰 보배 불꽃[大寶焰]을 일으켜 무상대각(無上大覺)에 올랐습니다. 이것이야말로 제일 묘법입니다."

(이 수행 방법은 여러 문으로 나뉜다. 기타 이종異宗 외도에게도 이런 수행법이 있다. 그러나 궁극이냐 아니냐는 차이가 있지만, 모두다 오로지 신체상의 생리 본능에 착수하여 화력의 따뜻한 기운 본능의 흘러 움직임을 불러일으킨다. 티베트 밀교에 전문적인 수행법이 있다. 또 욕계의 욕락정欲樂定과 결합함으로부터 착수하는 것도 있다. 그렇지만 폐단도 확실히 크다. 이런 방법을 닦아 익히면 신속한 효력이 있기 때문이다. 그러나 형식은 쉽지만 그 이치와 진실한 경험을 철저하게 이해하기는 아주 어렵다. 효과가 빠르다는 이익은 크지만 반대로 폐단의 근원을 쉽게 발생시킬 수 있다. 그러므로 후세의 수행자는 반드시 경험 있고 성취가 있는 훌륭한 스승에 의지하여야 닦아 익힐 수 있다. 이런 따뜻한 감촉 발생은 단지 '안으로 묘한 즐거움을 감촉함[內觸妙樂]'에 도달하고 욕념의 습기를 변화시켜 없애는 첫걸음일 뿐 결코 궁극이 아니다. 안의 즐거움에 집착하면 역시 미세한 욕계를 떠나지 못한다. 밀교와 유가술瑜伽術에서는 이 난촉을 졸화拙火라고 하거나 혹은 영열靈熱, 영력靈力이라고도 한다. 도가에서는 원기元炁라고 한다. 이런 방법을 닦아 익히는 데는 그 전문적인 순서와 단계가 있다. 만약 사이비로서 약간의 잘못이 있어도 상반된 나쁜 점이 발생한다. 그런데 우리의 생명의 내원은 먼저 색욕 애락으로부터 생겨난다는 것을 알아야한다. 생사의 흐름을 마치고 벗어나 보리를 증득하려면 반드시 또 이로부터 마쳐야한다. 경에서 '생기할 때에는 식음 작용 때문에 먼

저 있고 소멸할 때는 색음으로부터 제거 소멸시켜야한다'라고 했듯이 만약 이 근본 무명에서부터 착수하여 해탈하지 않으면, 한 때는 억누를 수 있더라 도 마침내 인연을 만나면 폭발하여 최후의 원만한 성취를 얻기 어렵다. 이 수 행법의 원리에 대하여는 화두금강의 자술 중에 이미 단서를 갖추고 있는 그대 로다. 자세한 방법은 진정으로 성취가 있는 밝은 스승을 참방하여 구하라).

持地菩薩, 即從座起, 頂禮佛足, 而白佛言。我念往昔, 普光如來出現於世。 我爲比丘, 常於一切要路津口, 田地險隘, 有不如法, 妨損車馬, 我皆平塡。或 作橋梁。或負沙土。如是勤苦, 經無量佛出現於世。或有衆生於闤闠處, 要 人擎物, 我先爲擎, 至其所詣, 放物即行, 不取其直。毗舍浮佛現在世時, 世多 饑荒。我爲負人, 無問遠近, 唯取一錢。或有車牛被於, 泥溺, 我有神力, 爲其 推輪, 拔其苦惱。時國大王延佛設齋。我於爾時平地待佛。毗舍如來, 摩頂 謂我, 當平心地, 則世界地一切皆平。我即心開, 見身微塵, 與造世界所有微 塵等無差別。微塵自性, 不相觸摩。乃至刀兵亦無所觸。我於法性, 悟無生 忍, 成阿羅漢。迴心今入菩薩位中。聞諸如來宣妙蓮華佛知見地, 我先證明 而爲上首。佛問圓通, 我以諦觀身界二塵, 等無差別, 本如來藏, 虛妄發塵, 塵 銷智圓, 成無上道, 斯爲第一。

(19) 지대(地大) 종성에 의지하여 심지를 평탄하게 다스려 깨닫는 수행법

지지(持地)보살이 일어서서 스스로 말했다. "제가 기억해보니 과 거세에 무수한 겁을 지나오는 동안 보광불(普光佛)이 세상에 출현한 적이 있었습니다. 저는 당시 보광불 문하의 출가 비구가 되었습니 다. 모든 중요한 나루터나 길목이나, 혹은 농토의 좁고 험한 곳이 평탄하지 않거나 수레나 사람이 다니는 데 방애가 되는 곳이 있으 면, 저는 항상 이를 위해 보수하거나 다리를 놓거나 흙을 짊어져다

채웠습니다. 이렇게 부지런히 정진한 행지(行持)는 무수한 부처님의 세상 출현을 거치면서도 저는 여전히 이렇게 했습니다. 혹은 사람들이 북적거리고 혼잡한 곳에서 남이 물건을 대신 짊어지는 수고를 해주기를 바랄 경우, 제가 먼저 그들을 위해 짊어졌습니다. 그들의 목적지까지 보내주고 나서는 물건을 내려놓고 떠나면서 절대로 보수를 요구하지 않았습니다.

뒤에 비사부불(毗舍浮佛: 번역명은 일체자재—切自在이다)이 세상에 출현하심을 만났는데, 그때 세상에는 때마침 기근(饑饉)이 들었습니다. 저는 품팔이 일꾼이 되어 남을 도와주었습니다. 먼 곳에 가서 일하든 가까운 곳에 가서 일하든, 보수로는 그들에게 삽 한 자루만을 받았습니다. 수레와 말이나 소가 진흙탕에 빠졌을 때에는 제가 신력(神力)을 다해 바퀴를 밀어줌으로써 그들의 고뇌를 뽑아주었습니다. 그때 국가의 대왕은 재(齋) 잔치를 베풀어 부처님이 궁정에 오셔서 공양에 응하시도록 청하였습니다. 저는 바로 이때 부처님이 지나가실 곳을 먼저 정리 손질하고는 부처님의 강림(降臨)을 맞이하였습니다. 그때 비사부불(毗舍浮佛)[205]께서 저의 정수리를 어루만지면서 제게 말씀하시기를 '너는 응당 자신의 마음을 평탄하도록 다스려라. 만약 너의 심지가 평탄해지면 세상의 모든 험준한 울퉁불퉁도 곧 평탄해진다'고 하셨습니다.

저는 부처님의 가르침을 듣고 스스로 깨달아 마음이 열렸습니다. 비추어 보니[照見] 신체상 체질의 극미(極微) 분자와 물질세계를 조성하는 미세 분자는 모두 마찬가지로 무슨 차이가 없었습니다. 뿐만 아니라 이런 물질 분자의 미진(微塵)의 자성은 그 근본을 깊이 파고 들어가 찾아보니 모두 공(空)해서 감촉의 실체가 없었습니다. 이 때

---

205 변일체자재(遍—切自在)라고 번역한다. 과거 장엄겁(莊嚴劫)의 1천 부처님들 중의 최후의 부처님이다.

문에 심지어 칼·무기·물·불에도 무슨 실체 감촉이 없었습니다. 그러므로 저는 온갖 사물의 법칙과 성능 상으로부터 무생법인(無生法忍)을 깨달아 아라한 과위를 이루게 되었고, 이제 마음을 돌려 대승의 도를 구하여 보살의 경지로 들어왔습니다. 부처님들께서 묘법을 선양함을 듣고 나서부터 부처님의 지견과 실제 이론에 대해 저는 먼저 생각하기를 응당 심지를 평탄하도록 다스림으로부터 그것을 증명해야 한다고 했습니다.

부처님이 이제 저희들에게 무슨 방법을 닦아야 부처의 과지에 원만하게 통달할 수 있는지 물으시니, 제 생각에는, 신체와 물질세계이 두 가지의 미진은 그 자성이 모두 평등하여서 근본적으로 차별이 없음을 관찰하는 것입니다. 사실 그 모두는 자성 본체의 기능이 허망하게 난동(亂動)하여 진질(塵質)을 발생한 것입니다. 만약 먼지 때가 녹아 없어지게 하여 지혜가 스스로 원만하도록 한다면, 무상대도를 이룹니다. 이것이야말로 제일 묘법입니다.

月光童子, 即從座起, 頂禮佛足, 而白佛言。我憶往昔恒河沙劫, 有佛出世, 名爲水天。教諸菩薩修習水觀, 入三摩地。觀於身中, 水性無奪。初從涕唾, 如是窮盡津液精血, 大小便利, 身中旋復, 水性一同。見水身中與世界外浮幢王刹, 諸香水海, 等無差別。我於是時, 初成此觀。但見其水未得無身。當爲比丘, 室中安禪。我有弟子, 闚窗觀室, 唯見清水徧在室中, 了無所見。童稚無知, 取一瓦礫投於水內, 激水作聲, 顧盼而去。我出定後, 頓覺心痛。如舍利弗遭違害鬼。我自思惟, 今我已得阿羅漢道, 久離病緣。云何今日忽生心痛, 將無退失。爾時童子捷來我前, 說如上事。我則告言。汝更見水, 可即開門, 入此水中, 除去瓦礫。童子奉教。後入定時, 還復見水, 瓦礫宛然, 開門除出。我後出定, 身質如初。逢無量佛, 如是至於山海自在通王如來, 方得亡身。與十方界諸香水海, 性合眞空, 無二無別。今於如來得童眞名, 預菩薩會。佛問圓

通, 我以水性一味流通, 得無生忍, 圓滿菩提, 斯爲第一。

(20) 수대(水大) 종성에 의지하여 자성이 청정함을 깨닫는 수행법

월광동자(月光童子)가 일어서서 스스로 말했다. "제가 기억해보니 과거 무수한 겁 이전에 부처님 한 분이 세상에 출현하셨으니, 그 명호가 수천불(水天佛)이었습니다. 그분은 모든 보살들께 수관(水觀) 방법을 닦아 익혀 정정(正定)삼매의 경계에 들어가도록 가르쳤습니다.

(한 가지 수행방법인데, 먼저 환경과 결합해야 한다. 산꼭대기나 물가에서 오로지 선정만 닦으면 망념이 자연히 쉽게 청정해진다. 물가의 숲 아래서는 심경이 자연히 편안하고 고요해질 수 있기 때문이다. 수관을 닦아 익히는 사람은 늘 맑은 연못 물가에서 좌선한다. 생각을 추슬러 맑디맑고 차갑고 고요한 연못을 주시하면 심경이 쉽게 적정寂靜해져 갈 수 있다. 점점 그 까닭을 잊고, 마음은 공空하고 경계는 고요하게 되어 홀연히 몸을 잊은 것 같다. 그 때에 이르러서는 물과 하늘이 같은 색깔이요 만물과 나를 둘 다 잊어서 온통 한 덩어리가 된다. 이것이 수관의 초보이다. 더 진보하면 그 잊음도 잊어버리고 그 공함도 공하다. 물과 색깔 맑은 빛을 모두 전혀 얻을 수 없으며 자연히 수관삼매에 진입한다. 그러나 무상정각과는 아직 전혀 상관이 없다).

저는 당시 몸 안의 수대(水大) 종성을 관조(觀照)해보니 모두 마찬가지였습니다. 눈물·콧물·침·대소변과 정혈(精血) 등도 그 궁극을 깊이 파고들어가 찾아보니 수대 성능의 변화에 지나지 않았습니다. 뿐만 아니라 몸 안의 물과 세계 안팎의 모든 수분과 바닷물 등도 동일한 성능으로 무슨 차이가 없었습니다. 제가 처음에 이런 수관에 성공했을 때에는 단지 마음과 물을 하나로 융화할 수 있을 뿐이었습니다. 물이 곧 내 몸이요, 내 몸이 곧 물이었습니다. 하지만 맑은 파도 멈춘 물의 이 경계를 잊어버릴 수 없었습니다.

그때 저는 출가 비구였을 때였는데, 한 번은 실내에서 편안히 좌선을 하고 있었습니다. 저에게 어린 제자가 있었는데, 그가 창문 틈으로 몰래 보니 실내가 온통 맑은 물로 가득 차 있고 다른 것은 아무 것도 보이지 않았습니다. 곧 기와 조각을 하나 들어 던졌더니 풍덩! 하면서 물속으로 가라앉았습니다. 그리고 잠깐 보고나서는 그대로 가버렸습니다. 저는 선정에서 나온 뒤 갑자기 마음속이 몹시 아픔을 느꼈습니다. 마치 사리불이 저번에 산속에서 입정(入定)해있을 때 귀신에게 맞은 것처럼 그랬습니다. 제 자신이 연구해보았습니다. '나는 이미 아라한도를 얻었고 오랫동안 질병을 앓은 일이 없었는데 왜 오늘 갑자기 이렇게 마음이 아플까? 설마 도력(道力)이 사라져 없어진 것일까?' 그 때 마침 저의 그 어린 제자가 와서는 조금 전의 일을 말해주었습니다. 저는 그에게 말했습니다. '내가 다시 문 닫고 입정하여 네가 실내의 물을 보게 되거든 즉시 문을 열고 들어와 그 기와 조각을 들고 나가거라.' 이 아이는 듣고 나서 제가 다시 입정하였을 때 보니 과연 온 실내가 물이 가득하고 그 기와 조각은 분명히 그 안에 있었습니다. 그는 곧 문을 열고 기와 조각을 가지고 나갔습니다. 제가 출정(出定)한 뒤에는 제 몸도 곧 처음처럼 회복되었습니다.

뒷날 많은 부처님들을 따라서 학습하였는데, 산해자재통왕불(山海自在通王佛)이 세상에 출현해서야 비로소 신견(身見: 감각)의 작용을 잊을 수 있었습니다. 시방세계의 모든 수분 및 대해수와 완전히 합일하여 진공(眞空)의 자성에 증득하여 들어갔습니다[證入]. 수대 종성의 자성 기능과 인아(人我) 자성의 진공묘유의 기능이 모두 같아서 구별이 없었습니다. 이제 부처님을 만나 동진(童眞)보살이라는 명호를 얻고 보살의 숲에 들어왔습니다.

부처님이 이제 저희들에게 무슨 방법을 닦아야 부처의 과지를 원만히 통달할 수 있는지 물으십니다. 저는 수성(水性)의 한결같이 흘러 통하는[流通] 자재한 기능을 관찰함으로부터 무생법인 경계에 들어갔습니다. 제가 판단하기로는, 원만한 무상정각을 얻고자 한다면 수성을 자세히 관찰하는 법문을 닦음이야말로 제일 묘법입니다.

琉璃光法王子, 即從座起, 頂禮佛足, 而白佛言。我憶往昔經恒沙劫, 有佛出世, 名無量聲。開示菩薩本覺妙明。觀此世界及衆生身, 皆是妄緣風力所轉。我於爾時, 觀界安立, 觀世動時, 觀身動止, 觀心動念, 諸動無二, 等無差別。我時覺了此群動性, 來無所從, 去無所至。十方微塵顛倒衆生, 同一虛妄, 如是乃至三千大千一世界內, 所有衆生, 如一器中, 貯百蚊蚋, 啾啾亂鳴, 於分寸中鼓發狂鬧。逢佛未幾, 得無生忍。爾時心開, 乃見東方不動佛國, 爲法王子, 事十方佛。身心發光, 洞徹無礙。佛問圓通, 我以觀察風力無依, 悟菩提心, 入三摩地, 合十方佛傳一妙心, 斯爲第一。

(21) 풍대(風大) 종성에 의지하여 자성이 걸림 없음을 깨닫는 수행법

유리광(琉璃光)보살이 일어서서 스스로 말했다. "제가 기억해보니 과거 아득히 오랜 겁 이전에 무량성불(無量聲佛)이 세간에 출현하셨는데, 보살의 본각 자성의 묘명진심(妙明眞心)을 가르쳐 열어 보이시면서, 세계를 형성하는 종성과 온갖 중생의 신체를 형성하는 종성은 모두 허망한 인연[妄緣]의 교란(攪亂)인 풍력에서 생겨나는 것임을 관찰하라고 하셨습니다. 저는 이때에 관찰해보니 공간과 시간 속의 운동 그리고 신체와 심념의 활동은 모두다 이 풍력의 작용이며, 그 속에는 무슨 다름이 없었습니다. 그때 저는 깨달았는데, 이 온갖 동력 기능의 자성은 올 때에도 고정된 방향처소가 없고 가고 나서도 고정된 소재가 없었습니다. 시방세계의 모든 물질 미진의 동력과 중생의 전도(顚倒)된 망동의 본능은 모두 이런 풍력의 허망한 작용이었습니다. 크게 말하면 삼천대천세계 밖으로부터 이 세계의 안에 이르기까지의 모든 온갖 중생은 마치 한 병 속에 많은 모기를 집어 넣어 놓으니 앵앵거리며 우는 것과 같았습니다. 그것은 모두 신체 이내의 심장[方寸之地]에서 한 가닥 풍력 기기(氣機)가 선동[鼓動]하고 있어서 미쳐 날뛰며 떠들어대는 것이었습니다.

(세계와 중생생명 존재의 동력기능動能은 모두 한 가닥 기氣의 작용이다. 천지는 대기大氣 중에서 쉬지 않고 운행하기에 고금왕래의 존재가 있다. 중생도 대기에 의존하여 생존한다. 사람 몸은 마치 작은 천지와 같다. 생명 존재는 온통 심장사이의 일점의 기기氣機의 왕래에 의지한다. 한 기氣가 오지 않으면 생명은 곧 사망을 고한다. 망념의 움직임은 반드시 기식氣息과 상호 의존하여서 생각이 움직일 때는 기氣가 반드시 움직인다. 바꾸어 말하면 기氣가 움직이면 생각도 따라서 움직인다. 수행하는 사람이 때로는 생각이 고요해지거나 그치기를 바라지만 기식이 정지하지 않는다. 그러므로 망심도 그칠 수 없다. 비유하면 나무는 고요하고 싶은데 바람이 그치지 않음과 같다. 나무가 고요해질 수 없는 것이 아니라 단지 나무가 바람에 의지해 움직이기 때문이다. 바람이 그치지 않으므로 나무도 스스로 고요해질 수 없다. 이 때문에 티베트에 전해진 밀종이나 다른 학파[他家]의 수행 방법에는 오로지 기식만을 의지해 수행하는 것이 있다. 먼저 기맥이 열려 풀리도록 하고 마음과 기식이 상호 의지하도록 한다. 그런 다음 기주맥정氣住脈停하고, 마음과 경계가 공적한[心空境寂] 경지에 도달한다. 이런 종류의 수행법문은 모두 풍대 종성에 의지하여 닦는 방법이다).

저는 무량성불의 가르침을 만나 얼마 지나지 않아 무생법인을 얻었습니다. 당시에 심개의해(心開意解)하여 곧 동방부동불국(東方不動佛國)을 보았고(자성 본각의 부동不動의 진불眞佛을 친히 보았다) 곧 부동불 문하의 법왕자가 되었습니다. 아울러 동시에 시방의 모든 부처님들을 섬길 수 있었습니다. 심신이 훤히 밝아서[朗然洞澈] 안팎에 걸림 없이 광명이 저절로 났습니다.

부처님께서 이제 저희들에게 무슨 방법을 닦아야 부처의 과지를
원만하게 통달할 수 있는지 물으십니다. 저는 풍력 기식이 의지함이
없는 성능을 관찰함으로부터 무상정각인 자성 진심을 깨달아 정정
(正定)삼매 경계에 증득하여 들어가 시방제불이 전한 미묘한 심법(心
法)에 합하였습니다. 이것이야말로 제일 묘법입니다.

虛空藏菩薩, 即從座起。頂禮佛足, 而白佛言。我與如來, 定光佛所, 得無邊
身。爾時手執四大寶珠, 照明十方微塵佛刹, 化成虛空。又於自心現大圓
鏡。內放十種微妙寶光, 流灌十方盡虛空際, 諸幢王刹, 來入鏡內, 涉入我
身。身同虛空, 不相妨礙。身能善入微塵國土, 廣行佛事, 得大隨順。此大神
力, 由我諦觀四大無依, 妄想生滅, 虛空無二, 佛國本同。於同發明, 得無生
忍。佛問圓通, 我以觀察虛空無邊, 入三摩地, 妙力圓明, 斯爲第一。

(22) 허공을 의지하여 성공(性空)을 깨닫는 수행법

허공장(虛空藏)보살이 일어서서 스스로 말했다. "저와 석가모니불
은 함께 과거겁에 정광불(定光佛)[206]앞에서 무변무제(無邊無際)[207]한
그 본성이 공한[性空] 법신을 증득했습니다. 그때 손에 온통 투명한
큰 보배 구슬 네 개를 가지고 시방세계를 조명(照明)했습니다. 모든
미진수(微塵數) 불국토들이 이 빛 속에서 허공으로 변화했습니다. 아
울러 자신의 마음속으로는 하나의 커다란 둥근 거울을 관상(觀想)하
여 나타나게 하고는, 이 커다란 둥근 거울 안으로부터 열 가지 미묘

---

206 즉 연등불(燃燈佛)이다. 이 부처님이 세간에 출현하였을 때 석가모니불은
다섯 줄기 연꽃을 사서 부처님께 공양하고 그로 인해 미래에 성불한다는
수기를 얻었다.

207 가없고 끝없는.(역주)

한 보배 광명을 발생해 나오게 하여 시방세계의 허공중에 비추었습니다. 모든 세계 중의 불국찰토(佛國剎土)도 동시에 모두 이 커다란 둥근 거울에 반사되어 저의 몸에 참가하여 들어왔습니다[參入]. 저의 몸과 허공은 합하여 한 덩어리가 되어 피차 서로 방애(妨礙)되지 않았습니다. 이 몸은 어떠한 미진수 국토들도 통과할 수 있어 온갖 불사를 널리 함에 뜻대로 자재할 수 있었습니다.

(이는 일종의 경단鏡壇을 이용한 수행법이다. 티베트에 전해진 밀종 수행법에서는 환관성취幻觀成就라고 한다. 효력이 최대이며 성취도 대단히 빠르다. 능엄주단楞嚴咒壇의 수행법도 이 같은 이치이다. 그러나 한 가지 반드시 주의해야할 점으로, 이런 수행법은 실제 해탈의 각수覺受를 생겨나게 하기 쉽지만, 만약 경험자의 지도가 없으면 마장에 들어갈 가능성도 높다. 이 점에 특별히 유의해야 한다).

제가 이런 대신력(大神力)을 닦아 얻은 것은, 제가 자세히 관찰해보니 지수화풍 4대 종성에는 의지에 도움이 될 만한 고정된 성능이 없기 때문입니다. 망상이 생멸하는 현상도 얻을 실체가 없음은 허공이나 마찬가지입니다. 온갖 불국토도 모두 자성의 본체는 동일합니다. 그래서 자성을 발명하고 깨달아서 무생법인 경지를 얻었습니다.

부처님께서 이제 저희들에게 무슨 방법을 닦아야 부처의 과지를 원만히 통달할 수 있는지 물으십니다. 저는 허공의 자성이 가없고 끝없음을 관찰함으로부터 정정삼매에 증득하여 들어갔습니다. 만약 신통 묘력(妙力)과 원만한 자성 광명을 얻고자 한다면, 이것이야말로 제일 묘법입니다.

彌勒菩薩, 即從座起, 頂禮佛足, 而白佛言。我憶往昔經微塵劫, 有佛出世, 名日月燈明。我從彼佛而得出家。心重世名, 好遊族姓。爾時世尊, 教我修習唯心識定, 入三摩地。歷劫已來, 以此三昧事恒沙佛。求世名心歇滅無有。

至然燈佛出現於世。我乃得成無上妙圓識心三昧。乃至盡空如來國土淨穢有無。皆是我心變化所現。世尊。我了如是唯心識故, 識性流出無量如來。今得授記, 次補佛處。佛問圓通, 我以諦觀十方唯識, 識心圓明, 入圓成實, 遠離依他及徧計執, 得無生忍, 斯爲第一。

(23) 심식(心識)의 견각(見覺)에 의지하여 자성을 철저히 깨닫는 수행법

미륵보살(彌勒苦薩)[208]이 일어서서 스스로 말했다. "저는 기억해보니 아득히 오래 먼 겁수 이전에 일월등명불(日月燈明佛)이 세상에 출현하셨는데 저는 그분을 따라 출가했습니다. 그러나 저는 마음속으로는 여전히 세간의 명성을 중시하고 귀족이나 사대부들과의 사귐을 좋아했습니다. 그때 일월등명불은 저에게 유심식정(唯心識定)을 닦아 익혀 정정삼매에 증득하여 들어가라고 가르쳐주셨습니다.

(유식 관법은 먼저 '3계가 유심이요, 만법이 유식이다[三界唯心, 萬法唯識]'는 원리를 이해해야한다. 그런 다음 견각見覺 심식의 생기 작용은 모두 타자에 의지하여 일어나는 것임을 인식해야한다. 심의식心意識의 작용은 외부 대상경계로 인하여 불러일으켜지는 것이며, 또 승의법상勝義法相의 환유幻有라고 말한다. 외부 대상경계가 심의식을 불러일으키면 일반인들은 아의我意에 굳게 집착하여 그것이 실재하는 것으로 여긴다. 그러므로 이런 작용을 간단히 불러 변계소집徧計所執이라고 한다. 만약 이런 변계소집에 집착하지 않으며 다시 의타기依他起하지도 않아 공하여 있는 바가 없으면[空無所有] 곧 법성의 필경공畢竟空이다. 그런 다음 공空과 유有에 집착하지 않으면 심식 자성이 적연부동인 원성실성圓成實相이다. 이런 방법은 완전히 먼저 사유 관찰을 이용하여 닦고, 다

---

208 자씨(慈氏, 성씨이다)라고 번역하고 이름은 아일다(阿逸多)로 무능승(無能勝)이라 번역한다. 자심삼매(慈心三昧)를 닦아 얻었기 때문에 자씨라고 부른다. 남천축 바라문가에서 태어났고 석가여래의 부처 자리를 이을 보처(補處)보살이다. 부처님 보다 먼저 열반에 들어 도솔천 내원에 태어났다.

시 다른 작용에 의지할 필요가 없다).

저는 이 세 가지 사리(事理)에 의지하여 사유 관찰했습니다. 겁의 세월을 지나오면서 무수한 부처님을 받들어 섬기고, 점점 세간의 헛된 명예를 추구하는 마음이 완전히 쉬어 소멸되도록 하였습니다. 이렇게 수행하여 연등불이 세간에 출현하시자 저는 비로소 무상묘원(無上妙圓)의 식심(識心)삼매를 이루었고, 가없는 허공중의 불국찰토들의 모든 청정함과 더러움, 있음과 없음, 갖가지 현상 등이 모두 저의 자기 마음의 기능이 변화하여 나타난 경계 모습임을 증득했습니다. 이로 말미암아 만유 기능이 모두 오직 심식이 변화하여 나타남이며, 설사 모든 부처님들이라 할지라도 모두 심식의 자성으로부터 생겨난 것임을 이해하였습니다. 그래서 이제 부처님께서 인가 증명하고, 제가 다음 겁초(劫初)에는 이 세계에서 성불하여 교법을 주지(住持)하리라고 미리 수기하셨습니다.

부처님께서 이제 저희들에게 무슨 방법을 닦아야 부처의 과지를 원만히 통달할 수 있는지 물으셨습니다. 저는 시방세계의 만유현상이 모두 의식이 변한 것임을 관찰함으로부터 식심 자성이 본래 원만하고 밝은 것임을 증득하고, 이로 인해 원성실성(圓成實性)의 경지에 들어갔습니다. 의타기(依他起)의 심의(心意) 작용을 멀리 떠나고 변계소집(遍計所執)의 집착 습관을 없애서 무생법인을 얻음이야말로 제일 묘법입니다.

大勢至法王子, 與其同倫五十二菩薩, 即從座起, 頂禮佛足, 而白佛言。我憶往昔恒河沙劫, 有佛出世, 名無量光。十二如來, 相繼一劫。其最後佛名超日月光。彼佛教我念佛三昧。譬如有人, 一專爲憶, 一人專忘, 如是二人, 若逢不逢, 或見非見。二人相憶, 二憶念深, 如是乃至從生至生, 同於形影, 不相乖異。十方如來憐念衆生, 如母憶子。若子逃逝, 雖憶何爲。子若憶母如母憶

時, 母子歷生不相違遠。若衆生心憶佛念佛, 現前當來必定見佛。去佛不遠,
不假方便自得心開。如染香人, 身有香氣。此則名曰香光莊嚴。我本因地以
念佛心, 入無生忍。今於此界, 攝念佛人歸於淨土。佛問圓通, 我無選擇, 都
攝六根淨念相繼, 得三摩地, 斯爲第一。

(24) 염불(念佛) 원통의 수행법

　대세지보살(大勢至菩薩)[209]이 자신과 함께 수행하는 도반 52분의
보살들과 일어서서 스스로 말했다. "제가 기억해보니 과거 헤아릴
수 없는 겁 이전에 한 분의 무량광불(無量光佛)이 세간에 출현하셨습
니다. 앞뒤로 열두 분의 부처님이 모두 동일한 명호를 사용하여 서
로 이어가면서 세간에 머물며 교화하셨는데, 그 기간이 1 대겁 동
안이었습니다. 최후의 부처님이 명호가 초일월광불(超日月光)이었는
데, 그 분이 저에게 염불삼매를 닦아 익히라고 이렇게 가르쳐주셨
습니다.

　'어떤 것을 염(念)이라고 할까? 예컨대 어떤 사람이 마음을 오로
지하여 다른 사람을 기억하고 생각한다. 그런데 그 다른 사람은 자
기를 생각하고 그리워하는 이 사람을 언제나 잊어버린 채 생각하지
않는다면, 이런 두 사람은 서로 만난다 할지라도 상봉하지 않음이
나 마찬가지이다. 반드시 두 사람은 피차 서로 기억하고 생각하고
피차 모두 서로 생각하고 잊지 않아야한다. 세월이 오래 지나고 공
(功)이 깊어지면 기억하고 생각함[憶念]은 더욱 간절해진다. 한 생 한
세상뿐만이 아니라 무수한 생사 환생을 거칠지라도 형체와 그림자
처럼 분리될 수 없다. 너는 알아야한다, 시방세계의 모든 부처님들

---

209 지혜의 광명으로 모든 것을 두루 비추어 축생 아귀 지옥의 3도를 떠나
　무상의 힘을 얻게 하므로 이 보살을 대세지라고 이름 한다.

이 온갖 중생을 불쌍히 여기며 기억하고 생각함은 마치 자애로운 어머니가 자녀를 기억하여 생각함과 같다. 만약 아들이 자애로운 어머니를 거스르고 스스로 어머니의 사랑으로부터 도피하여 먼 지방으로 가버린다면, 자애로운 어머니가 아들을 그리워한들 무슨 소용이 있겠느냐? 만약 이 아들이 모친을 그리워한다면, 그 어머니가 그를 그리워함과 같게 된다. 이와 같다면 어머니와 아들 두 사람이 비록 겁의 세월을 거치며 수 없이 태어나더라도 서로 멀어져 흩어지지 않을 것이다. 만약 중생이 마음속에서 진실하고 간절하게 부처님을 기억하고 생각한다면, 금생인 현재나 혹은 장래에 반드시 부처님을 볼 수 있다. 자성 진심의 자성불(自性佛)과 우리 중생들 사이에는 멀고 가까움의 거리가 없으니 다른 방법을 빌릴 필요가 없다. 단지 자기 마음이 깨달음을 얻어 자성의 진심을 보면, 자연히 마음이 열려 부처를 본다. 그러므로 염불 법문은 언제 어디서나 생각생각 잊지 않아야한다. 마치 향기를 물들이는 작업을 하는 사람이 날이 가고 달이 가다보면 자연히 몸에 향기가 있음과 같다. 그러므로 이 방법을 향광장엄(香光莊嚴)이라고 부른다.'

제가 닦아 익히기 시작한 방법은 일심(一心) 염불로부터 무생법인의 경계에 들어가는 것이었습니다. 지금은 이 세상에 돌아와 일반 염불하는 사람들로 하여금 청정한 광명의 정토로 돌아가도록 교화하고 널리 섭수(攝收)하고 있습니다.

부처님께서 이제 저희들에게 무슨 방법을 닦아야 부처의 과지를 원만히 통달할 수 있는지 물으십니다. 저는 6근 문(門)의 수행법에 대해 그 예리함과 둔함을 선택하는 분별심이 없습니다. 단지 6근의 작용을 모두 염불하는 일념에 돌려 거두어들이기만 해서 망상으로 산란(散亂)하지도 않고 혼침(昏沉)으로 미혹하여 어둡지도[迷昧] 않음이 바로 자성의 정념(淨念)입니다. 이렇게 생각 생각마다 이어져 끊어짐이 없으면 자연히 염불삼매를 얻을 수 있습니다. 이것이야말로 제일 묘법입니다.

(이상으로 제5권을 마침)

능엄경 제6권

大佛頂如來密因修證了義諸菩薩萬行首楞嚴經 卷第六

爾時觀世音菩薩, 即從座起, 頂禮佛足, 而白佛言。世尊。憶念我昔無數恒河沙劫, 於時有佛出現於世, 名觀世音。我於彼佛發菩提心。彼佛敎我從聞思修, 入三摩地。初於聞中, 入流亡所。所入旣寂。動靜二相了然不生。如是漸增。聞所聞盡。盡聞不住。覺所覺空。空覺極圓。空所空滅。生滅旣滅。寂滅現前。忽然超越世出世間。十方圓明。獲二殊勝。一者, 上合十方諸佛本妙覺心, 與佛如來同一慈力。二者, 下合十方一切六道衆生, 與諸衆生同一悲仰。世尊。由我供養觀音如來。蒙彼如來, 授我如幻聞熏聞修金剛三昧, 與佛如來同慈力故, 令我身成三十二應, 入諸國土。

世尊。若諸菩薩, 入三摩地, 進修無漏, 勝解現圓。我現佛身而爲說法, 令其解脫。

若諸有學, 寂靜妙明, 勝妙現圓。我於彼前現獨覺身, 而爲說法, 令其解脫。

若諸有學, 斷十二緣, 緣斷勝性, 勝妙現圓。我於彼前現緣覺身, 而爲說法, 令其解脫。

若諸有學, 得四諦空, 修道入滅, 勝性現圓。我於彼前現聲聞身, 而爲說法, 令其解脫。

若諸衆生, 欲心明悟, 不犯欲塵, 欲身淸淨。我於彼前現梵王身, 而爲說法, 令其解脫。

若諸衆生, 欲爲天主, 統領諸天。我於彼前現帝釋身, 而爲說法, 令其成就。

若諸衆生, 欲身自在遊行十方。我於彼前現自在天身, 而爲說法, 令其成就。

若諸衆生, 欲身自在飛行虛空。我於彼前現大自在天身, 而爲說法, 令其成就。

若諸衆生, 愛統鬼神, 救護國土。我於彼前現天大將軍身, 而爲說法, 令其成就。

若諸衆生, 愛統世界, 保護衆生。我於彼前現四天王身, 而爲說法, 令其成就。

若諸衆生, 愛生天宮, 驅使鬼神。我於彼前現四天王國太子身, 而爲說法, 令其成就。

若諸衆生, 樂爲人王。我於彼前現人王身, 而爲說法, 令其成就。

若諸衆生, 愛主族姓, 世間推讓。我於彼前現長者身, 而爲說法, 令其成就。

若諸衆生, 愛談名言, 清淨自居。我於彼前現居士身, 而爲說法, 令其成就。

若諸衆生, 愛治國土, 剖斷邦邑。我於彼前現宰官身, 而爲說法, 令其成就。

若諸衆生, 愛諸數術, 攝衛自居。我於彼前現婆羅門身, 而爲說法, 令其成就。

若有男子, 好學出家, 持諸戒律。我於彼前現比丘身, 而爲說法, 令其成就。

若有女人, 好學出家, 持諸禁戒。我於彼前現比丘尼身, 而爲說法, 令其成就。

若有男子, 樂持五戒。我於彼前現優婆塞身, 而爲說法, 令其成就。

若有女子, 五戒自居。我於彼前現優婆夷身, 而爲說法, 令其成就。

若有女人, 內政立身, 以修家國。我於彼前現女主身, 及國夫人命婦大家, 而爲說法, 令其成就。

若有衆生, 不壞男根。我於彼前現童男身, 而爲說法, 令其成就。

若有處女, 愛樂處身, 不求侵暴。我於彼前現童女身, 而爲說法, 令其成就。

若有諸天, 樂出天倫。我現天身而爲說法, 令其成就。

若有諸龍, 樂出龍倫。我現龍身而爲說法, 令其成就。

若有藥叉, 樂度本倫。我於彼前現藥叉身, 而爲說法, 令其成就。

若乾闥婆, 樂脫其倫。我於彼前現乾闥婆身, 而爲說法, 令其成就。

若阿修羅, 樂脫其倫。我於彼前現阿修羅身, 而爲說法, 令其成就。

若緊那羅, 樂脫其倫。我於彼前現緊那羅身, 而爲說法, 令其成就。

若摩呼羅伽, 樂脫其倫。我於彼前現摩呼羅伽身, 而爲說法, 令其成就。

若諸衆生, 樂人修人。我現人身, 而爲說法, 令其成就。

若諸非人, 有形無形, 有想無想, 樂度其倫。我於彼前皆現其身, 而爲說法, 令其成就。

是名妙淨三十二應, 入國土身。皆以三昧聞熏聞修無作妙力, 自在成就。

世尊。我復以此聞熏聞修, 金剛三昧無作妙力。與諸十方三世六道一切衆生, 同悲仰故。令諸衆生, 於我身心, 獲十四種無畏功德。

一者, 由我不自觀音以觀觀者。令彼十方苦惱衆生, 觀其音聲, 即得解脫。

二者, 知見旋復。令諸衆生, 設入大火, 火不能燒。

三者, 觀聽旋復。令諸衆生, 大水所漂, 水不能溺。

四者, 斷滅妄想。心無殺害。令諸衆生, 入諸鬼國, 鬼不能害。

五者, 熏聞成聞, 六根銷復, 同於聲聽。能令衆生, 臨當被害, 刀段段壞。使其兵戈, 猶如割水, 亦如吹光, 性無搖動。

六者, 聞熏精明, 明徧法界, 則諸幽暗性不能全。能令衆生, 藥叉、羅刹、鳩槃茶鬼、及毗舍遮、富單那等。雖近其傍。目不能視。

七者, 音性圓銷, 觀聽返入, 離諸塵妄, 能令衆生, 禁繫枷鎖, 所不能著。

八者, 滅音圓聞, 徧生慈力。能令衆生, 經過險路, 賊不能劫。

九者, 熏聞離塵, 色所不劫, 能令一切多婬衆生, 遠離貪欲。

十者, 純音無塵, 根境圓融, 無對所對。能令一切忿恨衆生, 離諸瞋恚。

十一者, 銷塵旋明, 法界身心, 猶如琉璃, 朗徹無礙。能令一切昏鈍性障諸阿顚迦, 永離癡暗。

十二者, 融形復聞, 不動道場, 涉入世間。不壞世界, 能徧十方。供養微塵諸佛如來。各各佛邊爲法王子。能令法界無子衆生, 欲求男者, 誕生福德智慧之男。

十三者, 六根圓通, 明照無二, 含十方界。立大圓鏡空如來藏。承順十方微塵如來。秘密法門, 受領無失。能令法界無子衆生, 欲求女者, 誕生端正福德柔順, 衆人愛敬有相之女。

十四者, 此三千大千世界, 百億日月, 現住世間諸法王子, 有六十二恒河沙數, 修法垂範, 教化衆生, 隨順衆生, 方便智慧, 各各不同。由我所得圓通本根, 發妙耳門。然後身心微妙含容, 周徧法界。能令衆生持我名號, 與彼共持六十二恒河沙諸法王子, 二人福德, 正等無異。世尊, 我一名號, 與彼衆多名號無異。由我修習得眞圓通。

是名十四施無畏力, 福備衆生。

世尊。我又獲是圓通, 修證無上道故, 又能善獲四不思議無作妙德。

一者, 由我初獲妙妙聞心, 心精遺聞, 見聞覺知不能分隔, 成一圓融淸淨寶覺。故我能現衆多妙容, 能說無邊秘密神咒。其中或現一首三首五首七首九首十一首, 如是乃至一百八首, 千首萬首, 八萬四千爍迦羅首。二臂四臂六臂八臂十臂十二臂, 十四十六十八二十至二十四, 如是乃至一百八臂, 千臂萬臂, 八萬四千母陀羅臂。二目三目四目九目。如是乃至一百八目, 千目萬目, 八萬四千淸淨寶目。或慈或威。或定或慧。救護衆生。得大自在。

二者, 由我聞思, 脫出六塵, 如聲度垣, 不能爲礙。故我妙能現一一形, 誦一一咒。其形其咒, 能以無畏施諸衆生。是故十方微塵國土, 皆名我爲施無畏者。

三者, 由我修習本妙圓通淸淨本根。所遊世界, 皆令衆生捨身珍寶, 求我哀愍。

四者, 我得佛心, 證於究竟。能以珍寶種種, 供養十方如來, 傍及法界六道衆生。求妻得妻, 求子得子。求三昧得三昧。求長壽得長壽。如是乃至求大涅槃得大涅槃。

佛問圓通, 我從耳門圓照三昧, 緣心自在, 因入流相, 得三摩提, 成就菩提, 斯爲第一。世尊彼佛如來, 歎我善得圓通法門。於大會中, 授記我爲觀世音號。由我觀聽十方圓明。故觀音名徧十方界。

(25) 음성에 의지하여 이근(耳根) 원통을 증득하는 수행법

관세음보살(觀世音)[210]이 일어서서 스스로 말했다. "제가 기억해보니 과거 무량겁 이전에 관세음불(觀世音佛)이 세간에 출현하셨는데, 저는 그 부처님 앞에서 자성 정각을 증득하기를 바라는 보리심을 일으켰습니다. 관세음불은 저에게 문(聞)·사(思)·수(修)(소리를 듣고 사유하고 수증하는) 세 단계로부터 수행하여 여래의 정정(正定)삼매로 증득하여 들어가라고 가르쳐주셨습니다.

저는 맨 처음에 이근(耳根)이 소리를 듣는 경계 중에서, 능히 듣는 [能聞] 자성의 흐름으로 들어가고 나서는 들리는[所聞] 소리의 현상이 사라졌습니다. (그렇게) 전혀 들림이 없는[了無所聞][211] 이 적멸 속으로부터 다시 닦아갔습니다. 그러자 소리가 있음과 소리가 없음인 동정(動靜) 이 두 가지 현상을 비록 모두 또렷이 알면서 걸림이 없더라도[了然無礙] 한 생각이 일어나지 않게 되었습니다.[212]

이처럼 점점 더 정진하니 능히 들음과 들림의 작용 기능이 모두 얼음 녹듯이 풀리어 남김 없어졌습니다. 능(能)[213]과 소(所)[214]가 둘 다 잊어짐[能所雙忘]에 이르러서는 들음이 다한 무상(無相)[215]한 (청정한) 경계에도 머무름이 없었습니다.[216]

---

210 줄여서 관음(觀音)이라 부른다. 신역으로는 관자재(觀自在)이다. 관세음이란 세상 사람들이 이 보살의 이름을 부르는 소리를 관찰하여 가르침을 베풀기 때문에 관세음이라 한다. 관자재란 세계를 관찰하여 자재하게 고통을 뽑아주고 즐거움을 준다는 의미다.

211 설사 소리를 듣더라도 자연히 청정해지고 전혀 상관이 없는 경계인.(역주)

212 동정 현상이 오더라도 상관없고 생각이 움직이지 않게 되었습니다.(역주)

213 어떤 동작의 주체가 되는 것. 인식의 주관.(역주)

214 어떤 동작의 객체가 되는 것. 인식의 객관.(역주)

215 형태나 모습이 없다.(역주)

이로부터 능각(能覺)[217]과 소각(所覺: 깨달아 진 그 청정한 경계)도 모두 공(空)해지고, 공과 각성(覺性)이 혼연일체가 되어 지극히 원만하고 밝은[圓明] 경계에 이르렀습니다.

이로부터 공(空: 능공)과 소공(所空)이 모두 사라지고 자연히 생멸의 작용이 다 사라졌습니다. 그리하여 절대 진공(眞空)의 적멸한 자성이 그 즉시 나타났습니다.

이로부터 홀연히 세간과 출세간의 모든 경계를 초월하였습니다. 시방세계가 즉시 훤히 원만하게 밝아지며[洞徹圓明][218] 두 가지 특수한 뛰어난[妙勝] 능력을 얻었습니다. 그 하나로, 위로는 시방의 모든 부처님들의 본원(本元) 자성의 묘각(妙覺) 진심에 합하였기 때문에, 모든 부처님들과 마찬가지로 크고 끝없는 자애[大慈]의 능력을 갖추었습니다. 또 하나로, 아래로는 시방의 모든 6도(六道: 천인 · 아수라 · 인간 · 축생 · 아귀 · 지옥) 중의 중생의 마음속의 근심[心慮]에 합하였기 때문에 온갖 중생과 마찬가지로 불쌍히 여기는 마음[悲心]으로 우러러 사모함[仰止]을 갖추었습니다.

제가 정성스런 마음으로 관세음불께 공양하였기 때문에 부처님이 저에게 몽환 같은, 이근으로 소리를 들어 훈습함으로써 능히 듣는 자성이 공한[能聞性空] 금강삼매를 닦으라고 가르쳐주셨습니다. 저는 부처님이 갖추고 있는 것과 똑같은 자애의 힘을 닦아 얻었기 때문에 이 몸은 32 종류의 변화의 몸을 이루어 언제 어디서나 중생을 제도하기 위하여 인간 세상에 응화(應化)[219]하여 나타낼 수 있습니다.

---

216 버려서 머무르지 않았습니다.(역주)

217 능히 깨닫는 주체(역주)

218 공간의 제약이 없어지고 일체를 알게 되었으며(역주)

219 부처나 보살이 중생제도를 위해 상대에 맞추어 여러 가지의 몸을 나투어 보이는 것.(역주)

(관세음보살의 32응화신應化身의 묘용은 원문대로이므로 풀이하지 않는다. 만약 오늘날 세간의 유한한 지식으로 헤아린다면 종교적인 신화설 정도로 느낄 것이다. 사실 모두 진실하여 허황되지 않는 사실로서, 자체에는 그 지극한 이치가 존재한다. 이론상으로 말하면 32응화신은 모두 몸과 입과 마음[身口意] 세 가지 문에서 발생하는 신통묘용이다. 하나는 몸이 신묘하게 통하는 묘용을 얻을 수 있어서 근기에 맞추어 가르침을 베풀어 각종의 다른, 몸소 자기의 행동으로 가르치는[身敎] 법문을 변화하여 나타낼 수 있다. 둘째로는 입이 무량한 다른 법문을 강설할 수 있어서 모두 이치와 근기에 들어맞아 사람들로 하여금 깨달아 이익을 받게 할 수 있다. 셋째로는 마음이 신묘하게 교화하는 묘용을 얻을 수 있어 온갖 중생의 근기를 관찰하여 갖가지 다른 교법을 세워 모두가 이익을 얻도록 할 수 있다).

또 이근의 듣는 훈습(薰習)으로부터 능히 듣는 자성이 공한 금강삼매를 얻었기 때문에, 무위(無爲)²²⁰이면서 작용을 일으키는 묘력(妙力)²²¹을 얻었습니다. 시방삼세의 6도의 온갖 중생과 동일한, 불쌍히 여기는 마음으로 우러러 사모하는[悲仰] 심정을 일으켜서 온갖 중생으로 하여금 저의 몸 중에서 14 종류의 무외(無畏)공덕을 얻게 할 수 있습니다(원문대로이므로 풀이하지 않는다).

| 역자보충 5 |

보다 쉽게 이해하도록 이 단락에 대해 남회근 선생이 한 강의를 '선정과 지혜 수행입문'에서 뽑아 전재합니다.

爾時觀世音菩薩, 即從座起, 頂禮佛足, 而白佛言 ： 世尊. 憶念我昔無

---

220 무위(無爲): 만들어진 것이 아닌 것. 각종 원인과 조건(인연)에 의해 생성된 것이 아닌 존재. 인과 관계를 떠나 있는 존재. 성립 파괴를 넘은 초시간적인 존재. 생멸 변화를 넘은 상주절대(常住絶待)의 진심. 아무 것도 하지 않음. 자연 그대로로, 작위하지 않는 것. 열반의 다른 이름.(역주)

221 절묘한 힘. 부사의한 힘.(역주)

數恒河沙劫, 於時有佛出現於世, 名觀世音. 我於彼佛發菩提心. 彼佛教我從聞思修, 入三摩地. 初於聞中, 入流亡所. 所入既寂. 動靜二相了然不生. 如是漸增. 聞所聞盡. 盡聞不住. 覺所覺空. 空覺極圓. 空所空滅. 生滅既滅. 寂滅現前. 忽然超越世出世間. 十方圓明. 獲二殊勝. 一者, 上合十方諸佛本妙覺心, 與佛如來同一慈力. 二者, 下合十方一切六道眾生, 與諸眾生同一悲仰.

"이시(爾時)관세음보살(觀世音菩薩), 즉종좌기(即從座起), 정례불족(頂禮佛足), 이백불언(而白佛言)," 스물다섯 분의 보살이 한 분 한 분씩 일어나 수행에서 터득한 바를 보고하는데, 이제는 관세음보살 차례가 되어 일어나 스스로 말합니다. 먼저 부처님께 정례하고 난 다음 이렇게 보고합니다.

"세존(世尊), 억념아석무수항하사겁(憶念我昔無數恒河沙劫), 어시유불출현어세(於時有佛出現於世), 명관세음(名觀世音), 아어피불발보리심(我於彼佛發菩提心)." 제가 이제 회상해보니 과거 무량수 겁 이전에 관세음불이 세간에 출현하셨습니다. 저는 그 부처님 앞에서 자성정각(自性正覺)을 증득하겠다는 보리심을 일으켰습니다.

"피불교아종문사수(彼佛教我從聞思修), 입삼마지(入三摩地)." 관세음불은 저에게 문사수(聞思修: 소리를 듣고, 사유하고, 수증함)라는 세 단계를 통해 수행하여 여래의 정정삼매(正定三昧: 삼매는 삼마지三摩地를 줄인 음역임)에 증득하여 들어가라고 가르쳐 주셨습니다.

"초어문중(初於聞中)," 저는 문사수로부터 삼마지에 들어갔습니다. 저는 자리에 앉자 이근(耳根)이 청정하여 자연히 외부의 일체의 소리를, 심지어 호흡소리까지 들었습니다. 이런 소리들에 대해 싫어하지도 않았고 일부러 마음을 써서 듣지도 않았습니다. 제6의식에서는 분별을 일으키지 않으니 서서히 고요해지면서 자연히 자기 내부의 생리적인 혈액순환 유동 소리가 들렸습니다.

"입류망소(入流亡所)," 더 고요해져 가자 들리는[所聞] 소리를 잊어버리고 능히 듣는[能聞] 자성의 흐름으로 들어가, 들리는 소리 현상을 잊게 되었습니다. 들리는 소리를 잊어버리고 염불소리까지도 사라져버립니다. 내면의 소리도 사라져버리고 외부의 소리도 사라져 온통 청정함이 지극한 정도에 이릅니다.

"소입기적(所入既寂), 동정이상료연불생(動靜二相了然不生)," 전혀 들리는 것이 없는 적멸(寂滅) 속에서 더 닦아 나아가면, 소리가 있는 현상인 움직임[動]과, 소리가 사라진 현상인 고요함[靜], 이 두 가지 현상에 모두 전혀 걸림이 없으면서 한 생각이 일어나지 않게 됩니다[一念不生]. 우리가 어떤 소리가 나는 것을 귀로 들음은, 움직이는 현상인 동상(動相)입니다. '들리는 것이 없음'을 주의를 기울여 들음은, 고요한 현상인 정상(靜相)이라고 합니다. '동상'과 '정상'은 둘 다 생멸상대법(生滅相對法)입니다. 도(道)는 동상에도 정상에도 있지 않습니다. 이른바 '동정이상료연불생(動靜二相了然不生)'입니다. 소리가 오면 동상을 듣고, 소리가 사라지고 나면 정상을 듣습니다. 우리가 아주 고요한 상태에 있을 때 홀연히 또 소리가 오면 즉시 동상을 들을 경우가 있는데, 움직임과 고요함은 현상(現象)이 다를 뿐입니다. 동상과 정상을 '능히 듣는 것 그 자체'는 소리 자체에 있는 것이 아닙니다. 더더욱 안에 있는 것도 아니요 밖에 있는 것도 아니요 중간에도 있지 않습니다. 있지 않는 곳이 없습니다. 그런데 심리는 도리어 분명히 알면서 움직인 적이 없습니다. 움직임이 오면 움직임을 알고 고요함이 오면 고요함을 압니다. 움직임과 고요함을 '능히 아는 이것'은 움직인 적이 없으며, 생기(生起)하면서도 생기하지 않고, 작용하면서도 작용하지 않습니다.

"여시점증(如是漸增), 문소문진(聞所聞盡)," 이렇게 더욱 정진해 가면 능히 듣는 작용기능[能聞]과 들리는 작용기능[所聞]이 둘 다 얼음 녹듯이 시원스럽게 남김없이 풀려버립니다. 소리를 능히 듣는 본체 기능과 소리가 들리는 작용이, 움직임과 고요함에 상관없이 모두 얼음 녹듯이 시원스레 풀립니다.

"진문불주(盡聞不住)," '능'과 '소' 둘 다 사라져[能所雙亡]²²², 들음과 들림이 다해버린[盡聞] 형상이 없는[無相] 경계에도 머물 바가 없습니다 [無所住]. 심지어 우주 개념의 범위를 초월하여 벗어남을 느낍니다. 이렇게 더욱 한 걸음 나아가면 철저히 명심견성(明心見性)하여 형이상의 도체(道體)와 혼연히 합하여 하나가 될 수 있습니다.

"각소각공(覺所覺空)," 우리가 소리를 듣는 후면에는 자기가 듣고 있다는 것을 감각할 수 있습니다. 그 각성(覺性)과 소각(所覺)의 소리, 즉 능각(能覺)과 소각(所覺)을 모두 비워버리면, 공(空)의 경계와 자기가 대철대오한 각(覺)의 경계가 다 사라집니다.

"공각극원(空覺極圓)," 공과 각성이 혼연일체가 되어 원명(圓明)의 경계에 도달합니다.

"공소공멸(空所空滅)," 능공(能空)과 소공(所空)의 현상도 사라집니다.

"생멸기멸(生滅旣滅)," 자연히 생(生)과 멸(滅)의 작용이 둘 다 완전히 사라집니다.

"적멸현전(寂滅現前)," 그리하여 절대적 진공(眞空)인 적멸자성(寂滅自性)이 그 즉시 현전합니다. 능히 생멸하게 하는 것을 비워버리면 혼연일체(渾然一體)의 원만광명의 도체에 도달하기 때문에, 이때는 호흡도 정지합니다.

호흡법은 기맥을 수련하는 방법으로 그 자체는 생멸법입니다. 생멸법인 것은 모두 현상이지 도체가 아닙니다. 여기에서 여러분에게 중요한 도리를 하나 말씀드리겠습니다. 우리들의 염두생각이 먼저 움직일까요? 호흡의 기(氣)가 먼저 움직일까요? 염두가 움직이면 기가 곧 움직입니다. 사람이 만약 염두가 전혀 움직이지 않으면 호흡도 자연히 정지합니다. 호흡이 정지할 때에는 신체의 본능(本能)도 전체적으로 완전히 충전되어 가득합니다. 그러므로 기공을 연마하거나 구절불풍(九節佛風) 등 갖가지 호흡 왕래 수련법을 닦는 것은 다 미련한 일로서 완전히 충전할 수는 없습니다. 진정한 충전은 염두가 전혀 움직이지 않고 내쉬지도 들이쉬지도 않은 상태일 때 이루어집니다.

---

222 능(能)은 주체를 소(所)는 객체를 말함.(역주)

이렇게 여러분들이 관음법문을 파악한 후 천천히 안으로 소리를 들음으로써 한 생각이 일어나지 않는, 일념불생(一念不生)의 경지에 도달하면 신체 기맥에도 자연히 변화가 일어나고 정(定)의 힘도 증가하게 됩니다. 염두가 완전히 정지(靜止)하고 호흡이 왕래하지 않기 때문에 자연히 다리 기맥도 쉽게 통하게 됩니다. 앉아 있는 상태에서 지극히 편안하면, 자리에서 일어나고 싶지 않으면서 움직이기조차 싫어지는데, 7일 밤낮을 앉아 있는 것도 무슨 어려움이 있겠습니까?

"홀연초월세출세간(忽然超越世出世間), 시방원명(十方圓明)," 이때에 이르면 형이상의 도체가 자연히 완전하게 드러나면서 돌연히 세간과 출세간의 모든 경계를 초월합니다. 전 허공우주인 시방세계가 즉시에 철저히 환해져 원만히 밝아지는데 어찌 천인합일(天人合一)에만 그치겠습니까? 완전히 원만 청정한 일체(一體)가 되어 버립니다.

"획이수승(獲二殊勝)." 이때에 특별하고 뛰어난 기능을 두 가지를 얻게 됩니다.

"일자(一者), 상합시방제불본묘각심(上合十方諸佛本妙覺心), 여불여래동일자력(與佛如來同一慈力)," 위로는 시방의 모든 부처님들의 본원(本元) 자성의 묘각진심(妙覺眞心)에 합하고 과거에 성취한 모든 성현 부처님들의 마음과 마음이 꼭 들어맞아 대자대비한 능력을 함께 갖추게 됩니다.

"이자(二者), 하합시방일체육도중생(下合十方一切六道眾生), 여제중생동일비앙(與諸眾生同一悲仰)," 아래로는 시방세계의 모든 6도중생(천인·아수라·인간·축생·아귀·지옥)과 합하며 중생의 마음속의 근심과 한 몸이 됩니다. 그러므로 온갖 중생과 마찬가지로 어려운 세상을 슬퍼하고 사람들의 고통을 동정하는 행동을 갖추어 위아래를 나누지 않고 평등하게 구제합니다.

또 저는 이런 이근원통법문을 얻어서 수행 증득하여 무상대도를 얻었기 때문에, 또 4종의 불가사의한, 무위(無爲)이면서 짓는 묘법

(妙法)을 얻었습니다(원문대로이므로 풀이하지 않는다).

부처님께서 이제 저희들에게 무슨 방법을 닦아야 부처의 과지를 원만히 통달할 수 있는지 물으십니다. 저는 이근원통의 원조(圓照)[223]삼매로부터 외부경계 현상에 반연하는 마음에 자재함[緣心自在]을 얻고, 이로 인해 자성 실상(實相)[224]의 법성의 흐름으로 들어가 정정(正定)의 삼매를 얻어 보리정각을 성취하였습니다. 이것이야말로 제일 묘법입니다. 과거의 관세음불도 제가 이근원통의 법문에 잘 들어갈 수 있다고 찬탄하고 대회(大會) 중에서 저를 관세음보살이라는 명호를 수기하셨습니다. 저는 능히 듣는 기능을 관찰하는[觀聽] 신묘한 법문을 성취하여 시방세계 어느 곳에나 원만히 통달하고 자성 광명 속으로 들어가 자재할 수 있기 때문에, 관세음이라는 명호도 시방세계에 두루 들립니다.

爾時世尊於師子座, 從其五體同放寶光, 遠灌十方微塵如來, 及法王子諸菩薩頂。彼諸如來亦於五體同放寶光, 從微塵方來灌佛頂, 幷灌會中諸大菩薩及阿羅漢。林木池沼, 皆演法音。交光相羅如寶絲網, 是諸大衆, 得未曾有。一

---

223 원만히 비추는.(역주)

224 실(實)이란 허망이 아니라는 뜻이요, 상(相)이란 모습(相)이 없음이다. 이는 만유의 본체를 지칭하는 말이다. 법성(法性), 진여(眞如), 실상(實相)이란 말은 그 체가 하나이다. 만법의 체성의 의미로 말하면 법성이다. 그 체가 진실하여 항상 머물고 있다는 의미로 말하면 진여이다. 이 진실하고 항상 머물고 있음이 만법의 실상이다는 의미로 말하면 실상이다. 또 그 이름에 의거하여 뛰어난 작용[德用]인 삼제(三諦)에 따라 말하면 공제(空諦)는 진여이고 가제(假諦)는 실상이며 중제(中諦)는 법계(法界)이다. 대승에서는 아공법공의 열반을 실상으로 삼는다. 돈오입도요문에서 말한다. '법성이 공하다는 것은 일체처에서 무심한 그것이다. 만약 일체처에서 무심함을 얻었을 때면 얻을 수 있는 상(相)이 하나도 없다. 왜냐하면 자성이 공한 까닭에 얻을 수 있는 상이 하나도 없기 때문이다. 얻을 수 있는 상이 하나도 없다는 것이 바로 실상이요 여래의 미묘한 색신의 모습이다'.

切普獲金剛三昧。即時天雨百寶蓮華, 靑黃赤白, 間錯紛糅。十方虛空, 成七
寶色。此娑婆界大地山河, 俱時不現。唯見十方微塵國土, 合成一界。梵唄
詠歌, 自然敷奏。

於是如來, 告文殊師利法王子。汝今觀此二十五無學諸大菩薩, 及阿羅漢, 各
說最初成道方便, 皆言修習眞實圓通。彼等修行, 實無優劣前後差別。我今
欲令阿難開悟, 二十五行誰當其根。兼我滅後, 此界衆生, 入菩薩乘求無上
道, 何方便門得易成就。

文殊師利法王子, 奉佛慈旨, 即從座起, 頂禮佛足, 承佛威神說偈對佛。

覺海性澄圓	圓澄覺元妙
元明照生所	所立照性亡
迷妄有虛空	依空立世界
想澄成國土	知覺乃衆生
空生大覺中	如海一漚發
有漏微塵國	皆依空所生
漚滅空本無	況復諸三有
歸元性無二	方便有多門
聖性無不通	順逆皆方便
初心入三昧	遲速不同倫
色想結成塵	精了不能徹
如何不明徹	於是獲圓通
音聲雜語言	但伊名句味
一非含一切	云何獲圓通
香以合中知	離則元無有
不恒其所覺	云何獲圓通
味性非本然	要以味時有
其覺不恒一	云何獲圓通
觸以所觸明	無所不明觸

合離性非定	云何獲圓通
法稱爲內塵	憑塵必有所
能所非遍涉	云何獲圓通
見性雖洞然	明前不明後
四維虧一半	云何獲圓通
鼻息出入通	現前無交氣
支離匪涉入	云何獲圓通
舌非入無端	因味生覺了
味亡了無有	云何獲圓通
身與所觸同	各非圓覺觀
涯量不冥會	云何獲圓通
知根雜亂思	湛了終無見
想念不可脫	云何獲圓通
識見雜三和	詰本稱非相
自體先無定	云何獲圓通
心聞洞十方	生於大因力
初心不能入	云何獲圓通
鼻想本權機	祇令攝心住
住成心所住	云何獲圓通
說法弄音文	開悟先成者
名句非無漏	云何獲圓通
持犯但束身	非身無所束
元非遍一切	云何獲圓通
神通本宿因	何關法分別
念緣非離物	云何獲圓通
若以地性觀	堅礙非通達
有爲非聖性	云何獲圓通
若以水性觀	想念非眞實

如如非覺觀　　云何獲圓通
若以火性觀　　厭有非眞離
非初心方便　　云何獲圓通
若以風性觀　　動寂非無對
對非無上覺　　云何獲圓通
若以空性觀　　昏鈍先非覺
無覺異菩提　　云何獲圓通
若以識性觀　　觀識非常住
存心乃虛妄　　云何獲圓通
諸行是無常　　念性元生滅
因果今殊感　　云何獲圓通
我今白世尊　　佛出娑婆界
此方眞敎體　　淸淨在音聞
欲取三摩提　　實以聞中入
離苦得解脫　　良哉觀世音
於恒沙劫中　　入微塵佛國
得大自在力　　無畏施衆生
妙音觀世音　　梵音海潮音
救世悉安寧　　出世獲常住
我今啓如來　　如觀音所說
譬如人靜居　　十方俱擊鼓
十處一時聞　　此則圓眞實
目非觀障外　　口鼻亦復然
身以合方知　　心念紛無緖
隔垣聽音響　　遐邇俱可聞
五根所不齊　　是則通眞實
音聲性動靜　　聞中爲有無
無聲號無聞　　非實聞無性

聲無旣無滅	聲有亦非生
生滅二圓離	是則常眞實
縱令在夢想	不爲不思無
覺觀出思惟	身心不能及
今此娑婆國	聲論得宣明
衆生迷本聞	循聲故流轉
阿難縱強記	不免落邪思
豈非隨所淪	旋流獲無妄
阿難汝諦聽	我承佛威力
宣說金剛王	如幻不思議
佛母眞三昧	汝聞微塵佛
一切秘密門	欲漏不先除
畜聞成過誤	將聞持佛佛
何不自聞聞	聞非自然生
因聲有名字	旋聞與聲脫
能脫欲誰名	一根旣返源
六根成解脫	見聞如幻翳
三界若空華	聞復翳根除
塵銷覺圓淨	淨極光通達
寂照含虛空	卻來觀世間
猶如夢中事	摩登伽在夢
誰能留汝形	如世巧幻師
幻作諸男女	雖見諸根動
要以一機抽	息機歸寂然
諸幻成無性	六根亦如是
元依一精明	分成六和合
一處成休復	六用皆不成
塵垢應念銷	成圓明淨妙

餘塵尙諸學	明極即如來
大衆及阿難	旋汝倒聞機
反聞聞自性	性成無上道
圓通實如是	此是微塵佛
一路涅槃門	過去諸如來
斯門已成就	現在諸菩薩
今各入圓明	未來修學人
當依如是法	我亦從中證
非唯觀世音	誠如佛世尊
詢我諸方便	以救諸末劫
求出世間人	成就涅槃心
觀世音爲最	自餘諸方便
皆是佛威神	即事捨塵勞
非是長修學	淺深同說法
頂禮如來藏	無漏不思議
願加被未來	於此門無惑
方便易成就	堪以敎阿難
及末劫沈淪	但以此根修
圓通超餘者	眞實心如是

於是阿難及諸大衆, 身心了然, 得大開示。觀佛菩提及大涅槃。猶如有人因事遠遊, 未得歸還, 明了其家所歸道路。普會大衆, 天龍八部, 有學二乘, 及諸一切新發心菩薩, 其數凡有十恒河沙, 皆得本心, 遠塵離垢, 獲法眼淨。性比丘尼聞說偈已。成阿羅漢。無量衆生, 皆發無等等阿耨多羅三藐三菩提心。

이때에 부처님께서 신통능력으로 신묘하고 불가사의한 경계를 나타내셨다. 그런 다음 문수사리보살에게 말씀하셨다. "네가 이제 보았듯이 이상과 같이 25명의 무학(無學) 과위에 도달한 아라한과 여러 대보살들의 자술에서, 각자 자신들이 최초에 도를 성취한 수행 방법으로 진심 실상에 도달한 원통법문을 말했다. 그들의 수행 방법은 사실 무슨 좋고 나쁨이나 우열을 평론할 만한 것도 없으며, 앞뒤의 차별도 나누어지지 않는다. 그러나 이제 내가 아난으로 하여금 자성을 깨달아 증득하게 하려면 이 25명의 수행방법 중에서 어느 것이야말로 그의 근기(根機)에 마땅하겠느냐? 그리고 내가 열반한 이후에 이 세상의 중생들이 만약 대승보살도로 나아가 닦아서 부지런히 무상정도(無上正道)를 구하고자 한다면, 마땅히 어느 방편법문에 의지하여야 그들이 쉽게 성취하겠느냐?"

문수보살은 부처님의 자비로운 명령에 따라 일어서서 게송으로써 결론삼아 말했다.

각해성징원(覺海性澄圓)　　원징각원묘(圓澄覺元妙)

(문수보살은 먼저 가리켜보인다).

"묘각의 영명한 진심 자성의 본원은, 마치 파도가 없는 맑고 고요한 거대한 바닷물과 같아서 원융(圓融)하면서 두루 가득하고, 고요하면서 형상이 없습니다[寂然無相].

원만하면서 맑은 적멸성(寂滅性) 중에는 또 원래 스스로 영명한 묘각의 것이 갖추어져 있습니다. 이른바 본각의 성(性)은 수행증득을 통하지 않고 얻는 것입니다.

원명조생소(元明照生所)　　소립조성망(所立照性亡)

자성 본원의 묘각은 영묘한 광명이 홀로 빛나 환히 항상 비추면서 또렷이 알고[了明] 원래 먼지 때가 없습니다. 그 비추는 성능이 지극하면 서로 반대되는 망동 기능[妄動]이 발생하는데, 이론상으로는 움직임이 있다고 합니다.

망동 기능이 발생하게 되면 환히 영묘하게 항상 비추는 자성이 곧 그 본각의 원만하고 청정한 진상을 잃어버립니다. 마치 평온하고 고요하여[不靜] 파도가 없는 거대한 바다에서 홀연히 파랑이 일어나고, 파도가 흉흉하여 도리어 거대한 바다의 평온하고 고요한 본래면목을 가려버림과 같습니다.

미망유허공(迷妄有虛空)　의공립세계(依空立世界)

자성 본각의 원만하고 청정한 기능이 이미 잃어지면 망동 기능의 윤전(輪轉)에의 미혹함을 의지하여, 처음에 한번 변하여 심령과 물질상의 허공 경계가 발생합니다.

허공의 형성은 우주세계 성립의 원인의 근본입니다. 그러므로 세계우주는 모두 허공을 의지하여 존재하는 것입니다.

상징성국토(想澄成國土)　지각내중생(知覺乃衆生).

본각 자성이 한번 변동을 거치면서 허망성 본능[妄能]이 생겨나고 미혹망상은 허공세계를 형성합니다. 견고한 망상으로 말미암아 곧 국토세간의 존재가 형성되고,

다시 영명한 묘각의 전변(轉變)으로 말미암아 지각(知覺)을 갖춘 온갖 중생들의 생존이 있게 됩니다.

공생대각중(空生大覺中)　여해일구발(如海一漚發)

우리들에게 보이는 허공은 비록 끝없이 광대하여 가장자리가 없지만 허공도 역시 자성 본각 중에서 생기는 첫 번째 현상입니다.

자성 본각은 마치 하나의 거대한 바닷물과 같으며 가없고 다함없는 허공은 단지 그 거대한 바다 가운데 일어난 하나의 작은 물거품과 같습니다.

유루미진국(有漏微塵國)　　개종공소생(皆從空所生)

구멸공본무(漚滅空本無)　　황부제삼유(況復諸三有)

이런 물리세계, 무량한 숫자의 미진의 구조에 의거하여 이루어진 물질세간은,

모두 허공을 의지하여 생겨나고 또 허공사이에 존재합니다.

반드시 알아야합니다, 허공은 본각 자성 중에서 마치 거대한 바다 중의 하나의 작은 물거품과 같습니다.

만약 각성(覺性) 중의 물거품이 소멸하면 자성은 곧 본래 청정한 본래 자리로 되돌아갑니다. 만약 현상계 중의 허공 망각(妄覺)[225]을 없앤다면 끝없는 경계도 허공으로 복귀합니다.

허공조차도 존재하지 않은데 어디서 3유(三有)의 세간을 얻을 수 있겠습니까? (이른 바 3유와 유루는 모두 불법 중에서 현상계를 가리키는 전문용어다. 3유란 욕유欲有 · 무명유無明有 · 번뇌유煩惱有[혹은 업유業有라고도 함]를 가리킨다. 이 3종의 현상은 모두 생멸이 있는 것으로 생멸법이라 한다. 생멸이 있으니 결루缺漏[226]가 있다. 그러므로 정신세간과 물리세간은 모두 유루의 성립 원인이라고 말한다).

귀원성무이(歸元性無二)　　방편유다문(方便有多門)

3유를 없애고 본원 자성으로 되돌아가는 데는 많은 다양한 방법이 있습니다.

비록 방법은 다르지만 모두 자성으로 되돌아가기 위한 길입니다.

성성무불통(聖性無不通)　　순역개방편(順逆皆方便)

본각 자성을 이미 증득한 성경(聖境) 중에서 보면 어느 한 가지 방

---

225 상대적 입장에 근거한 잘못된 관점, 견해, 미혹.(역주)

226 파계하는 것. 번뇌하는 것. 결함.(역주)

법이라도 융회 관통하여 자성을 발명할 수 있습니다. 어느 한 가지 방법은 순조로운 것이요, 어느 한 가지 방법은 거스르는 것이라 할 것이 없습니다. 사실 모두 다 수증방편으로 세운 것입니다.

게다가 이미 본각 자성의 성경을 증득한 사람 입장에서 보면 환경과 방법상의 순조로움이나 거스름도 모두 깨달음을 얻는 데 도움이 되는 방편이 되고 결코 일정한 집착은 없습니다.

초심입삼매(初心入三昧) 지속부동륜(遲速不同倫).

그러나 최초에 발심하여 불법을 닦아 익혀 본각 진심인 능엄 대정(大定) 경계로 들어가고자 할 경우에는, 그 입문 방법의 선택과 성불의 쉽고 어려움에 대하여 정말 반드시 신중하게 살펴서 해야 합니다.

방법의 적합여부는 성공의 더디고 빠름에 깊이 관계가 있으므로 이를 부득불 알지 않으면 안 됩니다.

1) 우파니사타의 색진(色塵) 원통

색상결성진(色想結成塵) 정료불능철(精了不能徹)
여하불명철(如何不明徹) 어시획원통(於是獲圓通).

(스물다섯 분의 원통법문은 6진六塵과 5근五根, 그리고 7대七大 종성에 근거를 두고 관음의 이근원통과 함께 모두 스물다섯 분이 된다. 그런데 문수보살의 총평總評은 제일 먼저 색진色塵에서 착수하는 수행 방법을 평론하고 있는데, 여기에는 깊은 의미가 있다. 반드시 알아야한다).

원만하고 청정한 원래 묘한 진심의 본각 자성은 미혹망상으로 인하여 허공이 있게 되고, 다시 망상의 응결로부터 색진인 물질이 형성됩니다.

색진 물질은 자성 기능이 나타낸 진실하고 정치한[眞精] 묘유(妙有)

입니다. 범부는 미혹망상을 깨닫지 못하고 실유(實有)[227]라고 여깁니다. 만약 색진 망상의 본성이 진공임을 철저히 깨달으면 색진이 녹고 깨달음이 청정한 자성 본각으로 증득하여 들어갈 수 있습니다. 그러나 색진으로부터 입문하면 비록 정밀하게 알 수[精了] 있더라도 명료하게 투철할[明徹] 수는 없습니다. 왜 명료하게 투철할 수 없을까요? 왜냐하면 색진을 비록 정밀하게 알더라도 묘유(妙有)에 집착하기 쉽기 때문입니다.

그러므로 원만한 통달을 명료하게 투철할 수 없습니다. 만약 색진을 뚫어 통할 수 있다면 역시 진정으로 원만한 통달을 얻을 수 있습니다.

(본 경전에서 부처님이 결론으로 말씀하신 '생기할 때에는 식음 작용 때문에 먼저 있고 소멸할 때는 색음으로부터 제거 소멸시켜야한다[生因識有, 滅從色除]'와 동일한 의미이다. 그러므로 스물다섯 분의 원통의 결론적인 평론은 먼저 색진으로부터 시작하여, 관세음이 음성으로 인해 과위를 증득하는 것으로써 맺고 있다. 세간의 모든 현상은 처음부터 끝까지 소리와 색상 두 종류의 허망한 6진[妄塵]에의 속박과 변화를 벗어나지 않음을 가리키고 있다. 비록 많은 법문을 변화시켜 내지만 주로 소리와 색상 쪽으로 향해야한다).

2) 교진나의 성진(聲塵) 원통

음성잡어언(音聲雜語言)　　단이명구미(但伊名句味)
일비함일체(一非含一切)　　운하획원통(云何獲圓通)

두 번째에 말한, 도리를 듣고 이론을 연구함으로부터 입문하는 수행법이 궁극[究竟]에 도달하기 쉽지 않은 것입니다.

언어문자는 모두 추상적인 표시로서 한 명사[枚] 한 구절[節] 상으로부

227 실제로 존재하는 것. 외계에 실재하는 것. 실체로서 존재하는 것. 실재하지 않는 세계를 실재하고 있는 것으로 생각하는 것.(역주)

터,

본각 진심의 자성에 깨달아 들어갈 수 없습니다.

이러한데 어떻게 원만한 통달을 얻을 수 있을까요?

3) 향엄동자의 향진(香塵) 원통

향이합중지(香以合中知)　리즉원무유(離則元無有)
불항기소각(不恒其所覺)　운하획원통(云何獲圓通)

세 번째에 말한, 코가 냄새 맡음을 관함으로부터 입문하는 수행법은 궁극에 도달하기 쉽지 않은 것입니다. 코와 냄새가 서로 합하여야 중간의 지각 성능이 발생합니다.

또 냄새 자체는 이리저리 떠돌아다녀서 일정하지 않으며 냄새가 흩어져버리면 하나도 없으며,

냄새에 대한 감각은 영원히 존재하지 않습니다.

이러한데 어떻게 원만한 통달을 얻을 수 있을까요?

4) 약왕보살의 미진(味塵) 원통

미성비본연(味性非本然)　요이미시유(要以味時有)
기각불항일(其覺不恒一)　운하획원통(云何獲圓通)

네 번째에 말한, 혀의 성능이 맛을 봄으로부터 입문하는 수행법은 궁극에 도달하기 쉽지 않은 것입니다. 혀가 맛을 보는 성능은 본래 항상 있지 않아서,

반드시 맛을 볼 때라야 있습니다.

미각의 성능은 또 일정하지 않아서 맛이 다르면 변해 달라집니다.

이러한데 어떻게 원만한 통달을 얻을 수 있을까요?

5) 발타파라의 촉진(觸塵) 원통

촉이소촉명(觸以所觸明)　　무소불명촉(無所不明觸)

합리성비정(合離性非定)　　운하획원통(云何獲圓通)

다섯 번째에 말한, 신체의 감촉으로부터 입문하는 수행법은 궁극에 도달하기 쉽지 않은 것입니다. 감촉의 작용은 외부경계와 접촉함이 있어야 명료한 각성이 발생합니다.

만약 감촉할 수 있는 것이 없으면 명료할 것이 없게 됩니다.

때때로 합하였다 때때로 분리되어 일정한 성능이 없습니다.

이러한데 어떻게 원만한 통달을 얻을 수 있을까요?

6) 마하가섭의 법진(法塵) 원통

법칭위내진(法稱爲內塵)　　빙진필유소(憑塵必有所)

능소비변섭(能所非遍涉)　　운하획원통(云何獲圓通)

여섯 번째에 말한, 의식 사유법칙으로부터 입문하는 수행법은 궁극에 도달하기 쉽지 않은 것입니다. 사유법칙[228]은 의식 내면에서 일어나는 망상 진장(塵障)[229]입니다.

게다가 내진(內塵)[230] 망상은 반드시 집착하는 바가 있습니다.

능집(能執)이든 소집(所執)이든 능(能)이 있고 소(所)가 있기만 하면 보편적으로 서로 관계가 있을 수[涉] 없습니다.

이러한데 어떻게 원만한 통달을 얻을 수 있을까요?

---

228 관념. 관점. 의식형태.(역주)

229 습관성 장애.(역주)

230 내면 생각의 습관성.(역주)

7) 아나율타의 안근(眼根) 원통

견성수통연(見性雖洞然)　　명전불명후(明前不明後)
사유휴일반(四維虧一半)　　운하획원통(云何獲圓通)

일곱 번째에 말한, 눈이 광명을 봄으로부터 입문하는 수행법은 궁극에 도달하기 쉽지 않은 것입니다. 눈의 보는 성능은 비록 환하여 분명히 보지만,

눈은 단지 앞면만 밝게 볼 수 있고 좌우 옆은 절반만 볼 수 있습니다.

사방사유(四方四維)로 말하면 그 기능은 4분의 1이 모자랍니다.
이러한데 어떻게 원만한 통달을 얻을 수 있을까요?

8) 주리반특가의 비근(鼻根) 원통

비식출입통(鼻息出入通)　　현전무교기(現前無交氣)
지리비섭입(支離匪涉入)　　운하획원통(云何獲圓通)

여덟 번째에 말한, 코로 호흡함으로부터 입문하는 수행법은 궁극 도달하기 쉽지 않은 것입니다. 코의 호흡은 한 번 나가고 한 번 들어오기에,

그 중간에는 서로 교접할 수 없고 중간적인 존재도 없습니다.
출입이 갈라져서 서로 끊어지지 않고 이어지기가 불가능합니다.
이러한데 어떻게 원만한 통달을 얻을 수 있을까요?

9) 교범발제의 설근(舌根) 원통

설비입무단(舌非入無端)　　인미생각료(因味生覺了)

미망료무유(味亡了無有)　운하획원통(云何獲圓通)

아홉 번째에 말한, 설근(舌根)이 맛을 봄으로부터 입문하는 수행법은 궁극에 도달하기 쉽지 않은 것입니다. 혀의 작용은,

맛을 볼 때라야 비로소 명료한 지각성을 발생하기 때문입니다.

맛을 잃어버리면 능히 맛을 볼 수 있는 지성(知性)은 항상 있는 것이 아닙니다.

이러한데 어떻게 원만한 통달을 얻을 수 있을까요?

10) 필릉가파차의 신근(身根) 원통

신여소촉동(身與所觸同)　각비원각관(各非圓覺觀)
애량불명회(涯量不冥會)　운하획원통(云何獲圓通)

열 번째에 말한, 신체 감촉으로부터 입문하는 수행법은 궁극에 도달하기 쉽지 않은 것입니다. 신체 자체와 감촉의 작용은,

모두 마찬가지로 두루 원만할 수 없습니다.

신체와 감촉의 한계 관계는 명상으로는 체험하기[冥會]가 아주 쉽지 않습니다.

이러한데 어떻게 원만한 통달을 얻을 수 있을까요?

11) 수보리의 의근(意根) 원통

지근잡란사(知根雜亂思)　잠료종무견(湛了終無見)
상념불가탈(想念不可脫)　운하획원통(云何獲圓通)

열한 번째에 말한, 의식의 앎[了知][231]으로부터 입문하는 수행법은 궁극에 도달하기 쉽지 않은 것입니다. 의식의 아는 작용은 시종

---

231 지각.(역주)

어지러운 생각과 혼합되어야 의식의 현상을 드러냅니다.

만약 티 없이 맑은[澄淸湛然] 경계를 의식한다면,

곧바로 상념의 일종의 기본 현상이 됩니다.

이러한데 어떻게 원만한 통달을 얻을 수 있을까요?

12) 사리불의 안식(眼識) 원통

식견잡삼화(識見雜三和)　힐본칭비상(詰本稱非相)

자체선무정(自體先無定)　운하획원통(云何獲圓通)

열두 번째에 말한, 눈이 능히 보는 견식(見識)으로부터 입문하는 수행법은 궁극에 도달하기 쉽지 않은 것입니다. 눈이 능히 보는 견식은 반드시 안근과 외부경계의 대상이 마주 서야 비로소 안식의, 다른 인연에 의해 일어나는[依他起], 상을 봄[見相]을 불러일으킵니다. 안근과 외부경계의 대상, 그리고 다른 인연에 의해 일어나는, 만유에 대한 식견 이 세 가지는 하나라도 빠지면 눈이 능히 보는 견식작용을 나타낼 수 없습니다.[232]

만약 그 근본을 깊이 파고들어가 찾아보면 결코 고정된 자성 현상이 없습니다.

자체의 성능이 이미 고정되어 있지 않습니다.

이러한데 어떻게 원만한 통달을 얻을 수 있을까요?

13) 보현보살의 이식(耳識) 원통

심문통시방(心聞洞十方)　생어대인력(生於大因力)

초심불능입(初心不能入)　운하획원통(云何獲圓通)

---

232 견식과 식견은 안식의 다른 표현임.(역주)

열세 번째에 말한, 마음의 소리를 능히 들음으로부터 입문하는 수행법은 궁극에 도달하기 쉽지 않은 것입니다. 마음의 소리는 비록 시방을 훤히 듣는 기능이 있지만,

깊은 수행 공력이 있어야 그 묘용을 일으킬 수 있습니다.

초학자는 이런 경계에 들어가기 쉽지 않습니다.

이러한데 어떻게 원만한 통달을 얻을 수 있을까요?

14) 손타라난타의 비식(鼻識) 원통

비상본권기(鼻想本權機)　　지령섭심주(祇令攝心住)

주성심소주(住成心所住)　　운하획원통(云何獲圓通)

열네 번째에 말한, 코의 호흡 조절을 관상(觀想)함으로부터 입문하는 수행법은 궁극에 도달하기 쉽지 않은 것입니다. 비식 관상방법은 본래 일종의 교묘한 일시적인 적당한 방편[權宜]일 뿐,

망념이 어지럽게 나는 망상을 거두어들여 그로 하여금 한 점에 전일하게 묶여 있게 하면서 편안하게 머물도록 하는데 불과하기 때문입니다.

사실 그렇게 편안히 머물러 있는 것 역시 망념이 조성한 경계입니다.

이러한데 어떻게 원만한 통달을 얻을 수 있을까요?

15) 부루나의 설식(舌識) 원통

설법롱음문(說法弄音文)　　개오선성자(開悟先成者)

명구비무루(名句非無漏)　　운하획원통(云何獲圓通)

열다섯 번째에 말한, 문자언어적인 설법으로부터 입문하는 수행법은 궁극에 도달하기 쉽지 않은 것입니다. 언어로 강해하는 설법

은 소리문자를 만지작거리는 것일 뿐입니다.

만약 예전의 수행이 이미 성취한 바가 있는 사람이거나 혹은 선지식의 말끝에 단박에 크게 깨달을 수 있는[言下大悟] 자가 아니면 매우 어렵습니다.

명사와 문구 자체는 생멸하여 일정하지 않은 상징작용으로 유위법에 속하고, 결코 청정한 무위의 무루법이 아닙니다.

이러한데 어떻게 원만한 통달을 얻을 수 있을까요?

16) 우파리의 신식(身識) 원통

지범단속신(持犯但束身)　비신무소속(非身無所束)
원비변일체(元非遍一切)　운하획원통(云何獲圓通)

열여섯 번째에 말한, 계율 수지로부터 입문하는 수행법은 궁극에 도달하기 쉬운 것이 아닙니다. 계율을 지킴과 계율을 범함의 작용은 대체로 심신의 행위를 단속하고 관리하는 작용으로서, 몸을 닦음으로부터 마음을 다스림으로 들어가기 때문입니다.

만약 신체에 속하지 않는 행위나 몸이 없는 경계에 도달한 뒤에 발생한 잘못의 경우에는 현행의 계율은 단속할 수 없습니다.

그러므로 현행(現行)의 모습이 있는 계율 범위는 여전히 시간과 공간 때문에 다르고 완전히 같은 것은 아니어서 모든 처소에 두루 인용될 수 없습니다.

이러한데 어떻게 원만한 통달을 얻을 수 있을까요?

17) 대목건련의 의식(意識) 원통

신통본숙인(神通本宿因)　하관법분별(何關法分別)

염연비리물(念緣非離物)　운하획원통(云何獲圓通)

열일곱 번째에 말한, 신통으로부터 입문하는 수행법은 궁극에 도달하기 쉽지 않은 것입니다. 의식생각이 헤아리고 찾아보아도 이해할 수 없음을 신(神)이라고 하고, 뜻대로 자재하여 걸림이 없음을 통(通)이라고 하는데, 어떤 신통은 정력(定力)을 수행하여 얻는가 하면, 어떤 신통은 겁의 세월을 지나오면서 쌓은 공덕 복보에서 얻습니다. 그러나 신통은 여전히 선정 경계중의 망념에서 생겨나는 것입니다. 그러므로 신통은 숙세의 인연에 뿌리를 두고 있는 것으로,

저 무분별(無分別)의 진심정법(眞心正法)과는 무관하다고 말합니다.

더구나 신통은 시종 망념의 대상[妄念所緣]에 의지하며 망념의 대상은 여전히 물리 작용을 떠나지 않습니다.

이러한데 어떻게 원만한 통달을 얻을 수 있을까요?

18) 지지보살의 지대(地大) 원통

약이지성관(若以地性觀)　견애비통달(堅礙非通達)
유위비성성(有爲非聖性)　운하획원통(云何獲圓通)

열여덟 번째에 말한, 지대(地大) 종성으로부터 입문하는 수행법은 궁극에 도달하기 쉬운 것이 아닙니다. 몸 안팎의 지대 종성을 관찰해보면,

물리적인 유위법은 시종 장애가 있어 자재 통달할 수 없습니다.

유위법으로부터 닦기 시작함은 자성 지성(至聖)[233]의 경계를 직접 훤히 아는 것이 아닙니다.

이러한데 어떻게 원만한 통달을 얻을 수 있을까요?

---

233 부처를 말함.(역주)

19) 월광동자의 수대(水大) 원통

약이수성관(若以水性觀)   상념비진실(想念非真實)
여여비각관(如如非覺觀)   운하획원통(云何獲圓通)

열아홉 번째에 말한, 수대(水大) 종성으로부터 입문하는 수행법은 궁극에 도달하기 쉬운 것이 아닙니다. 염력(念力)으로 관상(觀想)하여 수대 경계를 이룸은,

완전히 상념의 힘에 의지하여 형성된 것이지 진실한 수성(水性)이 아닙니다.

더구나 관상으로 형성한 경계는 단지 일종의 여여부동(如如不動)한 현상에 지나지 않을 뿐 정각정지(正覺正智)의 관조(觀照)가 아닙니다.

이러한데 어떻게 원만한 통달을 얻을 수 있을까요?

20) 오추슬마의 화대(火大) 원통

약이화성관(若以火性觀)   염유비진리(厭有非真離)
비초심방편(非初心方便)   운하획원통(云何獲圓通)

스무 번째에 말한, 화대(火大) 종성으로부터 입문하는 수행법은 궁극에 도달하기 쉬운 것이 아닙니다. 자기 몸의 화력(火力) 성능이 일어남을 관상함은,

비록 욕망이 있는 허망한 정(情)을 싫어하여 떠날 수 있지만 결코 진정으로 욕망을 떠남이 아닙니다.

게다가 이런 방법은 발심한 초학자의 방편 법문이 더더욱 아닙니다.

이러한데 어떻게 원만한 통달을 얻을 수 있을까요?

21) 유리광보살의 풍대(風大) 원통

약이풍성관(若以風性觀)　동적비무대(動寂非無對)
대비무상각(對非無上覺)　운하획원통(云何獲圓通)

　스물한 번째에 말한, 풍대(風大) 종성으로부터 입문하는 수행법은 궁극에 도달하기 쉬운 것이 아닙니다. 몸 안팎의 풍대 종성을 관찰해보면,

　때로는 동요하고 때로는 적정(寂靜)하여서 결코 상대가 없는[234] 절대가 아닙니다.

　움직임[動]과 고요함[靜]이 상대적인 작용이 있는 이상, 무상정각의 대도가 아닙니다.

　이러한데 어떻게 원만한 통달을 얻을 수 있을까요?

22) 허공장보살의 공대(空大) 원통

약이공성관(若以空性觀)　혼둔선비각(昏鈍先非覺)
무각이보리(無覺異菩提)　운하획원통(云何獲圓通)

　스물두 번째에 말한, 허공을 관함으로부터 입문하는 수행법은 궁극에 도달하기 쉬운 것이 아닙니다. 사람들이 눈앞에서 관찰할 수 있는 허공은,

　일종의 모호하고 어두운 경계이지 정각(正覺)의 공성(空性)도 아니요 각성(覺性)의 공(空)도 아닙니다.

　이 허공 현상은 근본적으로 보리정각의 성공(性空)과는 다릅니다.

　이러한데 어떻게 원만한 통달을 얻을 수 있을까요?

---

234 상대적이 아닌. 상대를 초월한.(역주)

23) 미륵보살의 식대(識大) 원통

약이식성관(若以識性觀)　관식비상주(觀識非常住)
존심내허망(存心乃虛妄)　운하획원통(云何獲圓通)

스물세 번째에 말한, 유식관(唯識觀)으로부터 입문하는 수행법은
궁극에 도달하기 쉬운 것이 아닙니다. 식성(識性)의 작용을 관찰함
에 있어,

능히 관찰하는 주체와 관찰되는 대상은 모두 심식의 현상입니다.
이 능관(能觀)과 소관(所觀)의 식성은 또 항상 영원히 머무는 것이 아
닙니다.

의도적으로 식성을 관찰하면, 이 의도적인 관찰 작용도 일종의
허망한 현상입니다.

이러한데 어떻게 원만한 통달을 얻을 수 있을까요?

24) 대세지보살의 염불(念佛) 원통

제행시무상(諸行是無常)　염성원생멸(念性元生滅)
인과금수감(因果今殊感)　운하획원통(云何獲圓通)

스물네 번째에 말한, 염성(念性)으로부터 입문하는 수행법은 궁극
에 도달하기 쉬운 것이 아닙니다. 심념의 업력은 생각 생각 변해가
며 머물지 않아서 본래 무상(無常)하기 때문입니다.

심념의 성능은 원래 생멸하여 멈추지 않습니다.

앞 생각의 인(因)은 뒷 생각의 과(果)를 이끌어 오고, 그 뒷 생각은
또 인(因)을 이루고, 앞 생각은 다시 그 앞 생각의 과(果)로서, 감수하
는 과보가 각자 다릅니다.

이러한데 어떻게 원만한 통달을 얻을 수 있을까요?

25) 관세음보살의 이근(耳根) 원통

아금백세존(我今白世尊)　　불출사바계(佛出娑婆界)
차방진교체(此方真教體)　　청정재음문(淸淨在音聞)
욕취삼마제(欲取三摩提)　　실이문중입(實以聞中入)

(문수보살은 또 부처님께 결론적으로 말한다).

불법이 이 사바세계에 출현했는데 사바란 참을 만하다는 의미입니다. 이 세계는 결함이 많은데, 여러 결함들을 참고 견딜 수 있다는 의미라고도 할 수 있습니다.

이 세계에서의 진실한 교화 체계는,

음성을 듣는 청정한 기능에 있습니다.

만약 여래의 정정삼매를 진정으로 취한다면,

사실 능히 듣는 청정한 자성으로부터 입문해야 합니다.

이고득해탈(離苦得解脫)　　량재관세음(良哉觀世音)
어항사겁중(於恒沙劫中)　　입미진불국(入微塵佛國)
득대자재력(得大自在力)　　무외시중생(無畏施衆生)

괴로움을 떠나 해탈을 얻는 법문에 도달하기를 바란다면,

가장 좋기로는 바로 관세음보살의 수행법입니다. 관음보살은 두 가지 의미를 갖추고 있습니다. 하나는 관세음이라는 사람을 나타내는 명호입니다. 다른 하나는 세상의 소리를 관찰 관조하는 법문을 나타냅니다.

이 관세음보살과 그의 수행 법문은 항하강의 모래알 숫자만큼 많은 시간의 겁과,

미세한 먼지 숫자만큼이나 많은 제불국토를 거치면서,

이미 대자재한 힘을 얻었고,

대무외를 보시로 삼아 온갖 중생에게 안락한 경계를 주었습니다.

묘음관세음(妙音觀世音)　　범음해조음(梵音海潮音)
구세실안녕(救世悉安寧)　　출세획상주(出世獲常住)
관세음보살과 그의 수행법문은, 첫째는 바로 그와 온갖 중생의
자성 묘음으로서,

곧 천상의 소리처럼 맑고 드높은 범음과 같고 바다의 밀물 등과
서로 비슷한 거대한 소리입니다.

둘째는, 만약 신심으로 부지런히 닦고 체험하고, 관세음의 수행
의 힘에 의하여 세간에 들어가는 데 사용하면 세상을 구제할 수 있
어서 모두 안녕을 얻으며,

이를 출세간에 사용하면 자성 진심이 상주하는 과위를 얻을 수
있습니다.

아금계여래(我今啟如來)　　여관음소설(如觀音所說)
비여인정거(譬如人靜居)　　시방구격고(十方俱擊鼓)
십처일시문(十處一時聞)　　차즉원진실(此則圓真實)
(문수보살은 거듭 증명하여 말한다).
관세음보살이 말한 꼭 그대로,
예컨대 어떤 사람이 청정하고 한가하게 지낼 때에,
시방에서 동시에 북을 치면,
그 열 곳의 소리를 동시에 들을 수 있습니다.
이것은 소리를 능히 듣는 기능이 진실하면서 두루 원만함을 증명
합니다.

목비관장외(目非觀障外)　　구비역부연(口鼻亦復然)

신이합방지(身以合方知)   심념분무서(心念紛無緒)

눈은 비록 능히 보는 작용이 있지만 가로막히면 보지 못합니다.

입과 코의 작용도 눈과 마찬가지여서 모두 일정한 한도가 있고 역시 일정한 범위가 있습니다.

신체는 접촉해야 감촉하는 각수(覺受) 작용을 발생시키고, 감촉을 떠나면 각수가 없습니다.

심사염려(心思念慮)는 걷잡지 못하게 오락가락하고 난잡 복잡하여 그 두서(頭緒)를 정리하기가 극히 쉽지 않습니다.

그러므로 심신 전체의 6근 중에서 이근의 능히 들음 이외의 나머지 근의 기능은 모두 불완전한 것입니다.

격원청음향(隔垣聽音響)   하이구가문(遐邇俱可聞)

오근소불제(五根所不齊)   시즉통진실(是則通真實)

설사 담장을 사이에 두고 있더라도 모든 소리의 향동(響動)을 들어서,

멀고 가까움에 상관없이 다 들을 수 있습니다. 이런 작용은 나머지 5근인 안비설신의(眼鼻舌身意)가 갖출 수 없는 바입니다.

그렇기 때문에 오직 이근의 듣는 성능[聞性]이라야,

비로소 진실한 자성의 경지에 도달할 수 있다고 말합니다.

음성성동정(音聲性動靜)   문중위유무(聞中爲有無)

무성호무문(無聲號無聞)   비실문무성(非實聞無性)

소리의 성능은 소리가 있을 때에는 향동 작용인 동상(動相)이 있고, 소리가 없을 때에는 고요하여 소리가 없는 정상(靜相)입니다.

능히 듣는 자성이 '소리가 있는 향동'을 듣고서는 있음이라고 부르고, '들리는 소리가 없는 고요한 경계'는 없음이라고 부릅니다.

소리가 없는 고요한 경계에서는 비록 들림이 없다고 하지만,

'고요하여[寂靜] 소리가 없음'을 능히 듣는 자성은 절대 소멸해버린 것이 아닙니다.

성무기무멸(聲無旣無滅)　성유역비생(聲有亦非生)
생멸이원리(生滅二圓離)　시즉상진실(是則常眞實)

소리가 없는 적정의 경계에서도 능히 듣는 자성은 절대적으로 소멸하지 않는 바에야,

소리가 있는 향동을 들을 때에도 능히 듣는 자성은 역시 소리가 있어야 비로소 생겨나는 것이 아닙니다.

그러므로 능히 듣는 자성은 본래 그 자체가 생멸이라는 두 가지 작용을 멀리 떠나있음을 알게 됩니다.

이러므로 자성은 진실하면서 언제나 있는 것임을 증명할 수 있습니다.

종령재몽상(縱令在夢想)　불위불사무(不爲不思無)
각관출사유(覺觀出思惟)　신심불능급(身心不能及)
금차사바국(今此娑婆國)　성론득선명(聲論得宣明)

설사 사람이 꿈속 경계 속에 있더라도 역시 생각하는 존재가 있습니다.

게다가 능히 듣는 작용은 생각하지 않는다고 존재하지 않는 것이 아닙니다.

예컨대 어떤 사람이 꿈을 꾸고 있는 중인데, 그를 부르면 곧 깨어납니다. 깨어난 다음에는 사유 작용을 일으킬 수 있어야 지각관찰의 작용이 일어납니다.

그러므로 능히 듣는 자성은 심신의 범위를 초월하여서 심신이 미칠 수 있는 것이 아닙니다.

바로 지금 이 사바세계에 있는 모든 국토의 중생은,

모두 음성에 의지하여 그 이론을 명백히 선양해야, 비로소 사람들에게 심오하고 불가사의한 온갖 묘리를 이해시킬 수 있습니다.

중생미본문(衆生迷本聞)　순성고류전(循聲故流轉)
아난종강기(阿難縱強記)　불면락사사(不免落邪思)
기비수로륜(豈非隨所淪)　선류획무망(旋流獲無妄)

온갖 중생은 모두 능히 듣는 본래의 자성을 잃어버리고

음성의 작용만을 뒤쫓아 따라갑니다. 그러므로 윤회의 생존을 계속 순환하면서 초월하지 못합니다.

아난은 비록 박문강기하여서 설사 온갖 이치를 배워 통한다할지라도,

정각의 본래 자성의 지극한 이치의 입장에서 말한다면 여전히 삿된 생각 속에 빠져있음을 면하지 못합니다.

역시 소리를 뒤쫓아 따라가기 때문에 윤회에 빠지게 된 것이 어찌 아니겠습니까?

만약 업력의 흐름을 돌려 들음으로써 자성으로 되돌아가 회복한다면, 허망함이 없는 상주진심(常住眞心)의 실성을 얻을 수 있습니다.

아난여제청(阿難汝諦聽)　아승불위력(我承佛威力)
선설금강왕(宣說金剛王)　여환부사의(如幻不思議)
불모진삼매(佛母眞三昧)　여문미진불(汝聞微塵佛)
일체비밀문(一切祕密門)　욕루불선제(欲漏不先除)
축문성과오(畜聞成過誤)

(문수보살은 또 아난에게 말한다).

내가 지금 부처님의 위력을 받아서 부처님의 지극한 이치를 명백하게 선언하여 말하겠습니다.

마치 어떤 경우에도 깨지지 않는 금강보석의 왕과 같으며,

환화(幻化)와 같은 불가사의한 법문이,

모든 부처님의 어머니인 진정한 삼매경계를 출생합니다.

그대가 비록 미진수(微塵數) 만큼이나 많은 부처님들의,

모든 설법을 들었기에 부처님의 모든 법문을 기억한다 할지라도,

만약 먼저 유루(有漏)의 욕념(欲念)을 없애지 않으면,

설사 다문(多聞)을 쌓더라도 도리어 과오와 장애로 변합니다.

장문지불불(將聞持佛佛)　　하불자문문(何不自聞聞)

자성의 능히 듣는 기능을 가지고 오로지 모든 부처님의 불법을 듣고 기억하고 외워서, 저 부처님이 와서 그대의 자성의 불과(佛果)를 성취하여주기를 요구하기만 하고,

어찌하여 자기의 능히 듣는 기능상으로 향하여서, 능히 듣는 자성을 돌이켜 비추어 깊이 파고들어가 찾는, 듣는 법문으로부터 자성을 돌이켜 듣지 않습니까?

문비자연생(聞非自然生)　　인성유명자(因聲有名字)

듣는 작용은 자연히 생겨나는 것이 아닙니다.

소리가 있는 동상(動相)이 있어야 듣는다는 말이 형성되기 때문입니다.

선문여성탈(旋聞與聲脫)　　능탈욕수명(能脫欲誰名)

일근기반원(一根旣返源)　　육근성해탈(六根成解脫)

만약 소리의 동상과 정상 두 가지 현상을 따라 쫓지 않고 단지 되돌려서 저 능히 듣는 기능의 자성을 돌이켜 듣되, 오랜 시간이 지나면서 공부가 깊어지면 움직임과 고요함의 있고 없음인 소리의 속박을 벗어납니다.

능히 듣는 자성이 소리와 이미 관계를 벗어난 이상 물어보겠는데, 벗어날 수 있는 그것은 또 누구이겠습니까?

만약 능히 듣는 자성이 소리의 움직임과 고요함의 있고 없음과의 관계를 벗어나 본래 그러한 청정한 근원(根源)으로 되돌아갔다면, 그게 바로 이근(耳根)이라는 하나의 원(源)이 본원(本原)으로 되돌아간 것입니다,

이 하나의 근(根)에서 이미 본원으로 되돌아간 바에야

모든 6근도 해탈이 완성된 것입니다.

견문여환예(見聞如幻翳)　삼계약공화(三界若空華)

문복예근제(聞復翳根除)　진소각원정(塵銷覺圓淨).

눈의 봄과 귀의 들음 등의 작용은 모두 자성 기능상의 변태로서, 마치 맑은 허공중의 환예(幻翳)와 같습니다.

욕계·색계·무색계 이 3계 중의 잠시 있는 모든 현상도 모두 청정한 자체의 환변(幻變)으로서, 마치 청정한 허공중의 꽃송이와 같습니다.

만약 능히 듣는 자성이 다시 본래 청정한 자체로 되돌아갔다면 모든 6근의 환유(幻有) 망동의 떠도는 먼지 환예[塵翳]는 자연히 녹아 없어집니다.

떠도는 먼지[浮塵] 환예는 한번 녹아 없어짐을 거치면 본각의 자성은 곧 원만하고 청정해집니다.

정극광통달(淨極光通達)　적조함허공(寂照含虛空)

각래관세간(却來觀世間)　유여몽중사(猶如夢中事)

원만 청정함이 극점에 도달하면, 자성의 광명이 자연히 거침없이 통합니다.

자성 광명중에서는 적연부동하면서 시방세계의 모든 허공을 포함하여 밝게 비춥니다.

이로부터 다시 관조하면 이 세간의 모든 만사만물이,

마치 한바탕 큰 꿈속에 있음과 같습니다.

마등가제몽(摩登伽在夢)　수능류여형(誰能留汝形)

만약 그런 경계에 도달하면 마등가녀도 역시 큰 꿈속의 하나의 꿈 그림자인데,

그녀가 또 어떻게 그대의 몸을 머무르게 할 수 있겠습니까?

여세교환사(如世巧幻師)　환작제남녀(幻作諸男女)

수견제근동(雖見諸根動)　요이일기추(要以一機抽)

청정하며 본래 그러한 자성 본체에서 변태 환화로 세간에 생겨나온 만유는, 마치 이 세간의 마술사들이,

변화시켜 허깨비로 허다한 남녀의 존재들을 만들어 내는 것과 같습니다.

비록 사람마다 6근을 운용할 수 있지만 사실은 단지 로봇이나 마찬가지여서,

처음부터 하나의 기관만이 있어 쉬지 않고 끌어당겨야 비로소 인생의 갖가지 작용이 발생합니다.

식기귀적연(息機歸寂然)　제환성무성(諸幻成無性)

만약 한 기관[機]의 동력기능[動能]을 그치게 하고 자성의 적연한 본 자리로 되돌아갈 수 있다면,

온갖 환상이 곧 모두다 단독적인 자성이 없게 됩니다.

육근역여시(六根亦如是)　　원의일정명(元依一精明)

분성육화합(分成六和合)　　일처성휴복(一處成休復)

육용개불성(六用皆不成)　　진구응념소(塵垢應念消)

성원명정묘(成圓明淨妙)

사람의 6근 작용도 그 도리와 마찬가지로서,

원래 모두 심성의 한 점의 정명(精明)에서 생겨나,

기능이 분산되어 6근의 단독적 작용으로 변한 것입니다. 종합해야 비로소 한 사람으로서의 전체적인 능력이라고 부릅니다.

그러므로 6근에서 한 곳만 휴식하여 자성의 기능으로 되돌아가면,

모든 6근의 작용이 곧 완전히 그 장애가 되지 않습니다.

이때에 이르러서는 모든 6근의 먼지 때가 즉시 단박에 녹아 없어져 원만하고 밝고 청정한 묘각이 됩니다.

여진상제학(餘塵尙諸學)　　명극즉여래(明極即如來).

만약 약간의 남은 습기[塵境]라도 다 녹이지 못했다면, 이승성문(二乘聲聞) 등이라고 부르며 여전히 배움이 있는 단계에 있는 것입니다.

광명이 원만의 극점에 이르렀다면 그게 바로 부처님의 경계입니다.

대중급아난(大衆及阿難)　　선여도문기(旋汝倒聞機)

반문문자성(反聞聞自性)　　성성무상도(性成無上道)

원통실여시(圓通實如是)

(문수보살이 다시 아난과 대중에게 말한다).

수행 법문으로 단지 그대가 방향을 바꾸어 그대의 능히 듣는 기능으로 되돌아가,

듣는 작용을 되돌려 자성을 듣고,

진심 자성의 적연한 자체를 밝게 보기만 하면 무상대도를 완성합

니다.

말한 대로 원만히 통달하는 법문의 수행은 가장 진실한 것으로
서, 이렇게 하는 것 보다 더한 것은 없습니다.

차시미진불(此是微塵佛)　　일로열반문(一路涅槃門)

과거제여래(過去諸如來)　　사문이성취(斯門已成就)

현재제보살(現在諸菩薩)　　금각입원명(今各入圓明)

미래수학인(未來修學人)　　당의여시법(當依如是法)

아역종중증(我亦從中證)　　비유관세음(非唯觀世音)

한량없는 모든 부처님들도,

모두 이 한 길의 법문을 똑 같이 닦아서 열반(圓寂)에 증득하여 들
어갔습니다.

과거에 이미 성불한 모든 사람들도 이 한 법문을 닦아서 성취를
얻었고,

현재의 모든 보살들도 이 한 법문을 닦고 있으며 이미 각자 원만
하고 밝은 경계에 들어갔습니다.

미래에 불법을 닦고 배울 일반인들도 마땅히 이 법문에 의지하여
닦아야 합니다.

나도 이 법문 가운데서 불도를 증득하였고,

관세음보살 한 사람에만 그치는 것이 아닙니다.

성여불세존(誠如佛世尊)　　순아제방편(詢我諸方便)

이구제말겁(以救諸末劫)　　구출세간인(求出世間人)

성취열반심(成就涅槃心)　　관세음위최(觀世音爲最)

진실로 부처님이,

저에게 수행방편 법문을 물으신 대로,

말겁 시기에,

세간의 고해를 벗어나고 싶어 하는 사람으로 하여금,

적정(寂靜)한 진심을 성취하게 하려면,

오직 관세음이 열어 보인, 세간의 음성을 관찰하는 법문이야말로 가장 좋은 수행 법문입니다.

자여제방편(自餘諸方便)　　개시불위신(皆是佛威神)

즉사사진로(即事捨塵勞)　　비시장수학(非是長修學)

천심동설법(淺深同說法)

나머지 각종의 수행 방법들은,

모두 부처님의 위덕신력(威德神力) 때문에,

중생을 제도하고 그들로 하여금 고통의 바다를 떠나도록 하기 위해 잠시 각종의 적당한 방법을 베푼 것입니다. 세간의 세속적인 갖가지 바라는 요구를 겨냥하여, 사람들로 하여금 이를 이용하고 초월하게 해서[即此用, 離此用], 세간 진로의 속박을 버리게 한 것이지,

결코 보살이나 부처의 경계의 사람이 항상 닦고 배우는 것이 아닙니다.

그리고 이런 허다한 다른 방법의 깊고 얕은 관계는 각 분마다의 스스로 서술한 상황과 같으므로 더 이상 상세하게 분석할 필요가 없습니다.

정례여래장(頂禮如來藏)　　무루부사의(無漏不思議)

원가피미래(願加被未來)　　어차문무혹(於此門無惑)

방편이성취(方便易成就)　　감이교아난(堪以敎阿難)

급말겁침륜(及末劫沈淪)　　단이차근수(但以此根修)

원통초여자(圓通超餘者)　　진실심여시(眞實心如是)

(문수보살이 최후에 또 정중하게 표시하려고 일어나서 경례하고 말한다).

무루의 불가사의한 과위 경계요,

법신 본체인 자성불(自性佛)에 정례합니다.

오직 원하오니 시방삼세 부처님들이 가피하여,

관세음보살이 설한 이 원통법문에 대하여 다시 의혹을 일으키지 않도록 해주십시오.

그것은 모든 수행방법 가운데서 가장 방편적이고 가장 성취하기 쉬운 법문입니다.

아난을 교화할 수 있을 뿐만 아니라,

말겁 시기에 고해에 빠져있는 중생도 교화할 수 있습니다.

이근 법문에 의지하여 수행하기만 하면

자연히 원만한 통달로 진입할 수 있으며, 그 나머지 방법들을 뛰어넘어 진심 실상을 증득할 수 있습니다."

아난과 대중은 문수보살의 광대한 가르침[開示]을 듣고서 즉시 몸과 마음이 또렷이 밝아짐을 느꼈다. 이에 따라 부처님의 정각 자성의 대도 그리고 진심적멸의 경계를 관상하니, 마치 나그네가 타향에 멀리 노닐면서 비록 아직 집으로 돌아가지는 않았지만 집으로 돌아가 듬직하게 앉는 길을 이미 알게 된 것과 같았다. 법회의 모든 대중도 모두 본래의 마음을 깨닫고 진로(塵勞)의 세상의 오염을 멀리 떠나 정법을 분별하여 선택하는 법안이 깨끗해짐을 얻었다.[235] 성비구니(바로 마등가녀이다)도 이 단락의 말을 들은 뒤 아라한이 되

---

235 법안정(法眼淨): 진제를 분명히 보는 것을 법안정이라 한다. 대소승에 공통으로 말한다. 유마경주(維摩經註) 가상(嘉祥)의 소(疏)는 말한다. '법안정이란 소승에서도 법안이요 대승에서도 법안이다. 소승의 법안은 초과(初果)에서 사성제법을 보는 것을 법안이라 한다. 대승의 법안은 초지(初地)에서 진정한 무생법을 얻었기에 법안이라 한다.

었다. 그 밖의 많은 중생도 동시에 무상정각의 도심을 일으켰다.

(이상으로 제6권을 마침)

능엄경 제7권

大佛頂如來密因修證了義諸菩薩萬行首楞嚴經 卷第七

阿難整衣服, 於大衆中合掌頂禮。心跡圓明, 悲欣交集。欲益未來諸衆生故, 稽首白佛。大悲世尊。我今已悟成佛法門, 是中修行得無疑惑。常聞如來說如是言。自未得度先度人者, 菩薩發心。自覺已圓能覺他者, 如來應世。我雖未度, 願度末劫一切衆生。世尊。此諸衆生, 去佛漸遠。邪師說法, 如恒河沙。欲攝其心入三摩地。云何令其安立道場,　遠諸魔事。於菩提心得無退屈。

爾時世尊於大衆中, 稱讚阿難。善哉善哉。如汝所問安立道場, 救護衆生末劫沈溺。汝今諦聽。當爲汝說。阿難大衆, 唯然奉敎。佛告阿難。汝常聞我毗奈耶中, 宣說修行三決定義。所謂攝心爲戒。因戒生定。因定發慧。是則名爲三無漏學。

阿難。云何攝心我名爲戒。若諸世界六道衆生, 其心不婬, 則不隨其生死相續。汝修三昧, 本出塵勞。婬心不除, 塵不可出。縱有多智, 禪定現前。如不斷婬, 必落魔道。上品魔王、中品魔民、下品魔女、彼等諸魔, 亦有徒衆。各各自謂成無上道。我滅度後末法之中, 多此魔民, 熾盛世間, 廣行貪婬, 爲善知識, 令諸衆生落愛見坑失菩提路。汝敎世人修三摩地, 先斷心婬是名如來先佛世尊, 第一決定淸淨明誨。是故阿難。若不斷婬修禪定者, 如蒸砂石, 欲其成飯, 經百千劫祇名熱砂。何以故? 此非飯本, 砂石成故。汝以婬身, 求佛妙果。縱得妙悟, 皆是婬根。根本成婬, 輪轉三塗, 必不能出。如來涅槃, 何路修證。必使婬機身心俱斷, 斷性亦無, 於佛菩提斯可希冀。如我此說, 名爲佛說。不如此說, 即波旬說。

阿難。又諸世界六道衆生, 其心不殺, 則不隨其生死相續。汝修三昧, 本出塵勞。殺心不除, 塵不可出。縱有多智, 禪定現前。如不斷殺, 必落神道。上品之人, 爲大力鬼。中品則爲飛行夜叉諸鬼帥等。下品當爲地行羅刹。彼諸鬼神亦有徒衆。各各自謂成無上道。我滅度後末法之中, 多此鬼神, 熾盛世間, 自言食肉得菩提路。阿難。我令比丘食五淨肉。此肉皆我神力化生, 本無命根。汝婆羅門, 地多蒸濕, 加以砂石, 草菜不生。我以大悲神力所加, 因大慈悲假名爲肉, 汝得其味。奈何如來滅度之後, 食衆生肉, 名爲釋子。汝等當知。是食肉人, 縱得心開似三摩地, 皆大羅刹, 報終必沈生死苦海, 非佛弟子。如是之人, 相殺相吞, 相食未已, 云何是人得出三界。汝教世人修三摩地, 次斷殺生。是名如來先佛世尊, 第二決定清淨明誨。是故阿難。若不斷殺修禪定者, 譬如有人自塞其耳, 高聲大叫, 求人不聞, 此等名爲欲隱彌露。清淨比丘及諸菩薩, 於歧路行, 不蹋生草, 況以手拔。云何大悲, 取諸衆生血肉充食。若諸比丘, 不服東方絲綿絹帛, 及是此土靴履裘毳, 乳酪醍醐。如是比丘, 於世眞脫, 酬還宿債, 不遊三界。何以故? 服其身分, 皆爲彼緣。如人食其地中百穀, 足不離地。必使身心, 於諸衆生若身身分, 身心二塗, 不服不食, 我說是人眞解脫者。如我此說, 名爲佛說。不如此說, 即波旬說。

阿難。又復世界六道衆生, 其心不偷, 則不隨其生死相續。汝修三昧, 本出塵勞。偷心不除, 塵不可出。縱有多智, 禪定現前。如不斷偷, 必落邪道。上品精靈、中品妖魅、下品邪人, 諸魅所著。彼等群邪亦有徒衆。各各自謂成無上道。我滅度後末法之中, 多此妖邪, 熾盛世間, 潛匿姦欺, 稱善知識。各自謂已得上人法。誘惑無識, 恐令失心。所過之處, 其家耗散。我教比丘循方乞食, 令其捨貪, 成菩提道。諸比丘等, 不自熟食, 寄於殘生, 旅泊三界, 示一往還, 去已無返。云何賊人假我衣服, 禪販如來, 造種種業, 皆言佛法, 卻非出家具戒比丘, 爲小乘道。由是疑誤無量衆生, 墮無間獄。若我滅後, 其有比丘發心決定修三摩提, 能於如來形像之前, 身然一燈, 燒一指節, 及於身上爇一香炷。我說是人無始宿債, 一時酬畢, 長揖世間, 永脫諸漏。雖未即明無上覺路。是人於法已決定心。若不爲此捨身微因, 縱成無爲, 必還生人, 酬其宿債。如我馬麥正等無異。汝教世人修三摩地, 後斷偷盜, 是名如來先佛世尊,

第三決定淸淨明誨。是故阿難。若不斷偸修禪定者, 譬如有人水灌漏巵欲求
其滿, 縱經塵劫, 終無平復。若諸比丘, 衣鉢之餘, 分寸不畜。乞食餘分, 施餓
衆生。於大集會, 合掌禮衆。有人捶罵, 同於稱讚。必使身心, 二俱捐捨。身
肉骨血, 與衆生共。不將如來不了義說, 迴爲己解, 以誤初學。佛印是人得眞
三昧。如我所說。名爲佛說。不如此說, 即波旬說。

阿難。如是世界六道衆生, 雖則身心無殺盜婬, 三行已圓, 若大妄語, 即三摩
地不得淸淨, 成愛見魔, 失如來種。所謂未得謂得, 未證言證。或求世間尊勝
第一。謂前人言, 我今已得須陀洹果, 斯陀含果, 阿那含果, 阿羅漢道, 辟支佛
乘, 十地地前諸位菩薩。求彼禮懺, 貪其供養。是一顚迦, 銷滅佛種。如人以
刀斷多羅木。佛記是人永殞善根, 無復知見。沈三苦海, 不成三昧。我滅度
後, 敕諸菩薩及阿羅漢, 應身生彼末法之中, 作種種形, 度諸輪轉。或作沙門
白衣居士, 人王宰官, 童男童女, 如是乃至婬女寡婦, 奸偸屠販, 與其同事, 稱
讚佛乘, 令其身心入三摩地。終不自言我眞菩薩, 眞阿羅漢, 泄佛密因, 輕言
未學。唯除命終, 陰有遺付。云何是人惑亂衆生, 成大妄語。汝敎世人修三
摩地, 後復斷除諸大妄語。是名如來先佛世尊, 第四決定淸淨明誨。是故阿
難。若不斷其大妄語者, 如刻人糞爲栴檀形, 欲求香氣, 無有是處。我敎比丘
直心道場, 於四威儀一切行中, 尙無虛假。云何自稱得上人法。譬如窮人妄
號帝王, 自取誅滅。況復法王, 如何妄竊。因地不眞, 果招紆曲。求佛菩提,
如噬臍人欲誰成就。若諸比丘, 心如直絃, 一切眞實, 入三摩地永無魔事。我
印是人成就菩薩無上知覺。如我所說, 名爲佛說。不如此說, 即波旬說。

제6장
불법을 닦아 익히는 단계와 방법

불법을 배우고 수행에 입문하는 기본 계행

아난은 곧 일어나서 물었다. "저는 부처님이 이렇게 말씀하신 것을 늘 들었습니다. '자기가 아직 해탈을 얻지 못했으면서도 먼저 다른 사람을 제도해 주고자 발심한 사람은 바로 보살 마음의 발심이다. 만약 자기가 이미 본성을 증득하고 원만히 해탈한 뒤에 다시 자기의 깨달음에 의지하여 다른 사람도 자성 정각을 증득하게 한다면, 그것은 바로 여래가 세상에 응화하여 오신 것이다.' 저는 지금 비록 아직 해탈을 얻지 못했지만 말겁(末劫) 시기의 중생을 제도하기를 발원하겠습니다. 미래의 사람들이 부처님이 세상에 계시던 시기로부터 점점 멀어져 가면 틀림없이 삿된 스승 외도의 설법들이 많이 있을 것입니다. 어떻게 해야 그들로 하여금 망심을 다스려 조복하고 진실한 부처님 경계의 삼매를 증득하게 할 수 있을까요? 어떻게 해야 마음을 안주하고 도를 닦을 수 있는 장소를 하나 세워서 온갖 마구니의 방해를 멀리 떠날 수 있을까요? 그리하여 그들로 하여금 정각의 진심을 깨달아 얻기를 구하고자 함에 대하여 영원히 뒤로 물러나지 않게 할 수 있을까요?"

부처님이 말씀하셨다. "네가 수행에 의지해야할 계율을 말하는 것을 너는 늘 듣지 않았느냐? 나는 늘 말하기를 수행의 입문 기본요점에는 세 가지의 결정적이고 바꿀 수 없는 과정순서가 있다고 말했다. 무엇보다도 먼저 첫째로 계율을 지켜야한다. 계율[戒]로 말미암아 선정[定]이 생겨날 수 있다. 선정으로 말미암아 지혜[慧]가 일어날 수 있다. 이것이 무루 과위에 도달하는 3무루학(三無漏學)이다.

어째서 망심을 조복하는 것을 계율이라고 부를까? 만약 이 세계의 6도 중생들(천인 · 인간 · 아수라 · 축생 · 아귀 · 지옥)이 그들 마음속에 근본적으로 음근(婬根)이 없다면 자연히 생사의 흐름을 따라서 부단히 연속하여 윤회하지 않을 것이다. 네가 정혜등지(等持)[236]의 바른 삼매를 닦고자 하는 것은 본래 진로번뇌를 벗어나고 싶어서 그러는 것이다. 만약 음심이 제거되지 아니하면 근본적으로 진로의 속박으로부터 벗어날 수 없다. 설사 해박하고 깊은 세간의 지식을 가지고 있더라도 혹은 약간의 선정 경계를 얻었다 할지라도, 만약에 음욕의 뿌리를 끊지 않는다면 틀림없이 마도(魔道) 속으로 떨어진다. 그래서 많은 마구니들과 짝이 된다. 그들도 많은 신도들이 있고 또 자기가 스스로 무상대도(無上大道)를 이미 이루었다고 한다. 내가 세상을 떠난 뒤에 말법시기 중에 장차 많은 마구니 백성들이 있어 세간에 성행하면서 음욕을 탐하는 행위를 널리 할 것이다. 뿐만 아니라 자기가 선지식이라고 자임하고 다른 사람을 교화함으로써 온갖 중생으로 하여금 애욕이 제일이라는 주관적인 깊은 구덩이로 타락하게 하여 정각의 길을 잃게 할 것이다. 네가 장래에 세상 사람들에게 가르쳐 이끌어야 하기를, 선정과 지혜를 균등이 수지하는 바른 삼매를 닦으려면 반드시 먼저 마음속의 음욕의 뿌리를 끊어야한다고 해야 하느니라. 이것이 바로 과거 모든 부처님의 가르침이 세운 첫 번째의 결정성을 갖춘 청정한 교화이다. 만약 음욕을 제거하지 않고 선정을 닦고자하는 것은 마치 모래를 쪄서 그것이 향기로운 밥으로 변하기를 생각하는 것이어서, 설사 백천 겁의 시간이 경과할지라도 뜨거운 모래를 이룰 수 있을 뿐이다. 왜냐하면 모래는 처음부터 영원히 쌀밥이 될 수 없기 때문이다. 만약 음욕의 몸으로써 불과(佛果)를 증득하고자 한다면, 설사 약간 깨달음이 있을지라도 모두 음근이니라. 근본이 음욕으로부터 출발했기 때문에 시종 축생·아귀·지옥 이 3악도 중에서 쉬지 않고 윤회하여 반드

---

236 정(定)의 다른 이름이다. 범어 구역에는 삼매라고 하고 정(定)이라고 번역했다. 신역에서는 삼마지(三摩地)라고 한다. 등지(等持)라고 번역한다. 마음이 하나의 대상 경계에 머물러서 혜관(慧觀)을 일으키며 정과 혜를 평등하게 유지하는 것이다.

시 초월할 수 없다. 불과의 적멸 경계에 원만히 도달하고자 한다면, 반드시 몸과 마음에서 음기(婬機)의 뿌리를 완전히 끊어지게 해야 한다. 마지막에는 끊어 없애야한다고 억누르고 있는 심념마저도 없는 것으로 변화해야한다. 그런 뒤에야 부처의 정각 대도에 대하여 비로소 증득할 희망이 있다. 내가 이렇게 말하는 것과 같다면 진정한 부처의 말이요, 이렇게 말한 것이 아니면 바로 마구니의 말이다.

살생하지 말라

모든 세계의 6도 중생들이 자기의 마음속의 살기(殺機)가 없어야 생사를 마치고 해탈할 수 있다[了生脫死]. 수행의 최고 삼매는 본래 진로번뇌를 뛰어넘고자하는 것인데, 만약 살생하는 마음이 없어지지 않는다면 근본적으로 진로의 속박으로부터 벗어날 수 없다. 설사 많은 세간의 지식이 있거나 약간의 선정 경계를 얻다 할지라도, 만약 살기를 끊지 않는다면 반드시 신도(神道)[237]에 떨어져 귀신과 한 무리가 될 것이다. 그들도 많은 신도들이 있고 이미 무상대도를 성취했다고 스스로 일컫는다. 내가 세상을 떠난 뒤에 말법시기 중에 많은 귀신의 무리들이 세간에 성행하면서 스스로 일컬어 말하기를 반드시 육식을 해야 정각대도를 증득할 수 있다고 할 것이다. 내가 일부 출가한 비구들에게 5정육(五淨肉)은 먹어도 좋다고 허가한 것을 알아야한다(① 죽이는 것을 보지 않은 고기. ② 죽는 소리를 듣지 않은 고기. ③ 하늘에 제사 지내는 등의 이유로 죽인 것이지 자신을 위해서 죽였다고 의심되지 않은 고기. ④ 수명이 다해서 자연히 죽은 고기 ⑤ 다른 짐승이 먹다 남은 고기) 이런 5정육은 일부 변두리 궁벽한 지방에서 지질(地質)이 좋지 않아서 초목 채소가 자랄 수 없기 때문에 방법이 없는

---

237 6도 중에 천도 · 아수라도 · 귀도.(역주)

가운데 방편으로 그들로 하여금 고기를 먹어서 배고픔을 해결하고 목숨을 연장하라고 허락한다. 그러나 그들의 고기를 먹으면서는 그들의 자비로운 보시로 응당 보아야 하고 마땅히 은혜에 감사하는 관념을 가져야한다. 어찌 내가 열반한 뒤에 욕망을 탐하여 중생의 육체를 먹으면서도 석가의 법자(法子)라고 스스로 일컬을 수 있겠느냐? 여러분들은 마땅히 알아야한다, 이러한 육식을 하는 사람은 비록 마음이 열리고 깨달아 약간의 유사한 삼매의 경계가 있다할지라도, 사실은 여전히 대나찰(大羅刹: 아귀의 무리)이다. 복보(福報)가 다하면 틀림없이 고해 속에 빠지고 부처의 제자라고 할 수 없다. 이런 부류 사람들은 서로 살육하고 잡아먹어 끝마칠 기약이 없고 3계를 벗어날 수 없다. 네가 장래에 세상 사람들에게 삼매를 닦아 익히도록 가르칠 때에 그 다음으로 살생을 끊게 해야 한다. 이것이 바로 과거 모든 부처님이 가르치면서 세웠던 두 번째의 결정성을 갖춘 청정한 교화이다. 만약 살기를 끊지 않고 선정을 닦는다면, 그것은 마치 귀를 막고 방울을 훔친 것과 같아서 덮으려고 할수록 더욱더 드러난다. 그러므로 출가 비구는 고기를 먹지 않을 뿐만 아니라 더 나아가 초목의 생기(生機)를 마치 자기의 생기처럼 보호하고 아껴야 한다. 더더구나 피와 고기의 몸을 지닌 중생들의 가죽이나 털 등을 착용해서는 안 된다. 이러한 청정한 계율을 지킬 수 있는 출가 비구는 현실 세계에 대하여 진정한 해탈을 얻을 수 있다. 단지 지난 업을 인연 따라서 녹일 뿐 다시 새로운 재앙을 짓지 않아서, 숙세의 업의 빚을 갚고 다시 3계(욕계·색계·무색계) 사이에 떠돌지 아니한다. 왜 피와 고기의 중생들의 털이나 가죽을 착용하지 않을까? 만약 그것들의 신체 일부분을 입거나 활용하면 여전히 그런 생명을 잔인하게 해치는 인연 작용이 있기 때문이다. 이는 사람이 땅에서 나서 자라는 온갖 곡식을 먹고자 하기 때문에 발이 땅을 떠나지 못하는 것과 다름없다. 만약 온갖 중생의 심신 부분에 대하여 쓰지도 않고 먹지도 않는다면, 나는 이 사람이야말로 진정한 해탈이라고 말한다. 내가 이렇게 말하는 것과 같다면 곧 진정한 부처의 말이요, 이렇게 말한 것이 아니면 바로 마구니의 말이다.

도둑질하지 말라

모든 세계의 6도 중생들이 마음속의 도기(盜機)와 투심(偸心)을 없애면 생사를 마치고 해탈할 수 있다. 바른 삼매를 닦는 것은 본래 진로번뇌를 초월하고자하는 것인데, 만약 훔치려는 마음이 없어지지 않는다면 근본적으로 진로의 속박을 벗어날 수 없다. 설사 세간의 많은 지식이 있다할지라도 혹은 약간의 선정 경계를 얻었다할지라도, 만약 훔치려는 마음을 끊지 않으면 반드시 삿된 도 가운데 떨어져 정령[精怪]과 요매(妖魅)²³⁸가 될 것이다. 그들도 많은 신도들이 있으며 무상대도를 이미 성취했다고 스스로 일컫는다. 내가 세상을 떠난 뒤에 말법 시대에 많은 요사스런 마귀의 무리들이 세간에 성행하면서 속마음이 간사하고 음험하면서 선지식이라고 스스로 일컬을 것이다. 모두들 이미 무상대도를 얻었다고 선전하면서 무지하고 무식한 사람들을 속이고 그들을 겁주어서 진심 자성을 상실하게 할 것이다. 그들이 지나간 곳의 사람들로 하여금 재물을 다 써서 없애게 할 것이다. 내가 출가 비구들로 하여금 언제 어디서나 걸식으로 연명(延命)하도록 가르친 것은 탐하여 구하는 마음을 버리고 정각의 도를 성취하게 하고자 하는 것이다. 심지어 비구들로 하여금 자기가 식사를 끊이지 않도록 하게 하였다. 남은 생애를 붙어서 살

---

238 요괴와 악마.(역주)

면서 나그네로서 3계에 머무르게 했다[寄於殘生, 旅泊三界]. 금생에 반드시 도를 마치고 인간세상에서 이 한 번의 왕래를 다하고, 이로부터는 돌아오지 않게 하도록 표시한 것이다. 도적의 마음을 갖춘 사람들이 모두 나의 옷을 빌려서 여래를 팔고 갖가지 죄업을 짓는다. 비록 입으로는 불법을 말하고 있지만 진정한 출가가 아니다. 설사 구족(具足) 계율을 전부 받았다할지라도 소승을 행하는 길일뿐이다. 이로 말미암아 많은 중생으로 하여금 의심하고 오해하게 하는데, 정말 그 죄과가 끝이 없다. 만약 내가 열반한 뒤에 어떤 출가 비구가 바른 삼매를 닦겠다고 결정 발심하여 불상 앞에서 불법을 위하여 몸을 잃는다면, 나는 말하기를 이 사람은 무시이래의 과거 세상에서 진 빚을 그 찰나에 다 갚았다고 한다. 그리고 틀림없이 세간을 길이 하직하고 영원히 모든 번뇌로부터 벗어날 것[長揖世間, 永脫諸漏]이라고 말한다."(이 부분은 본경의 제6권 해당 부분의 원문을 참고하여 보기 바란다. 왜냐하면 현실 세간의 일반인들이 믿기 어려우므로 일부분은 번역하지 않고 보류한다) 네가 장래에 세상 사람들에게 삼매를 닦도록 가르칠 때는 훔치는 마음을 끊게 하여야 한다. 이게 바로 과거 모든 부처님의 가르침이 세운 세 번째의 결정성을 갖춘 청정한 교화이다. 만약 훔치는 마음을 끊지 않고서 선정을 닦는다면, 그것은 마치 새는 잔에 물을 붓는 것과 같아서 영원히 채울 수 없느니라. 만약 출가 비구가 자신의 기본적인 필수 의식(衣食) 이외에는 털끝만큼도 개인적으로 축적하지 않고, 걸식하여 얻는 바를 남기는 것이 있다면 다른 중생에게 보시하여야 한다. 만약 어떤 사람이 까닭 없이 도리에 안 맞게 나를, 와서 때리고 욕하더라도 예의로써 대해야한다. 반드시 몸과 마음 양쪽을 다 놓아버려야 한다. 그리하여 이 몸의 뼈와 고기를 중생과 함께 하여야 한다. 절대 부처의 불요의설(不了義說)을 자신의 궁극적인 견해로 삼아서 초학들에게 잘못되지 않게 하여야 한다. 이렇게 할 수 있는 사람을, 나는 그가 이미 진정한 삼매를 얻었다고 여긴다. 나의 이런 말과 같아야 진정한 부처의 말이요, 이렇게 말한 것이 아니면 바로 마구니의 말이다.

대망어를 하지 말라

모든 세계의 6도 중생들이 몸과 마음에서 살생·도둑질·음행이 세 가지 업(業)이 없다할지라도 만약 크나큰 거짓말인 대망어(大妄語)를 범한다면, 그는 바른 삼매의 경계 속에서도 청정함을 얻지 못하고 주관을 탐애하는 마구니가 되어 불과(佛果)를 잃어버리는 종성이 될 것이다. 대망어란 바로 '얻지 못했으면서도 얻었다고 하고 증득하지 못했으면서도 증득했다'고 하는 것이다[未得謂得, 未證言證]. 혹은 세간 사람들의 존경을 얻기 위해 오직 나만이 지극히 높다는 제일의 지위를 쟁취하기 위하여 다음과 같이 말한다. 나는 이미 수다원(須陀洹)²³⁹의 과위를 얻었다거나, 대아라한 과위를 얻었다거나, 독각(獨覺)²⁴⁰ 벽지불(辟支佛)²⁴¹의 과위를 얻었다고 한다. 심지어는 보살의 과위라고도 한다. 다른 사람들의 경례와 공양을 탐하고 구

---

239 예류(預流)라고 번역한다. 성문4과 중 초과의 이름이다. 예류란 처음으로 성도(聖道)에 들어갔다는 의미이다. 3계의 견혹을 끊으면 이 과위를 얻는다. 또 수(須)는 무루(無漏), 다원(陀洹)은 수(修)라고 번역한다. 무루를 닦기 때문에 수다원이라 이름한다.

240 항상 적정(寂靜)을 즐기고 홀로 수행한다. 수행의 공덕이 이루어지면 부처가 없는 세상에서 스스로 깨달아 생사를 떠나는 자를 독각이라 한다.

241 벽지불에는 두 종류가 있다. 하나는 독각이라 하고 또 하나는 연각(緣覺)이라 한다. 독각은 바로 앞의 각주를 보라. 연각이란 안과 밖의 연을 관찰하고 12인연 - 무명(無明)·행(行)·식(識)·명색(名色)·6처(處)·촉(觸)·수(受)·애(愛)·취(取)·유(有)·생(生)·노사(老死)를 보고 성과를 깨달으므로 연각이라 한다.

하여 끝없는 죄과를 얻고 불성 종자를 소멸시키는 줄 모른다. 이는 마치 칼로써 나무를 끊어버리는 것처럼 부처의 종자를 자신이 끊어 버리기를 바라는 것과 같다. 나는 예상할 수 있다, 이런 사람은 영원히 선근을 끊어 더 이상 진보하는 지견(知見)이 없어서 영원히 고해에 빠져 바른 삼매를 성취할 수 없다. 내가 세상을 떠난 뒤에 일반 보살들과 나한들로 하여금 화신(化身)으로 세간에 나타나게 하여, 말법시기에 갖가지 형태의 사람이 되어 생사의 바다 속에 윤회하는 중생들을 구하라고 하겠다. 그들은 사문(출가자)이 되거나 속인이 되거나 거사(居士)[242]가 되거나 왕이 되거나 재상이나 관료가 되거나 사내아이나 여자아이가 되거나, 심지어 음탕한 여자가 되거나 젊은 과부가 되거나 간사한 도둑이나 또는 도축(屠畜) 판매자가 되어서 일반 중생과 함께 생활하지만, 이런 갖가지 사람들의 생활 속에서 불법을 칭찬하여 그들의 몸과 마음으로 하여금 불법의 바른 삼매의 경계에 들어가게 할 것이다. 그러나 그들은 절대 자신이 진짜 보살이라거나 아라한이라고 말하지 않는다. 일부러 밀행(密行)[243]을 누설하여 후학 후배들에게 가벼이 드러내 보임으로써 자기를 과시하지 않는다. 오직 세상의 수명을 마칠 때에야 비로소 은밀히 유언을 한다. 오직 저 일반 망령된 사람들이야말로 요망한 말로써 대중을 미혹시키고, 대망어를 하지 말라는 계율 범하기를 달가워한다. 네가 장래에 세상 사람들로 하여금 삼매를 닦도록 가르칠 때에는 그들로 하여금 대망어를 끊게 해야 한다. 이것이 곧 과거 모든 부처님의 가르침이 세운 네 번째의 결정성을 갖춘 청정한 교화이다. 만약 대망어를 끊지 않는다면, 이는 마치 사람의 똥을 가지고 단향(檀香) 나무

---

242 재가에서 부처님을 배우는 남녀

243 비밀한 행. 남이 살펴도 알 수 없는 행.(역주)

모양을 만들어 그 속에서 향기를 구하려하는 것이나 마찬가지로서, 그것은 절대 불가능한 일이다. 나는 모든 비구들에게 곧은 마음[直心]이 도량이라고 가르친다. 일상생활에서 가고 머물고 앉고 눕는 [四威儀] 가운데서 모든 행위에 거짓이 있어서는 안 된다고 가르친다. 어떻게 자기 스스로 이미 지고무상(至高無上)의 도법을 얻었다고 사리에 맞지 않게 일컬을 수 있겠느냐? 이는 마치 거지가 왕이라고 일컫는 것과 같아서 마침내 스스로 살육(殺戮)을 취할 것이다. 더욱이 하물며 자기가 인간세계와 천상세계의 3계의 스승의 법왕이라고 도리에 맞지 않게 일컬을 수 있겠느냐! 알아야 한다, 인지(因地)에서 곧고 진실하지 않으면 과지(果地)에서 굽어짐을 초래한다. 그렇게 보리를 구함은 마치 자기의 배꼽을 물려는 사람과 같은데, 보리를 구하려고 하지만 누가 성취하겠느냐[因地不眞, 果招紆曲, 求拂菩提, 如噬臍人, 欲誰成就]? 만약 일반 출가 비구들이 이 마음을 바로 잡기를 마치 곧은 활줄처럼 하여 모든 언행을 절대 진실하게 하여야 바른 삼매의 경계에 진입할 수 있다. 그리하여 영원히 마구니의 방해를 만나지 않을 것이다. 나는 이렇게 수행하는 사람들이 보살 과지를 성취하여 무상정각을 얻을 것이라고 인정한다. 내가 이렇게 말하는 것과 같다면 진정한 부처의 말이요, 이렇게 말한 것이 아니면 바로 마구니의 말이다.

阿難。汝問攝心。我今先說入三摩地, 修學妙門, 求菩薩道。要先持此四種律儀, 皎如冰霜。自不能生一切枝葉。心三口四, 生必無因。阿難。如是四事, 若不遺失。心尙不緣色香味觸。一切魔事, 云何發生。若有宿習不能滅除。汝敎是人, 一心誦我佛頂光明摩訶薩怛多般怛囉無上神咒。斯是如來無見頂相, 無爲心佛從頂發輝, 坐寶蓮華所說心咒。且汝宿世與摩登伽, 歷劫因緣恩愛習氣, 非是一生及與一劫。我一宣揚, 愛心永脫, 成阿羅漢。彼尙婬

女, 無心修行。神力冥資速證無學。云何汝等在會聲聞, 求最上乘決定成佛。譬如以塵揚於順風, 有何艱險。若有末世欲坐道場。先持比丘清淨禁戒。要當選擇戒清淨者, 第一沙門, 以爲其師。若其不遇眞清淨僧, 汝戒律儀必不成就。戒成已後, 著新淨衣, 然香閒居, 誦此心佛所說神咒一百八徧, 然後結界, 建立道場。求於十方現住國土無上如來, 放大悲光來灌其頂。阿難。如是末世清淨比丘, 若比丘尼, 白衣檀越, 心滅貪婬, 持佛淨戒。於道場中發菩薩願。出入澡浴。六時行道。如是不寐, 經三七日。我自現身至其人前, 摩頂安慰, 令其開悟。

阿難白佛言。世尊。我蒙如來無上悲誨, 心已開悟。自知修證無學道成。末法修行建立道場, 云何結界, 合佛世尊清淨軌則。

佛告阿難。若末世人願立道場。先取雪山大力白牛。食其山中肥膩香草。此牛唯飲雪山清水。其糞微細。可取其糞, 和合栴檀, 以泥其地。若非雪山, 其牛臭穢, 不堪塗地。別於平原, 穿去地皮五尺已下, 取其黃土, 和上栴檀、沈水、蘇合、薰陸、鬱金、白膠、青木、零陵、甘松、及雞舌香。以此十種細羅爲粉。合土成泥, 以塗場地。

方圓丈六, 爲八角壇。壇心置一金銀銅木所造蓮華。華中安鉢。鉢中先盛八月露水。水中隨安所有華葉。取八圓鏡, 各安其方, 圍繞華鉢, 鏡外建立十六蓮華。十六香鑪, 間華鋪設。莊嚴香鑪, 純燒沈水, 無令見火。取白牛乳, 置十六器。乳爲煎餅, 幷諸砂糖、油餅、乳糜、蘇合、蜜薑、純酥、純蜜。於蓮華外, 各各十六圍繞華外。以奉諸佛及大菩薩。每以食時, 若在中夜, 取蜜半升, 用酥三合。壇前別安一小火鑪。以兜樓婆香, 煎取香水, 沐浴其炭, 然令猛熾。投是酥蜜於炎鑪內, 燒令烟盡, 享佛菩薩。

令其四外徧懸幡華。於壇室中, 四壁敷設十方如來及諸菩薩所有形像。應於當陽, 張盧舍那、釋迦、彌勒、阿閦、彌陀。諸大變化觀音形像, 兼金剛藏, 安其左右。帝釋、梵王、烏芻瑟摩、幷藍地迦、諸軍茶利、與毗俱胝、四天王等, 頻那夜迦, 張於門側, 左右安置。

又取八鏡覆懸虛空, 與壇場中所安之鏡, 方面相對, 使其形影重重相涉。

於初七中, 至誠頂禮十方如來, 諸大菩薩, 阿羅漢號。恒於六時誦咒圍壇, 至心行道。一時常行一百八徧。第二七中，一向專心發菩薩願，心無間斷。我毗奈耶先有願教。第三七中，於十二時，一向持佛般怛囉咒。至第七日，十方如來一時出現。鏡交光處，承佛摩頂。即於道場修三摩地。能令如是末世修學，身心明淨猶如琉璃。阿難。若此比丘本受戒師，及同會中十比丘等，其中有一不清淨者，如是道場多不成就。

從三七後，端坐安居，經一百日。有利根者，不起於座，得須陀洹。縱其身心聖果未成。決定自知成佛不謬。汝問道場，建立如是。

阿難頂禮佛足，而白佛言。自我出家，恃佛憍愛。求多聞故，未證無爲。遭彼梵天邪術所禁心雖明了，力不自由。賴遇文殊，令我解脫。雖蒙如來佛頂神咒，冥獲其力，尚未親聞。惟願大慈重爲宣說，悲救此會諸修行輩，末及當來在輪迴者，承佛密音，身意解脫。於時會中一切大衆，普皆作禮，佇聞如來秘密章句。爾時世尊從肉髻中。涌百寶光。光中涌出千葉寶蓮。有化如來，坐寶華中。頂放十道百寶光明。一一光明。皆徧示現十恒河沙金剛密跡，擎山持杵，徧虛空界。大衆仰觀，畏愛兼抱，求佛哀祐。一心聽佛無見頂相放光如來宣說神咒。

(第一會名爲毗盧眞法會。謂下十二法門密言，皆一毗盧眞心法身所流演也。)

南無薩怛他[1] 蘇伽多耶[2] 阿囉訶帝[3] 三藐三菩陀寫[4] 薩怛他[5] 佛陀俱胝、瑟尼釤[6] 南無薩婆[7] 勃陀勃地[8] 薩跢鞞弊[9] 南無薩多南[10] 三藐三菩陀[11] 俱知喃[12] 娑舍囉、婆迦[13] 僧伽喃[14] 南無盧雞、阿羅漢、跢喃[15] 南無蘇盧多、波那喃[16] 南無娑羯唎陀、伽彌喃[17] 南無盧雞、三藐、伽跢喃[18] 三藐、伽波囉[19] 底波、多那喃[20] 南無提婆、離瑟赧[21] 南無悉陀耶[22] 毗地耶[23] 陀囉離瑟赧[24] 舍波奴[25] 揭囉訶[26] 娑訶娑囉、摩他喃[27] 南無跋囉訶、摩泥[28] 南無因陀囉耶[29] 南無婆伽婆帝[30] 嚧陀囉耶[31] 烏摩般帝[32] 娑醯夜耶[33] 南無婆伽婆帝[34] 那囉野[35] 拏耶[36] 槃遮摩訶、三慕陀囉[37] 南無悉羯唎多耶[38] 南無婆伽婆帝[39] 摩訶迦羅耶[40] 地唎、般剌那[41] 伽囉毗陀囉[42] 波拏、迦囉耶[43] 阿地目帝[44] 尸摩舍那泥[45] 婆悉泥[46] 摩怛唎伽拏[47] 南無、悉羯唎多耶[48] 南無婆伽婆帝[49] 多他伽跢、俱囉耶[50] 南無般頭摩、俱囉耶[51] 南無跋闍囉、俱囉耶[52] 南無摩尼、俱囉耶[53] 南無伽闍、俱囉耶[54] 南無婆伽婆帝[55] 帝唎茶[56] 輸囉西那[57] 波囉訶囉、拏囉闍耶[58] 跢他伽多耶[59] 南無婆伽婆帝[60] 南無阿彌、多婆耶[61] 跢他伽多耶[62] 阿囉訶帝[63] 三藐三菩陀耶[64] 南無婆伽婆帝[65] 阿芻鞞耶[66] 跢他伽多耶[67] 阿囉訶帝[68] 三藐三菩陀耶[69] 南無婆伽婆帝[70] 鞞沙闍耶[71] 俱盧、吠柱唎耶[72] 般囉婆、囉闍耶[73] 跢他伽多耶[74] 南無婆伽婆帝[75] 三補師、毖多[76] 薩憐捺囉、剌闍耶[77] 跢他伽多耶[78] 阿囉訶帝[79] 三藐三菩陀耶[80] 南無婆伽婆帝[81] 舍雞野、母那曳[82] 跢他伽多耶[83] 阿囉訶帝[84] 三藐三菩陀耶[85] 南無婆伽婆帝[86] 剌怛那、雞都、囉闍耶[87] 跢他伽多耶[88] 阿囉訶帝[89] 三藐三菩陀耶[90] 帝瓢[91] 南無薩羯唎多[92] 翳曇、婆伽婆多[93] 薩怛他、伽都瑟尼釤[94] 薩怛多、般怛嚂[95] 南無 阿婆囉視耽[96] 般囉帝[97] 揚岐囉[98] 薩囉婆[99] 部多、揭囉訶[100] 尼羯囉訶[101] 羯迦囉訶尼[102] 跋囉、毖地耶[103] 叱陀你[104] 阿迦囉[105] 密唎柱[106] 般唎 怛囉耶[107] 儜揭唎[108] 薩囉婆[109] 槃陀那[110] 目叉尼[111] 薩囉婆[112] 突瑟吒[113] 突悉乏[114] 般那你[115] 伐囉尼[116] 赭都囉[117] 失帝南[118] 羯囉訶[119] 娑訶、薩囉、若闍[120] 毗多崩娑那、羯唎[121] 阿瑟吒冰、舍帝南[122] 那叉、刹怛囉、若闍[123] 波囉、薩陀那、羯唎[124] 阿瑟吒南[125] 摩訶羯囉訶、若闍[126] 毗多崩、薩那羯唎[127] 薩婆、舍都嚧[128] 你婆囉、若闍[129] 呼藍、突悉乏[130] 難遮那舍尼[131] 毖沙舍[132] 悉怛囉[133] 阿吉尼[134] 烏陀迦囉、若闍[135] 阿般囉視多、具囉[136] 摩訶般囉、戰持[137] 摩訶疊多[138] 摩訶帝闍[139] 摩訶稅多、闍婆囉[140] 摩訶跋囉、槃陀囉[141] 婆悉你[142] 阿唎耶、多囉[143] 毗唎俱知[144] 誓婆、毗闍耶[145] 跋闍囉、摩禮底[146] 毖舍嚧多[147] 勃騰罔迦[148] 跋闍囉、制喝那、阿遮[149] 摩囉制婆[150] 般囉質多[151] 跋闍囉、擅持[152] 毗舍囉遮[153] 扇多舍[154] 鞞提婆[155] 補視多[156] 蘇摩嚧波[157] 摩訶稅多[158] 阿唎耶、多囉[159] 摩訶婆囉、阿般囉[160] 跋闍囉、商羯囉、制婆[161] 跋闍囉、俱摩唎[162] 俱藍陀唎[163] 跋闍囉、喝薩多遮[164] 毗地耶[165] 乾遮那[166] 摩唎迦[167] 啒蘇母[168] 婆羯囉跢那[169] 鞞嚧遮那[170] 俱唎耶[171] 夜囉菟[172] 瑟尼釤[173] 毗折藍婆、摩尼遮[174] 跋闍囉、迦那、迦波囉婆[175] 嚧闍那[176] 跋闍囉、頓稚遮[177] 稅多遮[178] 迦摩囉[179] 刹奢尸[180] 波囉婆[181] 翳帝夷帝[182] 母陀囉[183] 羯拏[184] 娑鞞囉懺[185] 掘梵都[186] 印兎那、麼麼寫[187]

nämōsădătō sōōchĭädōyä ōlăhōdē sănmĭŏsănpōōtōshä sădătō fŭtōjützē sŭnēsăn nämōsăpō pŭtōpŭsēr sădōpēēbĭē nämōsădōnăn sănmĭŏsănpōōtō jützēnăn sōsĭēlă pōjä sŭnchĭänăn nämōlüjē ōlōhăn dōnăn nämōsōōlüdō bōnōnăn nämōsōjĕhnētō chiämēnăn nämōlüjē sănmĭŏ chiädōnăn sănmĭŏ chiäpōlă dēēbō dōnōnăn nämōtēēpō nēēsŭnăn nämōshitōyä pēēsēryä tōlănēēsŭnăn siēbōnō jĕhlăhō sōhōsōlă mōtōnăn nämōbălăhō mōnēē nämōyintōlăyä nämōpōchĭäpōdē lütōlăyä wōōmōbudē sōshēyäyä nämōpōchĭäpōdē nōlăyä nōyä păntzämōhō sănmōtōlă nämōshijĕhnēdōyä nämōpōchĭäpōdē mōhōjälăyä sērnē bŭlänō chiälăpēētōlă bōnō jälăyä ōsērmŏhdē szēmōsĭēnōnēē pōshĭnēē mōdănēchĭänō nämō shĭjĕhnēdōyä nämōpōchĭäpōdē dōtōchĭädō jülăyä nämōbŭtērmō jülăyä nämōbăsĕhlă jülăyä nämōmōnēē jülăyä nämōchĭäsĕh jülăyä nämōpōchĭäpōdē dēnētsä sōōlăshēnō bōlăhōlă nōlăsĕhyä dōtōchĭädōyä nämōpōchĭäpōdē nämōōmē dōpōyä dōtōchĭädōyä ōlăhōdē sănmĭŏsănpōōtōyä nämōpōchĭäpōdē ōtsüpēēyä dōtōchĭädōyä ōlăhōdē sănmĭŏsănpōōtōyä nämōpōchĭäpōdē pēēsĕhyä jülü fētzōōnēyä bŭlăpō lăsĕhyä dōtōchĭädōyä nämōpōchĭäpōdē sănbōōszē bēdō sănĭĕnlălă lăsĕhyä dōtōchĭädōyä ōlăhōdē sănmĭŏsănpōōtōyä nämōpōchĭäpōdē sĭējēyä mōnōshĕh dōtōchĭädōyä ōlăhōdē sănmĭŏsănpōōtōyä nämōpōchĭäpōdē lădănō jēdōō lăsĕhä dōtōchĭädōyä ōlăhōdē sănmĭŏsănpōōtōyä dēpĭŏ nämōsăjĕhnēdō ētăn pōchĭäpōdō sădătō chĭädōōsŭnēēsăn sădăndō bŭdănăn nämōōpōlăsēdăn bŭlădē yängchēlă sălăpō bōōdō jĕhlăhō nēējĕhlăhō jĕhjälăhōnēē bălă bēsēryä chitōnē ōjälă mĭnētzōō bŭnē dălăyä nĭnjĕhnē sălăpō păntōnō mŏhtsänē sălăpō tŭsŭtzä tŭshĭfăn bŭnōnē fălănēē jādōōlă sŭdēnăn jĕhlăhō sōhō sălă rŏsĕh pēēdōbōnsōnō jĕhnē osŭtzäbĭn sĭēdēnăn nōtsä sădălă rŏsĕh bōlă sătōnō jĕhnē ōsŭtzänăn mōhōjĕhlăhō rŏsĕh pēēdōbōn sănōjĕhnē săpō sĭēdōōlü nēpōlă rŏsĕh hōōnăn tŭshĭfăn năntzänōsĭēnēē bēsōsĭē shĭdălă ōjĭnēē wōōtōjälă rŏsĕh ōbŭlăszēdō jülă mōhōbŭlă jĭēntsē

mōhōdĕhdō mōhōdĕsĕh mōhōswēdō sĕhpōlă mōhōbălă păntōlă pōshĭnē
ōnēyä dōlă pēnējützē szēpō pēēsĕhyä băsĕhlămōnēdēē pēēsĭēlüdō
pŭtónwängjä băsĕhlă tzēhănō ōtzä mōlătzēpō bŭlătzēdō băsĕhlă jĭēntsē
pēēsĭēlătzä shĭēndōsĭē pēētēēpō bōōszēdō sōōmōlübō mōhōswēdō ōnēyä
dōlă mōhōpōlă ōbŭlă băsĕhlă sängjĕhlă tzēpō băsĕhlă jümōnē
jünăntōnē băsĕhlă hăsădōtzä pēēsēryä chĭēntzănō mōnējä gwŭsōōmō
pōjĕhlădōnō pēēlützänō jünēyä yälătōō sŭnēēsăn pēējĕhnănpō mōnēētzä
băsĕhlăjänō jäbōlăpōlüsĕhnō băsĕhlă dwontzētzä swēdōtzä jämōlă
sătsĕhszē bōlăpō ēdēēēdē mōtōlă jĕhnō sōpēēlătsăn jwĕhfăndōō
yĭntōōnō mōmōshä

(第二會名爲釋尊應化會 [又名楞嚴教主會]。下之五部三寶, 夜叉神王金剛密
跡, 八種法門, 悉爲釋迦示現者也。)

烏(合+牛)[188] 唎瑟、揭拏[189] 般刺、舍悉多[190] 薩怛他[191] 伽都瑟尼釤[192] 虎(合
+牛)都嚧雍[193] 瞻婆那[194] 虎(合+牛)都嚧雍[195] 悉耽婆那[196] 虎(合+牛)都嚧雍
[197] 波囉瑟地耶[198] 三般叉[199] 拏羯囉[200] 虎(合+牛)都嚧雍[201] 薩婆藥叉[202] 喝囉
刹娑[203] 揭囉訶、若闍[204] 毗騰崩、薩那羯囉[205] 虎(合+牛)都嚧雍[206] 者都囉
[207] 尸底南[208] 揭囉訶[209] 娑訶薩囉南[210] 毗騰崩、薩那囉[211] 虎(合+牛)都嚧雍
[212] 囉叉[213] 婆伽梵[214] 薩怛他[215] 伽都瑟尼釤[216] 波囉點[217] 闍吉唎[218] 摩訶、娑訶
薩囉[219] 勃樹、娑訶薩囉[220] 室唎沙[221] 俱知、娑訶薩泥[222] 帝隷、阿弊提視、
婆唎多[223] 吒吒甖迦[224] 摩訶、跋闍嚧陀囉[225] 帝唎 菩婆那[226] 曼荼囉[227] 烏吽
(合+牛)[228] 娑悉帝[229] 薄婆都[230] 麼麼[231] 印兔那、麼麼寫[232]

wōōshĭn nēsŭ jĕhnō bŭlä sĭēshĭdō sădătō chĭädōōsŭnēēsăn
hüshĭndōōlüyĭn jĭēnpōnō hüshĭndōōlüyĭn shĭdănpōnō hüshĭndōōlüyĭn
bōlăsŭsēryä sănbŭtsä nōjĕhlă hüshĭndōōlüyĭn săpōyĭŏtsä hălăsăsō
jĕhlăhō rŏsĕh pēētònbōn sănōjĕhlă hüshĭndōōlüyĭn jädōōlă szēdēnăn

jěhlähō sōhōsălănăn pēētónbōn sănōlă hüshĭndōōlüyĭn lătsä pōchĭäfăn sădătō chĭädōōsŭnēēsăn bōlădĭen sĕhjĭnē mōhō sōhōsălă pŭsü sōhōsălă sŭnēsō jützē sōhōsănēē dēnē ōbētēēszē pōnēdō tzsätzsäyĭnjä mōhō băsĕhlütōlă dēnē pōōpōnō măntsälă wōōshĭn sōshĭdē bŏpōdōō mōmō yĭntōōnō mōmōshä

(第三會名爲觀音合同會。下之四門、皆如觀音上同下合, 圓通修證; 四不思議、無作妙德、自在成就也。)

囉闍婆夜[233] 主囉跋夜[234] 阿祇尼、婆夜[235] 烏陀迦、婆夜[236] 毗沙、婆夜[237] 舍薩多囉、婆夜[238] 婆囉、斫羯囉、婆夜[239] 突瑟叉、婆夜[240] 阿舍你、婆夜[241] 阿迦囉[242] 密唎柱、婆夜[243] 陀囉尼、部彌劍[244] 波伽波陀、婆夜[245] 烏囉迦、婆多、婆夜[246] 剌闍壇茶、婆夜[247] 那伽婆夜[248] 毗條怛、婆夜[249] 蘇波囉拏、婆夜[250] 藥叉、揭囉訶[251] 囉叉私、揭囉訶[252] 畢唎多、揭囉訶[253] 毗舍遮、揭囉訶[254] 部多、揭囉訶[255] 鳩槃茶、揭囉訶[256] 補丹那、揭囉訶[257] 迦吒補丹那、揭囉訶[258] 悉乾度、揭囉訶[259] 阿播悉摩囉、揭囉訶[260] 烏檀摩陀、揭囉訶[261] 車夜揭囉訶[262] 醯唎婆帝、揭囉訶[263] 社多、訶唎南[264] 揭婆 訶唎南[265] 嚧地囉、訶唎南[266] 忙娑 訶唎南[267] 謎陀、訶唎南[268] 摩闍、訶唎南[269] 闍多、訶唎女[270] 視比多、訶唎南[271] 毗多、訶唎南[272] 婆多 訶唎南[273] 阿輸遮、訶唎女[274] 質多、訶唎女[275] 帝釤、薩鞞釤[276] 薩婆、揭囉訶南[277] 毗陀、夜闍[278] 瞋陀、夜彌[279] 雞囉、夜彌[280] 波唎、跋囉、者迦[281] 訖唎擔[282] 毗陀、夜闍[283] 瞋陀、夜彌[284] 雞囉夜彌[285] 茶演尼[286] 訖唎擔[287] 毗陀夜闍[288] 瞋陀夜彌[289] 雞囉夜彌[290] 摩訶般輸、般怛夜[291] 嚧陀囉[292] 訖唎擔[293] 毗陀夜闍[294] 瞋陀夜彌[295] 雞囉夜彌[296] 那囉夜拏[297] 訖唎擔[298] 毗陀夜闍[299] 瞋陀夜彌[300] 雞囉夜彌[301] 怛埵伽嚧、茶西[302] 訖唎擔[303] 毗陀夜闍[304] 瞋陀夜彌[305] 雞囉夜彌[306] 摩訶迦囉[307] 摩怛唎伽拏[308] 訖唎擔[309] 毗陀夜闍[310] 瞋陀夜彌[311] 雞囉夜彌[312] 迦波唎迦[313] 訖唎擔[314] 毗陀夜闍[315] 瞋陀夜彌[316] 雞囉夜彌[317] 闍夜羯囉[318] 摩度、羯囉[319] 薩婆、囉他、娑達那[320] 訖唎擔[321] 毗陀夜闍[322] 瞋陀夜彌[323] 雞囉夜彌[324] 赭咄囉[325] 婆耆你[326] 訖喇擔³²⁷ 毗陀夜闍³²⁸ 瞋陀夜彌³²⁹ 雞囉夜彌³³⁰ 毗喇羊、訖喇知³³¹ 難陀、雞沙囉³³² 伽拏、般帝³³³ 索醯夜³³⁴ 訖喇擔³³⁵ 毗陀夜闍³³⁶ 瞋陀夜彌³³⁷ 雞囉夜彌³³⁸ 那揭、那舍囉、婆拏³³⁹ 訖喇擔³⁴⁰ 毗陀夜闍³⁴¹ 瞋陀夜彌³⁴² 雞囉夜彌³⁴³ 阿羅漢³⁴⁴ 訖喇擔³⁴⁵ 毗陀夜闍³⁴⁶ 瞋陀夜彌³⁴⁷ 雞囉夜彌³⁴⁸ 毗多囉伽³⁴⁹ 訖喇擔³⁵⁰ 毗陀夜闍³⁵¹ 瞋陀夜彌³⁵² 雞囉夜彌³⁵³ 跋闍囉波你³⁵⁴ 具醯夜、具醯夜³⁵⁵ 迦地、般帝³⁵⁶ 訖喇擔³⁵⁷ 毗陀夜闍³⁵⁸ 瞋陀夜彌³⁵⁹ 雞囉夜彌³⁶⁰ 囉叉罔³⁶¹ 婆伽梵³⁶² 印兎那、麼麼寫³⁶³

lăsěhpōyä tzülăbăyä ōchēēnēē pōyä wōōtōjä pōyä pēēsō pōyä siēsădōlä pōyä pōlă tzŏjěhlä pōyä tŭsŭtsä pōyä ōsiēnē pōyä ōjälä mǐnētzü pōyä tōlōnēē bōōmējǐěn bōchǐäbōtō pōyä wōōlăjä pōdō pōyä läsěhtăntsä pōyä nōchǐäpōyä pēētǐŏdă pōyä sōōbōlănō pōyä yǐŏtsä jěhlăhō lătsäszē jěhlăhō bǐnēdō jěhlăhō pēēsǐētzä jěhlăhō bōōdō jěhlăhō jūpăntsä jěhlăhō bōōdănnō jěhlăhō jätžäbōōdănnō jěhlăhō shǐchǐěndōō jěhlăhō ōbōshǐmōlä jěhlăhō wōōtănmōtō jěhlăhō tsěhyäjěhlăhō shēnēpōdē jěhlăhō sēdō hōnēnăn jěhpō hōnēnăn lüsērlä hōnēnăn mǒnsō hōnēnăn mēētō hōnēnăn mōsěh hōnēnăn sěhdō hōnēnü szēbēdō hōnēnăn pēēdō hōnēnăn pōdȯ hōnēnăn ȯsōōtzä hōnēnü tzēdō hōnēnü dēsăn săpēēsăn săpō jěhlăhōnăn pēētō yäsěh tzŭntōtō yämē jēlă yämē bōnē bălă jäjä chǐnēdăn pēētō yäsěh tzŭntō yämē jēlăyämē tsäyǐěnnēē chǐnēdăn pēētōyäsěh tsŭntōyämē jēlăyämē mōhōbụsōō bụdäyä lütōlä chǐnēdăn pēētōyäsěh tsŭntōyämē jēlăyämē nōlăyänō chǐnēdăn pēētōyäsěh tsŭntōyämē jēlăyämē dätōchǐälü tsäshē chǐnēdăn pēētōyäsěh tsŭntōyämē jēlăyämē mōhōjälä mōdănēchǐänō chǐnēdăn pēētōyäsěh tsŭntōyämē jēlăyämē jäbōnējä chǐnēdăn pēētōyäsěh tsŭntōyämē jēlăyämē sěhyäjěhlä mōdōō jěhlä săpō lătō sōdănō chǐnēdăn pētōyäsěh tsŭntōyämē jēlăyämē jädōōlä pōchēēnē chǐnēdăn pēētōyäsěh tsŭntōyämē jēlăyämē pēēnēyäng chǐnētzē lăntō jēsōlä chǐänō bụdē sǒshēyä chǐnēdăn pēētōyäsěh

tsŭntōyämē jēlăyämē nōjĕh nōsiēlă pōnō chĭnēdăn pēētōyäsĕh
tsŭntōyämē jēlăyämē ōnōhăn chĭnēdăn pēētōyäsĕh tsŭntōyämē jēlăyämē
pēēdōlăchĭä chĭnēdăn pēētōyäsĕh tsŭntōyämē jēlăyämē băsĕhlăbōnē
jüshēyä jüshēyä jäsēr bựdē chĭnēdăn pēētōyäsĕh tsŭntōyämē jēlăyämē
lătsäwäng pōchĭäfăn yĭntōōnō mōmōshä

(第四會名爲剛藏折攝會。火首、圓通開顯; 藏王、呪後救護; 金剛、三五部主、
降伏五法門一。下之六義、惡則折伏, 善則攝授; 皆是剛王密跡, 力士顯本者也。)

婆伽梵[364] 薩怛多、般怛囉[365] 南無粹都帝[366] 阿悉多、那囉剌迦[367] 波囉婆[368]
悉普吒[369] 毗迦、薩怛多、鉢帝唎[370] 什佛囉、什佛囉[371] 陀囉陀囉[372] 頻陀
囉、頻陀囉[373] 瞋陀瞋陀[374] 虎(合+牛)虎(合+牛)[375] 泮吒、泮吒、泮吒、泮
吒、泮吒[376] 娑訶[377] 醯醯泮[378] 阿牟迦耶泮[379] 阿波囉、提訶多泮[380] 婆囉、波
囉陀泮[381] 阿素囉[382] 毗陀囉[383] 波迦泮[384] 薩婆、提鞞、弊泮[385] 薩婆、那伽、
弊泮[386] 薩婆、藥叉、弊泮[387] 薩婆、乾闥婆、弊泮[388] 薩婆、補丹那、弊泮[389]
迦吒補丹那、弊泮[390] 薩婆、突狼枳帝、弊泮[391] 薩婆、突澀比(口+犁)[392] 訖
瑟帝、弊泮[393] 薩婆、什婆唎、弊泮[394] 薩婆、阿播悉摩犂、弊泮[395] 薩婆、
舍囉、婆拏、弊泮[396] 薩婆、地帝雞、弊泮[397] 薩婆、怛摩陀繼、弊泮[398] 薩
婆、毗陀耶[399] 囉誓、遮(口+犁)、弊泮[400] 闍夜羯囉[401] 摩度羯囉[402] 薩婆、
囉他娑陀雞、弊泮[403] 毗地夜[404] 遮唎、弊泮[405] 者都囉[406] 縛耆你、弊泮[407] 跋
闍囉[408] 俱摩唎[409] 毗陀夜[410] 囉誓、弊泮[411] 摩訶波囉、丁羊[412] 乂耆唎、弊泮
[413] 跋闍囉、商羯囉夜[414] 波囉丈耆、囉闍耶泮[415] 摩訶迦囉夜[416] 摩訶、末怛
唎迦拏[417] 南無、娑羯唎多、夜泮[418] 毖瑟拏婢、曳泮[419] 勃囉訶、牟尼、曳泮
[420] 阿耆尼、曳泮[421] 摩訶羯唎、曳泮[422] 羯囉檀持、曳泮[423] 蔑怛唎、曳泮[424]
嘮怛唎、曳泮[425] 遮文茶、曳泮[426] 羯邏囉怛唎、曳泮[427] 迦般唎、曳泮[428] 阿
地目、質多[429] 迦尸摩、舍那[430] 婆私你、曳泮[431] 演吉質[432] 薩埵、婆寫[433] 麼
麼、印兎那、麼麼寫[434]

pōchïäfǎn sădăndō bụdălǎ nämōswēdōōdē ōshǐdō nōlănäjä bōlăpō
shǐpōōtzä pēējä sădǎdō bụdēnē sǔfǔlǎ sǔfǔlǎ tōlǎtōlǎ pēntōlǎ pēntōlǎ
tzǔntōtzǔntō hüshǐnhüshǐn păntzä păntzä păntzä păntzä sōhō shēshēpǎn
ōmōjäyäpǎn ōbōlǎ tēēhōdōpǎn pōlǎ bōlǎtōpǎn ōsülä pēētōlǎ bōjäpǎn
săpō tēēpēē bēpǎn săpō nōchǐä bēpǎn săpō yǐŏtsà bēpǎn săpō
chǐĕndăpō bēpǎn săpō bōōdănnō bēpǎn jätzäbōōdănnō bēpǎn săpō
tǔlŏnːtzēdē bēpǎn săpō tǔsǔbēnēē chǐsǔdē bēpǎn săpō sǔpōnē bēpǎn
săpō ōbōshǐmōnēē bēpǎn săpō siēlǎ pōnō bēpǎn săpō sêrdējē bēpǎn
săpō dămōtōjē bēpǎn săpō pēētōyä läszē tzänēē bēpǎn sēhyäjĕhlǎ
mōdōōjĕhlǎ săpō lătōsōtōjē bēpǎn pēēsêryä tzànē bēpǎn jādōōlǎ
wôchēnē bēpǎn băsĕhlǎ jümōnē pēētōyä läszē bēpǎn mōhōbōlǎ dǐnyäng
ĕhchēnē bēpǎn băsĕhlǎ sŏngjĕhläyä bōlǎtzŏngchēē lăsĕhyäpǎn
mōhōjälǎyä mōhō mụdănējänō nämō sōjĕhnēdō yäpǎn bēsǔnōbē
shĕhpǎn pǔlǎhō mōnēē shĕhpǎn ōchēēnē shĕhpǎn mōhōjĕhnē shĕhpǎn
jĕhlǎtăntsē shĕhpǎn mĕhdǎnē shĕhpǎn lôdǎnē shĕhpǎn tzàyĕntsä
shĕhpǎn jĕhnōlǎdǎnē shĕhpǎn jäbụnē shĕhpǎn ōsêrmǒh tzēdō jäszēmō
siēnō pōszēnē shĕhpǎn yǐĕnjǐtzē sătō pōshä mōmō yǐntōōnō mōmōshä

(第五會名爲文殊弘傳會。自初分領、往護、代問、揀選、及後請名，非大智德
首則不能也。)

突瑟吒、質多⁴³⁵ 阿末怛唎、質多⁴³⁶ 烏闍、訶囉⁴³⁷ 伽婆、訶囉⁴³⁸ 嚧地囉、
訶囉⁴³⁹ 婆娑、訶囉⁴⁴⁰ 摩闍、訶囉⁴⁴¹ 闍多、訶囉⁴⁴² 視毖多、訶囉⁴⁴³ 跋略
夜、訶囉⁴⁴⁴ 乾陀、訶囉⁴⁴⁵ 布史波、訶囉⁴⁴⁶ 頗囉、訶囉⁴⁴⁷ 婆寫、訶囉⁴⁴⁸ 般
波、質多⁴⁴⁸ 突瑟吒、質多⁴⁵⁰ 嘮陀囉、質多⁴⁵¹ 藥叉、揭囉訶⁴⁵² 囉刹婆、揭
囉訶⁴⁵³ 閉(口+隷)多、揭囉訶⁴⁵⁴ 毗舍遮、揭囉訶⁴⁵⁵ 部多、揭囉訶⁴⁵⁶ 鳩槃
茶、揭囉訶⁴⁵⁷ 悉乾陀、揭囉訶⁴⁵⁸ 烏怛摩陀、揭囉訶⁴⁵⁹ 車夜、揭囉訶⁴⁶⁰ 阿
播薩摩囉、揭囉訶⁴⁶¹ 宅袪革⁴⁶² 茶耆尼、揭囉訶⁴⁶³ 唎佛帝、揭囉訶⁴⁶⁴ 闍彌

迦、揭囉訶[465] 舍俱尼、揭囉訶[466] 姥陀囉[467] 難地迦、揭囉訶[468] 阿藍婆、揭
囉訶[469] 乾度波尼、揭囉訶[470] 什佛囉[471] 堙迦醯迦[472] 墜帝藥迦[473] 怛隷帝藥迦
[474] 者突託迦[475] 昵提、什伐囉[476] 毖釤摩、什伐囉[477] 薄底迦[478] 鼻底迦[479] 室
隷、瑟密迦[480] 娑你、般帝迦[481] 薩婆、什伐囉[482] 室嚧吉帝[483] 末陀、鞞達、
嚧制劍[484] 阿綺嚧鉗[485] 目佉嚧鉗[486] 羯唎突嚧鉗[487] 揭囉訶[488] 揭藍、羯拏、輸
藍[489] 憚多、輸藍[490] 迄唎夜、輸藍[491] 末麼、輸藍[492] 跋唎室婆、輸藍[493] 毖栗
瑟吒、輸藍[494] 烏陀囉、輸藍[495] 羯知輸藍[496] 跋悉帝輸藍[497] 鄔嚧輸藍[498] 常伽輸
藍[499] 喝悉多輸藍[500] 跋陀輸藍[501] 娑房盎伽[502] 般囉、丈伽、輸藍[503] 部多、毖
路茶[504] 茶耆尼[505] 什婆囉[506] 陀突嚧迦[507] 建咄嚧吉知[508] 婆路多毗[509] 薩般嚧
[510] 訶凌伽[511] 輸沙怛囉[512] 娑那羯囉[513] 毗沙喻迦[514] 阿耆尼[515] 烏陀迦[516] 末
囉、鞞囉[517] 建跢囉[518] 阿迦囉[519] 密唎咄[520] 怛斂部迦[521] 地栗剌吒[522] 毖唎瑟質
迦[523] 薩婆那俱囉[524] 肆引伽弊[525] 揭囉唎、藥叉[526] 怛囉芻[527] 末囉視[528] 吠帝釤
[529] 娑鞞釤[530] 悉怛多、鉢怛囉[531] 摩訶跋闍嚧[532] 瑟尼釤[533] 摩訶般賴、丈者藍
[534] 夜波突陀[535] 舍喻闍那[536] 辮怛隷拏[537] 毗陀耶[538] 槃曇迦嚧彌[539] 帝殊[540] 槃
曇迦嚧彌[541] 般囉毗陀[542] 槃曇迦嚧彌[543] 跢姪他[544] 唵[545] 阿那隷[546] 毗舍提[547]
鞞囉[548] 跋闍囉[549] 陀唎[550] 槃陀槃陀你[551] 跋闍囉 謗尼泮[552] 虎(合＋牛)都嚧甕
泮[553] 莎婆訶[554]

tǔsǔtzä tzēdō ōmụdǎnē tzēdō wōōsěh hōlǎ chǐäpō hōlǎ lüsêrlǎ hōlǎ
pōsō hōlǎ mōsěh hōlǎ sěhdō hōlǎ szēbēdō hōlǎ bǎnîôhyä hōlǎ chǐěntō
hōlǎ bōōszēbō hōlǎ pōlǎ hōlǎ pōshä hōlǎ bụbō tzēdō tǔsǔtzä tzēdō
nôwtōlǎ tzēdō yǐǒtsä jěhlǎhō lǎsǎsō jěhlǎhō bēnēdō jěhlǎhō pēēsǐētzä
jěhlǎhō bōōdō jěhlǎhō jüpǎntsä jěhlǎhō shǐchǐěntō jěhlǎhō wōōdǎmōtō
jěhlǎhō tsěhyä jěhlǎhō ōbōsǎmōlǎ jěhlǎhō tzúchǐägǔ tsáchēēnēē jěhlǎhō
nēfǔdē jěhlǎhō sěhmējä jěhlǎhō sǐējünēē jěhlǎhō mōtōlǎ nǎnsêrjä
jěhlǎhō ōnǎnpō jěhlǎhō chiěndōōbōnēē jěhlǎhō sǔfǔlǎ yǐějäshējä
tzwēdēyǐǒjä dǎnēdēyǐǒjä jātǔtôjä nēētēē sǔfǔlǎ bēsǎnmō sǔfǎlǎ bǒdējä
bǐdējä sǔnē sǔmǐjä sōnē bụdějä sǎpō sǔfǔlǎ sǔlüjǐdē mutō pēēdǎ

lützējǐĕn ōchēēlüchǐĕn mŏhchǐälüchǐĕn jĕhnētŭlüchǐĕn jĕhlăhō jĕhlăn
jĕhnō sülăn dăndō sülăn chǐnēyä sülăn mumō sülăn bănēsŭpō sülăn
bēlǐsŭtzà sülăn wütōlă sülăn jĕhtzēsülăn băshǐdēsülăn wülüsülăn
tsängchǐäsülăn hăshǐdōsülăn bătōsülăn sōfŏngŏngchǐä bụlă tzängchǐä
sülăn bōōdō bēdōtsä tsächēēnēē sŭpōlă tōtŭlüjä jǐĕndōōlüjǐtzē
pōlüdōpēē săbụlü hōlǐnchǐä süsōdălă sōnōjĕhlă pēēsōyüjä ōchēēnēē
wōōtōjä mulă pēēlă jǐĕndōlă ōjälă mǐnēdōō dănǐĕnbōōjä sĕrnǐlätzä
bēnēsŭtzējä săpōnōjülă szēyǐnjäbē jĕhlănē yǐŏtzà dălătsü mụlăszē
fēdēsăn sōpēēsăn shǐdăndō bụdălă mōhōbăsĕhlü sŭnēsăn mōhōbụnā
tzängchēēlăn yäbōtŭtō sīēyüsĕhnō bǐĕndănēnō pēētōyä păntănjälümē
dēsü păntănjälümē bụlăpēētō păntănjälümē dōtzētō ăn ōnōnē pēēsǐētēē
pēēlă băsĕhlă tōnē păntōpăntōnē băsĕhlă bŏngnēēpăn hüshǐndōōlüyǐnpăn
sōpōhō

阿難。是佛頂光聚, 悉怛多般怛羅, 祕密伽陀, 微妙章句。出生十方一切諸
佛。

十方如來, 因此咒心, 得成無上正徧知覺。

十方如來, 執此咒心, 降伏諸魔, 制諸外道。

十方如來, 乘此咒心, 坐寶蓮華, 應微塵國。

十方如來, 含此咒心, 於微塵國轉大法輪。

十方如來, 持此咒心, 能於十方摩頂授記。自果未成, 亦於十方蒙佛授記。

十方如來, 依此咒心, 能於十方拔濟群苦。所謂地獄餓鬼畜生, 盲聾瘖瘂, 怨
憎會苦、愛別離苦、求不得苦、五陰熾盛, 大小諸橫同時解脫。賊難兵難、
王難獄難、風火水難、飢渴貧窮, 應念銷散。

十方如來, 隨此咒心, 能於十方事善知識, 四威儀中供養如意。恒沙如來會
中, 推爲大法王子。

十方如來, 行此咒心, 能於十方攝受親因, 令諸小乘聞祕密藏, 不生驚怖。

十方如來, 誦此咒心, 成無上覺, 坐菩提樹, 入大涅槃。

十方如來, 傳此咒心, 於滅度後付佛法事, 究竟住持, 嚴淨戒律, 悉得清淨。

若我說是佛頂光聚般怛羅咒, 從旦至暮, 音聲相聯, 字句中間, 亦不重疊, 經恒沙劫終不能盡。亦說此咒名如來頂。汝等有學, 未盡輪迴, 發心至誠取阿羅漢, 不持此咒而坐道場, 令其身心遠諸魔事, 無有是處。

阿難。若諸世界, 隨所國土所有衆生, 隨國所生樺皮貝葉紙素白氎書寫此咒, 貯於香囊。是人心昏, 未能誦憶。或帶身上。或書宅中。當知是人盡其生年, 一切諸毒所不能害。

阿難。我今爲汝更說此咒, 救護世間得大無畏, 成就衆生出世間智。若我滅後, 末世衆生, 有能自誦, 若教他誦, 當知如是誦持衆生, 火不能燒, 水不能溺, 大毒小毒所不能害。如是乃至天龍鬼神, 精祇魔魅, 所有惡咒, 皆不能著。心得正受。一切咒詛厭蠱毒藥、金毒銀毒、草木蟲蛇萬物毒氣, 入此人口, 成甘露味。一切惡星幷諸鬼神, 磣心毒人, 於如是人不能起惡。頻那夜迦諸惡鬼王, 幷其眷屬, 皆領深恩, 常加守護。

阿難當知。是咒常有八萬四千那由他恒河沙俱胝金剛藏王菩薩種族。一一皆有諸金剛衆而爲眷屬, 晝夜隨侍。設有衆生, 於散亂心, 非三摩地, 心憶口持。是金剛王, 常隨從彼諸善男子。何況決定菩提心者。此諸金剛菩薩藏王, 精心陰速, 發彼神識。是人應時心能記憶八萬四千恒河沙劫, 周徧了知, 得無疑惑。

從第一劫乃至後身, 生生不生藥叉羅刹, 及富單那, 迦吒富單那, 鳩槃茶, 毗舍遮等, 幷諸餓鬼, 有形無形、有想無想、如是惡處。是善男子, 若讀若誦、若書若寫、若帶若藏, 諸色供養, 劫劫不生貧窮下賤不可樂處。此諸衆生, 縱其自身不作福業, 十方如來所有功德, 悉與此人。由是得於恒河沙阿僧祇不可說不可說劫, 常與諸佛同生一處。無量功德, 如惡叉聚。同處熏修, 永無分散。

是故能令破戒之人, 戒根清淨。未得戒者, 令其得戒。未精進者, 令得精進。無智慧者, 令得智慧。不清淨者, 速得清淨。不持齋戒, 自成齋戒。

阿難。是善男子持此咒時。設犯禁戒於未受時。持咒之後。衆破戒罪, 無問輕重, 一時銷滅。縱經飲酒, 食噉五辛, 種種不淨, 一切諸佛菩薩金剛天仙鬼神不將爲過。設著不淨破弊衣服。一行一住悉同淸淨。縱不作壇, 不入道場, 亦不行道, 誦持此咒, 還同入壇行道功德, 無有異也。若造五逆無間重罪, 及諸比丘比丘尼四棄八棄, 誦此咒已, 如是重業, 猶如猛風吹散沙聚悉皆滅除, 更無毫髮。阿難。若有衆生, 從無量無數劫來, 所有一切輕重罪障, 從前世來未及懺悔。若能讀誦書寫此咒, 身上帶持, 若安住處莊宅園館。如是積業, 猶湯銷雪。不久皆得悟無生忍。

復次阿難。若有女人, 未生男女, 欲求孕者。若能至心憶念斯咒。或能身上帶此悉怛多般怛囉者。便生福德智慧男女。求長命者, 即得長命, 欲求果報速圓滿者, 速得圓滿。身命色力, 亦復如是。命終之後, 隨願往生十方國土。必定不生邊地下賤, 何況雜形。

阿難。若諸國土州縣聚落, 饑荒疫癘。或復刀兵賊難鬥諍。兼餘一切厄難之地。寫此神咒, 安城四門, 幷諸支提, 或脫闍上。令其國土所有衆生, 奉迎斯咒, 禮拜恭敬, 一心供養。令其人民各各身佩。或各各安所居宅地。一切災厄悉皆銷滅。

阿難。在在處處, 國土衆生, 隨有此咒, 天龍歡喜, 風雨順時, 五穀豐殷, 兆庶安樂。亦復能鎮一切惡星, 隨方變怪。災障不起。人無橫夭。杻械枷鎖不著其身。晝夜安眠, 常無惡夢。阿難。是娑婆界, 有八萬四千災變惡星。二十八大惡星而爲上首。復有八大惡星以爲其主。作種種形出現世時, 能生衆生種種災異。有此咒地, 悉皆銷滅。十二由旬成結界地。諸惡災祥永不能入。

是故如來宣示此咒, 於未來世, 保護初學諸修行者, 入三摩提, 身心泰然, 得大安隱。更無一切諸魔鬼神, 及無始來冤橫宿殃, 舊業陳債, 來相惱害。汝及衆中諸有學人, 及未來世諸修行者, 依我壇場如法持戒, 所受戒主, 逢淸淨僧, 持此咒心, 不生疑悔。是善男子, 於此父母所生之身, 不得心通, 十方如來便爲妄語。

說是語已。會中無量百千金剛, 一時佛前合掌頂禮, 而白佛言。如佛所說。我當誠心保護如是修菩提者。

爾時梵王、幷天帝釋、四天大王, 亦於佛前同時頂禮, 而白佛言。審有如是修學善人, 我當盡心至誠保護, 令其一生所作如願。

復有無量藥叉大將、諸羅刹王、富單那王、鳩槃茶王、毗舍遮王、頻那夜
迦、諸大鬼王、及諸鬼帥，亦於佛前合掌頂禮。我亦誓願護持是人，令菩提
心速得圓滿。

復有無量日月天子，風師雨師，雲師雷師，幷電伯等，年歲巡官，諸星眷屬，亦
於會中頂禮佛足，而白佛言。我亦保護是修行人，安立道場，得無所畏。

復有無量山神海神，一切土地水陸空行，萬物精祇，幷風神王，無色界天，於如
來前，同時稽首而白佛言。我亦保護是修行人，得成菩提，永無魔事。

爾時八萬四千那由他恒河沙俱胝金剛藏王菩薩，在大會中，即從座起，頂禮佛
足而白佛言。世尊。如我等輩所修功業，久成菩提，不取涅槃，常隨此咒，救
護末世修三摩提正修行者。世尊。如是修心求正定人，　若在道場及餘經行，
乃至散心遊戲聚落，我等徒眾，常當隨從侍衛此人。縱令魔王大自在天，求其
方便，　終不可得。諸小鬼神，　去此善人十由旬外。除彼發心樂修禪者。世
尊。如是惡魔若魔眷屬，　欲來侵擾是善人者。我以寶杵殞碎其首，　猶如微
塵。恒令此人，所作如願。

　　부처님은 또 말씀하셨다. "아난아, 네가 어떻게 망심을 다스려 굴
복시킬 것인지를 물었기에, 불법에 들어가는 바른 삼매와 보살도를
닦고 배우는 미묘한 법문을 내가 이미 먼저 말했다. 먼저 이 네 가
지 계율의범(戒律儀範)을 얼음과 서리처럼 깨끗하게[皎如氷霜] 행하고
지킬 수 있다면, 죄를 범하는 지엽적인 것들은 자연히 달리 생겨나
지 않을 것이다. 이른바 모든 죄를 범함은 마음의 세 가지인 탐욕
[貪]·성냄[瞋]·어리석음[癡]과, 입의 네 가지인 거짓말[妄語]·이간
질하는 말[兩舌]·악한 말[惡口]·잡담[綺語]을 벗어나지 않는데, 만약
이러한 계행을 근엄하고 공경히 지키면서 스스로 닦는다면 이러한
죄를 짓는 일이 발생할 가능성이 없을 것이다. 만약 영원히 이 네
가지 계행의 마음을 잃지 않아서 마음속에서 근본적으로 외부의 색
(色)·향(香)·미(味)·촉(觸) 등의 경계에 물들지 않는다면, 온갖 마

구니의 방해가 어디에서 다시 발생할 수 있겠느냐? 만약 아직 숙세(宿世)의 죄과가 있어 소멸할 수 없다면, 너는 그들에게 일심으로 나의 불정광명(佛頂光明) '마하살달다반달라주(摩訶薩怛多般怛羅咒)[244] 무상신주(無上神咒)를 외우도록 가르쳐주어도 좋다(본 절의 원문에서 이미 명백하게 말하고 있으므로 만약 진심으로 닦고 배울 사람이 있다면 본경의 기술을 연구하여 읽어도 좋다).

阿難即從座起, 頂禮佛足而白佛言。我輩愚鈍, 好爲多聞於諸漏心未求出離。蒙佛慈誨, 得正熏修, 身心快然, 獲大饒益。世尊。如是修證佛三摩提, 未到涅槃。云何名爲乾慧之地, 四十四心, 至何漸次, 得修行目。詣何方所, 名入地中。云何名爲等覺菩薩。作是語已, 五體投地。大衆一心, 佇佛慈音, 瞪瞢瞻仰。

爾時世尊讚阿難言。善哉善哉。汝等乃能普爲大衆, 及諸末世一切衆生, 修三摩提求大乘者, 從於凡夫終大涅槃, 懸示無上正修行路。汝今諦聽。當爲汝說, 阿難大衆, 合掌刳心, 默然受敎。佛言。阿難當知。妙性圓明, 離諸名相, 本來無有世界衆生。因妄有生。因生有滅。生滅名妄。滅妄名眞。是稱如來無上菩提, 及大涅槃, 二轉依號。阿難。汝今欲修眞三摩地, 直詣如來大涅槃者, 先當識此衆生世界二顚倒因。顚倒不生, 斯則如來眞三摩地。

阿難。云何名爲衆生顚倒。阿難。由性明心, 性明圓故。因明發性, 性妄見生。從畢竟無成究竟有。此有所有, 非因所因, 住所住相, 了無根本。本此無住, 建立世界, 及諸衆生。迷本圓明, 是生虛妄。妄性無體, 非有所依。將欲復眞, 欲眞已非眞眞如性。非眞求復, 宛成非相。非生非住, 非心非法, 展轉

---

244 마하는 대(大), 살달다는 백(白), 반달라는 산개(傘蓋)라고 번역한다. 체(體)는 상대가 없음이 대(大)인데 바로 여래장 본묘원심(本妙元心)이며 여실히 공(空)하다는 뜻이다. 상(相)이 더러움[染垢]을 떠났음이 백(白)인데 바로 여래장 원명묘심(元明妙心)이 여실히 불공(不空)하다는 뜻이다. 일체를 덮는데 사용하는 것이 산개(傘蓋)인데 바로 여래장 묘명심원(妙明心元)이 여실이 공불공(空不空)하다는 뜻이다.

發生。生力發明，熏以成業。同業相感。因有感業相滅相生。由是故有衆生
顛倒。

阿難。云何名爲世界顛倒。是有所有，分段妄生，因此界立。非因所因，無住
所住，遷流不住，因此世成。三世四方，和合相涉，變化衆生成十二類。是故
世界因動有聲。因聲有色。因色有香。因香有觸。因觸有味。因味知法。六
亂妄想成業性故。十二區分由此輪轉。

是故世間聲香味觸，　窮十二變爲一旋復。乘此輪轉顛倒相故。是有世界卵
生、胎生、濕生、化生、有色、無色、有想、無想、若非有色、若非無色、
若非有想、若非無想。

阿難。由因世界虛妄輪迴，動顛倒故，和合氣成八萬四千飛沈亂想。如是故
有卵羯邏藍，流轉國土。魚鳥龜蛇，其類充塞。

由因世界雜染輪迴，欲顛倒故，和合滋成八萬四千橫豎亂想。如是故有胎遏
蒲曇，流轉國土。人畜龍仙，其類充塞。

由因世界執著輪迴，趣顛倒故，和合煖成八萬四千翻覆亂想。如是故有濕相
蔽尸，流轉國土。含蠢蠕動，其類充塞。

由因世界變易輪迴，假顛倒故。和合觸成八萬四千新故亂想。如是故有化相
羯南，流轉國土。轉蛻飛行，其類充塞。

由因世界留礙輪迴，障顛倒故，和合著成八萬四千精耀亂想。如是故有色相
羯南，流轉國土。休咎精明，其類充塞。

由因世界銷散輪迴，惑顛倒故。和合暗成八萬四千陰隱亂想。如是故有無色
羯南，流轉國土。空散銷沈，其類充塞。

由因世界罔象輪迴，影顛倒故，和合憶成八萬四千潛結亂想。如是故有想相
羯南，流轉國土。神鬼精靈，其類充塞。

由因世界愚鈍輪迴，癡顛倒故，和合頑成八萬四千枯槁亂想。如是故有無想
羯南，流轉國土。精神化爲土木金石，其類充塞。

由因世界相待輪迴，僞顛倒故，和合染成八萬四千因依亂想。如是故有非有
色相，成色羯南，流轉國土。諸水母等，以蝦爲目，其類充塞。

由因世界相引輪迴，性顛倒故，和合咒成八萬四千呼召亂想。由是故有非無

色相, 無色羯南, 流轉國土。咒詛厭生, 其類充塞。

由因世界合妄輪迴, 罔顚倒故, 和合異成八萬四千迴互亂想。如是故有非有想相, 成想羯南, 流轉國土。彼蒲盧等異質相成, 其類充塞。

由因世界怨害輪迴, 殺顚倒故, 和合怪成八萬四千食父母想。如是故有非無想相, 無想羯南, 流轉國土。如土梟等附塊爲兒, 及破鏡鳥以毒樹果, 抱爲其子, 子成, 父母皆遭其食, 其類充塞。

是名衆生十二種類。

불법을 닦고 배우는 진도 단계를 가리켜 보임

(대승도의 40위位의 심리행위와 4가행加行의 공용 경계는 온갖 중생이 범부지로부터 보살 경계의 10지에 이르기까지, 또 성불에 이르기까지의 공통된 길이다. 그러므로 여전히 중생전도衆生顚倒와 세계전도世界顚倒로부터 설하기 시작한다)

아난이 또 물었다. "이렇게 불지(佛地)[245]의 바른 삼매 경계를 수증하는 사람이 만약 아직 열반(원적圓寂)에 도달하지 않았다면, 어찌하여 그를 건혜지(乾慧地)라고만 부를 수 있습니까? 건혜지로부터 다시 진보를 추구하여 신심과 선행이 점차 증가하면서 나타나는 44위의 심경(心境) 현상과 그것의 정의(定義)와 목적, 그리고 보살의 10지(十地)[246] 경계, 더 나아가 등각(等覺: 불지佛地의 정각과 거의 서로 대등하다)보살의 과지(果地)는 도대체 어떤 모습입니까? 부처님은 더 설명해 주시기 바랍니다."

---

245 불과(佛果). 불위(佛位). 부처님 경계.(역주)

246 화엄경이나 인왕반야경 등 여러 대승경전들에 밝힌 10지이다. ①환희지(歡喜地) ②이구지(離垢地) ③발광지(發光地) ④염혜지(焰慧地) ⑤극난승지(極難勝地) ⑥현전지(現前地) ⑦원행지(遠行地) ⑧부동지(不動地) ⑨선혜지(善慧地) ⑩법운지(法雲地)

부처님은 말씀하셨다. "자성은 본래 영묘하며 원만하고 밝은 것이다. 어떠한 명사로도 형용할 수 없고 더더욱 비유할 수 있는 어떠한 현상도 아니다. 형이상의 입장에서 보면 본체 자성 가운데에는 본래에 물리세계와 중생세계의 존재가 없다. 망동(妄動) 때문에 비로소 물리세계와 중생세계의 생겨남이 있다. 이미 생겨남이 있는 바에야 반드시 상대적인 작용이 있기 마련이어서 따라서 소멸한다. 생멸이 있는 것을 망심(妄心)이라고 부른다. 만약 생멸이 멈추지 않는 망심이 소멸되면 진여(眞如)라고 이름 하고, 진심(眞心)이라고도 하고 진성(眞性)이라고도 부른다. 그 이치를 깨닫고 그 사실을 증득하면 무상보리(無上菩提)라고 부른다. 그리고 이미 무상정등정각(無上正等正覺)[247]을 얻은 것이다. 그 현상의 입장에서 보면 그것을 대열반(大涅槃, 圓寂)이라고 부른다. 사실 이 두 개의 명사는 단지 서로 설명하고 표시하는 명호일 뿐이다. 네가 이제 부처의 진정한 삼매를 닦아 부처의 대열반 경계에 곧바로 들어가고자 한다면, 무엇보다도 먼저 마땅히 이 중생계와 물리세계 이 두 가지의 전도(顚倒)된 원인을 인식해야한다. 만약 다시 전도가 일어나지 않는다면 부처의 진정한 삼매의 경지에 도달할 수 있다.

어떤 것을 중생전도(衆生顚倒)라고 부를까? 진심 자성은 본래 영명하고 원만한 것이기 때문에 영명이 극점에 이르면 자성 기능의 망동(妄動)을 일으킨다. 자성이 망동하여 쉬지 않으면 생멸이 쉬지 않는 작용이 있게 된다. 그리하여 자성 본체의 필경의 허무공적(虛無空寂)한 본 자리 가운데서, 수승하고 미묘한[勝妙] 실유(實有)의 유위(有爲)

---

247 아뇩다라삼먁삼보리(阿耨多羅三藐三菩提)의 번역어. '아'는 무(無), '뇩다라'는 상(上), '삼'은 정(正), '먁'은 등(等), '삼'은 정(正), '보리'는 각(覺)으로, 바로 무상정등정각이다. 일체의 진리를 진정으로 평등하게 깨달은 무상의 지혜이다.

작용이 일어난다. 이 유소위(有所爲)의 유위의 작용은 원래 어떤 무슨 원인이 있기 때문에 발생한 것이 아니라, 단지 자성 기능이 허망하게 움직일 때 잠시 발생하여 잠시 존재한다. 그리고 우연히 머물러서 일종의 현상을 형성하는데, 사실은 고정된 근본이 없다. 이 머무는 바 없지만 현상이 있는 유위 작용은 물리세계와 온갖 중생계를 형성한다. 유감스럽게도 그렇지만 온갖 중생은 도리어 자성 본래의 원만함과 밝음을 잃어버리고 허망한 지견(知見)을 발생하여, 그런 유위 현상을 진실한 존재라고 잘못 여긴다. 그런데 이런 허망한 작용과 현상이 하나의 고정된 자체가 없고, 더더구나 의지할 수 있는 어떤 실재 존재하는 것이 없음을 모른다. 하지만 만약 진여의 본성으로 되돌아가고 싶어 하여, 진여를 구하려고 하는 이 마음이 있다면, 바로 진정한 진여 자성이 아니게 되어버린다. 만약 이 진심 자체가 아닌 것으로써 본원으로 돌아가는 도를 구한다면, 일종의 착오현상이 되는 게 분명하다. [非生非住, 非心非法] 생겨남이 없는 가운데서 생겨남을 구하며, 머물러서는 안 되는 가운데 머무름을 구한다. 망심에 의지하여 진여를 추구하고 잘못된 논리로써 진리를 구하여, 심리가 연속하여 쉬지 않는 역량이 갈수록 이리저리 발생한다. 그리하여 업력의 작용을 형성한다. 그러므로 업력이 같은 것끼리는 서로 감응하여 교감 작용을 낳는다. 그리하여 피차가 상생상멸(相生相滅)한다. 그러므로 중생의 갖가지가 전도된 존재가 있게 된다.

어떤 것을 세계전도(世界顚倒)라고 할까? 이러한 유위의 만유 현상이 이미 유소위(有所爲)를 형성한 이후에 자연히 분단(分段)[248]의 망유(妄有)[249]와 망생(妄生)[250]이 있게 된다. 이 때문에 공간의 한계와 방위

---

248 나누는 것. 구별. 차별 현상이라는 뜻.(역주)

249 진실의 본연의 상태가 아닌 상태를 말함. 정적(情的) 지적(知的) 오류로 의해 마치 고정적 실재인 것처럼 생각되고 있는 대상.(역주)

가 성립한다. 사실 그것들은 모두 만유가 스스로 지은 것도 아니요 인위적으로 조성한 것도 아니다. 선천적으로 있는 하나의 결정적인 원인으로 말미암은 것도 아니요, 하나의 필연적인 존재가 있는 것은 더더욱 아니다. 그러므로 시간의 3세(三世: 과거·현재·미래)의 작용과 공간의 네 개의 방위가 서로 화합 간섭하고 서로 분화하고 또 서로 통일한다. (우주는 마치 하나의 거대한 견줄 바 없는 자연물리 화학의 용광로와 같다) 그러면서 온갖 중생의 종류를 변화하여 생겨나게 한다(참고로 본서의 제4장을 보라). 그러므로 세계에는 동력의 허망성 본능[妄能]이 있기 때문에 소리가 있고, 소리로 말미암아 물리의 색상이 있다. 물리의 색상으로 말미암아 냄새가 있고, 냄새로 인하여 감촉이 있다. 감촉으로 인하여 미성(味性)이 있고, 미성으로 인하여 사유의식이 있다. (이 여섯 가지 작용이 쇠사슬 동그라미처럼 이어져 끊어지지 않아 서로 원인과 결과가 되면서 생겨나고 소멸 한다) 이 여섯 가지 현상은 망상을 구성하여 업력 성능을 형성한다. (정면과 반면이 있고 배척과 흡수가 있고 통일과 분화의 상대적인 작용이 있다) 안과 밖, 정면과 반면의 12종 구분을 성립시킨다. 이로부터 바퀴처럼 쉬지 않고 돌아간다. 그러므로 세간에는 소리·냄새·미성·감촉 등의 변화가 있다. 그러나 어떻게 변화하든 간에 6위(六位)의 능소(能所)가 서로 변하여 처음부터 끝에 이르고 끝이 다시 시작이 된다. 기껏해야 반복 운동은 열두 번의 변화[十二變] 속에서 다하여 하나의 바퀴가 도는 듯한 되돌기 작용을 형성한다. 이러한 바퀴 돌듯 한 전도(顚倒) 변화 작용에 의하여 중생계의 현상을 구성한다. 그러므로 세계에는 난생(卵生)·태생(胎生)·습생(濕生)·화생(化生)이 있고, 유색(有色: 색상이 있고 감정과 생각이 있는 것)·무색(無色: 색상과 감정과 생각이 없는 것)·유상(有想: 정신적 존재이면서 볼

---

250 허망하게 생겨남.(역주)

수 있는 현상이 없는 것. 예컨대 귀신의 정령 같은 것들)·무상(無想: 정신 작용은 없지만 볼 수 있는 형상이 있는 것. 정신이 변화한 토목금석 광물 등의 물질류)·비유색(非有色: 견고한 색정色情이 없으면서 형상이 있는 존재로서 해파리나 뜨는 돌 같은 부류)·비무색(非無色: 우연히 색정 작용이 있는 것으로서 오랫동안 존재하는 형상은 얻을 수 없는 것이다)·비유상(非有想: 지각이 있는 듯 하지만 사실은 감정 생각 작용이 없는 것이다. 예컨대 대합, 해바라기, 함수초含羞草 등)·비무상(非無想: 감정과 생각이 없는 것 같지만 사실은 감정 생각이 있다. 예컨대 올빼미土梟, 파경조破鏡鳥 등 악독한 금수류) 이런 등등으로서 12종류의 중생들이 있다.

(이상 제7권을 마침)

능엄경 제8권

大佛頂如來密因修證了義諸菩薩萬行首楞嚴經 卷第八

阿難。如是衆生一一類中，亦各各具十二顚倒。猶如揑目亂華發生。顚倒妙圓眞淨明心，具足如斯虛妄亂想。汝今修證佛三摩提，於是本因元所亂想。立三漸次，方得除滅。如淨器中除去毒蜜，以諸湯水幷雜灰香，洗滌其器，後貯甘露。云何名爲三種漸次。一者修習，除其助因。二者眞修，刳其正性。三者增進，違其現業。

云何助因。阿難。如是世界十二類生，不能自全，依四食住。所謂段食、觸食、思食、識食。是故佛說一切衆生皆依食住。阿難。一切衆生，食甘故生，食毒故死。是諸衆生求三摩提，當斷世間五種辛菜。是五種辛，熟食發婬，生啖增恚。如是世界食辛之人，縱能宣說十二部經。十方天仙，嫌其臭穢，咸皆遠離。諸餓鬼等，因彼食次，舐其脣吻。常與鬼住。福德日銷。長無利益。是食辛人修三摩地，菩薩天仙，十方善神，不來守護。大力魔王得其方便，現作佛身，來爲說法，非毁禁戒，讚婬怒癡。命終自爲魔王眷屬。受魔福盡，墮無間獄。阿難。修菩提者永斷五辛。是則名爲第一增進修行漸次。

云何正性。阿難。如是衆生入三摩地，要先嚴持淸淨戒律。永斷婬心。不餐酒肉。以火淨食，無啖生氣。阿難。是修行人，若不斷婬及與殺生，出三界者，無有是處。當觀婬欲，猶如毒蛇，如見怨賊。先持聲聞四棄八棄，執身不動。後行菩薩淸淨律儀，執心不起。禁戒成就，則於世間永無相生相殺之業。偸劫不行，無相負累，亦於世間不還宿債。是淸淨人修三摩地，父母肉身，不須天眼，自然觀見十方世界。睹佛聞法，親奉聖旨。得大神通，遊十方界。宿命淸淨，得無艱險。是則名爲第二增進修行漸次。云何現業。阿難。如是淸淨持禁戒人，心無貪婬，於外六塵不多流逸。因不流逸，旋元自歸。塵旣不緣，根無所偶。反流全一，六用不行。十方國土，皎然淸淨。譬如琉璃，內懸明月。身心快然，妙圓平等，獲大安隱。一切如來密圓淨妙，皆現其中。是人即獲無生法忍。從是漸修，隨所發行，安立聖位。是則名爲第三增進修行漸次。

부처님은 아난에게 말씀하셨다. "이러한 각 한 부류의 중생 속에는 동시에 12종류의 생명의 윤회 전도(顚倒)의 인연을 갖추고 있다 (바꾸어 말하면 사람은 짐승의 욕망도 갖추고 있고, 짐승도 사람의 마음을 갖추고 있다. 백성은 동포요 만물은 동류同類로서 마음과 물질은 절대적으로 나눌 수 있는 한계가 없다). 마치 어떤 사람이 스스로 자기 눈을 누르면 본능적으로 눈앞에서 어지럽게 일어나는 많은 광화(光華)를 볼 수 있는 것과 같다. 영묘하고 원만하고 밝은 진심 자성은 본래 스스로 모든 허망한 어지러운 생각의 기능을 갖추고 있음을 알아야한다. 네가 이제 부처의 정법(正法)삼매를 수증하고자 하면 허망한 어지러운 생각이 발생하는 근본 원인에 대하여 세 개의 점수(漸修) 순서단계를 세워야 그 뿌리를 없앨 수 있다. 마치 깨끗한 보배 병에 독약을 오랫동안 넣어 두었다가 이제 독즙을 제거하여 원래 있던 깨끗함[淨潔]을 회복하려면, 먼저 뜨거운 물과 향재[香灰]로 씻어서 그 본래의 깨끗함으로 돌아가야 비로소 감로를 저장할 수 있음과 같다. 어떤 것을 세 가지 점수 순서라고 할까? 첫 번째는 그 조인(助因)을 닦고 익히는 것이다. 온갖 선업(善業)을 닦아 익히고 온갖 선심(善心)을 훈습함으로써 그 돕는 원인을 녹여 없애는 것이다. 두 번째는 정성(正性)을 진정으로 닦는 것이다. 선근(善根)을 배양하여 진정한 수행에 종사함으로써 원만하며 밝고 영묘한 정성(正性)을 밝혀내는 것이다. 세 번째는 선업을 증진하는 것이다. 행위적으로 끝없이 선(善)을 행하는 것이다. 심성을 다스리는 공부 면에서 백척간두에서 더 나아가기를 추구한다. 이렇게 증진 수행하여 현행의 업력과 서로 반대로 행하게 한다. 이른바 인연에 따르면서 구업(舊業)[251]을 녹이고 다시는 새로운 재앙을 짓지 않는 것이다.

(1) 어떠한 것이 조인을 닦아 익히는 것일까? 이 세상의 12종류의 중생(十二類衆生)[252]들은 음식에 의지하여 생존한다. 이른바 단식(摶食)은 단식(段食)이라고도 하는데, 바로 중생들이 시간을 나누어 팔다리와 몸[肢體]으로써 먹는 것을 돕는 것이다. 촉식(觸食)은 감각에 의지하여 먹는 것인데, 햇빛이나 공기 등 같은 것이다. 사식(思食)은 정신적인 식량이다. 식식(識食)은 심리적인 누림[享受]이다. 그러므로 중생들은 단 음식물을 먹으면 생존할 수 있고 독소가 든 음

---

251 현재 모습을 규정하고 있는 과거의 습관력.(역주)

252 범어로는 살타(薩埵)인데 구역에서는 중생(衆生)으로, 신역에서는 유정(有情)이라 한다. 중생에는 세 가지 의미가 있다. ①많은 사람들이 공생(共生)한다는 뜻이다 ②많은 법들이 가화합으로 생겨나므로 중생이라 한다 ③많은 생사를 거치므로 중생이라 한다. 12류중생은 ①난생(卵生) ②태생(胎生) ③습생(濕生) ④화생(化生) ⑤유색(有色) ⑥무색(無色) ⑦유상(有想) ⑧무상(無想) ⑨비유색(非有色) ⑩비무색(非無色) ⑪비유상(非有想) ⑫비무상(非無想) 중생이다.

식물을 먹으면 죽을 수 있다. 그러므로 온갖 중생은 부처의 정법삼매를 구하고자 한다면 세간의 오신채(五辛菜: 파·마늘·부추·달래·흥거興渠인데 흥거는 중국 땅에는 없는 것이다)를 끊어야 한다. 이 다섯 가지 매운 채소는 익혀서 먹으면 사람들로 하여금 쉽게 음욕이 일어나게 하고, 날것으로 먹으면 사람들로 하여금 쉽게 화를 내게 한다. 만약 끊지 않으면 설사 모든 경전을 잘 강론하여 설명한다할지라도 모든 천선(天仙)이나 성현도 그 냄새의 더러움을 싫어하여 그를 멀리한다. 귀매(鬼魅)[253]들은 도리어 그와 짝이 되기를 좋아하여 자기도 모르는 사이에 마도(魔道)에 떨어진다. 보리를 닦으면서 무상정각을 구하는 자들은 다섯 가지 매운 채소를 영원히 끊어야한다. 이게 바로 첫 번째 수행 순서이다.

(2) 어떠한 것이 정성(正性)을 진정으로 닦는 것일까? 중생이 부처의 정법삼매로 증득하여 들어가기를 구한다면, 먼저 청정한 계율을 엄격히 지켜서 음욕의 습기를 영원히 끊어야한다. 술을 마시지 말고, 고기를 먹지 말며, 불로써 음식을 깨끗이 하고 날것을 먹지 말아야한다. 만약 수행하는 사람이 음욕과 살생의 마음을 끊지 않고 3계 밖으로 초월할 생각을 한다면, 그것은 불가능한 일이다. 그러므로 사람들은 마땅히 음욕의 일을 간파하기를 마치 독사와 같이 하고 원수나 도적처럼 보아야한다. 먼저 성문승의, 몸을 단속하여 움직이지 않게 하라는 계율을 지켜야한다. 그런 다음에 보살승의 청정한 계율과 의궤(儀軌)를 행하고 지켜야하고, 다시 마음을 단속하여 일어나지 않게 해야 한다. 만약 금계(禁戒)[254]를 성취하면 이 세간에서 영원히 서로 낳고 서로 죽이는 악업이 없다. 또 영원히 훔치는

---

253 요괴. 악마. 사람을 해치는 귀신.(역주)

254 계율. 경계. 계율의 규정. 부처님이 정한 계율.(역주)

심리와 행위를 일으키지 않을 수 있다면 서로 빚지는 과보가 없으며, 이 세간에서 묵은 빚을 갚을 필요가 없다. 이렇게 청정한 수행을 할 수 있는 사람이 부처의 정법삼매를 닦아 익힌다면, 따로 천안통(天眼通)을 얻을 필요 없이 부모가 낳아준 이 육신으로도 자연히 시방세계를 볼 수 있으며 부처님들을 친견하여 법을 들을 수 있다. 그리고 또 대 신통을 얻어 시방세계에 노닐 수 있으며 숙명(宿命)을 청정하게 하여 더 이상 어려움과 장애가 없다. 이것이 두 번째 수행 순서이다.

(3) 어떠한 것이 선업을 증진하여 현재의 행하는 업력을 전환 변화시키는 것일까? 이렇게 계율을 엄숙히 지켜서 음욕을 탐하는 마음이 없다면, 외부경계인 6진의 물욕 현상에 대하여 점점 멋대로 끌려 달아나지 않을 것이다. 그러므로 멋대로 거리낌 없이 노는[放逸] 마음을 거두어들여 자성의 본원으로 되돌려 외부경계 물욕 현상의 유혹에 대하여 뒤쫓아 가지도 않고 반연(攀緣)하지도 않으면, 6근의 생리 본능이 저절로 대상이 없다. 이렇게 하면 끌려 달리는 미친 마음을 쉬게 하고, 하나의 심령이 어둡지 않으며[一靈不昧] 완전히 참되고 번뇌가 없는 경지로 되돌아가게 한다. 6근 6진의 작용이 더 이상 행동의 업력을 일으키지 않으면, 시방국토의 물질 장애가 함께 소멸되어 밝고 청정하게 되어, 마치 유리 안에 밝은 달이 걸린 것 같으면서 몸과 마음이 즐겁고 묘하고 원만하며 평등하여서 크나큰 안온함을 얻는다[譬如瑠璃, 內懸明月, 身心快然, 妙圓平等, 獲大安隱]."
모든 부처의 원만하며 밝고 청정하면서 미묘한 비밀 의미가 모두 이런 경계 속에서 명백하게 드러날 것이다. 이와 같다면 무생법인을 얻을 수 있다. 이로부터 더 점점 닦아나가면 그에 따라 나타나는 행지(行持)[255] 경계의 과정에는 각종 순서의 성위(聖位)[256]의 명칭과 함의를 배치한다. 이것이 세 번째 수행 순서이다.

阿難。是善男子。欲愛乾枯, 根境不偶。現前殘質, 不復續生。執心虛明, 純是智慧。慧性明圓, 鎣十方界。乾有其慧, 名乾慧地。

欲習初乾, 未與如來法流水接。即以此心, 中中流入, 圓妙開敷。從眞妙圓, 重發眞妙。妙信常住。一切妄想滅盡無餘。中道純眞。名信心住。

眞信明了, 一切圓通。陰處界三不能爲礙。如是乃至過去未來, 無數劫中, 捨身受身一切習氣, 皆現在前。是善男子, 皆能憶念, 得無遺忘。名念心住。

妙圓純眞。眞精發化。無始習氣通一精明。唯以精明進趣眞淨。名精進心。

心精現前。純以智慧。名慧心住。

執持智明。周偏寂湛。寂妙常凝。名定心住。

定光發明。明性深入。唯進無退。名不退心。

心進安然保持不失。十方如來氣分交接。名護法心。

覺明保持。能以妙力, 迴佛慈光, 向佛安住。猶如雙鏡, 光明相對。其中妙影重重相入。名迴向心。

心光密迴, 獲佛常凝無上妙淨。安住無爲, 得無遺失。名戒心住。

住戒自在。能遊十方, 所去隨願。名願心住。

阿難。是善男子, 以眞方便發此十心。心精發暉, 十用涉入, 圓成一心。名發心住。

心中發明, 如淨琉璃內現精金。以前妙心, 履以成地。名治地住。

心地涉知, 俱得明了。遊履十方, 得無留礙。名修行住。

行與佛同。受佛氣分。如中陰身自求父母。陰信冥通,　入如來種。名生貴住。

旣遊道胎, 親奉覺胤。如胎已成, 人相不缺。名方便具足住。

容貌如佛。心相亦同。名正心住。

---

255 수행을 언제나 멈추지 않는 것. 수행 생활. 불도 수행자의 올바른 생활 자세의 노력.(역주)

256 삼승의 깨달음을 얻는 위.(역주)

身心合成日益增長。名不退住。

十身靈相, 一時具足。名童眞住。

形成出胎, 親爲佛子。名法王子住。

表以成人。如國大王以諸國事分委太子。彼刹利王世子長成。陳列灌頂。名灌頂住。

阿難。是善男子成佛子已。具足無量如來妙德。十方隨順。名歡喜行。

善能利益一切衆生。名饒益行。

自覺覺他, 得無違拒。名無瞋恨行。

種類出生, 窮未來際, 三世平等, 十方通達。名無盡行。

一切合同, 種種法門, 得無差誤。名離癡亂行。

則於同中, 顯現群異。一一異相, 各各見同。名善現行。

如是乃至十方虛空滿足微塵, 一一塵中現十方界。現塵現界, 不相留礙。名無著行。

種種現前, 咸是第一波羅密多。名尊重行。

如是圓融, 能成十方諸佛軌則。名善法行。

一一皆是清淨無漏, 一眞無爲, 性本然故。名眞實行。

阿難。是善男子, 滿足神通, 成佛事已。純潔精眞, 遠諸留患。當度衆生, 滅除度相。迴無爲心, 向涅槃路。名救護一切衆生離衆生相迴向。

壞其可壞。遠離諸離。名不壞迴向。

本覺湛然。覺齊佛覺。名等一切佛迴向。

精眞發明, 地如佛地。名至一切處迴向。

世界如來。互相涉入, 得無罣礙。名無盡功德藏迴向。

於同佛地, 地中各各生清淨因。依因發揮, 取涅槃道。名隨順平等善根迴向。

眞根旣成。十方衆生皆我本性。性圓成就, 不失衆生。名隨順等觀一切衆生迴向。

即一切法, 離一切相。唯即與離, 二無所著。名眞如相迴向。

眞得所如, 十方無礙。名無縛解脫迴向。

性德圓成, 法界量滅。名法界無量迴向。

阿難。是善男子, 盡是清淨四十一心。次成四種妙圓加行。

即以佛覺用爲己心, 若出未出。猶如鑽火, 欲然其木。名爲煖地。

又以己心成佛所履, 若依非依。如登高山, 身入虛空, 下有微礙。名爲頂地。

心佛二同, 善得中道。如忍事人, 非懷非出。名爲忍地。

數量銷滅。迷覺中道, 二無所目。名世第一地。

阿難。是善男子, 於大菩提善得通達, 覺通如來, 盡佛境界。名歡喜地。

異性入同, 同性亦滅。名離垢地。

淨極明生。名發光地。

明極覺滿。名燄慧地。

一切同異所不能至。名難勝地。

無爲眞如性淨明露。名現前地。

盡眞如際。名遠行地。

一眞如心。名不動地。

發眞如用。名善慧地。

阿難。是諸菩薩, 從此已往, 修習畢功, 功德圓滿。亦自此地名修習位。

慈陰妙雲, 覆涅槃海。名法雲地。

如來逆流, 如是菩薩順行而至, 覺際入交。名爲等覺。

阿難。從乾慧心至等覺已, 是覺始獲金剛心中初乾慧地, 如是重重單複十二, 方盡妙覺, 成無上道。

是種種地, 皆以金剛觀察如幻十種深喩。奢摩他中, 用諸如來毗婆舍那, 清淨修證, 漸次深入。阿難。如是皆以三增進故, 善能成就五十五位眞菩提路。

作是觀者, 名爲正觀。若他觀者, 名爲邪觀。

55위 수행의 성위(聖位)와 경계의 함의

(1) 건혜지(乾慧地)

욕애(欲愛)^{257}의 생각이 이미 말라버려 6근이 외부경계의 물욕과 서로 짝이 되어 합하지 않는 것이다. 지금의 유한한 남은 생애는 기질이 이미 변화해서 더 이상 업습(業習)을 계속 발생시키지 않는다. 아집(我執)과 법집(法執) 이 두 가지 집착심[執心]이 비고 밝아서 어둡지 않으며[虛明不昧], 청명함이 몸에 있는[淸明在躬]^{258} 지혜이다. 수행을 점점 오래오래 하다보면 지혜의 성능이 밝고 원만하여 시방세계를 비춘다. 단지 그 지혜가 지혜만 있을 뿐 아직은 자성 대정(大定)의 공덕을 발생시키지 못하므로 건혜지(乾慧地)라고 한다.

(2) 10신(十信)^{259}

① 신심주(信心住)

건혜지 중에서 욕습(欲習)^{260}만 처음 말랐고 아직 진여 자성의 법의 흐름[法流]과는 서로 이어지지 않았다. 이 처음 얻은 마른 지혜만 있는 마음으로써, 마음의 생각 생각마다 가운데서 마치 화살마다 과녁에 적중하듯이 법성의 흐름으로 흘러들어가 점점 진심으로 하여금 원만하고 미묘함[圓妙]을 열어 펼치게 한다. 이로부터 진심이 묘하고 원만한[妙圓] 경계 속에서, 새롭게 지극히 진실하고 절묘한 지견을 발생하여, 진심은 원래 영원히 존재하면서 불변임[常住不變]을 증득하고 진실한 신심을 깊이 갖춘다. 온갖 망상이 자연히 다 소멸하여 남음이 없고, 완전히 중도(中道)의 순진(純眞)^{261} 속에서 행하

---

257 갈애. 애욕. 욕망으로 향하는 허망한 집착. 색성향미촉 오욕에 대한 번뇌 또는 욕계의 번뇌.(역주)

258 사람의 심지가 광명정대하고 두뇌가 명석하고 명백히 구별하다.(역주)

259 보살55위 수행 가운데 첫 번째 10위이다.

260 욕애의 습기.(역주)

는 것을 신심주라고 한다.

② 염심주(念心住)

진실한 신심을 증득하여 온갖 것을 분명하게 알고 모두에 원만히 통달하고 자재한 것이다. 몸과 마음에서 안과 밖 그리고 중간 세 곳이 더 이상 장애를 받지 않을 수 있다. 더 나아가 과거 미래 무수한 겁의 시간 속에서 몸을 버리고 몸을 받았던 온갖 습기가 모두 한 생각 사이에 목전에 나타나 이를 자연히 기억하여 잊지 않은 것을 염심주라고 한다.

③ 정진심(精進心)

진심은 영묘하면서 원만하고, 진정(眞精)에서 변화가 발생한다. 무시이래의 습기를 모두 일체(一體)의 정명(精明)²⁶² 묘용으로 융화시킨다. 이러한 정명으로써만 다시 진보를 추구하여 진정(眞淨)²⁶³의 경계에 들어가는 것을 정진심이라고 한다.

④ 혜심주(慧心住)

진심의 정명이 현전하고 온갖 행위[作爲]에서 순수하게 지혜인 것을 혜심주라고 한다.

⑤ 정심주(定心住)

지혜 광명의 경계를 집지(執持)²⁶⁴하여 몸과 마음 안팎이 두루 고

---

261 온갖 망상이 다 소멸하였기에 중도순진의 이치가 드러남.(역주)

262 여여한 지체(智體), 즉 지혜의 본체.(역주)

263 여여한 이체(理體).(역주)

264 심이나 심소가 무언가를 대상으로 간주하여 작용하는 것. 마음에 확고히

요하고 맑다[寂湛]. 적정(寂靜)하고 영묘한 가운데 있음이 마치 멈춘 물 맑은 파도와 같으면서 항상 선정이 응결되어 움직이지 않는 것을 정심주라고 한다.

⑥ 불퇴심(不退心)

정(定)의 경계 속에서 청정한 광명이 나타난다. 정의 경계의 광명으로부터 자성으로 깊이 들어가 진보만 있고 물러남이 없는 것을 불퇴심이라고 한다.

⑦ 호법심(護法心)

이 마음이 경안(輕安)하고 태연한 경계 속에 들어가 한결같이 보호 유지하면서 잃지 않고, 시방세계 부처들의 기분(氣分)과 서로 교접하는 것을 호법심이라고 한다.

⑧ 회향심(回向心)

진심이 고요히 비추는[寂照] 각명(覺明) 경계를 보호 유지하여 묘유(妙有)의 힘을 생겨나게 할 수 있고, 부처의 자비의 광명을 회광반조(迴光反照)할 수 있다. 부처의 경계 속으로 전향하여 편안히 머무름이 마치 한 쌍의 밝은 겨울이 광명이 서로 비추고 그 속의 묘한 그림자가 서로 겹겹이 비추어 들어옴과 같은 것을 회향심이라고 한다.

⑨ 계심주(戒心住)

마음 광명이 면밀하게 되돌아가 부처의 항상 응결된 무상묘정(無上妙淨)의 힘을 얻는다. 무위(無爲)의 경계 속에 안주하여 영원히 잃지 않는 것을 계심주라고 한다.

새기는 것. 정신 통일된 마음이 확고하여 산란해지지 않는 것.(역주)

⑩ 원심주(願心住)

자재하고 무애한 계심(戒心) 경계 속에 머무르면서 시방세계를 유희할 수 있으며 가는 것이 모두 뜻대로 되는 것을 원심주라고 한다.

(3) 10주(十住)[265]

① 발심주(發心住)

만약 어떤 사람이 이 진실한 법문으로써 이상의 10심(十心)을 일으키면, 진심의 정령[心精]에 빛이 발생하면서 앞에서 열거한 10심의 작용이 서로 교섭하여 들어가 유일한 진심으로 원만하게 성취하는 것을 발심주라고 한다.

② 치지주(治地住)

마음속에서 나타나는 밝고 깨끗한 경계가 마치 깨끗한 유리 속에서 안에 들어있는 제련된 금이 나타나는 것과 같다. 앞서 나타났던 묘한 마음이 언제 어디서나 묘하고 밝은[妙明] 심지(心地) 중에 행하는 것을 치지주라고 한다.

③ 수행주(修行住)

발심과 치지(治地)와 관련된 모든 지견이 명료하면서 시방세계에 두루 노닐 때 모두 장애에 걸림이 없는 것을 수행주라고 한다.

④ 생귀주(生貴住)

행함이 부처와 같고 부처의 기분을 느낀다. 이는 마치 중음신(中陰身)처럼 환생할 부모를 자유롭게 얻어 서로 감응하여 부처의 종성

---

265 보살55위 수행 가운데 두 번째 10위이다.

에 들 수 있음을 생귀주라고 한다.

⑤ 방편구족주(方便具足住)

이미 어느 때나 도에 마음을 노닐게 할 수 있음이 마치 사람의 몸을 얻어 태(胎)에 든 것과 같으며, 이미 몸소 부처의 법통을 받은 것과 같다. 이로부터 더욱 수행함이 태아가 사람의 형태를 완성함과 같은 것을 방편구족주라고 한다.

⑥ 정심주(正心住)

다시 더 나아가 형태와 얼굴이 부처와 같고 도심(道心)도 부처와 서로 같은 것을 정심주라고 한다.

⑦ 불퇴주(不退住)

몸과 마음이 원만하고 밝음이 한 덩어리를 이루어 날마다 증장하는 것을 불퇴주라고 한다.

⑧ 동진주(童眞住)

여기서 더욱 증진하여 부처가 갖추고 있는 열 가지 몸[十身]²⁶⁶을 일시에 다 갖추게 되는 것을 동진주라고 한다.

⑨ 법왕자주(法王子住)

점점 사람의 형태가 완전히 성장하여 세상에 출태(出胎)하여 몸소 부처의 법을 얻은 자녀가 되는 것을 법왕자주라고 한다.

---

266 ①보리신(菩提身) ②원신(願身) ③화신(化身) ④주지신(住持身) ⑤상호장엄신(相好莊嚴身) ⑥세력신(勢力身) ⑦여의신(如意身) ⑧복덕신(福德身) ⑨지신(智身) ⑩법신(法身)

⑩ 관정주(灌頂住)

이미 자라서 어른이 되었음이 나라의 태자가 성년이 된 뒤에 장차 왕위를 계승하고 관정(灌頂)을 얻는 것을 관정주라고 한다.

(이상의 생귀주로부터 관정주까지는 입태하여 사람이 되는 것에 비유로 하고 있는데, 수행공력 효과[功用] 면에서 확실히 실재적이다. 하지만 어떤 사람들은 그것을 실상實相으로 여겨 실유實有 경계로 굳게 집착하는데, 사실 해를 끼치고 잘못을 끼침이 적지 않다. 이 가운데 묘용은 증득을 해야 비로소 안다. 공空과 유有가 모두 융화하고 지혜와 자비를 함께 운용하는 실제의 이지理地에 서야 이를 이해하고 깨닫는다).

(4) 10행(十行)[267]

① 환희행(歡喜行)

이미 부처의 법자가 되고나면 무량한 여래의 묘덕(妙德)[268]을 갖추고 있다. 시방세계에서 온갖 면에 있어 중생에게 합당하게 따르고[隨順] 인연을 따라서 제도하는 것을 환희행이라고 한다.

② 요익행(饒益行)

온갖 중생을 위하여 복리(福利) 짓기를 잘 하는 것을 요익행이라고 한다.

③ 무진한행(無嗔恨行)

자기가 깨달을 뿐만 아니라 남도 깨닫게 하되, 만나게 되는 온갖 번뇌에 대하여 거부함이 없음을 무진한행이라고 한다.

---

267 보살 55위 수행 가운데 세 번째 10위이다. 보살은 10신과 10주로 자기의 이익을 만족시키고 또 다시 타인을 위하는 행이다.

268 뛰어난 덕.(역주)

④ 무진행(無盡行)

미래의 무궁한 시간 속에서 어떤 종류의 중생으로 태어나되 시간과 공간의 영향을 받지 않음을 무진행이라고 한다.

⑤ 이치란행(離癡亂行)

온갖 법문을 연역(演繹)하거나 종합하되 언제나 틀림이 없음을 이치란행이라고 한다.

⑥ 선현행(善現行)

온갖 것의 근본이 동일한 법성 가운데서 갖가지 다른 차이의 작용을 드러내고, 또 차이가 나는 현상마다에서도 그 근본의 같은 곳을 볼 수 있음을 선현행이라고 한다.

⑦ 무착행(無著行)

더 나아가 시방허공계의 모든 미진 속의 어떤 한 알갱이의 먼지 속에서도 또 하나의 시방세계를 출현시킬 수 있다. 이처럼 상호 변화시켜 나타내되 티끌을 나타내든 세계를 나타내든 서로가 장애에 머무르지 않는 것을 무착행이라고 한다.

⑧ 존중행(尊重行)

갖가지 현재의 하는 행위들은 중생을 미혹과 괴로움에서 구해내어 그로 하여금 해탈하여 피안(彼岸)²⁶⁹의 제일위에 도달하도록 하기 위함인데, 이것을 존중행이라고 한다.

---

269 생사의 경계를 차안(此岸), 즉 이 언덕에 비유한다. 업(業) 번뇌를 중류(中流)에 비유한다. 열반을 피안(彼岸), 즉 저 언덕에 비유한다.

⑨ 선법행(善法行)

이와 같이 원융 통달하여 시방의 모든 부처들의 의궤와 법칙을 완성할 수 있는 것을 선법행이라고 한다.

⑩ 진실행(眞實行)

이상에서 말한 바와 같은 갖가지 순서와 경계는 하나하나가 모두 청정한 무루 가운데에서의 행위[行業]이다. 모두 하나의 진실한[一眞] 무위 자성 가운데서의 본연의 드러남인데, 이를 진실행이라고 한다.

(5) 10회향(十回向)²⁷⁰

① 구호일체중생리중생상회향(救護一切衆生離衆生相廻向)

이 사람이 만약 이미 신통묘용을 충분히 얻어서 불사(佛事)를 성취하고 절대적으로 순결하고 정진(精眞)하며, 남아있는 허물을 모두 떠났다면, 당연히 온갖 중생을 미혹과 괴로움에서 구해내고자 한다. 그러나 자기는 또 마음속에서 남을 제도할 수 있다거나 혹은 나는 이미 그 사람을 제도했다는 관념과 현상을 없애버려야 한다. 이 무위의 마음을 모두 열반[圓寂]의 길로 되돌리는 것을 구호일체중생리중생상회향이라고 한다.

② 불괴회향(不壞回向)

비워서 무너뜨릴[空壞] 수 있는 모든 것은 비워서 무너뜨리고, 멀리 떠날 수 있는 것은 멀리 떠나되, 무너뜨릴 수 있고 떠날 수 있다는 관념[相]조차도 존재하지 않는 것을 불괴회향이라고 한다.

---

270 보살55위 수행 가운데 네 번째 10위이다. 대비심으로 온갖 중생을 구호함을 회향이라 한다.

③ 등일체불회향(等一切佛回向)

자성 본각의 체가 고요히 나타나고, 각성이 부처의 정각과 같음을 등일체불회향이라고 한다.

④ 지일체처회향(至一切處回向)

진심이 지정하여[至精] 광명을 내고 심지가 부처의 심지와 같은 것을 지일체처회향이라고 한다.

⑤ 무진공덕장회향(無盡功德藏回向)

만유세계와 진여 자성이 서로 교섭하여 들어갈 수 있되 조금도 걸림이 없는 것을 무진공덕장회향이라고 한다.

⑥ 수순평등선근회향(隨順平等善根回向)

부처와 중생의 평등한 성지(性地) 가운데 있으면서 각각 다른 청정한 인(因)을 발생하고, 이 인을 의지하여 그 묘용을 발휘하여 열반의 도과(道果)를 취하는 것을 수순평등선근회향이라고 한다.

⑦ 수순등관일체중생회향(隨順等觀一切衆生回向)

진실한 도의 뿌리가 이미 성취되고 시방세계 속의 중생이 모두 나의 본성의 동체(同體)라고 본다. 자성이 비록 이미 원만하게 성취되었지만 아울러 어떠한 중생도 번뇌와 미혹에서 구해낼 것을 잊어버리지 않는 것을 수순등관일체중생회향이라고 한다.

⑧ 진여상회향(眞如相回向)

온갖 법 그대로와 하나이면서, 온갖 현상을 떠났다[即一切法, 離一切相]. 그대로와 하나도 아니요 떠나지도 않으며, 또한 떠났으면서 또한 그대로와 하나임[不卽不離, 亦離亦卽] 중에서 두 가지에 모두 집착하는 마음이 없는 것을 진여상회향이라고 한다.

⑨ 무박해탈회향(無縛解脫回向)

진심이 여여(如如)한 경계를 얻어 시방세계의 온갖 것에 걸림이 없는 것을 무박해탈회향이라고 한다.

⑩ 법계무량회향(法界無量回向)

본래 자성의 묘덕이 원만히 성취되어서 이른바 법계의 변제(邊際)와 수량 관념도 소멸한 것을 법계무량회향이라고 한다.

이상이 바로 심성수행 과정 중에서 세운 41위의 청정한 심지 경계의 함의이다. 그 다음으로 네 가지의 미묘하고 원만한 가행(加行)을 성취해야한다.

(여기서 말하는 가행이란 이상의 심성을 닦고 다스리는 심지법문을 겨냥하여 한 말이다. 왜냐하면 41위의 수행 순서는 대부분이 심성 경계를 가리키면서 그것을 명칭화 하여 순서를 세운 것이기 때문이다. 심지는 이미 지극히 고명한 경계를 얻었지만 행지의 공부 면에서는 그 공용(功用)에 주의해야한다. 이러한 공부의 공용 경계를 4가행이라고 한다. 4가행도 심성법칙으로 여겨본다면 절실함을 잃은 것 같다. 그러므로 다음은 이 체험에 바탕들 두고 4가행의 묘용을 말한다)

(6) 4가행(四加行)[271]

---

271 대승 법상종에서 난지(暖地)·정지(頂地)·인지(忍地)·세제일지(世第一地) 등 4선근(四善根)을 5위(五位) 가운데 가행위(加行位)로 삼는다. 그러므로 4가행은 4선근의 다른 이름이다.

① 난지(暖地)

이미 부처와 같은 각성(覺性) 묘용을 얻고, 자기 심지 상에서 공부를 하는데, 벗어나려 하지만 벗어나지 못함이, 마치 나무를 비벼 불을 취하는 것과 같다. 불빛이 비록 아직 타 일어나지 않았지만 따뜻한 기운이 이미 흘러 퍼지는 것을 난지라고 한다.

② 정지(頂地)

자기 심지 상에서 이미 성취함이 부처의 행하는 바와 밟아가는 바와 마찬가지이다. 이 기질이 남아있는 진색(塵色)의 생리의 몸에 대하여 겉모습이야 그것을 의지한 듯하지만, 사실 내면에서는 꼭 그것에 의지하고 있는 것도 아니다. 이는 마치 어떤 사람이 높은 산 꼭대기에 올라갔을 때 몸은 비록 위로 허공에 이어져서 허공에 들어가 있지만, 아래는 여전히 장애들이 있어서 완전히 떠날 수 없는 것을 정지라고 한다.

③ 인지(忍地)

마음 그대로 곧 부처이고 마음이 바로 부처이다. 이미 진심이 둘 아닌[真心不二] 절대적인 진리의 실제의 경계를 증득하여, 이 마음이 불도(佛道)와 같을 뿐만 아니라 중도불이(中道不二)의 묘용을 잘 얻을 수 있다. 그것은 마치 어떤 일을 참고 있는 사람이 마음속에 있는 듯 없는 듯, 참고 있으면서 움직이지 않는 의미가 크게 있는 것 같은데, 이를 인지라고 한다.

④ 세제일지(世第一地)

온갖 경계와 명칭 수량이 완전히 소멸했고 미혹했다할 것도 없고 깨달았다할 것도 없다. 미혹과 깨달음은 양변의 상대적인 명사(名辭)와 작용인데, 이제는 모두 아직 깨닫기 이전의 과거의 군더더기 말이 됐다. 오직 불이(不二)의 중도의 제일의제 중에서 행하고 그 나머지는 모두 상관없는 명사(名辭)가 되어버렸다. 이것을 세제일지라고 한다.

(7) 10지(十地)[272]

① 환희지(歡喜地)

대보리(大菩提: 무상정지정각無上正知正覺) 가운데서 잘 통달하고 각심(覺心)이 이미 진여 자성을 통달하여 부처의 경계를 다 이해할 수 있음을 환희지라고 한다.

② 이구지(離垢地)

모든 세간 출세간 제법(諸法)의 차이의 성능은 모두 그 근원이 동일하다는 것을 알 수 있고, 나중에 그 동일한 성(性)조차도 소멸하여 머물지 않는 것을 이구지라고 한다.

③ 발광지(發光地)

내심의 청정함이 극점에 이르고 자성 광명이 발생하는 것을 발광지라고 한다.

④ 염혜지(焰慧地)

자성 광명이 극점에 달하고 정각(正覺)이 원만한 것을 염혜지라고 한다.

⑤ 난승지(難勝地)

---

272 보살 55위 수행 가운데 다섯 번째 10위이다.

온갖 제법[一切諸法]의 같고 다름을 다 얻을 수 없는 것을 난승지라고 한다.

⑥ 현전지(現前地)

무위의 진여자성이 자연히 청정하고 밝은 묘덕을 드러낸 것을 현전지라고 한다.

⑦ 원행지(遠行地)

진여자성의 변제(邊際)를 다한 것을 원행지라고 한다.

⑧ 부동지(不動地)

일심(一心) 진여가 여여부동(如如不動)한 것을 부동지라고 한다.

⑨ 선혜지(善慧地)

진여심(真如心)의 묘용을 일으키는 것을 선혜지라고 한다.

⑩ 법운지(法雲地)

보살도를 닦아 익히는 과정에서 여기서부터는 닦아 익히는 공부[功用]를 다 마치고 공덕이 이미 원만해졌다. 여기에 이르러서야 비로소 진정한 불법을 닦아 익히는 정위(正位)[273]라고 생각하는 사람도 있다. 이른바 자비의 그늘 묘한 구름이 열반의 바다를 덮는 것을 법운지라고 한다.

(이상으로 대승보살도를 닦아 익히는 55위 순서가 끝났다).

---

273 영원불변의 깨달음을 얻는 위. 깨달음에 도달할 수 있는 바른 위, 또는 경계. 번뇌가 없는 경지.(역주)

등각(等覺)

범부 경계로부터 본원(本元)으로 돌아가 자성진여를 증득하고자 한다면, 반드시 생사 바다중의 망상의 흐름을 역전시켜야 한다. 만약 어떤 수행자가 위에서 말한 순서대로 따라 행하여 정각의 성해(性海)에 도달하여 모든 부처님들의 법성과 서로 교섭하면, 등각의 위라 하고 모든 부처님들의 보리정각과 서로 동등하게 된다.

묘각(妙覺)

등각에 도달한 뒤에 각성이 비로소 금강유심(金剛喩心) 중의 대정(大定)을 얻는다. 최초의 건혜지로부터 이와 같은 겹겹의 단수[274]와 복수[275] 이 둘을 합한 숫자인 12종의 계위를 거치면서 수행해야 비로소 묘각을 다하여 무상도(無上道)를 이룬다.

(예컨대 매 위마다 단수가 되는데 더하면 10위가 된다. 10위는 5위의 2수 복수다. 이것이 일중단복一重單複이다. 중생의 세계에는 시간인 3위가 있고 공간인 4위가 있는데 34 43해서 곱하여 12가 된다. 그러기 때문에 중생계는 6근 6진이 형성되며 통틀어서 12근진根塵이라고 한다. 만약 본원으로 되돌아가는 도를 닦아도 역시 12근진에 의지하여 닦아야 한다. 이것이 제이중단복第二重單複이다. 건혜지로부터 난지·정지·인지·세제일지·등각·묘각에 이르기까지 일곱 개 단위에다 10지 등 55위의 5수를 더하면 7과 5를 서로 더해 12를 얻는다. 이것이 제삼중단복第三重單複이다. 천수天數는 5고 지수地數도 5로서, 천지의 수가 50하고 또 5인데, 그 용用에는 49가 있다. 5는 1에서 10에 이르기까지의 중간 숫자로서 10과 교차되며 순행하여 추단연역推斷演繹하면 무궁한 숫자에 이르고 거스르면 다시 1로 돌아간다. 그러므로 불도 수행에서는 55위를 세우는데, 이것이 제사중단복第四重單複이다. 형이하의 유수有數는

---

274 건혜지·난지·정지·인지·세제일지·등각·묘각을 모두 합하면 그 숫자가 7이다.(역주)

275 십신·십주·십행·십회향·십지로서 그 숫자는 5이다.(역주)

모두 1에서 시작한다. 십백천만억 그리고 무량한 숫자에 이르기까지 역시 모두 1위일 뿐이다. 형이상의 숫자도 1로부터 거꾸로 돌이킨다. 1로 되돌아가면 형이상의 불가지不可知의 숫자로 나아간다. 동서고금에 동서양의 성인과 범부는 명수名數 이치에 대하여 서로 다르지 않는데, 정말 불가사의한 지극한 이치이다. 이 속의 묘한 이치는 무궁하며 이로부터 관통하면 불법 명수의 이치를 분명히 알 수 있다).

이상 말한 갖가지 지위는 모두 금강 같은 불변의 지혜로써 관찰한 것이다. 세간 사물은 모두 꿈같고, 허깨비 같고, 이슬 같고, 번개 같고, 거울 속의 꽃과 같고, 물속의 달과 같고, 아지랑이 같고, 허공 꽃 같고, 신기루 같고, 파초와 같음을 인식한다. 관찰하여 또렷이 인식하고서 사마타(奢摩他: 지정止定의 경계) 속에서 모든 부처님들이 가르친 비파사나(毗婆舍那: 혜관慧觀)로써 서로 함께 융합하고 함께 운용하여[雙融雙運] 청정하게 이를 수증하되, 점차 깊이 들어가면서 한 걸음 한 걸음 정진하는 순서상으로부터 이 숫자를 세운다. 그러나 모두 위에서 말한 세 가지 점차 증진 방법으로써 55위의 진정한 보리정각의 길을 닦아야 한다. 만약 이에 의지하여 관을 닦는다면 정관(正觀)이라고 하고, 다른 관을 하면 사관(邪觀)이라고 한다.

爾時文殊師利法王子, 在大衆中, 即從座起, 頂禮佛足, 而白佛言。當何名是經。我及衆生云何奉持。

佛告文殊師利。是經名大佛頂悉怛多般怛羅無上寶印, 十方如來淸淨海眼。亦名救護親因, 度脫阿難, 及此會中性比丘尼, 得菩提心, 入徧知海。亦名如來密因修證了義。亦名大方廣妙蓮華王, 十方佛母陀羅尼咒。亦名灌頂章句, 諸菩薩萬行首楞嚴。汝當奉持。

說是語已。即時阿難及諸大衆, 得蒙如來開示密印般怛羅義。兼聞此經了義名目。頓悟禪那修進聖位。增上妙理, 心慮虛凝。斷除三界修心六品微細煩惱。

即從座起, 頂禮佛足, 合掌恭敬而白佛言。大威德世尊。慈音無遮。善開衆
生微細沈惑。令我今日身心快然, 得大饒益。世尊。若此妙明眞淨妙心, 本
來徧圓。如是乃至大地草木, 蠕動含靈, 本元眞如, 即是如來成佛眞體。佛體
眞實, 云何復有地獄、餓鬼、畜生、修羅、人、天、等道。世尊。此道爲復
本來自有。爲是衆生妄習生起。世尊。如寶蓮香比丘尼, 持菩薩戒, 私行婬
欲。妄言行婬非殺非偷, 無有業報。發是語已, 先於女根生大猛火, 後於節節
猛火燒然, 墮無間獄。琉璃大王。善星比丘。琉璃爲誅瞿曇族姓。善星妄說一
切法空。生身陷入阿鼻地獄。此諸地獄, 爲有定處, 爲復自然, 彼彼發業, 各各
私受。惟垂大慈, 開發童蒙。令諸一切持戒衆生, 聞決定義, 歡喜頂戴, 謹潔無
犯。

佛告阿難。快哉此問。令諸衆生不入邪見。汝今諦聽。當爲汝說。阿難。一
切衆生實本眞淨。因彼妄見, 有妄習生。因此分開內分外分。

阿難。內分即是衆生分內。因諸愛染, 發起妄情。情積不休, 能生愛水。是
故衆生, 心憶珍羞, 口中水出。心憶前人, 或憐或恨, 目中淚盈。貪求財寶, 心
發愛涎, 舉體光潤。心著行婬, 男女二根, 自然流液。阿難。諸愛雖別, 流結
是同。潤濕不升, 自然從墜。此名內分。

阿難。外分即是衆生分外。因諸渴仰, 發明虛想。想積不休能生勝氣。是故
衆生, 心持禁戒, 舉身輕清。心持咒印, 顧盼雄毅。心欲生天, 夢想飛舉。心
存佛國, 聖境冥現。事善知識, 自輕身命。阿難。諸想雖別, 輕舉是同。飛動
不沈, 自然超越。此名外分。

阿難。一切世間生死相續。生從順習。死從變流。臨命終時, 未捨煖觸, 一
生善惡俱時頓現, 死逆生順, 二習相交。

純想即飛, 必生天上。若飛心中, 兼福兼慧, 及與淨願, 自然心開, 見十方佛,
一切淨土, 隨願往生。情少想多, 輕舉非遠。即爲飛仙、大力鬼王、飛行夜
叉、地行羅刹、遊於四天, 所去無礙。其中若有善願善心, 護持我法。或護
禁戒, 隨持戒人。或護神咒, 隨持咒者。或護禪定, 保綏法忍。是等親住如來
座下。情想均等, 不飛不墜, 生於人間。想明斯聰。情幽斯鈍。情多想少, 流

入横生, 重爲毛群, 輕爲羽族。七情三想, 沈下水輪, 生於火際, 受氣猛火, 身爲餓鬼, 常被焚燒, 水能害己, 無食無飲, 經百千劫。九情一想, 下洞火輪, 身入風火二交過地, 輕生有間, 重生無間, 二種地獄。純情即沈, 入阿鼻獄。若沈心中, 有謗大乘, 毀佛禁戒, 誑妄說法, 虛貪信施, 濫膺恭敬, 五逆十重, 更生十方阿鼻地獄。循造惡業, 雖則自招。衆同分中, 兼有元地。

阿難。此等皆是彼諸衆生自業所感。造十習因。受六交報。

云何十因。阿難。一者、婬習交接, 發於相磨。研磨不休, 如是故有大猛火光, 於中發動。如人以手自相摩觸, 煖相現前。二習相然, 故有鐵牀銅柱諸事。是故十方一切如來, 色目行婬, 同名欲火。菩薩見欲, 如避火坑。

二者、貪習交計, 發於相吸。吸攬不止, 如是故有積寒堅冰, 於中凍冽。如人以口吸縮風氣, 有冷觸生。二習相陵, 故有吒吒、波波、羅羅、青赤白蓮、寒冰、等事。是故十方一切如來, 色目多求, 同名貪水。菩薩見貪, 如避瘴海。

三者、慢習交陵, 發於相恃。馳流不息, 如是故有騰逸奔波, 積波爲水。如人口舌自相綿味, 因而水發。二習相鼓, 故有血河、灰河、熱沙、毒海、融銅、灌呑諸事。是故十方一切如來, 色目我慢, 名飲癡水。菩薩見慢, 如避巨溺。

四者、瞋習交衝, 發於相忤。忤結不息心熱發火, 鑄氣爲金。如是故有刀山、鐵梱、劍樹、劍輪、斧鉞、鎗鋸。如人銜冤, 殺氣飛動。二習相擊, 故有宮割斬斫, 剉刺槌擊諸事。是故十方一切如來, 色目瞋恚, 名利刀劍。菩薩見瞋, 如避誅戮。

五者、詐習交誘, 發於相調。引起不住, 如是故有繩木絞校。如水浸田。草木生長。二習相延, 故有杻械枷鎖鞭杖檛棒諸事。是故十方一切如來, 色目奸僞, 同名讒賊。菩薩見詐, 如畏豺狼。

六者、誑習交欺, 發於相罔。誣罔不止, 飛心造奸。如是故有塵土屎尿, 穢汚不淨。如塵隨風, 各無所見。二習相加, 故有沒溺騰擲, 飛墜漂淪諸事。是故十方一切如來, 色目欺誑, 同名劫殺。菩薩見誑, 如踐蛇虺。

七者。怨習交嫌, 發於銜恨。如是故有飛石投礰, 匣貯車檻, 甕盛囊撲。如陰毒人, 懷抱畜惡。二習相吞, 故有投擲擒捉, 擊射抛撮諸事。是故十方一切如來, 色目怨家, 名違害鬼。菩薩見怨, 如飮鴆酒。

八者、見習交明, 如薩迦耶, 見戒禁取, 邪悟諸業, 發於違拒, 出生相反。如是故有王使主吏, 證執文籍。如行路人, 來往相見。二習相交, 故有勘問權詐、考訊推鞫、察訪、披究、照明、善惡童子, 手執文簿辭辯諸事。是故十方一切如來, 色目惡見, 同名見坑。菩薩見諸虛妄偏執, 如臨毒壑。

九者、枉習交加, 發於誣謗。如是故有合山合石, 碾磑耕磨。如讒賊人, 逼枉良善。二習相排, 故有押捺搥按, 蹙漉衡度諸事。是故十方一切如來, 色目怨謗, 同名讒虎。菩薩見枉, 如遭霹靂。

十者、訟習交誼, 發於藏覆。如是故有鑑見照燭。如於日中, 不能藏影。二習相陳, 故有惡友、業鏡、火珠、披露宿業, 對驗諸事。是故十方一切如來, 色目覆藏, 同名陰賊。菩薩觀覆, 如戴高山, 履於巨海。

云何六報。阿難。一切衆生六識造業。所招惡報, 從六根出。

云何惡報從六根出。一者見報招引惡果。此見業交, 則臨終時, 先見猛火滿十方界。亡者神識, 飛墜乘烟, 入無間獄。發明二相。一者明見, 則能徧見種種惡物, 生無量畏。二者暗見, 寂然不見, 生無量恐。如是見火。燒聽, 能爲鑊湯烊銅。燒息, 能爲黑烟紫燄。燒味, 能爲焦丸鐵糜。燒觸, 能爲熱灰爐炭。燒心, 能生星火迸灑, 煽鼓空界。

二者、聞報招引惡果。此聞業交, 則臨終時, 先見波濤沒溺天地。亡者神識, 降注乘流, 入無間獄。發明二相。一者開聽。聽種種鬧, 精神愗亂。二者閉聽, 寂無所聞, 幽魄沈沒。如是聞波。注聞, 則能爲責爲詰。注見, 則能爲雷爲吼, 爲惡毒氣。注息, 則能爲雨爲霧, 灑諸毒蟲周滿身體。注味, 則能爲膿爲血, 種種雜穢。注觸, 則能爲畜爲鬼, 爲糞爲尿。注意, 則能爲電爲雹, 摧碎心魄。

三者齅報招引惡果。此齅業交, 則臨終時, 先見毒氣充塞遠近。亡者神識, 從地踊出, 入無間獄。發明二相。一者通聞, 被諸惡氣熏極心擾。二者塞聞, 氣掩不通, 悶絕於地。如是齅氣。衝息, 則能爲質爲履衝見, 則能爲火爲炬。衝聽, 則能爲沒爲溺, 爲洋爲沸。衝味, 則能爲餒爲爽。衝觸, 則能爲綻爲爛, 爲大肉山, 有百千眼, 無量咀食。衝思, 則能爲灰爲瘴, 爲飛砂礰擊碎身體。

四者味報招引惡果。此味業交, 則臨終時, 先見鐵網猛燄熾烈, 周覆世界。亡者神識, 下透挂網, 倒懸其頭, 入無間獄。發明二相。一者吸氣, 結成寒冰, 凍裂身肉。二者吐氣, 飛爲猛火, 焦爛骨髓。如是嘗味。歷嘗, 則能爲承爲忍。歷見, 則能爲然金石。歷聽, 則能爲利兵刃。歷息, 則能爲大鐵籠, 彌覆國土。歷觸, 則能爲弓爲箭爲弩爲射。歷思, 則能爲飛熱鐵從空雨下。

五者觸報招引惡果。此觸業交, 則臨終時, 先見大山四面來合, 無復出路。亡者神識, 見大鐵城, 火蛇火狗, 虎狼師子, 牛頭獄卒, 馬頭羅刹, 手執鎗稍, 驅入城門, 向無間獄。發明二相。一者合觸, 合山逼體, 骨肉血潰。二者離觸, 刀劍觸身, 心肝屠裂。如是合觸。歷觸, 則能爲道爲觀, 爲廳爲案。歷見, 則能爲燒爲爇。歷聽, 則能爲撞爲擊, 爲剚爲射。歷息, 則能爲括爲袋, 爲考爲縛。歷嘗則能爲耕爲鉗, 爲斬爲截。歷思則能爲墜爲飛, 爲煎爲炙。

六者思報招引惡果。此思業交, 則臨終時, 先見惡風吹壞國土。亡者神識, 被吹上空, 旋落乘風, 墮無間獄。發明二相。一者不覺, 迷極則荒, 奔走不息。二者不迷, 覺知則苦, 無量煎燒, 痛深難忍。如是邪思。結思, 則能爲方爲所。結見, 則能爲鑒爲證。結聽, 則能爲大合石, 爲冰爲霜, 爲土爲霧。結息, 則能爲大火車, 火船火檻。結嘗, 則能爲大叫喚, 爲悔爲泣。結觸, 則能爲大爲小, 爲一日中萬生萬死, 爲偃爲仰。

阿難。是名地獄十因六果。皆是衆生迷妄所造。若諸衆生, 惡業圓造。入阿鼻獄, 受無量苦, 經無量劫。六根各造。及彼所作兼境兼根, 是人則入八無間獄。身口意三, 作殺盜婬。是人則入十八地獄。三業不兼, 中間或爲一殺一盜, 是人則入三十六地獄。見見一根, 單犯一業, 是人則入一百八地獄。由是衆生別作別造。於世界中同分地。妄想發生, 非本來有。

復次阿難。是諸衆生, 非破律儀, 犯菩薩戒, 毀佛涅槃, 諸餘雜業, 歷劫燒然, 後還罪畢, 受諸鬼形。

若於本因貪物爲罪。是人罪畢, 遇物成形, 名爲怪鬼。

貪色爲罪。是人罪畢, 遇風成形, 名爲魃鬼。

貪惑爲罪。是人罪畢, 遇畜成形, 名爲魅鬼。

貪恨爲罪。是人罪畢, 遇蟲成形, 名蠱毒鬼。

貪憶爲罪。是人罪畢, 遇衰成形, 名爲癘鬼。

貪傲爲罪。是人罪畢, 遇氣成形, 名爲餓鬼。

貪罔爲罪。是人罪畢, 遇幽爲形, 名爲魘鬼。

貪明爲罪。是人罪畢, 遇精爲形, 名魍魎鬼。

貪成爲罪。是人罪畢, 遇明爲形, 名役使鬼。

貪黨爲罪。是人罪畢, 遇人爲形, 名傳送鬼。

阿難。是人皆以純情墜落, 業火燒乾, 上出爲鬼。此等皆是自妄想業之所招引。若悟菩提, 則妙圓明本無所有。

復次阿難。鬼業旣盡, 則情與想二俱成空。方於世間與元負人, 怨對相値。

身爲畜生, 酬其宿債。

物怪之鬼, 物銷報盡, 生於世間, 多爲梟類。

風魃之鬼, 風銷報盡, 生於世間, 多爲咎徵。

一切異類畜魅之鬼, 畜死報盡, 生於世間, 多爲狐類。

蟲蠱之鬼, 蠱滅報盡, 生於世間, 多爲毒類。

衰癘之鬼, 衰窮報盡, 生於世間, 多爲蛔類。

受氣之鬼, 氣銷報盡, 生於世間, 多爲食類。

綿幽之鬼, 幽銷報盡, 生於世間, 多爲服類。

和精之鬼, 和銷報盡, 生於世間, 多爲應類。

明靈之鬼, 明滅報盡, 生於世間, 多爲休徵一切諸類。

依人之鬼, 人亡報盡, 生於世間, 多爲循類。

阿難。是等皆以業火乾枯, 酬其宿債, 傍爲畜生。此等亦皆自虛妄業之所招引。若悟菩提, 則此妄緣本無所有。如汝所言寶蓮香等, 及琉璃王, 善星比丘。如是惡業, 本自發明。非從天降。亦非地出。亦非人與。自妄所招, 還自來受。菩提心中, 皆爲浮虛妄想凝結。

復次阿難。從是畜生酬償先債。若彼酬者分越所酬。此等衆生, 還復爲人, 反徵其剩。如彼有力兼有福德。則於人中不捨人身, 酬還彼力。若無福者, 還爲畜生, 償彼餘直。阿難當知。若用錢物, 或役其力, 償足自停。如於中間, 殺彼身命, 或食其肉。如是乃至經微塵劫, 相食相誅。猶如轉輪, 互爲高下, 無有休息。除奢摩他及佛出世, 不可停寢。

汝今應知。彼梟倫者, 酬足復形, 生人道中, 參合頑類。

彼咎徵者, 酬足復形, 生人道中, 參合異類。

彼狐倫者, 酬足復形, 生人道中, 參於庸類。

彼毒倫者, 酬足復形, 生人道中, 參合很類。

彼蛔倫者, 酬足復形, 生人道中, 參合微類。

彼食倫者, 酬足復形, 生人道中, 參合柔類。

彼服倫者, 酬足復形, 生人道中, 參合勞類。

彼應倫者, 酬足復形, 生人道中, 參於文類。

彼休徵者, 酬足復形, 生人道中, 參合明類。

彼諸循倫, 酬足復形, 生人道中, 參於達類。

阿難。是等皆以宿債畢酬, 復形人道。皆無始來業計顛倒, 相生相殺。不遇如來, 不聞正法, 於塵勞中法爾輪轉。此輩名爲可憐愍者。

阿難。復有從人, 不依正覺修三摩地。別修妄念, 存想固形。遊於山林人不及處。有十種仙。

阿難。彼諸衆生, 堅固服餌而不休息, 食道圓成, 名地行仙。

堅固草木而不休息。藥道圓成, 名飛行仙。

堅固金石而不休息。化道圓成, 名遊行仙。

堅固動止而不休息。氣精圓成, 名空行仙。

堅固津液而不休息。潤德圓成, 名天行仙。

堅固精色而不休息。吸粹圓成, 名通行仙。

堅固咒禁而不休息。術法圓成, 名道行仙。

堅固思念而不休息。思憶圓成, 名照行仙。

堅固交遘而不休息。感應圓成, 名精行仙。

堅固變化而不休息。覺悟圓成, 名絕行仙。

阿難。是等皆於人中鍊心, 不修正覺。別得生理, 壽千萬歲。休止深山或大海島, 絕於人境。斯亦輪迴妄想流轉。不修三昧。報盡還來, 散入諸趣。

阿難。諸世間人，不求常住。未能捨諸妻妾恩愛。於邪婬中，心不流逸。澄瑩生明。命終之後，鄰於日月。如是一類，名四天王天。

於己妻房，婬愛微薄。於淨居時，不得全味。命終之後，超日月明，居人間頂。如是一類，名忉利天。

逢欲暫交，去無思憶。於人間世，動少靜多。命終之後，於虛空中朗然安住。日月光明，上照不及。是諸人等自有光明。如是一類，名須燄摩天。

一切時靜。有應觸來，未能違戾。命終之後，上升精微，不接下界諸人天境。乃至劫壞，三災不及。如是一類，名兜率陀天。

我無欲心，應汝行事。於橫陳時，味如嚼蠟。命終之後，生越化地。如是一類，名樂變化天。

無世間心，同世行事。於行事交，了然超越。命終之後，徧能出超化無化境。如是一類，名他化自在天。

阿難。如是六天，形雖出動，心迹尚交。自此已還，名爲欲界。

지옥과 천당의 유무와 사람의 정신심리와의 인과관계

아난이 물었다. "만약 이 영묘하고 밝은 진여로서 청정한 묘심이 본래 두루 가득하며 원만하고 밝은 것이라면, 모든 산하대지와 초목함령(含靈)[276] 등등은 모두 진여 자성 본원의 변화작용으로서 부처님이 이룬 정각 자성과 함께 일체(一體)입니다. 부처님의 성체(性體)가 진실하며 불변이라면, 어찌하여 그 속에 또 지옥도·아귀도·축생도·아수라도·인도·천도 등이 있어서 각자 다른 차별이 존재하는 것입니까? 이렇게 차별 나고 다른 종류는 본래 자연히 있는 것입니까? 아니면 온갖 중생의 허망한 습기(習氣)에서 생겨난 것입니까? 이른바 지옥 등이 일정한 소재처가 있는 것입니까? 아니면 각자의 업

---

276 영성을 감추어 갖고 있는 것. 또는 마음이 있는 것. 인류 또는 중생.(역주)

력에 근거하여 생겨난 것으로서, 또 각자 자연히 그것을 감수(感受)하는 것입니까? 바라건대 설명하셔서 장래의 중생들로 하여금 계율을 삼가 지키고 순결히 하여 범하지 않을 줄 알게 하여주십시오."

부처님이 말씀하셨다. "온갖 중생의 자성 본체는 본래 실재로는 모두 청정한 진여이다. 망심이 움직여 지견을 낳았기 때문에 비로소 허망한 습기의 작용이 발생한 것이다. 이 때문에 내분(內分)과 외분(外分)의 현상으로 나눈다.

내분이란 중생의 분내(分內)의 일이다. 온갖 것을 애착[愛染]하기 때문에 허망하게 있는 감정[情意]을 발생하고, 그런 감정이 쉬지 않고 누적되어서 내재적인 애욕의 물[愛水]이 생겨날 수 있다 (현대의학에서 말하는 내분비 작용과 같다). 그러므로 중생들이 마음속으로 맛있는 음식을 기억하고 생각하면 침을 흘리며, 마음속으로 어떤 사람을 기억하고 가련히 여기거나 원망하면 눈에 눈물이 가득하곤 한다. 만약 재물과 보화를 연연해하면서 추구하면 마음속에 일종의 애욕의 침[愛涎]이 발생하고, 오래 그러다보면 신체를 빛나고 윤택하게 한다. 마음속으로 음욕을 굳게 생각하면 남녀의 두 성기[二根]에서 자연히 액체가 흘러나온다. 애착의 심리는 비록 갖가지 차별이 있지만 업력의 흐름이 끊임없이 이어져 끊어지지 않은 탓이며, 마음속의 맺힘이 풀릴 길이 없는 점은 마찬가지이다. 그래서 내면적으로 애욕의 물에 적셔져 시종 승화하지 못하고 빠지면 빠질수록 깊어져서, 이로부터 자연히 타락한다. 이것을 내분이라고 한다.

외분이란 중생의 분외(分外)의 일이다. 온갖 외물과 바깥일을 추구함으로써 허망한 상념(想念)을 발생시킨다. 상념이 쉬지 않고 누적되면 승기(勝氣: 현대물리학에서 말하는 원자, 전자의 방사작용이다)를 생겨나게 할 수 있다. 그러므로 중생들이 마음속에서 청정한 계율을 엄격히 지키면 전신이 가볍고 편안하면서 맑고 상쾌해진다. 마음속의 신앙이 굳건하여 어떤 형이상(形而上)의 일존(一尊)이나 주문이나 수인(手印)을 전일하게 신앙하면, 스스로 긍지를 느끼고 의연히 출중한 기개(氣槪)가 있을 수 있으며, 마음속에서 천상세계에 태어나고 싶다면 꿈속에서 자기가 날아올라 멀리 들려 올라감을 느낄수 있으며, 마음속에 불국토를 항상 두고 생각하면 성스러운 경계가 갑자기 나타날 수 있으며, 일심으로 선지식을 받들어 섬기면 스스로 그 몸과 생명을 가벼이 여길 수 있다. 온갖 상념의 심리는 비록 다르지만 망상의 기능은 가볍고 맑으면서 상승하는 점은 마찬가지이다(그래서 현대 심리학에서는 생각이란 뇌신경의 파동 작용으로 본다). 상념이 그치지 않고 이어지면 위로 날아 움직이고 아래로 가라앉지 않아서 자연히 초월적인 지각이 발생한다. 그러므로 외분이라고 한다.

모든 세간의 생사윤회의 상속에서, 태어남은 습관적인 순로(順路)를 따라서 오고, 죽음은 변화의 흐름을 따라서 소멸한다. 생명이 장차 마치려고 할 때, 이 사람이 아직 따뜻한 기운 감촉이 완전히 다하지 않았을 때는 일생동안의 선악 행위가 의식현상 가운데 한꺼번에 나타나며, 죽음에는 거스르고 태어남에는 따르는 두 가지 습기가 서로 교전(交戰)한다.

만약 일생동안 순전히 상념[想] 속에 떨어져있던 사람이라면, 신식(神識)이 상승하여 틀림없이 상승의 영역[天: 여기서 말하는 천은 상승한다는 말이다]에 태어난다.

만약 마음속의 승화(昇華)의식 경계만 있고 일생동안 복덕과 지혜를 겸하고 청정한 원(願)을 갖추고 있었던 사람이라면, 자연히 심경(心境)이 열려서 시방세계의 부처의 경계를 볼 수 있다. 그리하여 자기 원대로 어느 불국정토로든 왕생할 수 있다.

만약 감정[情]은 적고 상념이 많았던 사람이라면, 설사 가볍게 들어 올려 질지라도 높고 멀지는 않을 것이다. 그래서 귀선(鬼仙)이나 대력귀왕(大力鬼王)이나 비행야차(飛行夜叉)나 지행나찰(地行羅刹)이 되어 여전히 해와 달이 비추는 천하에 유행(遊行)하고 감에 있어 모두 걸림이 없다. 그 가운데 어떤 사람이 계율, 신주(神呪), 선정 등을 착한 마음으로 보호 유지하겠다는 발원을 했다면, 몸소 여래의 자리 아래로 갈 수 있다.

감정과 상념이 균등했던 사람은 날지도 않고 추락하지도 않아 인간 세계에 태어날 것이다. 그리하여 상념이 맑고 밝은 자는 곧 총명한 사람이 되고, 감정이 깊고 우울한 자는 곧 우둔한 사람이 된다.

감정이 많고 상념이 적은 사람이었다면 축생세계로 흘러들어가되, 무거운 자는 털 뒤집어 쓴 무리가 되고 가벼운 자는 날짐승이 된다.

감정이 7할(分)[277]이고 상념이 3할이었던 사람이라면 수륜(水輪)으로 가라앉아 불[火] 쪽으로 태어나 맹렬한 불길에 구워지거나 몸이 아귀가 되어 항상 불에 탄다. 그리고 물도 그를 상해할 수 있을 뿐만 아니라 음식이 없게 된다. 이와 같이 백천 겁의 시간을 지나야 한다(예컨대 깊은 바다 속의 거대한 생물 등과 같다).

감정이 9할이고 상념이 1할이었던 사람이라면 화륜(火輪)에 빠져서 몸이 바람과 불, 이 두 가지가 교차하며 지나는 곳으로 들어간다. 가벼운 자는 유간(有間)지옥에 태어나고 무거운 자는 무간지옥(無間地獄)[278]에 태어난다.

순전히 감정만 있었고 상념이 없었던 사람은 아비지옥으로 빠져들어 간다(이른바 영원히 지옥에 떨어져 환생하지 못한다).

---

277 할(割), 즉 1할은 10%.(역주)

278 지옥은 범어로는 니려(泥黎)이다. 그것이 의지하고 있는 곳이 지하이므로 지옥이라 부른다. 무간지옥은 범어로는 아비지(阿鼻旨)이며 오역죄 중 하나라도 지으면 바로 여기에 떨어져 1겁 동안 고통을 쉴 새 없이 받으므로 무간지옥이라 한다.

만약 오해하여 언짢게 여기는 마음속에서 대승을 비방하고, 부처님의 계율을 비방하고 헐뜯으며, 기만과 거짓으로 불법을 연설하고, 헛되이 남의 보시를 탐하고, 타인의 공경을 함부로 받았으며, 심지어는 5역죄(五逆)[279]와 10중금계(十重禁戒)[280]를 범했다면, 시방세계의 아비지옥에 번갈아 태어날 것이다.

지은 이런 악업들은 비록 자기가 지어 자기가 그 과보를 받는다[自作自受]고 하지만, 공동의 업력과보 가운데서 각자 그 원인과 처지를 겸하여 가지며, 역시 온갖 중생 자신의 마음이 지은 업력으로서 자기가 불러서 형성한 것이다(여기서 설명하는 지옥, 아귀, 축생 등의 업력과보의 각종 상황은 원경을 깊이 연구해보면 알게 된다).

이러한 악업들이 형성한 과보는 모두 자성 가운데서 일으킨 업력 작용이지, 하늘로부터 내려온 것도 아니요 땅으로부터 나온 것도 아니며 타인이 준 것도 아니다. 완전히 자기의 허망한 마음[妄心]에 근거하여 불러일으킨 것으로 역시 자기가 과보로 받는 것이다. 만약 보리정각을 증득할 수 있다면, 이러한 허망한 연(緣)들은 모두 일종의 들뜨고 실재하지 않는 환상이 되며, 비로소 모두 망상이 응결되어 형성된 것임을 알게 된다(만약 아직 보리정각을 철저하게 깨닫지 못하고 진심자성을 밝게 보지 못했다면, 비록 사람들이 지옥응보설을 믿지 않을지라도 과보가 올 때에는 자신이 받아야 한다. 세심하게 현실 세상의 일들을 관찰해보면 그 대부분을 알 수 있다).

---

279 5무간업(五無間業)이라고도 한다. 죄악이 도리에 지극히 어긋나므로 역(逆)이라고 한다. 무간지옥의 고통과보를 받을 악업이므로 무간업이라고 한다. ①아버지를 죽임 ②어머니를 죽임 ③아라한을 죽임 ④부처님 몸에서 피가 나게 함 ⑤승단의 화합을 파괴함

280 10악이라고도 한다. ①살생 ②도둑질 ③삿된 이성 관계 ④거짓말 ⑤이간질하는 말 ⑥악담 ⑦잡담 ⑧탐욕 ⑨성냄 ⑩바르지 못한 견해로 인과를 부정하고 편벽된 믿음으로 복을 구하는 것, 이 열 가지는 도리에 어긋나 일으키므로 악이라고 한다.

10종의 신선도와 천인 사이의 정신 심리적 관계

부처님이 말씀하셨다. "또 사람 본위(本位)에서 자성 정각에 의지하여 선정과 지혜의 바른 삼매[正三昧]를 닦지 않고, 오히려 망념을 품고 따로 어떤 법문을 닦는 한 가지 부류가 있다. 그들은 정신적인 관상(觀想)을 빌려서 자신의 신체를 견고하게 하여 산림 속이나 인적이 닿을 수 없는 곳에서 소요하면서 노닐고 즐기는데, 이런 사람으로는 모두 열 가지 선도(仙道)가 있다.

첫째는 지행선(地行仙)이니, 복식(服食) 법문을 닦아 익혀 신체를 견고하게 하기를 쉬지 않으면서 음식물을 통해 목적에 도달하는 것을 지행선이라고 한다.

둘째는 비행선(飛行仙)이니, 초목 약물을 달이는 법문을 닦아 익혀 몸을 견고하게 하기를 쉬지 않으면서 약물을 통해 목적에 도달하는 사람을 비행선이라고 한다.

셋째는 유행선(遊行仙)이니, 오금팔석(五金八石)을 화학적으로 제련하여 복식 법문에 사용하는 것을 닦고 익혀 신체를 견고하게 하기를 쉬지 않으면서 화학 실험적 달이기[烹練]를 통해 목적에 도달하는 자를 유행선이라고 한다.

넷째는 공행선(空行仙)이니, 토고납신(吐故納新), 도인(導引), 기맥운행 법문을 닦고 익혀 몸을 견고하게 하기를 쉬지 않으면서 자신의 정기(精氣) 단련을 통해 목적에 도달한 자를 공행선이라고 한다.

다섯째는 천행선(天行仙)이니, 진액(津液)을 삼키거나 맑은 물을 복용하는 법문을 닦고 익혀 신체를 견고하게 하기를 쉬지 않으면서 물의 덕성(德性)인 윤택 기능을 통해 목적에 도달하는 자를 천행선이라고 한다.

여섯째는 통행선(通行仙)이니, 해와 달의 정기(精氣)와 천지의 정화

(精華)를 받아들이는 법문을 닦아 익혀 신체를 견고하게 하기를 쉬지 않으면서 천지간의 물리적인 정화 흡수를 통하여 목적에 도달하는 자를 통행선이라고 한다.

일곱째는 도행선(道行仙)이니, 범어 진언 법문을 닦고 익혀 신체를 견고하게 하기를 쉬지 않으면서 주문 법술에 의지하여 목적에 도달하는 자를 도행선이라고 한다.

여덟째는 조행선(照行仙)이니, 정신적인 사념(思念)으로 어느 하나를 품고 그에 생각을 모으는 법문을 닦아 익혀 신체를 견고하게 하기를 쉬지 않으면서 정신적인 사유억념(思惟憶念)을 이용하여 목적에 도달하는 자를 조행선이라고 한다.

아홉째는 정행선(精行仙)이니, 성교[交遘] 법문을 닦고 익혀 신체를 견고하게 하기를 쉬지 않으면서 서로 교감상응을 통해 목적에 도달하는 자를 정행선이라고 한다.

열째는 절행선(絕行仙)이니, 천지변화 물리의 현묘한 법문을 닦고 익혀 신체를 견고하게 하기를 쉬지 않으면서 천지변화의 묘한 이치를 깨달음을 통해 목적에 도달하는 자를 절행선이라고 한다.

이들은 모두 사람 본위로부터 단지 이 마음을 수련하기를 구할 뿐, 자성 정각(正覺)을 닦지 않고 따로 장생의 이치를 추구하여 수명이 천만 세를 유지하게 할 수 있으며, 깊은 산 무성한 숲속에서 쉬거나 큰 바다의 섬 사이에서 자기를 인간 세상과 단절시킨다. 그렇지만 여전히 망상 윤회의 유전(流轉) 작용을 떠나지 못했다. 만약 다시 정지정각(正知正覺)의 여래삼매를 닦지 않는다면 복보가 다했을 때 또 윤회 타락할 수 있다.

(이상 8권을 마친다)

능엄경 제9권

大佛頂如來密因修證了義諸菩薩萬行首楞嚴經　卷第九

阿難。世間一切所修心人, 不假禪那, 無有智慧。但能執身不行婬欲。若行若坐, 想念俱無。愛染不生, 無留欲界。是人應念身爲梵侶。如是一類, 名梵衆天。

欲習旣除, 離欲心現。於諸律儀, 愛樂隨順。是人應時能行梵德。如是一類, 名梵輔天。

身心妙圓, 威儀不缺。淸淨禁戒, 加以明悟。是人應時能統梵衆, 爲大梵王。如是一類, 名大梵天。

阿難。此三勝流, 一切苦惱所不能逼。雖非正修眞三摩地。淸淨心中, 諸漏不動。名爲初禪。

阿難。其次梵天, 統攝梵人, 圓滿梵行。澄心不動, 寂湛生光。如是一類, 名少光天。

光光相然, 照耀無盡, 映十方界, 徧成琉璃, 如是一類, 名無量光天。

吸持圓光, 成就敎體。發化淸淨, 應用無盡。如是一類, 名光音天。

阿難。此三勝流, 一切憂懸所不能逼。雖非正修眞三摩地。淸淨心中, 麤漏已伏。名爲二禪。

阿難。如是天人, 圓光成音, 披音露妙, 發成精行, 通寂滅樂。如是一類, 名少淨天。

淨空現前, 引發無際, 身心輕安, 成寂滅樂。如是一類, 名無量淨天。

世界身心, 一切圓淨, 淨德成就, 勝託現前, 歸寂滅樂。如是一類, 名徧淨天。

阿難。此三勝流, 具大隨順, 身心安隱, 得無量樂。雖非正得眞三摩地。安隱心中, 歡喜畢具。名爲三禪。

阿難。復次天人, 不逼身心, 苦因已盡。樂非常住, 久必壞生。苦樂二心, 俱時頓捨。麤重相滅, 淨福性生。如是一類, 名福生天。

捨心圓融, 勝解清淨。福無遮中, 得妙隨順, 窮未來際。如是一類, 名福愛天。

阿難。從是天中, 有二歧路。若於先心, 無量淨光, 福德圓明, 修證而住。如是一類, 名廣果天。

若於先心, 雙厭苦樂, 精研捨心, 相續不斷。圓窮捨道, 身心俱滅。心慮灰凝, 經五百劫。是人旣以生滅爲因。不能發明不生滅性。初半劫滅。後半劫生。如是一類, 名無想天。

阿難。此四勝流, 一切世間諸苦樂境所不能動。雖非無爲眞不動地。有所得心, 功用純熟。名爲四禪。

阿難。此中復有五不還天。於下界中九品習氣, 俱時滅盡。苦樂雙忘。下無卜居。故於捨心衆同分中, 安立居處。

阿難。苦樂兩滅, 鬥心不交。如是一類, 名無煩天。

機括獨行, 研交無地。如是一類, 名無熱天。

十方世界, 妙見圓澄, 更無塵象一切沈垢。如是一類, 名善見天。

精見現前, 陶鑄無礙。如是一類, 名善現天。

究竟群幾, 窮色性性, 入無邊際。如是一類, 名色究竟天。

阿難。此不還天, 彼諸四禪四位天王, 獨有欽聞, 不能知見。如今世間曠野深山, 聖道場地, 皆阿羅漢所住持故, 世間麤人所不能見。

阿難。是十八天, 獨行無交, 未盡形累。自此已還, 名爲色界。

復次阿難。從是有頂色邊際中, 其間復有二種歧路。若於捨心發明智慧, 慧光圓通, 便出塵界, 成阿羅漢, 入菩薩乘。如是一類, 名爲迴心大阿羅漢。

若在捨心, 捨厭成就。覺身爲礙, 銷礙入空。如是一類, 名爲空處。

諸礙旣銷,　無礙無滅。其中唯留阿賴耶識。全於末那半分微細。如是一類, 名爲識處。

空色旣亡, 識心都滅。十方寂然, 迴無攸往。如是一類, 名無所有處。

識性不動, 以滅窮研, 於無盡中發宣盡性。如存不存。若盡非盡。如是一類, 名爲非想非非想處。

此等窮空, 不盡空理。從不還天聖道窮者, 如是一類, 名不迴心鈍阿羅漢。若從無想諸外道天, 窮空不歸, 迷漏無聞, 便入輪轉。

阿難。是諸天上各各天人, 則是凡夫業果酬答, 答盡入輪。彼之天王, 即是菩薩遊三摩提, 漸次增進, 迴向聖倫所修行路。

阿難。是四空天, 身心滅盡, 定性現前, 無業果色。從此逮終, 名無色界。

此皆不了妙覺明心。積妄發生, 妄有三界。中間妄隨七趣沈溺。補特伽羅各從其類。

復次阿難。是三界中, 復有四種阿修羅類。

若於鬼道以護法力, 乘通入空。此阿修羅從卵而生, 鬼趣所攝。

若於天中降德貶墜, 其所卜居鄰於日月。此阿修羅從胎而出, 人趣所攝。

有修羅王執持世界, 力洞無畏, 能與梵王及天帝釋四天爭權。此阿修羅因變化有, 天趣所攝。

阿難。別有一分下劣修羅。生大海心, 沈水穴口, 且遊虛空, 暮歸水宿, 此阿修羅因濕氣有, 畜生趣攝。

(이 단락에서는 욕계 · 색계 · 무색계의 3계를 말했다. 천인 경계의 수행과 보와 4선(四禪)[281] 9정(九定)[282]의 공부경계를 심지心地 수양과 결합시켜 3계천

281 ①초선(初禪)-일정 시간으로 나누어 식사할 필요가 없으므로 비식(鼻識)과 설식(舌識)이 없다. ②2선(二禪)-안식(眼識) 이식(耳識) 비식(鼻識) 설식(舌識) 신식(身識)인 전5식은 없고 의식(意識)만 있다. ③3선(三禪)-역시 의식만 있는데 기쁜 현상이 지극히 맑고 미묘하다. ④4선(四禪)-역시 의식만 있는데 오직 유쾌하지도 불쾌하지도 않는 감각[捨受]과의 상응만 있다.

282 위에서 서술한 4선에 4공(四空)과 멸진정(滅盡定)을 더하여 9정이라고 한다. 4공은 4무색정(四無色定)이라고도 한다. ①공무변처정(空無邊處定), 색이라는 생각[色想]을 버리고 가없는 허공을 대상경계로 한다 ②식무변처정(識無邊處定), 심식이 가없다는 의미이다. ③무소유처정(無所有處定), 심식이 있는 바가 없음을 관한다. ④비상비비상처정(非想非非想處定), 앞의 세가지 생각이 있음[有想]을 버리는 까닭에 비상(非想)이요, 다시 앞의 생각이 없음[無想]을 버리므로 비비상(非非想)이다. 멸진정은 멸수상정(滅受想定)이라고도 한다. 6식심심소(六識心心所)를 버려서 일어나지 않게 하는 선정이다.

인三界天人의 차별 본위를 형성한다고 서술하고 있다. 그 도리가 깊고 비밀스러워서 일반인들이 믿고 이해할 수 있는 바가 아닐까 걱정된다. 하지만 요점만 가려서 말하고 있기 때문에 자세하게 번역하지 않는다. 경전 원문을 깊이 연구하여 읽으면 알 수 있다. 천당과 지옥의 변상 그리고 그것이 어떻게 형성되느냐의 문제는 그 요점만 모은 결론이 다음과 같다)

阿難。如是地獄、餓鬼、畜生、人及神仙、天洎修羅。精研七趣，皆是昏沈諸有爲相。妄想受生。妄想隨業。於妙圓明無作本心，皆如空華，元無所著。但一虛妄，更無根緒。阿難。此等衆生，不識本心，受此輪迴，經無量劫，不得眞淨，皆由隨順殺盜婬故。反此三種。又則出生無殺盜婬。有名鬼倫。無名天趣。有無相傾，起輪迴性。若得妙發三摩提者，則妙常寂。有無二無，無二亦滅。尙無不殺不偷不婬。云何更隨殺盜婬事。阿難。不斷三業，各各有私。因各各私。衆私同分，非無定處。自妄發生，生妄無因，無可尋究。汝勗修行，欲得菩提，要除三惑。不盡三惑，縱得神通，皆是世間有爲功用。習氣不滅，落於魔道。雖欲除妄，倍加虛僞。如來說爲可哀憐者。汝妄自造。非菩提咎。作是說者，名爲正說。若他說者，即魔王說。

천당과 지옥의 원리

부처님은 말씀하셨다. "이상으로 말한 지옥, 천당, 인간, 신선 그리고 마구니 등의 상황에 대해, 만약 그 근본을 정밀하게 자세히 연구해 보면 모두 중생 스스로가 온갖 유위법 현상 가운데서 혼미하고 심취하였기 때문이요, 망상이 있어서 갖가지 부류의 다른 생명을 과보로 받기 때문이다. 망상은 업력의 회전을 따라서, 원래 원만하고 밝으며 인위적으로 만들어진 것이 아닌[無作] 본각의 진심 가운데에서 자기가 짓고 자기가 받는데, 모두 다 허공 꽃이 어지럽게 피는 것과 같아서 집착할 바가 없는 것이다. 사실은 모든 것이 다 허망한데 어디에 그 근본이 있겠는가! 온갖 중생은 원만하고 밝으며 영묘한 본각 진심을 인식하지 못하기 때문에 윤회 작용을 과보로 받고, 비록 무량겁을 지낼지라도 진정한 청정함[眞淨]을 얻지 못한다. 그 근본 원인은 모두 살생, 도둑질, 음행, 이 세 가지 업을 따라서 온갖 것을 조작(造作)[283]하기 때문이다. 이 세 가지를 돌이키면 살생, 도둑질, 음행이 없는 의식 경계가 생겨난다. 이 세 가지 업이 있는 악한 생각은 귀신 무리를 이루고, 이 세 가지 업이 없는 착한 생각은 천인 경계를 이룬다. 있기도 하고 없기도 하여 서로 교란하면 윤회하고 반복하는 성능을 일으킨다. 만약 선정과 지혜의 묘각(妙覺)의 성경(性境)을 발생시켜 얻을 수 있다면, 묘하고 원만하며 항상하고 적연한[妙圓常寂] 성인의 경계에 항상 머무를 수 있다. 이 경지에 이르면 유(有)와 무(無) 두 가지가 다 존재하지 않으며, 그 존재하지 않는다함도 적멸로 돌아간다. 살생하지 않고 도둑질하지 않고 음행하지 않는 착한 경계조차도 없는데 어떻게 살생, 도둑질, 음행의 악한 생각을 따라서 일을 행할 수 있겠는가? 여러분은 알아야한다, 이 세 가지 업의 근본을 끊을 수 없다면 온갖 중생과 사람마다 반드시 저마다 이기적인 마음이 존재한다. 각자 이기적인 마음이 있기 때문에 또 대중의 이기적인 마음이 모아져 하나의 공동의 대아(大我)의 사심(私心)이 이루어진다. 대아의 이기적인 마음과 개인의 이기심은 자연히 인위적인 일정한 한계가 있게 되어 인생의 갖가지 다른 의식 경계를 형성한다. 그러므로 천당이나 지옥은 실재로 그 고정된 처소가 있음을 이해할 수 있다. 그러나 여전히 자기 마음의 망념 업력에 근원을 두고 형성되었다.

그런데 망념의 발생은 처음부터 원인이 없이 스스로 일어났기 때

---

283 만들어 이루다. 완성시키는 것. 만들어진 것.(역주)

문에 사실상 캐어 들어가 보아도 찾을 수가 없다(망념이 공함을 똑바로 살펴본다면 그 즉시 얼음 녹듯이 풀릴 수 있다). 그러므로 너는 노력 수행하여 무상정각(無上正覺)의 보리를 증득하고자 한다면, 반드시 먼저 이 세 가지 업의 미혹을 먼저 끊어 없애야 한다. 만약 이 세 가지 미혹을 끊지 못한다면 설사 신통을 얻더라도 모두 세간의 유위(有爲)의 수행공력 효과[功用]가 된다. 습기를 다 없애지 못했다면 마침내 마도(魔道) 가운데 떨어진다. 비록 망상을 없애고 싶어도 오히려 거짓이 배로 더해지리니, 내가 말하기를 가장 가련하다고 한다. 너는 알아야 한다, 업력 망념은 모두 자기 마음이 조성한 것임을 깨닫지 못했기 때문이지 자성 보리에 그 필연적인 잘못이 있는 것이 아니다.

이와 같이 설하는 것은 바른 말[正說]이요, 만약 이와 다르게 설한다면 마왕의 설[魔王說]이다.

| 역자보충 6 |

남회근 선생이 그 요점만 번역하고 나머지 번역은 생략한 (제8권 중의 '即從座起, 頂禮佛足, 合掌恭敬而白佛言。大威德世尊。慈音無遮。善開衆生微細沈惑。令我今日身心快然, 得大饒益。'부터 제9권 중의 '汝勗修行, 欲得菩提, 要除三惑。不盡三惑, 縱得神通, 皆是世間有爲功用。習氣不滅, 落於魔道。雖欲除妄, 倍加虛僞。如來說爲可哀憐者。汝妄自造。非菩提咎。作是說者, 名爲正說。若他說者, 即魔王說。'까지의) 경문을 역자가 2013년 11월부터 2개월여 동안 한글 번역하여 '생과 사 그 비밀을 말한다' 부록으로 실었던 것을 그대로 전재합니다. 그 내용이 난해하므로 여러 주해본을 참고하여 의역(意譯) 위주로 번역하였습니다. 보다 깊이 이해하기 위해서는, 남회근 선생의 저작 '불교수행법강의' 중 제9강, 부록 도표 1. 3계천인표(三界天人表), 도표 2. 견사혹(見思惑)과 3계(三界) 구지(九地) 단혹증진(斷惑證眞)의 관계, 그리고 기세경(起世經)과 지장경(地藏經), 오형근 저 '불교의 영혼과 윤회관' 등도 함께 읽고 연구하기를 권합니다.

왜 지옥과 천인 등 일곱 갈래의 중생세계가 있습니까

이때에 아난이 곧 자리에서 일어나서 오체투지로 부처님의 발에 이마를 대어 절하고는 합장한 채 공경하게 부처님께 물었다. "크나큰 위덕을 갖추신 세존이시여! 자비한 음성으로 가르침을 누구에게나 제한 없이 평등하게 베푸시며, 중생의 미세하면서 깊이 잠겨 있는 알기 어렵고 살펴보기 어려운, 무시이래로 지녀 온 무명혹(無明惑)을 근기에 꼭 알맞은 교묘한 방편으로 열어 보여서 없애게 함으로써, 저희들로 하여금 오늘 진심(眞心)이 드러나게 하여 몸과 마음이 상쾌 안온하고 큰 이익을 얻도록 하여 주셨습니다.

세존이시여! 만약 이 영묘(靈妙)하고 밝고 진실하고 청정하고 미묘한 여래장심(如來藏心)이 본래 두루 원만하다면, 지수화풍(地水火風) 4대(四大)와 색수상행식(色受想行識) 5온 그리고 6근(六根)·6진(六塵)·6식(六識)과 허공, 심지어 대지와 초목과 꿈틀거리는 중생들까지도 저마다 그와 같아서 본래에 하나의 진여자성(眞如自性)을 갖추고 있을 것입니다. 이 진여자성은 곧 시방세계의 여래들이 성불한 진실한 본체입니다. 중생이 갖추고 있는 진여자성이 바로 부처님의 본체로서 완전히 진실한 바에야 어찌하여 그 가운데 다시 지옥·아귀·축생·인간·신선·아수라·천인 등의 일곱 갈래의 중생세계가 있는 것입니까?[284]

본래 있는 것입니까 허망한 습기로 생겨난 것입니까

---

284 이 번역문에 나오는, 진심(眞心)·여래장심(如來藏心)·진여자성(眞如自性)·진실한 본체·중생의 본성·청정한 보리 불성·자성정각(自性正覺)·정지정각(正知正覺)·상주진심(常住眞心)·본래 고요히 항상 있는 심성(心性)·여래정각(如來正覺)·궁극적인 열반·불생불멸의 진정한 부동지(不動地)·능엄대정(楞嚴大定)·본래 미묘한 각성(覺性)·여래장·진여본성·청정한 마음·무상의 보리·진성(眞性) 등의 용어는 절대적 최고 진리를 가리킨다. '자성' 각주를 참조하기 바람(역주)

세존이시여! 이러한 일곱 갈래의 중생세계는 진여자성 가운데 본래 자연히 있는 것입니까? 아니면 중생 마음속의 망상 습기(習氣)로 말미암아 생겨난 것입니까?

세존이시여! 보련향(寶蓮香) 비구니는 보살계를 받아 지녔으나 남몰래 음행을 저지르고도 망언하여 계율을 비방하기를, '음행은 살생도 아니요 도둑질도 아니어서 업보가 없다'고 했습니다. 이 말을 하고나자 먼저 여인의 음근(淫根)에서 맹렬한 불길이 일어나고, 이어서 사지(四肢)의 마디마다 맹렬한 불길이 타올라 죽어 무간지옥에 떨어졌습니다.

또 유리대왕(瑠璃大王)과 선성비구(善星比丘)의 경우, 유리대왕은 어린 태자 시절 석가족 사람들에게 하녀의 자식이라고 모욕을 당했다고 커서 왕위를 계승하자 군대를 이끌고 석가족을 공격하여 모조리 죽였습니다. 선성비구는 망언하기를, 일체만법은 단멸공(斷滅空)이어서 부처도 없고 열반도 없으며 인과응보도 없다 했습니다. 그래서 그 두 사람은 몸이 산 채로 모두 무간지옥에 빠졌습니다.

그렇다면 이러한 모든 지옥들이 따로 정해진 장소가 있고, 중생들이 지은 업이 각자 다르지만 모두 그곳으로 돌아가 함께 과보를 받는 것입니까? 아니면 본래 지옥이 없는데 악업이 자연히 과보를 불러서 중생들이 각자 업을 일으키고 각자 그 과보를 받는 것입니까?

부디 대자대비를 베풀어 어린애처럼 무지몽매한 저희들을 정지정견(正知正見)으로 깨우쳐 주시고, 계율을 지키는 모든 중생들로 하여금 결정된 이치를 듣고서 기뻐하고 머리위에 받들고, 신중하고 순결히 하여 범함이 없게 하소서!"

중생세계는 진여자성에서 최초에 한 생각 망상심이 움직여 무명과 허망한 지견과 습기가 차례로 생겨나서 있게 되었다

부처님이 아난에게 말씀하셨다. "너는 잘 물었다! 너의 이 질문은 중생들로 하여금 이와 같은 가르침을 듣고 사악한 견해에 빠지지 않게 할 것이다. 너는 이제 자세히 들어라. 그대들을 위하여 설하리라.

아난아! 일체 중생의 본성은 실제는 본래 진실하고 청정하건만 최초에 한 생각 망상심이 움직여 무명(無明)이 생겨나고, 무명으로 인하여 허망한 지견(知見)을 이루며, 허망한 지견으로 말미암아 허망한 습기가 생겨나고, 이 무명 종자습기(種子習氣)를 원인으로 하여 일곱 갈래의 중생세계의 허망이 있게 되었다. 이 때문에 허망한 습기는 저 본래 청정한 진심을 오염시키며 내분(內分)과 외분(外分)으로 나누어지느니라.

중생의 내분 습기인 허망한 감정

아난아! 내분(內分)의 습기란 중생이 자신의 신분 안에서, 안이비설신의(眼耳鼻舌身意) 6근으로부터 생기는 여러 가지 욕망에 대한 애착으로 말미암아 기쁨·분노·슬픔·즐거움·사랑·증오 등의 허망한 감정을 일으키는 것이니, 이러한 허망한 감정을 쉬지 않고 쌓아 가면 애욕의 물[愛水]이 생겨날 수 있다. 그러므로 중생들이 마음으로 좋은 음식을 생각하면 입속에서 침이 생기고, 이미 세상을 떠난 사람을 마음으로 기억하여 가엾게 여기거나 원망하면 눈에 눈물이 고인다. 또 재물과 보배를 탐내어 구하고 싶어 하면 마음에서 애욕의 침이 생겨서 온몸이 윤기가 나고, 마음에서 음욕의 일을 집착하면 남녀의 성기에서 저절로 액체가 흘러나온다.

아난아! 이러한 갖가지 허망한 감정들은 비록 서로 차별이 있지만 밖으로는 체액이 흐르고 안으로는 맺혀서 간직되는 점이 공통적인 특징이며, 애욕의 물은 축축한 성질의 것이므로 상승하지 못하고 물의 성질을 따라서 자연히 아래로 떨어지는 것이니, 이를 일러 내분의 습기라고 하느니라.

중생의 외분 습기인 청허한 상념

아난아! 외분(外分)의 습기란 중생이 자신의 신분 밖의 아름답고 미묘한 이상(理想)의 경지인 천리(天理)·도덕·성현(聖賢) 등에 대하여 생각하는 일이니, 이러한 이상의 경지에 대하여 목마르듯 생각하고 우러르기 때문에 청허(淸虛)한 상념(想念)을 일으키고, 이러한 상념을 쉬지 않고 쌓아 가면 수승(殊勝)한 기(氣)를 생겨나게 할 수 있다.

그러므로 중생이 마음속에 청정한 계율을 엄격하게 지키면 온몸이 가볍고 맑아지며, 마음속에 신앙이 굳건하여 어느 형이상(形而上)의 일존(一尊)이나 주문(呪文)이나 수인(手印)을 전일하게 신앙하면 스스로 긍지를 느끼고 의지가 굳세고 태도가 꿋꿋하여 출중한 기개(氣槪)가 있을 수 있으며, 마음속에서 천인세계에 태어나고 싶다면 꿈속에서 자기가 날아올라 상승함을 느낄 수 있으며, 마음속에 불국토를 항상 생각하면 성스러운 경계가 갑자기 나타날 수 있으며, 일심으로 선지식을 받들어 섬기면 스스로 자기의 목숨을 가볍게 여길 수 있다.

아난아! 이러한 갖가지 청허한 상념들이 비록 차별이 있지만 가볍고 맑으면서 상승하는 점은 공통적인 특징이며, 날아 움직이는 성질의 것은 가라앉지 않으므로 무겁고 탁한 경계를 자연히 초월하나니, 이것을 외분의 습기라고 하느니라.

중생의 생사윤회는 각자의 습기에 따른다

아난아! 일체 세간의 중생들은 태어나고 죽기를 반복하면서 끊임없이 이어져 가는데, 각자의 습기를 따라 태어나서 선악의 업을 짓고 업력의 변화에 따라 죽어서 일곱 갈래의 세계에 윤회 유전한다. 중생이 임종할 때 6식인 안식(眼識)·이식(耳識)·비식(鼻識)·설식(舌識)·신식(身識)·의식(意識)은 이미 작용하지 않고 제8식인 아뢰야식(阿賴耶識)이 아직 몸을 완전히 떠나지 않아 따뜻한 감촉이 남아 있는 동안, 일생동안 지은 선악의 업들이 그의 신식(神識)[285] 가운데서 한 장면씩 빠르게 나타나면서 지나가는데, 죽음은 거역하여 피하고자 하고 태어남은 순종하여 바라고자 하는 이 두 가지 습기가 서로 동시에 나타나느니라.

허망한 감정과 청허한 상념의 경중에 따라
일곱 갈래의 중생세계에 태어난다

일생동안 누적된 심리의 비중(比重)이, 순전히 청허한 상념뿐이었던 사람이라면 곧 신식이 날아올라 틀림없이 천인세계에 태어난다. 만약 그렇게 날아오르는 마음에 보시 등의 복덕과 반야 지혜를 함께 가지고 있고 4홍서원(四弘誓願)이나 정토왕생원 등 청정한 원력까지 더하였다면, 이때에 저절로 마음이 열리어 시방세계의 부처님들의 모든 정토들을 보고 원력에 따라 왕생하느니라.

일생동안 누적된 심리의 비중이, 허망한 감정이 적고 청허한 상념이 많았던 사람이라면 가볍고 맑아 상승할지라도 높고 멀지는 않다. 그래서 허망한 감정이 1할이고 청허한 상념이 9할이었다면 날아다니는 신선[飛仙]의 부류가 되고, 허망한 감정이 2할이고 청허한 상념이 8할이었다면 높은 산의 신이나 염라대왕 같은 대력귀왕(大力鬼王)의 부류가 되고, 허망한 감정이 3할이고 청허한 상념이 7할이었다면 날아다니는 야차[飛行夜叉]의 부류가 되고, 허망한 감정이 4할이고 청허한 상념이 6할이었다면 산신이나 들귀신 등과 같은 땅을 걸어 다니는 나찰[地行羅刹]의 부류가 되는데, 이들은 4천왕천(四天王天)에서 유행(遊行)하면서 오고감이 자유로워 걸림이 없느니라.

이들 가운데 어떤 사람이 착한 마음과 착한 발원이 있어 여래의 정법을 보호하였거나, 여래의 계율을 보호하면서 계율을 지닌 사람을 따라다니며 보호하였거나, 신주를 보호하면서 신주를 지닌 사람을 따라다니며 보호하였거나, 선정을 닦는 사람을 보호하여 그로 하여금 몸과 마음이 안정되어 무생법인(無生法忍)을 이루게 하였다면, 이런 중생들은

---

285 살아있는 것에 갖추어져 있는 심식(心識). 영묘하고 불가사의한 마음작용. 혼. 영혼.(역주)

불법승 3보의 호법신인 천룡팔부(天龍八部)의 부류가 되어 항상 여래의 자리 아래에 가까이 머무느니라.

일생동안 누적된 심리의 비중이, 허망한 감정과 청허한 상념이 각각 5할로서 균등했던 사람이라면 상승하지도 않고 추락하지도 않아 인간세계에 태어날 것이다. 그리하여 사유(思惟)로 사리(事理)에 밝은 자는 총명한 사람이 되고, 감정으로 사리에 어두운 자는 우둔한 사람이 되느니라.

일생동안 누적된 심리의 비중이, 허망한 감정이 6할 정도이고 청허한 상념이 4할 정도였던 사람이라면 축생세계에 흘러 들어가되, 감정이 비교적 무거운 자는 털 뒤집어 쓴 들짐승의 부류가 되고 감정이 비교적 가벼운 자는 날짐승의 부류가 되느니라.

일생동안 누적된 심리의 비중이, 허망한 감정이 7할이고 청허한 상념이 3할이었던 사람이라면 수륜(水輪)의 아래로 가라앉아 화륜(火輪)의 가장자리에서 태어나는데, 맹렬한 불 기운을 받아 몸이 아귀가 되어 항상 불에 타고, 물을 보고 마시고자 하면 불로 변하여 몸을 해칠 수 있으므로 먹지도 마시지도 못하면서 백천 겁(劫)을 지내느니라.

일생동안 누적된 심리의 비중이, 허망한 감정이 9할이고 청허한 상념이 1할이었던 사람이라면 밑으로 화륜을 뚫고 내려가 몸이 풍륜(風輪)과 화륜이 서로 만나는 곳에 들어가되, 죄가 가벼운 자는 유간(有間)지옥에 태어나고 죄가 무거운 자는 무간(無間)지옥에 태어나느니라.

일생동안 누적된 심리의 비중이, 순전히 허망한 감정뿐이었던 사람이라면 곧 아비(阿鼻)지옥으로 들어간다. 만약 오해하여 언짢게 여기는 마음에서 대승을 비방했거나, 부처님의 계율을 헐뜯었거나, 기만과 거짓으로 불법을 연설하였거나, 헛되이 남의 보시를 탐하였거나, 타인의 공경을 함부로 받았거나, 심지어는 5역죄나 10중 금계를 범했다면, 한 무간지옥에서 형벌의 고통을 다 받고 난 다음 다시 시방세계 각처의 아비지옥에 번갈아 태어나 형벌의 고통을 계속 받느니라.

이러한 지옥 과보들은 각자가 지은 악업에 따라 부른 괴로운 과보로서 비록 자기의 업이 스스로 부른 것이지만, 중생들의 공동의 업으로 이루어진 과보의 지옥 속에서도 여전히 각자의 업으로 이루어진 일정한 처소가 있느니라.

1. 욕계

(1) 지옥세계

지옥에 태어나는 원인 그 열 가지 악습

아난아! 이러한 지옥 과보들은 모두 저 중생들 스스로가 지은 악업이 부른 것인데, 열 가지 악습으로 업인(業因)[286]을 지었기 때문에 안이 비설신의 6근이 서로 과보를 받느니라.

무엇이 열 가지 악습(惡習)[287]으로 지은 업인인가? 아난아!

첫째는 음욕을 행하는 악습으로 남녀가 서로 교접하여서 마찰 접촉함을 일으키는 것이다. 이렇게 마찰 접촉하기를 반복하여 멈추지 않는 까닭에 업을 지을 때 벌써 크고 사나운 불빛이 발동하는 지옥 현상이 자기 마음속에 나타나 잠재하게 되는 것이다. 이는 마치 사람이 두 손바닥을 서로 비비면 따뜻한 현상이 자연히 발생하는 것과 같다. 과거생의 이 악습 종자[종습種習]와 현재생의 이 악습 행위[현습現習], 이 두 가지 악습이 서로 타오르기 때문에 죽은 뒤 지옥에서 뜨거운 쇠 평상과 구리 기둥으로 형벌을 받는 괴로운 일이 있다. 그래서 시방세계의 모든 여래들께서 음욕을 행함에 대하여 이구동성으로 '음욕의 불'이라고 하였으며, 보살은 음욕에 대하여 마치 불구덩이처럼 보고 멀리 피하느니

---

286 괴롭거나 즐거운 과보의 원인이 되는 선악 행위.(역주)

287 나쁜 잠재력.(역주)

라.

　둘째는 탐욕을 부리는 악습으로 서로 이해타산(利害打算) 하여서 빨아들임을 일으키는 것이다. 이렇게 빨아들이기를 반복하여 멈추지 않는 까닭에 업을 지을 때 벌써 추위가 쌓여 얼음으로 굳어져 매섭게 추운 지옥 현상이 자기 마음속에 나타나 잠재하게 되는 것이다. 이는 마치 사람이 입으로 바람 기운을 흡입 수축하면 입안에 차가운 감촉이 일어나는 것과 같다. 과거생의 이 악습 종자와 현재생의 이 악습 행위, 이 두 가지 악습이 서로 갈수록 심해지기 때문에 죽은 뒤 지옥에서 살을 에는 추위에 덜덜 떨며 신음소리를 내거나 빙판에서 피부가 얼어 터져 청련(靑蓮)·홍련(紅蓮)·백련(白蓮) 색 등이 되는 형벌을 받는 괴로운 일이 있다. 그래서 시방세계의 모든 여래들께서 구함이 많음에 대하여 이구동성으로 '탐욕의 물'이라고 하였으며 보살은 탐욕에 대하여 마치 악성 전염병처럼 보고 멀리 피하느니라.

　셋째는 오만을 부리는 악습으로 서로 업신여겨서 자기의 재물·세력·명예·학문·지혜·용기·재능·미모 등을 믿고 잘난 체 함을 일으키는 것이다. 이렇게 오만의 마음이 내달려 위로 흐르기를 반복하여 멈추지 않는 까닭에 업을 지을 때 벌써 세차게 내달리는 파도가 있고 파도가 쌓여 물이 되는 지옥 현상이 자기 마음속에 나타나 잠재하게 되는 것이다. 이는 마치 사람이 입속의 혀를 입안의 상악(上顎)에 대고 스스로 면밀히 맛보면 그 때문에 침이 발생하는 것과 같다. 과거생의 이 악습 종자와 현재생의 이 악습 행위, 이 두 가지 악습이 서로 부추기기 때문에 죽은 뒤 지옥에서 핏물 강·잿물 강·뜨거운 모래·독물 바다·녹인 구리물을 입으로 쏟아 넣어 삼키게 하는 형벌을 받는 괴로운 일이 있다. 그래서 시방세계의 모든 여래들께서 아만(我慢)에 대하여 이구동성으로 '마시면 치매에 걸리는 독극물'이라고 하였으며, 보살은 아만에 대하여 마치 거대한 바다에 빠질 것처럼 보고 멀리 피하느니라.

넷째는 성내는 악습으로 서로 충돌하여서 거슬려함을 일으키는 것이다. 이렇게 거슬려하고 한(恨) 맺히기를 반복하여 멈추지 않으면 마음에 열이 나 성냄의 불이 나고 그 노기를 녹여 쇠 병기를 만드는 까닭에 업을 지을 때 벌써 칼산 · 쇠몽둥이 · 칼 나무 · 칼 바퀴 · 도끼 · 작두 · 창 · 톱 등의 지옥 현상이 자기 마음속에 나타나 잠재하게 되는 것이다. 이는 마치 사람이 마음에 원한을 품으면 얼굴에 살기(殺氣)가 등등하면서 격해지는 것과 같다. 과거생의 이 악습 종자와 현재생의 이 악습 행위, 이 두 가지 악습이 서로 공격하기 때문에 죽은 뒤 지옥에서 성기를 자르고, 목을 베고, 몸을 꺾고, 송곳으로 찌르고, 몽둥이로 등을 매질하고, 곤장으로 볼기를 치는 등의 형벌을 받는 괴로운 일이 있다. 그래서 시방세계의 모든 여래들께서 성냄에 대하여 이구동성으로 '예리한 칼'이라고 하였으며, 보살은 성냄에 대하여 마치 천벌을 받을 것처럼 보고 멀리 피하느니라.

다섯째는 아첨 간사한 악습으로 서로 속여 꾀여서 바보 취급함을 일으키는 것이다. 이렇게 속여 꾀이기를 반복하여 멈추지 않는 까닭에 업을 지을 때 벌써 올가미로 목을 조이거나 목에 칼을 씌우는 등의 지옥 현상이 자기 마음속에 나타나 잠재하게 되는 것이다. 이는 마치 물로 농토를 축축하게 적시면 풀과 나무가 나서 자라는 것과 같다. 과거생의 이 악습 종자와 현재생의 이 악습 행위, 이 두 가지 악습이 서로 뻗어나가기 때문에 죽은 뒤 지옥에서 쇠고랑 · 수갑 · 항쇄 · 족쇄 · 채찍 · 곤장 · 회초리 · 몽둥이 등으로 형벌을 받는 괴로운 일이 있다. 그래서 시방세계의 모든 여래들께서 간사한 거짓에 대하여 이구동성으로 '속이는 도적'이라고 하였으며 보살은 간사함에 대하여 마치 승냥이나 이리를 두려워하는 것처럼 보고 멀리 피하느니라.

여섯째는 거짓으로 속여 미혹시키는 악습으로 서로 기만하여서 무함(誣陷)하여 뭐가 진실인지 모르게 함을 일으킨다. 이렇게 있는 사실을 없다 하거나 없는 사실을 있다고 무함하기를 반복하여 멈추지 않고 마음을 움직여 간사한 꾀를 날조하는 까닭에 업을 지을 때 벌써 먼지·흙·똥·오줌 따위의 더럽고 부정한 지옥 현상이 자기 마음속에 나타나 잠재하게 되는 것이다. 이는 마치 먼지가 큰 바람에 날려 허공에 가득하면 먼지에 가려져 아무 것도 보이지 않는 것과 같다. 과거생의 이 악습 종자와 현재생의 이 악습 행위, 이 두 가지 악습이 서로 더해지기 때문에 죽은 뒤 지옥에서 끓는 똥물에 빠지거나, 검은 모래바람 속으로 날아올랐다 추락하거나, 끓는 액체에 떴다 가라앉았다 하는 등의 형벌을 받는 괴로운 일이 있다. 그래서 시방세계의 모든 여래들께서 거짓으로 속임에 대하여 이구동성으로 '재물을 약탈하고 목숨을 죽임'이라고 하였으며, 보살은 거짓으로 속임에 대하여 마치 독사를 밟는 것처럼 보고 멀리 피하느니라.

일곱째는 원한을 품는 악습으로 서로 증오하여서 마음에 원한 품음을 일으키는 것이다. 그런 까닭에 업을 지을 때 벌써 돌멩이를 던져 날리거나, 바위를 던지거나, 뒤주에 가두거나, 죄인을 호송하는 수레에 싣거나, 독 속에 담그거나, 자루에 넣어 매를 치는 지옥 현상이 자기 마음속에 나타나 잠재하게 되는 것이다. 이는 마치 음험 악독한 사람이 가슴에 악한 생각을 품고 쌓아두는 것과 같다. 과거생의 이 악습 종자와 현재생의 이 악습 행위, 이 두 가지 악습으로 서로 원한을 품고 갈수록 깊어지기 때문에 죽은 뒤 지옥에서 돌멩이나 바위를 던져 그 머리를 치고 그 몸을 쏘거나, 묶어서 뒤주나 수레나 자루 등에 잡아넣어 던져 죽게 하거나 몸을 꺾어 넣는 등의 형벌을 받는 괴로운 일이 있다. 그래서 시방세계의 모든 여래는 원한을 품은 자에 대하여 이구동성으로 '해치려는 마음을 가진 귀신'이라고 하였으며, 보살은 원한 품음에 대하여 마치 짐독주(鴆毒酒)를 마시는 것처럼 보고 멀리 피하느니라.

여덟째는 악견(惡見)에 집착하는 악습으로 서로 자기의 견해를 표명하여, 살가야견(薩迦耶見)·변견(邊見)·사견(邪見)·견취견(見取見)·계금취견(戒禁取見)의 사악한 견해와 사악한 깨달음으로 짓는 갖가지 죄업들이 있어서, 진리를 위배하며 정확한 견해를 받아들이기를 거부하면서 진리와는 반대되는 견해와 행위를 일으키는 것이다. 그런 까닭에 업을 지을 때 벌써 염라대왕의 사자(使者)와 지옥의 주관 관리가 손에 붓과 기록 장부를 들고서 시비정사(是非正邪)를 판단 증명하는 지옥 현상이 자기 마음속에 나타나 잠재하게 되는 것이다. 이는 마치 길을 가는 사람들이 오고 가면서 서로 마주 볼 수밖에 없는 것과 같다. 과거생의 이 악습 종자와 현재생의 이 악습 행위, 이 두 가지 악습이 서로 어울려 일어나기 때문에 죽은 뒤 지옥에서 심문하고, 고문하고, 조사하고, 수색하고, 들추어내고, 증거를 대고, 선악동자(善惡童子)가 손에 기록장부를 들고 시비사정(是非邪正)을 변론하는 일이 있다. 그래서 시방 세계의 모든 여래는 사악한 견해에 대하여 이구동성으로 '사악한 견해의 구렁텅이'라고 하였으며, 보살은 갖가지 허망하고 치우친 집착에 대하여 마치 독이 있는 구렁텅이를 내려다보는 것처럼 보고 멀리 피하느니라.[288]

288 악견(惡見): 6근본번뇌(탐욕·성냄·어리석음·교만·의심·잘못된 견해)의 하나로서, 제법(諸法)의 진상에 대하여 잘못된 견해를 일으키는 것이다. 여기에는 다음의 5종류가 있다.(역주)

① 살가야견(薩迦耶見: 신견身見)이란 색수상행식 5온에 대한 것으로, 이것은 아(自我: 나), 아소(我所: 나의 소유)라고 잘못 생각하는 견해이다. 자기와 자기의 소유물이 있다고 생각하는 견해, 자신을 아(我)로 간주하는 견해, 몸속에 실체로서의 자아가 있다고 생각하는 잘못된 견해, 영원히 변하지 않는 주체가 있다고 생각하는 견해이다.

② 변견(邊見)이란 세간의 모든 것은 상주(常住) 불변한다는 상견(常見), 끊어지면 소멸한다는 단견(斷見), 끝이 있다는 유변견(有邊見), 끝이 없다는 무변견(無邊見), 육체와 영혼은 동일하다는 동견(同見), 별개인 탓으로 다르다는 이견(異見), 여래는 사후에도 존재한다는 유견(有見), 존재하지 않는다는 무견(無見) 등의 양극단적인 생각으로 괴로움·즐거움 등의 극과 극으로만 보는 것이 그것이다.

아홉째는 억울하게 하는 악습으로 서로 가해(加害)하여서 무고 비방함을 일으키는 것이다. 그런 까닭에 업을 지을 때 벌써 몸을 두 개의 산이 합쳐져 누르거나, 두 개의 바윗덩이가 합하여 끼우거나, 연자와 맷돌로 갈고 부수는 등의 지옥 현상이 자기 마음속에 나타나 잠재하게 되는 것이다. 이는 마치 남을 헐뜯어 해치는 사람이 선량한 사람을 핍박하여 억울하게 하는 것과 같다. 과거생의 이 악습 종자와 현재생의 이 악습 행위, 이 두 가지 악습이 선량한 사람을 서로 배척하기 때문에 죽은 뒤 지옥에서 누르고, 비틀고, 때리고, 뭉개고, 몸을 오그려 뜨려 자루에 집어넣고는 눌러 쥐어짜 피를 거르고, 저울대에 그 몸을 걸어 무게를 재거나 자로 길이를 재는 등의 형벌을 받는 괴로운 일이 있다. 그래서 시방세계의 모든 여래가 억울한 비방에 대하여 이구동성으로 '헐뜯는 호랑이'라고 하였으며, 보살은 억울하게 함에 대하여 마치 벼락을 만난 것처럼 보고 멀리 피하느니라.

열째는 소송하는 악습으로 서로 번잡하게 하소연하여서 자기의 잘

---

③ 사견(邪見)이란 넓은 의미로는 인과응보의 도리를 부정하는 옳지 못한 견해이다. 여기서 10사(事)의 사견은, 보시도 헌공(獻供)도 제사도 필요 없으며, 선악업의 과보도 받지 않으며, 현세도 내세도 어머니도 아버지도 화생(化生)하는 중생도 없고, 수행하여 과위를 증득하는 종교도 없다고 하는 것이다. 요컨대 사견이란 선악의 업보나 3세인과도 인정하지 않는 잘못된 견해이다. 이것은 인과나 연기론을 말하는 부처님의 교법도 인정하지 않고, 수행에 의해서 깨달음을 여는 부처님이나 승보도 인정하지 않는 생각인 것이다.

④ 견취견(見取見)이란 옳지 못한 주관적인 견해를 절대적 진리라고 믿으며 다른 사람의 주장은 잘못된 것이라고 매도하는 행위이다. 오늘날 배타적인 사상이나 종교가 이에 해당한다고 볼 수 있다.

⑤ 계금취견(戒禁取見)이란 외도들이 해탈이나 천인으로 태어나기를 바라며 맹세하고 지키는 구계(狗戒)나 상계(象戒)나 고행 등인데, 그로 말미암아서는 결코 해탈이나 천인으로 태어날 수 없는 잘못된 견해를 말한다. 도가 아닌 것을 도로 여기는 비도계도(非道計道)의 계금취견과, 원인이 아닌 것을 원인으로 여기는 비인계인(非因計因)의 계금취견 두 가지로 나눈다.

못을 덮어 감춤을 일으키는 것이다. 그런 까닭에 업을 지을 때 벌써 재판관이 업경(業鏡)과 화주(火珠)로 밝게 비추어 보는 지옥 현상이 자기 마음속에 나타나 잠재하게 되는 것이다. 이는 마치 햇빛 속에서 그림자를 숨길 수 없는 것과 같다. 과거생의 이 악습 종자와 현재생의 이 악습 행위, 이 두 가지 악습이 서로 호소하기 때문에 죽은 뒤 지옥에서 나쁜 벗과 죄업을 드러내는 거울인 업경과 마음속의 생각을 비추어 아는 불구슬인 화주로 묵은 업보를 파헤치고 대질해서 검사하는 등의 형벌을 받는 괴로운 일이 있다. 그래서 시방의 모든 여래들께서 덮어 감춤에 대하여 이구동성으로 '드러나지 않는 도적'이라고 하였으며, 보살은 덮어 감춤에 대하여 마치 높은 산을 머리에 이고 거대한 바다를 발로 밟는 것처럼 보고 멀리 피하느니라.

여섯 가지 과보

무엇을 여섯 가지 과보라 하는가? 아난아! 온갖 중생들이 6식으로 악업을 지어 부른 악한 과보가 모두 6근을 통해서 나타나는 것이다.
무엇이 악한 과보가 6근을 통해서 나타난 것인가?

첫째는 안식이 보기를 탐하여 지은 악업의 과보[見報]이니, (눈으로 꽃처럼 아름다운 얼굴을 보기를 탐하였다면, 그에 따라서 귀로는 애교부리는 소리와 사랑의 속삭임을 듣고, 코로는 풍겨 나오는 향기를 맡고, 혀로는 달콤한 밀어를 재잘거리며, 몸으로는 고운 피부를 감촉하고, 의식으로는 미인을 생각하는 업을 지었기에) 안근이 주범(主犯)으로서의 그 악한 과보를 받고 나머지 5근이 종범(從犯)으로서의 과보를 받는다.[289] 보기를 탐하여 지은 이 악업이 나머지 5근의 식(識)이 지은 악업과 서로 작용하기 때문에 임종할 때 먼저 맹렬한 불길이 시방세계에 가득함을 보고, 망자의 신식

---

289 이하 나머지 5식의 주범과 종범으로서의 업 지음에 대해서는 미루어 생각하여보기 바랍니다.(역주)

이 그 연기와 불 속으로 날아가 떨어져 그 연기와 불을 타고서 곧바로 무간지옥에 들어간다. 지옥에 들어간 뒤에는 두 가지 현상이 나타난다.

첫째는 밝게 보임이니, 불 뱀·불 개, 소 머리·말 얼굴 등 갖가지 흉악한 것들을 두루 볼 수 있어 무시무시한 두려움이 한량없이 일어나는 것이다. 둘째는 어둡게 보임이니, 온 천지가 어둡고 고요하면서 아무것도 보이지 않아 한량없는 공포가 일어나 어찌 할 줄 모르는 것이다.

보기를 탐하여 지은 악업의 과보인 이와 같은 맹렬한 불길이, 안근 자체를 불태우면 쇠 평상과 구리 기둥으로 변할 수 있으며, 이근을 불태우면 확탕(鑊湯)과 양동(洋銅)으로 변할 수 있으며, 비근을 불태우면 검은 연기와 붉은 불꽃으로 변할 수 있으며, 설근을 불태우면 뜨거운 철환과 쇳물 죽으로 변할 수 있으며, 신근을 불태우면 뜨거운 재와 용광로의 숯불로 변할 수 있으며, 의근을 불태우면 별똥 불로 변하여 두루 흩뿌려지면서 바람에 날려 허공에 가득할 수 있느니라.

둘째는 이식이 듣기를 탐하여 지은 악업의 과보[聞報]이니, 이근이 주범으로서의 그 악한 과보를 받고 나머지 5근이 종범으로서의 과보를 받는다. 듣기를 탐하여 지은 이 악업이 나머지 5근의 식(識)이 지은 악업과 서로 작용하기 때문에 임종할 때 먼저 파도가 천지를 삼키는 것을 보게 되고, 망자(亡者)의 신식은 쏟아지는 파도 속에 떨어져 흐름을 타고 내려가 무간지옥에 떨어진다. 지옥에 들어간 뒤에는 두 가지 현상이 나타난다. 첫째는 귀가 열려 소리를 듣는 것이니, 갖가지 시끄러운 소리를 듣고 정신이 혼미하고 착란이 일어나는 것이다. 둘째는 귀가 닫혀 소리를 듣지 못하는 것이니, 사방이 고요하여 아무 소리도 들리지 않기 때문에 넋이 빠져버리는 것이다.

듣기를 탐하여 지은 악업의 과보인 이와 같은 파도가, 이근 자체에 쏟아져 들어가면 옥중에서 죄를 꾸짖고 따짐으로 변할 수 있으며, 안근에 쏟아져 들어가면 천둥이 치는 소리나 악독한 기운으로 변할 수 있으며, 비근에 쏟아져 들어가면 비와 안개로 변하여 갖가지 독충들이 온 몸에 두루 뿌려져 자기를 해칠 수 있으며, 설근에 쏟아져 들어가면 고름이나 피나 갖가지 더러운 것으로 변할 수 있으며, 신근에 쏟아져 들어가면 짐승이나 귀신이나 똥이나 오줌으로 변할 수 있으며, 의근에 쏟아져 들어가면 번개나 우박으로 변하여 마음과 넋을 부수느니라.

셋째는 비식이 냄새 맡기를 탐하여 지은 악업의 과보이니, 비근이 주범으로서의 그 악한 과보를 받고 나머지 5근이 종범으로서의 과보를 받는다. 냄새 맡기를 탐하여 지은 이 악업이 나머지 5근의 식(識)이 지은 악업과 서로 작용하기 때문에 임종할 때 먼저 독기(毒氣)가 멀고 가까운 곳곳에 두루 가득 차는 것을 보고, 망자의 신식은 대지로부터 솟아나와 무간지옥에 떨어진다. 지옥에 들어간 뒤에는 두 가지 현상이 나타난다. 첫째는 코가 통하여 냄새를 맡을 수 있는 것이니, 코가 악취의 기(氣)에 극도로 쐬어져 정신이 혼란스러운 것이다. 둘째는 코가 막혀서 호흡 냄새를 맡을 수 없는 것이니, 악취가 코를 꽉 막아 통하지 않아서 기절하여 땅에 넘어져 있는 것이다.

냄새 맡기를 탐하여 지은 악업의 과보인 이와 같은 독기가, 비근 자체에 부딪치면 잘못에 대해 대질 받거나 몸이 소나 말에 짓밟혀 숨이 막힘으로 변할 수 있으며, 안근에 부딪치면 작은 불이나 큰 불로 변할 수 있으며, 이근에 부딪치면 큰 물에 빠지거나 구리 즙을 입에 쏟아 넣거나 끓는 똥오줌 등에 빠짐으로 변할 수 있으며, 설근에 부딪치면 썩어문드러지고 쉰 음식으로 변할 수 있으며, 신근에 부딪치면 터지고 문드러져 큰 고기 산이 되어 백천 개의 눈구멍이 있고 헤아릴 수 없는 벌레들이 빨아 먹음으로 변할 수 있으며, 의근에 부딪치면 재가 날리거나, 장독(瘴毒)이 뿌려지거나, 모래가 날리거나, 자갈이 날림으로 변하여 몸을 쳐서 부술 수 있느니라.

넷째는 설식이 맛보기를 탐하여 지은 악업의 과보이니, 설근이 주범으로서의 그 악한 과보를 받고 나머지 5근이 종범으로서의 과보를 받는다. 맛보기를 탐하여 지은 이 악업이 나머지 5근의 식(識)이 지은 악업과 서로 작용하기 때문에 임종할 때 먼저 사나운 불길이 세차게 타는 쇠 그물이 세계를 두루 덮고 있는 것을 보며, 망자의 신식은 아래로 떨어져 쇠 그물을 뚫으면서 걸려 머리가 거꾸로 매달린 채 무간지옥에 들어간다. 지옥에 들어간 뒤에는 두 가지 현상이 나타난다. 첫째는 숨을 들이쉬는 것이니, 들이쉰 숨이 차가운 얼음으로 맺혀서 몸의 살이 얼어 터지는 것이다. 둘째는 숨을 토하는 것이니, 토한 숨이 사나운 불길로 날리면서 골수를 태워 문드러지게 하는 것이다.

맛보기를 탐하여 지은 악업의 이와 같은 과보가, 설근 자체를 지나가면 강대한 압력으로 변하여 그 고통스런 맛을 받아들이고 견딜 수밖에 없으며, 안근을 지나가면 뜨거운 쇠나 돌솥으로 변할 수 있으며, 이근을 지나가면 예리한 무기로 변할 수 있으며, 비근을 지나가면 거대한 쇠 바구니로 변하여 국토를 가득 덮을 수 있으며, 신근을 지나가면 작은 활과 화살이나 큰 활과 독화살로 변할 수 있으며, 의근을 지나가면 날리는 뜨거운 쇠 탄알로 변하여 공중에서 비 오듯 쏟아질 수 있느니라.

다섯째는 신식이 감촉하기를 탐하여 지은 악업의 과보이니, 신근이 주범으로서의 그 악한 과보를 받고 나머지 5근이 종범으로서의 과보를 받는다. 감촉하기를 탐하여 지은 이 악업이 나머지 5근의 식(識)이 지은 악업과 서로 작용하기 때문에 임종할 때 먼저 큰 산이 사면으로부터 자기를 향하여 합쳐져 도망할 길이 없음을 보며, 망자의 신식은 큰 철성 안에 불뱀·불개·호랑이·이리·사자가 있음을 보고 공포가 일어나 감히 들어가지 못하자 찰나사이에 우두옥졸(牛頭獄卒)과 마두나찰(馬頭羅刹)이 손에 긴 창을 들고서 자기를 성문으로 몰아넣어 무간지옥으로 향하게 한다. 지옥에 들어간 뒤에는 두 가지 현상이 나타난다. 첫째는 합쳐지는 감촉이니, 산이 합쳐지면서 몸을 핍박하여 뼈와 살과 피가 함께 무너지는 것이다. 둘째는 분리되는 감촉이니, 칼이 와서 몸에 닿아 파괴하고 심장과 간장 등 오장이 모두 도살되어 부서지고 찢어지는 것이다.

합쳐지는 감촉으로 지은 악업의 이와 같은 과보가, 신근 자체를 지나가면 지옥의 도로·궁(宮)이나 관청·옥안(獄案) 등 죄를 다루는 곳으로 변할 수 있으며, 안근을 지나가면 타고 뜨거운 감촉으로 변할 수 있으며, 이근을 지나가면 큰 돌이 와서 부딪치거나 곤장으로 치거나 칼에 살이 잘리거나 화살에 맞음으로 변할 수 있으며, 비근을 지나가면 숨을 쉬지 못하도록 몸을 천으로 둘둘 말아 고문하며 치거나 자루에 넣어 목을 묶는 것으로 변할 수 있으며, 설근을 지나가면 혀를 쟁기로 갈거나 혀를 뽑거나 찍거나 끊어버림으로 변할 수 있으며, 의근을 지나가면 추락하거나 날아가거나 삶거나 굽는 등으로 변할 수 있느니라.

여섯째는 의식이 사악한 생각을 하여 지은 악업의 과보이니, 의근이 주범으로서의 그 악한 과보를 받고 나머지 5근이 종범으로서의 과보를 받는다. 사악한 생각을 하여 지은 이 악업이 나머지 5근의 식(識)이 지은 악업과 서로 작용하기 때문에 임종할 때 먼저 악풍(惡風)이 불어 국토를 파괴하는 것을 보며, 망자의 신식은 그 악풍에 날려져 허공으로 올라갔다가 빙빙 돌면서 내려와 그 악풍을 타고 찰나사이에 무간지옥에 떨어진다. 지옥에 들어간 뒤에는 두 가지 현상이 나타난다. 첫째는 지각(知覺)하지 못하는 것이니, 극도로 갈피를 못 잡아 정신이 당황 혼란하여 쉬지 않고 내달리는 것이다. 둘째는 지각이 있는 것이니, 고통의 경계가 있음을 지각하기에 한량없이 몰아세우고 불태우는 고통을 깊이 느끼며 견디기 어려운 것이다.

사악한 생각을 하여 지은 악업의 과보인 이와 같은 악풍이, 의근 자체에 맺히면 죄를 받는 방향위치나 고통을 받는 처소로 변할 수 있으며, 안근에 맺히면 업을 비추는 밝은 거울이나 나쁜 친구가 나타나 죄인이 악을 숨기지 못하도록 증명함으로 변할 수 있으며, 이근에 맺히면 흘러가는 것은 대합석(大合石)이 되게 하고 찬 것은 얼음과 서리가 되게 하고 밝은 것은 흙이나 안개가 되게 하여 죄인을 형벌함으로 변할 수 있으며, 비근에 맺히면 큰 불 수레와 불 배와 불 함거로 변할 수 있으며, 설근에 맺히면 고통스러워 크게 울부짖고 후회하고 흐느끼도록 변할 수 있으며, 신근에 맺히면 모두 큰 몸이 되기도 하고 작은 몸이 되기도 하면서 하루 가운데 만 번 태어나고 만번 죽거나 엎치락뒤치락함이 일정하지 않는 모습으로 변할 수 있다.

아난아! 이상이 열 가지 악습으로 지은 지옥 업인과 여섯 가지 과보라고 하는 것이니, 모두가 중생들이 미망(迷妄)[290]으로 말미암아 지은 죄업의 응보들이다.

만약 중생들의 6근 모두가 열 가지 악습의 무거운 죄업을 어느 때나 다 지었다면, 즉시 아비지옥에 떨어져 한량없는 고통을 받으면서 한량없는 세월을 지낼 것이다.

만약 6근 가운데 어느 근이 주도적으로 무거운 죄업을 짓고 그 죄업이 부수적으로 다른 대상경계[境]와 근(根)을 이끌어 움직였다면 이 사람은 8무간지옥에 들어갈 것이다.

만약 몸과 입과 마음 이 세 가지로 살생·도둑질·음행의 세 가지의 업을 다 지었다면 이 사람은 18지옥에 들어갈 것이다.

만약 몸과 입과 마음 중 두 가지로 업을 지었으되, 그 가운데서 살생과 도둑질·도둑질과 음행·살생과 음행 등으로 두 가지 업만을 지었다면 이 사람은 36지옥에 들어갈 것이다.

6근 중 어느 한 근으로 살생·도둑질·음행 가운데 단순히 어느 한 가지 업만을 범하였다면 이 사람은 108지옥에 들어갈 것이다.

저 중생들이 각자 따로 죄업을 지었으나 이 세계 속에서는 죄업이 서로 같은 곳의 지옥에 들어가 고통을 받나니, 이런 지옥의 고통 과보는 번뇌망상이 업을 지어 발생한 것이지 본래 있는 것이 아니니라.

---

290 도리에 어둡고 잘못된 생각을 갖는 것.(역주)

(2) 아귀세계

또 아난아! 저 중생들이 계율을 비방하고 깨뜨렸거나, 대승보살 계율을 범하였거나, 부처님이 증득한 열반을 헐뜯었거나 그 밖의 갖가지 종류의 죄업으로 지옥에 들어가 긴 겁 동안에 불에 타는 고통을 거치고 최후에 지옥의 죄를 다 갚아 끝나면 갖가지 귀(鬼)의 형상을 받아 태어나느니라.

인간세계에서 열 가지 악습으로 지은 원래의 업인(業因) 중에서, 만약 재물을 탐하여 죄업을 이루었다면, 이 사람은 지옥에서 본(本) 죄를 다 받고 나서 신식이 여전히 그 남은 습기를 타고 금은재보 초목 등의 물체를 만나 붙어서 정령(精靈)이 되어 형체를 이루리니 못되게 구는 정령이므로 그 이름을 괴귀(怪鬼)라고 하느니라.

만약 음욕색정을 탐하여 죄업을 이루었다면, 이 사람은 지옥에서 본 죄를 다 받고 나서 신식이 여전히 그 남은 습기를 타고 허공중의 바람을 만나 붙어서 형체를 이루리니 음욕이 많은 이 여자 요정이 도달하는 곳은 비가 내리지 않아 한발이 일어나므로 그 이름을 발귀(魃鬼)라고 하느니라.

만약 감언이설로 대중을 미혹시키기를 탐하여 죄업을 이루었다면, 이 사람은 지옥에서 본 죄를 다 받고 나서 신식이 여전히 그 남은 습기를 타고 축생을 만나 붙어서 형체를 이루리니 이 남자 요정은 갖가지 형태의 몸으로 사람을 미혹하고 속이므로 그 이름을 매귀(魅鬼)라고 하느니라.

만약 성내기를 탐하여 죄업을 이루었다면, 이 사람은 지옥에서 본 죄를 다 받고 나서 신식이 여전히 그 남은 습기를 타고 독충을 만나 붙어서 형체를 이루리니 독으로 사람을 해치므로 그 이름을 고독귀(蠱毒鬼)라고 하느니라.

만약 원한을 기억하기를 탐하여 죄업을 이루었다면, 이 사람은 지옥에서 본 죄를 다 받고 나서 신식이 여전히 그 남은 습기를 타고 타인의 운세가 쇠약해지기를 바라기 때문에 사계절의 바르지 못한 쇠미(衰微)한 기운을 만나 붙어서 형체를 이루리니 전염병을 퍼뜨리므로 그 이름을 여귀(癘鬼)라고 하느니라.

만약 아만하기를 탐하여 죄업을 이루었다면, 이 사람은 지옥에서 본죄를 다 받고 나서 신식이 여전히 그 남은 습기를 타고 지상의 증기를 만나 붙어서 형체를 이루리니 제사 지내거나 공양하는 사람이 없어 항상 배가 고프고 목이 마르므로 그 이름을 아귀(餓鬼)라고 하느니라.

만약 헐뜯고 무함하기를 탐하여 죄업을 이루었다면, 이 사람은 지옥에서 본죄를 다 받고 나서 신식이 여전히 그 남은 습기를 타고 어두운 곳을 만나 붙어서 형체를 이루리니 사람으로 하여금 악몽에 시달리게 하므로 그 이름을 염귀(魘鬼)라고 하느니라.

만약 자기의 잘못된 견해에 집착하기를 탐하여 죄업을 이루었다면, 이 사람은 지옥에서 죄를 다 받고 나서 신식이 여전히 그 남은 습기를 타고 해와 달의 정기를 만나 붙어서 형체를 이루리니 사람을 미혹시키는 요정이므로 그 이름을 망량귀(魍魎鬼)라고 하느니라.

만약 속이는 술수로 자기의 욕심 이루기를 탐하여 죄업을 이루었다면, 이 사람은 지옥에서 본죄를 다 받고 나서 신식이 여전히 그 남은 습기를 타고 외도의 주술을 만나 붙어서 형체를 이루리니 주술에 부려져 화(禍)나 복(福)을 지으므로 그 이름을 역사귀(役使鬼)라고 하느니라.

만약 붕당(朋黨)을 결성하여 남을 해치기를 탐하여 죄업을 이루었다면, 이 사람은 지옥에서 본죄를 다 받고 나서 신식이 여전히 그 남은 습기를 타고 사람을 만나 붙어 형체를 이루리니 영매(靈媒)나 무당에게 붙어서 길흉화복의 소식을 전달하므로 그 이름을 전송귀(傳送鬼)라고 하느니라.

아난아! 이러한 사람들은 모두 순전히 허망한 감정이었기 때문에, 혹은 허망한 감정이 9할이고 청허한 상념이 1할이었기 때문에, 혹은 허망한 감정이 8할이고 청허한 상념이 2할이었기 때문에 지옥에 추락했던 이들로서 업보의 불길이 무겁고 큰 죄업의 허망한 감정의 물을 다 태워 말렸기에 지옥에서 나왔으되, 여전히 그의 남은 습기를 타고 귀(鬼)의 부류가 된 것이다.

이런 아귀세계는 모두 자기 마음의 망상이 지은 죄업이 부른 것이다. 만약 청정한 보리불성을 깨닫는다면 미묘하고 원만하며 밝은 진심 가운데는 본래 아귀세계의 과보가 없느니라.

(3) 축생세계

또 아난아! 아귀세계의 업보를 다 받고 나면, 아귀세계로 떨어지게 되었던 7할의 허망한 감정과 3할의 청허한 상념이 둘 다 비워져 비로소 세상에 태어나 원래 목숨 빚이나 재물 빚을 졌던 원수나 주인과 서로 만나되, 자신은 축생으로 태어나 사람에게 부려지거나 도살되어 숙세의 빚을 갚느니라.

재물을 탐했던 괴귀(怪鬼)는 자기가 붙어있던 물체가 사라지면 아귀세계의 과보도 다 받아서 비로소 세상에 축생으로 태어나되 대부분 올빼미 종류가 되느니라.

바람을 만나 형체를 이루었던 발귀(魃鬼)는 자기가 붙어있던 바람이 사라지면 아귀세계의 과보도 다 받아서 비로소 세상에 축생으로 태어나되 대부분 재앙의 징조를 알리는 모든 종류가 되느니라.

축생을 만나 형체를 이루었던 매귀(魅鬼)는 자신이 붙어있던 축생이 죽으면 아귀세계의 과보도 다 받아서 비로소 세상에 축생으로 태어나되 대부분 여우(狐) 종류가 되느니라.

독충을 만나 형체를 이루었던 고독귀(蠱毒鬼)는 자신이 붙어있던 독충이 죽으면 아귀세계의 과보를 다 받아서 비로소 세상에 축생으로 태어나되 대부분 독사 등의 종류가 되느니라.

사계절의 바르지 못한 쇠미한 기운을 만나 형체를 이루었던 여귀(癘

鬼)는 자신이 붙어있던 쇠약한 기운이 다하면 아귀세계의 과보도 다 받아서 비로소 세상에 축생으로 태어나되 대부분 회충(蛔蟲) 종류가 되느니라.

지상의 증기를 만나 형체를 이루었던 아귀(餓鬼)는 붙어있던 증기가 사라지면 아귀세계의 과보도 다 받아서 비로소 세상에 축생으로 태어나되 대부분 사람에게 잡아먹히는 종류가 되느니라.

어두운 곳을 만나 형체를 이루었던 염귀(魘鬼)는 자신이 붙어있던 어두운 곳이 사라지면 아귀세계의 과보도 다 받아서 비로소 세상에 축생으로 태어나되 대부분 그 가죽 등을 의복으로 만들 수 있는 종류가 되느니라.

해와 달의 정기를 만나 형체를 이루었던 망량귀(魍魎鬼)는 자신이 붙어있던 정기가 사라지면 아귀세계의 과보도 다 받아서 비로소 세상에 축생으로 태어나되 대부분 계절에 따라서 오가는 종류가 되느니라.

주술을 빌려 혼령을 드러냈던 역사귀(役使鬼)는 자신이 붙어있던 주술이 사라지면 아귀세계의 과보도 다 받아서 비로소 세상에 축생으로 태어나되 대부분 길한 징조를 알리는 모든 종류가 되느니라.

영매나 무당에게 붙어 형체를 이루었던 전송귀(傳送鬼)는 자신이 붙어있던 사람이 죽으면 아귀세계의 과보도 다 받아서 비로소 세상에 축생으로 태어나되 대부분 사람에게 복종하는 종류가 되느니라.

아난아! 이런 축생들은 모두 지옥세계와 아귀세계의 업보의 불길이 그들의 허망한 감정의 물을 다 태워 말린 뒤에 숙세에 진 빚을 갚았기 때문에 축생의 종류로 태어난 것이다. 이런 축생들도 모두 자기의 허망한 망상과 죄업이 부른 것으로, 만약 청정한 보리진심을 깨닫는다면 이런 허망한 인연 업보가 본래에 없느니라.

네가 앞서 말했듯이, 보련향 비구니와 유리왕과 선성비구 등은 모두 악업을 지어 지옥에 떨어져 고통을 받았는데, 그러한 악업 과보는 그들 자신의 마음에서 발생한 분명한 현상이지, 하늘에서 내려온 것도 아니요 땅에서 솟아난 것도 아니요 남이 준 것도 아니다. 자기의 망상 업인

이 불러온 것으로 역시 자기가 그 과보를 받아야 하는 것이다. 자기의 보리진심 가운데서 보면 모두 떠도는 망상이 응결된 현상이니라.

(4) 인간세계

또 아난아! 이러한 축생들이 숙세의 빚을 갚는 과정에서 만약 갚아야 할 빚 보다 더 많이 갚았다면(예를 들어 숙세에 재물 빚만 졌기에 소로 태어나서 노동력으로 재물 빚을 다 갚았으나 주인이 마지막에 소의 목숨을 죽인 경우처럼) 그러한 중생들은 다시 사람으로 태어나서 전생에 더 많이 갚았던 만큼 되돌려 받을 것이다.

만약 더 많이 받았던 사람이 전생에 계율·선정·지혜를 닦았던 공덕의 힘과 선행을 하였던 복덕의 힘이 있다면 되갚는 과정에서 인간세계에서 사람의 몸을 잃지 않고 그에게 더 받았던 만큼 갚을 것이지만, 만약 그런 공덕과 복덕의 힘이 없는 사람이라면 도리어 축생으로 태어나 더 받았던 만큼 갚게 되느니라.

아난아! 마땅히 알아야 한다. 만약 돈이나 재물로써 혹은 노동력으로써 숙세의 빚을 갚을 만큼 갚았다면 서로 빚을 갚는 일이 자연히 멈출 것이지만, 만약 갚는 과정에서 상대의 생명을 죽이거나 그 고기를 먹는다면, 심지어는 헤아릴 수 없는 오랜 세월이 지나도록 그렇게 여전히 서로 잡아먹고 서로 죽일 것이다. 이는 마치 굴러가는 바퀴의 양쪽 부분이 서로 오르락내리락 하면서 영원히 쉬지 않는 것과 같으리니, 자기가 자성본정(自性本定)의 사마타(奢摩他)를 닦아 도를 증득하거나 부처님이 세상에 출현하심을 만나 설법을 듣고 제도되어 원한 맺힘을 풀지 않는 한, 서로 죽이고 먹는 원한 상해를 멈추게 할 수 없을 것이니라.

너는 이제 마땅히 알아야 한다. 저 올빼미의 종류가 빚을 갚을 만큼 갚고 나면 사람의 형체를 회복하여 인간세계에 태어나되, 사람됨이 우둔 무지하면서 가르침을 받아들이지 않고 인의염치(仁義廉恥)를 모르는 완고한 부류에 속한다.

저 길흉을 알리는 날짐승이나 들짐승의 종류가 빚을 갚을 만큼 갚고 나면 사람의 형체를 회복하여 인간세계에 태어나되, 신체가 음양인(陰陽人) 등 6근이 비정상인 기형자의 부류에 속한다.

저 여우의 종류가 빚을 갚을 만큼 갚고 나면 사람의 형체를 회복하여 인간세계에 태어나되, 사람됨이 난폭하고 잔인하며 악독한 부류에 속한다.

저 독이 있는 곤충이나 짐승의 종류가 빚을 갚을 만큼 갚고 나면 사람의 형체를 회복하여 인간세계에 태어나되, 사람됨이 빼어난 기(氣)가 없는 범속하고 속물근성의 용속한 부류에 속한다.

저 회충의 종류가 빚을 갚을 만큼 갚고 나면 사람의 형체를 회복하여 인간세계에 태어나되, 그 신분이 남의 노복이나 머슴 등의 비천한 부류에 속한다.

저 사람들에게 잡아먹히는 날짐승이나 들짐승의 종류가 빚을 갚을 만큼 갚고 나면 사람의 형체를 회복하여 인간세계에 태어나되, 사람됨이 무능하고 유약한 부류에 속한다.

저 사람의 의복이 되었던 날짐승이나 들짐승의 종류가 빚을 갚을 만큼 갚고 나면 사람의 형체를 회복하여 인간세계에 태어나되, 그 삶이 일생동안 생활을 위해서 몹시 지치게 노동하며 살아가는 부류에 속한다.

저 시절 따라 오고가는 날짐승의 종류가 빚을 갚을 만큼 갚고 나면 사람의 형체를 회복하여 인간세계에 태어나되, 사람됨이 약간의 재능이 있으며 글공부를 하고 예의를 잃지 않는 교양인의 부류에 속한다.

저 길조를 알리는 날짐승이나 짐승의 종류가 빚을 갚을 만큼 갚고 나면 사람의 형체를 회복하여 인간세계에 태어나되, 사람됨이 세속적으로 총명한 부류에 속한다.

저 사람에게 복종하는 날짐승이나 들짐승이 빚을 갚을 만큼 갚고 나면 사람의 형체를 회복하여 인간세계에 태어나되, 사람됨이 인정세태에 통달하는 부류에 속한다.

아난아! 이상의 열 가지 부류의 사람들은 모두 3악도에서 숙세의 업빛을 다 갚았기 때문에 다시 사람의 형체를 회복하였으나 모두, 그 시작을 알 수 없는 과거로부터 악업으로 잘못 분별하여 갖가지가 뒤바뀌었기 때문에 빚을 받으려고 서로 낳고 서로 죽이는 것이다. 만약 여래가 세상에 출현함을 만나지 못하거나 여래의 정법을 듣지 못한다면 여전히 번뇌 속에서 인과응보 법칙에 의하여 윤회하여 생사가 그치지 않으리니, 이런 사람들을 '가련한 자'라고 하느니라.

(5) 신선세계

아난아! 또 한 부류의 사람들은 인간 본위로부터 자성정각(自性正覺)에 의지하여 선정과 지혜의 바른 삼매를 닦지 않고 따로 허망한 생각을 닦는다. 그들은 망상을 품고 오로지 자신의 신체를 장생불사하도록 견고하게 하여 산림 속이나 인적이 닿을 수 없는 곳에서 소요하면서 노닐고 즐기는데, 이런 사람으로는 모두 열 가지 신선도가 있느니라.

아난아! 첫째는 지행선(地行仙)이니, 그는 신체를 견고하게 하기 위하여 식품을 복용하는 법문을 오랜 기간 쉬지 않고 닦아 익혀서 음식물을 통해 목적에 도달하는 자로서, 걸음걸이가 민첩하지만 두 발이 땅을 떠날 수 없으므로 지행선이라 한다.

둘째는 비행선(飛行仙)이니, 그는 신체를 견고하게 하기 위하여 초목약물을 복용하는 법문을 오랜 기간 쉬지 않고 닦아 익혀서 약물을 통해 목적에 도달하는 자로서, 걸음걸이가 나는 듯 민첩하여 두 발이 서서히 땅을 약간 떠날 수 있으므로 비행선이라 한다.

셋째는 유행선(遊行仙)이니, 그는 신체를 견고하게 하기 위하여 오금팔석(五金八石)을 화학적으로 제련하여 복용하는 법문을 오랜 기간 쉬지 않고 닦아 익혀서 화학제련을 통해 목적에 도달하는 자로서, 걸음걸이가 땅을 떠나 낮은 공중에서 자유롭게 날아다닐 수 있으므로 유행선이라

한다.

넷째는 공행선(空行仙)이니, 그는 신체를 견고하게 하기 위하여 토고납신(吐故納新)·도인(導引)·기맥운행의 법문을 오랜 기간 쉬지 않고 닦아 익혀서 자신의 정기 단련을 통해 목적에 도달하는 자로서, 높은 공중에 날아올라 구름과 안개까지 탈 수 있으므로 공행선이라 한다.

다섯째는 천행선(天行仙)이니, 그는 신체를 견고하게 하기 위하여 진액을 삼키거나 맑은 물을 복용하는 법문을 오랜 기간 쉬지 않고 닦아 익혀서 물의 덕성인 윤택 기능을 통해 목적에 도달하는 자로서, 더 높이 천상까지 날아올라 갈 수 있으므로 천행선이라 한다.

여섯째는 통행선(通行仙)이니, 그는 신체를 견고하게 하기 위하여 해와 달의 정기(精氣)와 천지의 정화(精華)를 받아들이는 법문을 오랜 기간 쉬지 않고 닦아 익혀서 천지간의 물리적인 정화의 흡수를 통해 목적에 도달하는 자로서, 마음이 한번 움직이기만 하면 곧 우주만물과 걸림 없이 서로 융합하여 통할 수 있으므로 통행선이라 한다.

일곱째는 도행선(道行仙)이니, 그는 신체를 견고하게 하기 위하여 주술(呪術)과 계율[禁法術]의 법문을 오랜 기간 쉬지 않고 닦아 익혀서 주술과 계율을 통해 목적에 도달하는 자로서, 도법(道法)으로 자기의 몸에 병이 없게 할 수 있을 뿐만 아니라 남에게도 가피를 주어 병을 치료하고 마귀를 몰아낼 수 있으므로 도행선이라 한다.

여덟째는 조행선(照行仙)이니, 그는 신체를 견고하게 하기 위하여 정신적인 사념(思念)으로 어느 하나를 품고 그에 생각을 모으는 법문을 오랜 기간 쉬지 않고 닦아 익혀서 정신적인 사유(思惟) 억념(憶念)을 통해 목적에 도달하는 자로서, 신식이 자기의 몸을 자유롭게 출입할 수 있으며 몸과 신식이 서로 조응(照應)하여 생각하는 대로 기식(氣息)이 도달할 수 있으므로 조행선이라 한다.

아홉째는 정행선(精行仙)이니, 그는 신체를 견고하게 하기 위하여 남녀 사이의 성교(性交) 법문을 오랜 기간 쉬지 않고 닦아 익혀서 서로 음양의 교감상응을 통해 목적에 도달하는 자로서, 생명의 수명이 늘어나

오래 살 수 있으므로 정행선이라 한다.

열째는 절행선(絶行仙)이니, 그는 신체를 견고하게 하기 위하여 천지변화 물리의 현묘한 법문을 오랜 기간 쉬지 않고 닦아 익혀서 천지변화의 묘한 이치에 대한 깨달음을 통해 목적에 도달하는 자로서, 자기의 심념(心念)으로써 전체 우주의 변화를 주도할 수 있는 환술을 이룰 수 있는데 이 선술(仙術)은 절정의 경지로서 외부에 공개하지 않으므로 절행선이라 한다.

아난아! 이상의 열 가지 신선도들은 모두 인간 본위로부터 망상심을 수련할 뿐 불생불멸의 자성정각(自性正覺)을 닦지 않고 따로 장생(長生)의 이치를 추구하여 수명이 천만 세를 유지하게 할 수 있으며 깊은 산 무성한 숲속에서 쉬거나 큰 바다의 섬 사이에서 자기를 인간세상과 단절시킨다. 그렇지만 여전히 윤회 속에서 망상 유전(流轉)의 작용을 떠나지 못했다. 만약 다시 정지정각(正知正覺)의 여래 삼매를 닦지 않는다면 신선세계에서 복보가 다했을 때 다시 지옥·아귀·축생 등의 세계에 흩어져 들어가 윤회할 수 있느니라.

(6) 천인세계

① 사천왕천

아난아! 세상 사람들은 대부분 상주진심(常住眞心)을 깨닫기를 추구하지 않으며 아내와 첩에 대한 은애(恩愛)인 세간의 애욕을 아직 버리지 못한다.

그러나 그 가운데 만약 어떤 사람이 5계를 엄격히 지켜서 부부이외의 성관계인 사음(邪淫)을 몸도 범하지 않았을 뿐만 아니라 마음도 그에 흘러 달려가지 않았기 때문에 마음속의 애욕의 물이 맑고 깨끗하고 그리하여 마음에서 빛이 나는 사람이었다면, 죽은 뒤에 신식이 수미산 동서남북의 허리에 태어나 해와 달을 이웃하게 되는데, 이와 같은 천인들의 세계를 사천왕천(四天王天)이라 한다(남녀 간의 음욕행위는 서로 교접하여 이루어진다. 그 수명은 5백세로 하루 밤낮이 인간세상의 5십 년이므로 환산하면 9백만 년이다. 부모의 어깨나 가슴에서 태어나는데 5세 아이가 갑자기 화생으로 나오는 것 같다. 신장은 75장丈이다).

② 도리천

만약 어떤 사람이 사음도 없을 뿐만 아니라 부부사이의 정당한 음욕도 이미 담박해졌고 횟수도 비교적 적어졌지만, 아직은 경미한 음욕이 있기 때문에 평소에 청정하게 지내며 수행할 때 음욕의 생각이 가끔 일어나 교합하여서 음욕의 번뇌가 없는 청정한 법의 맛을 완전히는 얻을 수 없는 사람이었다면, 죽은 뒤에 신식이 해와 달의 광명을 초월하는 수미산 꼭대기에 태어나 살게 되는데 자기 몸에 광명이 있으며, 이와 같은 천인들의 세계를 도리천(忉利天)²⁹¹이라 한다(남녀 간의 음욕행위는 서로 교접하여 이루어진다. 그 수명은 1천세로 하루 밤낮이 인간세상의 1백년이므로 환산하면 3천6백만 년이다. 6세 아이 같으며 신장은 150장이다. 여기 도리천까지는 수미산에 있으므로 지거천地居天이라 하고, 다음의 수염마천부터는 허공에 있으므로 공거천空居天이라 한다).

③ 수염마천

만약 어떤 사람이 부부 사이에 음욕을 만나게 되면 잠깐 교합하지만 일이 지나간 뒤에는 마음속에 집착하는 일이 없으며, 세상사에 깊이 물들지 않았기 때문에 몸과 마음이 어지럽게 움직임이 적고 고요함이 많던 사람이었다면, 죽은 뒤에 신식이 허공으로 올라가 온통 광명 속에서 안주하는데 해와 달의 광명이 위로 비추어도 도달하지 못하는 높은 곳으로서 천인들 자신과 궁전이 모두 광명이 있기 때문이니, 이와 같은 천인들의 세계를 수염마천(須焰摩天)이라 한다(남녀 간의 음욕행위는 서로

---

291 33천. 제석천.(역주)

포옹하면 이루어진다. 그 수명은 2천세로 하루 밤낮이 인간세상의 2백년이므로 환산하면 1억4천4백만 년이다. 7세 아이 같으며 신장은 250장이다).

④ 도솔천

만약 어떤 사람이 밤낮 어느 때나 마음이 고요하고, 음욕의 마음이 없지만 부부사이에 꼭 접촉해야 할 음욕이 올 때만은 거절할 수 없던 사람이었다면, 죽은 뒤에 신식이 정교하고 미묘한 천상계로 올라가 태어나는데, 그 미륵내원(彌勒內院)은 아래에 있는 인간세계와 천상세계들과 맞닿아 있지 않아서 심지어는 우주세계가 파괴 소멸될 때라도 삼재(三災)²⁹²의 겁난(劫難)이 미칠 수 없는 곳이니, 이와 같은 천인들의 세계를 도솔천(兜率天)이라 한다(남녀 간의 음욕행위는 서로 손을 잡으면 이루어진다. 그 수명은 4천세이며 하루 밤낮은 인간세상의 4백년이므로 환산하면 5억7천6백만 년이다. 8세 아이 같으며 신장은 300장이다).

⑤ 낙변화천

만약 어떤 사람이 자기 자신은 음욕의 마음이 없지만, 부부사이에 윤리를 돈독히 하고자 그저 상대의 요구에 따라 마지못해 방사를 행하되 옥체를 대하여도 그 맛이 밀랍을 씹는 것 같아 아무 재미가 없던 사람이었다면, 죽은 뒤에 신식이 도솔천보다 더 높이 올라가 오욕락(五欲樂)을 자기 뜻대로 변화시켜 나타내 즐길 수 있는 곳에 태어나는데, 이와 같은 천인들의 세계를 낙변화천(樂變化天)이라 한다(남녀 간의 음욕행위는 서로 웃으면 이루어진다. 그 수명은 8천세로 하루 밤낮이 인간세상의 8백년이므로 환산하면 23억4백만 년이다. 9세 아이 같으며 신장은 375장이다).

⑥ 타화자재천

만약 어떤 사람이 이미 세간의 욕락에 집착하는 마음이 전혀 없지만

---

292 수재·화재·풍재.(역주)

여전히 방편으로 세상 사람들처럼 부부사이에 방사를 행하되 방사를 행할 때 그에서 완전히 초월하여 조금도 애욕의 생각이 없던 사람이었다면, 죽은 뒤에 신식이 욕계천의 맨 꼭대기로 올라가 바로 아래의 낙변화천(樂變化天)과 도솔천 이하의 무화락천(無化樂天)들의 경계를 완전히 초월하여, 5욕락의 경계를 자기가 변화시켜 낼 필요가 없이 모두 다른 천계 천인들이 변화시켜 나타내는 것을 자기가 취해서 자유롭게 즐길 수 있는데, 이와 같은 천인들의 세계를 타화자재천(他化自在天)이라 한다(남녀 간의 음욕행위는 서로 바라보면 이루어진다. 그 수명은 1만6천세로 하루 밤낮이 인간세상의 1천6백년이므로 환산하면 92억1천6백만 년이다. 10세 아이 같으며 신장은 450장이다).

타화자재천에서 아비지옥까지가 욕계

아난아! 이상 말한 여섯 부류[6욕천]의 천인들은 남녀 간의 음욕행위를 이루는 방법이, 사천왕천과 도리천인은 서로 교접하며, 수염마천은 서로 포옹하고, 도솔타천은 서로 손을 잡고, 낙변화천은 서로 웃고, 타화자재천은 서로 바라본다(6욕천에서의 음욕행위는 부정액이 없고 음근문에서 바람기운만 나온다). 이들은 신체적으로는 비록 성적 동작의 어지러움에서 한 층 한 층 점점 벗어났지만, 마음과 신체 면에서 여전히 교합 현상이 있어서 경중의 차이만 있을 뿐 음욕을 완전히 떠난 것이 아니다. 그러므로 이 타화자재천으로부터 아래 아비지옥까지의 다섯 갈래[5취五趣] 중생들의 세계를 통틀어 '욕계(欲界)'라고 하느니라(욕계는 지옥·아귀·축생·인간·천인의 5취가 각각 과보는 다르지만 모두 이 세상에 뒤섞여 살고 있기 때문에 5취잡거지五趣雜居地라고 함. 신선은 인간에 포함됨) (이상이 능엄경 제8권 부분이며 이하는 제9권 부분임)

2. 색계[293]

---

293 색계의 초선천 이상 18천은 모두 이미 욕망에 의해 마음을 더럽히는 욕염

① 범중천

아난아! 이 세상에서 마음을 닦는 모든 사람들이 만약 본래 고요히 항상 있는 심성(心性)을 알지 못하고 혼란스럽게 닦고, 출세간의 무루(無漏) 선정을 닦지 않는다면 출세간의 진정한 지혜를 얻을 수 없다.

그러나 만약 마음을 닦는 어떤 사람이 세간의 유루의 선정을 수행의 출발점으로 하고 계율을 지키는 지계(持戒)의 힘으로써 자신의 몸을 단속하여 남녀 사이에 음욕의 행위를 하지 않을 뿐만 아니라, 심지어 걷거나 앉는 등 일상생활 어느 때에도 지나간 음욕행위를 회상하거나 앞으로 하고자 하는 생각이 둘 다 없어져서 마음에서 애욕의 더러움이 일어나지 않을 수 있다면, 더 이상 욕계(欲界)에 머물지 않을 것이다. 이 사람은 죽은 뒤에 신식이 곧 초선천에 태어나 몸이 범천(梵天)의 무리가 되는데, 이와 같은 천인들의 세계를 범중천(梵衆天)²⁹⁴이라고 한다(그 수

(欲染)을 떠났지만 아직은 색질(色質)이 남아 있어서 그 모습이 동자(童子)와 같은데 몸은 은백색이며 옷은 황금색이다. 그러나 남녀의 구별은 없고 완전히 화생이다. 그 색신(色身)이 뛰어나므로 색계라 한다.

색계는 범세(梵世) 혹은 범천(梵天)이라고도 하는데 '범(梵)'이란 청정하다는 의미이다. 욕염을 떠나 청정함을 얻었기 때문이다. 색계천은 음욕을 떠났을 뿐만 아니라 식욕과 수면욕도 모두 이미 떠났으되 조금 배가 고프거나 피곤할 때는 선열(禪悅)로써 식사를 삼아 선정에 들어간다. 출정(出定)할 때는 정신이 충만하여 마치 욕계의 인간들이 배불리 먹고 실컷 자고 일어남과 같다. 그러므로 선천(禪天)에 태어나고 싶다면 반드시 먼저 음욕을 끊어야 한다. 음욕을 떠나야 할 뿐 아니라 5욕(五欲)도 떠나야 비로소 욕계를 떠나 색계에 태어날 수 있다.

색계 천인들의 신통을 간단히 소개하면, 공중에 날아서 오갈 때 거리나 무엇에 구애를 받지 않고 한없이 오갈 수 있다. 도보로 걸어 오갈 때도 한없이 걸어 오갈 수 있다. 피부와 골수와 근맥과 혈육이 없다. 몸에는 부정물이 없고 대소변도 없다. 어떤 일을 하더라도 피곤함이 없다. 아들 딸을 출산하지 않는다. 천인들은 눈을 깜짝하지 않고도 현란하지 않는다. 천인들의 몸은 마음대로 색깔을 나타낼 수 있다.

천인들은 많은 복락을 받고 있지만 정신적인 고뇌가 있으며 쇠퇴하는 고통이 있다. 천인도 정진하지 않으면 다음 생에는 그 이하의 세계로 타락하는 고통이 있다. 참고로 1중겁 = 20소겁 = 335,960,000년, 1대겁 = 4중겁 = 1,343,840,000년, 1유순 = 12,872㎞ 이다.(역주)

명은 1중겁이다. 신장은 반 유순由旬이다).

② 범보천

만약 마음을 닦는 어떤 사람이 욕계의 음욕의 습기가 이미 없어졌고 욕락을 떠난 청정한 마음이 나타나서, 갖가지 율의(律儀)에 대하여 환희하며 따르기를 좋아하고 범하지 않는다면, 이 사람은 목숨을 마친 뒤 신식이 곧 초선천에 태어나 자연히 범천 대신(大臣)의 덕을 행하며 대범천왕의 교화를 보좌할 수 있는데, 이와 같은 천인들의 세계를 범보천(梵輔天)[295]이라 한다(그 수명은 2중겁이다. 신장은 1유순이다).

③ 대범천

만약 마음을 닦는 어떤 사람이 갖가지 율의를 환희하며 따르기를 좋아하고 범하지 않아서 몸과 마음이 더욱 미묘하고 원만하여져서 일상생활에서의 위의(威儀)에 결함이 없고 계율이 청정할 뿐 아니라, 계율의 지계와 파계와 허가와 금지에 대하여 밝게 깨달은 지혜까지 있다면, 이 사람은 목숨을 마친 뒤에 곧 신식이 초선천에 태어나 범천의 대중을 거느리는 대범천왕이 되는데, 이와 같은 천인들의 세계를 대범천(大梵天)[296]이라고 한다(그 수명은 3중겁이다. 신장은 1유순 반이다).

이상의 3천이 초선천

아난아! 욕계보다 뛰어난 이상의 세 부류의 천인들은 욕계의 어떤 고뇌에도 핍박을 당할 수 없다. 그들은 비록 바르게 닦아 얻은 여래정각의 진정한 삼마지가 아니지만 지계와 선정 수행의 청정한 마음속에서 이미 비식과 설식이 현행(現行)작용을 일으키지 못하게 함으로써 욕

---

294 일반 인민대중.(역주)

295 대왕을 도와 일반 인민대중의 사무를 관리하는 대신임.(역주)

296 통치자로서 대왕.(역주)

계의 번뇌들에 동요하지 않을 수 있으므로. 이와 같은 천인들의 세계를 통틀어 초선천(初禪天)이라 한다.[297] / [298]

① 소광천

아난아! 그 다음으로 대범천왕이 범천의 천인들을 거느리고 교화하면서, 계율·선정·지혜를 갖추어 범행이 보다 원만해지고, 맑은 마음이 견고해져 움직이지 않아서 고요한 맑음이 작용을 일으켜 온 몸에서 비교적 미약한 광명이 나므로, 이와 같은 천인들의 세계를 소광천(少光天)이라 한다(그 수명은 2대겁이다. 신장은 2유순이다).

② 무량광천

소광천의 천인들이 갈수록 선정의 힘이 깊어져 정보(正報)인 심신의 광명과 의보(依報)인 산하대지 세계의 광명이 서로 어울리며 서서히 끝없이 비추어가되 한 소천(小千)세계의 시방세계까지 두루 비추어 마치 유리처럼 투명하므로, 이와 같은 천인들의 세계를 무량광천(無量光天)이라 한다(그 수명은 4대겁이다. 신장은 4유순이다).

③ 광음천

무량광천의 천인들이 자기 심신의 광명을 계속 집지(執持) 수련하여 서서히 광명을 원만히 이루고, 음성 대신에 이 광명을 교화 수단으로

---

297 초선천은 욕계의 생사번뇌를 처음으로 떠나 선정의 기쁨과 즐거움을 얻었기에 이생희락지(離生喜樂地)라 함.(역주)

298 현행(現行)은 현량(現量)이라고도 한다. 유식설에 의하면 아뢰야식은 종자를 간직하고 있어 일체법을 생기할 수 있는 능력을 갖추고 있다. 종자는 잠복상태이며 일체법은 실현상태인데 잠복상태에서 실현상태가 되는 것이 현행이다. 현행에는 인연이 화합해야 이루어질 수 있다. 그 가운데 인(因)은 종자이고 연(緣)은 기타 보조 조건이다. 달리 말하면 현행은 현재 작용하고 있는 것, 아뢰야식 속의 종자에서 현상세계의 사물이 나오는 것, 어떤 종자에서 생겨 현재 행동하고 있는 번뇌장과소지장, 감각이나 지각의 대상으로서 실현하는 것이다.(역주)

성취하여 청정한 범행의 공덕을 선양(宣揚)함으로써 천인들로 하여금 청정한 범행을 수지(受持)하고 좋아하며 즐길 수 있게 하는데 그 응용이 무궁무진하므로, 이와 같은 천인들의 세계를 광음천(光音天)이라 한다 (그 수명은 8대겁이다. 신장은 8유순이다).

이상의 3천이 제2선천

아난아! 초선천보다 뛰어난 이상 세 부류의 천인들은 선정이 깊어져, 초선천에서 선정이 견고하지 못해 욕계에 다시 떨어질까 근심 걱정했던 그런 모든 근심과 걱정에도 핍박당할 수 없다. 그들은 비록 바르게 닦은 여래정각의 진정한 삼마지는 아니지만 청정한 범행의 마음속에서 선정의 힘으로 전5식[299]이 현행작용을 일으키지 못하게 함으로써 이미 거친 번뇌를 조복시켰으므로, 이상의 천인들의 세계를 제2선천(第二禪天)이라 하느니라(제2선천은 선정의 힘 공덕으로써 기쁨과 즐거움을 발생시키므로 정생희락지定生喜樂地라 함).

① 소정천

아난아! 이와 같은 광음천의 천인들이 원만한 광명을 집지(執持) 수련하여 음성을 교화 수단으로 성취하고 이 음성을 내서 미묘한 이치를 드러내며, 이러한 미묘한 이치에 따라 범천의 정진행을 일으켜서 청정한 즐거움이 생기고 편안하여 제6의식(意識)을 처음으로 조복시킨 상사(相似) 적멸의 즐거움으로 통하므로, 이와 같은 천인들의 세계를 소정천(少淨天)이라 한다(그 수명은 16대겁이다. 신장은 16유순이다).

② 무량정천

소정천의 천인들이 비록 상사 적멸의 즐거움으로 통했지만 여전히 청정한 경계라는 의념(意念)이 하나 존재하였는데, 선정의 힘이 갈수록 깊어져 다시 한 걸음 나아가 그 청정한 경계라는 의념도 공(空)해진 경

---

299 안식 · 이식 · 비식 · 설식 · 신식.(역주)

계가 앞에 나타나서 허공과 청정한 경계가 모두 끝없이 펼쳐지고, 몸과 마음도 경안(輕安)하여 허공인 듯 걸림이 없어 상사(相似) 적멸의 즐거움을 이루므로, 이와 같은 천인들의 세계를 무량정천(無量淨天)이라 한다(그 수명은 32대겁이다. 신장은 36유순이다).

③ 변정천

무량정천 천인들이 계속 정진 향상하여 점점 그 의보인 세계와 정보인 자기의 몸과 마음이 하나로 융합하여 완전히 청정하여 걸림이 없고 청정한 면에서 이미 공덕이 원만히 성취되면(여전히 상대적으로 말한 것임), 이때에 스스로 느끼기를 이것이 바로 청정원만으로서 마땅히 의지할 곳이요 이것이 바로 돌아가야 할 궁극적인 적멸의 즐거움이라고 여기므로(여전히 궁극이 아님), 이와 같은 천인들의 세계를 변정천(遍淨天)이라 한다(그 수명은 64대겁이다. 신장은 64유순이다).

이상의 3천이 제3선천

아난아! 이상 세 부류의 뛰어난 천인들은 세간선(世間禪)의 상사 적멸에서 대 자재를 얻었고 제6의식이 이미 조복되어 현행(現行)작용을 일으키지 않기에 몸과 마음이 안온할 뿐 아니라, 제2선천에서의 기쁨[喜]을 떠났으므로 한량없는 선정의 즐거움을 얻었다. 그들은 비록 바르게 닦아 얻은 여래의 진정한 삼마지가 아니지만 그 안온한 마음속에 환희가 다 갖추어졌으므로 제3선천(三禪天)이라 하느니라(제3선천은 제2선천의 기쁨을 떠나 제3선천의 묘락을 얻었으므로 이희묘락지離喜妙樂地라 함).

① 복생천

아난아! 또 제6의식이 현행작용을 일으키지 않아 괴로움의 원인이 이미 다하여 몸과 마음이 어떠한 초선천의 고뇌(苦惱)와 제2선천의 우현(憂懸)[300]의 핍박을 받지 않는 제3선천의 천인들이, 한걸음 더 나아가 적멸의 즐거움도 받지 않는다. 왜냐하면 즐거움도 상주불변(常住不變)하는 것이 아니라 여전히 상대적인 법이어서 복업을 다 누리면 파괴됨을 사유하여 알고서, 괴로운 마음과 즐거운 마음을 둘 다 동시에 버리기 때문이다. 그리하여 괴로움과 즐거움의 거칠고 무거운 마음 현상이 소멸하고 그 '버리는 마음[捨心]'이 움직이지 않음에서 청정한 복덕성이 생겨나는데, 이와 같은 천인들의 세계를 복생천(福生天)이라 한다(그 수명은 125대겁이다. 신장은 125유순이다).

② 복애천

복생천의 천인들이 버리는 선정[捨定]의 수행이 더욱 깊어져 '버리는 마음[捨心]'이 더욱 견고 원융해지고, 그 버리는 선정을 뛰어나게 이해하고 잘 유지하여 청정하며, 그 과보로 얻은 청정한 복도 끝이 없다. 이 끝없는 청정한 복 가운데서 대 자재하게 자기가 원하는 대로 어떠한 소원도 만족시킬 수 있으며 마치 이런 상황이 영원토록 지속될 것 같아서 (사실은 무상無常이 현전할 것이므로 불가능하다) 그 과보가 유위 세계 가운데서 가장 사랑할 만하므로, 이와 같은 천인들의 세계를 복애천(福愛天)이라 한다(그 수명은 250대겁이다. 신장은 250유순이다).

③ 광과천

아난아! 저 복애천의 천인들이 다시 닦아 가면 등급을 뛰어넘는 두 갈래의 길이 있다. 하나는 곧바로 광과천(廣果天)으로 가는 것이요, 또 하나는 길을 에돌아가 무상천(無想天)에 도달하는 것이다.

만약 복애천의 원하는 대로 만족되는 대 자재한 마음에서 계속 닦아 가서 청정한 광명이 한량이 없고, 이 광명 속에서 자비희사(慈悲喜捨)의 사무량심(四無量心)으로써 선정과 복덕을 훈습하여 더욱 원만 청명해지는 수증(修證)에 머문다면 복덕의 과보가 광대(廣大)하므로, 이와 같은

---

300 선정이 견고하지 못해 욕계에 다시 떨어질까 하는 근심 걱정.(역주)

천인들의 세계를 광과천(廣果天)이라 한다(그 수명은 500대겁이다. 신장은 500유순이다).

④ 무상천

만약 복애천에서 괴로움과 즐거움을 둘 다 싫어하여 '버리는 마음'으로써 '버리는 선정'을 더욱 닦아가되 끊임없이 정밀히 연구하여 그 '버리는 마음'조차도 버려서, 버리는 도리를 원만히 궁구하고 나서는, '버리는 선정'이 곧 궁극적인 열반의 길인 줄 잘못 알아 제6의식의 현행을 조복하고 그치게 함으로써 잠시 몸과 마음이 둘 다 소멸하고 대상경계에 대한 제6의식의 사려(思慮)작용이 마치 죽은 재처럼 응결된 듯 움직이지 않는다면(정말로 끊어져 소멸된 것이 아니라 미세한 생각이 아직 여전히 있음), 무상정(無想定)을 얻어서 그 형체가 5백대겁을 유지하여 파괴되지 않을 것이다. 그러나 이런 사람은 이미 생멸하는 제6의식을 수행의 근본 원인으로 삼았기 때문에 진여에 본래 있는 불생불멸의 자성을 발명할 수 없다. 그러므로 이 천인세계에 처음 태어난 반 겁 동안에 버리는 선정을 닦아야 제6의식의 활동인 생각(想)[301]이 소멸하여 무상정(無想定)을 얻을 수 있으며, 이어서 이 무상정에 머물면서 499겁을 지나고 가장 마지막 반 겁 동안에 그 수명이 다해 가면 선정도 소멸하게 되어 제6의식의 활동인 생각(想)이 여전히 다시 일어나 선정에서 나오게 된다. 생성이 있으면 파괴가 있기 마련이라 마침내 궁극적인 열반이 아니므로, 이와 같은 천인들의 세계를 무상천(無想天)이라 한다(그 수명은 500대겁이다. 신장은 500유순이다).

이상의 4천이 제4선천

아난아! 이상의 네 부류의 뛰어난 천인들은 제3선천 이하의 일체 세간의 괴로움과 즐거움의 경계에 움직일 수 없다. 그들은 비록 진여(眞

---

301 전5식의 활동은 직각(直覺)적인 감수(感受)임.(역주)

如) 무위(無爲)의 불생불멸의 진정한 부동지(不動地)에 도달한 것은 아니어서 여전히 얻을 바의 마음을 품고 있지만 유위(有爲)의 수행공력 효과[功用]가 여기까지 이미 지극히 순숙(純熟)해졌기 때문에 통틀어 '제4선천'이라 하느니라(제4선천은 괴로움과 즐거움의 두 생각을 버리고 청정함을 얻었기 때문에 사념청정지捨念淸淨地라 함).

5불환천

아난아! 이 제4선천 가운데 다시 5불환천(五不還天: 5정거천五淨居天, 5 아나함천五阿含天이라고도 함)이 있나니 불환과(3과아나함)의 성자들이 잠시 거주하는 곳이다. 이 5불환천의 성자들은 3계9지(三界九地)의 81 품사혹(八十一品思惑) 중에서 5취잡거지인 욕계 중의 9품사혹(탐욕·성냄·어리석음·교만)의 습기와 현행을 이미 동시에 모두 소멸시켜서 아나함 과위를 증득했으므로 괴로움과 즐거움을 둘 다 잊은 경지에 도달하였다. 이 때문에 아래의 욕계와 3선천은 이미 지낼 곳이 아니므로 제4선천의 버리는 마음[捨心]을 공통적으로 갖고 있는 성자들의 부류[衆同分]에 잠시 거주할 곳을 정하고 색계와 무색계 중의 72품사혹[302]을 끊어 없애면서 아라한과(阿羅漢果)의 증득을 추구하는 것이다.

① 무번천

아난아! 버리는 마음이 확고하여 괴로움과 즐거움이 둘 다 사라져서 기뻐하고 싫어하는 두 마음이 가슴속에서 다시 다투며 일어나지 않아 내심에 거친 번뇌의 무더위가 없어져 처음으로 청량함을 얻었으므로, 이와 같은 성자들의 세계를 무번천(無煩天)이라 한다(그 수명은 1,000대 겁이다. 신장은 1,000유순이다. 색계 초선천인 이생희락지의 9품사혹을 끊었다

---

302 색계 중의 4지사혹36품과 무색계 중의 4지사혹36품을 합한 것임. 색계와 무색계의 사혹은 탐욕·어리석음·교만임.(역주)

② 무열천

마음속에 오직 '버리는[捨]' 한 생각만을 품고서 거둬들이고 놓아줌이 자재하고 더 이상 다른 생각이 그 사이에 섞여들지 않으며, 이 버리는 생각을 더욱 자세히 파고들어도 마침내 얻을 바가 없으며 서로 섞으려고 하여도 대상이 없어져 내심에서 미세한 번뇌의 무더위가 없어져 더욱 청량함을 얻었으므로, 이와 같은 성자들의 세계를 무열천(無熱天)이라 한다(그 수명은 2,000대겁이다. 신장은 2,000유순이다. 색계 제2선천인 정생희락지의 9품사혹을 끊었다).

③ 선견천

닦아 얻은 천안통(天眼通)으로써 한 대천(大天)세계 안의 시방세계를 두루 훤히 정밀하고 묘하게 비추어보되 다시는 밖으로 대상경계에 걸림이 없고 안으로 마음에 깊이 잠긴 모든 허물장애가 없어서 그 정밀하고 묘하게 비추어봄이 안팎으로 걸림이 없으므로, 이와 같은 성자들의 세계를 선견천(善見天)이라 한다(그 수명은 4,000대겁이다. 신장은 4,000유순이다. 색계 제3선천인 이희묘락지의 9품사혹을 끊었다).

④ 선현천

천안통으로써 정밀하고 묘하게 비추어봄이, 이미 앞에 나타난 선견천의 성자들이 계속 선정과 지혜를 닦아 신족통을 얻어 마치 옹기장이가 흙을 빚어 그릇을 만들고 주물사가 쇠를 녹여 형상을 만들 듯이, 마음이 하고자 하는 대로 갖가지를 변화시켜 나타냄에 걸림이 없으므로, 이와 같은 성자들의 세계를 선현천(善現天)이라 한다(그 수명은 8,000대겁이다. 신장은 8,000유순이다. 색계 제4선천인 사념청정지의 9품사혹을 끊었다).

⑤ 색구경천

안으로 모든 생각들을 궁구하여 극처에 이르러서 일념(一念)을 이루고, 밖으로 색성(色性)을 궁구하여 공성(空性)에 도달하여서 공무변처(空無邊處)의 가장자리에 진입한다. 색계는 여기에 이르러 이미 최고봉에 도달하는데, 이와 같은 성자들의 세계를 색구경천(色究竟天)이라 한다(그 수명은 16,000대겁이다. 신장은 16,000유순이다. 근기가 예리한 자는 4공천으로 들어가지 않고 여기서 4공천의 4지36품사혹을 끊고 곧바로 3계를 뛰어넘어 벗어날 수 있다고 한다).

아난아! 이러한 5불환천에 대해서는 저 제4선천의 네 천왕들도 그 이름을 듣기만 할 뿐 몸소 그의 의보(依報)와 정보(正報)를 알거나 볼 수 없다. 마치 오늘날 세간의 광야나 깊은 산속의 성스러운 도량이 모두 아라한들이 거주하는 곳이지만 번뇌가 거칠고 무거운 범부속인들이 알 수 없고 볼 수 없는 것과 마찬가지이다.

범중천부터 색구경천까지 18천이 색계

아난아! 이상 열여덟 부류[18천]의 천인들은 모두 배우자가 없고 정욕을 떠났지만, 여전히 일종의 빛과 유사한 미세한 물질[色質]로 이루어진 화생신(化生身)이 있기에 아직은 신체형상의 부담을 완전히는 벗어나지 못했으므로, 색구경천부터 저 아래 초선천의 범중천까지를 통틀어 '색계(色界)'라고 하느니라.

3. 무색계

또 아난아! 무색계와 인접하는, 색구경천 꼭대기 가장자리로부터 다시 닦아 올라가면 근기의 예리함과 둔함을 기준으로 그 사이에 다시 두 갈래 길이 있다. 하나는 곧바로 닦아 3계를 뛰어넘어 벗어나는 길이요, 또 하나는 무색계천으로 에돌아 닦아 올라가는 길이다.

5불환천에서 근기가 예리한 아나함과 성자가 색구경천의 '버리는 마음의 선정[捨心定]'의 마음 가운데서 무루의 인공(人空)[303]의 지혜를 일으켜 무색계 중의 36품사혹(思惑)을 다 끊어버리면, 지혜 광명이 원만히 두루 비쳐 3계를 초월하여 분단생사(分段生死)[304]를 벗어나 편공(偏空)[305]의 이치를 증득하여 곧바로 아라한이 될 수 있다. 여기서 작은 과위로 만족하지 않고 다시 더 나아가 크나큰 인[大因]을 닦아 보살승(菩薩乘)으로 들어가는데, 이와 같은 천인들을 '소승에서 대승보살도로 마음을 돌린[回心] 대아라한(大阿羅漢)'이라 한다(무색계는 색신이 없으므로 태어나는 일을 표현할 길이 없으며 신장은 없고 수명만 있다).

① 공무변처천

그런데 근기가 둔한 자가 만약 버리는 마음의 선정 가운데서 여전히 색(色)을 싫어하고 공(空)을 기뻐하여 색계의 몸이 장애가 되어 자재할 수 없음을 깨달아 공관(空觀)을 닦아가 색계의 몸을 소멸하여 무(無)로 돌아간다면, 역시 장애를 없애고 공(空)으로 돌아가 안주하는 것이니, 이 선정을 공무변처정(空無邊處定)이라 하고 그 과보로 태어나는 이와 같은 천인들의 세계를 공무변처천(空無邊處天)이라 한다(그 수명은 20,000 대겁이다. 공무변처지라하고 9품4혹이 있다).

② 식무변처천

장애였던 색(色)을 소멸한 뒤에, 의지하였던 그 장애가 없어진 공[無: 空] 또한 소멸하여서 그 가운데 제8아뢰야식만이 온전히 있고, 제7말나식은 그 절반이 밖으로 향하여 전6식을 아소(我所)로 집착하는데 이제

---

303 아공(我空)이라고도 한다. 아견(我見)에 의해 집착하는 것과 같은 실체로서의 자아, 즉 인아(人我)는 존재하지 않는다는 것.(역주)

304 미혹의 세계에서 헤매는 범부가 받는 생사로서 한정된 수명과 신체를 받고 윤회하는 것.(역주)

305 공(空)이라고 하는 하나의 극단에 치우친 것.(역주)

색이 이미 존재하지 않아 전6식이 소멸하였고 그 절반만 남아 안으로 향하여 아뢰야식의 견분(見分)을 자아로 집착하여 미세한 아상(我相)을 유지하는데, 이 선정을 식무변처정(識無邊處定)이라 하고 그 과보로 태어나는 이와 같은 부류의 천인들의 세계를 식무변처천(識無邊處天)이라 한다(그 수명은 40,000대겁이다. 식무변처지라하며 9품사혹이 있다).

③ 무소유처천

공무변처정은 색(色)을 소멸하고 공(空)으로 돌아간 것이요 식무변처정은 공(空)을 소멸하고 식(識)으로 돌아간 것이었는데, 이렇게 색과 공이 다 사라지고 나서 더욱 나아가 선정의 힘으로 아직 남아있는 그 절반의 말나식심을 조복하여 현행을 일으키지 않게 한다. 그리하여 말나식심이 활동을 멈추고 아뢰야식만이 여전히 남아 있는데 아뢰야식은 분별 작용이 있는 것이 아니기 때문에 이때에는 시방세계가 적연(寂然) 안온하여 다시 갈 곳이 없다. 그러므로 여기에 이르러서는 영원한 궁극의 안신입명처(安身立命處)로 삼고 앞으로 더 나아가지 않나니, 색(色)·공(空)·식심(識心) 세 가지가 없기에 이 선정을 무소유처정(無所有處定)이라 하고 그 과보로 태어나는 이와 같은 천인들의 세계를 무소유처천(無所有處天)이라 한다(그 수명은 60,000대겁이다. 무소유처지라 하며 9품사혹이 있다).

④ 비상비비상처천

말나식심이 활동을 멈추었지만 아뢰야식의 본성은 여래장성으로서 본래 항상 있으면서 적연부동(寂然不動)하고 그 기능은 끊어 없앨 수 없음에도 범부 천인들이 일체의 마음작용을 소멸한 멸진정(滅盡定)[306]의 힘으로써 허망하게 그것을 억지로 여여부동(如如不動)하게 하려하고 그 기능은 본래 다함이 없음에도 억지로 다하기를 추구한다. 그리하여 아

---

306 멸정(滅定). 멸수상정(滅受想定)이라고도 함.(역주)

뢰야식이 선정의 힘에 억눌려서, 있는 것 같지만 있지 않은 현상을 드러내고[非想: 非有想] 현행작용을 일으키지 않아 그 기능이 다한 것 같지만 실제로는 다하지 않은 현상을 드러내나니[非非想: 非非有想], 이 선정을 비상비비상처정(非想非非想處定)이라 하고 그 과보로 태어나는 이와 같은 천인들의 세계는 비상비비상처천(非想非非想處天)이라 한다(그 수명은 80,000대겁이다. 비상비비상처지라 하며 9품사혹이 있다).

이상 네 부류의 천인들은 모두 대상경계와 마음을 소멸시켜 둘 다 공하게 하였지만 결코 공의 이치의 극점에 도달한 것이 아니다. 범부와 외도는 인공(人空)의 도리를 깨닫지 못하고, 소과(小果)의 성자는 법공(法空)[307]의 이치에 도달하지 못하여 대상경계와 마음 그 당체(當體)가 그대로 공임을 알지 못하는데 어찌 소멸시킨 뒤에야 공하겠느냐!

만약 본래 5불환천에서 여래의 성도(聖道)를 닦다가 중간에 갑자기 미혹하여 공을 억지로 끝까지 궁구하고자, 그 인연으로 4공천으로 와서 태어난 자라면, 공을 궁구하는 그 힘을 타고 무색계의 4지사혹36품(四地思惑36品)을 다 끊고서야 아공(我空)의 이치를 증득하여 아라한을 이룰 수 있나니, 이와 같은 부류를 '소승에서 대승보살도로 마음을 돌리지 않은[不回心] 둔근(鈍根) 아라한'이라 한다(5불환천에서 닦아 소승에서 대승보살도로 마음을 돌린 대아라한보다 4공천으로 와서 태어나 도합 20만 대겁 동안 더 닦고서야 아라한과를 증득하기 때문에 둔근아라한이다).

그 다음으로, 만약 제4선천 중의 무상천과 광과천 이 외도천(外道天)들로부터 4공천에 와서 태어나 비상비비상처천에 도달하여서, 한결같이 공을 끝까지 궁구하면서 여래의 성도(聖道)로 되돌아갈 줄 모르고, 오직 유루의 선정만 닦고 유루천(有漏天)에 미혹되어 이를 무위(無爲)라

---

307 법무아(法無我)와 같음. 개인 존재의 여러 가지 구성요소가 실체성을 가지고 있다는 견해를 부정하는 것. 대상을 실체화하고 그에 받아들여지는 것을 그만두는 것.(역주)

고 생각하고는, 무루의 바른 지혜를 듣지 못하여 3계안에는 원래 안신입명(安身立命)할 곳이 없다는 것을 알지 못한 채 8만대겁이 지나 그 과보가 다하면, 스스로 추락하여 여전히 자기의 과거세의 업에 따라 윤회속으로 떨어져 6도에 유전한다.

아난아! 이상에서 성자가 거주하는 5불환천을 제외한 나머지인 6욕천·4선천·4공천 등의 각 천인들은 모두가 범부로서(미륵내원은 제외) 유루의 선업인 십선(十善)[308]과 8정(八定)[309] 등을 닦았기에 얻은 복락과보로서, 복보가 다하면 여전히 윤회에 떨어져 업에 따라 유전해야 한다. 그런데 각 천의 천왕은 모두 범부가 아니라 대승보살로서 삼매에 안주하여 신통으로 유희하면서 천왕의 자리를 빌려 중생을 제도하고 자기의 공덕을 성취한다. 그렇게 점차 그 수행증득을 증진하여 마침내 보리도과로 회향(回向)함으로써 성인(聖人)의 부류에 들어가고, 닦는 길은 능엄대정(楞嚴大定)의 미묘한 수행 노선으로서 그들은 이미 다시는 윤회에 떨어지지 않는다.

이상의 4공천이 무색계

아난아! 이상의 4공천의 천인들은 그 선정으로써 몸과 마음이 잠시다 소멸한 듯함[相似滅盡]을 얻어서 오직 선정[定]의 성품만 있고(선정 속에서는 정과색定果色이 있다) 선정 속에서 의보와 정보를 마음대로 변화시켜 자재하게 누린다. 선정에서 나올 때는 이미 욕계와 색계의 의보와 정보의 업과색(業果色)이 없으므로, 공무변처천으로부터 비상비비상처

---

308 십악(十惡)의 반대로서 다음의 열 가지 선한 행위를 말한다. ①살생을 하지 않는다 ②도둑질을 하지 않는다 ③부부이외의 음행을 하지 않는다 ④거짓말을 하지 않는다 ⑤꾸미는 말을 하지 않는다 ⑥악담을 하지 않는다 ⑦이간질하는 말을 하지 않는다 ⑧탐욕을 부리지 않는다 ⑨화를 내거나 미워하지 않는다 ⑩잘못된 견해를 갖지 않는다.(역주)

309 색계의 4선과 무색계의 4공정.(역주)

천까지를 통틀어 '무색계(無色界)'라 하느니라.

3계28천의 중생세계는 자기의 진심을 모르고 허망한 업을 쌓았기에 생겨났다

이상 말한 욕계·색계·무색계 이 3계의 일체 중생들은 모두 자기의 본래 미묘한 각성(覺性)이자 본래 밝은 진심은 청정하여 한 티끌도 오염되지 않았음을 알지 못하고, 한 생각 망상심이 움직인 뒤 미혹으로부터 미혹을 쌓고 허망으로써 허망을 좇아 허망한 업을 모아 쌓았기 때문에 괴로운 과보인 의보(依報)와 정보(正報)를 발생시켜 허망하게 3계의 모습이 있고, 그 3계 가운데서 허망하게 일곱 갈래의 중생세계를 따라서 표류하면서 태어나고 죽기를 반복하되 각자의 업인에 따라 각 부류의 과보를 받아 쉴 수가 없느니라.

(7) 아수라세계

그 다음으로 아난아! 이 3계 가운데는 또 네 종류의 아수라(阿修羅)의 부류가 있다. 첫째 종류는, 아귀세계 중에서 착한 서원과 착한 마음으로 불법을 옹호하고 그 선업(善業)의 힘으로 아귀세계를 버리고 신통을 타고서 허공계(虛空界)에 들어간다. 이러한 아수라는 알[卵]에서 태어나며 난생은 허공을 날아다닌다. 그 원인 과보가 귀(鬼)의 모습 부류가 되는데 비록 허공계에서 거주하여도 여전히 아귀세계의 부류에 속한다.

둘째 종류는, 만약 천인세계에서 범행이 좀 줄어들고 정욕이 좀 무거워 덕을 잃게 되어 강등 추락하여 아수라가 된 경우이니, 복보가 천인과 비슷하고 거주하는 곳도 서로 대등하며 거주하는 곳이 일월궁(日月宮)을 이웃으로 한다. 이러한 아수라는 태(胎)에서 태어나는데 태는 정(情)으로 말미암아 있으며 정욕이 사람과 같으므로 비록 천상에 거주하지만 인간세계의 부류에 속한다.

셋째 종류는, 어떤 아수라왕은 복보가 천인과 서로 같아서 귀신을 부릴 수 있고, 인간의 화복(禍福)을 좌우할 수 있으며, 신통력이 천상계를 훤히 알아 두려워할 바가 없으며, 대범천왕이나 도리천주와 권력을 다툴 수 있다. 이러한 아수라는 변화[化]로 인하여 있으므로 천인세계의 부류에 속한다.

아난아! 이 밖에 따로 한 등급 낮은 아수라가 있으니, 큰 바다의 중심에 태어나 깊은 수혈구(水穴口)에 잠겨 있으면서 낮에는 허공을 돌아다니고 밤에는 물로 돌아와서 잠을 잔다. 이러한 아수라는 습기[濕]로 태어나므로 축생세계의 부류에 속한다.

총결론 : 진심에서 보면 일곱 갈래의 중생세계는 모두 허공꽃, 보리를 증득하려면 살생 · 도둑질 · 음행을 끊어야 한다

아난아! 이와 같은 지옥 · 아귀 · 축생 · 인간 · 천인 · 신선 그리고 아수라 등 일곱 갈래의 중생세계에 대하여 올바른 지혜로 정밀하게 관찰 연구해보면, 그들이 상승 추락 왕복하는 까닭은 중생 자신의 마음이 혼침하고 어두운 무명혹이 일으킨 유위(有爲)의 업상(業相)들로서, 망상(妄想)을 따라서 태어나게 되고 망상을 따라서 업을 짓고 그 과보를 받는 것이다. 그러나 본래 미묘하고 청정하며 원만하고 밝으며 조작이 없는 진심(眞心)의 입장에서 보면, 모두다 허공꽃과 같아서 그 자리에서 나타나고 그 자리에서 사라져서 본래 추적할 수 있는 행방이 없다. 그 전부가 단지 하나의 허망한 명상(名相)[310]에 지나지 않을 뿐이므로 다시 그 근본도 실마리도 찾을 수 없느니라.

아난아! 이러한 중생들이 일곱 갈래의 세계에 윤회하면서 무량겁을 지나도록 진정한 청정함을 얻을 수 없는 까닭은, 모두 본래 있는 미묘하고 밝은 진심을 알지 못하고 살생 · 도둑질 · 음행을 따르기 때문이

---

310 개념. 명칭과 현상.(역주)

다. 이 세 가지를 따르지 않고 거스른다면 살생·도둑질·음행이 없다. 그 세 가지를 따르면 3악(三惡)을 이루어 지옥·아귀·축생의 세계인 3악도(三惡道)에 타락하지만, 거스른다면 3선(三善)을 이루어 천인·인간·아수라·신선의 세계인 4선도(四善道)로 돌아가나니, 이렇게 선과 악에서 모두 벗어날 기약이 없이 그에 따르고 거스름이 서로 번갈아가면서 멈추지 못하므로 윤회성(輪回性)이 일어나는 것이다.

만약 인연이 갖추어져 수능엄(首楞嚴) 삼매를 미묘하게 발명하여 비추어본다면, 본래 미묘한 성품이 항상 고요한 여래장 가운데는 세 가지 악업의 '있음'과 '없음'이 둘 다 없으며, 심지어 그 '둘 다 없다는 것'조차도 사라졌다. 이와 같이 비추어보면 진여본성과 자기의 청정한 마음 가운데는 '살생하지 않고·도둑질하지 않고·음행을 하지 않는' 등의 청정한 모습조차도 찾을 수 없는데 이와 같은 사람이 또 어떻게 범부와 외도를 따라 살생·도둑질·음행 등의 악업을 짓겠느냐?

아난아! 중생이 살생·도둑질·음행의 세 가지 업을 끊지 못하기에 각자 별업(別業)을 짓고, 각자 짓는 별업이 있으므로 대중의 별업이 서로 같을 때는 일정한 처소가 없는 것이 아니다. 그러므로 업을 지음은 비록 개별적이지만 과보를 받음은 같은 것이다. 그러나 일곱 갈래의 중생세계의 과보는 모두 자기의 마음에서 최초에 한 생각 망상심이 움직여 상속하였기에 생겨난 것이지 결코 마음 밖에 실재의 경계가 있는 것이 아니다. 이런 허망한 경계를 생겨나게 함에도 실재하는 그 원인이 없어 찾아낼 수 없느니라.

너는 진실한 수행자를 격려하기를, 무상의 보리를 증득하고자 한다면 반드시 살생·도둑질·음행 이 세 가지는 모두 진성(眞性)을 미혹시킬 수 있으며 윤회의 근본임을 알아, 마땅히 먼저 이 세 가지 미혹을 없애야 한다 하라. 만약 세 가지 미혹을 다 없애지 못한다면 비록 선정의 힘으로써 상사(相似) 신통을 얻었다 할지라도 모두 세간의 유위(有爲) 유루(有漏)의 수행공력 효과[功用]이지 출세간의 조작이 없는 미묘한 힘으로 성취한 것이 아니다. 세 가지 미혹의 습기를 없애지 않았다면 경계를 대할 때 다시 일어나니 비록 높은 경지에 도달하였더라도 마침내는 반드시 천마외도(天魔外道)에 떨어진다. 천마외도에 떨어졌다면 근본적으로 이미 정념(正念)이 완전히 없는 것이니, 비록 수행하여 허망을 없애고 싶어도 허망으로 허망을 좇아 허위(虛僞)를 배로 더할 뿐이다. 그러므로 여래는 말하기를, "그들은 가장 가련한 부류이다."라고 한다. 그러나 네가 경험한 갖가지 허망 경계는 모두 네 자신의 망심(妄心)이 지은 것이지 보리의 잘못이 아니다.

이렇게 사람들에게 수행하도록 가르치는 것은 부처를 대신하여 교화하는 것으로 정설(正說)이라고 한다. 만약 이와 다르게 설하여, 살생·도둑질·음행은 진정한 수행에 방해가 되지 않으므로 끊어 없앨 필요가 없다는 등으로 설하는 것은 바로 마왕의 사설(邪說)이니라.

即時如來將罷法座。於師子牀, 攬七寶几, 迴紫金山, 再來凭倚。普告大衆及阿難言。汝等有學緣覺聲聞, 今日迴心趣大菩提無上妙覺。吾今已說眞修行法。汝猶未識修奢摩他毗婆舍那微細魔事。魔境現前, 汝不能識。洗心非正, 落於邪見。或汝陰魔。或復天魔。或著鬼神。或遭魍魅。心中不明, 認賊爲子。又復於中得少爲足。如第四禪無聞比丘, 妄言證聖。天報已畢, 衰相現前。謗阿羅漢身遭後有, 墮阿鼻獄。汝應諦聽。吾今爲汝仔細分別。阿難起立, 幷其會中同有學者, 歡喜頂禮, 伏聽慈誨。佛告阿難及諸大衆。汝等當知。有漏世界十二類生, 本覺妙明覺圓心體, 與十方佛無二無別。由汝妄想迷理爲咎, 癡愛發生。生發徧迷, 故有空性。化迷不息, 有世界生。則此十方微塵國土, 非無漏者, 皆是迷頑妄想安立。當知虛空生汝心內, 猶如片雲點太清裏。況諸世界在虛空耶。汝等一人發眞歸元, 此十方空皆悉銷殞。云何空中所有國土而不振裂。汝輩修禪飾三摩地。十方菩薩, 及諸無漏大阿羅漢, 心精通吻, 當處湛然。一切魔王及與鬼神諸凡夫天, 見其宮殿無故崩裂。大地振坼水陸飛騰, 無不驚慴。凡夫昏暗, 不覺遷訛。彼等咸得五種神通, 唯除漏盡, 戀此塵勞。如何令汝摧裂其處。是故鬼神, 及諸天魔, 魍魎妖精, 於三

昧時, 僉來惱汝。然彼諸魔雖有大怒。彼塵勞內。汝妙覺中。如風吹光, 如
刀斷水, 了不相觸。汝如沸湯, 彼如堅冰, 煖氣漸鄰, 不日銷殞。徒恃神力, 但
爲其客。成就破亂, 由汝心中五陰主人。主人若迷, 客得其便。當處禪那, 覺
悟無惑, 則彼魔事無奈汝何。陰銷入明, 則彼群邪咸受幽氣。明能破暗, 近自
銷殞。如何敢留, 擾亂禪定。若不明悟, 被陰所迷。則汝阿難必爲魔子, 成就
魔人。如摩登伽, 殊爲眇劣。彼唯咒汝, 破佛律儀。八萬行中, 祇毀一戒。心
清淨故, 尙未淪溺。此乃隳汝寶覺全身。如宰臣家, 忽逢籍沒。宛轉零落, 無
可哀救。

제7장
불법의 선정과 지혜를 닦아 익히는
과정 중의 잘못과 갈림길

자성이 공한[性空] 정각에 대한 기본 인식

부처님이 말씀하셨다. "온갖 중생의 영묘하고 밝은 자성 본각 진
심은 본래 원만한 것이다. 시방의 모든 부처님들과 둘이 없고 다름
이 없다. 중생들은 이 진리를 미혹하였기에 변상(變相)작용인 망심
이 있게 되어 어리석은 미혹[癡迷]과 탐애(貪愛)[311]가 발생한다. 어리
석은 미혹과 탐애가 생겨난 뒤에는 자성 본각의 밝음을 두루 덮어
버린다. 그래서 자성 진공(眞空)이 미망(迷妄)하여 쉬지 않고 변화하
여 세계만유의 가지각색의 갖가지 존재를 형성한다. 그러므로 이

---

311 욕애(欲愛), 유애(有愛), 무유애(無有愛).(역주)

시방세계 안에 모든 물질적 정신적 존재로서 무루과(無漏果)를 아직 얻지 못한 사람이라면, 모두 완고한 성질의 망상에 어리석게 미혹하여 생존 성장해 간다. 마땅히 알아야한다, 허공이 네 마음(자성 본각의 진심)속에서 생겨남이 마치 조각구름 하나가 허공에 점을 찍는 것과 같은데, 하물며 모든 세계들이 허공에 있음에야 더 말할 나위가 있겠느냐! 만약 어떤 사람이 진심 자성을 증오(證悟)하여 자성 본원의 체(體)로 되돌아간다면, 이 시방의 허공은 완전히 소멸한다. 이른바 허공이 가루처럼 부서지고 대지가 평평히 가라앉아버린다[虛空粉碎, 大地平沉]. 단지 모든 범부는 지혜가 어둡기 때문에 그것이 변천하는 흔적을 깨닫지 못한다. 만약 이미 과위를 증득한 보살이나 아라한 등이라면 피차 진심의 정령[心精]이 서로 통하면서 그 자리가 고요하고 청정하다. 그러나 기타의 귀신, 천마, 정령, 요괴의 무리들은 자연히 불안을 느끼고 너를 향하여 쉬지 않고 교란하려 할 것이다.

그들이 비록 진노(震怒)하여 너를 향해 교란하더라도 그들은 진로(塵勞)번뇌 속에 있어서, 네가 만약 영명한 묘각의 자성 적조(寂照)[312] 중에 있을 수 있다면, 마치 바람이 빛에 불고 칼이 물을 자르는 것과 같아서 마침내 서로 닿지 못한다. 너는 마치 끓는 물 같고 저것은 단단한 얼음과 같아서 따뜻한 기운이 점점 닿으면 얼마 지나지 않아서 녹아서 사라진다[如風吹光, 如刀斷水, 了不相觸. 汝如沸湯, 彼如堅冰. 暖氣漸鄰, 不日銷殞]. 그들이 비록 신통의 힘에 의지하더라도, 외부의 손님이 와서 시끄럽게 하여 주인을 빼앗고 싶어 하는 것과 같은데, 성취하느냐 파괴되어 어지러워 질 수 있느냐는 온통 네 마음 가운데의 5음(五陰) 주인에 달려있다. 만약 자기의 마음 가운데서 집착

---

312 고요한 진리 본체와 밝게 비추는 지혜 작용. 전자는 이치로서 진여이고, 후자는 지혜로서 마음이다.(역주)

미혹하여 자기가 주인이 될 수 없다면, 밖에서 온 객사(客邪)가 이용할 기회[方便]를 얻게 될 것이다. 만약 선정 경계 속에서 그 즉시 미혹하지 않을 수 있다면, 많은 마구니들이 어지럽게 춤추더라도 너를 어떻게 하지 못할 것이다. 그렇지 않고 그것에 미혹되면 마도에 떨어지고, 마침내 형체와 정신이 함께 소멸하게 될 것이니 슬프지 않겠느냐!

(이하는 선정을 닦아 익히는 공부과정 중에서 정신에서 발생하는 심리와 생리의 변화를 자기가 이미 도를 얻은 것으로 오인하여 환각이나 착각의 마구니 경계에 붙게 됨을, 우리 부처님께서 자비롭기 때문에 하나하나 분석한 것이다)

阿難當知。汝坐道場，　銷落諸念。其念若盡，　則諸離念一切精明。動靜不移。憶忘如一。當住此處入三摩提。如明目人，處大幽暗，精性妙淨，心未發光。此則名爲色陰區宇。若目明朗，十方洞開，無復幽黯，名色陰盡。是人則能超越劫濁。觀其所由，堅固妄想以爲其本。

阿難。當在此中精研妙明，四大不織，少選之間，身能出礙。此名精明流溢前境。斯但功用暫得如是，非爲聖證。不作聖心，名善境界。若作聖解，即受群邪。

阿難。復以此心精研妙明，其身內徹。是人忽然於其身內，拾出蟯蛔。身相宛然，亦無傷毀。此名精明流溢形體。斯但精行暫得如是，非爲聖證。不作聖心，名善境界。若作聖解，即受群邪。

又以此心內外精研。其時魂魄意志精神，除執受身，餘皆涉入，互爲賓主。忽於空中聞說法聲。或聞十方同敷密義。此名精魄遞相離合，成就善種。暫得如是，非爲聖證。不作聖心，名善境界。若作聖解，即受群邪。

又以此心澄露皎徹，內光發明。十方徧作閻浮檀色。一切種類化爲如來。於時忽見毗盧遮邪，踞天光臺，千佛圍繞，百億國土及與蓮華，俱時出現。此名心魂靈悟所染，心光研明，照諸世界。暫得如是，非爲聖證。不作聖心，名善境界。若作聖解, 即受群邪。

又以此心精研妙明, 觀察不停, 抑按降伏, 制止超越。於時忽然十方虛空, 成七寶色, 或百寶色。同時徧滿, 不相留礙。靑黃赤白, 各各純現。此名抑按功力逾分。暫得如是, 非爲聖證。不作聖心, 名善境界。若作聖解, 即受群邪。

又以此心研究澄徹, 精光不亂。忽於夜半, 在暗室內, 見種種物, 不殊白晝。而暗室物, 亦不除滅。此名心細, 密澄其見, 所視洞幽。暫得如是, 非爲聖證。不作聖心, 名善境界。若作聖解, 即受群邪。

又以此心圓入虛融, 四體忽然同於草木, 火燒刀斫, 曾無所覺。又則火光不能燒爇。縱割其肉, 猶如削木。此名塵倂, 排四大性, 一向入純。暫得如是, 非爲聖證。不作聖心, 名善境界。若作聖解, 即受群邪。

又以此心成就淸淨, 淨心功極, 忽見大地十方山河皆成佛國, 具足七寶, 光明徧滿。又見恒沙諸佛如來徧滿空界, 樓殿華麗。下見地獄, 上觀天宮, 得無障礙。此名欣厭凝想日深, 想久化成。非爲聖證。不作聖心, 名善境界。若作聖解, 即受群邪。

又以此心研究深遠。忽於中夜, 遙見遠方市井街巷, 親族眷屬, 或聞其語。此名迫心逼極飛出, 故多隔見。非爲聖證。不作聖心, 名善境界。若作聖解, 即受群邪。

又以此心研究精極。見善知識, 形體變移。少選無端種種遷改。此名邪心含受魑魅。或遭天魔入其心腹。無端說法,　通達妙義。非爲聖證。不作聖心, 魔事銷歇。若作聖解, 即受群邪。

阿難。如是十種禪那現境, 皆是色陰用心交互, 故現斯事。衆生頑迷, 不自忖量。逢此因緣, 迷不自識, 謂言登聖。大妄語成, 墮無間獄。汝等當依如來滅後, 於末法中宣示斯義。無令天魔得其方便。保持覆護, 成無上道。

색음(色陰) 구역
생리와 심리 상호변화 범주의 마구니 경계

부처님이 말씀하셨다. "선정 정려(靜慮) 중에서 온갖 잡념이 소멸하여서, 만약 잡념이 정말로 다 떠나 남아있지 않다면, 내심은 언제 어디서나 깨어있어 또렷이 알면서[精明了然], 활동[動] 중이거나 멈추어있는[靜] 중이거나 자연히 바뀌지 않으며, (그 경계를 유지하기 위하여 애써/역자보충) 기억하든[憶念] 아니면 (그럴 필요가 없이) 잊어버리든 [忘念] 역시 마찬가지로 그 경계 속에 있다. 네가 이런 선정 경계에 머물러 있음은, 마치 눈을 뜨고 있는 어떤 사람이 깊고 어두운 방속에 처해 있는 것과 같다. 자성 진심의 정령[心精]은 영묘하고 청정하지만, 그러나 진심은 아직 광명이 발생하지 않았다. 이런 경계를 색음 구역이라고 한다. 만약 눈을 뜨고 말끔히 개임[晴明]을 보는 것과 같이 시방세계가 훤히 열려 막힘이 없어 더 이상 다시 깊숙하고 어두침침한[幽暗] 존재가 없다면 색음(色陰)이 다했다고 이름 한다. 이 사람은 겁탁(劫濁)[313]을 초월할 수 있다. 하지만 만약 이런 유래를 자세히 관찰해보면 역시 견고(堅固)한 망상이 그것의 근본 작용이 되기 때문이다.

(이하 색음 구역의 열 가지 마구니 경계를 열거하며 부처님은 모두 말씀하시기를, '결코 이미 성도를 증득한 것이 아니다. 만약 마음속에서 성인의 경계를 증득한 것이라고 인정하지 않으면, 그것은 좋은 경계이다. 만약 이게 바로 성인의 경계를 증득한 것이라고 여긴다면 삿된 것들에 떨어지게 될 것이다'라고 한다)

① 색음 구역에서 그 색음의 현묘하고 영명함을 정성스럽게 연구해가면, 자기의 이 4대의 몸이 갑자기 굴레를 벗어난 것처럼 느낀다. 잠간 동안에 몸이 장애를 벗어나 유유자적할 수 있다. 이것은

---

313 멸겁(滅劫) 인간 수명 2만세 때부터 겁탁이다. 5탁의 하나로서 시대의 혼탁하고 어지러운 것을 말한다. 겁탁(劫濁)·견탁(見濁)·번뇌탁(煩惱濁)·중생탁(衆生濁)·명탁(命濁)의 5탁 가운데 번뇌탁 등 4탁이 일어날 때를 가리킨다. 법화경 방편품에 말한다. '겁탁이 어지러울 때 중생의 번뇌가 무겁다[劫濁亂時, 衆生垢重].'

정명(精明)이 눈앞에 흘러넘친 경계이다. 단지 수행공력 효과[功用]의 현상으로서 잠시 이와 같음을 얻었을 뿐이니 집착하지 않아야 옳다.

② 또 이 마음이 현묘하고 영명함을 정성스럽게 연구하기 때문에 몸 안의 온갖 것을 철저하게 볼 수 있고, 자기가 몸 내부에서 요충이나 회충 등의 벌레를 집어낼 수 있다. 하지만 자기 몸은 여전히 편안하면서 병이 없으며 손상을 입지도 않을 것이다. 이것은 정명이 몸으로 흘러넘친 것으로, 단지 정성스럽게 전일하게 수행한 탓일 뿐이다. 잠시 이와 같음을 얻었을 뿐이니 집착하지 않아야 옳다.

③ 또 이 마음이 안과 밖을 향해 정성스럽게 연구하기 때문에, 그때에 혼백과 의지와 정신은 이 몸을 틀어쥘 수 있는 것 이외에도 그 나머지 곳도 모두 서로 드나들 수[涉入] 있다. 뿐만 아니라 서로 주인과 객이 될 수 있다. 이때에 홀연히 공중에서 설법하는 소리를 듣게 되거나 혹은 시방 허공중에서 동시에 어떤 사람이 오묘한 지극한 이치를 강연하고 있는 것을 들을 수 있다. 이것은 정신과 혼백이 서로 분리되어 다른 정신과 혼백과 서로 화합하는 작용으로서, 일종의 선근도 성취할 수 있다. 잠시 이와 같음을 얻었을 뿐이니 집착하지 않아야 옳다.

④ 또 이 마음의 맑고 밝음 때문에 자기 마음의 광명이 드러나 시방세계가 모두 자금색(紫金色) 광명으로 변한 것을 보게 된다. 온갖 물건이 부처님 몸으로 변화한다. 그때에 비로자나불이 허공중의 광대(光臺) 위에 앉아 있고 1천 부처님이 둘러싸고 있으며, 허공중의 무수한 국토와 연꽃이 모두 동시에 출현한다. 이것은 마음의 혼(魂)

에서[314] 신령한 깨달음[心魂靈悟]이 평시에 들었던[315] 습염(習染)을 불러일으킨 경계로서, 자기 마음의 광명이 일어나 온갖 세계를 비추기 때문이다. 잠시 이와 같음을 얻었을 뿐이니 집착하지 않아야 옳다.

⑤ 또 이 마음이 그 영명하고 허묘함을 정성스럽게 연구하기 때문에 줄곧 멈추지 않고 관찰 작용을 일으키고 있다. 지나치게 억제하여 눌러서 망념을 항복받고 싶어 한다면, 자연히 제지(制止)하는 작용을 초월하는 서로 반대되는 힘을 불러일으킬 수 있다. 그래서 갑자기 시방의 허공을 보는 동시에 시방의 허공이 일곱 가지 보배나 혹은 백가지 보배의 광색으로 변한 것을 볼 수 있다. 파란색 노란색 붉은색 흰색이 각자 나타나면서 서로가 장애가 되지 않는다. 이것은 억제하여 누르는 공력이 너무 지나치게 힘을 쓴 탓으로 나타난 현상이다. 잠시 이와 같음을 얻었을 뿐이니 집착하지 않아야 옳다.

⑥ 또 이 마음이 연구하기를 철저하게 맑은 경계에까지 이르면 자기 마음의 정광(精光)이 다시 산란하여 망동하지 않는다. 한 밤중 어두운 방에서 있음이 대낮과 같아서 갑자기 갖가지 물상을 볼 수 있다. 뿐만 아니라 어두운 방안의 물건들이 그대로 있다. 이것은 이 마음의 기능작용[功用]이 세밀한 탓이다. 그러기 때문에 능히 보는 기능으로 하여금 맑아지게 하여 그것으로 하여금 깊숙하고 어두침침한 속의 현상을 훤히 볼 수 있게 할 수 있다. 잠시 이와 같음을 얻었을 뿐이니 집착하지 않아야 옳다.

---

314 이제 정력(定力)의 힘으로 말미암아.(역주)
315 경전 가르침의.(역주)

⑦ 또 이 마음이 원통(圓通)과 들어맞고[契合] 허무(虛無)와 서로 융화하여, 사지(四肢)가 초목처럼 느껴진다. 불로 태우고 칼로 찍어도 감각이 없다. 불로 그 몸을 태워도 뜨거워지지 않고 칼로 그의 사지를 베면 마치 나무를 깎고 쪼개는 것 같다. 이것은 생리 본능의 물리 진성(塵性)의 병합(併合)이, 지수화풍 4대 종성을 배제해버리고 계속 나아가 순일한 현상으로 들어간 것이다. 잠시 이와 같음을 얻었을 뿐이니 집착하지 않아야 옳다.

⑧ 또 이 마음이 청정한 과위를 성취하도록 힘써 추구하여 청정한 마음의 공력이 극점에 도달하면, 갑자기 시방의 대지산하(大地山河)가 모두 불국토로 변하고, 아울러 일곱 가지 보배를 다 갖추고 있으며 각 색깔의 광명이 허공 속에 두루 가득한 것을 보게 된다. 동시에 또 무수한 부처님들이 허공 사이에 두루 가득하며 모두 대단히 화려한 누각 전당이 있는 것을 보게 된다. 뿐만 아니라 아래로는 지옥을 보고 위로는 천당을 보되 모두 장애가 없다. 이것은 평소에 불국토의 수승한 경치를 기뻐하고 그리워하고 인간의 5탁악세[濁世]를 싫어한 생각이 응결된 것이다. 날이 가고 달이 가서 응결된 생각이 오래되면 정신이 변화하여 이런 현상을 이룬다. 잠시 이와 같음을 얻었을 뿐이니 집착하지 않아야 옳다.

⑨ 또 이 마음이 연구하기를 심원(深遠)한 극점에 이르면, 홀연히 한 밤중에 먼 곳의 저자 거리나 골목이나 친족이나 권속 등의 사람을 볼 수 있다. 심지어는 그들의 말까지도 들을 수 있다. 이것은 공부[用功]를 급하고 간절하게 하여 이 마음을 너무 지나치게 다그쳐서 정신[心神]을 날아 나오게 하였기 때문에, 멀리 떨어져 있어도 장애를 받지 않고 모든 것을 볼 수 있는 것이다. 잠시 이와 같음을 얻

었을 뿐이니 집착하지 않아야 옳다.

⑩ 또 이 마음이 연구하기를 치밀함[精細]의 극점에 이르면 선지식의 형체가 고정되지 않고 바뀌는 것을 보게 되는데, 찰나사이에 까닭 없이 갖가지 바뀜이 있음을 본다. 이것은 삿된 마음이 도깨비[魑魅]를 머금고 받아들이거나 혹은 천마(天魔)가 심장에 들어온 것을 만난 것이다. 심지어 까닭 없이 설법을 하고 온갖 묘한 의미에 통달한다. 자기가 이미 성인의 마음을 증득했다고 여기지 않는다면, 이런 마구니 방해는 점점 소멸되어 쉴 것이며 집착하지 않아야 옳다.

이상 말한 열 가지 선정중의 경계 현상은 모두, 생리와 심리가 물리와 교감하여 서로 변한 것이기 때문에, 이런 상황이 나타나는 것이다. 중생들은 미혹으로 완고하며 무지하여 스스로 숙고하지 않기 때문에, 이런 현상을 만나게 되면 미혹하여 자기가 알지 못하고 스스로 말하기를 자기가 이미 성인의 지위에 올랐다고 한다. 그래서 대망어(大妄語)가 되어서 결과적으로 무간지옥에 떨어진다. 내가 열반한 뒤에 여러분들은 마땅히 내 가르침에 의지하여 말법시기에 그 속의 의미와 이치를 널리 알려 천마가 이용할 기회를 얻지 못하게 하라. 그리고 닦고 배우는 일반 사람들로 하여금 무상대도를 이룰 수 있도록 보호하고 붙들어 주어라."

阿難。彼善男子, 修三摩提奢摩他中色陰盡者, 見諸佛心, 如明鏡中顯現其像。若有所得而未能用。猶如魘人, 手足宛然, 見聞不惑, 心觸客邪而不能動。此則名爲受陰區宇。若魘咎歇, 其心離身, 返觀其面, 去住自由, 無復留礙, 名受陰盡。是人則能超越見濁。觀其所由, 虛明妄想以爲其本。

阿難。彼善男子, 當在此中得大光耀。其心發明, 內抑過分。忽於其處發無窮悲。如是乃至觀見蚊蟲, 猶如赤子, 心生憐愍, 不覺流淚。此名功用抑摧過越。悟則無咎, 非爲聖證。覺了不迷, 久自銷歇。若作聖解, 則有悲魔入其心腑。見人則悲, 啼泣無限。失於正受, 當從淪墜。

阿難。又彼定中諸善男子, 見色陰銷, 受陰明白。勝相現前, 感激過分。忽於其中生無限勇。其心猛利, 志齊諸佛。謂三僧祇, 一念能越。此名功用陵率過越。悟則無咎, 非爲聖證。覺了不迷, 久自銷歇。若作聖解, 則有狂魔入其心腑。見人則誇, 我慢無比。其心乃至上不見佛, 下不見人。失於正受, 當從淪墜。

又彼定中諸善男子, 見色陰銷, 受陰明白。前無新證, 歸失故居。智力衰微, 入中隳地, 迥無所見。心中忽然生大枯渴。於一切時沈憶不散。將此以爲勤精進相。此名修心無慧自失。悟則無咎, 非爲聖證。若作聖解, 則有憶魔入其心腑。且夕撮心, 懸在一處。失於正受, 當從淪墜。

又彼定中諸善男子, 見色陰銷, 受陰明白。慧力過定, 失於猛利。以諸勝性懷於心中, 自心已疑是盧舍那, 得少爲足。此名用心亡失恒審, 溺於知見。悟則無咎, 非爲聖證。若作聖解, 則有下劣易知足魔, 入其心腑。見人自言我得無上第一義諦。失於正受, 當從淪墜。

又彼定中諸善男子, 見色陰銷, 受陰明白。新證未獲, 故心已亡。歷覽二際, 自生艱險。於心忽然生無盡憂。如坐鐵牀, 如飲毒藥, 心不欲活。常求於人令害其命, 早取解脫。此名修行失於方便。悟則無咎, 非爲聖證。若作聖解, 則有一分常憂愁魔, 入其心腑。手執刀劍, 自割其肉, 欣其捨壽。或常憂愁, 走入山林, 不耐見人。失於正受, 當從淪墜。

又彼定中諸善男子, 見色陰銷, 受陰明白。處清淨中, 心安隱後, 忽然自有無限喜生。心中歡悅, 不能自止。此名輕安無慧自禁。悟則無咎, 非爲聖證。若作聖解, 則有一分好喜樂魔, 入其心腑。見人則笑。於衢路傍自歌自舞。自謂已得無礙解脫。失於正受, 當從淪墜。

又彼定中諸善男子, 見色陰銷, 受陰明白。自謂已足, 忽有無端大我慢起。如是乃至慢與過慢, 及慢過慢, 或增上慢, 或卑劣慢, 一時俱發。心中尙輕十方如來。何況下位聲聞緣覺。此名見勝無慧自救。悟則無咎, 非爲聖證。若作聖解, 則有一分大我慢魔, 入其心腑。不禮塔廟, 摧毀經像。謂檀越言, 此是金銅, 或是土木。經是樹葉, 或是氎華。肉身眞常, 不自恭敬, 卻崇土木, 實爲顚倒。其深信者, 從其毀碎, 埋棄地中。疑誤衆生入無間獄。失於正受, 當從淪墜。

又彼定中諸善男子, 見色陰銷, 受陰明白。於精明中, 圓悟精理, 得大隨順。其心忽生無量輕安。已言成聖得大自在。此名因慧獲諸輕淸。悟則無咎, 非爲聖證。若作聖解, 則有一分好輕淸魔, 入其心腑。自謂滿足, 更不求進。此等多作無聞比丘。疑誤衆生, 墮阿鼻獄。失於正受, 當從淪墜。

又彼定中諸善男子, 見色陰銷, 受陰明白。於明悟中得虛明性。其中忽然歸向永滅。撥無因果, 一向入空。空心現前, 乃至心生長斷滅解。悟則無咎, 非爲聖證。若作聖解, 則有空魔入其心腑。乃諦持戒, 名爲小乘。菩薩悟空, 有何持犯。其人常於信心檀越, 飮酒噉肉, 廣行婬穢。因魔力故, 攝其前人不生疑謗。鬼心久入, 或食屎尿與酒肉等。一種俱空, 破佛律儀, 誤入人罪。失於正受, 當從淪墜。

又彼定中諸善男子, 見色陰銷, 受陰明白。味其虛明深入心骨。其心忽有無限愛生。愛極發狂, 便爲貪欲。此名定境安順入心, 無慧自持, 誤入諸欲。悟則無咎, 非爲聖證。若作聖解, 則有欲魔入其心腑。一向說欲爲菩提道。化諸白衣平等行欲。其行婬者, 名持法子。神鬼力故, 於末世中攝其凡愚, 其數至百。如是乃至一百二百, 或五六百多滿千萬。魔心生厭, 離其身體。威德旣無, 陷於王難。疑誤衆生, 入無間獄。失於正受, 當從淪墜。

阿難。如是十種禪那現境, 皆是受陰用心交互, 故現斯事。衆生頑迷, 不自忖量。逢此因緣, 迷不自識, 謂言登聖。大妄語成, 墮無間獄。汝等亦當將如來語, 於我滅後傳示末法。徧令衆生開悟斯義。無令天魔得其方便。保持覆護, 成無上道。

수음(受陰) 구역
감각 변환(變幻) 범주의 마구니 경계

부처님이 말씀하셨다. "지관(止觀)이나 선정을 닦는 지정(止定) 경계 속에서 색음(色陰)이 이미 다한 자가 심신의 물리적인 상호변화가 깨끗이 다하고 나면, 모든 부처님들의 마음이 마치 밝은 거울 가운데 영상이 드러난 것과 같음을 보는데, 얻는 바가 있는 듯 하면서도 작용을 일으킬 수 없다. 마치 잠을 자면서 꿈에 마귀에게 가위눌린 사람이 손과 발은 분명히 존재하고 보고 듣는 성능[性]도 미혹하지 않지만 이 마음만은 객사(客邪)에 가위눌려 움직일 수 없는 것과 같다. 이런 경계를 수음(受陰) 구역이라고 이름 한다. 예컨대 마귀에게 가위 눌린 사람이 그 가위 누르는 힘이 소멸되어 쉬면, 그 마음이 곧 몸을 떠나 그 얼굴을 돌아볼 수 있으며, 오고 가고 머무름이 자재하면서 걸리는 곳이 없는데, 이를 수음이 다한 것이라고 한다. 이 사람은 견탁(見濁)을 초월할 수 있다. 하지만 이런 까닭을 자세히 관찰해보면 역시 망상의 허명함[虛明]이 그것의 근본 작용이 되기 때문이다.

① 이러한 선정 경계 속에 있는 사람이 대광명의 비춤을 얻고 그 마음에는 발명한 바가 있다. 내심에서 지나치게 억제하기 때문에 이 경계에서 무궁한 비심(悲心)을 일으키게 된다. 심지어 꾸물거리는 모기나 등에를 보아도 마치 자기의 어린애인양 마음속에서 연민이 일어나면서 자기도 모르게 눈물이 흐른다. 이것은 공부[用功]가 너무 지나치게 억제하였기 때문이다. 그런 줄 깨달으면 허물이 없으며, 결코 진정으로 성과를 증득한 것은 아니다. 깨달아서 미혹하지 않기만 하면, 오래 하다보면 자연이 녹아 그칠 것이다. 만약 견해 면에서 이것이 곧 이미 도를 얻은 성인의 경계라고 여긴다면, 슬퍼하는 마구니[悲魔]가 그 심장에 들어가 사람만 보면 슬퍼하고 한없이 울 것이며, 이로부터 삼매[正受]를 잃고 타락[淪墜]에 이르게 된

다.

② 또 선정 속에 있는 사람이 자기가 색음이 다 녹고 수음이 명백한 것을 본다. 수승한 모습이 나타나는데 지나치게 감격하면 갑자기 이 사이에서 무한한 용기가 일어나며, 그 마음이 맹렬하고 날카롭기가 견줄 바가 없고 그 뜻이 모든 부처님들과 같으면서 여기기를 삼대아승기겁(三大阿僧祇劫)을 자신은 이미 한 생각 사이에 초월할 수 있다고 한다. 이런 경계는 공부가 급하여 도리를 넘고[陵越] 경솔함이 지나친 것이라고 이름 한다. 그런 줄 깨달으면 허물이 없으며, 이런 경계가 결코 진정으로 성과를 증득한 것이 아님을 곧 알수 있다. 단지 그런 줄 깨달아서 미혹하지 않으면, 오래오래 하다보면 자연히 녹아서 쉴 것이다. 만약 견해 면에서 이게 바로 이미 도를 얻는 성인의 경계라고 여긴다면, 미친 마구니[狂魔]가 그 심장에 들어가 사람만 보면 자랑하여서 아만(我慢)이 견줄 데가 없을 것이다. 그 마음이 심지어는 위로는 부처님도 보이지 않고 아래로는 사람도 보이지 않게 되며, 이로부터 삼매를 잃고 타락에 이르게 된다.

③ 또 선정 속에 있는 사람이 색음이 다 녹고 수음이 명백한 것을 스스로 본다. 앞으로 나아가도 새로운 증험을 얻지 못하고 뒤로 물러나니 또 원래 이미 얻었던 경계를 잃어버렸다. 그리하여 지혜의 힘이 날이 갈수록 쇠미(衰微)해져 나아가지도 물러나지도 않는 중휴(中隳)의 경계로 떨어져 들어가고, 더 이상 새로운 견지가 없어서 마음속에서 홀연히 하나의 큰 고갈(枯竭)의 경계가 발생한다. 그래서 어느 때나 그 침울한 억념이 흩어지지 않고 자기는 마침내 이게 바로 부지런히 정진하는 현상이라고 여기게 된다. 이런 경계는 마음을 닦으면서 지혜가 없어 그 마음을 스스로 잃은 것이라고 이름 한다. 그런 줄 깨달으면 허물이 없으며, 이것은 결코 진정으로 성과를

증득한 것이 아님을 곧 알 수 있다. 만약 견해 면에서 이게 바로 이미 도를 얻은 성인의 경계라고 여긴다면, 침울한 억념의 마구니[沈憶魔]가 그 심장에 들어가 때때로 이 마음을 틀어쥐고 한군데 매달아 놓게 되며, 이로부터 삼매를 잃고 타락하게 된다.

④ 또 선정 속에 있는 사람이 색음이 다 녹고 수음이 명백한 것을 스스로 본다. 그리고는 지혜를 통한 이해[慧解]가 정력(定力)보다 지나쳐서 맹렬한 날카로움[猛利]에 잃어져 지혜가 지나친 병통에 떨어진다. 모든 것을 능가하여 이기기를 좋아하는 개성을 마음속에 품고는 자기가 이미 바로 보신불이 아닐까 의심한다. 그래서 적게 얻은 것으로써 만족을 삼는다. 이런 경계는, 수행에 애를 쓴 나머지 항상 반성하고 살펴봄을 잃어버린 허물이라고 이름 한다. 작게 얻은 지견에 빠져서 궁극이라고 자처한다. 그런 줄 깨달으면 허물이 없으며, 이것은 결코 성과를 진정으로 증득한 것이 아님을 곧 알 수 있다. 만약 견해 면에서 이게 바로 이미 도를 얻은 성인의 경계라고 여긴다면, 하열하여 쉽게 만족할 줄 아는 마구니[知足魔]가 그 심장에 들어가서 사람만 보면 스스로 말하기를 나는 이미 무상제일의제(無上第一義諦)를 증득했다고 하며, 이로부터 삼매를 잃고 타락에 이르게 된다.

⑤ 또 선정 속에 있는 사람이 색음이 다 녹고 수음이 명백한 것을 스스로 본다. 새로운 증험은 아직 얻지 못했고 예전의 터득[心得]은 또 이미 잃어버렸다. 과거 현재 미래의 3제(三際)[316]를 두루 보고는 자신이 '도를 구함이 얼마나 어렵고 험난한가!' 하는 생각이 일어나

---

316 3세(三世)와 같음.(역주)

서 마음속에서 갑자기 끝없는 근심[憂愁]이 발생한다. 마치 쇠 평상에 앉아 있는 것 같고 독약을 마신 것 같으며, 마음이 살고 싶지가 않아서 항상 다른 사람에게 그 목숨을 해쳐주라고 요구함으로써 일찍이 해탈을 얻고자 한다. 이러한 경계는 수행방편 대치(對治)법문을 잃어버린 것이라고 한다. 그런 줄 깨달으면 허물이 없으며, 이것은 결코 성과(聖果)를 진정으로 증득한 것이 아님을 곧 알 수 있다. 만약 견해 면에서 이게 바로 이미 도를 얻은 성인의 경계라고 여긴다면, 항상 근심하는 마구니[憂愁魔] 하나가 그 심장에 들어가 손에 칼을 들고 그 자신의 살을 스스로 도려내며 자기의 수명을 버려 끊기를 좋아하거나, 혹은 항상 근심을 품고 산속으로 가 사람들을 보려하지 않으며, 이로부터 삼매를 잃고 타락에 이르게 된다.

⑥ 또 선정 속에 있는 사람이 색음이 다 녹고 수음이 명백한 것을 스스로 본다. 그 청정한 경계 속에 있으면서 이 마음이 안온함을 얻고 난 뒤에 스스로 홀연히 무한한 희열이 일어나고, 마음속의 그 즐거움을 스스로 멈출 수 없다. 이런 경계는 경안(輕安)의 경계 속에서 자기를 억제하는 지혜가 없음이라고 이름 한다. 그런 줄 깨달으면 허물이 없으며, 이것은 결코 진정으로 성과를 증득한 것이 아님을 곧 알 수 있다. 만약 견해 면에서 이게 바로 이미 도를 얻은 성인의 경계라고 여긴다면, 그 희락을 좋아하는 마구니[喜樂魔] 하나가 그 심장 에 들어가 사람만 보면 웃고 길가에서 스스로 노래하고 춤추면서 자신은 이미 걸림 없는 해탈을 증득했다고 말하며, 이로부터 삼매를 잃고 타락에 이르게 된다.

⑦ 또 선정 속에 있는 사람이 색음이 다 녹고 수음이 명백한 것을 스스로 본다. 스스로 말하기를 보리도업이 이미 만족되었다고 하면

서 까닭 없이 대아만(大我慢)(내가 이미 성불했다고 말한다)을 일으킨다. 이렇게 하면서 더 나아가 만(慢)과 과만(過慢)을 일으킨다(자기가 일체 一切보다 뛰어나다고 스스로 헤아린다고 말한다). 만과만(慢過慢: 뛰어난 가운데도 자기가 더 뛰어나다고 말한다) 혹은 증상만(增上慢)을 일으키거나 (그 이치를 조금 보고 아직 얻지 못했으면서도 얻었다고 말하고 증득하지 못했으면서도 증득했다고 말한다), 혹은 비열만(卑劣慢)을 얘기하는데(도가 있는 현자 앞에서 자기의 비열을 스스로 달게 여기고 더 향상 진보하기 위하여 배움을 추구하려고 하지 않는다), 이런 교만심들이 동시에 일어나 시방 여래에 대해 깔보는데, 더구나 하물며 그 아래 위계인 성문과 연각의 무리들에 대해서는 어떠하겠는가! 이런 경계는 비록 약간의 수승한 견지가 있지만 또 자기를 스스로 구할 수 있는 지혜가 없는 것이다. 그런 줄 깨달으면 허물이 없으며, 이것은 결코 성과를 진정으로 증득한 것이 아님을 곧 알 수 있다. 만약 견해 면에서 이게 곧 이미 도를 얻은 성인의 경계라고 여긴다면, 대아만의 마구니[我慢魔] 하나가 그 심장에 들어가 탑이나 사원 같은 곳에 절을 하지 않고 경전이나 불상 등을 파괴한다. 그리고 다른 사람에게 말하기를 이런 것들은 모두 진흙으로 빚은 것이거나 나무에 새긴 것이거나 혹은 황금이나 구리로 만든 우상들이다. 오직 이 지금의 이 육신이야말로 상주하는 진짜 부처이다. 왜, 자기를 숭배하지 않고 오히려 토목의 무리를 숭배 공경하느냐. 정말 하나의 크나큰 전도(顚倒)라고 운운한다. 어떤 사람들은 그 말을 깊이 믿기도 하고 그를 따라서 불상도 파손하여 땅속에 묻어 버린다. 그래서 일반 중생으로 하여금 스스로 의혹과 잘못을 취하도록 하여 무간지옥에 들어가게 하며, 이로부터 삼매를 잃고 타락에 이르게 된다.

⑧ 또 선정 속에 있는 사람이 색음이 다 녹고 수음이 명백한 것을

스스로 본다. 하나의 심령이 어둡지 않은[一靈不昧] 정명(精明) 경계 가운데에서 진리를 원만하게 깨달아 온갖 것이 크게 수순한다는[大隨順] 느낌을 얻는다. 그 마음에 갑자기 한량없는 경안(輕安)이 일어나서, 스스로 말하기를 이미 성인을 이루었으며 대자재를 얻었다고 한다. 이런 경계는 지혜를 통한 이해 때문에 가볍고 맑은 것을 얻은 것이라 이름 한다. 그런 줄 깨달으면 허물이 없으며, 이것이 결코 성과를 진정으로 증득한 것이 아님을 곧 알 수 있다. 만약 견해 면에서 이게 바로 이미 도를 얻은 성인의 경계라고 여긴다면, 가볍고 맑은 것을 좋아하는 마구니[好輕淸魔]가 그 심장에 들어가 스스로 말하기를 이미 만족해서 다시 더 이상 진보를 구하지 않는다고 한다. 이런 사람들은 대부분이 무문(無聞) 비구가 되어 자기도 그르치고 남도 그르쳐서 무간지옥으로 떨어져 들어가고, 이로부터 삼매를 잃고 타락하게 된다.

⑨ 또 선정 속에 있는 사람이 색음이 다 녹고 수음이 명백한 것을 스스로 본다. 밝은 깨달음의 경계 가운데서 더욱 허명(虛明)의 성(性)을 깨닫게 되어, 깨달음 속에서 영원한 소멸[永滅]로 향하여 돌아가고는 세간에는 근본적으로 인과 작용의 존재가 없다고 여긴다. 무엇이나 다 비워버림[空]이 최고의 성취라고 줄곧 여긴다. 이 때문에 공(空)한 마음이 나타나고 속마음에서는 단멸(斷滅)의 견해가 일어난다. 그런 줄 깨달으면 허물이 없으며, 이것이 성과를 진정으로 얻은 것이 아님을 곧 알 수 있다. 만약 견해 면에서 이게 바로 이미 도를 얻은 성인의 경계라고 여긴다면, 공의 마구니[空魔]가 그 심장으로 들어가 오히려 비방하기를 계율을 지키는 사람은 소승이라 하고, 자기 자신은 보살도를 닦은 사람이라며, 공만 깨달으면 된다. 공속에 지킬 계율이 뭐가 있으며 계율을 범했다고 할 만한 것이 또 뭐가

있겠는가! 라고 한다. 이런 사람은 그를 신앙하는 사람들 집에서 항상 술 마시고 고기 먹으며 음욕의 더러움을 널리 행한다. 마구니의 힘 때문에 그를 신앙하는 사람들을 눌러 다스려서 그에 대하여 의심하고 헐뜯고 비방하는 마음이 일어나지 않게 한다. 이와 같이 귀신의 마음이 오래 들어가 있으면 스스로 오줌이나 똥을 먹어도 술과 고기를 먹는 것이나 마찬가지로서, 똑같이 모두 공한 것인데 향내와 구린내의 구별을 둘 필요가 어디 있느냐고 여기며, 부처님이 가르친 계율과 위의를 파괴하여 다른 사람으로 하여금 죄행에 들도록 이끌며, 이로부터 삼매를 잃고 타락하게 된다.

⑩ 또 선정 속에 있는 사람이 색음이 다 녹고 수음이 명백한 것을 스스로 본다. 허명한 감각을 맛보고 심신의 골수 사이에 깊이 들어간다. 그의 내심에서 갑자기 무한한 애념(愛念)³¹⁷이 일어난다. 그 애념이 극에 이르면 발광(發狂)해서 음욕을 탐하고 그리워하게 된다. 이러한 경계는 정(定)의 경계가 편안하고 순함이 마음속에 들어가고, 지혜로운 행지(行持)가 부족하여 온갖 욕념가운데로 잘못 들어간 것이라고 이름 한다. 그런 줄 깨달으면 허물이 없으며, 이것이 결코 성과를 진정으로 증득한 것이 아님을 곧 알 수 있다. 만약 견해 면에서 이게 바로 도를 이미 얻은 성인의 경계라고 여긴다면, 탐욕의 마구니[貪慾魔]가 그 심장에 들어가서 줄곧 말하기를 탐욕이 보리대도요 욕망의 일을 닦지 않으면 도리어 무상정도를 이룰 수 없다고 할 것이다. 그리하여 일반 사람들로 하여금 평등하게 음욕을 행하라고 교화하고 음욕을 많이 행하는 자는 정법을 수행하는 왕자라고 이름 한다고 한다. 그들은 신귀(神鬼) 힘의 지지(支持)를 받기 때

---

317 애정을 가지고 생각하는 것. 귀여워하다. 예쁘고 특히 마음에 끌리는 것.(역주)

문에 말세 가운데서 어리석은 범부 등을 섭수(攝收)할 수 있으되, 많게는 백천만 대중에까지 이를 수 있다. 마구니의 마음에 싫어함이 생겨 그의 신체를 떠났을 때에 이르면, 마구니 경계 속에 있던 위덕을 일시에 잃어버리게 되고 몸은 나라 법에 따라서 잡혀 들어가서 처벌받게 된다. 이렇게 중생을 의혹시키고 잘못되게 하여 반드시 무간지옥에 들어가게 되며, 이로부터 삼매를 잃고 타락에 이르게 된다.

이상 말한 열 가지 선정 속에서의 경계 현상은 모든 수음의 감각 작용으로서 너무 지나치게 애를 써서 밖의 마구니와 교감하여 상호 변화 하였기 때문에 이런 상황이 나타난 것이다. 중생이 미혹하고 완고하며 무지하기 때문에 스스로 숙고하지 않고 이런 현상을 만나게 되면 미혹하여 스스로 알지 못하고는 스스로 일컫기를 성인의 지위에 이미 올라갔다고 한다. 그런데 사실은 정말 대망어이며, 결과적으로 무간지옥에 떨어진다. 내가 열반한 뒤에 여러분들은 마땅히 나의 가르침대로 말법시기 중에 그 속의 의미와 이치를 널리 알림으로써 온갖 중생으로 하여금 이런 도리를 알 수 있게 하라. 그래서 천마가 그 이용할 기회를 얻지 못하게 하고 닦고 배우는 일반 사람들을 보호하고 붙들어 주어서 그로 하여금 무상대도를 이룰 수 있게 하라.

阿難。彼善男子修三摩提受陰盡者, 雖未漏盡, 心離其形, 如鳥出籠, 已能成就, 從是凡身上歷菩薩六十聖位。得意生身, 隨往無礙。譬如有人, 熟寐寱言。是人雖則無別所知。其言已成音韻倫次。令不寐者, 咸悟其語。此則名爲想陰區宇。若動念盡, 浮想銷除。於覺明心, 如去塵垢。一倫生死, 首尾圓照, 名想陰盡。是人則能超煩惱濁。觀其所由, 融通妄想以爲其本。

阿難。彼善男子受陰虛妙, 不遭邪慮, 圓定發明。三摩地中, 心愛圓明, 銳其精思貪求善巧。爾時天魔候得其便, 飛精附人, 口說經法。其人不覺是其魔著, 自言謂得無上涅槃。來彼求巧善男子處, 敷座說法。其形斯須, 或作比丘, 令彼人見。或爲帝釋。或爲婦女。或比丘尼。或寢暗室身有光明。是人愚迷, 惑爲菩薩。信其敎化, 搖蕩其心。破佛律儀, 潛行貪欲。口中好言災祥變異。或言如某處出世。或言劫火。或說刀兵。恐怖於人。令其家資, 無故耗散。此名怪鬼年老成魔, 惱亂是人。厭足心生, 去彼人體。弟子與師, 俱陷王難。汝當先覺, 不入輪迴。迷惑不知, 墮無間獄。

阿難。又善男子, 受陰虛妙, 不遭邪慮, 圓定發明。三摩地中心愛, 遊蕩, 飛其精思, 貪求經歷。爾時天魔候得其便, 飛精附人, 口說經法。其人亦不覺知魔著, 亦言自得無上涅槃。來彼求遊善男子處, 敷座說法。自形無變。其聽法者, 忽自見身坐寶蓮華, 全體化成紫金光聚。一衆聽人, 各各如是, 得未曾有。是人愚迷, 惑爲菩薩。婬逸其心, 破佛律儀, 潛行貪欲。口中好言諸佛應世。某處某人, 當是某佛化身來此。某人即是某菩薩等, 來化人間。其人見故, 心生傾渴, 邪見密興, 種智銷滅。此名魅鬼年老成魔, 惱亂是人。厭足心生, 去彼人體。弟子與師。俱陷王難。汝當先覺, 不入輪迴。迷惑不知, 墮無間獄。

又善男子, 受陰虛妙, 不遭邪慮, 圓定發明。三摩地中, 心愛綿(氵＋習), 澄其精思, 貪求契合。爾時天魔候得其便, 飛精附人, 口說經法。其人實不覺知魔著, 亦言自得無上涅槃。來彼求合善男子處, 敷座說法。其形及彼聽法之人, 外無遷變。令其聽者, 未聞法前, 心自開悟。念念移易。或得宿命。或有他心。或見地獄。或知人間好惡諸事。或口說偈。或自誦經。各各歡娛, 得未曾有。是人愚迷, 惑爲菩薩。綿愛其心, 破佛律儀, 潛行貪欲。口中好言佛有大小。某佛先佛。某佛後佛。其中亦有眞佛假佛。男佛女佛。菩薩亦然。其人見故, 洗滌本心, 易入邪悟。此名魅鬼年老成魔, 惱亂是人。厭足心生, 去彼人體。弟子與師, 俱陷王難。汝當先覺, 不入輪迴。迷惑不知, 墮無間獄。

又善男子, 受陰虛妙, 不遭邪慮, 圓定發明。三摩地中, 心愛根本, 窮覽物化性之終始, 精爽其心, 貪求辨析。爾時天魔候得其便, 飛精附人, 口說經法。其人先不覺知魔著, 亦言自得無上涅槃。來彼求元善男子處, 敷座說法。身有威神, 摧伏求者。令其座下, 雖未聞法, 自然心伏。是諸人等, 將佛涅槃菩提法身, 即是現前我肉身上。父父子子, 遞代相生, 即是法身常住不絕。都指現在即爲佛國。無別淨居及金色相。其人信受, 亡失先心。身命歸依, 得未曾有。是等愚迷, 惑爲菩薩。推究其心, 破佛律儀, 潛行貪欲。口中好言眼耳鼻舌, 皆爲淨土。男女二根, 即是菩提涅槃眞處。彼無知者, 信是穢言。此名蠱毒魘勝惡鬼年老成魔, 惱亂是人。厭足心生, 去彼人體。弟子與師, 俱陷王難。汝當先覺, 不入輪迴。迷惑不知, 墮無間獄。

又善男子, 受陰虛妙, 不遭邪慮, 圓定發明。三摩地中, 心愛懸應, 周流精研, 貪求冥感。爾時天魔候得其便, 飛精附人, 口說經法。其人元不覺知魔著, 亦言自得無上涅槃。來彼求應善男子處, 敷座說法。能令聽衆, 暫見其身如百千歲。心生愛染, 不能捨離。身爲奴僕, 四事供養, 不覺疲勞。各各令其座下人心, 知是先師本善知識, 別生法愛, 黏如膠漆, 得未曾有。是人愚迷, 惑爲菩薩。親近其心, 破佛律儀, 潛行貪欲。口中好言, 我於前世於某生中, 先度某人。當時是我妻妾兄弟, 今來相度。與汝相隨歸某世界, 供養某佛。或言別有大光明天, 佛於中住, 一切如來所休居地。彼無知者, 信是虛誑, 遺失本心。此名癘鬼年老成魔, 惱亂是人。厭足心生, 去彼人體。弟子與師, 俱陷王難。汝當先覺, 不入輪迴。迷惑不知, 墮無間獄。

又善男子。受陰虛妙不遭邪慮。圓定發明三摩地中。心愛知見勤苦研尋。貪求宿命。爾時天魔候得其便。飛精附人, 口說經法。其人殊不覺知魔著, 亦言自得無上涅槃。來彼求知善男子處敷座說法。令其聽人, 各知本業。或於其處語一人言。汝今未死, 已作畜生。勅使一人於後蹋尾。頓令其人起不能得。於是一衆傾心欽伏。有人起心, 已知其肇。佛律儀外, 重加精苦。誹謗比丘, 罵詈徒衆。訐露人事, 不避譏嫌。口中好言未然禍福。及至其時, 毫髮無失。此大力鬼年老成魔, 惱亂是人。厭足心生, 去彼人體。弟子與師, 俱陷王難。汝當先覺, 不入輪迴。迷惑不知, 墮無間獄。

又善男子, 受陰虛妙, 不遭邪慮, 圓定發明。三摩地中, 心愛深入。剋己辛勤, 樂處陰寂, 貪求靜謐。爾時天魔候得其便, 飛精附人, 口說經法。其人本不覺知魔著, 亦言自得無上涅槃。來彼求陰善男子處, 敷座說法。是人無端於說法處, 得大寶珠。其魔或時化爲畜生, 口銜其珠, 及雜珍寶簡冊符牘諸奇異物, 先授彼人, 後著其體。或誘聽人藏於地下, 有明月珠照耀其處。是諸聽者, 得未曾有。多食藥草, 不餐嘉饌。或時日餐一麻一麥, 其形肥充, 魔力持故。誹謗比丘, 罵詈徒衆, 不避譏嫌。口中好言他方寶藏, 十方聖賢潛匿之處。隨其後者, 往往見有奇異之人。此名山林土地城隍川嶽鬼神, 年老成魔。或有宣婬破佛戒律, 與承事者潛行五欲。或有精進純食草木。無定行事, 惱亂是人。厭足心生, 去彼人體。弟子與師, 俱陷王難。汝當先覺, 不入輪迴。迷惑不知, 墮無間獄。

又善男子, 受陰虛妙, 不遭邪慮, 圓定發明。三摩地中, 心愛神通, 種種變化, 硏究化元, 貪取神力。爾時天魔候得其便, 飛精附人, 口說經法。其人誠不覺知魔著, 亦言自得無上涅槃。來彼求通善男子處, 敷座說法。是人或復手執火光, 手撮其光, 分於所聽四衆頭上。是諸聽人頂上火光, 皆長數尺, 亦無熱性, 曾不焚燒。或水上行, 如履平地。或於空中安坐不動。或入缾內。或處囊中。越牖透垣, 曾無障礙。唯於刀兵不得自在。自言是佛。身著白衣, 受比丘禮。誹謗禪律, 罵詈徒衆, 訐露人事, 不避譏嫌。口中常說神通自在。或復令人傍見佛土。鬼力惑人, 非有眞實。讚歎行婬, 不毀麤行。將諸猥媟, 以爲傳法。此名天地大力山精, 海精風精河精土精, 一切草木積劫精魅。或復龍魅。或壽終仙, 再活爲魅, 或仙期終, 計年應死, 其形不化, 他怪所附。年老成魔, 惱亂是人。厭足心生, 去彼人體。弟子與師, 多陷王難。汝當先覺, 不入輪迴。迷惑不知, 墮無間獄。

又善男子, 受陰虛妙, 不遭邪慮, 圓定發明。三摩地中, 心愛入滅, 硏究化性, 貪求深空。爾時天魔候得其便, 飛精附人, 口說經法。其人終不覺知魔著, 亦言自得無上涅槃。來彼求空善男子處, 敷座說法。於大衆內, 其形忽空, 衆無所見。還從虛空突然而出, 存沒自在。或現其身洞如琉璃。或垂手足作栴檀氣。或大小便如厚石蜜。誹毀戒律, 輕賤出家。口中常說無因無果。一死永滅, 無復後身, 及諸凡聖。雖得空寂, 潛行貪欲。受其欲者, 亦得空心, 撥無因果。此名日月薄蝕精氣, 金玉芝草, 麟鳳龜鶴, 經千萬年不死爲靈, 出生國土。年老成魔, 惱亂是人。厭足心生, 去彼人體。弟子與師, 多陷王難。汝當先覺, 不入輪迴。迷惑不知, 墮無間獄。

又善男子, 受陰虛妙, 不遭邪慮, 圓定發明。三摩地中, 心愛長壽, 辛苦研幾, 貪求永歲, 棄分段生, 頓希變易細相常住。爾時天魔候得其便, 飛精附人, 口說經法。其人竟不覺知魔著, 亦言自得無上涅槃。來彼求生善男子處, 敷座說法。好言他方往還無滯。或經萬里, 瞬息再來。皆於彼方取得其物。或於一處, 在一宅中, 數步之間, 令其從東詣至西壁是人急行, 累年不到。因此心信, 疑佛現前。口中常說, 十方衆生皆是吾子。我生諸佛。我出世界。我是元佛, 出世自然, 不因修得。此名住世自在天魔, 使其眷屬, 如遮文茶, 及四天王毗舍童子, 未發心者, 利其虛明, 食彼精氣。或不因師, 其修行人親自觀見, 稱執金剛與汝長命。現美女身, 盛行貪欲。未逾年歲, 肝腦枯竭。口兼獨言, 聽若妖魅。前人未詳, 多陷王難。未及遇刑, 先已乾死。惱亂彼人, 以至殂殞。汝當先覺, 不入輪迴。迷惑不知, 墮無間獄。

阿難當知。是十種魔, 於末世時, 在我法中出家修道。或附人體。或自現形。皆言已成正徧知覺。讚歎婬欲, 破佛律儀。先惡魔師, 與魔弟子, 婬婬相傳。如是邪精魅其心腑。近則九生。多踰百世。令眞修行, 總爲魔眷。命終之後, 必爲魔民。失正徧知, 墮無間獄。汝今未須先取寂滅。縱得無學, 留願入彼末法之中, 起大慈悲, 救度正心深信衆生, 令不著魔, 得正知見。我今度汝已出生死。汝遵佛語, 名報佛恩。阿難。如是十種禪那現境, 皆是想陰。用心交互, 故現斯事。衆生頑迷, 不自忖量。逢此因緣, 迷不自識, 謂言登聖。大妄語成, 墮無間獄。汝等必須將如來語, 於我滅後, 傳示末法。徧令衆生, 開悟斯義。無令天魔得其方便。保持覆護, 成無上道。

상음(想陰) 구역
상념 속에서 정신환각(精神幻覺) 범주의 마구니 경계

부처님이 말씀하셨다. "지관(止觀)이나 선정의 지정(止定)을 닦는 경계 속에서 수음이 이미 다한 자는 비록 번뇌가 다한[煩惱漏盡] 과 위에 이르지 못했지만, 이 마음이 형체 밖으로 떠날 수 있다. 마치 새가 새장을 벗어나듯이 갑자기 이 범부 육체의 몸으로부터 찰나사이에 위로 보살도 60성위(聖位)의 단계를 거칠 수 있으며, 의생신(意生身)을 이룰 수 있어 타방에 가는 데 모든 장애가 없다. 예컨대 깊은 숙면 중에 잠꼬대를 하는 사람이 비록 다른 모든 것에 대해서는 지각이 없다할지라도, 그가 하는 말은 도리어 음운(音韻)이 분명하여 가릴 수 있기에 곁에서 자고 있지 않은 사람으로 하여금 그의 말뜻을 이해할 수 있게 한다. (바꾸어 말하면 설사 이 육질 형체의 기능을 이용하지 않더라도 상상 속에서 하고자 하는 일을 할 수 있다) 이런 경계를 상음(想陰) 구역이라고 한다. 만약 허망하게 스스로 마음을 일으키고 생각을 움직이는 망심이 깨끗이 다하거나, 더 나아가 경미하고 변덕스럽고 끝없이 떠오르는 많은 생각도 녹아 없어지면, 자성 본각의 광명이 자연히 나타날 것이다. 이는 마치 오랫동안 깊이 묻혀 있던 밝은 거울이 일시에 때가 벗겨져버린 것이나 다름없어서, 온갖 중생의 죽고 태어나는 그 처음과 끝과 오고 감의 자취를 보는 것이 밝은 거울처럼 또렷이 원만히 비친다. 이러한 경계를 상음이 이미 다했다고 이름 하고, 이 사람은 번뇌탁(煩惱濁)[318]을 초월할 수 있다. 하지만 만약 이러한 이유를 자세히 관찰해 보면 거칠고 들뜬 망상이 그 근본이 되어서 몸과 마음으로 하여금 안팎으로 융통자재(融通自在)한 작용을 일으키게 하는 것이다.

① 수음이 이미 청허하고 영묘해져서 더 이상 감각에 미혹되어 삿된 생각을 받지 않게 되었고, 밝고 원용한 정(定) 경계 속에서, 만약

---

318 오탁의 하나. 탐욕 성냄 어리석음 등의 미혹들이 마음과 몸을 번거롭게 하고 괴롭히는 것을 번뇌라고 한다.

마음속으로 원만하고 밝은[圓明] 경계를 탐애하면 정미(精微)한 생각이 더욱 예민해지게 되어, 그에 의지함으로써 선교방편(善巧方便) 구하기를 탐하게 된다. 그때에 천마가 그 이용할 기회를 얻으려 엿보고 있다가 정령을 날려 사람에게 달라붙어서, 자기도 모르는 사이에 입으로는 경전의 가르침[經法]을 해설하고 선전한다, 뿐만 아니라 마구니가 달라붙어있는 줄 느끼지 못하고 오히려 스스로 말하기를 이미 무상열반(자성원적自性圓寂)의 경계에 도달했다고 하며, 저 일반 동호인(同好人)들한테 가서 자리를 펴고 설법을 한다. 그의 형체는 다른 사람이 보기에 잠깐사이에 출가 비구 형상으로 변할 때도 있고 천주(天主)로 변할 때도 있고 부녀자나 출가 비구니 등으로 변할 때도 있다. 어떤 때는 그의 몸이 어두운 방에 누워서 광명을 낼 수도 있다. 우매하고 무지한 일반 사람들은 그가 보살의 화신이라고 미신하고는 지성으로 그의 교화를 믿는다. 그는 사람들 마음을 흔들고 부처님이 가르친 계율과 위의를 파괴하고 보이지 않는 가운데 탐욕의 일을 실행한다. 입으로는 길흉화복 재난이변(災難異變) 등의 사실을 말하기 좋아하거나, 혹은 말하기를 어떤 부처님이 어디에 출세하였다거나 혹은 세계의 겁수(劫數)가 이르렀기에 언제 어느 지역에 전쟁의 재난이 있을 것이라고 말한다. 갖가지 세상을 떠들썩하게 하는 과격한 말로써 사람들로 하여금 두려워하게 하여 그들의 재산을 까닭 없이 다 소모하여 흩어지게 한다. 이런 경계는 나이가 늙어서 마구니가 된 괴귀(怪鬼)에게 마음이 혼란된[惱亂] 것이다. 마구니가 마음으로 만족해서 싫어하게 되면 그의 몸에서 떠나버리고, 그 자신과 제자들은 모두 나라 법에 따라서 잡혀 들어가서 처벌 받게 될 것이다. 그러므로 너는 마땅히 먼저 알고 먼저 깨달아야 윤회에 떨어지지 않게 된다. 만약 미혹하여 알지 못한다면 그를 따라서 무간지옥에 떨어질 것이다.

② 수음이 이미 청허하고 영묘해져서 더 이상 감각에 미혹되어 삿된 마구니를 만나지 않게 되었고, 밝고 원융한 정(定) 경계 속에서, 만약 마음속으로 널리 유람하기를 탐한다면, 그때에 천마가 그 이용할 기회를 얻으려 엿보고 있다가 정령을 날려 사람에게 달라붙어서, 자기도 모르는 사이에 경전의 가르침을 해설하고 선전한다. 뿐만 아니라 마구니가 달라붙어있는 줄 느끼지 못하고 오히려 스스로 말하기를 이미 무상열반(自性圓寂)의 경계에 도달했다고 하며, 저 일반 동호인들한테 가서 자리를 펴고 설법한다. 그 자신의 형체는 변하지 않지만 그의 설법을 듣는 사람은 갑자기 자신이 보배색의 연꽃 위에 앉아있는 것을 보고 자기의 온 몸이 자금색 빛 덩어리로 변한 것처럼 느낀다. 그런 모임에서 법을 듣는 일반 사람들도 다 이와 같고 평소에 있은 적이 없었던 경험을 얻는다. 우매하고 무지한 일반 사람들은 그가 보살의 화신이라고 미신하고 그 마음을 음탕하고 방일하게 하여 부처님의 위의를 파괴하고 몰래 탐욕의 일을 실행한다. 그리고 또 여러 부처님들의 응화(應化) 등의 사실 흔적을 얘기하기 좋아한다. 그리고 어느 곳 어떤 사람이 바로 어떤 부처님의 화신이 온 것이며 어떤 사람은 어떤 보살이 인간 세상에 화생한 것이라고 지적한다. 그리하여 그들을 본 사람으로 하여금 내심으로부터 경건하고 정성스런 신앙이 일어나게 하여 점차 삿된 견해가 은밀히 일어나게 하고 불성 종자를 소멸시켜버린다. 이러한 경계는 나이가 늙어서 마구니가 된 발귀(魃鬼)에게 마음이 혼란된 것이다. 마귀가 마음에 만족하여 싫어지면 그의 몸에서 떠나버리고, 그 자신과 제자들은 모두 나라 법에 따라서 잡혀 들어가서 처벌 받게 될 것이다. 그러므로 너는 마땅히 먼저 알고 먼저 깨달아야 윤회에 떨어지지 않게 된다. 만약 미혹하여 모른다면 그를 따라서 무간지옥에 떨어질 것이다.

③ 수음이 이미 청허하고 영묘해져서 더 이상 감각에 미혹되어 삿된 생각을 받지 않게 되었고, 밝고 원용한 정(定) 경계 속에서, 만약 마음속으로 면밀한 묘한 경계[妙境]를 애착하여 온갖 정력(精力)을 다하여 그의 전일한 사고[精思]를 맑게 하여서 부처의 마음이나 보살 경계 속의 묘용에 들어맞기를 탐한다면, 그때에 천마가 그 이용할 기회를 얻으려 엿보고 있다가 정령(精靈)을 날려 보내 사람에게 달라붙어서, 자기도 모르는 사이에 경전의 가르침을 해설하고 선전한다. 뿐만 아니라 마구니가 달라붙어있는 줄 느끼지 못하고 오히려 스스로 말하기를 이미 자기가 무상열반(자성원적)의 경계에 도달했다고 하며, 저 일반 동호인들한테 가서 자리를 펼치고 설법한다. 그 자신의 형체와 그의 설법을 듣는 사람들은 겉모습으로는 모두 무슨 차이가 없다. 그러나 와서 그의 설법을 듣는 사람들로 하여금 아직 그의 설법을 듣기 이전에 마음속으로 깨달은 바가 있는 듯 하게 하여, 생각 생각 사이에 은밀히 바뀌거나, 숙명통을 얻어 자기 전생의 일을 알거나, 타심통을 얻어서 다른 사람의 마음속에서 생각하는 일을 안다. 혹은 지옥 현상을 보거나, 인간세계의 좋거나 나쁜 등의 일을 알거나, 입에서 말을 하면 절묘한 시사(詩詞)나 게송이 이루어진다. 혹은 스스로 한 부의 훌륭하면서 도리가 있는 경문을 외워내기도 한다. 다들 저마다 기뻐하면서 지금까지 이런 일이 있은 적이 없다고 느낀다. 우매하고 무지한 일반 사람들은 그가 보살의 화신이라고 미신하고는 그에게 미련을 갖는 심리가 일어나게 되며, 부처님의 계율과 위의를 파괴하고 몰래 탐욕의 일을 실행한다. 입으로는 말하기 좋아하기를 부처님에는 크고 작은 차이가 있다며, 어떤 부처는 먼저 부처이고 어떤 부처는 나중 부처요. 그 속에도 진짜 부처, 가짜 부처가 있고 남자 부처, 여자 부처의 구별이 있다고 한다. 또 말하기를 보살도 이와 같다면서, 그를 본 사람으로 하여금

본심을 버리게 하고 삿된 깨달음의 경계 속으로 함께 따라 들어가게 한다. 이런 경계는 나이가 늙어서 마구니가 된 매귀(魅鬼)에게 마음이 혼란된 것이다. 마귀가 마음에 만족하고 싫어지게 되면 그의 몸에서 떠나버리고, 그 자신과 제자들은 모두 나라 법에 따라서 잡혀 들어가서 처벌 받게 될 것이다. 그러므로 너는 마땅히 먼저 알고 깨달아야 윤회에 떨어지지 않게 된다. 만약 미혹하여 알지 못한다면 그를 따라서 무간지옥에 떨어질 것이다.

④ 수음이 청허하고 영묘해져서 더 이상 감각에 미혹되어 삿된 생각을 받지 않게 되었고, 밝고 원융한 정(定) 경계 속에서, 만약 마음속으로 만물의 근본에 대한 지식을 추구하기 좋아하여, 만물의 변화 성능의 궁극적인 원인을 깊이 관찰하고, 자기의 마음이 정명(精明)하고 상쾌하면서, 변별과 분석을 추구하기를 탐한다면, 그때에 천마가 그 이용할 기회를 얻으려 엿보고 있다가 정령을 날려 보내 사람에게 달라붙어서, 자기도 모르는 사이에 경전의 가르침을 해설하고 선전한다. 뿐만 아니라 마구니에게 달라붙어있는 줄 느끼지 못하고 오히려 스스로 말하기를 이미 무상열반(자성원적)의 경계에 도달했다고 하며, 저 일반 동호인들한테 가서 자리를 펴고 설법한다. 그의 몸은 자연히 일종의 신비한 위력을 갖추고 있어서 법을 구하러 오는 일반 사람들을 꺾어 따르게 할 수 있다. 그들은 비록 아직 무엇을 듣지도 않았지만 자연히 마음속으로 그에 대해서 감복한다. 그들은 불법에서 말하는 열반, 보리, 법신이 바로 현재의 우리의 육신에 있다고 여긴다. 그래서 부모와 자식이 대대로 태어나면서 끊어지지 않는 것이 바로 법신이 끊어지지 않고 상주하는 것이라고 한다. 그리고 가리켜 말하기를 지금의 세계가 바로 부처님 나라이며 그밖에는 다른 정토가 없다고 하며, 밝게 빛나는 상호(相好)

의 금색 부처님 몸도 따로 없다고 한다. 그리하여 받아들이고 믿는 일반 사람들로 하여금 이전의 신심을 잃어버리고 자기의 생명[身命]을 다하여 그에게 귀의하면서 지금까지 있은 적이 없었던 일이라고 느끼게 한다. 우매하고 무지한 일반 사람들은 그가 보살의 화신이라고 믿으며, 그가 마음으로 기뻐하는 바를 연구하고 깊이 파고들어가 찾아보면서 부처님이 가르친 계율과 위의를 파괴하고, 몰래 탐욕으로 일을 실행한다. 입으로는 말하기 좋아하기를 안·이·비·설 등이 모두 정토라고 하며, 남녀의 성기가 바로보리 열반이 진실로 있는 곳이라고 한다. 지혜가 없는 저 일반 사람들은 이런 잘못된 이론들을 믿는다. 이런 경계는 나이가 늙어서 마구니가 된 고독마(蠱毒魔)와 승악귀(勝惡鬼)에게 마음이 혼란된 것이다. 마구니가 마음에 만족하고 싫어지게 되면 그의 몸에서 떠나버리고, 그 자신과 제자들은 모두 나라 법에 따라서 잡혀 들어가서 처벌 받게 될 것이다. 그러므로 너는 마땅히 먼저 알고 먼저 깨달아야 윤회에 떨어지지 않게 된다. 만약 미혹하여 알지 못한다면 그를 따라서 무간지옥에 떨어질 것이다.

⑤ 수음이 청허하고 영묘해져서 더 이상 감각에 미혹되어 삿된 마구니를 만나지 않게 되었고, 밝고 원용한 정(定) 경계 속에서, 만약 마음속으로 예지(預知)와 먼 감응의 묘함을 애호하여, 아주 자세하게 두루 연구하여 보이지 않는 가운데 느끼는[冥感] 작용을 탐하면, 그때에 천마가 그 이용할 기회를 얻으려 엿보고 있다가 정령을 날려 보내 사람에게 달라붙어서, 자기도 모르는 사이에 경전의 가르침을 설한다. 뿐만 아니라 마구니가 달라붙어있는 줄 깨닫지 못하고 오히려 스스로 말하기를 이미 무상열반(자성원적)의 경계를 증득했다고 하며, 저 일반 동호인들한테 가서 자리를 펴고 설법한다. 그는 일반

청중들이 잠시 보기에 그의 신체가 마치 백천 세 이상의 사람인 것처럼 보이게 하고, 심리적으로 사랑하고 그리워하는 생각이 일어나게 하여 버리고 떠나지 못하게 하며, 스스로 그 사람에게 자기 몸을 바쳐 노복이 되기를 원하며, 여러 가지 공양을 하면서 피로를 느끼지 않게 할 수 있다. 뿐만 아니라 그 자리에 있는 사람들 저마다 마음속에 그가 바로 전생의 선사(先師)로서 본래에 바로 자신의 선지식이었다고 느끼고, 유달리 일종의 법애(法愛)[319]가 생겨나 마치 아교나 옻칠처럼 달라붙어 버리지 못하고, 지금까지 있은 적이 없었던 일이라고 느끼게 할 것이다. 우매하고 무지한 일반 사람들은 그가 보살의 화신이라고 미신하고 그를 친근히 하고, 부처님이 가르친 계율과 위의를 파괴하며 몰래 탐욕의 일을 실행한다. 그 입은 말하기 좋아하기를 나는 태어나기 이전의 세계에서 어느 생 가운데서는 먼저 누구를 제도했다, 어떤 사람은 나의 첩이거나 형제였기 때문에 금생에 다시 와서 그를 제도한다고 하면서, 이제 너와 서로 따르면서 버리지 못하는데 어떤 세계로 돌아가서 어떤 부처에게 공양한다거나, 혹은 말하기를 그밖에도 따로 하나의 대 광명천(光明天)이 있어서 부처가 그곳에서 지낸다, 모든 여래들도 장기간 동안 그곳에서 휴식한다고 말한다. 일반 무지한 사람들은 그의 이런 거짓말을 믿고 자기의 본심을 잃어버린다. 이런 경계는 나이가 늙어서 마구니가 된 여귀(癘鬼)에게 마음이 혼란된 것이다. 마구니가 마음에 만족하고 싫어지게 되면 그의 몸에서 떠나버리고, 그 자신과 제자들은 모두 나라 법에 따라서 잡혀 들어가서 처벌 받게 될 것이다. 그러므로 너는 마땅히 먼저 알고 먼저 깨달아야 윤회에 떨어지지 않게 된다. 만약 미혹하여 알지 못한다면 그를 따라서 무간지옥에 떨어질 것이다.

---

319 법을 사랑하는 것. 진리를 사랑하는 것.(역주)

⑥ 수음이 청허하고 영묘해져서 다시는 감각에 미혹되어 삿된 생각을 받지 않게 되었고, 밝고 원융한 정(定) 경계 속에서, 만약 지견을 탐애하여 숙명(宿命)의 내원(來源)을 부지런히 연구하여 찾다보면, 그때에 천마가 그 이용할 기회를 얻으려 엿보고 있다가 정령을 날려 보내 사람에게 달라붙어서, 자기도 모르는 사이에 입으로 경전의 가르침을 해설하고 선전한다. 뿐만 아니라 마구니가 달라붙어있는 줄 느끼지 못하고 오히려 스스로 말하기를 이미 무상열반(자성원적)의 경계를 증득했다고 하며, 일반 동호인들한테 가서 자리를 펴고 설법한다. 그는 일반 청중들로 하여금 전생의 본업(本業)[320]을 스스로 알게 하거나 그곳에서 어떤 사람에게 일러주기를 당신은 지금 비록 아직 죽지는 않았지만 이미 축생으로 변했다고 하면서 다른 사람에게 명령하여 그 사람 뒤에서 아무 근거 없이 그 사람의 꼬리를 밟으라고 한다. 그 앞에 있는 사람이 과연 정말로 일어나지 못하게 된다. 그리하여 사람들이 자연스럽게 그를 마음으로부터 충심으로 공경하고 우러를 것이다. 혹은 어떤 사람이 우연히 마음속에 한 생각이 일어나면 그는 즉시 그의 뜻을 알 것이다. 그들은 부처님이 설한 계율과 위의 이외에도 더욱더 많은 될 수 없는 고행을 하면서 출가 비구들을 비방하고 그들의 제자무리들을 욕한다. 다른 사람의 말 못할 나쁜 짓을 폭로하고 어떠한 비난과 혐의도 피하지 않는다. 그리고 입으로는 아직 발생하지 않은 재앙이나 복에 관한 일들을 말하기 좋아한다. 그때가 되면 정말로 그가 말한 대로 조금도 차이가 나지 않는다. 이것은 나이가 늙어서 마구니가 된 대력귀(大力鬼)에게 마음이 혼란된 것이다. 마구니가 마음에 만족하여 싫어지게 되면 그의 몸에서 떠나버리고, 그 자신과 제자들은 모두 나라 법에

---

320 이전에 이룬 행위.(역주)

따라서 잡혀 들어가서 처벌 받게 될 것이다. 너는 마땅히 먼저 알고 먼저 깨달아야 윤회에 떨어지지 않게 된다. 만약 미혹하여 알지 못한다면 그를 따라서 무간지옥에 떨어지게 될 것이다.

⑦ 수음이 청허하고 영묘해져서 더 이상 감각에 미혹되어 삿된 생각을 받지 않게 되었고, 밝고 원융한 정(定) 경계 속에서, 만약 마음속으로 더 깊은 정 경계를 추구하기 좋아하여서 자기를 엄격히 자제하며 수고롭게 부지런히 도를 구하고, 은밀하고 고요한 곳에 머물기를 좋아하면서 안온한 경계를 구하기를 탐하면, 그때에 천마가 그 이용할 기회를 얻으려 엿보고 있다가 정령을 날려 보내 사람에게 달라붙어서, 자기도 모르는 사이에 입으로 경전의 가르침을 해설하고 선전한다. 뿐만 아니라 마구니가 달라붙어있는 줄 느끼지 못하고 오히려 스스로 말하기를 이미 무상열반(자성원적)의 경계를 증득했다고 하며, 일반 동호인들한테 가서 자리를 펴고 법을 설한다. 그가 법을 설하는 곳에서 갑자가 까닭 없이 큰 보배 구슬을 얻거나, 혹은 그때에 마귀가 한 축생으로 변하여 입에 보배 구슬을 물고 있으면서 다른 보배나 서적, 부적 등의 기이하고 진기한 물건에 섞여 있다. 이러한 물건들을 먼저 그들에게 주고 난 다음 그의 몸에 달라붙거나, 혹은 일반 청중들을 유혹하여 그들로 하여금 그것을 지하에 감추라고 하면, 정말로 지하에서 밝은 달 같은 구슬[明月珠]이 비추고 있는 것을 보게 하며, 그 청중들로 하여금 지금까지 없었던 기적이라고 느끼게 한다. 그들은 약초를 많이 먹고 평소에 보통 사람들이 먹는 좋은 음식을 먹으려하지 않거나, 혹은 날마다 그는 단지 보리 한 알갱이 삼씨 한 알갱이를 먹지만 그의 몸은 여전히 강하고 힘이 세다. 이런 현상들은 모두 마구니의 힘에 지지 받아서 형성된 것이다. 그는 출가 비구들을 비방하고 제자들을 멋대로 욕하

면서 어떤 비난과 혐의를 피하지 않는다. 입으로는 곳곳의 지하자원 소재지와 더 나아가 시방세계의 도를 얻은 성현들이 잠적한 곳을 말하기 좋아한다. 만약 그를 따라서 가보면 왕왕 기이한 사람들이 그곳에 있는 것을 볼 수도 있다. 이것은 나이가 늙어서 마구니가 된 산림·토지·성황당·산악의 귀신 등에게 마음이 혼란된 것이다. 혹은 음란하고 더러운 일을 설하고 부처님의 계율을 파괴하고 그를 따라 배우는 일반인들과 함께 남몰래 오욕(五欲)의 일을 실행한다. 혹은 부지런히 수도에 정진할 수도 있고 완전히 초목만 먹으며, 일을 함에 있어서 정해진 법칙이 없다. 마구니가 마음에 만족하여 싫어지게 되면 그의 몸을 떠나버리고, 그 자신과 제자들은 모두 나라 법에 따라서 잡혀 들어가서 처벌 받게 될 것이다. 그러므로 너는 마땅히 먼저 알고 먼저 깨달아야 윤회에 떨어지지 않게 된다. 만약 미혹하여 알지 못한다면 그를 따라서 무간지옥에 떨어지게 될 것이다.

⑧ 수음이 청허하고 영묘해져서 더 이상 감각에 미혹되어 삿된 생각을 받지 않게 되었고, 밝고 원융한 정(定) 경계 속에서, 만약 마음속으로 신통의 갖가지 변화를 구하기를 좋아하여 그 변화의 근원을 연구하며 신력(神力) 구하기를 탐하면, 그때에 천마가 그 이용할 기회를 얻으려 엿보고 있다가 정령을 날려 보내 사람에게 달라붙어서, 자기도 모르는 사이에 경전의 가르침을 해설하고 선전한다. 뿐만 아니라 마구니가 달라붙어있는 줄 느끼지 못하고 도리어 스스로 말하기를 이미 무상열반(자성원적)의 경계를 증득했다고 하며, 일반 동호인들한테 가서 자리를 펴고 법을 설한다. 그는 혹은 횃불을 들어 가지고 놀면서 그 현장에 있는 청중들의 머리 위에 불빛을 나눠 놓기도 한다. 이런 청중들의 머리 위의 불빛은 여러 자[尺]나 저절로

자랄 수도 있지만 뜨거움을 견디기 어려운 줄 느끼지 못하고 몸도 태우지 않는다. 그는 혹은 물 위를 평지처럼 걷거나 혹은 공중에 편안히 앉아 있으면서 움직이지 않는다. 혹은 병 안으로 뚫고 들어가거나 혹은 주머니 속에 머무르기도 한다. 혹은 창호나 담장을 사이에 두고 모두 자유자재로 출입하되 걸림이 없다. 오직 병기(兵器)에 대해서만은 자재하지 못하고 두려워한다. 스스로 말하기를 이미 부처라고 하면서 몸에 보통사람의 옷을 입고 출가 비구들의 예배를 받는다. 선정(禪靜)과 계율을 비방하고 무리 대중들을 멋대로 욕한다. 다른 사람의 말 못할 나쁜 짓을 폭로하고 어떠한 비난과 혐의도 피하지 않는다. 입으로는 항상 신통자재를 말하고 옆의 사람으로 하여금 불국토를 엿보게 할 수도 있다. 이런 것들 모두 귀신의 힘에 미혹된 사람들로서 그런 일이 결코 진실이 아니다. 그들은 음행을 찬탄하면서 당신은 거칠고 더러운 행위들을 하지 말라고 요구하지 않는다. 뿐만 아니라 외설스런 일들을 교법을 전하여주는[傳法] 용도로 한다. 이것은 천지사이의 힘이 큰, 산정(山精)·해정(海精)·풍정(風精)·하정(河精)·토정(土精)이나, 혹은 온갖 초목 등의 오랜 겁 동안 쌓아온 정매(精魅)·용매(龍魅)이거나 혹은 수명이 다한 신선이 다시 살아나 도깨비[魅]가 된 것이다. 혹은 신선이 수명이 다해가려고 할 때 스스로 죽을 것을 헤아려보고는 그의 몸이 썩지 않은 상태에서 다른 정괴(精怪)가 그에게 달라붙어, 나이가 늙어서 마구니가 되어 이런 사람들의 마음을 혼란하게 한 것이다. 마구니가 마음에 만족하여 싫어지게 되면 그의 몸에서 떠나버리고, 그 자신과 제자들은 모두 나라 법에 따라서 잡혀 들어가서 처벌 받게 될 것이다. 그러므로 너는 마땅히 먼저 알고 먼저 깨달아야 윤회에 떨어지지 않게 된다. 만약 미혹하여 알지 못한다면 그를 따라서 무간지옥에 떨어지게 될 것이다.

⑨ 수음이 청허하고 영묘해져서 더 이상 감각에 미혹되어 삿된 생각을 받지 않게 되었고, 밝고 원융한 정(定) 경계 속에서, 만약 마음속에서 적멸을 애착하고 변화의 성(性)을 연구하며 적멸하고 깊은 공(空)의 정(定) 경계를 구하기를 탐하면, 그때에 천마가 그 이용할 기회를 얻으려 엿보고 있다가 정령을 날려 보내 사람에게 달라붙어서, 자기도 모르는 사이에 입으로 경전의 가르침을 해설하고 선전한다. 뿐만 아니라 마구니가 달라붙어있는 줄을 깨닫지 못하고 도리어 자기가 이미 무상열반(자성원적)의 경계를 얻었다고 말하며, 일반 동호인들한테 가서 자리를 펴고 법을 설한다. 대중가운데서 그의 형체가 홀연히 사라져버려 다들 그를 알아볼 수 없게 되었다가 다시 허공 속으로부터 갑자기 나타난다. 이렇게 나타나고 사라지기를 자재하게 할 수 있는데, 때로는 그의 신체를 나타내는데 텅 빈 것이 마치 유리와 마찬가지이다. 혹은 그의 손발을 드리워 일종의 전단향의 향기를 낸다. 혹은 그의 대소변이 마치 두꺼운 석청[石蜜]과 같다. 온갖 계율을 헐뜯고 일반 출가자들을 비천하게 여긴다. 입으로는 항상 말하기를 인(因)도 없고 과(果)도 없으며, 한번 죽으면 영원히 적멸하다고 한다. 근본적으로 윤회 환생하는 일이 없으며 무슨 범부와 성현의 구분은 더더욱 없다고 한다. 그는 비록 공적(空寂)의 공력(功力)을 얻었지만 여전히 몰래 탐욕을 실행한다. 뿐만 아니라 그를 받아들이고 함께 욕망을 행하는 일반 사람들도 공심(空心)의 감각과 향수를 얻게 하고 인과의 도리를 부정(否定)하게 할 수 있다. 이것은 일식이나 월식 때에 식물 중의 금옥지초(金玉芝草)나 동물 중의 기린·봉황·거북·학이 우연히 해와 달의 천연 정기를 얻어 천만 년을 거치면서 죽지 않아 정령으로 변하여 인간세에 존재하면서, 나이가 많아서 마구니가 되어 이런 사람들의 마음을 혼란하게 한 것이다. 마구니가 마음에 만족하여 싫어지게 되면 그의

몸에서 떠나버리고, 그 자신과 제자들은 모두 나라 법에 따라서 잡혀 들어가서 처벌 받게 될 것이다. 그러므로 너는 마땅히 먼저 알고 먼저 깨달아야 윤회에 떨어지지 않게 된다. 만약 미혹하여 알지 못한다면 그를 따라서 무간지옥에 떨어지게 될 것이다.

⑩ 수음이 청허하고 영묘해져서 더 이상 감각에 미혹되어 삿된 생각을 받지 않게 되었고, 밝고 원융한 정(定) 경계 속에서, 만약 마음속으로 장수를 구하기 좋아하여 수고스럽게 연구하고 장생불사[長生永歲]의 도리를 구하기를 탐하여, 윤회 환생하는 분단생사(分段生死)를 피하고 싶어 하고, 변역생사(變易生死) 중으로부터 미세한 수명의 상(相)이 항상 머물게 하기를 바라면, 그때에 천마가 그 이용할 기회를 얻으려 엿보고 있다가 정령을 날려 보내 사람에게 달라붙어서, 자기도 모르는 사이에 입으로 경전의 가르침을 해설하고 선전한다. 뿐만 아니라 마구니가 달라붙어있는 줄 느끼지 못하고 오히려 말하기를 자기는 이미 무상열반(자성원적)의 경계를 증득했다고 하며, 일반 동호인들한테 가서 자리를 펴고 법을 설한다. 그는 말하기 좋아하기를 각방의 세계에 왕래하는 데 장애가 없을 수 있다고 하면서, 혹은 만 리를 지나 순식간에 되돌아 올 뿐만 아니라 정말로 그곳에서 믿기에 충분한 물건을 취하여 얻는다. 혹은 어떤 곳이나 어떤 집에서 몇 걸음 범위 안에서 당신더러 동쪽에서 서쪽으로 걸어가라고 한다. 당신이 아무리 애를 써서 빨리 달려도 수 년 동안 또는 수개월 동안에도 도달하지 못한다. 그래서 사람들에게 신앙심이 일어나게 하며 그가 진정한 부처로서 앞에 있는 것이 아닌가 하고 의심하게 한다. 그는 입으로 항상 말하기를 시방의 중생들이 다나의 아이들이다. 내가 모든 부처들을 낳았고 나는 이 세계에 태어났다. 내가 최초의 그 원래 부처이다. 내가 세상에 출현한 것은 자

연히 온 것이지 수행에 의지하여 얻은 것이 아니다 고 한다. 이것은 세상에 머무는 자재천마(自在天魔)가 그 권속인 차문다(遮文茶: 분노의 신. 질투하는 여자)와, 사천왕 관할의 비사동자(毗舍童子: 정기를 먹는 귀신) 같은 권속 등으로 하여금 아직 발심하지 않은 사람들을 엿보고 있다가 그의 허명하고 청정함을 이용하여 그의 정기(精氣)를 훔쳐 먹은 것이다. 혹은 스승의 가르침으로 인하지 않고 수행자 자신으로 하여금 볼 수 있게 하는데, 허공중에 부처의 몸이 나타나 그 수행자에게 설법한다. 스스로 일컫기를 금강과 같이 견고한 장생불사 방법을 너에게 전해주어 너로 하여금 오래 살 수 있게 할 수 있다고 한다. 혹은 미녀의 몸을 나타내어 탐욕의 일을 성대하게 행한다. 이와 같이하여 일 년이 못되면 그 간과 뇌수[肝腦]를 고갈시킬 것이다. 그가 입으로 중얼중얼하는 소리만 들리지 무슨 말을 하는지 알 수가 없다. 곁에 사람이 들으면 마치 요매(妖魅)와 대화하고 있는 것 같다. 이 마구니에게 홀린 사람은 자신은 근본적으로 그 원인을 모르며, 대부분은 나라 법에 따라서 잡혀 들어가서 처벌 받게 될 것이며 형벌을 받기 이전에 먼저 이미 말라 죽을 것이다. 이처럼 마구니에게 사로잡혀 혼란되어 죽음에 이른다. 그러므로 너는 마땅히 먼저 알고 먼저 깨달아야 윤회에 떨어지지 않게 된다. 만약 미혹하여 알지 못한다면 그를 따라서 무간지옥에 떨어지게 될 것이다.

이상에서 말한 열 가지 마구니는 말세 때가 되면 나의 불법 중에서 출가하여 도를 닦으면서 다른 사람 몸에 달라붙거나 자기 스스로 그 모습을 나타낼 것이다. 그리고 다들 말하기를 이미 정변지(正遍知)의 깨달음을 이루었다고 하면서 음욕을 찬탄하고 부처가 가르친 계율과 위의를 파괴하고는 먼저 마구니의 스승과 마구니의 제자들이 음욕을 수행 방법으로 삼아 피차 서로 전할 것이다. 모두 이런 삿된 요정[邪精]의 부류들이 그의 마음을 홀려 미혹시킬 것이다. 가깝게는 아홉 생을 그렇게 하고 많게는 오랜 세대[百世]에 이르도록 그를 따라 진실하게 수행하는 일반인들로 하여금 모두 그의 마구니 권속이 되게 할 것이며, 수명이 다하게 된 뒤에는 틀림없이 마구니의 백성이 되어 정변지를 상실하고 무간지옥에 떨어질 것이다. 너는 이제 먼저 적멸을 취하지 않아야 한다. 설사 무학의 과위를 얻었다 할지라도 마땅히 세간에 머물기를 발원하고 말법시대에 들어가 대자대비의 마음을 일으켜 바른 마음과 깊은 믿음을 갖춘 일반 중생을 구제하고 교화하여, 그들로 하여금 마구니에 달라붙지 않고 바른 지견을 얻을 수 있게 해야 한다. 나는 지금 이미 네가 생사를 뛰어넘도록 교화하였다. 너는 마땅히 내가 가르친 바에 의지하여야 비로소 부처의 은혜에 보답하는 것이다. 이 열 가지 선정 중의 경계 현상은 모두 상음의 욕구가 너무 지나쳐서 밖의 마구니와 교감하여 상호 변화한 것이다. 그러므로 이런 상황들이 나타난 것이다. 중생이 미혹하고 완고하며[迷頑] 무지하기 때문에 스스로 숙고하지 못하고 이런 현상을 만나게 되면 미혹하여 스스로 식별하지 못하고는 도리어 말하기를 이미 성인의 지위에 올랐다고 한다. 그것은 정말 대망어이며, 결과적으로 무간지옥에 떨어진다. 내가 멸도한 뒤에 이런 도리를 말법시기에 전해 보여서, 널리 다들 그 속의 의미와 이치를 깨닫게 하여 천마가 그 이용할 기회를 얻지 못하게 하며, 닦고 배우는 일반 사람들을 보호하고 부축하여 그들로 하여금 무상대도를 이루게 하라.

　(이상 제9권을 마침)

大佛頂如來密因修證了義諸菩薩萬行首楞嚴經　卷第十

阿難。彼善男子，修三摩提想陰盡者。是人平常夢想銷滅，寤寐恒一。覺明虛靜，猶如晴空。無復麤重前塵影事。觀諸世間大地山河，如鏡鑑明，來無所黏，過無蹤跡。虛受照應，了罔陳習，唯一精眞。生滅根元，從此披露。見諸十方十二衆生，畢殫其類。雖未通其各命由緒。見同生基。猶如野馬熠熠淸擾。爲浮根塵究竟樞穴。此則名爲行陰區宇。若此淸擾熠熠元性。性入元澄，一澄元習。如波瀾滅，化爲澄水，名行陰盡。是人則能超衆生濁。觀其所由，幽隱妄想以爲其本。阿難當知。是得正知奢摩他中諸善男子，凝明正心，十類天魔不得其便。方得精研窮生類本。於本類中生元露者，觀彼幽淸圓擾動元。於圓元中起計度者，是人墜入二無因論。一者、是人見本無因。何以故？是人旣得生機全破。乘於眼根八百功德，見八萬劫所有衆生，業流灣環，死此生彼。祇見衆生輪迴其處。八萬劫外，冥無所觀。便作是解，此等世間十方衆生，八萬劫來，無因自有。由此計度，亡正徧知，墮落外道，惑菩提性。二者、是人見末無因。何以故？是人於生旣見其根。知人生人。悟鳥生鳥。烏從來黑。鵠從來白。人天本豎。畜生本橫。白非洗成。黑非染造。從八萬劫無復改移。今盡此形，亦復如是。而我本來不見菩提。云何更有成菩提事。當知今日一切物象，皆本無因。由此計度，亡正徧知，墮落外道，惑菩提性。是則名爲第一外道，立無因論。

阿難。是三摩中諸善男子，凝明正心，魔不得便，窮生類本，觀彼幽淸常擾動元。於圓常中起計度者，是人墜入四徧常論。一者、是人窮心境性，二處無因。修習能知二萬劫中，十方衆生，所有生滅，咸皆循環，不曾散失，計以爲常。二者、是人窮四大元，四性常住。修習能知四萬劫中，十方衆生，所有生滅，咸皆體恒，不曾散失，計以爲常。三者、是人窮盡六根末那執受，心意識中本元由處，性常恒故。修習能知八萬劫中，一切衆生，循環不失，本來常住。窮不失性, 計以爲常。四者、是人旣盡想元, 生理更無流止運轉, 生滅想心, 今已永滅。理中自然成不生滅。因心所度, 計以爲常。由此計常, 亡正偏知, 墮落外道, 惑菩提性。是則名爲第二外道, 立圓常論。

又三摩中諸善男子, 堅凝正心, 魔不得便, 窮生類本, 觀彼幽清常擾動元。於自他中起計度者, 是人墜入四顚倒見, 一分無常, 一分常論。一者、是人觀妙明心偏十方界, 湛然以爲究竟神我。從是則計我偏十方, 凝明不動。一切衆生, 於我心中自生自死。則我心性名之爲常。彼生滅者, 眞無常性。二者、是人不觀其心, 偏觀十方恒沙國土。見劫壞處, 名爲究竟無常種性。劫不壞處, 名究竟常。三者、是人別觀我心, 精細微密, 猶如微塵。流轉十方, 性無移改。能令此身即生即滅。其不壞性, 名我性常。一切死生從我流出名無常性。四者、是人知想陰盡, 見行陰流。行陰常流, 計爲常性。色受想等, 今已滅盡, 名爲無常。由此計度一分無常一分常故, 墮落外道, 惑菩提性。是則名爲第三外道, 一分常論。

又三摩中諸善男子, 堅凝正心, 魔不得便, 窮生類本, 觀彼幽清常擾動元。於分位中生計度者, 是人墜入四有邊論。一者、是人心計生元, 流用不息。計過未者, 名爲有邊。計相續心, 名爲無邊。二者、是人觀八萬劫, 則見衆生。八萬劫前, 寂無聞見。無聞見處, 名爲無邊。有衆生處, 名爲有邊。三者、是人計我偏知, 得無邊性。彼一切人現我知中。我曾不知彼之知性。名彼不得無邊之心。但有邊性。四者、是人窮行陰空。以其所見心路籌度一切衆生一身之中, 計其咸皆半生半滅。明其世界一切所有, 一半有邊, 一半無邊。由此計度有邊無邊, 墮落外道, 惑菩提性。是則名爲第四外道, 立有邊論。

又三摩中諸善男子, 堅凝正心, 魔不得便, 窮生類本, 觀彼幽清常擾動元。於知見中生計度者, 是人墜入四種顚倒, 不死矯亂, 偏計虛論。一者、是人觀變化元。見遷流處, 名之爲變。見相續處, 名之爲恒。見所見處, 名之爲生。不見見處, 名之爲滅。相續之因, 性不斷處, 名之爲增。正相續中, 中所離處, 名之爲減。各各生處, 名之爲有。互互亡處, 名之爲無。以理都觀, 用心別見。有求法人, 來問其義。答言。我今亦生亦滅。亦有亦無。亦增亦減。於一切時皆亂其語。令彼前人遺失章句。二者、是人諦觀其心, 互互無處, 因無得證。有人來問, 唯答一字, 但言其無。除無之餘, 無所言說。三者、是人諦觀其心, 各各有處, 因有得證。有人來問, 唯答一字, 但言其是。除是之餘, 無所言說。四者、是人有無俱見, 其境枝故, 其心亦亂。有人來問, 答言。亦有即是亦無, 亦無之中, 不是亦有, 一切矯亂, 無容窮詰。由此計度矯亂虛無, 墮落外道, 惑菩提性。是則名爲第五外道。四顛倒性, 不死矯亂, 徧計虛論。

又三摩中諸善男子, 堅凝正心, 魔不得便, 窮生類本, 觀彼幽清常擾動元。於無盡流生計度者, 是人墜入死後有相發心顛倒。或自固身, 云色是我。或見我圓, 含徧國土, 云我有色。或彼前緣隨我迴復, 云色屬我。或復我依行中相續, 云我在色。皆計度言死後有相。如是循環, 有十六相。從此或計畢竟煩惱, 畢竟菩提, 兩性並驅, 各不相觸。由此計度死後有故, 墮落外道, 惑菩提性。是則名爲第六外道, 立五陰中死後有相, 心顛倒論。

又三摩中諸善男子, 堅凝正心, 魔不得便, 窮生類本, 觀彼幽清常擾動元。於先除滅色受想中, 生計度者, 是人墜入死後無相, 發心顛倒。見其色滅, 形無所因。觀其想滅, 心無所繫。知其受滅, 無復連綴。陰性銷散, 縱有生理, 而無受想, 與草木同。此質現前猶不可得。死後云何更有諸相。因之勘校死後相無。如是循環, 有八無相。從此或計涅槃因果, 一切皆空。徒有名字, 究竟斷滅。由此計度死後無故, 墮落外道, 惑菩提性。是則名爲第七外道, 立五陰中死後無相, 心顛倒論。

又三摩中諸善男子, 堅凝正心, 魔不得便, 窮生類本, 觀彼幽清常擾動元。於行存中, 兼受想滅, 雙計有無, 自體相破, 是人墜入死後俱非, 起顛倒論。色受想中, 見有非有。行遷流內, 觀無不無。如是循環, 窮盡陰界, 八俱非相。隨得一緣, 皆言死後有相無相。又計諸行性遷訛故, 心發通悟。有無俱非, 虛實失措。由此計度死後俱非, 後際昏瞢無可道故, 墮落外道, 惑菩提性。是則名爲第八外道, 立五陰中死後俱非, 心顛倒論。

又三摩中諸善男子, 堅凝正心, 魔不得便, 窮生類本, 觀彼幽清常擾動元。於後後無生計度者, 是人墜入七斷滅論。或計身滅。或欲盡滅。或苦盡滅。或極樂滅。或極捨滅。如是循環, 窮盡七際, 現前銷滅, 滅已無復。由此計度死後斷滅, 墮落外道, 惑菩提性。是則名爲第九外道, 立五陰中死後斷滅, 心顛倒論。

又三摩中諸善男子, 堅凝正心, 魔不得便, 窮生類本, 觀彼幽清常擾動元。於後後有生計度者, 是人墜入五涅槃論。或以欲界爲正轉依, 觀見圓明生愛慕故。或以初禪, 性無憂故。或以二禪, 心無苦故, 或以三禪, 極悅隨故。或以四禪, 苦樂二亡, 不受輪迴生滅性故。迷有漏天, 作無爲解。五處安隱爲勝淨依。如是循環, 五處究竟。由此計度五現涅槃, 墮落外道, 惑菩提性。是則名爲第十外道, 立五陰中五現涅槃, 心顚倒論。

阿難。如是十種禪那狂解, 皆是行陰用心交互, 故現斯悟。衆生頑迷, 不自忖量。逢此現前, 以迷爲解, 自言登聖。大妄語成, 墮無間獄。汝等必須將如來語, 於我滅後, 傳示末法。徧令衆生覺了斯義。無令心魔自起深孽。保持覆護, 銷息邪見。敎其身心, 開覺眞義。於無上道不遭枝歧。勿令心祈得少爲足。作大覺王淸淨標指。

행음(行陰) 구역

심리적 생리적 본능 활동과
우주와 마음과 물질에 대한 인식의 편차

부처님이 말씀하셨다. "지관이나 선정의 지정(止定) 경계를 닦는 가운데 상음(想陰)이 이미 다한 자는 평소의 꿈[夢]과 생각[想]이 소멸하고 자나 깨나 한결같아서[寤寐一如] 밤낮으로 모두 밝으며 비고 고요한 경계 속에 머무른다. 이는 마치 맑게 갠 허공에 장애가 없고 환히 청명하듯이 다시는 더 이상 거친 분별이 마음속에 오고가는 일이 없다. 모든 세간의 산하대지를 보면 마치 밝은 거울이 물상을 비추는 것과 같아서 오더라도 달라붙은 게 없고 지나가도 자취가 없다. 오직 온통 청허함으로서, 온갖 사물을 비추어 그 즉시 적응하며 또렷이 알면서[了然] 장애가 없다. 다시는 과거의 남은 습기가 없고, 오직 그 지극히 진실한 정령(精靈)만이 또렷이 항상 밝다. 그러기 때문에 모든 만유의 생멸의 근원이 남김없이 다 드러나며, 시방 세계 중의 12종류 중생을 보고 그것의 종류들을 다 이해할 수 있다. 비록 아직은 그 생명마다의 근본 유래를 통달하지는 못했지만 이미 그 공통의 생명 본능을 보았다. 이 생기(生機)는 일정하지 않고 이리저리 옮겨 다니는 희미하게 밝은 광체와 같다. 마치 태양속의 불꽃 그림자[焰影] 빛이 비추는 것 같으며 잡으려 해도 잡혀지지 않으면서 청명함이 있고 혼란스러우면서 하느작거리는 현상이 있다. 이게 바로 생리적 심리적 활동 본능의 궁극적 관건[機樞]의 구멍[竅穴]이다. 이런 경계를 행음 구역이라고 한다. 만약 이 청명하면서도 흔들리며 희미하게 빛나는 본원 성능을 거쳐서 다시 자성 원래의 맑은 경계로 들어간다면, 원래의 습성(習性)이 한번 맑아짐을 거침은 마치 파도가 평온히 가라앉아 한 줄기의 맑은 흐름으로 변화한 것과 같다. 이러한 경계를 행음이 다한 것이라고 한다. 이 사람은 중생탁(衆生濁)[321]을 초월할 수 있다. 하지만 그 까닭을 자세히 관찰해보면 역시 망상이 잠복하여 그 근본 작용이 되기 때문이다.

① 이런 정지(正知)의 선정 경계 속에 있는 사람이 정심(正心)이 집중되고[凝] 밝아져서, 앞서 위에서 말한 열 가지 천마가 얽어맬 기회를 엿보아 얻지 못한다. 그러므로 비로소 이 선정 경계 속에서 각 종류의 생명의 본원(本元)을 치밀[精細]하게 연구하여 궁구할 수 있는데, 본류(本類) 가운데에서 그는 생명의 본원이 시종 깊고 맑고 원만하고 요동하면서[幽淸圓擾] 영원히 쉬지 않고 활동함을 본다. 이리하여 이 원만함과 항상함[圓常] 속에서 망녕되게[妄][322] 스스로 추리[計]와

---

321 오탁의 하나이다. 중생탁은 앞서 나온 각주를 보라.

상상[度]을 일으켜서 이 사람은 두 가지 무인론(無因論)에 떨어진다.

1) 이 사람은 모든 만물이 본래에 원인이 없이 스스로 생겨난 것으로 본다. 그것은 무슨 까닭일까? 그는 이 정도에 이르러서 생기(生機)가 이미 완전히 깨졌기 때문이다. 안근이 본래 8백 공덕을 갖추고 있기 때문에, 8만 겁 밖의 모든 중생이 생명 업력의 흐름가운데 있음이 마치 굽이쳐 흐르는 물 한 줄기가 돌고 왕복하는 것과 같아서 여기서 죽어서 다시 저기에 태어남을 본다. 단지 온갖 중생이 마치 바퀴처럼 그곳에서 돌고 있음을 보고 8만 겁 밖에 대해서는 아득하여 전혀 보이는 바가 없다. 그래서 이런 견해를 갖게 되는데, 이 세간의 시방의 모든 중생들은 8만 겁 이래로 본래에 원인 없이 스스로 있는 것이라고 여긴다. 추리와 상상을 통해서 올바른 지혜를 잃어버리고 외도로 타락하여 보리정각의 진성(眞性)을 미혹해버린다.

2) 이 사람은 모든 결과는 원인 없이 온 것으로 여긴다. 그것은 무슨 까닭일까? 왜냐하면 이 사람은 생명의 내원에 대하여 자기가 이미 그 근본을 보았다고 생각하기 때문이다. 사람은 본래 사람을 낳고, 새는 본래 새를 낳으며, 까마귀는 본래 까만색이고, 고니는 본래 흰 것이며, 인간과 천인들은 본래 기립 동물이라는 것을 알고, 축생들은 본래 옆으로 걷는다고 안다. 흰 것은 씻어서 이루어진 것이 아니요, 검은 것도 염색에 의해서 이루어진 것이 아니다. 8만 겁 이래로 근본적으로 바뀐 적이 없었다. 이 형체의 수명이 다하고 나서도 여전히 예전대로의 그 모습이다. 내가 본래 무슨 보리 정각의 성(性)을 보지 못하는데 보리를 이루는 무슨 사실들이 다시 또 어디에 있겠는가! 그러한 현재의 온갖 물상은 모두 본래에 원인 없이 온다는 것을 마땅히 알아야한다고 여긴다. 이러한 추리와 상상으로부

---

322 망녕되다. 터무니없다. 도리에 맞지 않다.(역주)

터 정변지(正偏知)[323]를 잃고 외도로 타락하여 보리 정각의 진성을 미혹한다. 이와 같은 사람을 '원인이 없다는 이론'을 세운 첫 번째 외도라 한다(이러한 이론은 우주만유의 근본이 명연冥然하여 원인 없이 스스로 생겨난 것이라고 본다. 만유현상은 모두 자연적인 법칙으로서 최초에 무슨 목적을 위한 원인이 없고 마지막에도 원인의 결과가 없다고 본다. 자연물리론자의 일부분 이론과 서로 같다).

② 이런 정지(正知)의 선정 경계 속에 있는 사람이 정심(正心)이 집중되고 밝아져서, 외부의 천마가 얽어맬 기회를 엿보아 얻지 못한다. 그러므로 비로소 이 선정 경계 속에서 각 종류의 생명의 본원을 치밀하게 연구하여 궁구할 수 있는데, 그는 생명의 본원이 시종 깊고 맑고 원만하고 요동하면서 영원히 쉬지 않고 활동하고 있음을 본다. 이리하여 이 원만하고 항상함[圓常] 속에서 망녕되게 스스로 추리와 상상을 일으켜서 이 사람은 네 가지 편상론(偏常論)에 떨어질 것이다.

1) 이 사람은 마음[心]과 마음의 경계[心境]에서 일어나는 성능이 양쪽 다 원인이 없다고 궁구한다. 이로부터 마음이 공함을 닦아 익혀 2만 겁 가운데에서의 시방 공간 속의 모든 중생들의 생멸 현상이 모두 여기서 죽고 저기에 태어나면서 순환하고 그치지 않는 작용이 근본적으로 흩어진 적이 없다는 것을 알 수 있다. 이 때문에 마음과 마음의 경계의 성능[心境性]은 항상 존재한다고 미루어 생각한다(이런 이론은 정신불멸론과 같다).

2) 이 사람은 4대(四大)의 본원을 궁구하여 지수화풍 물질인 4대 종류의 본원 성능이 항상 존재하는 것이라고 여긴다. 이로부터 물질의 근원을 닦고 익혀서 4만 겁 중의 시방 공간 속의 모든 중생들

---

323 진정으로 일체법을 두루 아는 것이다. 즉 아뇩다라삼먁삼보리의 구역이다. 신역으로는 정등정각(正等正覺)이라 한다.

의 생멸 현상과 4대 성능의 체는 본래 모두 항상 존재하며 근본적으로 흩어 없어진 적이 없다고 알 수 있다. 그러므로 4대의 성능이 항상 존재한다고 미루어 생각한다(이런 이론은 물질불멸론과 같다).

3) 이 사람은 6근(안眼·이耳·비鼻·설舌·신身·의意)과 말나(末那: 이 생명과 함께 태어난 아집我執)과 모든 심신의 집수(執受)[324]작용을 궁구하고, 심의식(心意識)이 최초에 움직인 곳의 본원 내원에 집착하여 그 성능이 본래 항상 존재한다고 여긴다. 이로부터 이 본원을 닦아 익혀서 8만 겁 가운데서 온갖 중생이 그치지 않고 순환하면서 본래에 영원히 존재하고 시종 잃어지지 않았음을 알 수 있다. 이 때문에 본원 성능은 항상 존재한다고 미루어 생각한다.

4) 이 사람은 이미 망상의 본원이 소멸하여 다하고 생리적으로는 더 이상 유동하여 돌아가는[流動運轉] 작용이 없으며 생멸하는 망상심이 이미 영원히 소멸했다. 그래서 이성(理性) 중에서 자연도 불생불멸한다고 본다. 왜냐하면 그들은 마음의 추리로써 망상을 초월하는 하나의 이성을 가정하여 항상 존재한다고 여기기 때문이다. 요컨대 그들은 어떤 사물이 항상 존재한다고 추리하고 생각하기 때문에 정변지를 잃고 외도로 타락하여 보리정각의 진성을 미혹해버린다. 이런 사람을 원만하고 항상하다[圓常]는 이론을 세운 두 번째 외도라고 이름 한다.

③ 또 이런 정지(正知)의 선정 경계 속에 있는 사람이 정심(正心)이 굳게 집중되어 외부의 마구니가 얽어맬 기회를 엿보아 얻지 못한다. 그러므로 비로소 이와 같은 선정 경계 속에서 각 종류의 생명의 본원을 치밀하게 연구하여 궁구할 수 있는데, 그는 생명의 본원이 시

---

324 제8식 아뢰야식. 밖의 대상이 있다고 인정하고 그것에 의해 감각이 생기는 것. 감각하는 것. 취하는 것.(역주)

종 깊고 맑고 원만하고 요동하면서 영원히 쉬지 않고 활동하고 있음을 본다. 그리하여 자기와 타자(주관인 나와 객관인 외부 경계)에 대하여 추리와 상상을 일으키고, 이 사람은 네 가지 전도(顚倒)된 견해에 떨어져 일부는 무상(無常)하고 일부는 항상[常]하다는 이론을 낳는다.

1) 이 사람은 자기의 영묘하고 영명한 마음이 시방세계에 두루 가득한 것을 관찰하고는 이 티 없이 맑은 것이 바로 가장 궁극적인 신아(神我)라고 여긴다. 이로부터 미루어 생각하기를, 나는 본래에 시방 공간 속 어느 곳에나 두루 있어서 없는 곳이 없으며, 응결되어 밝으면서 움직이지 않는다. 온갖 중생은 모두 내 마음속에서 스스로 태어나 스스로 죽고 나의 심성만이 항상 존재한다. 그 나머지 모든 것은 생(生)이 있고 멸(滅)이 있어서 필경에는 무상(無常)한 성(性)이라고 한다(이런 이론이 유가瑜伽 학술의 근원이다).

2) 이 사람은 자기의 마음을 반성 관찰하려 하지 않고, 단지 시방의 무수무량한 국토세간만을 두루 관찰하되 겁운(劫運)이 파괴할 때 존재할 수 있는 것이 하나도 없는 것을 보고는 필경에 무상(無常)한 종성(種性)이라고 이름 하고, 그 공계(空界)의 성능은 도리어 겁운의 영향을 받더라도 파괴되지 않기 때문에 궁극적으로 상존(常存)하는 성(性)이라고 이름 한다.

3) 이 사람은 따로 스스로 반성 관찰해보니 자기의 마음이 확실히 정밀하고 미세함이 마치 물질의 미진과 같다(물질의 원자 에너지와 같다). 비록 육허(六虛)[325]에 두루 흘러 변동하면서 가만히 있지 않지만 그 천연의 성능은 근본적으로 바뀜이 없다. 그것은 이 몸을 생겨나게 하고 소멸하게 할 수 있지만 그 자체는 본래 파괴되지 않는다. 그러므로 나의 본성은 상존하다고 이름 한다. 그 나의 천연의 본성

---

325 동서남북 사방과 상하.(역주)

으로부터 흘러나오는 생사 작용은 무상(無常)한 성(性)이라고 이름한다.

4) 이 사람이 상음이 다한 것을 자기가 알고서는 생명 본능의 활동인 행음의 흐름이 쉬지 않는 것을 보고 곧 추리하기를 행음이 바로 항상 존재하는 상성(常性)이고, 색(色: 마음 물질의 빛과 에너지이다)과 수(受: 감각)와 상(想: 생각)이 이제 모두 소멸하였으니 이런 것들은 모두 무상성(無常性)의 것이라고 이름 할 수 있다고 한다. 요컨대 그들은 이로부터 추리 상상하기를, 일부분은 무상하고 일부분은 상존한다고 한다(이런 이론은 대체적으로 현대의 자연과학과 일부 철학에서 말하는 이론과 같다. 즉, 주관 물리세계는 존재하지 않고 객관 우주세계는 존재한다고 보는 것이다). 이로 말미암아 외도로 타락하여 보리 정각의 진성을 미혹한다. 이런 사람들은 일부 상존의 이론을 세운 세 번째 외도라고 이름 한다.

④ 또 이런 정지(正知)의 선정 경계 속에 있는 사람이 정심(正心)이 굳게 집중되어 외부의 마구니가 얽어맬 기회를 엿보아 얻지 못한다. 그러므로 비로소 이와 같은 선정 경계 속에서 각 종류의 생명의 본원을 치밀하게 연구하여 궁구할 수 있는데, 그는 생명의 본원이 시종 깊고 맑고 원만하고 요동하면서 영원히 쉬지 않고 활동하고 있음을 본다. 그리하여 시간과 인아(人我)에 대하여 추리와 상상을 일으켜서 이 사람은 네 가지 유변론(有邊論)에 떨어질 수 있다.

1) 이 사람은 미루어 생각하기를 생명활동의 생원(生元)은 본능적으로 그치지 않고 쉬지 않고 흘러가니[流行] 과거와 미래를 추측할 수 있는데, 이것을 유변(有邊)이라고 이름 하고, 현재의 마음은 생각 생각 끊어지지 않고 서로 이어지는 것을 추측하여 무변(無邊)이라고 이름 한다.

2) 이 사람은 8만 겁 초에 중생 존재가 있었음을 볼 수 있다. 8만 겁 이전에 대해서는 적연하여 들리지 않고 보이지 않으므로 8만 겁 이전의 들리지 않고 보이지 않는 곳을 무변이라고 이름 한다. 8만 겁 초 시작에 중생이 있었을 때를 유변이라고 이름 한다.

3) 이 사람은 자기가 온갖 것을 두루 알고 무변성(無邊性)을 이미 증득했다고 여긴다. 기타 모든 사람들은 모두 나의 능지성(能知性) 가운데서 나타나지만, 나는 오히려 다른 사람들의 능지성의 변제(邊際)를 알지 못하므로 다른 사람들은 무변(無邊)의 마음을 얻을 수 없고 유변(有邊)의 성(性)만 갖추고 있을 뿐이라고 여긴다.

4) 이 사람은 행음(行陰)의 공성(空性)을 궁구하여 자기가 본 바에 의지하여 자기 마음으로 계산하고 상상하여, 온갖 중생의 한 몸 가운데 양면의 작용이 있어서 절반은 생기(生起) 작용이고 절반은 공(空)하기 때문에, 세상의 온갖 것도 절반은 유변이고 절반은 무변이라고 여긴다. 요컨대 그들은 이로부터 유변과 무변을 추리하고 상상하여 외도로 타락하여 보리 정각의 진리를 미혹해버린다. 이와 같은 사람들을 변제(邊際)의 이론을 세운 네 번째 외도라고 이름 한다.

⑤ 또 이런 정지(正知)의 선정 경계 속에 있는 사람이 정심(正心)이 굳게 집중되어 외부의 마구니가 얽어맬 기회를 엿보아 얻지 못한다. 그러므로 비로소 이와 같은 선정 경계 속에서 각 종류의 생명의 본원을 치밀하게 연구하여 궁구할 수 있는데, 그는 생명의 본원이 시종 깊고 맑고 원만하고 요동하면서 영원히 쉬지 않고 활동하고 있음을 본다. 그리하여 그가 알고 본 경계 가운데서 추리와 상상을 일으킨다. 이 사람은 네 가지 전도된 견해에 떨어질 수 있어서 따로 하나의 불사(不死)의 존재가 있다고 꾸며대어 말하며, 네 가지의 모순 대립되는 이론을 멋대로 세우고 스스로 오히려 그 집착하는 잘

못된 이론을 두루 헤아린다.

1) 이 사람은 생명 본능 활동 중의 변화의 근원을 관찰하여 그것이 쉬지 않고 변천하는 것을 보고는 이를 변함[變]이라고 이름 하고, 상속운행(相續運行)하는 현상을 보고는 항상함[恒]이라고 이름 한다. 자기에게 보이는 곳을 보는 것을 생(生)이라고 이름 하고, 능히 보는[能見] 근본을 볼 수 없는 것을 멸(滅)이라고 이름 한다. 상속운행하는 기본 원인 중에는 끊어지지 않는 성능이 하나 있다고 인정하여 증가[增]라고 이름 하고, 상속운행하고 있는 중에는 그 사이에 서로 격리된 틈이 있는 곳을 감소[減]라고 이름 한다. 그 하나하나가 존재하는 것을 보고는 유(有)라고 이름 하고, 그 하나하나가 사라지는 것을 보고는 무(無)라고 이름 한다. 이러한 도리들은 모두 얻은 바를 마음을 써서 관찰함으로써 발생하는 차별의 지견이다. 만약 법을 구하는 사람이 그에게 와서 그 사람의 의미와 이치를 묻는다면 그는 답하여 말하기를 나는 지금 생(生)이면서도 멸(滅)이다. 또 유(有)이기도 하고 무(無)이기도 하다. 증가[增]이기도 하고 감소[減]이기도 하다고 하여, 어느 때나 그 말을 어지럽게 하여 애매모호하게 함으로써, 와서 묻는 사람으로 하여금 막연해서 이해하지 못하게 하고 그가 본래 묻고자 하는 문제를 잃어버리게 한다.

2) 이 사람은 그 마음에 모두 고정된 존재가 없음을 자세히 관찰하고 자기가 무(無)로 인하여 증득했다고 여긴다. 만약 어떤 사람이 와서 물으면 그에게 무(無)자 하나만 답을 한다. 무자 이외에는 말할 만한 다른 언어가 없다.

3) 이 사람은 그 마음이 모두 그가 생각하고 움직이는 기점 처소가 있는 것을 관찰하고는 자기가 유(有)로 인하여 증득을 얻었다고 여긴다. 만약 어떤 사람이 와서 물으면 시(是)326자 하나만 답한다. 시(是) 이외에는 말할 만한 다른 언어가 없다.

4) 이 사람은 유(有)와 무(無)를 보았지만, 그의 경계는 오히려 모순 속에 빠져있어 그 마음도 이 때문에 어지럽다. 만약 어떤 사람이 와서 물으면 그는 답하여 말하기를 유(有)이기도 함이 바로 무(無)이기도 함이라고 답한다. 무이기도 하는 가운데는 유이기도 하는 것은 아니라고 한다. 모든 것에 그 말을 꾸며대고 어지럽게 하여 사람으로 하여금 추궁하고 힐난할 방법이 없게 한다. 요컨대 그들은 모두 추리와 상상으로부터 허무한 잘못된 이론을 억지로 꾸미고 어지럽게 세워서 외도로 떨어져 보리 정각의 진성을 미혹해버렸다. 이런 사람은 네 가지 전도(顚倒)된 모순적인 불사교란(不死矯亂)[327]으로 스스로 그의 허무한 잘못된 이론을 옳다고 주관적으로 구상하는[偏計], 다섯 번째 외도라고 이름 한다.

⑥ 또 이런 정지(正知)의 선정 경계 속에 있는 사람이 정심(正心)이 굳게 집중되어 외부의 마구니가 얽어맬 기회를 엿보아 얻지 못한다. 그러므로 비로소 이와 같은 선정 경계 속에서 각 종류의 생명의 본원을 치밀하게 연구하여 궁구할 수 있는데, 그는 생명의 본원이 시종 깊고 맑고 원만하고 요동하면서 영원히 쉬지 않고 활동하고 있으며 운행하여 쉬지 않고 있음이 마치 끝없는 흐름과 같음을 본다. 그리하여 추리와 상상을 일으켜서, 이 사람은 '죽은 뒤에 상(相)이 있다'는 데 떨어져 마음속에 전도된 지견이 발생할 것이다. 혹은 자기가 뜻을 굳세게 하고 이 몸을 굳게 지켜서 말하기를 4대(지地·수水·화火·풍風) 종성의 색이 바로 나[我]라고 한다. 혹은 나의 자성이 원융하여 모든 국토 세간을 두루 포함하고 있다고 여기거나, 나

---

326 그렇다.(역주)

327 불사교란론은 외도 16론의 하나. 뱀장어를 잡듯이 잡을 곳이 없는 의론이라는 뜻. 회의론자 산자야의 설이다.(역주)

의 속에는 본래 스스로 물리의 성분을 포괄하고 있다고 말한다. 혹은 목전의 물리 광색이 나의 운용에 따라서 순환왕복 작용을 일으킨다고 여기고, 또 말하기를 광색은 본래 바로 나의 부속으로서 온갖 물리 현상은 모두 나가 나타난 것이라고 한다. 혹은 내가 생명 본능 활동의 중간에 의지하고 붙어서 내가 물리 색상 속에 있다고 여긴다. 요컨대 이 사람들은 죽은 뒤에 상(相)이 있다[死後有相]고 미루어 생각하여, 이러한 네 가지 순환적 상대적인 현상 가운데서 겹겹이 반복하여 16가지 종류의 상(相)으로 발전할 수 있다. 혹은 이로부터 미루어 생각하여 번뇌는 어디까지나 번뇌이고 보리(정각자성 正覺自性)는 결국 보리이며, 보리와 번뇌 두 가지 성능은 나란히 나아가 서로 저촉하지 않는다고 여긴다. 그들은 이러한 추리와 상상을 통해서 죽은 뒤에 상(相)이 있다고 여기는 까닭에 외도로 타락하여 보리 정각의 진성을 미혹한다. 이러한 사람을 5음(색色·수受·상想·행行·식識) 가운데에서 내가 죽은 뒤에 상이 있다고 세워서 마음속에서 전도된 이론이 발생하는 여섯 번째 외도라고 이름 한다.

⑦ 또 이런 정지(正知)의 선정 경계 속에 있는 사람이 정심(正心)이 굳게 집중되어 외부의 마구니가 얽어맬 기회를 엿보아 얻지 못한다. 그러므로 비로소 이와 같은 선정 경계 속에서 각 종류의 생명의 본원을 치밀하게 연구하여 궁구할 수 있는데, 그는 생명의 본원이 시종 깊고 맑고 원만하고 요동하면서 영원히 쉬지 않고 활동하고 있음을 본다. 이전에 이미 제거 소멸시켰던 색수상(色受想)의 음(陰) 경계에 대하여 추리와 상상을 일으킨다. 이 사람은 '죽은 뒤에 상(相)이 없다'는 데 떨어져 마음속에서 전도된 견해가 발생할 수 있다. 그는 색상이 끝내 소멸로 돌아가고 심념은 본래 묶임이 없음을 보고는, 그는 '받아들여 느끼는[領受] 감촉 작용도 소멸하여 온갖 것

이 결국 관련됨이 없을 것이다. 감각 작용 성능이 흩어져버릴 경우 설사 아직 생리가 있더라도 만약 받아들여 느껴 감촉하는 상념의 마음이 없다면 초목이나 다름없다. 지금 이 생리적인 실질이 여전히 있어도 오히려 얻을 상이 없는데, 죽은 뒤 얻을 상이 더더구나 어디에 있겠는가!' 라고 여긴다. 이 때문에 깊이 파고들어 찾아보아 죽은 뒤에는 상이 없다고 여긴다. 이와 같이 반복 순환 식으로 연구 탐색하여 색·수·상·행 네 가지 음(陰)이 서로 반복하기 때문에 8 무상(八無相)의 이론이 있다. 이러한 추리로부터 열반(자성원적)이나 인과 등 온갖 것이 공(空)하며, 한갓 이름만 있을 뿐 실질적인 의미가 없고, 모두 궁극적으로는 단멸(斷滅)한 것이라고 여긴다. 요컨대 그들은 이 추리와 상상으로부터 죽은 뒤에는 모든 것이 다 끝나버린다고 여겨서 외도로 타락하여 보리 정각 진성을 미혹한다. 이러한 사람들은 5음(몸과 마음인 색수상행식) 가운데서 죽은 뒤에 근본적으로 상(相)이 없다고 세우고 마음속에서 전도된 이론을 세운 일곱 번째 외도라고 이름 한다.

⑧ 또 이런 정지(正知)의 선정 경계 속에 있는 사람이 정심(正心)이 굳게 집중되어 외부의 마구니가 얽어맬 기회를 엿보아 얻지 못한다. 그러므로 비로소 이와 같은 선정 경계 속에서 각 종류의 생명의 본원을 치밀하게 연구하여 궁구할 수 있는데, 그는 생명의 본원이 시종 깊고 맑고 원만하고 요동하면서 영원히 쉬지 않고 활동하고 있음을 본다. 그는 행음이 아직 존재하는 경계 속에서 색수상(色受想) 세 가지 음이 이미 소멸하였음을 보았다. 그리하여는 유(有)와 무(無)를 쌍으로 추리하여 행음은 유(有)이고 색수상 세 가지 음은 무(無)로서 자체가 서로 모순된다고 여긴다. 이 사람은 '죽은 뒤에 온갖 것이 다 아니다[非]'는 데 떨어져 전도된 이론을 일으킨다. 그는

색수상 작용 가운데서 살펴보니 그것이 마치 있는 듯이 보이지만 자세히 깊이 파고들어 찾아보니 또 없다. 그는 본능 활동의 행음이 쉬지 않고 흘러가는 가운데서 자세히 관찰해보니 그것이 마치 없는 것 같지만 사실은 또 없는 것이 결코 아니다. 이렇게 순환 왕복하면서 이상의 색수상행 네 가지 음의 서로 상대적 여덟 가지 상[八相]을 궁구하여 보니 모두가 고정된 현상이 아니기에, 단지 한 가지 점을 자기 뜻대로 붙들어서 말하기를 죽은 뒤에도 상이 있어 존재하기도 하고 또 얻을 상이 없기도 하다고 한다. 다시 또 미루어 생각하기를 온갖 본능 활동 작용은 모두 고정된 성능이 없으며, 모두 허망하게 변천하고 있다고 한다. 이 때문에 자기가 이미 대도(大道)를 통달했으며 진리를 깨달았다고 마음속으로 느끼고, 유나 무가 모두 아니라고 여긴다. 그리하여 허(虛)와 실(實)을 종잡지 못하고 아득하여 파악하지 못한다. 요컨대 그들은 모두 이로부터 추리 상상하기를 죽은 뒤에는 온갖 것이 다 아니며, 몸 뒤에는 어둡고 아득하여 잡을 그 무엇이 없다고 하면서 외도로 타락하여 보리 정각의 진성을 미혹한다. 이런 사람들은 5음(몸과 마음인 색수상행식) 가운데서, 죽은 뒤에는 만사가 다 아니다 라는, 마음속에서 전도되고 모순된 이론이 발생하는 여덟 번째 외도라 이름 한다.

⑨ 또 이런 정지(正知)의 선정 경계 속에 있는 사람이 정심(正心)이 굳게 집중되어 외부의 마구니가 얽어맬 기회를 엿보아 얻지 못한다. 그러므로 비로소 이와 같은 선정 경계 속에서 각 종류의 생명의 본원을 치밀하게 연구하여 궁구할 수 있는데, 그는 생명의 본원이 시종 깊고 맑고 원만하고 요동하면서 영원히 쉬지 않고 활동하고 있음을 본다. 몸이 '죽은 뒤에는 무엇이든 다 허무하다'고 여기고 추리 상상을 일으켜서 이 사람은 곧 일곱 가지 단멸(斷滅)의 이론에

떨어질 수 있다. 그들은 사후에 신체가 단멸(욕계)하거나 욕념(欲念)이 다 소멸하거나 고통이 다 소멸하거나 극락이 다 소멸해버리거나 극사(極捨)[328]가 다 소멸해버려서, 이런 것들은 결국에 없는 것이라고 여긴다. 이렇게 순환적으로 파고 들어가 칠제(七際: 지地, 수水, 화火, 풍風, 공空, 식識, 각覺 의 일곱 가지 변제邊際. 사선四禪 사공천四空天 등이라는 설도 있다)가 다 끝나고, 눈앞에 나타나 있는 온갖 것은 마침내 소멸로 돌아가며, 소멸하고 난 뒤에는 다시는 있을 리 없다고 여긴다. 요컨대 그들은 모두 이로부터 추리 상상하기를 죽은 뒤에는 완전히 단멸한다고 하며 외도로 타락하여 보리 정각의 진성을 미혹한다. 이러한 사람들은 5음(몸과 마음의 색수상행식) 가운데서, 죽은 뒤에는 모두 단멸로 돌아간다고 세우며, 마음속에서 전도되고 모순된 이론을 발생하는 아홉 번째 외도라고 이름 한다.

⑩ 또 이런 정지(正知)의 선정 경계 속에 있는 사람이 정심(正心)이 굳게 집중되어 외부의 마구니가 얽어맬 기회를 엿보아 얻지 못한다. 그러므로 비로소 이와 같은 선정 경계 속에서 각 종류의 생명의 본원을 치밀하게 연구하여 궁구할 수 있는데, 그는 생명의 본원이 시종 깊고 맑고 원만하고 요동하면서 영원히 쉬지 않고 활동하고 있음을 본다. 몸이 죽은 뒤에 결정적으로 따로 존재가 있다고 여긴다. 그리하여 추리와 상상을 일으켜서 이 사람은 다섯 가지의 열반(적멸寂滅)이론에 떨어져 들어갈 수 있다. 혹은 욕계의 천인의 경계가 바로 진정한 열반이 의지하는 경계라고 여긴다. 왜냐하면 그들은 천인 경계의 광명이 청정함을 보고서 사랑하고 그리워함이 일어나기 때문이다. 혹은 초선(初禪)의 이생희락(離生喜樂)의 경계가 우려(憂

---

328 4선(四禪)과 무색계(無色界).(역주)

慮)의 핍박을 받지 않으므로 바로 열반의 경계라고 여긴다. 혹은 이
선(二禪)의 정생희락(定生喜樂)의 경계가 고통에 핍박을 받지 않으므
로 바로 열반의 경계라고 여긴다. 혹은 삼선(三禪)의 이희득락(離喜得
樂)의 경계가 오직 지극한 희열이 있어 따라 머무르므로 바로 열반
의 경계라고 여긴다. 혹은 사선(四禪)의 사념청정(捨念淸淨)의 경계
가, 고통과 즐거움 두 가지가 다 사라지고 다시는 윤회생멸성의 영
향을 받지 않으므로, 바로 열반의 경계라고 여긴다. 요컨대 그들은
이 다섯 가지 천인 유루의 경계에 미혹하여 바로 진정한 청정한 무
위의 극치라고 보고 이 다섯 곳은 절대적으로 안온하고, 가장 뛰어
넘기 어려운 청정함이 의지한 곳이라고 본다. 이렇게 순환 왕복하
여 모두 이 다섯 곳을 궁극으로 여기고 외도로 타락하여 보리 정각
의 진성을 미혹해버린다. 이런 사람들은 5음(몸과 마음인 색수상행식)
경계 속에서 다섯 가지 열반 경계를 나타냄을 세우며, 마음속에서
전도되고 모순된 이론이 발생한 열 번째 외도라고 이름 한다.

   이상에서 말한 열 가지 선정 중의 미치고 허망한 지해[狂妄知解]는
모두 자기 마음의 행음이 생명 본능 활동 가운데에서의 마음을 써
서 교호 작용을 일으킨 것이다. 그러므로 이런 미치고 허망한 지해
의 깨달음의 경계가 나타난 것이다. 중생은 어리석고 미혹하여 알
지 못하며, 자기가 반성하고 숙고해보려 하지 않고는 이런 경계가
나타나는 것을 만나게 되면, 이런 어리석은 미혹을 올바른 지해(知
解)로 여겨서 스스로 일컫기를 이미 성인의 지위에 올랐다고 한다.
정말 대망어(大妄語)로서, 결과적으로 무간지옥에 떨어진다. 내가 열
반한 뒤에 내가 한 말을 반드시 말법시대에 전해 보여 주어서, 널리
두루 온갖 중생으로 하여금 그 가운데의 의미와 이치를 깨닫게 하
여 심마(心魔)가 스스로 깊은 죄를 일으키지 못하게 하라. 진정으로

수행하는 일반 사람들을 보호하고 이러한 삿된 견해들을 소멸하게 함으로써 그의 심신으로 하여금 진정한 의미를 깨닫게 하고 무상정각의 도를 추구하는 데 대하여 곁가지들의 갈림길의 잘못을 만나지 않게 하라. 자기 마음에서 작은 것을 얻어서 만족하는 편견이 일어나게 하지 말고, 이를 대각법왕(大覺法王)의 청정한 지표로 삼으라.

阿難。彼善男子修三摩提行陰盡者。諸世間性, 幽淸擾動同分生機, 倏然隳裂沈細綱紐。補特伽羅, 酬業深脈, 感應懸絕。於涅槃天將大明悟。如雞後鳴, 瞻顧東方, 已有精色。六根虛靜, 無復馳逸。內外湛明, 入無所入。深達十方十二種類, 受命元由。觀由執元, 諸類不召。於十方界, 已獲其同。精色不沈發現幽秘。此則名爲識陰區宇。若於群召, 已獲同中銷磨六門, 合開成就。見聞通鄰, 互用淸淨。十方世界及與身心, 如吠琉璃, 內外明徹, 名識陰盡。是人則能超越命濁。觀其所由, 罔象虛無, 顚倒妄想, 以爲其本。

阿難當知。是善男子窮諸行空, 於識還元, 已滅生滅, 而於寂滅精妙未圓。能令己身根隔合開, 亦與十方諸類通覺, 覺知通(彳+習), 能入圓元。若於所歸, 立眞常因, 生勝解者, 是人則墮因所因執。娑毗迦羅所歸冥諦, 成其伴侶。迷佛菩提, 亡失知見。是名第一立所得心, 成所歸果。違遠圓通, 背涅槃城, 生外道種。

阿難。又善男子窮諸行空, 已滅生滅, 而於寂滅精妙未圓。若於所歸覽爲自體, 盡虛空界十二類內所有衆生, 皆我身中一類流出, 生勝解者, 是人則墮能非能執。摩醯首羅, 現無邊身, 成其伴侶。迷佛菩提, 亡失知見。是名第二立能爲心, 成能事果。違遠圓通, 背涅槃城, 生大慢天我徧圓種。

又善男子窮諸行空, 已滅生滅, 而於寂滅精妙未圓。若於所歸有所歸依, 自疑身心從彼流出。十方虛空, 咸其生起。即於都起所宣流地, 作眞常身無生滅解。在生滅中, 早計常住。旣惑不生, 亦迷生滅。安住沈迷生勝解者, 是人則墮常非常執。計自在天, 成其伴侶。迷佛菩提, 亡失知見。是名第三立因依心, 成妄計果。違遠圓通, 背涅槃城, 生倒圓種。

又善男子窮諸行空, 已滅生滅, 而於寂滅精妙未圓。若於所知, 知徧圓故, 因知立解。十方草木皆稱有情, 與人無異。草木爲人, 人死還成十方草樹。無擇徧知, 生勝解者, 是人則墮知無知執。婆吒霰尼, 執一切覺, 成其伴侶。迷佛菩提, 亡失知見。是名第四計圓知心, 成虛謬果。違遠圓通, 背涅槃城, 生倒知種。

又善男子窮諸行空, 已滅生滅, 而於寂滅精妙未圓。若於圓融根互用中, 已得隨順。便於圓化一切發生, 求火光明, 樂水淸淨, 愛風周流, 觀塵成就, 各各崇事。以此群塵, 發作本因, 立常住解。是人則墮生無生執。諸迦葉波幷婆羅門, 勤心役身, 事火崇水, 求出生死, 成其伴侶。迷佛菩提, 亡失知見。是名第五計著崇事, 迷心從物, 立妄求因, 求妄冀果。違遠圓通, 背涅槃城, 生顚化種。

又善男子窮諸行空, 已滅生滅, 而於寂滅精妙未圓。若於圓明, 計明中虛, 非滅群化, 以永滅依, 爲所歸依生勝解者, 是人則墮歸無歸執。無想天中諸舜若多, 成其伴侶。迷佛菩提, 亡失知見。是名第六圓虛無心, 成空亡果。違遠圓通, 背涅槃城, 生斷滅種。

又善男子窮諸行空, 已滅生滅, 而於寂滅精妙未圓。若於圓常, 固身常住。同於精圓, 長不傾逝, 生勝解者, 是人則墮貪非貪執。諸阿斯陀求長命者, 成其伴侶。迷佛菩提, 亡失知見。是名第七執著命元, 立固妄因, 趣長勞果。違遠圓通, 背涅槃城, 生妄延種。

又善男子窮諸行空, 已滅生滅, 而於寂滅精妙未圓。觀命互通, 卻留塵勞, 恐其銷盡。便於此際坐蓮華宮, 廣化七珍, 多增寶媛。恣縱其心生勝解者, 是人則墮眞無眞執。吒枳迦羅成其伴侶。迷佛菩提, 亡失知見。是名第八發邪思因, 立熾塵果。違遠圓通, 背涅槃城, 生天魔種。

又善男子窮諸行空, 已滅生滅, 而於寂滅精妙未圓。於命明中分別精麤, 疏決眞僞, 因果相酬, 唯求感應, 背淸淨道。所謂見苦斷集, 證滅修道。居滅已休, 更不前進, 生勝解者, 是人則墮定性聲聞。諸無聞僧, 增上慢者, 成其伴侶。迷佛菩提, 亡失知見。是名第九圓精應心, 成趣寂果。違遠圓通, 背涅槃城, 生纏空種。

又善男子窮諸行空, 已滅生滅, 而於寂滅精妙未圓。若於圓融清淨覺明, 發研深妙, 即立涅槃而不前進, 生勝解者, 是人則墮定性辟支。諸緣獨倫不迴心者, 成其伴侶。迷佛菩提, 亡失知見。是名第十圓覺(氵+習)心, 成湛明果。違遠圓通, 背涅槃城, 生覺圓明不化圓種。

阿難。如是十種禪那, 中塗成狂, 因依迷惑, 於未足中生滿足證皆是識陰用心交互, 故生斯位。衆生頑迷, 不自忖量。逢此現前, 各以所愛先習迷心, 而自休息。將爲畢竟所歸寧地。自言滿足無上菩提。大妄語成, 外道邪魔所感業終, 墮無間獄。聲聞緣覺, 不成增進。汝等存心秉如來道。將此法門, 於我滅後, 傳示末世。普令衆生, 覺了斯義。無令見魔自作沈孽保綏哀救, 銷息邪緣。令其身心入佛知見。從始成就, 不遭歧路。

如是法門, 先過去世恒沙劫中, 微塵如來, 乘此心開, 得無上道。識陰若盡, 則汝現前諸根互用。從互用中, 能入菩薩金剛乾慧。圓明精心, 於中發化。如淨琉璃, 內含寶月。如是乃超十信、十住、十行、十回向、四加行心, 菩薩所行金剛十地, 等覺圓明, 入於如來妙莊嚴海。圓滿菩提, 歸無所得。此是過去先佛世尊, 奢摩他中, 毗婆舍那, 覺明分析微細魔事。魔境現前, 汝能諳識, 心垢洗除, 不落邪見。陰魔銷滅。天魔摧碎。大力鬼神, 褫魄逃逝。魑魅魍魎, 無復出生。直至菩提, 無諸少乏。下劣增進, 於大涅槃心不迷悶。若諸末世愚鈍衆生, 未識禪那, 不知說法, 樂修三昧, 汝恐同邪, 一心勸令持我佛頂陀羅尼咒。若未能誦, 寫於禪堂, 或帶身上, 一切諸魔, 所不能動。汝當恭欽十方如來, 究竟修進最後垂範。

식음(識陰) 구역
유식(唯識) 경계 속에서 나타나는 편차

부처님이 말씀하셨다. "정정(正定) 삼매에 있는 사람으로서 행음이 이미 다 소멸한 자는 모든 세간 생명의 활동 본능인 저 깊고 맑고 요동하는[幽淸擾動] 공동의 생기(生機)의 근본에 대하여 이미 갑자기 부숴버렸다. 지금까지 생명의 벼릿줄이었던 중음신인, 윤회 속에서 끊임없이 생겨났던 깊고 가느다란 명맥(命脈)이, 그 업력의 감응을 끊어 없애고 헛되이 매달려 있고 달라붙지 않는다. 열반적멸의 성천(性天) 경계에 대해 장차 대철대오(大徹大悟)를 얻으려고 한다. 마치 닭이 마지막 울어 새벽을 알린 뒤에 동방을 바라보면 하늘 색깔이 이미 정광(精光)이 드러나서 밝은 새벽빛이 곧 전개되려 함과 같다. 이때에 6근(안이비설신의)이 비고 고요함[虛靜]이 극점에 도달하여 더 이상 밖으로 향하여 내달려 방일하지 않고 안과 밖이 모두 티 없이 맑고 청명하며[湛然淸明] 들어간 바 없는 경계로 들어간다. 이 때문에 시방 허공중의 12종류의 중생들이 생명을 감응하여 받는[感受] 근원적인 유래를 깊이 이해할 수 있다. 그러나 그가 비록 생명의 유래가 단단히 붙들어 쥐는 근원을 보았다 할지라도 자기는 온갖 종류의 업력의 감응 부름[感召]을 받지 않으며, 시방세계에 대하여 그 공동의 근원을 이미 얻었다. 이런 경계를 식음(識陰) 구역이라고 한다. 만약, 온갖 업력의 감응 부름 중에서 그 공동의 근원을 이미 장악하여 자신이 더 이상 반응 작용을 일으키지 않고 더 공부하여 6근 문(門)의 습기장애를 녹인다. 쓰고자 할 때에 여전히 나누어서 여섯 개로 할 수 있고, 쓰지 않을 때는 합하여 하나가 되게 할 수 있다. 보는 것과 듣는 것의 기능을 마음대로 서로 바꿀 수 있다. 서로 바꾸어서 사용하는 가운데 또 청정하면서 자재하다. 시방세계의 물질세간과 심신이 모두 유리처럼 안팎이 투명하다. 만약 그렇다면, 이 경계를 식음이 다한 것이라고 한다. 이 사람은 명탁(命濁)[329]을 초월할 수 있다. 하지만 이런 까닭을 자세히 관찰해보면 역

---

329 오탁의 하나. 말세에 이르러 수명이 단축된 것을 말한다. 이는 번뇌와 바르지 못한 견해의 결과이다. 탁이란 더럽고 흐리다는 뜻이다. 번뇌와 바르지 못한 견해가 혼탁의 근본이요, 수명의 단축이 그 결과이다. 그러므로 명탁이라

시 허무하고 형체가 없는[無象] 속에서의 전도된[顚倒] 망상이 근본 작용이 되었기 때문이다.

① 어떤 사람이 행음의 공성(空性)을 궁구하여 다해 유식(唯識)[330]의 경계까지 되돌아가서, 비록 생멸의 작용은 이미 소멸했지만 적멸의 정묘함[精妙]에 대해서는 아직 원만해지지 못했다. 그는 자신의 6근(안이비설신의)으로 하여금 합하여 하나가 되게 하거나 혹은 나누어서 여러 가지 작용을 일으키게 할 수 있다. 또 시방세계 온갖 종류 중생들의 보고 듣고 감각하고 지각함[見聞覺知]과 융통하여 하나로 모아서 모두 하나의 원원(圓元)[331]의 경계로 들어갈 수 있다. 만약 그가 이 유식(唯識)으로 돌아온 경계가 바로 지극히 진실하며 항상 존재하는 본원 인지(因地)라고 여기고는 그 때문에 자기가 대단하다고 생각하는 견해를 일으킨다면, 이 사람은 곧 인소인의 집착[因所因執]에 떨어질 것이다. 범천을 스승으로 섬기는 황발(黃髮) 외도들[332]이 까마득하고 어두운[渺冥] 명제(冥諦)가 바로 도의 본원이라고 여기는 것과 마찬가지여서 똑같은 잘못이다. 그러므로 명제(冥諦) 외도들이 그 짝이 되어 보리 정각의 불성을 미혹한다. 이것을 첫 번째 편차라고 이름 하는데, 얻을 바가 있다는 마음으로써 돌아갈 바가 있는 결과의 이룸을 세움으로써, 원통의 지혜에 어긋나고 열반의 성경을 스스로 멀리하여, 외도 종성(種性) 가운데 태어나느니

한다.

330 유(唯)란 선택하여 가린다[簡別]는 뜻이다. 식(識) 밖에는 법이 없음을 선택하여 가리는 것을 유라 한다. 식(識)이란 구별하여 안다[了別]는 뜻이다. 식(識)은 5음의 하나이다.

331 원만한 심식 본원.(역주)

332 사비가라 외도.(역주)

라.

② 또 어떤 사람이 행음의 공성을 궁구하여 다해 생멸의 작용은 이미 소멸했지만 적멸의 정묘함에 대해서는 아직 원만해지지 못했다. 만약 이 되돌아간 유식의 경계 중에서 관찰하여, 만상이 모두 나 자체이며, 모든 허공계의 12종류 안의 중생들이 모두 나 한 몸으로부터 변화하여 나누어져 흘러나온 것이라고 여기고는 그 때문에 자기가 대단하다는 견해를 일으킨다면, 이 사람은 능비능의 집착[能非能執]에 떨어져, 오직 그것이야말로 전능의 주재자요 나머지는 다 능하지 못한 바가 있다고 여길 것이다. 이 때문에 대자재천주(大自在天主)가 끝없는 각 종류의 몸을 나타내어 그 반려자가 되어 보리 정각의 불성을 미혹하고 정지정견을 잃어버린다. 이것을 두 번째 편차라고 하는데, 전능한 유위(有爲)의 마음을 세워서 만사를 낳는다는 결과를 이룩함으로써, 원통의 지혜에 어긋나고 스스로 열반의 성경을 멀리하여 대아만(大我慢)의 대자재천주(大自在天主) 영역에 태어나서, 아(我)가 두루 원만하다[徧圓]고 집착하는 종성이 되느니라.

③ 또 어떤 사람이 행음의 공성을 궁구하여 다해 생멸의 작용은 이미 소멸했지만 적멸의 정묘함에 대해서는 아직 원만해지지 못했다. 만약 이 되돌아간 유식의 경계에 대하여, 이것이 바로 자기가 귀의할 본원이라고 여길 뿐만 아니라, 자기의 심신도 역시 이 경계로부터 흘러나온 것이라고 스스로 의심하고, 시방허공도 모두 그것으로부터 생겨난 것이며, 이 만유를 낳은 유식 경계를 지극히 진실하며 상주하는 진신(眞身)으로 삼고서 그것이 생멸이 없는 것으로 생각하며, 이 때문에 온갖 생멸 가운데서 오직 이것만이 상주불변한다고 생각하며, 그는 불생의 실상도 모르고 동시에 생멸의 본원

도 인식하지 못하지만 그는 그 속에 안주하고 빠져서 미혹하여 자기가 대단하다고 생각하는 견해를 일으킨다면, 이 사람은 상비상의 집착[常非常執]에 떨어져서 따로 하나의 진실 상주[眞常]의 존재가 있고, 그 나머지 모든 것은 생멸이 있으며 상주하지 않는 것이라고 여긴다. 그 이러한 추리는 자재천인(自在天人)의 경계와 같다. 그래서 그의 짝이 되어 보리 정각의 불성을 미혹하고 정지정견을 잃어버린다. 이것을 세 번째 편차라고 이름 하며, 원인[因]으로 의지할 마음이 있다고 세워서 허망하게 추리하는 결과[果]를 형성함으로써 원통의 지혜에 어긋나고 열반의 성경을 스스로 멀리하여 원만한 가운데 전도된 견해를 일으킨 것으로, 원만이 뒤바뀐[倒圓] 종성으로 태어나느니라.

④ 또 어떤 사람이 행음의 공성을 궁구하여 다해 생멸의 작용은 이미 소멸했지만 적멸의 정묘함에 대해서는 아직 원만해지지 못했다. 만약 이 소지성(所知性)이 바로 두루 원만한 능지성(能知性)이라고 여기고는, 이 지(知)로 말미암아 견해를 세우기를 시방의 초목이 모두 유정으로서 사람과 다름없어서, 초목이 사람으로 변할 수 있고 사람이 죽어서 초목이 될 수 있으며, 시방의 초목과 나무가 차이가 없이 앎이 있는 것이라고 여기며, 이 때문에 자기가 대단하다고 생각하는 견해가 일어난다면, 이 사람은 지무지의 집착[知無知執]에 떨어져서, 온갖 유정의 생물과 무정의 초목이 서로 같아서 지각적인 존재가 있다고 여긴다. 이리하여 온갖 것이 각(覺)이라고 집착하는 외도들과 짝이 되어 보리 정각의 불성을 미혹하고 정지정견을 잃어버린다. 이것을 네 번째 편차라고 이름 하는데, 지각하는 마음은 원만하게 두루 미치는 것이라고 추측하고는 허망하고 잘못된 부실한 결과를 형성함으로써 원통의 지혜에 어긋나고 열반의 성경을 스스

로 멀리하여, 정지(正知) 가운데서 뒤바뀐 견해를 일으킨, 지견이 뒤바뀐[倒知] 종성으로 태어난다고 하느니라.

⑤ 또 어떤 사람이 행음의 공성을 궁구하여 다해 생멸의 작용은 이미 소멸했지만 적멸의 정묘함에 대해서는 아직 원만해지지 못했다. 만약 원융무애한 경계 속에서 6근으로 하여금 마음대로 서로 작용하게 할 수 있다면, 그는 원융한 변화 가운데서 온갖 것에 대하여 그 본능을 발견한다. 그래서 불의 광명을 구하고 물의 청정함을 즐기고 바람의 두루 흐름을 사랑하고 먼지의 만물을 이룸을 관찰하여, 이 네 가지 물질 에너지를 그는 각각 숭배하고 섬기면서 이 네 가지 4대의 물질 에너지가 바로 세계를 생성하는 본래 원인이라고 여기고, 본능이 바로 상주불변 한다는 견해를 세운다. 이 사람은 곧 생무생의 집착[生無生執]에 떨어져 세간의 갖가지 만상이 이 본능으로부터 생겨나며, 만상은 모두 무상하지만 오직 이 본능은 상주한다고 여기면서 그게 바로 조화의 진재(眞宰)라고 생각한다. 모든 바라문들로서 부지런히 심신을 단련하고 오로지 정성으로 불을 숭배하거나 물을 숭배하거나 하여서 생사에서 벗어나기를 구하는 사람들과 짝이 되어 보리 정각의 불성을 미혹하고 정지정견을 잃어버린다. 이것을 다섯 번째 편차라고 이름 하는데, 물질에 집착하여 숭배하고 섬기면서 마음을 미혹하고 물질을 쫓아 허망하게 구하는 원인을 세워 그 결과를 구하기를 허망하게 바람으로써, 원통의 지혜에 어긋나고 스스로 열반의 성경을 멀리하여 변화의 이치를 뒤바꿀 수 있다고 여기는데, 이를 변화의 이치가 뒤바뀐[顚化] 종류에 태어난다고 하느니라.

⑥ 또 어떤 사람이 행음의 공성을 궁구하여 다해 생멸의 작용은

이미 소멸했지만 적멸의 정묘함에 대해서는 아직 원만해지지 못했다. 만약 원명(圓明)한 경계 속에서 원명함도 허무하고[虛], 모든 변화도 허깨비처럼 소멸하며, 설사 이 허공이라도 영원히 소멸하여 의지할 바가 없다고 여기고, 이 이치를 궁극의 귀의처로 삼아 자기가 대단하다는 견해를 일으킨다면, 이 사람은 귀무귀의 집착[歸無歸執]에 떨어져서 온갖 것이 다 공해서 돌아갈 바가 없는 경계를 궁극의 귀의처로 여기면서, 모든 공무상천(空無想天) 등과 짝이 되어 보리 정각의 불성을 미혹하고 정지정견을 잃어버린다. 이것을 여섯 번째 편차라고 이름 하며, 원만하고 허무한 마음[圓虛無心]이 바로 도의 궁극이라고 여기며, 이 때문에 마침내 공망(空亡)의 결과를 이룸으로써, 원통의 지혜에 어긋나고 열반 성경을 스스로 멀리하여 온갖 것이 공하고 생멸을 단멸함이 바로 정과(正果)라고 여기는데, 이를 단멸공(斷滅空)의 외도 종성으로 태어난다고 하느니라.

⑦ 또 어떤 사람이 행음의 공성을 궁구하여 다해 생멸의 작용은 이미 소멸했지만 적멸의 정묘함에 대해서는 아직 원만해지지 못했다. 만약 이 원만하고 상주하는 경계 가운데서 색신을 견고히 하는 법문을 부지런히 닦아서 이 신체를 상주하게 함이 정령이 원만하고 장생(長生) 상주하여 영원히 소멸되지 않는 것과 같게 된다고 여기고는, 이 때문에 자기가 대단하다는 견해를 일으킨다면, 이 사람은 탐비탐의 집착[貪非貪執]에 떨어지게 되어, 온갖 것에 집착해서는 안 되지만 , 오직 이 정령이 어둡지 않은 것[精靈不昧]만을 취하여 궁극으로 삼아서, 자칭 견줄 바가 없다는 신선들과 장생의 선도(仙道)만을 구하며 그와 짝이 되어 보리 정각의 불성을 미혹하여 정지정견을 잃어버린다. 이것을 일곱 번째 편차라 이름 하는데, 생명의 본원에 집착하여 견고한 망상의 원인을 세워서 수고를 마다하지 않고

장생의 결과를 닦아감으로써, 원통의 지혜에 어긋나고 열반 성경을 스스로 멀리하고 망념을 견고히 하여 생명을 연속하는 것으로, 이를 허망하게 수명을 늘리는[妄延] 종성으로 태어난다고 하느니라.

⑧ 또 어떤 사람이 행음의 공성을 궁구하여 다해 생멸의 작용은 이미 소멸했지만 적멸의 정묘함에 대해서는 아직 원만해지지 못했다. 만약 생명의 본원은 본래 모두 하나의 체(體)로서 서로 통할 수 있고, 다만 길은 다르지만 돌아감은 같다는 것을 보았기 때문에, 세간의 진로(塵勞) 등의 일을 버리지 못하고 도리어 그것이 남김없이 소멸하는 것을 두려워하여, 곧 이때에 신통력으로 연화궁(蓮花宮)에 앉아 여러 방향으로 칠보(七寶)로 변화시켜 자기를 장엄하되, 미녀 신선 아가씨를 많이 늘려 그 마음을 방자하게 하여 향락을 도모하여서, 이 때문에 자기가 대단하다고 생각하는 견해를 일으킨다면, 이 사람은 곧 진무진의 집착[眞無眞執]에 떨어져서 진실 상주하지 않는 생명 본원을 도리어 진실 상주한다고 여기고는 천마와 그 짝이 되어 보리 정각의 불성을 미혹하고 정지정견을 잃어버린다. 이것을 여덟 번째 편차라고 이름 하며, 삿된 생각의 원인을 일으켜 진로가 치성(熾盛)한 괴로운 과보를 이룸으로써 원통의 지혜에 어긋나고 열반 성경을 스스로 멀리하여 천마(天魔)의 경계를 지극한 도로 삼는 것으로, 이를 천마(天魔)의 종성으로 태어난다고 하느니라.

⑨ 또 어떤 사람이 행음의 공성을 궁구하여 다해 생멸의 작용은 이미 소멸했지만 적멸의 정묘함에 대해서는 아직 원만해지지 못했다. 만약 생명 본래의 근본을 아는 경계 속에서, 이로 부터 분별하기를 성인과 범부에게는 확실히 정묘함과 거칠음의 차별이 있다 하고, 그 가운데에서 사리에 밝게 그 진위를 가리어 결정하고, 알기를

세간과 출세간이 모두 인과 관계로서 인연이 모이면 업력이 감응함이 마치 자석이 철을 끓어 당기듯이 그들의 과거세의 업을 서로 갚고, 중생의 온갖 작위는 청정한 대도와는 서로 어긋나서, 말하자면 세간의 온갖 것이 고통임을 보고서는 번뇌를 끊어 없앨 수 있다면 고통의 원인을 더 이상 쌓아 모으지 않고 번뇌의 소멸제거만을 구함이 바로 수도의 궁극적인 법문이라고 알고, 생멸심을 이미 소멸시키고 생멸하지 않는 경계 속에서 쉬면서 더욱 다시 더 이상 진보를 추구하지 않고서는, 이 때문에 자기가 대단하다고 생각하는 견해를 일으킨다면, 이 사람은 곧 정성(定性)의 성문승에 떨어져 지혜와 다문(多聞)을 추구하지 않는 모든 승중(僧衆)과 증상만을 가진 사람들과 함께 그 짝을 이루어(자기 스스로 이미 무상대도를 얻었다고 생각하고서는 교만심을 일으키는 것을 증상만이라고 부른다) 보리 정각의 불성을 미혹하고 정지정견을 잃어버린다. 이것을 아홉 번째 편차라고 이름 하는데, 원명(圓明)하고 정묘(精妙)하며 생멸하지 않는 심경을 적멸로 향하는 과위로 삼음으로써 원통의 지혜에 어긋나고 열반의 성경을 스스로 멀리하여 공(空)을 궁극으로 삼는 것으로, 이를 공적(空寂)에 얽매인 성문의[纏空]의 종성으로 태어난다고 하느니라.

⑩ 또 어떤 사람이 행음의 공성을 궁구하여 다해 생멸의 작용은 이미 소멸했지만 적멸의 정묘함에 대해서는 아직 원만해지지 못했다. 만약 원융무애하고 청정한 각명(覺明)의 경계 속에서, 심묘함[深妙]을 연구하여 구하려는 마음이 일어나 이렇게 하는 것이 바로 열반의 경계라고 여기고 더 이상 향상 진보를 추구하지 않고, 이 때문에 자기가 대단하다고 생각하는 견해를 일으킨다면, 이 사람은 곧 정성(定性)의 독각승에 떨어져 인연으로부터 성과를 깨달은 모든 연각승 등, 마음을 대승으로 전향하려고 하지 않는 사람들과 함께 그

짝을 이루어 보리 정각의 불성을 미혹하고 정지정견을 잃어버린다. 이것을 열 번째 편차라고 이름 하는데, 마음을 없애고 무념으로써 원각(圓覺)에 들어가 잠명과(湛明果)[333]를 성취함으로써 원통의 지혜에 어긋나고 열반의 성경을 스스로 멀리하며 자각원명(自覺圓明)의 경계에 태어나 원명에 집착하고서 중생을 제도하지 않는데, 이를 각성이 원명하면서 교화를 하지 않는[覺圓明不化圓] 연각의 종성으로 태어난다고 하느니라.

이상에서 말한 열 가지 선정 속의 사람은 모두 중도(中途)에서의 편차로 인하여 미친 견해를 일으켜 자기가 미혹해서 무지하여, 아직 원만한 보리 정각에 이르지 못한 중도에서 이미 증득하여 만족한다는 지혜가 일어난 것이다. 사실은 모두 식심의 용심(用心) 교호 작용으로서 유식(唯識)이 변화한 것이다. 그러므로 이러한 과위들을 이룬 것이다. 그러나 유감스럽게도 중생은 고집스럽고 미혹하여 알지 못하고 스스로 반성하고 숙고하려 하지 않아서 이런 경계가 나타나게 되면, 각자 수많은 환생으로 겁의 세월을 지나오면서 애호했던 습기에 나아가고 진심을 미혹하여, 여기에서 쉬면서 그게 바로 도과가 돌아갈 궁극의 경지라고 여기고는 자칭 무상보리를 이미 만족시켰다고 하며 대망어를 이룬다. 혹은 외도 삿된 마구니들의 감응을 받아 업과가 마치게 되거든 무간지옥에 떨어진다. 혹은 성문과 연각 이승의 과를 이루어 더 이상 증진 향상하려 하지 않는다. 여러분들은 나의 불도를 마음에 품고 지니고서 이런 법문을 내가 열반한 이후에 말법시기에 전해 보여줌으로써 널리 온갖 중생으로 하여금 그 가운데의 의미와 이치를 깨닫게 하고 지견의 마구니가

---

333 연각(緣覺).(역주)

스스로 미혹에 빠지는 죄를 범하지 않게 하며 수행하는 사람들을 보호하라. 그가 만약 중도에 우연히 편차가 있게 되면 마땅히 그 마음을 가련히 여기고 구해주어 그 삿된 인연을 소멸시켜줌으로써 그의 심신으로 하여금 부처의 바른 지견으로 들어가게 하라. 수행인으로 하여금 시작부터 성취할 때까지 갈림길로 들어서지 않게 하는 것이 가장 좋다. 이 법문은 과거세의 무수한 앞선 부처들이 이 도를 이용하여 마음이 열리고 이로부터 무상보리를 증득하였던 것이다.

만약 식음이 다한다면 너의 지금의 생리와 심리의 모든 근(根)들이 서로 바뀌어서 교환 응용할 수 있다. 서로 교한 응용하는 가운데 보살도의 최종인 금강건혜(金剛乾慧)에 들어갈 수 있으며 원명하고 정묘한[圓明精妙] 진심이 이 가운데에서 변화의 묘용을 발생시킬 수 있음이 마치 맑은 유리가 안에 보배 달을 머금고 있는 것과 같다[如淨琉璃, 內含寶月]. 이래야 비로소 앞에서 말했던 10신(十信), 10주(十住), 10행(十行), 10회향(十回向), 4가행심(四加行心), 보살이 행하는 금강십지(金剛十地)를 뛰어넘어 등각(等覺)의 원명의 과지에 이르고 자성여래의 묘장엄(妙莊嚴)의 바다에 들어가 보리를 원만히 이루고 얻을 바 없는 경지[無所得]로 돌아간다. 이게 바로 과거의 앞선 부처 세존들이 사마타(지정止定)와 비파사나(관혜觀慧)의 여래 대정(大定) 가운데서 원각묘명(圓覺妙明)이 분석한 마구니의 방해이다. 만약 마구니 경계가 나타나면 그 당시에 인식하여 알아서 자기 마음에 돌이켜 구해보아 마음의 때를 씻어 맑게 하도록 하기만 하면 당연히 삿된 견해에 떨어지지 않는다. 그러면 5음심마(五陰心魔)가 소멸하고 천마의 외부 경계도 꺾여 부서지며 대력귀신 등도 당연히 넋을 잃고 도망가며 이런 도깨비 허깨비들도 나타날 길이 없다. 이로부터 곧바로 보리에 이르러서야 본래 이루어져 갖추고 있으며 결정코 조금도 부족하지 않을 것임을 비로소 안다. 지혜가 하열(下劣)하고 얕은

사람이라 할지라도 이로부터 증진 수행하면 역시 자성 진심 열반의
경계에 나아갈 수 있으며 다시 미혹하여 번민하지 않을 것이다.

阿難即從座起。聞佛示誨, 頂禮欽奉, 憶持無失。於大衆中重復白佛。如佛
所言五陰相中, 五種虛妄爲本想心。我等平常, 未蒙如來微細開示。又此五
陰, 爲倂銷除, 爲次第盡。如是五重, 詣何爲界。惟願如來發宣大慈。爲此大
衆淸淨心目。以爲末世一切衆生, 作將來眼。

佛告阿難。精眞妙明本覺圓淨, 非留死生及諸塵垢。乃至虛空, 皆因妄想之
所生起。斯元本覺妙明眞精, 妄以發生諸器世間。如演若多, 迷頭認影。妄
元無因。於妄想中立因緣性。迷因緣者, 稱爲自然。彼虛空性, 猶實幻生。
因緣自然, 皆是衆生妄心計度。

阿難。知妄所起, 說妄因緣。若妄元無, 說妄因緣元無所有。何況不知, 推自
然者。是故如來與汝發明, 五陰本因, 同是妄想。

汝體先因父母想生。汝心非想, 則不能來想中傳命。如我先言心想醋味, 口
中涎生。心想登高, 足心酸起。懸崖不有。醋物未來。汝體必非虛妄通倫。
口水如何因談醋出。是故當知, 汝現色身, 名爲堅固第一妄想。

卽此所說臨高想心, 能令汝形眞受酸澀。由因受生, 能動色體。汝今現前順
益違損, 二現驅馳, 名爲虛明第二妄想。

由汝念慮, 使汝色身。身非念倫, 汝身何因隨念所使。種種取像。心生形取,
與念相應。寤卽想心。寐爲諸夢。則汝想念搖動妄情, 名爲融通第三妄想。

化理不住, 運運密移。甲長髮生, 氣銷容皺。日夜相代, 曾無覺悟。阿難。此
若非汝, 云何體遷。如必是眞, 汝何無覺。則汝諸行念念不停, 名爲幽隱第四
妄想。

又汝精明湛不搖處, 名恒常者。於身不出見聞覺知。若實精眞, 不容習妄。
何因汝等, 曾於昔年睹一奇物。經歷年歲, 憶妄俱無, 於後忽然覆睹前異, 記
憶宛然, 曾不遺失。則此精了湛不搖中, 念念受熏, 有何籌算。阿難當知。此
湛非眞。如急流水, 望如恬靜, 流急不見, 非是無流。若非想元, 寧受妄習。

非汝六根互用開合，此之妄想無時得滅。故汝現在見聞覺知中串習幾，則湛了內罔象虛無，第五顛倒微細精想。

阿難。是五受陰，五妄想成。汝今欲知因界淺深。唯色與空，是色邊際。唯觸及離，是受邊際。唯記與忘，是想邊際。唯滅與生，是行邊際。湛入合湛，歸識邊際。此五陰元，重疊生起。生因識有，滅從色除。理則頓悟，乘悟併銷。事非頓除，因次第盡。我已示汝劫波巾結，何所不明，再此詢問。汝應將此妄想根元，心得開通，傳示將來末法之中諸修行者。令識虛妄。深厭自生，知有涅槃，不戀三界。

阿難。若復有人，偏滿十方所有虛空，盈滿七寶。持以奉上微塵諸佛，承事供養，心無虛度。於意云何。是人以此施佛因緣，得福多不。阿難答言。虛空無盡，珍寶無邊。昔有眾生施佛七錢，捨身猶獲轉輪王位。況復現前虛空既窮，佛土充徧，皆施珍寶。窮劫思議，尚不能及。是福云何更有邊際。佛告阿難。諸佛如來，語無虛妄。若復有人，身具四重十波羅夷，瞬息即經此方他方阿鼻地獄，乃至窮盡十方無間，靡不經歷。能以一念將此法門，於末劫中開示未學。是人罪障，應念銷滅。變其所受地獄苦因，成安樂國。得福超越前之施人，百倍千倍千萬億倍，如是乃至算數譬喻所不能及。

阿難。若有眾生，能誦此經，能持此咒，如我廣說，窮劫不盡。依我教言，如教行道，直成菩提，無復魔業。

佛說此經已。比丘、比丘尼、優婆塞、優婆夷。一切世間天人阿修羅，及諸他方菩薩二乘，聖仙童子，并初發心大力鬼神，皆大歡喜，作禮而去。

5음 해탈과 명심견성을 곧바로 가리킨 결론

아난이 물었다. "만약 부처님의 말씀에 의거하면 5음(색수상행식)의 현상은 단지 다섯 가지 허망한 작용이요, 모두 자성 망상심에서 생겨난 차별 관계입니다. 우리들은 평소에 부처님의 미세한 가르침을 아직까지 받지 못했기에 이제 질문 드립니다. 수행 진도 경계 중에서 이 5음은 한꺼번에 소멸되는 것입니까? 아니면 차례로 점점 소멸되어 다하는 것입니까? 그리고 이 다섯 가지 음경(陰境)은 무엇을 한계로 합니까? 자비를 크게 일으켜 다시 자세히 열어 보여주십시오."

부처님이 말씀하셨다. "자성 진심의 정치(精緻)하고 진실하며 묘하고 밝으며, 본각이 원만하고 청정함[精真妙明, 本覺圓淨]은 원래 생사와 번뇌[塵垢] 사이에 머물러 있지 않다. 너는 알아야 한다, 이 다함 없는 허공이라 할지라도 모두 자성 망상에서 생겨난 경계이다. 모든 물리적인 기세간(器世間) 현상은 본래가 자성 본각의 묘하고 밝고 정치하고 진실함[妙明精真] 가운데에서의 허망하게 움직이는[妄動] 작용이다. 마치 앞서 말했던 미치광이 연약달다(演若達多)가 자기에게 본래 있는 진짜 머리를 미혹하고 망령되이 그림자로 여기는 것과 같다. 망상이 발생하는 본래 근원은 근본적으로 어떤 원인 때문에 발생했다고 말할 것이 없다. 단지 망상 가운데서 그 인연성(因緣性)을 세운 것이다.[334] 이 인연성을 미혹한 사람은 우주간의 사물은 자연의 법칙이라고 부른다. 사실은 저 다함 없는 허공도 오히려 환유(幻有)에서 생겨난 현상인데 하물며 허공에 의탁하고 있는 사물이야 더 말할 나위가 있겠느냐. 그것이 인연적인 것이라거나 혹은 자연적인 것이라고 말함은 더더욱 중생의 허망한 마음이 추리 상상한 것일 뿐이다.

사람들은 자기 망상이 일으키는 법칙을 이해할 수 있다. 이로부터 망상이 인연에서 생겨난 것이라고 말한다. 만약 근본적으로 망상이 없다면, 망상과 인연을 말함조차도 근본적으로 있지 않다. 하물며 최초의 진제(真諦)[335]가 도대체 무엇인지를 모르면서 그것을

---

334 因緣: 어떤 사물이 생겨나는 것은, 친하고 강력한 요소는 인(因)이 되고 멀고 힘이 약한 요소는 연(緣)이 된다. 예컨대 볍씨는 인(因)이 되고 비, 이슬, 농부 등은 연(緣)이 된다. 이런 인연이 화합하여 쌀이 생겨난다.

추측하여 자연적인 것이라고 말하겠느냐? 그러므로 내가 다시 너에게 밝히겠다. 5음의 본래 원인도 모두 함께 망상에서 생겨난 것이다.

먼저 너는 이해해야 한다, 너의 신체는 원래 너의 부모의 망상 때문에 생겨난 것이다. 너의 마음이 만약 망상이 아니었다면, 그들의 망상과 결합하여 이 몸이 있고, 이로써 생명을 연속시키는 일이 있을 수 없었을 것이다. 내가 이전에 말했듯이, 식초의 신맛을 생각하면 입안에서 침이 나올 수 있다. 마음으로 높이 오르는 것을 생각하면 발바닥이 저려올 수 있다. 하지만 눈앞에 벼랑도 없고 신맛의 식초도 없는데도, 너의 몸이 만약 허망한 망상과 같지 않다면 무슨 까닭으로 산성(酸性)을 말한 것 때문에 침이 흘러나올 수 있겠느냐? 그러므로 너는 마땅히 알아야 한다, 너의 현재의 육신 존재를 첫 번째 겹의 지극히 견고(堅固)한 크나큰 망상이라고 이름 한다.(색色)

위에서 말했듯이, 마음이 높은 벼랑에 오를 것을 생각하면 너의 신체로 하여금 정말로 저려옴[酸澁]을 느끼게 할 수 있다. 감수(感受)가 있기 때문에 너의 색신으로 하여금 변화 작용을 일으키게 할 수 있다. 너의 현재의 순익성(順益性)[336]의 쾌감과 위손성(違損性)[337]의 고통 이 두 가지 현상이 상호 교환하면서 내달리는데, 이것을 두 번째 겹의 허명(虛明)한 망상이라고 이름 한다. (수受)

---

335 이제(二諦)인 진제와 속제(俗諦)의 하나이다. 진(眞)은 진실하여 허망이 없음을 말하고 제(諦)는 의미와 같다. 속제(俗諦)에 상대적으로 말하면 세간법은 속제가 되고 출세간법은 진제가 되는 것이 이것이다.

336 나의 뜻에 따르고 이익을 주는 성질.(역주)

337 나의 뜻에 어긋나고 손실을 주는 성질.(역주)

너에게 생각염려[思想念慮]가 있기 때문에 너의 색신이 온갖 작용을 일으키도록 시킨다. 너의 신체가 그런 사려(思慮) 따위에 속하지 않는다면 너의 색신이 어떻게 염려(念慮)의 시킴에 따르겠느냐? 어떻게 외부 경계의 대상을 받아들이는 가운데, 마음속에 각종 작용이 발생하고 형체가 곧 따라서 취득하여 너의 사념과 상호 반응 결합할 수 있겠느냐? 깨어서는 생각하는 마음이 되고, 잠자는 중에는 온갖 꿈 경계를 형성한다. 그렇다면 너의 생각이 허망한 정[妄情]을 요동시키는 것을 세 번째 겹의 융통(融通)하는 망상이라고 이름 한다. (상想)

생리상의 변화는 생각 생각마다 멈추게 할 수 없다. 언제 어디서나 운동하면서 은밀히 달라지고 있다. 손톱이 자라고 있고 머리털이 나고 있으며 기기(氣機)는 팽창하고 수축하면서 오가고 있다. 용모도 바뀌면서 노쇠해 간다. 신진대사(新陳代謝)가 밤낮으로 서로 바뀌고 있다. 그렇지만 너는 알아차리지 못한다. 만약 이런 변화들이 너 자신이 아니라면 어떻게 너의 신체가 변천할 수 있겠느냐? 만약 그것이 바로 너의 본래의 진심이라면 어찌하여 또 감각하고 지각하지 못하는 것이냐. 그러므로 말하기를 너의 모든 행동은 생각 생각을 따라서 변천해 가면서 멈추지 않는다고 한다. 이것을 네 번째 겹의 유은(幽隱)한 망상이라고 한다. (행行)

너는 정명(精明)이 청정하고 티 없이 맑으면서 움직이지 않는[湛然不動] 경계 속에서, 이것을 영원히 불변하는 심성이라고 여긴다. 그렇다면 그것이 신체에서 일으키는 작용은 보고 듣고 감각하고 지각하는[見聞覺知] 이 네 가지 현상에 지나지 않는다. 만약 이것이 정말로 너의 정명(精明)의 진심이라면, 마땅히 그것이 염오를 훈습하는 외부 경계의 망습(妄習)[338]이 들어오는 것을 받아들이도록 용납해서는 안 된다. 왜 너는 여러해 전에 어떤 기이한 물건을 보았는데, 몇 년 지난 후에 그것에 대해 기억과 잊어버림이 다 존재하지 않게 되어버린대도 뒷날 갑자기 다시 그 기이한 물건을 보게 되었을 때 완연히 기억할 수 있고, 그 기억은 조금도 유실된 적이 없었던 것이냐? 그렇다면 이 분명하고 정교하게 알며[明白精了] 티 없이 맑으면서 움직이지 않는[湛然不動] 경계 속에서 생각 생각마다 함께 받은 외부 경계 외물의 염오 훈습이 도대체 얼마나 있는지를 계산할 길이 없다. 그러므로 너는 마땅히 알아야 한다. 이 고요하여 움직이지 않는 심경은 진심이 아니다. 그것은 마치 한 줄기 대단히 빠르게 흐르는 물과 같아서, 겉으로 대략 보면 평온하고 고요한 것 같지만, 사실은 흐름이 너무 급하기 때문에 그것이 흐르고 있으며 결코 진실로 흐르지 않는 것이 아니라는 것을 네가 보지 못하는 것이다. 만약 이 경계가 망상의 근원이 아니라면 그것이 어디에서 외부 사물의 허망한 경계의 훈습을 받을 수 있겠느냐? 너의 6근을 마음이 하고자 하는 대로 서로 열거나 합하여 작용시킬 수 있는[互相開合] 때까지 닦은 경우가 아니고서는 이 망상은 소멸될 때가 없다. 그러므로 너의 현재의 보고 듣고 감각하고 지각하는 작용은 모두 일련의 기미(幾微) 망습(妄習)에서 생겨난 것이다. 설사 그 티 없이 맑고 또렷이 아는[湛然明了] 경계이더라도 허무하고 모양이 없는[無象] 일종의 경계이다. 이것을 다섯 번째 겹의 전도 미세한[顚倒微細] 정상(精想)이라고 한다. (식識)

이 다섯 겹의 감수(感受)의 음경(陰境)은 바로 다섯 가지 망상이 형

성한 것이다. 네가 이제 그 원인과 한계의 깊이 관계를 알고 싶다면, 색(色)과 허공이 바로 색음의 범위요, 감촉과 감각을 떠남이 바로 수음의 범위요, 기억과 잊어버림이 상음의 범위요, 생기(生起)하였다가 소멸하고 소멸했다 다시 생기하는 것은 행음의 범위요, 티 없이 맑고 움직이지 않음[湛然不動]이, 티 없이 맑고 청정함[湛然淸淨]에 들어가 합함은 식음의 범위임을 알아야 한다. 이 5음의 본원(本元)은 겹겹으로 생기한 것이다. 생기할 때에는 식음 작용 때문에 먼저 있고, 소멸할 때는 색음으로부터 제거 소멸시켜야한다. 5음을 깨뜨려 없애는 이치는 단박에 깨달을 수 있어 5음이 망상에서 생겨난 것임을 깨달으면 뒤바뀐 생각을 단박에 녹일 수 있지만, 5음을 끊어 없애는 일은 단박에 없앨 수 없기 때문에 5음을 하나하나 점점 깨뜨려 없애야 한다[理則頓悟, 乘悟並銷. 事非頓除, 因次第盡]. 내가 이미 앞에서 너에게 하나의 수건[華巾]에서 여섯 개의 매듭을 맺은 비유를 보여 알게 해주었는데, 어찌하여 여전히 이해하지 못하고 다시 이런 의문을 내는 것이냐? 너는 마땅히 이 망상의 근원과 마음이 열려 통하는 이치를 장래 말법시대 가운데 전해 보여주어서 모든 수행자들로 하여금 모든 것은 다 허망한 작용임을 인식하게 하여라. 이 망상에 대하여 깊이 싫어함을 스스로 일으키면 열반의 존재가 있음을 알게 되고 더 이상 3계(욕계·색계·무색계) 가운데 미련을 두지 않을 것이다.

능엄경 법요 찬주
(楞嚴法要串珠)

當知一切衆生。從無始來。生死相續。皆由不知常住眞心。性淨明體。用諸
妄想。此想不眞。故有輪轉。

　세상 사람들은 줄곧 자기를 인식하지 못하고 있다. 자기의 생겨
나지도 않고 소멸하지도 않으며[不生不滅] 영원히 존재하는 진심[常住
眞心]은 본래 청정하고 밝은 것임을 더더욱 알지 못하고 있다. 평소
에 모두들 이런 의식사유의 심리상태인 망상(妄想)에 지배되어, 이
런 망상 작용이 바로 자기의 진심이라고 여기고 있다. 그래서 갖가
지 잘못이 발생하여 생사(生死)의 바다 속에서 윤회하면서 쉬지 못
하고 있다.

內守幽閒。猶爲法塵分別影事。

　설사 네가 지금 보고 · 듣고 · 감각하고 · 지각하는 온갖 작용을
소멸시켜 버리고, 마음속에 아무것도 없고 단지 '조용하면서 한가
롭고 텅 빈 경계만을 하나 지킬 수 있다할지라도, 사실상 이는 의식
분별 현상이 잠시 잠복한 영상(影像)에 불과한 것'이지 마음의 진실
한 자성의 체가 아니다.

昏擾擾相。以爲心性。一迷爲心。決定惑爲色身之內。不知色身外洎山河虛
空在地。鹹是妙明眞心中物。譬如澄淸百千大海。棄之。唯認一浮漚體。目

爲全潮。窮盡瀛渤。

텅텅 비고 혼란스럽고 불안한 상황이 바로 자기의 심성의 근본현
상이라고 여긴다. 이런 현상에 미혹하여 자기의 심성이라 여기고
나면 심성 자체가 생리적인 색신 안에 존재하는 것으로 굳게 오인
하고는, 심신의 안팎과 산하대지, 나아가 가없는 허공까지도 모두
이 만유의 본원인 영묘하며 밝은 진심 자성 본체의 기능이 낳은 것
임을 전혀 모른다. 단지 일반인들은 이런 사리(事理)의 실제를 보지
못하고 자기의 한 육신이 '나'라고 여기고는 이 작은 천지 가운데
갇혀있다. 비유하면 거대한 바다의 전체 모습을 보고자 하면서도
해양(海洋)을 버리고 신뢰하지 않으려 하고, 단지 큰 바다에서 일어
나는 한 점의 물거품을 보고서는 가없는 큰 바다를 이미 보았다고
여김과 마찬가지이다

若能轉物。則同如來。身心圓明。不動道場。於一毫端。遍能含受十方國
土。離一切相。即一切法。

만약 자기의 마음이 만물을 전변시킬 수 있어, 만물 현상에 미혹
되어 업을 짓지 않으면 곧 부처와 같아지고, 몸과 마음이 자연히 원
만하면서 밝고, 고요하면서 움직이지 않는[寂然不動] 경계에 진입하
여, 한 터럭 끝에 두루 시방 국토를 집어넣을 수 있다. 온갖 현상을
떠났으면서, 온갖 법 그대로와 하나이다.

見見之時。見非是見。見猶離見。見不能及。

만약 눈이 보는 작용 사이에서 능히 보는[能見] 자성을 보려한다

면, 이 자성은 결코 눈앞의 보는 작용이 볼 수 있는 것이 아니다. 만약 능히 보는 자성을 보려면, 반드시 능히 봄[能見]과 보여 짐[所見]을 절대적으로 떠나야한다. 왜냐하면 능히 보는 자성의 본체는 보여지는 작용과 능히 보는 기능이 볼 수 있는 바가 아니기 때문이다

殊不能知生滅去來。本如來藏。常住妙明。不動周圓。妙眞如性。性眞常中。求於去來迷悟生死。了無所得。

하지만 생겨나고 소멸하며 오고가는 작용은 모두 자성 본체 기능의 현상이 나타나고 변화하는 것임을 전혀 모르고 있다. 여래장(如來藏) 혹은 진여(眞如)라고 불리는 이 자성은 영묘하고 밝으며 여여부동(如如不動)한 본 자리에 영원히 머무르고 있다. 시방세계에 두루 원만한 자성 본체의 진실하고 영원히 존재함[眞常] 가운데에서, 오고감이나 태어남과 죽음이나 미혹이나 깨달음을 추구함도 모두 시간과 공간속의 변환 현상으로서, 사실은 자성 본체 상에서는 근본적으로 얻을 바가 전혀 없다.

當知了別見聞覺知。圓滿湛然。性非所從。兼彼虛空地水火風。均名七大。性圓融。皆如來藏。本無生滅。

마땅히 이해해야 한다, 능히 보고 듣고 감각하고 지각하는 자성 기능도 본래에 원만하고 티 없이 맑으며[圓滿湛然] 그 성능이 결코 기타 사물에서 생겨나는 것이 아니다. 그렇다면 식심(識心)은 지(地)·수(水)·화(火)·풍(風)·공(空)·견(見) 등의 작용과 함께 통틀어 이름 하여 7대(七大) 종성이라고 한다. 그 체는 본래 원융자재(圓融自在)하면서 모두 자성 본체의 기능이 작용을 생겨나게 것으로서, 원래

생멸이 없는 것이다.

一切世間諸所有物。皆卽菩提妙明元心。心精遍圓。含裏十方。反觀父母所
生之身。猶彼十方虛空之中。吹一微塵。若存若亡。如湛巨海。流一浮漚。
起滅無從。

　모든 세간에 있는 물상은 모두 정각의 영묘하고 밝은 진심 자체
가 변화하여 나타난 것이다. 자성 진심의 정령(精靈)은 시방세계속
의 온갖 것[一切]을 포함하고 있다. 이에 부모가 낳아준 이 몸을 돌
아보니 마치 허공중에서 미세한 먼지[微塵] 한 점이 부는 것처럼 있
는 듯 없는 듯 하다. 마치 티 없이 맑고 고요하며 가없는 거대한 바
다의 한없는 흐름 속에 물거품 한 방울이 있어 뜨고 가라앉고 생겨
나고 소멸함이 일정하지 않음과 같다.

背覺合塵。故發塵勞。有世間相。而如來藏唯妙覺明。圓照法界。是故於中
一爲無量。無量爲一。小中現大。大中現小。

　온갖 중생 스스로가 미혹 번민하여 정각의 자성을 위배하고 스
스로 물리 변화에 따라 합하기[背覺合塵] 때문에 갖가지 진로를 발
생시켜 세간의 모습[世間相]을 형성한다. 나는 묘하고 밝으면서[妙
明] 생멸이 일어나지 않는 자성을 증오하여 얻었기 때문에 자성 본
체에 합한다. 이 자성 본체는 묘각(妙覺)이 원만하고 밝아[圓明] 온
우주 사이를 원만하게 두루 비추고 있다. 그러므로 자성 기능 중에
서는 하나[一]가 무량한 작용을 갖추고 있고, 무량(無量)도 단지 하
나이다. 작은 것[小] 속에서 큰 것[大]을 나타낼 수 있고, 큰 것 속에
서 작은 것을 나타낼 수 있다.

不動道場。遍十方界。身含十方無盡虛空。於一毫端。現寶王刹。坐微塵裏。轉大法輪。滅塵合覺。故發眞如妙覺明性。

이 자성은 여여부동(如如不動)한 것으로 시방의 허공세계에 두루 가득히 있다. 몸이 시방세계의 다함없는 허공을 머금고 있으면서 한 터럭 끝에서 보왕찰을 나타내며, 미세한 먼지 속에 앉아서도 대법륜을 굴린다. 만약 온갖 물리 작용의 속박을 없애고 그것을 정각 자성의 체로 돌아가 합하게 하면[滅塵合覺], 자성 본체 묘각의 원만하고 밝은 기능을 일으킬 수 있게 된다.

心中狂性自歇。歇即菩提。勝淨明心。本周法界, 不從人得。

네 마음속의 미친 성질[狂性]도 자연히 쉬게 된다. 미친 마음이 일단 스스로 쉬면 곧 보리이다[歇即菩提]. 수승하고 청정하며 영명한 진심은 본래 우주 사이에 충만하여 두루 있어서 다른 사람한테서 얻는 것이 아니다.

隨拔一根。脫黏內伏。伏歸元眞。發本明耀。諸作五黏。應拔圓脫。不由前塵所起知見。明不循根。寄根明發。由是六要互相爲用。

네 마음대로 어느 한 기능상에서 자신이 그 집착 습관을 뽑아 제거하고 교착성(膠著性)인 진득진득 붙어 굳는[黏固] 작용을 벗어나, 그것을 안에 잠복(潛伏)시킨다(여기서 말하는 안이란 신체 내부를 확정적으로 가리키는 것이 아니다. 안은 밖에 대하여 상대적으로 하는 말로서 곧 안팎이 없는 안이다. 그러나 또 몸 안의 안을 떠나지도 않는다. 이 부분은 온전히 지혜로운 밝은 결단에 있다). 깊이 가라앉혀 잠기고 안으로 다스리기[沉潛內伏]를 오래오래 하여 정정(靜定)이 극점에 이르면, 도리어 자성 근원의 진심에 돌아가 본성의 영명이 환이 빛남을 발명할 수 있다. 영명이 환히 빛나는 본성이 발명되고 나면, 그 나머지 5근이 습기에 집착하는 교고성(膠固性)도 따라서 뽑혀져서 자연히 전체가 원명하고 자재할 것이다. 그런 다음에는 외부경계 영향으로 말미암아 자성의 알거나 보는[知見] 기능을 일으키지 않을 수 있다. 이때의 영명은 반드시 생리적인 기능에 의지하여 따를 필요는 없고, 단지 6근에 기탁하여 영명의 작용을 발생하여 낼 수 있다. 그러므로 6근은 서로 통용할 수 있다.

若棄生滅。守于眞常。常光現前。根塵識心。應時銷落。想相爲塵。識情爲垢。二俱遠離。則汝法眼就時淸明。云何不成無上知覺。

만약 생멸작용을 버리고, 진실하고 영원히 존재하며 불변하는[眞常不變] 자성을 지키면서 정지(定止)의 상태가 오래되면, 자성의 진실하며 영원히 존재하는[眞常] 광명이 나타날 것이다. 그리고 생리 기능인 6근의 본능과 상대적인 외부경계인 6진 현상, 그리고 의식심념의 작용이 단박에 녹아 없어질 것이다. 생각의 현상은 곧 청정한 자성의 먼지 찌꺼기요, 의식 정념(情念)의 작용은 바로 청정한 자성의 더러운 때이다. 만약 이 두 가지를 다 멀리 떠난다면 너의 법안(法眼: 불법에서 가리키는 자성의 마음의 눈을 갖추어 봄)이 단박에 훤히 청명(淸明)해질 것인데, 어찌 무상정각을 이루지 못할 이치가 있겠느냐?

知見立知。即無明本。知見無見。斯即涅磐無漏眞淨。

만약 이 알고 보는 작용을 하나의 능히 아는 어떤 것[物]으로 인정해버린다면, 그것이 바로 무명의 근본이다. 만약 이 알고 보는 작용, 그것의 자성 기능은 본래 볼 수 없고 형상이 없는 것임을 분명히 이해한다면, 그것은 바로 번뇌가 없는 적멸하고 청정한 진심이다.

於外六塵。不多流逸。因不流逸。旋元自歸。塵旣不緣。根無所偶。反流全一。六用不行。十方國土。皎然淸淨。譬如琉璃。內懸明月。身心快然。獲大安穩。一切如來密圓圓淨妙。皆現其中。是人即獲無生法忍。

계율을 엄숙히 지켜서 음욕을 탐하는 마음이 없다면, 외부경계인 6진의 물욕 현상에 대하여 점점 멋대로 끌려 달아나지 않을 것이다. 그러므로 멋대로 거리낌 없이 노는[放逸] 마음을 거두어들여 자성의 본원으로 되돌려 외부경계 물욕 현상의 유혹에 대하여 뒤쫓아 가지도 않고 반연(攀緣)하지도 않으면, 6근의 생리 본능이 저절로 대상이 없다. 이렇게 하면 끌려 달리는 미친 마음을 쉬게 하고, 하나의 심령이 어둡지 않으며[一靈不昧] 완전히 참되고 번뇌가 없는 경지로 되돌아가게 한다. 6근 6진의 작용이 더 이상 행동의 업력을 일으키지 않으면, 시방국토의 물질 장애가 함께 소멸되어 밝고 청정하게 되어, 마치 유리 안에 밝은 달이 걸린 것 같으면서 몸과 마음이 즐겁고 묘하고 원만하며 평등하여서 크나큰 안온함을 얻는다. 모든 부처의 원만하며 밝고 청정하면서 미묘한 비밀 의미가 모두 이런 경계 속에서 명백하게 드러날 것이다. 이와 같다면 무생법인을 얻을 수 있다.

當知虛空生汝心內。猶如片雲點太淸裏。況諸世界。在虛空耶。汝等一人發眞歸元。此十方空。皆悉銷殞。

마땅히 알아야한다, 허공이 네 마음(자성 본각의 진심)속에서 생겨남이 마치 조각구름 하나가 허공에 점을 찍는 것과 같은데, 하물며 모든 세계들이 허공에 있음에야 더 말할 나위가 있겠느냐! 만약 어떤 사람이 진심 자성을 증오(證悟)하여 자성 본원의 체(體)로 되돌아간다면, 이 시방의 허공은 완전히 소멸한다.

圓明精心。於中發化。如淨琉璃。內含寶月。圓滿菩提。歸無所得。

원명하고 정묘한[圓明精妙] 진심이 이 가운데에서 변화의 묘용을 발생시킬 수 있음이 마치 맑은 유리가 안에 보배 달을 머금고 있는 것과 같다. 보리를 원만히 이루고 얻을 바 없는 경지[無所得]로 돌아간다.

生因識有。滅從色除。理則頓悟。乘悟並銷。事非頓除。因次第盡。

생기할 때에는 식음 작용 때문에 먼저 있고, 소멸할 때는 색음으로부터 제거 소멸시켜야한다. 5음을 깨뜨려 없애는 이치는 단박에 깨달을 수 있어 5음이 망상에서 생겨난 것임을 깨달으면 뒤바뀐 생각을 단박에 녹일 수 있지만, 5음을 끊어 없애는 일은 단박에 없앨 수 없기 때문에 5음을 하나하나 점점 깨뜨려 없애야 한다.

증보 능엄경 법요 찬주 수증차제
(增補楞嚴法要串珠修證次第)

汝坐道場,　銷落諸念。其念若盡,　則諸離念一切精明。動靜不移。憶忘如
一。當住此處。入三摩提。如明目人, 處大幽暗, 精性妙淨, 心未發光。此則
名爲色陰區宇。若目明朗, 十方洞開, 無複幽黯, 名色陰盡。是人則能超越劫
濁。觀其所由, 堅固妄想以爲其本

　선정 정려(靜慮) 중에서 온갖 잡념이 소멸하여서, 만약 잡념이 정
말로 다 떠나 남아있지 않다면, 내심은 모든 때에 깨어있어 또렷이
알면서[精明了然], 활동[動] 중이거나 멈추어있는[靜] 중이거나 자연히
바뀌지 않으며, (그 경계를 유지하기 위하여 애써/역자보충) 기억하든[憶念]
아니면 (그럴 필요가 없이) 잊어버리든[忘念] 역시 마찬가지로 그 경계
속에 있다. 네가 이런 선정 경계에 머물러 있음은, 마치 눈을 뜨고
있는 어떤 사람이 깊고 어두운 방속에 처해 있는 것과 같다. 자성
진심의 정령[心精]은 영묘하고 청정하지만, 그러나 진심은 아직 광
명이 발생하지 않았다. 이런 경계를 색음 구역이라고 한다. 만약 눈
을 뜨고 말끔히 개임[晴明]을 보는 것과 같이 시방세계가 훤히 열려
막힘이 없어 더 이상 다시 깊숙하고 어두침침한[幽暗] 존재가 없다
면 색음(色陰)이 다했다고 이름 한다. 이 사람은 겁탁(劫濁)을 초월할
수 있다. 하지만 만약 이런 유래를 자세히 관찰해보면 역시 견고(堅
固)한 망상이 그것의 근본 작용이 되기 때문이다.

彼善男子, 修三摩提。奢摩他中。色陰盡者, 見諸佛心, 如明鏡中顯現其像。若有所得而未能用。猶如魘人, 手足宛然, 見聞不惑, 心觸客邪而不能動。此則名爲受陰區宇。若魘咎歇, 其心離身, 返觀其面, 去住自由, 無複留礙, 名受陰盡。是人則能超越見濁。觀其所由, 虛明妄想以爲其本。

지관(止觀)이나 선정을 닦는 지정(止定) 경계 속에서 색음(色陰)이 이미 다한 자가 심신의 물리적인 상호변화가 깨끗이 다하고 나면, 모든 부처님들의 마음이 마치 밝은 거울 가운데 영상이 드러난 것과 같음을 보는데, 얻는 바가 있는 듯 하면서도 작용을 일으킬 수 없다. 마치 잠을 자면서 꿈에 마귀에게 가위 눌린 사람이 손과 발은 분명히 존재하고 보고 듣는 성능[性]도 미혹하지 않지만 이 마음만은 객사(客邪)에 가위눌려 움직일 수 없는 것과 같다. 이런 경계를 수음(受陰) 구역이라고 이름 한다. 예컨대 마귀에게 가위 눌린 사람이 그 가위 누르는 힘이 소멸되어 쉬면, 그 마음이 곧 몸을 떠나 그 얼굴을 돌아볼 수 있으며, 오고 가고 머무름이 자재하면서 걸리는 곳이 없는데, 이를 수음이 다한 것이라고 한다. 이 사람은 견탁(見濁)을 초월할 수 있다. 하지만 이런 까닭을 자세히 관찰해보면 역시 망상의 허명함[虛明]이 그것의 근본 작용이 되기 때문이다.

彼善男子。修三摩提。受陰盡者, 雖未漏盡, 心離其形, 如鳥出籠, 已能成就, 從是凡身上曆菩薩六十聖位。得意生身, 隨往無礙。譬如有人, 熟寐囈言。是人雖則無別所知。其言已成音韻倫次。令不寐者, 鹹悟其語。此則名爲想陰區宇。若動念盡, 浮想銷除。於覺明心, 如去塵垢。一倫生死, 首尾圓照, 名想陰盡。是人則能超煩惱濁。觀其所由, 融通妄想以爲其本。

지관(止觀)이나 선정의 지정(止定)을 닦는 경계 속에서 수음이 이미 다한 자는 비록 번뇌가 다한[煩惱漏盡] 과위에 이르지 못했지만, 이 마음이 형체 밖으로 떠날 수 있다. 마치 새가 새장을 벗어나듯이 갑자기 이 범부 육체의 몸으로부터 찰나사이에 위로 보살도 60성위(聖位)의 단계를 거칠 수 있으며, 의생신(意生身)을 이룰 수 있어 타방에 가는 데 모든 장애가 없다. 예컨대 깊은 숙면 중에 잠꼬대를 하는 사람이 비록 다른 모든 것에 대해서는 지각이 없다할지라도, 그가 하는 말은 도리어 음운(音韻)이 분명하여 가릴 수 있기에 곁에서 자고 있지 않은 사람으로 하여금 그의 말뜻을 이해할 수 있게 한다. (바꾸어 말하면 설사 이 육질 형체의 기능을 이용하지 않더라도 상상 속에서 하고자 하는 일을 할 수 있다) 이런 경계를 상음(想陰) 구역이라고 한다. 만약 허망하게 스스로 마음을 일으키고 생각을 움직이는 망심이 깨끗이 다하거나, 더 나아가 경미하고 변덕스럽고 끝없이 떠오르는 많은 생각도 녹아 없어지면, 자성 본각의 광명이 자연히 나타날 것이다. 이는 마치 오랫동안 깊이 묻혀 있던 밝은 거울이 일시에 때가 벗겨져버린 것이나 다름없어서, 온갖 중생의 죽고 태어나는 그 처음과 끝과 오고 감의 자취를 보는 것이 밝은 거울처럼 또렷이 원만히 비친다. 이러한 경계를 상음이 이미 다했다고 이름 하고, 이 사람은 번뇌탁(煩惱濁)을 초월할 수 있다. 하지만 만약 이러한 이유를 자세히 관찰해 보면 거칠고 들뜬 망상이 그 근본이 되어서 몸과 마음으로 하여금 안팎으로 융통자재(融通自在)한 작용을 일으키게 하는 것이다.

彼善男子, 修三摩提。想陰盡者。是人平常夢想銷滅, 寤寐恒一。覺明虛靜, 猶如晴空。無復粗重前塵影事。觀諸世間大地山河, 如鏡鑒明, 來無所黏, 過無蹤跡。虛受照應, 了罔陳習, 唯一精眞。生滅根元, 從此披露。見諸十方十二衆生, 畢殫其類。雖未通其各命由緒。見同生基。猶如野馬熠熠淸擾。爲浮根塵究竟樞穴。此則名爲行陰區宇。若此淸擾熠熠元性。性入元澄, 一澄

元習。如波瀾滅, 化爲澄水, 名行陰盡。是人則能超衆生濁。觀其所由, 幽隱
妄想以爲其本。

지관이나 선정의 지정(止定) 경계를 닦는 가운데 상음(想陰)이 이미
다한 자는 평소의 꿈[夢]과 생각[想]이 소멸하고 자나 깨나 한결같아
서[寤寐一如] 밤낮으로 모두 밝으며 비고 고요한 경계 속에 머무른
다. 이는 마치 맑게 갠 허공에 장애가 없고 환히 청명하듯이 다시는
더 이상 거친 분별이 마음속에 오고가는 일이 없다. 모든 세간의 산
하대지를 보면 마치 밝은 거울이 물상을 비추는 것과 같아서 오더
라도 달라붙은 게 없고 지나가도 자취가 없다. 오직 온통 청허함으
로서, 온갖 사물을 비추어 그 즉시 적응하며 또렷이 알면서[了然] 장
애가 없다. 다시는 과거의 남은 습기가 없고, 오직 그 지극히 진실
한 정령(精靈)만이 또렷이 항상 밝다. 그러기 때문에 모든 만유의 생
멸의 근원이 남김없이 다 드러나며, 시방세계 중의 12종류 중생을
보고 그것의 종류들을 다 이해할 수 있다. 비록 아직은 그 생명마다
의 근본 유래를 통달하지는 못했지만 이미 그 공통의 생명 본능을
보았다. 이 생기(生機)는 일정하지 않고 이리저리 옮겨 다니는 희미
하게 밝은 광체와 같다. 마치 태양속의 불꽃 그림자[焰影] 빛이 비추
는 것 같으며, 잡으려 해도 잡혀지지 않으면서 청명함이 있고, 혼란
스러우면서 하느작거리는 현상이 있다. 이게 바로 생리적 심리적
활동 본능의 궁극적 관건[機樞]의 구멍[竅穴]이다. 이런 경계를 행음
구역이라고 한다. 만약 이 청명하면서도 흔들리며 희미하게 빛나는
본원 성능을 거쳐서 다시 자성 원래의 맑은 경계로 들어간다면, 원
래의 습성(習性)이 한번 맑아짐을 거침은 마치 파도가 평온히 가라
앉아 한 줄기의 맑은 흐름으로 변화한 것과 같다. 이러한 경계를 행
음이 다한 것이라고 한다. 이 사람은 중생탁(衆生濁)을 초월할 수 있

다. 하지만 그 까닭을 자세히 관찰해보면 역시 망상이 잠복하여 그 근본 작용이 되기 때문이다.

彼善男子。修三摩提。行陰盡者。諸世間性, 幽淸擾動。同分生機。倏然隳裂, 沉細綱紐。補特伽羅, 酬業深脈, 感應懸絶。於涅槃天, 將大明悟。如雞後鳴, 瞻顧東方, 已有精色。六根虛靜, 無復馳逸。內外湛明, 入無所入。深達十方十二種類, 受命元由。觀由執元, 諸類不召。於十方界, 已獲其同。精色不沉。發現幽秘。此則名爲識陰區宇。若於群召, 已獲同中。銷磨六門, 合開成就。見聞通鄰, 互用淸淨。十方世界及與身心, 如吠瑠璃, 內外明徹, 名識陰盡。是人則能超越命濁。觀其所由, 罔象虛無, 顚倒妄想, 以爲其本。

정정(正定) 삼매에 있는 사람으로서 행음이 이미 다 소멸한 자는 모든 세간 생명의 활동 본능인 저 깊고 맑고 요동하는[幽淸擾動] 공동의 생기(生機)의 근본에 대하여 이미 갑자기 부숴버렸다. 지금까지 생명의 벼릿줄이었던 중음신인, 윤회 속에서 끊임없이 생겨났던 깊고 가느다란 명맥(命脈)이, 그 업력의 감응을 끊어 없애고 헛되이 매달려 있고 달라붙지 않는다. 열반적멸의 성천(性天) 경계에 대해 장차 대철대오(大徹大悟)를 얻으려고 한다. 마치 닭이 마지막 울어 새벽을 알린 뒤에 동방을 바라보면 하늘 색깔이 이미 정광(精光)이 드러나서 밝은 새벽빛이 곧 전개되려 함과 같다. 이때에 6근(안이비설신의)이 비고 고요함[虛靜]이 극점에 도달하여 더 이상 밖으로 향하여 내달려 방일하지 않고 안과 밖이 모두 온통 티 없이 맑고 청명하며[湛然淸明] 들어간 바 없는 경계로 들어간다. 이 때문에 시방 허공 중의 12종류의 중생들이 생명을 감응하여 받는[感受] 근원적인 유래를 깊이 이해할 수 있다. 그러나 그가 비록 생명의 유래가 단단히 붙들어 쥐는 근원을 보았다 할지라도 자기는 온갖 종류의 업력의 감응 부름[感召]을 받지 않으며, 시방세계에 대하여 그 공동의 근원을 이미 얻었다. 이런 경계를 식음(識陰) 구역이라고 한다. 만약, 온갖 업력의 감응 부름 중에서 그 공동의 근원을 이미 장악하여 자신이 더 이상 반응 작용을 일으키지 않고 더 공부하여 6근(六根) 문(門)의 습기장애를 녹인다. 쓰고자 할 때에 여전히 나누어서 여섯 개로 할 수 있고, 쓰지 않을 때는 합하여 하나가 되게 할 수 있다. 보는 것과 듣는 것의 기능이 마음대로 서로 바꿀 수 있다. 서로 바꾸어서 사용하는 가운데 또 청정하면서 자재하다. 시방세계의 물질세간과 심신이 모두 유리처럼 안팎이 투명하다. 만약 그렇다면, 이 경계를 식음이 다한 것이라고 한다. 이 사람은 명탁(命濁)을 초월할 수 있다. 하지만 이런 까닭을 자세히 관찰해보면 역시 허무하고 형체가 없는[無象] 속에서의 전도된 망상이 근본작용이 되었기 때문이다.

汝等存心。秉如來道。將此法門, 於我滅後, 傳示末世。普令衆生, 覺了斯義。無令見魔自作沉孽。保綏哀救, 銷息邪緣。令其身心入佛知見。從始成就, 不遭歧路。

여러분들은 나의 불도를 마음에 품고 지니고서 이런 법문을 내가 열반한 이후에 말법시기에 전해 보여줌으로써 널리 온갖 중생으로 하여금 그 가운데의 의미와 이치를 깨닫게 하고 지견의 마구니가 스스로 미혹에 빠지는 죄를 범하지 않게 하며 수행하는 사람들을 보호하라. 그가 만약 중도에 우연히 편차가 있게 되면 마땅히 그 마음을 가련히 여기고 구해주어 그 삿된 인연을 소멸시켜줌으로써 그의 심신으로 하여금 부처의 바른 지견으로 들어가게 하라. 수행인으로 하여금 시작부터 성취할 때까지 갈림길로 들어서지 않게 하는 것이 가장 좋다.

精眞妙明, 本覺圓淨, 非留死生。及諸塵垢。乃至虛空, 皆因妄想之所生起。
斯元本覺妙明眞精, 妄以發生諸器世間。如演若多, 迷頭認影。妄元無因。
於妄想中。立因緣性。迷因緣者, 稱爲自然。彼虛空性, 猶實幻生。因緣自
然, 皆是衆生妄心計度。阿難。知妄所起, 說妄因緣。若妄元無, 說妄因緣。
元無所有。何況不知, 推自然者。是故如來與汝發明, 五陰本因, 同是妄想。

　자성 진심의 정치(精緻)하고 진실하며 묘하고 밝으며, 본각이 원
만하고 청정함[精眞妙明, 本覺圓淨]은 원래 생사와 번뇌[塵垢] 사이에
머물러 있지 않다. 너는 알아야 한다, 이 다함 없는 허공이라 할지
라도 모두 자성 망상에서 생겨난 경계이다. 모든 물리적인 기세간
(器世間) 현상은 본래가 자성 본각의 묘하고 밝고 정치하고 진실함
[妙明精眞] 가운데에서의 허망하게 움직이는[妄動] 작용이다. 마치 앞
서 말했던 미치광이 연약달다(演若達多)가 자기에게 본래 있는 진짜
머리를 미혹하고 망령되이 그림자로 여기는 것과 같다. 망상이 발
생하는 본래 근원은 근본적으로 어떤 원인 때문에 발생했다고 말할
것이 없다. 단지 망상 가운데서 그 인연성(因緣性)을 세운 것이다(因
緣). 이 인연성을 미혹한 사람은 우주간의 사물은 자연의 법칙이라
고 부른다. 사실은 저 다함 없는 허공도 오히려 환유(幻有)에서 생겨
난 현상인데 하물며 허공에 의탁하고 있는 사물이야 더 말할 나위
가 있겠느냐. 그것이 인연적인 것이라거나 혹은 자연적인 것이라고
말함은 더더욱 중생의 허망한 마음이 추리 상상한 것일 뿐이다.
　사람들은 자기 망상이 일으키는 법칙을 이해할 수 있다. 이로부
터 망상이 인연에서 생겨난 것이라고 말한다. 만약 근본적으로 망
상이 없다면, 망상과 인연을 말함조차도 근본적으로 있지 않다. 하
물며 최초의 진제(眞諦)가 도대체 무엇인지를 모르면서 그것을 추측
하여 자연적인 것이라고 말하겠느냐? 그러므로 내가 다시 너에게

밝히겠다. 5음의 본래 원인도 모두 함께 망상에서 생겨난 것이다.

是五受陰，五妄想成。 汝今欲知因界淺深。 唯色與空，是色邊際。唯觸及離，是受邊際。唯記與妄，是想邊際。唯滅與生，是行邊際。湛入合湛，歸識邊際。此五陰元，重疊生起。生因識有，滅從色除。理則頓悟，乘悟並銷。事非頓除，因次第盡。

이 다섯 겹의 감수(感受)의 음경(陰境)은 바로 다섯 가지 망상이 형성한 것이다. 네가 이제 그 원인과 한계의 깊이 관계를 알고 싶다면, 색(色)과 허공이 바로 색음의 범위요, 감촉과 감각을 떠남이 바로 수음의 범위요, 기억과 잊어버림이 상음의 범위요, 생기(生起)하였다가 소멸하고 소멸했다 다시 생기하는 것은 행음의 범위요, 티 없이 맑고 움직이지 않음[湛然不動]이, 티 없이 맑고 청정함[湛然清淨]에 들어가 합함은 식음의 범위임을 알아야 한다. 이 5음의 본원(本元)은 겹겹으로 생기한 것이다. 생기할 때에는 식음 작용 때문에 먼저 있고, 소멸할 때는 색음으로부터 제거 소멸시켜야한다. 5음을 깨뜨려 없애는 이치는 단박에 깨달을 수 있어 5음이 망상에서 생겨난 것임을 깨달으면 뒤바뀐 생각을 단박에 녹일 수 있지만, 5음을 끊어 없애는 일은 단박에 없앨 수 없기 때문에 5음을 하나하나 점점 깨뜨려 없애야 한다.

서기 1978년 정월, 무오(戊午)년 때마침 제가 폐관(閉關) 수행한 지 이미 1년이 지났을 때, 노고출판사도 창립한 지 1년이 되어 능엄대의 금석 제5판을 다시 인쇄하려 하면서 능엄경의 원문을 추가하여, 독자들이 대조하여 연구 조사 증명하기 편리하도록 할 결심을 했습니다. 편집부 동료직원 이숙군(李淑君), 장명진(張明眞), 대옥연(戴玉娟)의 교정을 거쳐야 했습니다. 능엄경 원문은 혜인(慧因)법사가 엮은 능엄경이독간주(楞嚴經易讀簡註) 판본을 기준으로 채택하고 대만인경처(臺灣印經處)가 과거 여러 해 동안 영인해온 옛날 상해불학서국(上海佛學書局) 판본으로 서로 대조 검증하였습니다. 그런 다음 전체적으로 대옥연이 온 마음을 다하여 교정 편집 조판하는 데 3개월의 시간을 들이고서야 그 일을 갖추게 되었습니다.

이제 이를 보내와 살펴보면서, 오로지 불법 수증만을 일삼는 사람이 갈림길에서 헤맬까 느꼈기에, 특별히 제9권 제10권 이 두 권 가운데서 오음해탈차제(五陰解脫次第)의 법요를, 초역 원고 때 엮었던 찬주(串珠)의 뒤에 증보 편집하였으니 말법 세상에 법에 의지하는 수행자에게 유익한 도움이 되기를 바랍니다. 삼가 이로써 수승한 인연을 기록합니다.

남회근이 보충하여 씁니다

정창파 선생 발문

남(南)거사 회근(懷瑾)이 그의 최근 저작인 '능엄대의금석' 10권을 내보이면서 그 교열(校閱)을 부탁했다. 열흘 동안 힘들여 한 번 검토하며 읽고는 내가 말했다. 이것은 불학(佛學) 역사상 하나의 큰 공헌이자 우리 학술계에 하나의 큰 개척 사업이다. 불교의 우리나라와의 관계는 마치 기독교의 유럽과 미주(美洲)와의 관계와 같이 똑같이 외래의 학문이다. 경전문학이 번역에 그 생명을 의탁하는 것은 대체로 자연적인 운명이다. 불교가 동한(東漢) 시대에 중국 땅에 전해 들어왔고, 그에 따라서 역경(譯經)이 일어났다. 한(漢)나라 말기부터 당(唐)나라 중기에 이르기까지 대체로 7백 년 동안 역경은 중국에서 정말 민족학술사적으로 휘황찬란한 단계였으며, 역경은 당나라 중기에 절정에 이르렀다. 송(宋)나라 원(元)나라에 이르러서는 단지 결함을 보충하는 작업이었다. 서력(西曆)으로 보면, 이 사업이 널리 선양되고 발전된 것은 대체로 기원후 60 여년에서 제8세기에 이른 시기였다. 그러므로 오늘날 우리들이 연구 암송하는 경문은 대체로 그 번역을 1천 년 이전에 했으며 적어도 수 백 년 이상 했었다. 그래서 오늘날 유행하는 경문은 각종 번역본이 설사 신달아(信達雅)[339]를 다했더라도 시간적으로 천 백년이 지났으며, 글의 의미도 시간과 공간을 따라서 변천했다. 그것을 수정(修正)하고 다시 번역하려는 까닭은 자명하다. 중국 역경의 역사를 고찰해보니 수(隋)나라 이전에는 경전들의 번역 업무 주관자가 대부분 인도 승려들이

---

339 신(信)은 원문에 충실한 것이다. 달(達)은 의미 전달을 잘하는 것이다. 아(雅)는 문학적인 경계가 높은 것이다.(역주)

었으며 경전의 의미를 말로 전해 주는 사람과 집필 번역한 사람이 뚜렷이 달랐다. 대체로 경전을 전해주는 자는 범어만 통하고 집필자는 중국어문만 알았다. 입과 붓이 따로따로여서 서로 소통하여 이해할 수 없었다. 현장(玄奘)법사전에 말했다. "이전 시대 이래의 경교(經教) 번역은 처음에는 범어로부터 본문을 거꾸로 썼고 그 다음에…." 이를 통해 알 수 있듯이 역경사업은 한나라 말기부터 당나라 중기까지 오면서 중간에 하나의 큰 변혁을 거쳤다. 이 변혁의 중심은, 대체로 이 시기 이전 역경사업의 주관자는 범승(梵僧)으로서 구전(口傳)하는 사람과 집필하는 사람이 서로 그 언어문자를 소통하지 못했는데, 쿠마라지바가 서쪽에서 들어오고 현장대사에 이르러서는 역경사업 주관자가 본국의 고승이나 범승 중에서 중국어문에 정통한 자였다는 것이다. 당나라 중기시대가 중국의 불경번역 작업의 최고봉이 된 까닭은 현장대사의 조예가 실재로는 그 주요 원인이었다. 현장대사가 나오면서 불경의 번역서술[譯述]은 모두 범어와 중국어문에 정통한 본국의 고승이었으며, 문화사업의 발양(發揚)은 외국인과 외부의 힘에 의지하지 않았다는 것이 그 명확한 증거이다. 경교(景教)가 중국으로 유입하여 전해온 지는 거의 1천 년이 되려하지만, 성경(聖經)의 중국어 번역본은 이해하기 어렵고 비속하다고 식자들에게 꾸지람을 당해 온지 오래되었다. 내가 이전에 성경의 중국에서의 번역서술의 역사 사실을 깊이 고찰하고서야 비로소 알게 되었는데, 성경의 중국에서의 번역서술은 그 일의 주관자가 모두 서양인이었다. 수백 년 동안 저 땅에는 쿠마라지바 같은 사람이 멀리서 중국까지 온 일이 없었고, 우리나라도 현장처럼 중국과 서양을 융회하는 뛰어난 인재가 자신을 헌신하여 기독교를 널리 알리는 저작에 헌신하는 일이 없었다. 중국과 서양의 문화교류 역사에서 막대한 이 결함을 지금에 이르러서도 어디로부터 보완해야할

지를 아직 모른다. 영어 민족이 신앙하는 성경을 영국 왕 제임스 흠정본(欽定本)이라고 이름 한 것은 1611년부터 인데, 영어 민족은 성인(聖人)의 가르침의 교량으로 여길 뿐만 아니라 문학의 모범으로 여긴다. 그 장엄하고 전아(典雅)하며 간결하고 위엄 있으며, 그 곱고 낭랑한 음운은 수백 년 동안 그 정신이 영어 민족의 한 사람 한 사람마다와 그 제도와 엇섞여 있다. 이 흠정본 성경은 영어 민족의 보배가 되기에 이르렀다. 만약 이를 불학 명사로 말해본다면 이것은 문자반야의 힘이며, 그 위대하고 심원함은 그렇게 불가사의함이 있다. 비록 19세기 중엽 이후 유럽의 기독교 연구 바람이 크게 성행하여 고고학적 고증이 흠정본의 실질상의 잘못이 적지 않음을 발견했지만, 3백여 년 시간과 환경이 바뀌었고 문자의 변화도 많아 영국교회는 1870년 수정 작업을 시작하였다. 1881년에서 1885년까지 성경 영문 수정본 The English Revised Version of the Bible 이 정식으로 간행되었다. 그리고 미국 수정본 The American Standard Version 은 1901년에 인쇄 발행되었다. 미국과 캐나다 두 나라의 교회는 성경수정위원회를 연합하여 성립시키고 1901년본 재수정에 종사하여, 12여 년을 들여서 오늘날 유행하는 표준 수정판 성경 Revised Standard Version of Bible을 마침내 1915년 미국전국교회연합회의 투표 통과를 거쳐 정식으로 인쇄 발행되었다. 영국의 최근 사람인 J. B. Phillips 는 8년 전 재판 신약 전부를 현대의 영문으로 재역했다. 그 방법은 신약 각 장의 옛날의 절목(節目) 순서를 거듭 수정하여 번역한 것이다. 그러므로 강요 내용과 문체 어구의 면모가 일신되었으며, 필립스 선생은 자신의 서문 가운데서 재역 방법에는 두 가지가 있다고 반복하고 있다. 하나는 제임스 흠정본의 미묘하고 장엄한 원문 원 구절을 다 버리고 잊어버리는 것이요, 또 하나는 충실하면서 원문의 격조와 말의 의미를 자유롭게 드러내는 것이라고 했다. 오늘날 영어세계 가운데 표준 수정판 성경과 필립스가 재역한 신약은 거의 예전의 흠정본을 대신하고 있다. 문화가 날마다 새로워지고 더욱 새로워지며, 제도와 문물 더 나아가 언어문자가 변천 무상한 것은 세간의 공통된 현상일 것이다! 남거사 회근의 능엄대의금석 저작은 내가 거사에게 듣고 그 자서(自序)에 말한 바를 종합하건대, 서양의 제임스 흠정본이 이 사람 저 사람 손을 거쳐 오면서 표준 수정본과 필립스 서가 된 의미와 같을 것이다. 옛날에 감산(憨山)대사가 말했다. 법화경을 알지 못하면 여래의 세상 구제의 고심을 알지 못하고, 능엄경을 알지 못하면 마음을 닦는 데 있어 미혹과 깨달음의 관건을 알지 못하고, 능가경을 알지 못하면 지견의 바르고 삿됨의 시비를 알지 못한다. 나는 이렇게 말한 적이 있다. 불학이란 실천 종교철학이다. 그러므로 부처님을 배움은 이론을 연구해야 할 뿐만 아니라 고심하여 수행도 해야 한다. 능엄경은 마음을 닦는 데 미혹과 깨달음의 관건이니, 불교경전 중에서 중요함을 알 수 있다. 능엄경은 당나라 시대에 번역되었다. 최근 시기의 인쇄본들에 근거하면 모두 기록되어 있기를, 당천축사문반랄밀제역(唐天竺沙門般刺蜜帝譯), 오장국사문미가석가역어(烏萇國沙門·彌伽釋迦譯語), 청하방융필수(淸河房融筆受)라고 하는데, 추측해보건대 본문의 첫머리 단락에서 논하는 역경의 역사적 사실, 본경의 구전과 집필이 나뉘어져 서로 융회할 수 없는 곳은 틀림없이 또 적지 않을 것이다. 하물며 시간이 천 년을 지났고 이해와 풀이 설명은 그 맛이 완전히 다름에야 더 말할 나위가 있겠는가. 성인의 가르침을 확대 발전시키고자 하면, 정말 번역 장소를 넓게 세우고 중요한 경론을 취하여 그 내용을 다시 옮겨 쓰고 설명 풀이하지 않는다면, 아마 후학으로 하여금 잘 알게 하고 미래 세대에게 열어 보일 길이 없을 것이다. 남거사는 한 사람의 힘으로써 반년 동안의 밤낮을 다하여 이 금석 10권을 완성했다. 문체는 다 구어체를 채용했을 뿐만 아니라 설명과 풀이가 비유를 취한 것도 모두 현대 사물의 논리를 사용했다. 이 책이 나옴으로써 불학의 대의를 누구나 알게 할 수 있을 지는 감히 단정하지는 못하겠지만, 진부함으로부터 참신함으로, 옛날을 변화시켜 오늘날에 도달함은 오늘날 경전 번역의 대세의 쏠림이라는 것은 아마 의심할 것이 없을 것이다. 거사의 이 책은 중국불학을 위하여 하나의 새로운 전기를 열 것이며, 이것은 우리나라 문화면에서 일대사 인연으로서 백천만겁 가운데서 만나기 어려운 일이다. 법화경은 말한다. '한 사람을 위하여 법화경을, 심지어는 한 구절이라도 설할 수 있다면 이 사람은 여래에 의하여 파견되어 여래의 일을 행하는 것이다[能爲一人說法華經, 乃至一句, 是人則爲如來所遣, 行如來事].' 남거사가 이제 위대한 마음을 일으켜 이 능엄대의금석을 이루고 여기저기서 수시로 이 경전을 설한다. 여래에 의하여 파견되어 여래의 일을 행하니, 중생들에게의 그의 법 보시는 공덕에 어찌 한계가 있으리오! 머리 조아려 정례하고, 공경히 이 염원으로써 널리 다 회향한다.

서기 1960년 6월 대북의 거처에서
창파(滄波) 정중행(程中行)

저자 후기

많고 많은 중생들과 망망한 세상에서 세간에 들어가든 세간을 벗어나든 모든 종교, 철학 내지는 과학 등은 그 최고 목적이 모두 인생과 우주의 진리를 추구하기 위한 것입니다. 그러나 진리는 반드시 절대적인 것이며 진실하고 헛되지 않는 것입니다. 그리고 지혜로써 깊이 생각하고 증득할 수 있는 것입니다. 그러기 때문에 세상 사람들은 종교의 교리를 탐구하고 철학의 지혜로운 사유를 추구합니다. 저도 이를 위하여 여러 해 동안 노력한 적이 있습니다. 섭렵한 것이 많으면 많을수록 회의도 그 만큼 심해졌습니다. 최후에는 마침내 불법(佛法) 속에서 지식욕구의 의혹을 해결했고, 비로소 도리에 어긋나지 않아 마음이 편안해졌다 할 수 있습니다. 그러나 불경은 아득한 바다처럼 넓어서 처음 불학(佛學)을 열람하면서 불법의 중심 요령을 얻고자 한다면 정말 손댈 길이 없습니다. 조리 있고 체계적일 뿐만 아니라 불법의 정수(精粹) 요점을 개괄하는 것으로는 오직 능엄경이 불법의 요령을 종합한 한 부의 경전이라고 할 수 있습니다. 명(明)나라 어떤 유학자가 이 경전을 추앙하여서 '능엄경을 한번 읽은 뒤로 부터는, 인간세상의 찌꺼기 책들을 보지 않는다[自從一讀楞嚴後, 不看人間糟粕書]'는 찬사를 남겼는데 그 위대한 가치를 대략 볼 수 있습니다. 그러나 번역자의 문사(文辭)가 고체(古體)이고 심오하여 불법의 내용과 이치가 갈수록 이해하기 어려움이 드러나게 되므로 배우는 자는 흔히 바라보기만 하고 발길을 멈추어버립니다. 여러 해 동안 저는 어떤 사람이 그것을 구어체로 번역하여 널리 대중을 이롭게 하기를 줄곧 기대하여왔습니다. 이를 위해 늘 같은 또래의 벗들에게 분발하여 이 일을 하라고 격려했습니다. 그러나 고명한 사람은 이미 하찮게 여겨 하지 않고, 하고자 하는 사람은 또 힘이 미치지 못해서, 이 기대는 마침내 내내 실현되지 않았습니다.

　어지러운 세상을 피하여 대만으로 온 지 바쁘게 11년의 세월이 흘렀습니다. 그 사이에 능엄경 강좌를 다섯 차례나 열었는데, 이 일의 절박한 필요를 갈수록 느꼈습니다. 작년 가을 끝의 어느 저녁에 능엄경 강의를 마치고 대만대학 조교수 서옥표(徐玉標) 선생과 사범대학 무문방(巫文芳) 학우와 함께 저의 작은 방에서 한담하면서 또 이 문제를 얘기했습니다. 그들은 제가 몸소 번역서술(飜譯敍述)을 시작하기를 바랐습니다. 제가 말했습니다. 제 스스로는 이미 세 가지 마음의 계율이 있습니다. 그래서 지금까지 미룬 것입니다. 첫째, 경문의 번역서술은 경솔하게 재능을 믿어서는 안 된다는 것입니다. 특히 불법은 무엇보다 먼저 실제 증득이 중요하지 학술사상으로 삼아 보아서는 안 됩니다. 설사 실상(實相)을 증득하였을지라도 문자에 의지하여 뜻을 나타내야 합니다. 그러기에 옛사람은 이 일에 대하여 한마디 명언을 했습니다. "문자에 의지하여 의미를 풀이하면 삼세의 부처님들이 원망하고, 경전에서 한 글자라도 떠나면 진실로 마구니 설이다[依文解義, 三世佛冤. 離經一字, 允爲魔說]" 예컨대 당나라 대종(代宗) 때 어떤 공봉(供奉: 관직명)이 혜종(慧宗)국사를 뵙고 스스로 말하기를 사익경(思益經)을 주석하고 싶다고 했습니다. 국사는 말했습니다. 경전 주석을 하려면 반드시 부처님의 뜻을 알아야 한다. 그는 말했습니다. 부처님의 뜻을 모르고 무엇으로써 경전을 주석하겠습니까? 국사는 곧 시자에게 명령하기를 한 그릇 물을 담고 그 속에 일곱 톨의 쌀을 넣고 사발 표면에는 젓가락 하나를 놓으라고 하고는 그 공봉에게 물었습니다. 무슨 뜻입니까? 그는 할 말이 없었습니다. 국사는 말했습니다. 당신은 노승의 뜻조차도 알지 못하는데 하물며 부처님의 뜻이야 더 말할 나위가 있겠소? 이로써 경전 주석의 쉽지 않음을 알 수 있습니다. 저도 오직 부처님 머리에 똥칠할까 두려워 감히 경솔하게 언론을 위주로 하는 문필활동을 하지 않습니다. 두 번째는, 종전에 사천(四川)에서 어떤 선배 학자가 이렇게 당부한 것입니다. "인심과 세상 형편은 모두 학술사상으로 말미암아 변천한다. 문자는 학술사상을 표현하는 이기(利器)로서 사람들에게 이로울 수도 있고 사람들을 해칠 수도 있다. 총명한 사상이 사람을 감동시키는 문사와 결합하면 보고 듣도록 충분히 고무시키고 한 때 명성을 이룰 수 있다. 그러나 오늘날 세상에는 그릇된 주장들이 횡행하고 사상이 문란한데, 그 재앙의 시작 원인을 캐보면 모두 학술사상이 만들어낸 것이다. 만약 진지작견(真知灼見)이 없다면 절대 한 때의 흐뭇한 느낌만 도모하여 글재주를 부리지 말라." 그 이후로 저는 문자에 대하여 대단히 경계하고 두려워하여 20여 년 동안 어떤 경우에 처하든 항상 수양에만 전심하고 묵묵한 실천만을 추구했습니다. 중간에 한번 거의 완전히 문자를 내버리고 쓰지 않아서 낫 놓고 기역자도 모를 지경에 이르렀습니다. 지금 전인(前人)은 이미 작고하였지만 그 말씀은 귓가에 있는 것 같고 여전히 마음에 새겨두고 있으면서 감히 경망(輕妄)하지 않습니다. 세 번째는 지금까지의 일처리 습관인데, 이미 방침을 결정했으면 반드시 온 힘을 다하는 것입니다. 심종(心宗)을 참구한 뒤부터 행업(行業)이 부족함을 항상 느낍니다. 정(静)을 익힌 지 이미 오래되어 게으름을 탐닉하여 즐거움으로 삼고 있습니다. 혹시 글을 짓고 싶은 흥취가 움직이면 곧 덕산(德山)선사가 말한 '설사 모든 학문에 대해 현묘한 변증을 다하더라도 마치 한 터럭을 허공에 두는 것과 같고, 설사 세상의 모든 계책을 다 꿰뚫었다 할지라도 마치 한 방울의 물을 거대한 골짜기에 던짐과 같다[窮諸玄辯, 如一毫置於太虛. 徹世機樞, 似一滴投於巨壑]'고 한 말이 생각나서 곧 말없이 붓을 던져버렸습니다. 서씨와 무씨 두 분은 듣고서는 제가 발뺌하느라 꾸며대는 말로 여기고는 마침내 말하기를, 제가 구술(口述)만 하면 기록은 자기들이 그 즉시 함으로써 제가 글 쓰는 번거로움이 없도록 하겠노라 했습니다. 저는 그렇다면 시험 삼아 해볼 수 있다고 생각하고 곧 좋을 대로 하자고 약속했습니다. 맨 처음에는 매 구절의 문장의 의미를 한 글자 한 구절 마다 백화로 번역했습니다. 그래서 자구를 참작하는 일이 번거로움을 견디지 못했습니다. 사흘이 지나자 소정지(蕭正之) 선생이 내방하여 또 이 일을 말했습니다. 그는 불법이 사람들에게 오해되고 있는 것도 바로 다른 종교처럼 그 병폐가 종교적인 신비 색채를 벗어나려고 하지 않기 때문에 학술화할 수 없고 대중화할 수 없다고 보았습니다. 그 정화(精華)를 뽑아내고 그 요지를 발휘하여 비교적 쉽게 사람들로 하여금 이해하게 하는 것만 못하다는 것이었습니다. 저는 그의 의견이 시대의 요구에 부합한다고 동의하고는 방식을 바꾸었습니다. 그러나 구어체로써 경전의 대의를 진술할 뿐만 아니라, 가능한 원문 자구의 의미는 순수하게 보전하며 번역과 해석 이 두 가지 작용을 버무려서 이름을 능엄대의금석(楞嚴大義今釋)이라고 정했습니다. 그리고 서씨와 무씨 두 분은 학교 개학 일이 바빠 양쪽을 고루 돌볼 수 없어 저만이 이 짐을 짊어졌습니다. 처음에 예상하기로는 3개월이면 전부 완성할 수 있으리라 했는데, 뜻밖에 낮에는 자질구레한 일과 손님 응대에 바빠서 꼭 깊은 밤에 이르러서야 등불빛 앞에서 집필할 수 있었습니다. 비록 매번 밤새껏 잠을 못 잤지만 여전히 금년 초여름까지 끌고서야 비로소 원고 전부를 완성했습니다.

어떤 일마다의 성공은 많은 조건에 의지합니다. 이 책의 완성도 그 예외가 아닙니다. 제가 절반까지 썼을 때 양관북(楊管北) 거사가 이 일을 들어 알고는 곧 발심하기를, 이 염원을 공동으로 완성하겠으며 그가 자금을 모아 인쇄하여 증정함으로써 널리 선양하겠다고 했습니다. 그리고 편장(篇章)과 본문 배열 방면에 대해 그는 약간의 의견을 제공했는데, 이는 이 책의 순조로운 출판에 하나의 유력한 보조적인 조건이 되었습니다. 유세륜(劉世綸: 葉曼)도 이 일을 도울 뜻을 세워서 이 반년 기간에 아침저녁으로 이를 위해 경전 원문과 번역원고의 교열을 했으며, 비록 비바람이 부는 날씨에도 그렇게 하지 않는 날이 없었습니다. 한 글자 한 구절을 참작해야 할 때마다 오고가며 수차례 상의하고서야 확정했습니다. 비록 출국 출발 날짜가 촉박하더라도 아주 바쁜 중에 여전히 그 일을 다 마쳤습니다. 다른 분들로서 양소이(楊嘯伊) 부부 같은 이는 원고지를 안배하였으며, 한장기(韓長沂) 거사는 이를 위해 전체 원고를 깨끗이 베껴 쓰고 주석을 조사 대조하였으며 자발적으로 발심하여 전체 교정책임을 맡았습니다. 그래서 인쇄 교정 면에서 저는 많은 정신력과 체력을 덜 수 있었습니다. 이런 많은 자발적인 지성(至誠)은 저의 노력을 더욱 증가시켰습니다. 정창파(程滄波) 선생은 또 원고를 전체적으로 한 번 읽고 그 뒤에 발문을 쓰고 지금의 이름으로 바꿀 것을 제의하였습니다. 여기서 감사의 뜻을 함께 씁니다. 이 밖에 작년 가을 사이에 장기균(張起鈞) 교수가 미국 워싱턴대학에 학문을 강의하러 가기에 앞서 이름난 펜 한 자루를 남겨주며, 그가 귀국할 때는 저의 한 부 저작을 볼 수 있기를 희망했습니다. 비록 그가 미리 기대한대로의 그 책을 써내지는 못했지만, 이 책의 완성은 여러 차례 그 원고를 바꾸면서 모두 이 펜으로 써서 이룬 것도 그 바람을 저버리지 않았다고 말할 수 있습니다. 그래서 이를 기록하여 기념으로 삼습니다. 장한서(張翰書) 교수, 주아현(朱亞賢) 거사, 무문방 젊은 친구, 소원방(邵圓舫) 군, 공건군(龔健群) 군은, 어떤 분은 베껴 쓰는 일에 협조하였고 어떤 분은 교열에 수고하는 등 많거나 적게 모두 정신력과 체력을 공헌하였기에, 수승한 인연의 소중함을 함께 기록합니다. 소천석(蕭天石)과 노관연(魯寬緣) 두 분 거사는 원 경전을 붙여 인쇄하여 독자들로 하여금 대조 연구에 편리하도록 하라고 제의한 적이 있습니다. 그러나 인쇄가 불편하기 때문에 아직은 그 분들의 가르침대로 할 수는 없어서 삼가 미안한 뜻을 전합니다. 최후에 인쇄사무 교섭에는 묘연(妙然), 오일(悟一) 두 분 법사님의 도움을 많이 받았습니다. 한량없이 감사드립니다.

이 책의 번역서술은 단지 보잘 것 없는 소견이요 일가의 말이라 할 수 있을 뿐, 원 경전의 의도에 완전히 부합한다고는 감히 말하지 못합니다. 그러나 이러한 기풍의 선하(先河)를 열어 하찮은 벽돌을 던져 귀중한 구슬을 끌어내는 것으로 삼습니다. 국내외의 박학하고도 있는 선비가 이로 인해 더욱 완벽한 번역본을 내놓음으로써 내전(內典)의 정화를 선양하여 새 시대의 밝은 등불로 삼기를 바랍니다. 그리하여 저의 주제넘은 죄과를 덜어줄 수 있기를 바랍니다. 이것은 정말로 제가 향 피우고 목욕 기도하는 바요 충심으로 학수고대하는 바입니다. 이에 게송을 말합니다.

백화가 출현하니 능엄경이 사라지네	白話出, 楞嚴沒.
경의 불멸을 바라기에 이 설을 짓노니	願其不滅, 故作此說.
세상의 밝은 등불 되어 백천겁을 비추어서	爲世明燈, 照百千劫.
다함없는 중생들 함께 깨달음 궁궐에 오르소서	無盡衆生, 同登覺闕.

중화민국 49년(서기 1960년)(庚子년) 초가을
대북(臺北)에서
남회근(南懷瑾) 쓰다

범망경(梵網經)

범천의 그물, 견해의 그물
Brahmajāla Sutta(D1)

| 역자보충 7 |

이 범망경은 각묵 스님 번역 초기불전연구원 2007년 4월 20일 초판 2쇄본 디가니까야 1권 p.79-181에서 전재하였음을 밝힙니다. 주석은 해당 책을 읽어보기 바랍니다. 한편 본경은 범동경(梵動經)으로 한역되어 장아함의 21번째 경으로 중국에 소개되었으며, 별도로 지겸(支謙)에 의해서 불설법망육십이견경(佛說梵網六十二見經)으로도 옮겨졌었다고 하니 함께 참고하기 바랍니다.

서언

1.1. 이와 같이 나는 들었다. 한때 세존께서는 500명 정도의 많은 비구 승가와 함께 라자가하와 날란다 사이에 난 대로를 따라가고 있었다. 그때 유행승 숩삐야도 역시 브라흐마닷따라는 바라문 학도 제자와 함께 라자가하와 날란다 사이에 난 이 대로를 따라가고 있었다. 거기서 유행승 숩삐야는 여러 가지 방법으로 부처님을 비방하고 법을 비방하고 승가를 비방했다. 그러나 유행승 숩삐야의 제자인 바라문 학도 브라흐마닷따는 여러 가지 방법으로 부처님을 칭송하고 법을 칭송하고 승가를 칭송하였다. 이처럼 스승과 제자 두 사람은 서로 정반대되는 말을 하면서 세존과 비구 승가의 뒤를 계속해서 따라갔다.

1.2. 그러자 세존께서는 비구 승가와 더불어 암발랏티까 정원에 있는 왕의 객사에서 하룻밤을 묵으셨다. 유행승 숩삐야 역시 제자인 바라문 학도

브라흐마닷따와 더불어 암발랏티까 정원에 있는 왕의 객사에서 하룻밤을 묵었다. 거기서도 역시 유행승 숩삐야는 여러 가지 방법으로 부처님을 비방하고 법을 비방하고 승가를 비방했다. 그러나 유행승 숩삐야의 제자인 바라문 학도 브라흐마닷따는 여러 가지 방법으로 부처님을 칭송하고 법을 칭송하고 승가를 칭송하였다. 이처럼 스승과 제자 두 사람은 서로 정반대 되는 말을 하면서 머물렀다.

1.3. 그때 많은 비구들이 밤이 지나고 새벽이 되었을 때 일어나서 원형천막에 모여 앉아 이런 말을 하였다. "경이롭습니다, 도반들이여. 놀랍습니다, 도반들이여. 그분, 아시는 분, 보시는 분, 세존, 아라한, 정등각께서는 중생들의 다양한 의향을 잘 알고 계십니다. 그런데 이 유행승 숩삐야는 여러 가지 방법으로 부처님을 비방하고 법을 비방하고 승가를 비방합니다. 그러나 유행승 숩삐야의 제자인 바라문 학도 브라흐마닷따는 여러 가지 방법으로 부처님을 칭송하고 법을 칭송하고 승가를 칭송합니다. 이처럼 스승과 제자 두 사람은 서로 정반대되는 말을 하면서 세존과 비구 승가의 뒤를 계속해서 따라오고 있습니다."

세존께서 비구들에게 오심

1.4. 그때 세존께서는 비구들이 이러한 말을 하고 있는 것을 아시고 원형천막으로 가셨다. 가셔서는 마련해드린 자리에 앉으셨다. 자리에 앉으신 후 세존께서는 비구들을 불러서 말씀하셨다. "비구들이여, 무슨 이야기를 하기 위해 지금 여기에 모였는가? 그리고 그대들이 하다만 이야기는 무엇인가?"
이렇게 말씀하시자 비구들은 세존께 말씀드렸다. "세존이시여, 저희들은 밤이 지나고 새벽이 되었을 때 일어나서 원형천막에 모여들어서 이런 말들을 하였습니다. '경이롭습니다, 도반들이여. 놀랍습니다, 도반들이여. 그분, 아시는 분, 보시는 분, 세존, 아라한, 정등각께서는 중생들의 다양한 의향을 잘 알고 계십니다. 그런데 이 유행승 숩삐야는 여러 가지 방법으로 부처님을 비방하고 법을 비방하고 승가를 비방합니다. 그러나 유행승 숩삐야의 제자인 바라문 학도 브라흐마닷따는 여러 가지 방법으로 부처님을 칭송하고 법을 칭송하고 승가를 칭송합니다. 이처럼 스승과 제자 두 사람은 서로 정반대되는 말을 하면서 세존과 비구 승가의 뒤를 계속해서 따라오고 있습니다.' 세존이시여, 저희들은 이런 이야기를 하다가 중단하였고 그때 세존께서 오셨습니다."

비방에 분노하거나 싫어하지 말라

1.5. "비구들이여, 그대들은 남들이 나를 비방하고 법을 비방하고 승가를 비방하더라도 거기서 적대감을 가져서는 안되고 기분 나빠해서도 안되고 마음으로 싫어해서도 안된다. 비구들이여, 남들이 나를 비방하고 법을 비방하고 승가를 비방한다고 해서 만일 그대들이 거기에 자극받아서 분노하고 싫어하는 마음을 낸다면 그것은 그대들에게 장애가 된다. 비구들이여, 남들이 나를 비방하고 법을 비방하고 승가를 비방한다고 해서 그대들이 거기에 자극받아서 분노하고 싫어하는 마음을 낸다면 그대들은 남들이 말을 잘했는지 말을 잘못했는지 제대로 알 수 있겠는가?"

"알 수 없습니다, 세존이시여."

"비구들이여, 남들이 나를 비방하거나 법을 비방하거나 승가를 비방한다면 거기서 그대들은 사실이 아닌 것은 사실이 아니라고 설명해 주어야 한다. '이러하기 때문에 이것은 사실이 아닙니다. 이러하기 때문에 이것은 그렇지 않습니다. 우리에게는 이러한 것이 없습니다. 이것은 우리에게는 알려지지 않은 것입니다.'라고."

칭송에 즐거워하거나 기뻐하지 말라

1.6. "비구들이여, 남들이 나를 칭송하거나 법을 칭송하거나 승가를 칭송

하더라도 거기서 그대들은 즐거워해서도 안되고 기뻐해서도 안되며 의기양양해서도 안된다. 비구들이여, 남들이 나를 칭송하거나 법을 칭송하거나 승가를 칭송한다고 해서 만일 그대들이 거기에 자극받아서 즐거워하고 기뻐하고 의기양양하게 되면 그것은 그대들에게 장애가 된다. 비구들이여, 남들이 나를 칭송하거나 법을 칭송하거나 승가를 칭송하면 그대들은 거기서 사실인 것은 사실이라고 인정해 주어야 한다. '이러하기 때문에 이것은 사실입니다. 이러하기 때문에 이것은 옳습니다. 우리에게는 이러한 것이 있습니다. 이것은 우리에게 알려진 것입니다.'라고."

계를 통한 칭송

1.7. "비구들이여, 범부는 다만 제한되고 세속적인 계에만 국한하여 여래를 칭송하는 말을 한다. 비구들이여, 그러면 어떤 것이 범부가 다만 제한되고 세속적인 계에만 국한하여 여래를 칭송하여 말하는 것인가?

짧은 길이의 계

1.8. "(1) '사문 고따마는 생명을 죽이는 것을 버리고 생명을 죽이는 것을 멀리 여의었다. 그분은 몽둥이를 내려놓고 칼을 내려놓았다. 겸손하고 자비로운 자가 되어 일체 생명의 이익을 위하여 연민하며 머문다.' – 비구들이여, 이처럼 범부는 여래를 칭송하는 말을 한다.
 (2) '사문 고따마는 주지 않은 것을 가지는 것을 버리고 주지 않은 것을 가지는 것을 멀리 여의었다. 그분은 준 것만을 받고 준 것만을 받으려고 하시며 스스로 훔치지 않아 청정하게 머문다.' – 비구들이여, 이처럼 범부는 여래를 칭송하는 말을 한다.

(3) '사문 고따마는 금욕적이지 못한 삶을 버리고 청정범행을 닦는다. 그분은 독신자가 되어 성행위의 저속함을 멀리 여의었다.' - 비구들이여, 이처럼 범부는 여래를 칭송하는 말을 한다."

1.9. "(4) '사문 고따마는 거짓말을 버리고 거짓말을 멀리 여의었다. 그분은 진실을 말하며 진실에 부합하고 굳건하고 믿음직하여 세상을 속이지 않는다.' - 비구들이여, 이처럼 범부는 여래를 칭송하는 말을 한다.

(5) '사문 고따마는 중상모략하는 말을 버리고 중상모략하는 말을 멀리 여의었다. 여기서 듣고서 이들을 이간하려고 저기서 말하지 않는다. 저기서 듣고 저들을 이간하려고 여기서 말하지 않는다. 오히려 그분은 이와 같이 이간된 자들을 합치고 우정을 장려하며 화합을 좋아하고 화합을 기뻐하고 화합을 즐기며 화합하게 하는 말을 한다.' - 비구들이여, 이처럼 범부는 여래를 칭송하는 말을 한다.

(6) '사문 고따마는 욕하는 말을 버리고 욕하는 말을 멀리 여의었다. 그분은 유순하고 귀에 즐겁고 사랑스럽고 가슴에 와 닿고 예의바르고 대중이 좋아하고 대중의 마음에 드는 그런 말을 하는 자이다.'- 비구들이여, 이처럼 범부는 여래를 칭송하는 말을 한다.

(7) '사문 고따마는 잡담을 버리고 잡담을 멀리 여의었다. 그분은 시기에 맞는 말을 하고, 있는 것을 말하고, 유익한 것을 말하고, 법을 말하고, 율을 말하는 자이며, 담아둘 만하며 이유가 있고 의미가 분명하며 이익을 줄 수 있는 말을 시의 적절하게 말하는 자이다.' — 비구들이여, 이처럼 범부는 여래를 칭송하는 말을 한다.

1.10. "(8) '① 사문 고따마는 씨앗류와 초목류를 손상시키는 것을 멀리 여의었다.

② 사문 고따마는 하루 한 끼만 먹는 자다. 그는 밤에 [먹는 것을] 그만두고 때 아닌 때에 먹는 것을 멀리 여의었다.

③ 사문 고따마는 춤, 노래, 음악, 연극을 관람하는 것을 멀리 여의었다.

④ 사문 고따마는 화환을 두르고 향수를 바르고 화장품으로 꾸미는 것을 멀리 여의었다.

⑤ 사문 고따마는 높고 큰 침상을 멀리 여의었다.

⑥ 사문 고따마는 금과 은을 받는 것을 멀리 여의었다.

⑦ 사문 고따마는 [요리하지 않은] 날곡식을 받는 것을 멀리 여의었다.

⑧ 사문 고따마는 생고기를 받는 것을 멀리 여의었다.

⑨ 사문 고따마는 여자나 동녀를 받는 것을 멀리 여의었다.

⑩ 사문 고따마는 하인과 하녀를 받는 것을 멀리 여의었다.

⑪ 사문 고따마는 염소와 양을 받는 것을 멀리 여의었다.

⑫ 사문 고따마는 닭과 돼지를 받는 것을 멀리 여의었다.

⑬ 사문 고따마는 코끼리, 소, 말, 암말을 받는 것을 멀리 여의었다.

⑭ 사문 고따마는 농토나 토지를 받는 것을 멀리 여의었다.

⑮ 사문 고따마는 남의 심부름꾼이나 전령으로 가는 것을 멀리 여의었다.

⑯ 사문 고따마는 사고파는 것을 멀리 여의었다.

⑰ 사문 고따마는 저울을 속이고 금속을 속이고 치수를 속이는 것을 멀리 여의었다.

⑱ 사문 고따마는 악용하고 속이고 횡령하고 사기하는 것을 멀리 여의었다.

⑲ 사문 고따마는 상해, 살상, 포박, 약탈, 노략질, 폭력을 멀리 여의었다.'
– 비구들이여, 이처럼 범부는 여래를 칭송하는 말을 한다."

짧은 길이의 계가 끝났다.

중간 길이의 계

1.11. "(1) '어떤 사문이나 바라문 존자들은 [재가자들이] 신심으로 가져온 음식으로 살면서 씨앗류와 초목류를 해치면서 살아간다. 즉 뿌리로 번식하는 것, 줄기로 번식하는 것, 마디로 번식하는 것, 싹으로 번식하는 것, 다섯 번째로 종자로 번식하는 것이다. 그러나 사문 고따마는 이러한 씨앗

류와 초목류를 해치는 것을 멀리 여의었다.' – 비구들이여, 이처럼 범부는 여래를 칭송하는 말을 한다."

1.12. "(2) 혹은 '어떤 사문이나 바라문 존자들은 [재가자들이] 신심으로 가져온 음식으로 살면서 축적해두고 즐기는 데 빠져 지낸다. 즉 음식을 축적하고, 마실 것을 축적하고, 옷을 축적하고, 탈것을 축적하고, 침구와 좌구를 축적하고, 향을 축적하고, 재산을 축적하여, 그 축적한 것을 즐기는 데 빠져 지낸다. 그러나 사문 고따마는 축적해 두고 즐기는 이런 것을 멀리 여의었다.' – 비구들이여, 이처럼 범부는 여래를 칭송하는 말을 한다."

1.13. "(3) 혹은 '어떤 사문이나 바라문 존자들은 [재가자들이] 신심으로 가져온 음식으로 살면서 구경거리를 보는 데 빠져 지낸다. 즉 춤, 노래, 연주, 연극, 낭송, 박수치며 하는 공연, 심벌즈로 하는 공연, 북치며 하는 공연, 예술품 전람회, 쇠공놀이, 죽봉놀이, 곡예, 코끼리싸움, 말싸움, 물소싸움, 황소싸움, 염소싸움, 숫양싸움, 닭싸움, 메추리싸움, 봉술, 권투, 레슬링, 모의전투, 군대의 행진, 군대의 집합, 열병이다. 그러나 사문 고따마는 구경거리를 보는 이런 것을 멀리 여의었다.' – 비구들이여, 이처럼 범부는 여래를 칭송하는 말을 한다."

1.14. "(4) 혹은 '어떤 사문이나 바라문 존자들은 [재가자들이] 신심으로 가져온 음식으로 살면서 노름이나 놀이에 빠져 지낸다. 즉 팔목(八目) 체스장기, 십목 체스장기, 허공에 판이 있는 양 가정하고 하는 체스장기, 돌차기 놀이, 쌓기 놀이, 주사위 놀이, 자치기, 맨손으로 벽에 그리는 놀이, 공놀이, 풀피리 불기, 장난감 쟁기질놀이, 재주넘기, 잎사귀 접어서 돌리기, 장난감 저울놀이, 장난감 수레놀이, 장난감 활쏘기, 글자 맞히기, 생각 맞히기, 불구자 흉내 내기이다. 그러나 사문 고따마는 노름이나 놀이에 빠지는 이런 일을 멀리 여의었다.' 비구들이여, 이처럼 범부는 여래를 칭송하는 말을 한다."

1.15. "(5) 혹은 '어떤 사문이나 바라문 존자들은 [재가자들이] 신심으로 가져온 음식으로 살면서 높고 큰 [호사스런] 침구와 좌구를 사용하면서 지낸다. 즉 아주 큰 침상, 다리에 동물 형상을 새긴 자리, 긴 술을 가진 이불, 울긋불긋한 천 조각을 덧댄 이불, 흰색 양털이불, 꽃들을 수놓은 양털이불, 솜으로 채운 누비이불, 동물을 수놓은 양털이불, 한쪽이나 양쪽에 술을 가진 양털이불, 보석을 박은 이불, 비단이불, 무도장의 양탄자, 코끼리 등덮개, 말 등덮개, 수레 깔개, 사슴가죽 깔개, 영양가죽 깔개, 차양 있는 양탄자, 붉은 베개와 붉은 발 받침이 있는 긴 의자이다. 사문 고따마는 이러한 높고 큰 [호사스런] 침구와 좌구를 멀리 여의었다.' - 비구들이여, 이처럼 범부는 여래를 칭송하는 말을 한다."

1.16. "(6) 혹은 '어떤 사문이나 바라문 존자들은 [재가자들이] 신심으로 가져온 음식으로 살면서 치장하고 장엄하는 일에 몰두한다. 즉 몸에 향 가루 바르기, 기름으로 안마하기, 향수로 목욕하기, 사지를 안마하기, 거울 보기, 속눈썹 검게 칠하기, 화환과 향과 화장품으로 치장하기, 얼굴에 분 칠하기, 화장, 팔찌, 머리띠, 장식용 지팡이, 장식한 약통, 긴 칼, 일산, 수놓은 신발, 터번, 보석으로 만든 관모, 야크꼬리로 만든 불자(拂子), 긴 술로 장식된 흰옷을 입는 것이다. 그러나 사문 고따마는 이러한 치장하고 장엄하는 일을 멀리 여의었다.' - 비구들이여, 이처럼 범부는 여래를 칭송하는 말을 한다."

1.17. "(7) 혹은 '어떤 사문이나 바라문 존자들은 [재가자들이] 신심으로 가져온 음식으로 살면서 쓸데없는 이야기에 몰두한다. 즉 왕의 이야기, 도둑 이야기, 대신들 이야기, 군대 이야기, 재난 이야기, 전쟁 이야기, 음식 이야기, 음료수 이야기, 옷 이야기, 침대 이야기, 화환 이야기, 향 이야기, 친척 이야기, 탈것에 대한 이야기, 마을에 대한 이야기, 성읍에 대한 이야기, 도시에 대한 이야기, 나라에 대한 이야기, 여자 이야기, 영웅 이야기, 거리 이야기, 우물 이야기, 전에 죽은 자에 대한 이야기, 하찮은 이야기,

세상의 [기원]에 대한 이야기, 바다에 관련된 이야기, 번영과 불운에 관한 이야기이다. 그러나 사문 고따마는 이러한 이야기를 멀리 여의었다.' – 비구들이여, 이처럼 범부는 여래를 칭송하는 말을 한다."

1.18. "(8) 혹은 '어떤 사문이나 바라문 존자들은 [재가자들이] 신심으로 가져온 음식으로 살면서 논쟁에 몰두한다.

즉 '그대는 이 법과 율을 제대로 모른다. 나야말로 이 법과 율을 제대로 안다.'

'어찌 그대가 이 법과 율을 제대로 알겠는가?'

'그대는 그릇된 도를 닦는 자이고 나는 바른 도를 닦는 자이다.'

'[내 말은] 일관되지만 그대는 일관되지 않는다.'

'그대는 먼저 설해야 할 것을 뒤에 설했고 뒤에 설해야 할 것을 먼저 설했다.'

'그대가 [오랫동안] 주장해오던 것은 [한 마디로] 논파되었다.'

'나는 그대의 [교설의] 허점을 지적했다. 그대는 패했다. 비난으로부터 도망가라. 혹은 만약 할 수 있다면 [지금] 설명해 보라.'라고.

그러나 사문 고따마는 이러한 논쟁을 멀리 여의었다.' – 비구들이여, 이처럼 범부는 여래를 칭송하는 말을 한다."

1.19. "(9) 혹은 '어떤 사문이나 바라문 존자들은 [재가자들이] 신심으로 가져온 음식으로 살면서 전령이나 심부름꾼 노릇을 하며 살아간다. 즉 왕, 대신, 왕족, 바라문, 장자, 젊은이들이 '여기에 가시오. 저기에 가시오. 이것을 저기로 가지고 가시오. 저것을 여기로 가지고 오시오.'라는 것에 대해서이다. 그러나 사문 고따마는 이러한 전령이나 심부름꾼 노릇을 멀리 여의었다.' – 비구들이여, 이처럼 범부는 여래를 칭송하는 말을 한다."

1.20. "(10) 혹은 '어떤 사문이나 바라문 존자들은 [재가자들이] 신심으로 가져온 음식으로 살면서 계략하고, 쓸데없는 말을 하고, 암시를 주고, 비방하고, 이득으로 이득을 추구한다. 그러나 사문 고따마는 이러한 계략과 쓸데없는 말을 멀리 여의었다.' – 비구들이여, 이처럼 범부는 여래를 칭송

하는 말을 한다."

중간 길이의 계가 끝났다.

긴 길이의 계

1.21. "(1) 혹은 '어떤 사문이나 바라문 존자들은 [재가자들이] 신심으로 가져온 음식으로 살면서 하천(下賤)한 지식을 통한 삿된 생계수단으로 생계를 꾸린다. 즉 몸의 특징으로 예언하기, 예감이나 징조로 예언하기, 벼락이나 하늘의 조짐에 따라 점치기, 해몽, 관상, 쥐가 파먹은 옷의 구멍에 따라서 점치기, 불을 섬김, 주걱으로 헌공함, 벼 헌공, 쌀가루 헌공, 쌀 헌공, 버터 헌공, 기름 헌공, 입으로 하는 헌공, 피의 헌공, 수상(手相)보기, 집터보기, 대지보기, 묘지의 귀신 물리치기, 망령 물리치기, 흙집에 사는 자의 주술, 뱀 부리는 주술, 독극물 제조술, 전갈 부리는 기술, 쥐 부리는 기술, 새 부리는 기술, 까마귀 부리는 기술, 수명 예언하기, 화살에 대항하는 주문, 동물들의 울음을 아는 주문이다. 그러나 사문 고따마는 이러한 하천한 지식을 통한 삿된 생계수단을 멀리 여의었다.' – 비구들이여, 이처럼 범부는 여래를 칭송하는 말을 한다."

1.22. "(2) 혹은 '어떤 사문이나 바라문 존자들은 [재가자들이] 신심으로 가져온 음식으로 살면서 하천한 지식을 통한 삿된 생계수단으로 생계를 꾸린다. 즉 보석, 옷감, 지팡이, 칼, 긴 칼, 화살, 활, 다른 무기, 여자, 남자, 소년, 소녀, 남녀 노비, 코끼리, 말, 물소, 황소, 암소, 염소, 양, 닭, 메추리, 큰 도마뱀, 귀걸이(혹은 집의 박공), 거북이, 다른 동물들 – 이런 것들의 색깔이나 모양이나 다른 특징들을 보고 점을 친다. 그러나 사문 고따마는 이러한 하천한 지식을 통한 삿된 생계수단을 멀리 여의었다.' – 비구들이여, 이처럼 범부는 여래를 칭송하는 말을 한다."

1.23. "(3) 혹은 '어떤 사문이나 바라문 존자들은 [재가자들이] 신심으로 가져온 음식으로 살면서 하천한 지식을 통한 삿된 생계수단으로 생계를 꾸린다. 즉 '왕들의 진격이 있을 것이다. 왕들의 퇴각이 있을 것이다. 우리 쪽 왕들의 공격이 있을 것이고 저쪽 왕들의 후퇴가 있을 것이다. 저쪽 왕들의 공격이 있을 것이고 우리 쪽 왕들의 후퇴가 있을 것이다. 우리 쪽 왕들이 승리할 것이고 저쪽 왕들이 패배할 것이다. 저쪽 왕들이 승리할 것이고 우리 쪽 왕들이 패배할 것이다. 이와 같이 이편이 승리할 것이고 저편이 승리할 것이다.'라고. 그러나 사문 고따마는 이러한 하천한 지식을 통한 삿된 생계수단을 멀리 여의었다.' – 비구들이여, 이처럼 범부는 여래를 칭송하는 말을 한다."

1.24. "(4) 혹은 '어떤 사문이나 바라문 존자들은 [재가자들이] 신심으로 가져온 음식으로 살면서 하천한 지식을 통한 삿된 생계수단으로 생계를 꾸린다. 즉 '월식이 있을 것이다. 일식이 있을 것이다. 행성의 합삭이 있을 것이다. 해와 달이 올바른 항로로 운행할 것이다. 혹은 잘못된 항로로 운행할 것이다. 유성이 떨어질 것이다. 짙은 노을이 낄 것이다. 지진이 있을 것이다. 천둥이 칠 것이다. 해와 달과 별들이 뜨거나 지거나 흐리거나 깨끗할 것이다. 월식은 이러한 결과를 가져올 것이다. 일식은 저러한 결과를 가져올 것이다. 별이 가려지는 일은 다시 저러한 결과를 가져올 것이다. 행성의 합삭은 다시 저러한 결과를 가져올 것이다. 해와 달이 올바른 항로로 운행함은 이러한 결과를 가져올 것이고, 잘못된 항로로 운행함은 또 다른 결과를 가져올 것이다. 별들이 올바른 항로로 운행함은 이러한 결과를 가져올 것이고, 잘못된 항로로 운행함은 또 다른 결과를 가져올 것이다. 유성이 떨어짐은 이러한 결과를 가져올 것이고, 짙은 노을은 저러한 결과를 가져올 것이고 천둥은 또 다른 결과를 가져올 것이다. 그리고 해와 달과 별의 뜨고 지고 흐리고 깨끗함도 각각 여러 가지 결과를 가져올 것이다.'라고. 그러나 사문 고따마는 이러한 하천한 지식을 통한 삿된 생계수단을 멀리 여의었다.' – 비구들이여, 이처럼 범부는 여래를 칭송하는 말을 한다."

1.25. "(5) 혹은 '어떤 사문이나 바라문 존자들은 [재가자들이] 신심으로 가져온 음식으로 살면서 하천한 지식을 통한 삿된 생계수단으로 생계를 꾸린다. 즉 '비가 내릴 것이다. 가뭄이 들 것이다. 풍년이 들 것이다. 흉년이 들 것이다. 민심이 안정될 것이다. 민심이 흉흉할 것이다. 질병이 들 것이다. 건강하게 될 것이다.'라거나 계산법, 암산법, 셈법, 시작(詩作)법, 처세술이다. 그러나 사문 고따마는 이러한 하천한 지식을 통한 삿된 생계수단을 멀리 여의었다.' – 비구들이여, 이처럼 범부는 여래를 칭송하는 말을 한다."

1.26. "(6) 혹은 '어떤 사문이나 바라문 존자들은 [재가자들이] 신심으로 가져온 음식으로 살면서 하천한 지식을 통한 삿된 생계수단으로 생계를 꾸린다. 즉 결혼할 때에 신부 집에 들어가는 날 또는 떠나는 날을 택일하고, 약혼이나 이혼의 길일을 택해 주고, 돈을 모으거나 지출하는 날을 택해주고, 불행이나 행운을 가져오게 하는 주문을 외우고, 발육부진인 태아의 원기를 회복하도록 주문을 외우고, 말더듬이나 벙어리가 되도록 주문을 외우고, 손에 풍이 들도록 주문을 외우고, 귀머거리가 되도록 주문을 외우고, 거울에 [신을 모셔 와서] 물어 보는 점을 치고, 소녀의 몸에 [신을 모셔 와서] 물어 보는 점을 치고, 하녀의 몸에 [신을 모셔 와서] 물어 보는 점을 치고, 태양을 숭배하고, 대범천을 숭배하고, 입에서 불을 내뿜고, 행운의 여신을 부르는 것이다. 그러나 사문 고따마는 이러한 하천한 지식을 통한 삿된 생계수단을 멀리 여의었다.' – 비구들이여, 이처럼 범부는 여래를 칭송하는 말을 한다."

1.27. "(7) 혹은 '어떤 사문이나 바라문 존자들은 [재가자들이] 신심으로 가져온 음식으로 살면서 하천한 지식을 통한 삿된 생계수단으로 생계를 꾸린다. 즉 신의 축복을 비는 의식, 귀신을 부르는 의식, 흙집에 들어가서 주문을 외우는 의식, 정력을 왕성하게 하는 의식, 성불구자가 되게 하는 의식, 집 지을 땅을 마련하는 의식, 집 지을 땅을 신성하게 하는 의식을 거

행한다. 의식을 위해 입을 씻고 목욕재계하고 불에 제사지낸다. 구토제와 하제(下劑)와 거담제와 점액제거제를 주고, 귀약과 안약과 코약과 연고와 연고 제거제를 주고, 안과의사, 외과의사, 소아과의사의 일을 하고, 이전에 처방한 약의 부작용을 없애기 위해서 정화제를 사용한다. 그러나 사문 고따마는 이러한 하천한 지식을 통한 삿된 생계수단을 멀리 여의었다.' - 비구들이여, 이처럼 범부는 여래를 칭송하는 말을 한다."

긴 길이의 계가 끝났다.

법을 통한 칭송

1.28. "비구들이여, 또 다른 법들이 있어서 그것은 심오하고, 보기도 힘들고, 깨닫기도 힘들고, 평화롭고 숭고하며, 단순한 사유의 영역을 넘어서 있고, 미묘하여, 오로지 현자들만이 알아볼 수 있으며, 그것은 여래가 스스로 초월지로 알고, 실현하여, 드러낸 것이다. [사람들이 만약 이러한 법들을 보고나서] 여래를 있는 그대로 칭송한다면 그제야 그들은 참으로 바르게 말한 것이라 할 수 있을 것이다. 비구들이여, 그러면 심오하고, 보기 힘들고, 깨닫기 힘들고, 평화롭고 숭고하며, 단순한 사유의 영역을 넘어서 있고, 미묘하여, 오로지 현자들만이 알아볼 수 있으며, 여래가 스스로 초월지로 알고, 실현하여, 드러내었으며, 이것을 본 후에야 여래를 있는 그대로 칭송하는 자들이 참으로 바르게 말한 것이라 할 수 있는 그 법들은 어떤 것인가?"

I. 18가지 과거를 모색하는 자들

1.29. "비구들이여, 어떤 사문·바라문들은 18가지 이유로 과거를 모색하고, 과거에 대한 견해를 가지고, 과거에 대한 여러 가지 교리를 선언한다. 그러면 무엇을 근거로 하고 무엇에 의거해서 그 사문·바라문 존자들

은 18가지 이유로 과거를 모색하고, 과거에 대한 견해를 가지고, 과거에 대한 여러 가지 교리를 선언하는가?"

I-1. 영속론자들

1.30. "비구들이여, 어떤 사문·바라문들은 영속론자들인데 네 가지 이유로 영속하는 자아와 세상을 천명한다. 그러면 무엇을 근거로 하고 무엇에 의거해서 그 사문·바라문 존자들은 영속론자가 되어 네 가지 이유로 영속하는 자아와 세상을 천명하는가?"

1.31. "비구들이여, 여기 어떤 사문이나 바라문은 애를 쓰고 노력하고 몰두하고 방일하지 않고 바르게 마음에 잡도리함을 닦아서 거기에 걸맞는 마음의 사마디를 얻는다. 그는 마음이 사마디에 들어 수많은 전생의 갖가지 삶들을 기억한다.[宿明通(숙명통)] 즉 한 생, 두 생, 세 생, 네 생, 다섯 생, 열 생, 스무 생, 서른 생, 마흔 생, 쉰 생, 백 생, 천 생, 십만 생, 수백 생, 수천 생, 수십만 전생을 기억한다. '어느 곳에서 이런 이름을 가졌고, 이런 종족이었고, 이런 용모를 가졌고, 이런 음식을 먹었고, 행복과 고통을 경험했고, 이런 수명의 한계를 가졌고, 그곳에서 죽어 다른 어떤 곳에 다시 태어나 그곳에서는 이런 이름을 가졌고, 이런 종족이었고, 이런 용모를 가졌고, 이런 음식을 먹었고, 이런 행복과 고통을 경험했고, 이런 수명의 한계를 가졌고, 그곳에서 죽어 여기 다시 태어났다.'라고. 이처럼 한량없는 전생의 갖가지 모습들을 그 특색과 더불어 상세하게 기억해낸다.
　그는 이렇게 말한다. '자아와 세계는 영속하나니 그것은 생산함이 없고 산꼭대기처럼 움직이지 않고 성문 앞의 기둥처럼 견고하게 서있다. 중생들은 [이곳에서 저곳으로] 치달리고 윤회하고 죽고 태어나지만 이 [자아와 세계]는 영속 그 자체인 것처럼 존재한다. 그것은 무엇 때문인가? 참으로 나는 애를 쓰고 노력하고 몰두하고 방일하지 않고 바르게 마음에 잡도리함을 닦아서 거기에 걸맞는 마음의 사마디를 얻기 때문이다. 나는 마음이 사마디에 들어 수많은 전생의 갖가지 삶들을 기억한다. 즉 한 생, 두 생, 세 생, 네 생, 다섯 생, 열 생, 스무 생, 서른 생, 마흔 생, 쉰 생, 백 생, 천 생, 십만 생, 수백 생, 수천 생, 수십만 전생을 기억한다. '어느 곳에서 이런 이름을 가졌고, 이런 종족이었고, 이런 용모를 가졌고, 이런 음식을 먹었고, 행복과 고통을 경험했고, 이런 수명의 한계를 가졌고, 그곳에서 죽어 다른 어떤 곳에 다시 태어나 그곳에서는 이런 이름을 가졌고, 이런 종족이었고, 이런 용모를 가졌고, 이런 음식을 먹었고, 이런 행복과 고통을 경험했고, 이런 수명의 한계를 가졌고, 그곳에서 죽어 여기 다시 태어났다.'라고. 이처럼 나는 한량없는 전생의 갖가지 모습들을 그 특색과 더불어 상세하게 기억해내기 때문이다. 이것에 의해서 나는 '자아와 세계는 영속하나니 그것은 생산함이 없고 산꼭대기처럼 움직이지 않고 성문 앞의 기둥처럼 견고하게 서있다. 중생들은 [이곳에서 저곳으로] 치달리고 윤회하고 죽고 태어나지만 이 [자아와 세계]는 영속 그 자체인 것처럼 존재한다.'라고.

 비구들이여, 이것이 첫 번째 경우이니, 이것을 근거로 하고 이것에 의거해서 어떤 사문·바라문 존자들은 영속론자가 되어 영속하는 자아와 세상을 천명한다."

1.32. "비구들이여, 그러면 두 번째 사문·바라문 존자들은 무엇을 근거로 하고 무엇에 의해서 영속론자가 되어 영속하는 자아와 세상을 천명하는가?

 비구들이여, 여기 어떤 사문이나 바라문은 애를 쓰고 노력하고 몰두하고 방일하지 않고 바르게 마음에 잡도리함을 닦아서 거기에 걸맞는 마음의 사마디를 얻는다. 그는 마음이 사마디에 들어 수많은 전생의 갖가지 삶들을 기억한다. 즉 하나의 수축하고 팽창하는 [겁], 두 개의 수축하고 팽창하는 [겁], 세 개의 수축하고 팽창하는 [겁], 네 개의 수축하고 팽창하는 [겁], 다섯 개의 수축하고 팽창하는 [겁], 열 개의 수축하고 팽창하는 [겁]을 기억한다. '어느 곳에서 이런 이름을 가졌고, 이런 종족이었고, 이런 용모를 가졌고, 이런 음식을 먹었고, 행복과 고통을 경험했고, 이런 수명의 한계를 가졌고, 그곳에서 죽어 다른 어떤 곳에 다시 태어나 그곳에서는 이런 이름을 가졌고, 이런 종족이었고, 이런 용모를 가졌고, 이런 음식을 먹었고, 이런 행복과 고통을 경험했고, 이런 수명의 한계를 가졌고, 그곳에서 죽어 여기 다시 태어났다.'라고. 이처럼 한량없는 전생의 갖가지 모습들을 그 특색과 더불어 상세하게 기억해낸다.

그는 이렇게 말한다. '자아와 세계는 영속하나니 그것은 생산함이 없고 산꼭대기처럼 움직이지 않고 성문 앞의 기둥처럼 견고하게 서있다. 중생들은 [이곳에서 저곳으로] 치달리고 윤회하고 죽고 태어나지만 이 [자아와 세계]는 영속 그 자체인 것처럼 존재한다. 그것은 무엇 때문인가? 참으로 나는 애를 쓰고 노력하고 몰두하고 방일하지 않고 바르게 마음에 잡도리함을 닦아서 거기에 걸맞는 마음의 사마디를 얻기 때문이다. 나는 마음이 사마디에 들어 수많은 전생의 갖가지 삶들을 기억한다. 즉 하나의 수축하고 팽창하는 [겁], 두 개의 수축하고 팽창하는 [겁], 세 개의 수축하고 팽창하는 [겁], 네 개의 수축하고 팽창하는 [겁], 다섯 개의 수축하고 팽창하는 [겁], 열 개의 수축하고 팽창하는 [겁]을 기억한다. '어느 곳에서 이런 이름을 가졌고, 이런 종족이었고, 이런 용모를 가졌고, 이런 음식을 먹었고, 행복과 고통을 경험했고, 이런 수명의 한계를 가졌고, 그곳에서 죽어 다른 어떤 곳에 다시 태어나 그곳에서는 이런 이름을 가졌고, 이런 종족이었고, 이런 용모를 가졌고, 이런 음식을 먹었고, 이런 행복과 고통을 경험했고, 이런 수명의 한계를 가졌고, 그곳에서 죽어 여기 다시 태어났다.'라고. 이처럼 나는 한량없는 전생의 갖가지 모습들을 그 특색과 더불어 상세하게 기억해내기 때문이다. 이것에 의해서 나는 '자아와 세계는 영속하나니 그것은 생산함이 없고 산꼭대기처럼 움직이지 않고 성문 앞의 기둥처럼 견고하게 서있다. 중생들은 [이곳에서 저곳으로] 치달리고 윤회하고 죽고 태어나지만 이 [자아와 세계]는 영속 그 자체인 것처럼 존재한다.'라고 안다.'라고.

비구들이여, 이것이 두 번째 경우이니, 이것을 근거로 하고 이것에 의거해서 어떤 사문·바라문 존자들은 영속론자가 되어 영속하는 자아와 세계를 천명한다."

1.33. "비구들이여, 그러면 세 번째 사문·바라문 존자들은 무엇을 근거로 하고 무엇에 의거해서 영속론자가 되어 영속하는 자아와 세상을 천명하는가?

비구들이여, 여기 어떤 사문이나 바라문은 애를 쓰고 노력하고 몰두하고 방일하지 않고 바르게 마음에 잡도리함을 닦아서 거기에 걸맞는 마음의 사마디를 얻는다. 그는 마음이 사마디에 들어 수많은 전생의 갖가지 삶들을 기억한다. 즉 열 개의 수축하고 팽창하는 [겁], 스무 개의 수축하고 팽창하는 [겁], 서른 개의 수축하고 팽창하는 [겁], 마흔 개의 수축하고 팽창하는 [겁]을 기억한다. '어느 곳에서 이런 이름을 가졌고, 이런 종족이었고, 이런 용모를 가졌고, 이런 음식을 먹었고, 행복과 고통을 경험했고, 이런 수명의 한계를 가졌고, 그곳에서 죽어 다른 어떤 곳에 다시 태어나 그곳에서는 이런 이름을 가졌고, 이런 종족이었고, 이런 용모를 가졌고, 이런 음식을 먹었고, 이런 행복과 고통을 경험했고, 이런 수명의 한계를 가졌고, 그곳에서 죽어 여기 다시 태어났다.'라고. 이처럼 한량없는 전생의 갖가지 모습들을 그 특색과 더불어 상세하게 기억해낸다.

그는 이렇게 말한다. '자아와 세계는 영속하나니 그것은 생산함이 없고 산꼭대기처럼 움직이지 않고 성문 앞의 기둥처럼 견고하게 서있다. 중생들은 [이곳에서 저곳으로] 치달리고 윤회하고 죽고 태어나지만 이 [자아와 세계]는 영속 그 자체인 것처럼 존재한다. 그것은 무엇 때문인가? 참으로 나는 애를 쓰고 노력하고 몰두하고 방일하지 않고 바르게 마음에 잡도리함을 닦아서 거기에 걸맞는 마음의 사마디를 얻기 때문이다. 나는 마음이 사마디에 들어 수많은 전생의 갖가지 삶들을 기억한다. 즉 열 개의 수축하고 팽창하는 [겁], 스무 개의 수축하고 팽창하는[겁], 서른 개의 수축하고 팽창하는 [겁], 마흔 개의 수축하고 팽창하는 [겁]을 기억한다. '어느 곳에서 이런 이름을 가졌고, 이런 종족이었고, 이런 용모를 가졌고, 이런 음식을 먹었고, 행복과 고통을 경험했고, 이런 수명의 한계를 가졌고, 그곳에서 죽어 다른 어떤 곳에 다시 태어나 그곳에서는 이런 이름을 가졌고, 이런 종족이었고, 이런 용모를 가졌고, 이런 음식을 먹었고, 이런 행복과 고통을 경험했고, 이런 수명의 한계를 가졌고, 그곳에서 죽어 여기 다시 태어났다.'라고. 이처럼 한량없는 전생의 갖가지 모습들을 그 특색과 더불어 상세하게 기억해내기 때문이다. 이것에 의해서 나는 '자아와 세계는 영속하나니 그것은 생산함이 없고 산꼭대기처럼 움직이지 않고 성문 앞의 기둥처럼 견고하게 서있다. 중생들은 [이곳에서 저곳으로] 치달리고 윤회하고 죽고 태어나지만 이 [자아와 세계]는 영속 그 자체인 것처럼 존재한다.'라고 안다.'라고.

비구들이여, 이것이 세 번째 경우이니, 이것을 근거로 하고 이것에 의거해서 어떤 사문·바라문 존자들은 영속론자가 되어 영속하는 자아와 세상을 천명한다."

1.34. "비구들이여, 그러면 네 번째 사문·바라문 존자들은 무엇을 근거로 하고 무엇에 의거해서 영속론자가 되어 영속하는 자아와 세상을 천명하는가?

비구들이여, 여기 어떤 사문이나 바라문은 논리가요 해석가이다. 그는 [갖가지 방법으로] 추론하고 해석을 수반하며 자신이 스스로 규명하여 이렇게 말한다. '자아와 세계는 영속하나니 그것은 생산함이 없고 산꼭대기처럼 움직이지 않고 성문 앞의 기둥처럼 견고하게 서있다. 중생들은 [이곳에서 저곳으로] 치달리고 윤회하고 죽고 태어나지만 이 [자아와 세계]는 영속 그 자체인 것처럼 존재한다.'라고.

비구들이여, 이것이 네 번째 경우이니, 이것을 근거로 하고 이것에 의거해서 어떤 사문·바라문 존자들은 영속론자가 되어 영속하는 자아와 세상을 천명한다."

1.35. "비구들이여, 그들 사문·바라문들은 이런 네 가지 경우로 영속론

자가 되어 영속하는 자아와 세상을 천명한다. 비구들이여, 사문·바라문들이 영속론자가 되어 영속하는 자아와 세상을 천명하는 것은 모두 이 네가지 방법으로 하거나 혹은 이 넷 중 한 가지 방법으로 한다. 이것 이외에는 없다."

1.36. "비구들이여, 이와 같이 취하고 이와 같이 거머쥔 확정적인 견해들을 [가진 자들의] 태어날 곳은 어딘지, 다음 생에는 어디로 인도될 것인지 여래는 반야로 본다. 여래는 이것을 반야로 보고 이것을 넘어선 것도 반야로 본다. [이것을 넘어선 것]도 반야로 보지만 [갈애와 견해와 자만으로] 집착하지 않는다. 집착하지 않기 때문에 스스로 완전한 평화를 분명하게 안다. 느낌들의 일어남과 사라짐과 달콤함과 위험과 벗어남을 있는 그대로 분명하게 안 뒤 여래는 취착없이 해탈한다."

1.37. "비구들이여, 참으로 이런 법들이야말로 심오하고, 보기도 힘들고, 깨닫기도 힘들고, 평화롭고 숭고하며, 단순한 사유의 영역을 넘어서 있고, 미묘하여, 오로지 현자들만이 알아볼 수 있으며, 이것은 여래가 스스로 초월지로 알고, 실현하여, 드러낸 것이다. [사람들이 만약 이러한 법들을 보고나서] 여래를 있는 그대로 칭송한다면 그제서야 그들은 참으로 바르게 말한 것이라 할 수 있을 것이다."

첫 번째 바나와라가 끝났다.

I-2. 일부영속 일부비영속론자들

2.1. "비구들이여, 어떤 사문·바라문들은 일부영속 일부비영속을 설하는 자들인데 네 가지 경우로 자아와 세상이 일부는 영속하고 일부는 영속하지 않는다고 천명한다. 그러면 무엇을 근거로 하고 무엇에 의거해서 그 사문·바라문 존자들은 네 가지 경우로 일부영속 일부비영속을 설하는 자가

되어 자아와 세상이 일부는 영속하고 일부는 영속하지 않는다고 천명하는 가?"

2.2. "비구들이여, 참으로 긴 세월이 지난 그 어느 때, 어느 곳에서 이 세상은 수축한다. 세상이 수축할 때 대부분의 중생들은 광음천에 나게 된다. 그들은 거기서 마음으로 이루어지고 희열을 음식으로 삼고 빛나고 허공을 다니고 천상에 머물며 길고 긴 세월을 산다."

2.3. "비구들이여, 참으로 긴 세월이 지난 그 어느 때, 어느 곳에서 이 세상은 [다시] 팽창한다. 세상이 팽창할 때 텅 빈 범천의 궁전이 출현한다. 그때 어떤 중생이 수명이 다하고 공덕이 다하여 광음천의 무리에서 떨어져서 텅 빈 범천의 궁전에 태어난다. 그는 거기서도 역시 마음으로 이루어지고 희열을 음식으로 삼고 스스로 빛나고 허공을 다니고 천상에 머물며 길고 긴 세월을 살게 된다."

2.4. "그는 그곳에서 오랜 세월 홀로 살았기 때문에 싫증과 초조함이 생겨, '오, 다른 중생들이 여기에 온다면 얼마나 좋을까?'라고 [갈망하였다]. 그러자 다른 중생들이 수명이 다하고 공덕이 다해서 광음천의 무리에서 떨어져 범천의 궁전에 태어나 그 중생의 동료가 되었다. 그들도 역시 거기서 마음으로 이루어지고 희열을 음식으로 삼고 스스로 빛나고 허공을 다니고 천상에 머물며 길고 긴 세월을 살게 된다."

2.5. "비구들이여, 그러자 그곳에 먼저 태어난 중생에게 이와 같은 생각이 들었다. '나는 범천이요 대범천이고 지배자요 지배되지 않는 자요 전지자요 전능자요 최고자요 조물주요 창조자요 최승자요 서품을 주는 자요 자재자요 존재하는 것과 존재할 것의 아버지이다. 나야말로 이 중생들의 창조자이다. 무슨 이유 때문인가? 전에 내게 '오, 다른 중생들이 여기에 온다면 얼마나 좋을까?'라는 생각이 일어났고 그러한 내 마음의 염원 때문

에 이 중생들이 여기에 생겨났기 때문이다.

뒤에 그곳에 태어난 중생들에게도 이런 생각이 들었다. '이 존자는 범천이요 대범천이고 지배자요 지배되지 않는 자요 전지자요 전능자요 최고자요 조물주요 창조자요 최승자요 서품을 주는 자요 자재자요 존재하는 것과 존재할 것의 아버지이시다. 이 존귀하신 범천이야말로 우리들의 창조자이시다. 무슨 이유 때문인가? 우리는 이분이 여기에 먼저 계신 것을 보았고 우리는 후에 생겨났기 때문이다.'라고."

2.6. "비구들이여, 거기서 먼저 태어난 그 중생은 수명이 더 길고 더 아름답고 더 힘이 세었으며 뒤에 태어난 중생들은 수명이 더 짧았고 더 못생겼으며 더 힘이 약하였다.

비구들이여, 그런데 그 중 어떤 중생이 그 무리로부터 죽어서 이곳에 태어나는 경우가 있다. 여기에 태어나서는 집을 떠나 출가한다. 집을 떠나 출가하여 애를 쓰고 노력하고 몰두하고 방일하지 않고 바르게 마음에 잡도리함을 닦아서 마음이 사마디에 들어 바로 그 전생의 삶은 기억하지만 그 이상은 기억하지 못하는 그러한 마음의 사마디를 얻는다.

그는 이렇게 말한다. '이 존자는 범천이요 대범천이고 지배자요 지배되지 않는 자요 전지자요 전능자요 최고자요 조물주요 창조자요 최승자요 서품을 주는 자요 자재자요 존재하는 것과 존재할 것의 아버지이시다. 이 존귀하신 범천이 우리들의 창조자이시다. 그는 항상하고 견고하고 영원하며 변하지 않기 마련이며 영속 그 자체인 것처럼 그렇게 계신다. 그러나 우리는 그분 존자 범천에 의해서 창조되었다. 그런 우리는 무상하고 견고하지 않으며 수명이 짧고 죽기 마련이며 이곳에 태어났다.'라고.

비구들이여, 이것이 첫 번째 경우이니, 이것을 근거로 하고 이것에 의거해서 어떤 사문 · 바라문 존자들은 일부영속 일부비영속을 설하는 자가 되어 자아와 세상이 일부는 영속하고 일부는 영속하지 않는다고 천명한다."

2.7. "비구들이여, 그러면 두 번째 사문 · 바라문 존자들은 무엇을 근거로

하고 무엇에 의거해서 일부영속 일부비영속을 설하는 자가 되어 자아와 세상이 일부는 영속하고 일부는 영속하지 않는다고 천명하는가?

비구들이여, '유희로 타락해 버린 자'라는 신들이 있다. 그들은 오랜 세월 웃고 유희하는데 빠져 지냈기 때문에 싸띠를 놓아버렸다. 싸띠를 놓아버렸기 때문에 그 신들은 그 무리에서 죽게 되었다."

2.8. "비구들이여, 그런데 그 중 어떤 중생이 그 무리로부터 죽어서 이곳에 태어나는 경우가 있다. 여기에 태어나서는 집을 떠나 출가한다. 집을 떠나 출가하여 애를 쓰고 노력하고 몰두하고 방일하지 않고 바르게 마음에 잡도리함을 닦아서 마음이 사마디에 들어 바로 그 전생의 삶은 기억하지만 그 이상은 기억하지 못하는 그러한 마음의 사마디를 얻는다."

2.9. "그는 이렇게 말한다. '유희로 타락하지 않은 그분 신들은 오랜 세월 웃고 유희하는데 빠져 지내지 않았다. 오랜 세월 웃고 유희하는데 빠져 지내지 않았기 때문에 그분들은 싸띠를 놓아버리지 않았다. 싸띠를 놓아버리지 않았기 때문에 그분 신들은 그 무리에서 죽지 않았고 항상하고 견고하고 영원하며 변하지 않기 마련이며 영속 그 자체인 것처럼 그렇게 계신다. 그러나 우리는 유희로 타락해 버려서 오랜 세월 웃고 유희하는데 빠져 지냈다. 오랜 세월 웃고 유희하는데 빠져 지냈기 때문에 우리는 싸띠를 놓아버렸다. 싸띠를 놓아버렸기 때문에 우리는 그 무리에서 떨어졌고 무상하고 견고하지 않으며 수명이 짧고 죽기 마련이며 이곳에 태어났다.'라고.

비구들이여, 이것이 두 번째 경우이니, 이것을 근거로 하고 이것에 의거해서 어떤 사문·바라문 존자들은 일부영속 일부비영속을 설하는 자가 되어 자아와 세상이 일부는 영속하고 일부는 영속하지 않는다고 천명한다."

2.10. "비구들이여, 그러면 세 번째 사문·바라문 존자들은 무엇을 근거로 하고 무엇에 의거해서 일부영속 일부비영속을 설하는 자가 되어 자아와 세상이 일부는 영속하고 일부는 영속하지 않는다고 천명하는가?

비구들이여, '마음이 타락해 버린 자'라는 신들이 있다. 그들은 오랜 세월 [분노로] 서로를 응시한다. 그들은 오랜 세월 [분노로] 서로를 응시하였기 때문에 서로의 마음을 타락하게 하였다. 그들은 서로의 마음을 타락하게 하였기 때문에 몸도 피곤하고 마음도 피곤하였다. 그래서 그 신들은 그 무리에서 죽게 되었다."

2.11. "비구들이여, 그런데 그 중 어떤 중생이 그 무리로부터 죽어서 이곳에 태어나는 경우가 있다. 여기에 태어나서는 집을 떠나 출가한다. 집을 떠나 출가하여 애를 쓰고 노력하고 몰두하고 방일하지 않고 바르게 마음에 잡도리함을 닦아서 마음이 사마디에 들어 바로 그 전생의 삶은 기억하지만 그 이상은 기억하지 못하는 그러한 마음의 사마디를 얻는다."

2.12. "그는 이렇게 말한다 '마음이 타락하지 않은 그분 신들은 오랜 세월 [분노로] 서로를 응시하지 않았다. 그들은 오랜 세월 [분노로] 서로를 응시하지 않았기 때문에 서로의 마음을 타락하게 하지 않았다. 그들은 서로 마음이 타락하지 않았기 때문에 몸도 피곤하지 않고 마음도 피곤하지 않았다. 그래서 그분 신들은 그 무리에서 떨어지지 않았고 항상하고 견고하고 영원하며 변하지 않기 마련이며 영속 그 자체인 것처럼 그렇게 계신다. 그러나 우리는 마음이 타락하여 오랜 세월 [분노로] 서로를 응시하였다. 그런 우리는 오랜 세월 [분노로] 서로를 응시하였기 때문에 서로의 마음을 타락하게 하였다. 그런 우리는 서로의 마음을 타락하게 하였기 때문에 몸도 피곤하고 마음도 피곤하였다. 그래서 우리는 그 무리에서 떨어졌고 무상하고 견고하지 않으며 수명이 짧고 죽기 마련이며 이곳에 태어났다.'라고.
비구들이여, 이것이 세 번째 경우이니, 이것을 근거로 하고 이것에 의거해서 어떤 사문·바라문 존자들은 일부영속 일부비영속을 설하는 자가 되어 자아와 세상이 일부는 영속하고 일부는 영속하지 않는다고 천명한다."

2.13. "비구들이여, 그러면 네 번째 사문·바라문 존자들은 무엇을 근거

로 하고 무엇에 의거해서 일부영속 일부비영속을 설하는 자가 되어 자아와 세상이 일부는 영속하고 일부는 영속하지 않는다고 천명하는가?

비구들이여, 여기 어떤 사문이나 바라문은 논리가요 해석가이다. 그는 [갖가지 방법으로] 추론하고 해석을 수반하며 스스로 자신이 규명하여 이렇게 말한다. '눈이라 하고 귀라 하고 코라 하고 혀라 하고 몸이라 부르는 이런 자아는 무상하고 견고하지 않으며 변하기 마련인 것이다. 그러나 마음[心(심)]이라 하고 마노[意(의)]라 하고 알음알이[識(식)]라 부르는 이런 자아는 항상하고 견고하고 영원하며 변하지 않기 마련이며 영속 그 자체인 것처럼 그렇게 존재한다.'라고.

비구들이여, 이것이 네 번째 경우이니, 이것을 근거로 하고 이것에 의거해서 사문·바라문 존자들은 일부영속 일부비영속을 설하는 자가 되어 자아와 세상이 일부는 영속하고 일부는 영속하지 않는다고 천명한다."

2.14. "비구들이여, 사문·바라문들은 이런 네 가지 경우로 일부영속 일부비영속을 설하는 자가 되어 자아와 세상이 일부는 영속하고 일부는 영속하지 않는다고 천명한다. 비구들이여, 사문·바라문들이 일부영속 일부비영속을 설하는 자가 되어 자아와 세상이 일부는 영속하고 일부는 영속하지 않는다고 천명하는 것은 모두 이 네 가지 방법으로 하거나 혹은 이 넷 중 한 가지 방법으로 한다. 이것 이외에는 없다."

2.15. "비구들이여, 이와 같이 취하고 이와 같이 거머쥔 확정적인 견해들을 [가진 자들의] 태어날 곳은 어딘지, 다음 생에는 어디로 인도될 것인지 여래는 반야로 본다. 여래는 이것을 반야로 보고 이것을 넘어선 것도 반야로 본다. [이것을 넘어선 것]도 반야로 보지만 [갈애와 견해와 자만으로] 집착하지 않는다. 집착하지 않기 때문에 스스로 완전한 평화를 분명하게 안다. 느낌들의 일어남과 사라짐과 달콤함과 위험과 벗어남을 있는 그대로 분명하게 안 뒤 여래는 취착없이 해탈한다.

비구들이여, 참으로 이런 법들이야말로 심오하고, 보기도 힘들고, 깨닫기도 힘들고, 평화롭고 숭고하며, 단순한 사유의 영역을 넘어서 있고, 미묘하여, 오로지 현자들만이 알아볼 수 있으며, 그것은 여래가 스스로 초월지로 알고, 실현하여, 드러낸 것이다. [사람들이 만약 이러한 법들을 보고나서] 여래를 있는 그대로 칭송한다면 그제야 그들은 참으로 바르게 말한 것이라 할 수 있을 것이다."

I-3. 유한함과 무한함을 설하는 자들

2.16. "비구들이여, 어떤 사문·바라문들은 유한함과 무한함을 설하는 자들인데 네 가지 경우로 세상이 유한하거나 무한하다고 천명한다. 그러면 무엇을 근거로 하고 무엇에 의거해서 그 사문·바라문 존자들은 유한함과 무한함을 설하는 자가 되어 네 가지 경우로 세상이 유한하거나 무한하다고 천명하는가?"

2.17. "비구들이여, 여기 어떤 사문이나 바라문은 애를 쓰고 노력하고 몰두하고 방일하지 않고 바르게 마음에 잡도리함을 닦아서 마음의 사마디를 얻는다. 그는 마음이 사마디에 들어 유한하다는 인식을 가지고 세상에 머문다. 그는 이렇게 말한다. '이 세상은 유한하고 한정되어 있다. 그것은 무슨 이유 때문인가? 나는 애를 쓰고 노력하고 몰두하고 방일하지 않고 바르게 마음에 잡도리함을 닦아서 마음의 사마디를 얻는다. 마음이 사마디에 들어 유한하다는 인식을 가져 세상에 머물기 때문이다. 그래서 나는 이 세상은 유한하고 한정되어 있다라고 안다.'라고.
 비구들이여, 이것이 첫 번째 경우이니, 이것을 근거로 하고 이것에 의거해서 어떤 사문·바라문 존자들은 유한함과 무한함을 설하는 자가 되어 세상이 유한하거나 무한하다고 천명한다."

2.18. "비구들이여, 그러면 두 번째 사문·바라문 존자들은 무엇을 근거로 하고 무엇에 의거해서 유한함과 무한함을 설하는 자가 되어 세상이 유

한하거나 무한하다고 천명하는가?

비구들이여, 여기 어떤 사문이나 바라문은 애를 쓰고 노력하고 몰두하고 방일하지 않고 바르게 마음에 잡도리함을 닦아서 마음의 사마디를 얻는다. 그는 마음이 그 사마디에 들어 무한하다는 인식을 가지고 세상에 머문다. 그는 이렇게 말한다. '이 세상은 무한하고 한정되지 않았다. 이 세상은 유한하고 한정되어 있다고 말하는 사문·바라문들은 거짓이다. 이 세상은 무한하고 한정되지 않았다. 그것은 무슨 이유 때문인가? 나는 애를 쓰고 노력하고 몰두하고 방일하지 않고 바르게 마음에 잡도리함을 닦아서 마음이 사마디를 얻는다. 나는 마음이 그 사마디에 들어 무한하다는 인식을 가지고 세상에 머물기 때문이다. 그래서 나는 이 세상은 무한하고 한정되지 않았다.'라고 안다라고.

비구들이여, 이것이 두 번째 경우이니, 이것을 근거로 하고 이것에 의거해서 어떤 사문·바라문 존자들은 유한함과 무한함을 설하는 자가 되어 세상이 유한하거나 무한하다고 천명한다."

2.19. "비구들이여, 그러면 세 번째 사문·바라문 존자들은 무엇을 근거로 하고 무엇에 의거해서 유한함과 무한함을 설하는 자가 되어 세상이 유한하거나 무한하다고 천명하는가?

비구들이여, 여기 어떤 사문이나 바라문은 애를 쓰고 노력하고 몰두하고 방일하지 않고 바르게 마음에 잡도리함을 닦아서 마음의 사마디를 얻는다. 그는 마음이 그 사마디에 들어 위아래로는 유한하고 옆으로는 무한하다는 인식을 가져 세상에 머문다. 그는 이렇게 말한다. '이 세상은 무한하기도 하고 유한하기도 하다. 이 세상은 유한하고 한정되어 있다고 말하는 사문·바라문 존자들은 거짓이다 이 세상은 무한하고 한정되지 않았다고 말하는 사문·바라문들도 역시 거짓이다. 이 세상은 무한하기도 하고 유한하기도 하다. 그것은 무슨 이유 때문인가? 나는 애를 쓰고 노력하고 몰두하고 방일하지 않고 바르게 마음에 잡도리함을 닦아서 마음의 사마디를 얻는다. 나는 마음이 그 사마디에 들어 위아래로 유한하고 옆으로는 무한하다는 인식을 가져 세상에 머물기 때문이다. 그래서 나는 이 세상은 무한하기도 하고 유한하기도 하다라고 안다.'라고.

비구들이여, 이것이 세 번째 경우이니, 이것을 근거로 하고 이것에 의거해서 어떤 사문·바라문 존자들은 유한함과 무한함을 설하는 자가 되어 세상이 유한하거나 무한하다고 천명한다."

2.20. "비구들이여, 그러면 네 번째 사문·바라문 존자들은 무엇을 근거로 하고 무엇에 의거해서 유한함과 무한함을 설하는 자가 되어 세상이 유한하거나 무한하다고 천명하는가?

비구들이여, 여기 어떤 사문이나 바라문은 논리가요 해석가이다. 그는 [갖가지 방법으로] 추론하고 해석을 수반하며 자신이 스스로 규명하여 이렇게 말한다. '이 세상은 유한한 것도 아니고 무한한 것도 아니다. 이 세상은 유한하고 한정되어 있다고 말하는 사문·바라문들은 거짓이다. 이 세상은 무한하고 한정되지 않았다고 말하는 사문·바라문들도 역시 거짓이다. 이 세상은 무한하기도 하고 유한하기도 하다고 말하는 사문·바라문들도 역시 거짓이다. 이 세상은 유한한 것도 아니고 무한한 것도 아니다.'라고.

비구들이여, 이것이 네 번째 경우이니, 이것을 근거로 하고 이것에 의거해서 어떤 사문·바라문 존자들은 유한함과 무한함을 설하는 자가 되어 세상이 유한하거나 무한하다고 천명한다."

2.21. "비구들이여, 사문·바라문들은 이런 네 가지 경우로 유한함과 무한함을 설하는 자가 되어 세상이 유한하거나 무한하다고 천명한다. 비구들이여, 사문·바라문들이 유한함과 무한함을 설하는 자가 되어 세상이 유한하거나 무한하다고 천명하는 것은 모두 이 네 가지 방법으로 하거나 혹은 이 넷 중 한 가지 방법으로 한다. 이것 이외에는 없다."

2.22. "비구들이여, 이와 같이 취하고 이와 같이 거머쥔 확정적인 견해들을 [가진 자들의] 태어날 곳은 어딘지, 다음 생에는 어디로 인도될 것인지

여래는 반야로 본다. 여래는 이것을 반야로 보고 이것을 넘어선 것도 반야로 본다. [이것을 넘어선 것]도 반야로 보지만 [갈애와 견해와 자만으로] 집착하지 않기 때문에 스스로 완전한 평화를 분명하게 안다. 느낌들의 일어남과 사라짐과 달콤함과 위험과 벗어남을 있는 그대로 분명하게 안 뒤 여래는 취착없이 해탈한다.

비구들이여, 참으로 이런 법들이야말로 심오하고, 보기도 힘들고, 깨닫기도 힘들고, 평화롭고 숭고하며, 단순한 사유의 영역을 넘어서 있고, 미묘하여, 오로지 현자들만이 알아볼 수 있으며, 그것은 여래가 스스로 초월지로 알고, 실현하여, 드러낸 것이다. [사람들이 만약 이러한 법들을 보고나서] 여래를 있는 그대로 칭송한다면 그제야 그들은 참으로 바르게 말한 것이라 할 수 있을 것이다."

I-4. 애매모호한 자들

2.23. "비구들이여, 어떤 사문·바라문들은 애매모호한 자들인데, 이런저런 것에 대해서 질문을 받으면 네 가지 경우로 얼버무리거나 애매모호하게 늘어놓는다. 그러면 무엇을 근거로 하고 무엇에 의거해서 그 사문·바라문 존자들은 애매모호한 자가 되어 이런 저런 것에 대해서 질문을 받으면 네 가지 경우로 얼버무리거나 애매모호하게 늘어놓는가?"

2.24. "비구들이여, 여기 어떤 사문이나 바라문은 '이것은 유익함[善(선)]이다.'라고 있는 그대로 반야로 보지 못하고, '이것은 해로움[不善(불선)]이다.'라고 있는 그대로 반야로 보지 못한다. 그에게 이런 생각이 든다. '나는 이것은 유익함이라고 있는 그대로 반야로 보지 못하고, 이것은 해로움이라고 있는 그대로 반야로 보지 못한다. 만일 내가 이것은 유익함이라고 있는 그대로 반야로 보지 못하고 이것은 해로움이라고 있는 그대로 반야로 보지 못하면서도 이것은 유익함이라고 설명하거나, 이것은 해로움이라고 설명한다면, 내가 거짓말을 하는 것이다. 내가 거짓말을 하는 것은 곧

혹스러운 것이고, 곤혹스러운 것은 나에게 장애가 될 것이다.'라고.

이처럼 그는 거짓말을 두려워하고 거짓말을 혐오하여, '이것은 유익함이다.'라고도 설명하지 않고, '이것은 해로움이다.'라고도 설명하지 않는다. 다만 이런저런 것에 대해서 질문을 받으면 얼버무리거나 애매모호하게 늘어놓아서, '나는 이러하다고도 하지 않으며, 그러하다고도 하지 않으며, 다르다고도 하지 않으며, 아니라고도 하지 않으며, 아니지 않다고도 하지 않는다.'라고 대답한다.

비구들이여, 이것이 첫 번째 경우이니, 이것을 근거로 하고 이것에 의거해서 어떤 사문·바라문 존자들은 애매모호한 자가 되어 이런저런 것에 대해서 질문을 받으면, 얼버무리거나 애매모호하게 늘어놓는다."

2.25. "비구들이여, 그러면 두 번째 사문·바라문 존자들은 무엇을 근거로 하고 무엇에 의거해서 애매모호한 자가 되어, 이런저런 것에 대해서 질문을 받으면 얼버무리거나 애매모호하게 늘어놓는가?

비구들이여, 여기 어떤 사문이나 바라문은 '이것은 유익함이다.'라고 있는 그대로 반야로 보지 못하고, '이것은 해로움이다.'라고 있는 그대로 반야로 보지 못한다. 그에게 이런 생각이 든다. '나는 이것은 유익함이라고 있는 그대로 반야로 보지 못하고 이것은 해로움이라고 있는 그대로 반야로 보지 못한다. 만일 내가 이것은 유익함이라고 있는 그대로 반야로 보지 못하고 이것은 해로움이라고 있는 그대로 반야로 보지 못하면서도 이것은 유익함이라고 설명하거나, 이것은 해로움이라고 설명한다면, 그것은 나에게 열의나 욕망이나 성냄이나 아니면 적개심을 가져올 것이다. 나에게 열의나 욕망이나 성냄이나 적개심을 가져오는 것은 나에게 취착이 될 것이요, 나에게 취착이 되는 것은 나에게 곤혹스러운 것이고, 곤혹스러운 것은 나에게 장애가 된다.'라고.

이처럼 그는 취착을 두려워하고 취착을 혐오하여, '이것은 유익함이다.'라고 설명하지 않고, '이것은 해로움이다.'라고도 설명하지 않는다. 다만 이런저런 것에 대해서 질문을 받으면 얼버무리거나 애매모호함을 늘어놓아서, '나는 이러하다고도 하지 않으며, 그러하다고도 하지 않으며, 다르다고도 하지 않으며, 아니라고도 하지 않으며, 아니지 않다고도 하지 않는다.'라고 대답한다.

비구들이여, 이것이 두 번째 경우이니, 이것을 근거로 하고 이것에 의거해서 어떤 사문·바라문 존자들은 애매모호한 자가 되어, 이런저런 것에 대해서 질문을 받으면 얼버무리거나 애매모호하게 늘어놓는다."

2.26. "비구들이여, 그러면 세 번째 사문·바라문 존자들은 무엇을 근거로 하고 무엇에 의거해서 애매모호한 자가 되어, 이런저런 것에 대해서 질문을 받으면 얼버무리거나 애매모호하게 늘어놓는가?

비구들이여, 여기 어떤 사문이나 바라문은 '이것은 유익함이다.'라고 있는 그대로 반야로 보지 못하고, '이것은 해로움이다.'라고 있는 그대로 반야로 보지 못한다. 그에게 이런 생각이 든다. '나는 이것은 유익함이라고 있는 그대로 반야로 보지 못하고 이것은 해로움이라고 있는 그대로 반야로 보지 못한다. 만일 내가 이것은 유익함이라고 있는 그대로 반야로 보지 못하고 이것은 해로움이라고 있는 그대로 반야로 보지 못하면서도, 이것은 유익함이라고 설명하거나 이것은 해로움이라고 설명한다고 하자. 그러면 어떤 학식 있는 사문·바라문들은 영리하고, 다른 자들의 교리에 정통하고, 머리털을 쪼갤 수 있는 능숙한 궁수처럼 [요점을 지적하고], 예리한 통찰지로써 다른 견해들을 단번에 잘라버린다고 생각되는데, 이 [유익함과 해로움에 대해] 그들은 나에게 계속해서 질문을 던지고 집요하게 이유를 물어서 [내가 말한 이유 가운데서 허점을 발견하여] 나를 논파해 버릴 것이다. 그들이 나에게 계속해서 질문을 던지고 집요하게 이유를 물어 나를 논파하면, 나는 그들에게 대꾸하지 못할 것이다. 내가 그들에게 대답하지 못한다면 그것은 나에게 곤혹스러운 것이고, 곤혹스러운 것은 나에게 장애가 된다.'라고. 이처럼 그는 계속된 질문을 두려워하고 계속된 질문을 혐오하여, '이것은 유익함이다.'라고 설명하지 않고, '이것은 해로움이다.'라고도 설명하지 않는다. 다만 이런저런 것에 대해서 질문을 받으면 얼버무리거나 애매모호하게 늘어놓아서, '나는 이러하다고도 하지 않으며, 그러하다고도 하지 않으며, 다르다고도 하지 않으며, 아니라고도 하지 않으며, 아니지 않다고도 하지 않는다.'라고 한다.

비구들이여, 이것이 세 번째 경우이니, 이것을 근거로 하고 이것에 의거해서 어떤 사문·바라문 존자들은 애매모호한 자가 되어, 이런저런 것에 대해서 질문을 받으면 얼버무리거나 애매모호하게 늘어놓는다."

2.27. "비구들이여, 그러면 네 번째 사문·바라문 존자들은 무엇을 근거로 하고 무엇에 의거해서 애매모호한 자가 되어, 이런저런 것에 대해서 질문을 받으면 얼버무리거나 애매모호하게 늘어놓는가?

비구들이여, 여기 어떤 사문이나 바라문은 멍청하고 대단히 어리석다. 그는 멍청하고 대단히 어리석어서, 이런저런 것에 대해서 질문을 받으면, 얼버무리거나 애매모호하게 늘어놓는다.

① 만일 그대가 '저 세상이 있소?'라고 내게 묻고, 내가 '저 세상은 있다.'고 생각한다면, 나는 '저 세상은 있다.'고 대답해야 할 것이다. 그러나 나는 이러하다고도 하지 않으며, 그러하다고도 하지 않으며, 다르다고도 하지 않으며, 아니라고도 하지 않으며, 아니지 않다고도 하지 않는다.

② 만일 그대가 '저 세상은 없소?'라고 …

③ 만일 그대가 '저 세상은 있기고 하고 없기도 하오?'라고

④ 만일 그대가 '저 세상은 있는 것도 아니고 없는 것도 아니오?'라고 …

⑤ 만일 그대가 '화생은 있소?'라고 …

⑥ 만일 그대가 '화생은 없소?'라고 …

⑦ 만일 그대가 '화생은 있기고 하고 없기도 하오?'라고 …

⑧ 만일 그대가 '화생은 있는 것도 아니고 없는 것도 아니오?'라고 …

⑨ 만일 그대가 '잘 지은 업과 잘못 지은 업의 결실[果(과)]과 과보[異熟(이숙)]는 있소?'라고 …

⑩ 만일 그대가 '잘 지은 업과 잘못 지은 업의 결실과 과보는 없소?'라고 …

⑪ 만일 그대가 '잘 지은 업과 잘못 지은 업의 결실과 과보는 있기도 하고

없기도 하오?'라고 …

⑫ 만일 그대가 '잘 지은 업과 잘못 지은 업의 결실과 과보는 있는 것도 아니고 없는 것도 아니오?' 라고 …

⑬ 만일 그대가 '여래는 사후에도 존재하오?' 라고 …

⑭ 만일 그대가 '여래는 사후에는 존재하지 않소?' 라고 …

⑮ 만일 그대가 '여래는 사후에 존재하기도 하고 존재하지 않기도 하오?' 라고 …

⑯ 만일 그대가 '여래는 사후에 존재하는 것도 아니고 존재하지 않는 것도 아니오?'라고 내게 묻고, 내가 '여래는 사후에 존재하는 것도 아니고 존재하지 않는 것도 아니다.'라고 생각한다면, 나는 '여래는 사후에 존재하는 것도 아니고 존재하지 않는 것도 아니다.'라고 대답해야 할 것이다. 그러나 나는 이러하다고도 하지 않으며, 그러하다고도 하지 않으며, 다르다고도 하지 않으며, 아니라고도 하지 않으며, 아니지 않다고도 하지 않는다.'

비구들이여, 이것이 네 번째 경우이니, 이것을 근거로 하고 이것에 의거해서 어떤 사문·바라문 존자들은 애매모호한 자가 되어 얼버무리거나 애매모호하게 늘어놓는다."

2.28. "비구들이여, 사문·바라문들은 이런 네 가지 경우로 애매모호한 자가 되어 이런저런 것에 대해서 질문을 받으면, 얼버무리거나 애매모호하게 늘어놓는다. 비구들이여, 사문·바라문들이 애매모호한 자가 되어, 이런저런 것에 대해서 질문을 받으면 얼버무리거나 애매모호하게 늘어놓는 것은 모두 이 네 가지 방법으로 하거나 혹은 이 넷 중 한 가지 방법으로 한다. 이것 이외에는 없다."

2.29. "비구들이여, 이와 같이 취하고 이와 같이 거머쥔 확정적인 견해들을 [가진 자들의] 태어날 곳은 어딘지, 다음 생에는 어디로 인도될 것인지 여래는 반야로 본다. 여래는 이것을 반야로 보고 이것을 넘어선 것도 반야로 본다. [이것을 넘어선 것]도 반야로 보지만 [갈애와 견해와 자만으로]

집착하지 않는다. 집착하지 않기 때문에 스스로 완전한 평화를 분명하게 안다. 느낌들의 일어남과 사라짐과 달콤함과 위험과 벗어남을 있는 그대로 분명하게 안 뒤 여래는 취착없이 해탈한다.

비구들이여, 참으로 이런 법들이야말로 심오하고, 보기도 힘들고, 깨닫기도 힘들고, 평화롭고 숭고하며, 단순한 사유의 영역을 넘어서 있고, 미묘하여, 오로지 현자들만이 알아볼 수 있으며, 그것은 여래가 스스로 초월지로 알고, 실현하여, 드러낸 것이다. [사람들이 만약 이러한 법들을 보고나서] 여래를 있는 그대로 칭송한다면 그제야 그들은 참으로 바르게 말한 것이라 할 수 있을 것이다."

I-5. 우연발생론자들

2.30. "비구들이여, 어떤 사문·바라문들은 우연발생론자들인데 두 가지 경우로 자아와 세상은 우연히 발생한다고 천명한다. 그러면 무엇을 근거로 하고 무엇에 의거해서 그 사문·바라문 존자들은 우연발생론자가 되어 두 가지 경우로 자아와 세상은 우연히 발생한다고 천명하는가?"

2.31. "비구들이여, 무상유정(無想有情)이라는 신들이 있다. 그들은 인식이 생겨나면 그 무리로부터 죽게 된다. 그런데 그 중 어떤 중생이 그 무리로부터 죽어서 이 세상에 태어나는 경우가 있다. 여기에 태어나서는 집을 떠나 출가한다. 집을 떠나 출가하여 애를 쓰고 노력하고 몰두하고 방일하지 않고 바르게 마음에 잡도리함을 닦아서 마음이 사마디를 얻는다. 마음이 그 사마디에 들어 [재생연결의] 인식이 생겨난 것은 기억하지만 그 이상은 기억하지 못한다. 그는 이렇게 말한다. '자아와 세상은 우연히 발생한다. 그것은 무슨 이유 때문인가? 나는 전에는 존재하지 않았지만 지금 존재하기 때문이다. 존재하지 않았지만 실제로 존재하기 때문이다.'라고.

비구들이여, 이것이 첫 번째 경우이니, 이것을 근거로 하고 이것에 의거해서 어떤 사문·바라문 존자들은 우연발생론자가 되어 자아와 세상은 우연히 발생한다고 천명한다."

2.32. "비구들이여, 그러면 두 번째 사문 · 바라문 존자들은 무엇을 근거로 하고 무엇에 의거해서 우연발생론자가 되어 자아와 세상은 우연히 발생한다고 천명하는가?

비구들이여, 여기 어떤 사문이나 바라문은 논리가요 해석가이다. 그는 [갖가지 방법으로] 추론하고 해석을 수반하며 자신이 스스로 규명하여 이렇게 말한다. '자아와 세상은 우연히 발생한다.'라고.

비구들이여, 이것이 두 번째 경우이니, 이것을 근거로 하고 이것에 의거해서 어떤 사문 · 바라문 존자들은 우연발생론자가 되어 자아와 세상은 우연히 발생한다고 천명한다."

2.33. "비구들이여, 사문 · 바라문들은 이런 두 가지 경우로 우연발생론자가 되어 자아와 세상은 우연히 발생한다고 천명한다. 비구들이여, 사문 · 바라문들이 우연발생론자가 되어 자아와 세상은 우연히 발생한다고 천명하는 것은 모두 이 두 가지 방법으로 하거나 혹은 이 둘 중 한 가지 방법으로 한다. 이것 이외에는 없다."

2.34. "비구들이여, 이와 같이 취하고 이와 같이 거머쥔 확정적인 견해들을 [가진 자들의] 태어날 곳은 어딘지, 다음 생에는 어디로 인도될 것인지 여래는 반야로 본다. 여래는 이것을 반야로 보고 이것을 넘어선 것도 반야로 본다. [이것을 넘어선 것]도 반야로 보지만 [갈애와 견해와 자만으로] 더럽혀지지 않는다. 더럽혀지지 않기 때문에 스스로 완전한 평화를 분명하게 안다. 느낌들의 일어남과 사라짐과 달콤함과 위험과 벗어남을 있는 그대로 분명하게 안 뒤 여래는 취착없이 해탈한다.

비구들이여, 참으로 이런 법들이야말로 심오하고, 보기도 힘들고, 깨닫기도 힘들고, 평화롭고 숭고하며, 단순한 사유의 영역을 넘어서 있고, 미묘하여, 오로지 현자들만이 알아볼 수 있으며, 그것은 여래가 스스로 초월지로 알고, 실현하여, 드러낸 것이다. [사람들이 만약 이러한 법들을 보고나서] 여래를 있는 그대로 칭송한다면 그제야 그들은 참으로 바르게 말한 것이라 할 수 있을 것이다."

2.35. "비구들이여, 그 사문·바라문들은 이들 18가지 경우로 과거를 모색하고, 과거에 대한 견해를 가지고, 과거에 대한 여러 가지 교리를 선언한다. 비구들이여, 사문·바라문들이 과거를 모색하고, 과거에 대한 견해를 가지고, 과거에 대한 여러 가지 교리를 선언하는 것은 모두 이 18가지 방법으로 하거나 혹은 이 18가지 중 한 가지 방법으로 한다. 이것 이외에는 없다."

2.36. "비구들이여, 이와 같이 취하고 이와 같이 거머쥔 확정적인 견해들을 [가진 자들의] 태어날 곳은 어딘지, 다음 생에는 어디로 인도될 것인지 여래는 반야로 본다. 여래는 이것을 반야로 보고 이것을 넘어선 것도 반야로 본다. [이것을 넘어선 것]도 반야로 보지만 [갈애와 견해와 자만으로] 더럽혀지지 않는다. 더럽혀지지 않기 때문에 스스로 완전한 평화를 분명하게 안다. 느낌들의 일어남과 사라짐과 달콤함과 위험과 벗어남을 있는 그대로 분명하게 안 뒤 여래는 취착없이 해탈한다.
 비구들이여, 참으로 이런 법들이야말로 심오하고, 보기도 힘들고, 깨닫기도 힘들고, 평화롭고 숭고하며, 단순한 사유의 영역을 넘어서 있고, 미묘하여, 오로지 현자들만이 알아볼 수 있으며, 그것은 여래가 스스로 초월지로 알고, 실현하여, 드러낸 것이다. [사람들이 만약 이러한 법들을 보고나서] 여래를 있는 그대로 칭송한다면 그제야 그들은 참으로 바르게 말한 것이라 할 수 있을 것이다."

II. 44가지 미래를 모색하는 자들

2.37. "비구들이여, 어떤 사문·바라문들은 44가지 경우로 미래를 모색하고, 미래에 대한 견해를 가지고, 미래에 대한 여러 가지 교리를 단언한다. 그러면 무엇을 근거로 하고무엇에 의거해서 어떤 사문·바라문 존자들은 44가지 경우로 미래를 모색하고, 미래에 대한 견해를 가지고, 미래에 대한 여러 가지 교리를 단언하는가?"

II-1. 사후에 자아가 인식과 함께 존재한다고 설하는 자들

2.38. "비구들이여, 어떤 사문·바라문들은 사후에 [자아가] 인식과 함께 존재한다고 설하는 자들인데 16가지 경우로 사후에 자아는 인식을 가진 채 존재한다고 천명한다. 그러면 무엇을근거로 하고 무엇에 의거해서 그들 사문·바라문 존자들은 사후에 자아 가 인식과 함께 존재한다고 설하는 자가 되어 16가지 경우로 사후에 자아는 인식을 가지고 존재한다고 천명하는가?

① 그들은 '자아는 물질[色(색)]을 가진다. 죽고 난 후에도 병들지 않는다. 인식을 가진다.'라고 천명한다.

② '자아는 물질을 갖지 않는다. 죽고 난 후에도 병들지 않는다. 인식을 가진다.'라고 천명한다.

③ '자아는 물질을 가지기도 하고 물질을 가지지 않기도 한다. 죽고 난 후에도 병들지 않는다. 인식을 가진다.'라고 천명한다.

④ '자아는 물질을 가지는 것도 아니고 물질을 가지지 않는 것도 아니다. 죽고 난 후에도 병들지 않는다. 인식을 가진다.'라고 천명한다.

⑤ '자아는 유한하다. 죽고 난 후에도 병들지 않는다. 인식을 가진다.'라고 천명한다.

⑥ '자아는 무한하다. 죽고 난 후에도 병들지 않는다. 인식을 가진다.'라고 천명한다.

⑦ '자아는 유한하기도 하고 무한하기도 하다. 죽고 난 후에도 병들지 않는다. 인식을 가진다.'라고 천명한다.

⑧ '자아는 유한하지도 않고 무한하지도 않다. 죽고 난 후에도 병들지 않는다. 인식을 가진다.'라고 천명한다.

⑨ '자아는 단일한 인식을 가진다. 죽고 난 후에도 병들지 않는다.'라고 천명한다.

⑩ '자아는 다양한 인식을 가진다. 죽고 난 후에도 병들지 않는다.'라고 천명한다.

⑪ '자아는 제한된 인식을 가진다. 죽고 난 후에도 병들지 않는다.'라고 천명한다.

⑫ '자아는 무량한 인식을 가진다. 죽고 난 후에도 병들지 않는다.'라고 천명한다.

⑬ '자아는 전적으로 행복한 것이다. 죽고 난 후에도 병들지 않는다. 인식을 가진다.'라고 천명한다.

⑭ '자아는 전적으로 괴로운 것이다. 죽고 난 후에도 병들지 않는다. 인식을 가진다.'라고 천명한다.

⑮ '자아는 행복한 것이기도 하고 괴로운 것이기도 하다. 죽고 난 후에도 병들지 않는다. 인식을 가진다.'라고 천명한다.

⑯ '자아는 행복한 것도 아니고 괴로운 것도 아니다. 죽고 난 후에도 병들지 않는다. 인식을 가진다.'라고 천명한다."

2.39. "비구들이여, 그 사문·바라문들은 사후에 자아가 인식과 함께 존재한다고 설하는 자들인데 이들 16가지 경우로 사후에 자아가 인식을 가진 채 존재한다고 천명한다. 비구들이여, 사문·바라문들이 사후에 자아가 인식과 함께 존재한다고 설하는 자가 되어 사후에 자아는 인식을 가진 채 존재한다고 천명하는 것은 모두 이 16가지 방법으로 하거나 혹은 이 16가지 중 한 가지 방법으로 한다. 이것 이외에는 없다."

2.40. "비구들이여, 이와 같이 취하고 이와 같이 거머쥔 확정적인 견해들을 [가진 자들의] 태어날 곳은 어딘지, 다음 생에는 어디로 인도될 것인지

여래는 반야로 본다. 여래는 이것을 반야로 보고 이것을 넘어선 것도 반야로 본다. [이것을 넘어선 것]도 반야로 보지만 [갈애와 견해와 자만으로] 더럽혀지지 않는다. 더럽혀지지 않기 때문에 스스로 완전한 평화를 분명하게 안다. 느낌들의 일어남과 사라짐과 달콤함과 위험과 벗어남을 있는 그대로 분명하게 안 뒤 여래는 취착없이 해탈한다.

　비구들이여, 참으로 이런 법들이야말로 심오하고, 보기도 힘들고, 깨닫기도 힘들고, 평화롭고 숭고하며, 단순한 사유의 영역을 넘어서 있고, 미묘하여, 오로지 현자들만이 알아볼 수 있으며, 그것은 여래가 스스로 초월지로 알고, 실현하여, 드러낸 것이다. [사람들이 만약 이러한 법들을 보고나서] 여래를 있는 그대로 칭송한다면 그제야 그들은 참으로 바르게 말한 것이라 할 수 있을 것이다.”

두 번째 바나와라가 끝났다.

II-2. 사후에 자아가 인식 없이 존재한다고 설하는 자들

3.1. “비구들이여, 어떤 사문·바라문들은 사후에 자아가 인식 없이 존재한다고 설하는 자들인데 8가지 경우로 사후에 자아는 인식 없이 존재한다고 천명한다. 그러면 무엇을 근거로 하고 무엇에 의거해서 그들 사문·바라문 존자들은 사후에 자아가 인식 없이 존재한다고 설하는 자가 되어 8가지 경우로 사후에 자아는 인식 없이 존재한다고 천명하는가?”

3.2. “그들은 ① ‘자아는 물질[色(색)]을 가진다. 죽고 난 후에도 병들지 않는다. 인식을 가지지 않는다.’라고 천명한다.
　② ‘자아는 물질을 가지지 않는다. 죽고 난 후에도 병들지 않는다. 인식을 가지지 않는다.’라고 천명한다.
　③ ‘자아는 물질을 가지기도 하고 물질을 가지지 않기도 한다. 죽고 난 후에도 병들지 않는다. 인식을 가지지 않는다.’라고 천명한다.

④ '자아는 물질을 가지는 것도 아니고 물질을 가지지 않는 것도 아니다. 죽고 난 후에도 병들지 않는다. 인식을 가지지 않는다.'라고 천명한다.

⑤ '자아는 유한하다. 죽고 난 후에도 병들지 않는다. 인식을 가지지 않는다.'라고 천명한다.

⑥ '자아는 무한하다. 죽고 난 후에도 병들지 않는다. 인식을 가지지 않는다.'라고 천명한다.

⑦ '자아는 유한하기도 하고 무한하기도 하다. 죽고 난 후에도 병들지 않는다. 인식을 가지지 않는다.'라고 천명한다.

⑧ '자아는 유한하지도 않고 무한하지도 않다. 죽고 난 후에도 병들지 않는다. 인식을 가지지 않는다.'라고 천명한다.

3.3. "비구들이여, 그 사문·바라문들은 사후에 자아가 인식 없이 존재한다고 설하는 자들인데 이들 8가지 경우로 사후에 자아가 인식 없이 존재한다고 천명한다. 비구들이여, 사문·바라문들이 사후에 자아가 인식 없이 존재한다고 설하는 자가 되어 사후에 자아가 인식 없이 존재한다고 천명하는 것은 모두 이 8가지 방법으로 하거나 혹은 이 8가지 중 한 가지 방법으로 한다. 이것 이외에는 없다."

3.4. "비구들이여, 이와 같이 취하고 이와 같이 거머쥔 확정적인 견해들을 [가진 자들의] 태어날 곳은 어딘지, 다음 생에는 어디로 인도될 것인지 여래는 반야로 본다. 여래는 이것을 반야로 보고 이것을 넘어선 것도 반야로 본다. [이것을 넘어선 것]도 반야로 보지만 [갈애와 견해와 자만으로] 더럽혀지지 않는다. 더럽혀지지 않기 때문에 스스로 완전한 평화를 분명하게 안다. 느낌들의 일어남과 사라짐과 달콤함과 위험과 벗어남을 있는 그대로 분명하게 안 뒤 여래는 취착없이 해탈한다.

비구들이여, 참으로 이런 법들이야말로 심오하고, 알기도 힘들고, 깨닫기도 힘들고, 평화롭고 숭고하며, 단순한 사유의 영역을 넘어서 있고, 미묘하여, 오로지 현자들만이 알아볼 수 있으며, 그것은 여래가 스스로 초월지로 알고, 실현하여, 드러낸 것이다. [사람들이 만약 이러한 법들을 보고나서] 여래를 있는 그대로 칭송한다면 그제야 그들은 참으로 바르게 말한 것이라 할 수 있을 것이다."

II-3. 사후에 자아가 인식을 가지는 것도 아니고 인식을 가지지 않은 것도 아닌 것으로 존재한다고 설하는 자들

3.5. "비구들이여, 사문·바라문들은 사후에 자아가 인식을 가지는 것도 아니고 인식을 가지지 않은 것도 아닌 것으로 존재한다고 설하는 자인데 8가지 경우로 사후에 자아가 인식을 가지는 것도 아니고 인식을 가지지 않은 것도 아닌 것으로 존재한다고 천명한다. 그러면 무엇을 근거로 하고 무엇에 의거해서 그들 사문·바라문 존자들은 사후에 자아가 인식을 가지는 것도 아니고 인식을 가지지 않은 것도 아닌 것으로 존재한다고 설하는 자가 되어 8가지 경우로 사후에 자아가 인식을 가지는 것도 아니고 인식을 가지지 않은 것도 아닌 것으로 존재한다고 천명하는가?"

3.6. "그들은 ① '자아는 물질[色(색)]을 가진다. 죽고 난 후에도 병들지 않는다. 인식을 가진 것도 아니고 인식을 가지지 않은 것도 아니다.'라고 천명한다.
 ② '자아는 물질을 가지지 않는다. 죽고 난 후에도 병들지 않는다. 인식을 가진 것도 아니고 인식을 가지지 않은 것도 아니다.'라고 천명한다.
 ③ '자아는 물질을 가지기도 하고 물질을 가지지 않기도 한다. 죽고 난 후에도 병들지 않는다. 인식을 가진 것도 아니고 인식을 가지지 않은 것도 아니다.'라고 천명한다.
 ④ '자아는 물질을 가지는 것도 아니고 물질을 가지지 않은 것도 아니다. 죽고 난 후에도 병들지 않는다. 인식을 가진 것도 아니고 인식을 가지지 않은 것도 아니다.'라고 천명한다.
 ⑤ '자아는 유한하다. 죽고 난 후에도 병들지 않는다. 인식을 가진 것도 아니고 인식을 가지지 않은 것도 아니다.'라고 천명한다.

⑥ '자아는 무한하다. 죽고 난 후에도 병들지 않는다. 인식을 가진 것도 아니고 인식을 가지지 않은 것도 아니다.'라고 천명한다.

⑦ '자아는 유한하기도 하고 무한하기도 하다. 죽고 난 후에도 병들지 않는다. 인식을 가진 것도 아니고 인식을 가지지 않은 것도 아니다.'라고 천명한다.

⑧ '자아는 유한하지도 않고 무한하지도 않다. 죽고 난 후에도 병들지 않는다. 인식을 가진 것도 아니고 인식을 가지지 않은 것도 아니다.'라고 천명한다."

3.7. "비구들이여, 그 사문·바라문들은 사후에 자아가 인식을 가지는 것도 아니고 인식을 가지지 않은 것도 아닌 것으로 존재한다고 설하는 자인데 이들 8가지 경우로 사후에 자아가 인식을 가지는 것도 아니고 인식을 가지지 않은 것도 아닌 것으로 존재한다고 천명한다. 비구들이여, 사문·바라문들이 사후에 자아가 인식을 가지는 것도 아니고 인식을 가지지 않은 것도 아닌 것으로 존재한다고 설하는 자가 되어 사후에 자아가 인식을 가지는 것도 아니고 인식을 가지지 않은 것도 아닌 것으로 존재한다고 천명하는 것은 모두 이 8가지 방법으로 하거나 혹은 이 8가지 중 한 가지 방법으로 한다. 이것 이외에는 없다."

3.8. "비구들이여, 이와 같이 취하고 이와 같이 거머쥔 확정적인 견해들을 [가진 자들의] 태어날 곳은 어딘지, 다음 생에는 어디로 인도될 것인지 여래는 반야로 본다. 여래는 이것을 반야로 보고 이것을 넘어선 것도 반야로 본다. [이것을 넘어선 것도] 반야로 보지만 [갈애와 견해와 자만으로] 더럽혀지지 않는다. 더럽혀지지 않기 때문에 스스로 완전한 평화를 분명하게 안다. 느낌들의 일어남과 사라짐과 달콤함과 위험과 벗어남을 있는 그대로 분명하게 안 뒤 여래는 취착없이 해탈한다.

비구들이여, 참으로 이런 법들이야말로 심오하고, 알기도 힘들고, 깨닫기도 힘들고, 평화롭고 숭고하며, 단순한 사유의 영역을 넘어서 있고, 미묘하여, 오로지 현자들만이 알아볼 수 있으며, 그것은 여래가 스스로 초월지로 알고, 실현하여, 드러낸 것이다. [사람들이 만약 이러한 법들을 보고나서] 여래를 있는 그대로 칭송한다면 그제야 그들은 참으로 바르게 말한 것이라 할 수 있을 것이다."

II-4. [사후] 단멸론자들

3.9. "비구들이여, 어떤 사문·바라문들은 [사후]단멸론자들인데 7가지 경우로 중생의 단멸과 파멸과 없어짐을 천명한다. 그러면 무엇을 근거로 하고 무엇에 의거해서 그들 사문·바라문 존자들은 단멸론자가 되어 7가지 경우로 중생의 단멸과 파멸과 없어짐을 천명하는가?"

3.10. "① 비구들이여, 여기 어떤 사문·바라문은 이와 같이 설하고 이와 같은 견해를 가진다. '존자여, 이 자아는 물질을 가졌고, 4대(四大)로 이루어졌으며, 부모에서 생겨났기 때문에 몸이 무너지면 단멸하고 파멸하여 죽은 후에는 더 이상 존재하지 않습니다. 존자여, 이런 까닭에 이 자아는 실로 철저하게 단멸합니다.'라고. 이와 같이 어떤 자들은 중생의 단멸과 파멸과 없어짐을 천명한다."

3.11. "② 이것을 두고 다른 사람은 이와 같이 말한다. '존자여, 그대가 말한 자아는 참으로 존재합니다. 나는 그것이 없다고 말하지 않습니다. 존자여, [그대가 설한] 자아가 실로 그렇게 철저하게 단멸하는 것은 아닙니다. 존자여, 참으로 다른 자아가 존재합니다. 그것은 천상에 있고 물질을 가졌고 욕계에 있고 음식을 먹습니다. 그것을 그대는 알지 못하고 보지도 못합니다. 그러나 나는 그것을 알고 봅니다. 존자여, 바로 이런 자아야말로 몸이 무너지면 단멸하고 파멸하고 죽은 후에는 더 이상 존재하지 않습니다. 존자여, 이런 까닭에 이 자아는 실로 철저하게 단멸합니다.'라고. 이와 같이 어떤 자들은 중생의 단멸과 파멸과 없어짐을 천명한다."

3.12. "③ 이것을 두고 다른 사람은 이와 같이 말한다. '존자여, 그대가 말

한 자아는 참으로 존재합니다. 나는 그것이 없다고 말하지 않습니다. 존자여, [그대가 설한] 자아가 실로 그렇게 철저하게 단멸하는 것은 아닙니다. 존자여, 참으로 다른 자아가 존재합니다. 그것은 천상에 있고 형상을 가졌고 마음으로 이루어졌고 모든 수족이 다 갖추어졌으며 감각기능[根(근)]이 구족합니다. 그것을 그대는 알지도 못하고 보지도 못합니다. 그러나 나는 그것을 알고 봅니다. 존자여, 바로 이런 자아야말로 몸이 무너지면 단멸하고 파멸하고 죽은 후에는 더 이상 존재하지 않습니다. 존자여, 이런 까닭에 이 자아는 실로 철저하게 단멸합니다.'라고. 이와 같이 어떤 자들은 중생의 단멸과 파멸과 없어짐을 천명한다."

3.13. "④ 이것을 두고 다른 사람은 이와 같이 말한다. '존자여, 그대가 말한 자아는 참으로 존재합니다. 나는 그것이 없다고 말하지 않습니다. 존자여, [그대가 설한] 자아가 실로 그렇게 철저하게 단멸하는 것은 아닙니다. 존자여, 참으로 다른 자아가 존재합니다. 그것은 물질[色(색)]에 대한 인식(산냐)을 완전히 초월하고 부딪힘의 인식을 소멸하고 갖가지 인식을 마음에 잡도리하지 않기 때문에 '무한한 허공'이라고 하는 공무변처(空無邊處)를 얻은 자의 자아입니다. 그것을 그대는 알지도 못하고 보지도 못합니다. 그러나 나는 그것을 알고 봅니다. 존자여, 바로 이런 자아야말로 몸이 무너지면 단멸하고 파멸하고 죽은 후에 더 이상 존재하지 않습니다. 존자여, 이런 까닭에 이 자아는 실로 철저하게 단멸합니다.'라고. 이와 같이 어떤 자들은 중생의 단멸과 파멸과 없어짐을 천명한다."

3.14. "⑤ 이것을 두고 다른 사람은 이와 같이 말한다. '존자여, 그대가 말한 자아는 참으로 존재합니다. 나는 그것이 없다고 말하지 않습니다. 존자여, [그대가 설한] 자아가 실로 그렇게 철저하게 단멸하는 것은 아닙니다. 존자여, 참으로 다른 자아가 존재합니다. 그것은 공무변처를 완전히 초월하여 '무한한 알음알이[識(식)]'라고 하는 식무변처(識無邊處)를 얻은 자의 자아입니다. 그것을 그대는 알지도 못하고 보지도 못합니다. 그러나 나는

그것을 알고 봅니다. 존자여, 바로 이런 자아야말로 몸이 무너지면 단멸하고 파멸하고 죽은 후에는 더 이상 존재하지 않습니다. 존자여, 이런 까닭에 이 자아는 실로 철저하게 단멸합니다.'라고. 이와 같이 어떤 자들은 중생의 단멸과 파멸과 없어짐을 천명한다."

3.15. "⑥ 이것을 두고 다른 사람은 이와 같이 말한다. '존자여, 그대가 말한 자아는 참으로 존재합니다. 나는 그것이 없다고 말하지 않습니다. 존자여, [그대가 설한] 자아가 실로 그렇게 철저하게 단멸하는 것은 아닙니다. 존자여, 참으로 다른 자아가 존재합니다. 그것은 식무변처를 완전히 초월하여 '아무 것도 없다.'라고 하는 무소유처(無所有處)를 얻은 자의 자아입니다. 그것을 그대는 알지도 못하고 보지도 못합니다. 그러나 나는 그것을 알고 봅니다. 존자여, 바로 이런 자아야말로 몸이 무너지면 단멸하고 파멸하고 죽은 후에는 더 이상 존재하지 않습니다. 존자여, 이런 까닭에 이 자아는 실로 철저하게 단멸합니다.'라고. 이와 같이 어떤 자들은 중생의 단멸과 파멸과 없어짐을 천명한다."

3.16. "⑦ 이것을 두고 다른 사람은 이와 같이 말한다. '존자여, 그대가 말한 자아는 참으로 존재합니다. 나는 그것이 없다고 말하지 않습니다. 존자여, [그대가 설한] 자아가 실로 그렇게 철저하게 단멸하는 것은 아닙니다. 존자여, 참으로 다른 자아가 존재합니다. 그것은 무소유처를 완전히 초월하여 '이것은 평화롭고 이것은 수승하다.'라고 하는 비상비비상처(非想非非想處)를 얻은 자의 자아입니다. 그것을 그대는 알지도 못하고 보지도 못합니다. 그러나 나는 그것을 알고 봅니다. 존자여, 바로 이런 자아야말로 몸이 무너지면 단멸하고 파멸하고 죽은 후에는 더 이상 존재하지 않습니다. 존자여, 이런 까닭에 이 자아는 실로 철저하게 단멸합니다.'라고. 이와 같이 어떤 자들은 중생의 단멸과 파멸과 없어짐을 천명한다."

3.17. "비구들이여, 그 사문·바라문들은 단멸론자들인데 이들 7가지 경

우로 중생의 단멸과 파멸과 없어짐을 천명한다. 비구들이여, 사문·바라문들이 단멸론자가 되어 중생의 단멸과 파멸과 없어짐을 천명하는 것은 모두 이 7가지 방법으로 하거나 혹은 이 7가지 중 한 가지 방법으로 한다. 이것 이외에는 없다."

3.18. "비구들이여, 이와 같이 취하고 이와 같이 거머쥔 확정적인 견해들을 [가진 자들의] 태어날 곳은 어딘지, 다음 생에는 어디로 인도될 것인지 여래는 반야로 본다. 여래는 이것을 반야로 보고 이것을 넘어선 것도 반야로 본다. [이것을 넘어선 것]도 반야로 보지만 [갈애와 견해와 자만으로] 더럽혀지지 않는다. 더럽혀지지 않기 때문에 스스로 완전한 평화를 분명하게 안다. 느낌들의 일어남과 사라짐과 달콤함과 위험과 벗어남을 있는 그대로 분명하게 안 뒤 여래는 취착없이 해탈한다.
 비구들이여, 참으로 이런 법들이야말로 심오하고, 알기도 힘들고, 깨닫기도 힘들고, 평화롭고 숭고하며, 단순한 사유의 영역을 넘어서 있고, 미묘하여, 오로지 현자들만이 알아볼 수 있으며, 그것은 여래가 스스로 초월지로 알고, 실현하여, 드러낸 것이다. [사람들이 만약 이러한 법들을 보고나서] 여래를 있는 그대로 칭송을 한다면 그제야 그들은 참으로 바르게 말한 것이라 할 수 있을 것이다."

II-5. 지금여기에서 열반을 실현한다고 주장하는 자들

3.19. "비구들이여, 어떤 사문·바라문들은 지금여기[現在(현재)]에서 열반을 실현한다고 주장하는 자들인데 5가지 경우로 지금여기에서 구경의 열반을 실현한다고 천명한다. 그러면 무엇을 근거로 하고 무엇에 의거해서 그들 사문·바라문 존자들은 지금여기에서 열반을 실현한다고 주장하는 자가 되어 5가지 경우로 지금여기에서 구경의 열반을 실현한다고 천명하는가?"

3.20. "① 비구들이여, 여기 어떤 사문이나 바라문은 이런 주장을 하고 이런 견해를 가진다. '존자여, 이 자아는 다섯 가닥의 감각적 욕망을 마음껏 충분히 즐깁니다. 존자여, 이런 까닭에 이 자아는 지금 여기에서 구경의 열반을 실현한 것입니다.' 이와 같이 어떤 자들은 지금여기에서 구경의 열반을 실현한다고 천명한다."

3.21. "② 이것을 두고 다른 사람은 이와 같이 말한다. '존자여, 그대가 말한 자아는 참으로 존재합니다. 나는 결코 부정하지 않습니다. 존자여, 그러나 [그대가 설한] 자아가 실로 그것으로 지금여기에서 구경의 열반을 실현한 것은 아닙니다. 그것은 무슨 이유 때문인가요? 존자여, 참으로 감각적 욕망이란 무상하고 괴로우며 변하기 마련이며 변하고 바뀌는 성질이기 때문에 근심 · 탄식 · 육체적 고통 · 정신적 고통 · 절망이 생기기 때문입니다. 존자여, 그래서 이 자아는 감각적 욕망을 완전히 떨쳐버리고 해로운 법[不善法(불선법)]들을 떨쳐버린 뒤 일으킨 생각[尋(심)]과 지속적인 고찰[伺(사)]이 있고, 떨쳐버렸음에서 생겼으며, 희열[喜(희)]과 행복[樂(락)]이 있는 초선(初禪)을 구족하여 머뭅니다. 존자여, 바로 이런 자아야말로 지금여기에서 구경의 열반을 실현한 것입니다.' 이와 같이 어떤 자들은 지금여기에서 구경의 열반을 실현한다고 천명한다."

3.22. "③ 이것을 두고 다른 사람은 이와 같이 말한다. '존자여, 그대가 말한 자아는 참으로 존재합니다. 나는 결코 부정하지 않습니다. 존자여, 그러나 [그대가 설한] 자아가 실로 그것으로 지금여기에서 구경의 열반을 실현한 것은 아닙니다. 그것은 무슨 이유 때문인가요? 일으킨 생각과 지속적인 고찰이 있는 한 초선은 거칠다고 일컬어지기 때문입니다. 존자여, 그래서 이 자아는 일으킨 생각[尋(심)]과 지속적인 고찰[伺(사)]을 가라앉혀 [더 이상 존재하지 않으며], 자기 내면의 것이고, 확신이 있으며, 마음의 단일한 상태이고, 일으킨 생각과 지속적인 고찰이 없고, 사마디에서 생긴 희열과 행복이 있는 제2선(二禪)을 구족하여 머뭅니다. 존자여, 바로 이런

자아야말로 지금여기에서 구경의 열반을 실현한 것입니다.' 이와 같이 어떤 자들은 지금여기에서 구경의 열반을 실현한다고 천명한다."

3.23. "④ 이것을 두고 다른 사람은 이와 같이 말한다. '존자여, 그대가 말한 자아는 참으로 존재합니다. 나는 결코 부정하지 않습니다. 존자여, 그러나 [그대가 설한] 자아가 실로 그것으로 지금여기에서 구경의 열반을 실현한 것은 아닙니다. 그것은 무슨 이유 때문인가요? 희열에 의지한 의기양양함이 있는 한 제2선(二禪)은 거칠다고 일컬어지기 때문입니다. 존자여, 그래서 이 자아는 희열이사라졌기 때문에 평정하게 머물고 싸띠를 확립하고 알아차리며[正念正知(정념정지)] 몸으로 행복을 경험합니다. 이 때문에 성자들이 그를 두고 '평정하게 싸띠를 확립하며 행복에 머문다.'라고 일컫는 제3선(三禪)을 구족하여 머뭅니다. 존자여, 바로 이런 자아야말로 지금여기에서 구경의 열반을 실현한 것입니다.' 이와 같이 어떤 자들은 지금여기에서 구경의 열반을 실현한다고 천명한다."

3.24. "⑤ 이것을 두고 다른 사람은 이와 같이 말한다. '존자여, 그대가 말한 자아는 참으로 존재합니다. 나는 결코 부정하지 않습니다. 존자여, 그러나 [그대가 설한] 자아가 실로 그것으로 지금여기에서 구경의 열반을 증득한 것은 아닙니다. 그것은 무슨 이유 때문인가요? 행복이라는 내적인 관심이 남아 있는 한 제3선(三禪)은 거칠다고 일컬어지기 때문입니다. 존자여, 그래서 이 자아는 행복도 버렸고 괴로움도 버렸고 아울러 그 이전에 이미 기쁨과 슬픔이 사라졌기 때문에 괴롭지도 행복하지도 않으며, 평정으로 인해 싸띠의 청정함이 있는[捨念淸淨(사념청정)] 제4선(四禪)을 구족하여 머뭅니다. 존자여, 바로 이런 자아야말로 지금여기에서 구경의 열반을 실현한 것입니다.' 이와 같이 어떤 자들은 지금여기에서 구경의 열반을 천명한다."

3.25. "비구들이여, 그 사문ㆍ바라문들은 지금여기에서 열반을 실현한다

고 주장하는 자들인데 이들5가지 방법으로 지금여기에서 구경의 열반을 실현한다고 천명한다. 비구들이여, 사문·바라문들이 지금여기에서 열반을 실현한다고 주장하는 자가 되어 지금여기에서 구경의 열반을 실현한다고 천명하는 것은 모두 이 5가지 방법으로 하거나 혹은 이 5가지 중 한 가지 방법으로 한다. 이것 이외에는 없다."

3.26. "비구들이여, 이와 같이 취하고 이와 같이 거머쥔 확정적인 견해들을 [가진 자들의] 태어날 곳은 어딘지, 다음 생에는 어디로 인도될 것인지 여래는 반야로 본다. 여래는 이것을 반야로 보고 이것을 넘어선 것도 반야로 본다. [이것을 넘어선 것]도 반야로 보지만 [갈애와 견해와 자만으로] 더럽혀지지 않는다. 더럽혀지지 않기 때문에 스스로 완전한 평화를 분명하게 안다. 느낌들의 일어남과 사라짐과 달콤함과 위험과 벗어남을 있는 그대로 분명하게 안 뒤 여래는 취착없이 해탈한다.
비구들이여, 참으로 이런 법들이야말로 심오하고, 알기도 힘들고, 깨닫기도 힘들고, 평화롭고 숭고하며, 단순한 사유의 영역을 넘어서 있고, 미묘하여, 오로지 현자들만이 알아볼 수 있으며, 그것은 여래가 스스로 초월지로 알고, 실현하여, 드러낸 것이다. [사람들이 만약 이러한 법들을 보고나서] 여래를 있는 그대로 칭송을 한다면 그제야 그들은 참으로 바르게 말한 것이라 할 수 있을 것이다."

3.27. "비구들이여, 그 사문·바라문들은 이들 44가지 경우로 미래를 모색하고, 미래에 대한 견해를 가지고, 미래에 대한 여러 가지 교리를 단언한다. 비구들이여, 사문·바라문들이 미래를 모색하고, 미래에 대한 견해를 가지고, 미래에 대한 여러 가지 교리를 단언하는 것은 모두 이 44가지 방법으로 하거나 혹은 이 44가지 중 한 가지 방법으로 한다. 이것 이외에는 없다."

3.28. "비구들이여, 이와 같이 취하고 이와 같이 거머쥔 확정적인 견해들

을 [가진 자들의] 태어날 곳은 어딘지, 다음 생에는 어디로 인도될 것인지 여래는 반야로 본다. 여래는 이것을 반야로 보고 이것을 넘어선 것도 반야로 본다. [이것을 넘어선 것]도 반야로 보지만 [갈애와 견해와 자만으로] 더럽혀지지 않는다. 더럽혀지지 않기 때문에 스스로 완전한 평화를 분명하게 안다. 느낌들의 일어남과 사라짐과 달콤함과 위험과 벗어남을 있는 그대로 분명하게 안 뒤 여래는 취착없이 해탈한다.

비구들이여, 참으로 이런 법들이야말로 심오하고, 알기도 힘들고, 깨닫기도 힘들고, 평화롭고 숭고하며, 단순한 사유의 영역을 넘어서 있고, 미묘하여, 오로지 현자들만이 알아볼 수 있으며, 그것은 여래가 스스로 초월지로 알고, 실현하여, 드러낸 것이다. [사람들이 만약 이러한 법들을 보고나서] 여래를 있는 그대로 칭송을 한다면 그제야 그들은 참으로 바르게 말한 것이라 할 수 있을 것이다."

62가지 견해에 대한 결론

3.29. "비구들이여, 그 사문·바라문들은 이들 62가지 경우로 과거를 모색하고 미래를 모색하고 과거와 미래를 모색하며, 과거와 미래에 대한 견해를 가지고, 과거와 미래에 대한 여러 가지 교리를 단언한다. 비구들이여, 사문·바라문들이 과거를 모색하고 미래를 모색하고 과거와 미래를 모색하며, 과거와 미래에 대한 견해를 가지고, 과거와 미래에 대한 여러 가지 교리를 단언하는 것은 모두 이 62가지 방법으로 하거나 혹은 이 62가지 중 한 가지 방법으로 한다. 이것 이외에는 없다."

3.30. "비구들이여, 이와 같이 취하고 이와 같이 거머쥔 확정적인 견해들을 [가진 자들의] 태어날 곳은 어딘지, 다음 생에는 어디로 인도될 것인지 여래는 반야로 본다. 여래는 이것을 반야로 보고 이것을 넘어선 것도 반야로 본다. [이것을 넘어선 것]도 반야로 보지만 [갈애와 견해와 자만으로] 더럽혀지지 않는다. 더럽혀지지 않기 때문에 스스로 완전한 평화를 분명

하게 안다. 느낌들의 일어남과 사라짐과 달콤함과 위험과 벗어남을 있는 그대로 분명하게 안 뒤 여래는 취착없이 해탈한다."

3.31. "비구들이여, 참으로 이런 법들이야말로 심오하고, 알기도 힘들고, 깨닫기도 힘들고, 평화롭고 숭고하며, 단순한 사유의 영역을 넘어서 있고, 미묘하여, 오로지 현자들만이 알아볼 수 있으며, 그것은 여래가 스스로 초월지로 알고, 실현하여, 드러낸 것이다. [사람들이 만약 이러한 법들을 보고나서] 여래를 있는 그대로 칭송을 한다면 그제야 그들은 참으로 바르게 말한 것이라 할 수 있을 것이다."

62견은 단지 느낀 것이요 동요된 것일 뿐이다

3.32. "비구들이여, 여기서 영속론자인 그 사문·바라문들이 네 가지 경우로 영속하는 자아와 세상을 천명하는 것은 , 알지 못하고 보지 못하고 갈애에 빠져 있는 그 사문·바라문 존자들이 단지 느낀 것에 지나지 않으며, 그 느낌이 [견해와 갈애에] 의해 동요된 것일 뿐이다.

3.33. "비구들이여, 여기서 일부영속 일부비영속을 설하는 그 사문·바라문들이 네 가지 경우로 자아와 세상이 일부는 영속하고 일부는 영속하지 않는다고 천명하는 것은, 알지 못하고 보지 못하고 갈애에 빠져 있는 그 사문·바라문 존자들이 단지 느낀 것에 지나지 않으며, 그 느낌이 [견해와 갈애에] 의해 동요된 것일 뿐이다."

3.34. "비구들이여, 여기서 유한함과 무한함을 설하는 그 사문·바라문들이 네 가지 경우로 세상이 유한하거나 무한하다고 천명하는 것은, 알지 못하고 보지 못하고 갈애에 빠져 있는 그 사문·바라문 존자들이 단지 느낀 것에 지나지 않으며, 그 느낌이 [견해와 갈애에] 의해 동요된 것일 뿐이다."

3.35. "비구들이여, 여기서 애매모호한 그 사문·바라문들이 이런저런 것에 대해서 질문을 받으면 네 가지 경우로 얼버무리거나 애매모호하게 늘어놓는 것은, 알지 못하고 보지 못하고 갈애에 빠져 있는 그 사문·바라문 존자들이 단지 느낀 것에 지나지 않으며, 그 느낌이 [견해와 갈애에] 의해 동요된 것일 뿐이다."

3.36. "비구들이여, 여기서 우연발생론자인 그 사문·바라문들이 두 가지 경우로 자아와 세상은 우연히 발생한다고 천명하는 것은, 알지 못하고 보지 못하고 갈애에 빠져 있는 그 사문·바라문 존자들이 단지 느낀 것에 지나지 않으며, 그 느낌이 [견해와 갈애에] 의해 동요된 것일 뿐이다."

3.37. "비구들이여, 여기서 그 사문·바라문들이 18가지 경우로 과거를 모색하고, 과거에 대한 견해를 가지고, 과거에 대한 여러 가지 교리를 단언하는 것은, 알지 못하고 보지 못하고 갈애에 빠져 있는 그 사문·바라문 존자들이 단지 느낀 것에 지나지 않으며, 그 느낌이 [견해와 갈애에] 의해 동요된 것일 뿐이다."

3.38. "비구들이여, 여기서 사후에 [자아가] 인식과 함께 존재한다고 설하는 그 사문·바라문들이 16가지 경우로 사후에 자아가 인식을 가지고 존재한다고 천명하는 것은, 알지 못하고 보지 못하고 갈애에 빠져 있는 그 사문·바라문 존자들이 단지 느낀 것에 지나지 않으며, 그 느낌이 [견해와 갈애에] 의해 동요된 것일 뿐이다."

3.39. "비구들이여, 여기서 사후에 [자아가] 인식 없이 존재한다고 설하는 그 사문·바라문들이 8가지 경우로 사후에 자아가 인식 없이 존재한다고 천명하는 것은 알지 못하고 보지 못하고 갈애에 빠져 있는 그 사문·바라문 존자들이 단지 느낀 것에 지나지 않으며, 그 느낌이 [견해와 갈애에] 의해 동요된 것일 뿐이다."

3.40. "비구들이여, 여기서 사후에 [자아가] 인식을 가지는 것도 아니고 인식을 가지지 않은 것도 아닌 것으로 존재한다고 설하는 그 사문·바라문들이 8가지 경우로 사후에 자아가 인식을 가진 것도 아니고 인식을 가지지 않은 것도 아닌 것으로 존재한다고 천명하는 것은, 알지 못하고 보지 못하고 갈애에 빠져 있는 그 사문·바라문 존자들이 단지 느낀 것에 지나지 않으며, 그 느낌이 [견해와 갈애에] 의해 동요된 것일 뿐이다."

3.41. "비구들이여, 여기서 단멸론자인 그 사문·바라문들이 7가지 경우로 중생의 단멸과 파멸과 없어짐을 천명하는 것은, 알지 못하고 보지 못하고 갈애에 빠져 있는 그 사문·바라문 존자들이 단지 느낀 것에 지나지 않으며, 그 느낌이 [견해와 갈애에] 의해 동요된 것일 뿐이다."

3.42. "비구들이여, 여기서 지금여기에서 열반을 실현한다고 주장하는 그 사문·바라문들이 5가지 경우로 지금여기에서 구경의 열반을 실현한다고 천명하는 것은, 알지 못하고 보지 못하고 갈애에 빠져 있는 그 사문·바라문 존자들이 단지 느낀 것에 지나지 않으며, 그 느낌이 [견해와 갈애에] 의해 동요된 것일 뿐이다."

3.43. "비구들이여, 여기서 그 사문·바라문들이 44가지 경우로 미래를 모색하고, 미래에 대한 견해를 가지고, 미래에 대한 여러 가지 교리를 단언하는 것은, 알지 못하고 보지 못하고 갈애에 빠져 있는 그 사문·바라문 존자들이 단지 느낀 것에 지나지 않으며, 그 느낌이 [견해와 갈애에] 의해 동요된 것일 뿐이다."

3.44. "비구들이, 여기서 그 사문·바라문들이 62가지 경우로 과거를 모색하고 미래를 모색하고 과거와 미래를 모색하며, 과거와 미래에 대한 견해를 가지고, 과거와 미래에 대한 여러 가지 교리를 단언하는 것은 알지 못하고 보지 못하고 갈애에 빠져 있는 그 사문·바라문 존자들이 단지 느낀 것에 지나지 않으며, 그 느낌이 [견해와 갈애에] 의해 동요된 것일 뿐이다."

62견은 단지 감각접촉[觸(촉)]을 조건한 것일 뿐이다

3.45. "비구들이여, 여기서 영속론자인 그 사문·바라문들이 네 가지 경우로 자아와 세상이 영속한다고 천명하는 것은 단지 감각접촉[觸(촉)]을 조건한 것이다."

3.46. "비구들이여, 여기서 일부영속 일부비영속을 설하는 자인 그 사문·바라문들이 네 가지 경우로 자아 와 세상이 일부는 영속하고 일부는 영속하지 않는다고 천명하는 것은 단지 감각접촉[觸(촉)]을 조건한 것이다."

3.47. "비구들이여, 여기서 유한함과 무한함을 설하는 자인 그 사문·바라문들이 네 가지 경우로 세상이 유한하거나 무한하다고 천명하는 것은 단지 감각접촉[觸(촉)]을 조건한 것이다."

3.48. "비구들이여, 여기서 애매모호한 그 사문·바라문들이 이런 저런 것에 대해서 질문을 받으면 네 가지 경우로 얼버무리거나 애매모호하게 늘어놓는 것은 단지 감각접촉[觸(촉)]을 조건한 것이다."

3.49. "비구들이여, 여기서 우연발생론자인 그 사문·바라문들이 두 가지 경우로 자아와 세상은 우연히 발생한다고 천명하는 것은 단지 감각접촉[觸(촉)]을 조건한 것이다."

3.50. "비구들이여, 여기서 그 사문·바라문들이 18가지 경우로 과거를 모색하고, 과거에 대한 견해를 가지고, 과거에 대한 여러 가지 교리를 단언하는 것은 단지 감각접촉[觸(촉)]을 조건한 것이다."

3.51. "비구들이여, 여기서 사후에 [자아가] 인식과 함께 존재한다고 설하는 그 사문·바라문들이 16가지 경우로 사후에 자아는 인식을 가지고 존재한다고 천명하는 것은 단지 감각접촉[觸(촉)]을 조건한 것이다."

3.52. "비구들이여, 여기서 사후에 [자아가] 인식 없이 존재한다고 설하는 그 사문·바라문들이 8가지 경우로 사후에 자아가 인식 없이 존재한다고 천명하는 것은 단지 감각접촉[觸(촉)]을 조건한 것이다."

3.53. "비구들이여, 여기서 사후에 [자아가] 인식을 가지는 것도 아니고 인식을 가지지 않은 것도 아닌 것으로 존재한다고 설하는 그 사문·바라문들이 8가지 경우로 사후에 자아가 인식을 가지는 것도 아니고 인식을 가지지 않은 것도 아닌 것으로 존재한다고 천명하는 것은 감각접촉[觸(촉)]을 조건한 것이다."

3.54. "비구들이여, 여기서 단멸론자인 그 사문·바라문들이 7가지 경우로 중생의 단멸과 파멸과 없어짐을 천명하는 것은 단지 감각접촉[觸(촉)]을 조건한 것이다."

3.55. "비구들이여, 여기서 지금여기에서 열반을 실현한다고 주장하는 그 사문·바라문들이 5가지 경우로 지금여기에서 구경의 열반을 실현한다고 천명하는 것은 단지 감각접촉[觸(촉)]을 조건한 것이다."

3.56. "비구들이여, 여기서 그 사문·바라문들이 44가지 경우로 미래를 모색하고, 미래에 대한 견해를 가지고, 미래에 대한 여러 가지 교리를 단언하는 것은 단지 감각접촉[觸(촉)]을 조건한 것이다."

3.57. "비구들이여, 여기서 그 사문·바라문들이 62가지 경우로 과거를 모색하고 미래를 모색하고 과거와 미래를 모색하며, 과거와 미래에 대한 견해를 가지고, 과거와 미래에 대한 여러 가지 교리를 단언하는 것은 단지 감각접촉[觸(촉)]을 조건한 것이다."

62견은 감각접촉 없이 경험 될 수 없다

3.58. "비구들이여, 여기서 영속론자인 그 사문·바라문들은 네 가지 경우로 자아와 세상이 영속한다고 천명하는데, 감각접촉[觸(촉)] 없이도 그런 [느낌]을 경험할 수 있다고 한다면 그것은 불가능하다."

3.59. "비구들이여, 여기서 일부영속 일부비영속을 설하는 그 사문·바라문들은 네 가지 경우로 자아와 세상이 일부는 영속하고 일부는 영속하지 않는다고 천명하는데, 감각접촉[觸(촉)] 없이도 그런 [느낌]을 경험할 수 있다고 한다면 그것은 불가능하다."

3.60. "비구들이여, 여기서 유한함과 무한함을 설하는 그 사문·바라문들은 네 가지 경우로 세상이 유한하거나 무한하다고 천명하는데, 감각접촉[觸(촉)]이 없이도 그런 [느낌]을 경험할 수 있다고 한다면 그것은 불가능하다."

3.61. "비구들이여, 여기서 애매모호한 그 사문·바라문들은 이런저런 것에 대해서 질문을 받으면 네 가지 경우로 얼버무리거나 애매모호하게 늘어놓는데, 감각접촉[觸(촉)] 없이도 그런 [느낌]을 경험할 수 있다고 한다면 그것은 불가능하다."

3.62. "비구들이여, 여기서 우연발생론자인 그 사문·바라문들은 두 가지 경우로 자아와 세상은 우연히 발생한다고 천명하는데, 감각접촉[觸(촉)] 없이도 그런 [느낌]을 경험할 수 있다고 한다면 그것은 불가능하다."

3.63. "비구들이여, 여기서 그 사문·바라문들은 18가지 경우로 과거를 모색하고, 과거에 대한 견해를 가지고, 과거에 대한 여러 가지 교리를 단언하는데 감각접촉[觸(촉)] 없이도 그런 [느낌]을 경험할 수 있다고 한다면 그것은 불가능하다."

3.64. "비구들이여, 여기서 사후에 [자아가] 인식과 함께 존재한다고 설하는 그 사문 바라문들은 16가지 경우로 사후에 자아가 인식과 함께 존재한다고 천명하는데, 감각접촉[觸(촉)] 없이도 그런 [느낌]을 경험할 수 있다고 한다면 그것은 불가능하다."

3.65. "비구들이여, 여기서 사후에 [자아가] 인식 없이 존재한다고 설하는 그 사문·바라문들은 8가지 경우로 사후에 자아가 인식 없이 존재한다고 천명하는데, 감각접촉[觸(촉)] 없이도 그런 [느낌]을 경험할 수 있다고 한다면 그것은 불가능하다."

3.66. "비구들이여, 여기서 사후에 [자아가] 인식을 가지는 것도 아니고 인식을 가지지 않은 것도 아닌 것으로 존재한다고 설하는 그 사문·바라문들은, 8가지 경우로 사후에 자아가 인식을 가지는 것도 아니고 인식을 가지지 않은 것도 아닌 것으로 존재한다고 천명하는데, 감각접촉[觸(촉)] 없이도 그런 [느낌]을 경험할 수 있다면 그것은 불가능하다."

3.67. "비구들이여, 여기서 단멸론자인 그 사문·바라문들은 7가지 경우로 중생의 단멸과 파멸과 없어짐을 천명하는데, 감각접촉[觸(촉)] 없이도 그런 [느낌]을 경험할 수 있다고 한다면 그것은 불가능하다."

3.68. "비구들이여, 여기서 지금여기에서 열반을 실현한다고 주장하는 그 사문·바라문들은 5가지 경우로 지금여기에서 구경의 열반을 실현한다고 천명하는데, 감각접촉[觸(촉)] 없이도 그런 [느낌]을 경험할 수 있다고 한다면 그것은 불가능하다."

3.69. "비구들이여, 여기서 그 사문·바라문들은 44가지 경우로 미래를 모색하고, 미래에 대한 견해를 가지고, 미래에 대한 여러 가지 교리를 단언하는데, 감각접촉[觸(촉)] 없이도 그런 [느낌]을 경험할 수 있다고 한다면 그것은 불가능하다."

3.70. "비구들이여, 여기서 그 사문 · 바라문들은 62가지 경우로 과거를 모색하고 미래를 모색하고 과거와 미래를 모색하며, 과거와 미래에 대한 견해를 가지고, 과거와 미래에 대한 여러 가지 교리를 단언하는데, 감각접촉[觸(촉)] 없이도 그런 [느낌]을 경험할 수 있다고 한다면 그것은 불가능하다."

62견은 조건발생[緣已生(연이생)]이요 괴로움을 생기게 한다

3.71. "비구들이여, 여기서 영속론자인 사문 · 바라문들도, 일부영속 일부 비영속을 설하는 사문 · 바라문들도, 유한함과 무한함을 설하는 사문 · 바라문들도, 애매모호하게 설하는 사문 · 바라문들도, 우연발생론자인 사문 · 바라문들도, 사후에 [자아가] 인식과 함께 존재한다고 설하는 사문 · 바라문들도, 사후에 [자아가] 인식 없이 존재한다고 설하는 사문 · 바라문들도, 사후에 [자아가] 인식을 가지는 것도 아니고 인식을 가지지 않은 것도 아닌 것으로 존재한다고 설하는 사문 · 바라문들도, 단멸론자인 사문 · 바라문들도, 지금여기에서 열반을 실현한다고 주장하는 사문 · 바라문들도, 과거를 모색하는 사문 · 바라문들도, 미래를 모색하는 사문 · 바라문들도, 62가지 경우로 과거를 모색하고 미래를 모색하고 과거와 미래를 모색하며, 과거와 미래에 대한 견해를 가지고, 과거와 미래에 대한 여러 가지 교리를 단언하는 사문 · 바라문들도 - 그들 모두는 여섯 가지 감각장소들[入(입), 處(처)]을 통해 [갖가지 대상과 맞닿아] 계속해서 일어나는 감각접촉으로 인해 [사견의 느낌을] 경험한다. 그런 느낌이 그들에게 갈애를 생기게 하고, 갈애는 취착을 생기게 하고, 취착은 존재를 생기게 하고, 존재는 태어남을 생기게 하고, 태어남은 늙음 · 죽음과 근심 · 탄식 · 육체적 고통 · 정신적 고통 절망을 생기게 한다.
 비구들이여, 비구는 여섯 가지 감각접촉이 일어나는 감각장소들의 일어남과 사라짐과 달콤함과 위험과 벗어남을 있는 그대로 반야로 본다. 이것이 이들 모든 [견해들]을 넘어서는 것이라고 반야로 본다."

62가지 견해의 그물에 걸림

3.72. "비구들이여, 과거를 모색하고 미래를 모색하고 과거와 미래를 모색하며, 과거와 미래에 대한 견해를 가지고, 과거와 미래에 대한 여러 가지 교리를 단언하는 사문·바라문들은 모두 이 62가지의 그물에 걸린 것이다. 그들은 위로 오르고자 하나 그물에 걸린 채 오르게 된다. 그들은 참으로 그물에 완전히 갇혀서 오를 뿐이다.

비구들이여, 예를 들어 숙련된 어부나 어부의 도제가 아주 미세한 구멍을 가진 그물로 작은 호수의 물에 펼친다고 하자. 그에게 이런 생각이 들 것이다. '이 호수에 있는 [그물 구멍보다] 큰 생명체들은 모두 이 그물에 걸렸다. 그들은 [표면] 위로 오르고자 하나 여기에 걸린 채 오르게 된다. 참으로 그물에 완전히 갇혀서 오를 뿐이다.'라고. 비구들이여, 그와 같이 과거를 모색하고 미래를 모색하고 과거와 미래를 모색하며, 과거와 미래에 대한 견해를 가지고, 과거와 미래에 대한 여러 가지 교리를 단언하는 사문·바라문들은 모두 이 62가지의 그물에 걸린 것이다. 그들은 위로 오르고자 하나 그물에 걸린 채 오르게 된다. 그들은 참으로 그물에 완전히 갇혀서 오를 뿐이다."

3.73. "비구들이여, 여래의 몸은 존재에 묶어두는 사슬을 끊어 버린 채 머물러 있다. 그런 몸이 머무는 동안에 신과 인간들은 그를 보게 된다. 그러나 몸이 멸하여 생명이 다하면 신과 인간들은 더 이상 그를 보지 못한다. 비구들이여, 예를 들면 망고 열매들이 달려있는 가지가 있다 하자. 만일 그 가지가 끊어지면 그 가지에 달려있는 망고는 모두 떨어지기 마련인 것과 같다. 비구들이여, 그와 같이 여래의 몸은 존재에 묶어두는사슬을 끊어 버린 채 머물러 있다. 그런 몸이 머무는 동안에 신과 인간들은 그를 보게 된다. 그러나 몸이 멸하여 생명이 다하면 신과 인간들은 더 이상 그를 보지 못한다."

맺는 말

3.74. 이렇게 말씀하시자 아난다 존자는 세존께 이렇게 여쭈었다. "경이롭습니다, 세존이시여. 놀랍습니다, 세존이시여. 세존이시여, 이 법문의 이름은 무엇입니까?"

"아난다여, 그렇다면 그대는 이 법문을 뜻의 그물[義網(의망)]이라고 받아 지녀라. 법의 그물[法網(법망)]이라고도 받아 지녀라. 범천의 그물[梵網(범망)]이라고도 받아 지녀라. 견해의 그물[見網(견망)]이라고도 받아 지녀라. 전쟁에서의 위없는 승리[無上戰勝(무상전승)]라고 받아 지녀라."

세존께서는 이렇게 말씀하셨다. 비구들은 마음이 흡족해져서 세존의 말씀을 크게 기뻐하였다. 이러한 상세한 설명[記別(기별), 授記(수기)]이 설해졌을 때 일만의 세계가 진동하였다.

범망경이 끝났다.

저자 소개

　남회근(南懷瑾) 선생은 1918년 중국 절강성 온주(溫州)에서 태어났다. 어릴 적부터 서당식 교육을 받아 17세까지 사서오경 제자백가를 공부하였다. 절강성성립국술원에 입학하여 2년간 무술을 배웠고 문학 서예 의약 역학 천문학 등도 두루 익혔다. 1937년 국술원을 졸업하였다. 그후 중앙군관학교 교관직을 맡았으며, 금릉(金陵)대학 대학원에서 사회복지학을 연구하였다. 25세 때인 1942년에 스승인 원환선(袁煥仙) 선생이 사천성 성도(成都)에 창립한 유마정사(維摩精舍)에 합류하여 의발제자가 되었다. 1942년부터 1944년까지 3년간 사천성 아미산 중봉에 있는 대평사(大坪寺)에서 폐관 수행하며 팔만대장경을 완독하였다. 28세 때인 1945년 티베트 밀교의 여러 종파의 고승들을 참방하고 밀교 상사로 인가 받았다. 그 후 운남(雲南)대학과 사천(四川)대학에서 한동안 강의하였다. 30세 때인 1947년 고향에 돌아가 사고전서(四庫全書)와 고금도서집성(古今圖書集成) 등을 읽었다. 1949년 봄에 대만으로 건너가 문화(文化)대학 보인(輔仁)대학 등 여러 대학과 사회단체에서 강의하며 수행과 저술에 몰두하였다. 또 노고문화사업공사(老古文化事業公司)라는 출판사를 설립하고 불교연구단체인 시방(十方)서원을 개설하였다. 2006년 이후 대륙의 강소성 오강의 태호대학당(太湖大學堂)에서 머물며 교육문화 연구 등의 활동을 해오던 중2012년 9월 29일 95세를 일기로 세상을 떠났다. 논어별재 등 저술이 60여종에 이른다. 자세한 소개는 마하연 출판 『생과 사 그 비밀을 말한다』와 『중용강의』의 부록을 참조하기 바란다.

번역자 송찬문(宋燦文)

1956년생으로 금융기관에서 20년 근무하였다. 대학에서 중어중문학을 전공했으며 1990년 대만담강대학 어학연수, 1991년 대만경제연구원에서 연구하였다. 1998년 이후 유불도 삼가 관련 서적들을 번역중이다.

번역서로는 남회근 선생의 '논어강의', '생과 사 그 비밀을 말한다', '선정과 지혜 수행입문', '원각경 강의' 등이 있으며,

편역 저서로는 '21세기 2천자문', '삼자소학', '그림으로 배우는 한자 첫걸음', '나무아미타불이 팔만대장경이다'가 있다.

다음카페 유마불교학당 (http://cafe.daum.net/youmawon)

e-mail : youmasong@naver.com

마하연의 책들

1. 나무아미타불이 팔만대장경이다 송찬문 엮음

참선법문과 염불법문은 어떻게 다른가? 나무아미타불의 심오한 의미는 무엇인가? 극락세계는 어떤 곳인가? 왜 염불법문이 뛰어난가? 등 염불법문의 기본교리를 이해하도록 이끌어 준다.

2. 생과 사 그 비밀을 말한다 남회근 지음, 송찬문 번역

생사문제를 해설한 기록으로 사망에 대해서부터 얘기를 시작하여 사람의 출생을 설명한다. 인간의 정상적인 생명의 윤회환생 변화를 기준으로 말한 것으로, 불법의 원리에서 벗어나지 않지만 종교의식에 물들지 않고 순수하게 생명과학의 입장에서 한 상세한 설명이다. 진귀한 자료로서 자세하고 명확하여 독자의 마음속에 있는 적지 않는 미혹의 덩어리를 풀어준다.

3. 원각경 강의 남회근 지음, 송찬문 번역

원각경은 인생의 고통과 번뇌를 철저히 해결해주는 경전으로서, 어떻게 수행하여 성불할 것인가를 가리켜 이끌어 주는 경전이다. 남회근 선생의 강해는 쉽고 평이하면서도 어떻게 견성할 것인가와 수행과정에서의 문제들을 분명히 가려 보여준다. 참선을 하려거나 불교를 연구하고자 하는 사람이 반드시 보아야 할 책이다.

4.. 논어 강의 (상, 하) 남회근 지음, 송찬문 번역

논어로 논어를 풀이함으로써 지난 2천년 동안 잘못된 해석을 바로잡은 저자의 독창적인 견해가 담긴 대표작이다. 동서고금과 유불도 제자백가를 넘나들면서 흥미진진한 강해를 통해 고유문화의 정수를 보여주어 현대인들로 하여금 전통문화를 이해하게 하고 나아가 미래를 창조하게 하는 교량 역할을 한다.

5. 역사와 인생을 말한다 남회근 지음, 송찬문 번역

논어별재(論語別裁), 맹자방통(孟子旁通), 노자타설(老子他說) 등 남회근 선생의 여러 저작들 가운데서 생동적이며 유머가 있고 뛰어난 부분들을 골라 엮은 책으로 역사와 인생을 담론하고 있다

6. 선(禪)과 생명의 인지 강의 남회근 지음, 송찬문 번역

생명이란 무엇일까요? 당신의 생명은 무엇일까요? 선은 생명 가운데서 또 어떠할까요? 당신은 자신의 지성(知性)을 이해합니까? 당신은 자신의 생명을 장악할 수 있습니까? 범부를 초월하여 성인의 영역으로 들어가고 싶습니까? 그 가장 빠른 길은 무엇일까요? 등, 선과 생명과학과 인지과학에 대한 강의이다.

7. 선정과 지혜 수행입문 원환선 남회근 합저, 송찬문 번역

원환선 선생과 그 문인인 남회근 선생이 지관수정(止觀修定)에 대하여 강의한 기록을 모아 놓은 책이다. 선 수행자나 정토 수행자에게 올바른 지견과 진정한 수행 방법을 보여 주는 것으로 초학자에게 가장 적합하다.

8. 입태경 현3대적 해석 남회근 지도, 이숙군 역저, 송찬문 번역

사람이 모태에 들어가기 전에 자기의 부모를 인식할까요? 모태에 있을 때 어떤 과정을 거칠까요? 모태에 있을 때 교육을 받아들일 수 있을까요? 모태에 있을 때 심신은 어떻게 변화할까요? 이런 문제 등을 논술하고 있는 입태경은 인간 본위의 생명형성의 심신과학을 내포하고 있으며 범부를 뛰어넘어 성자가 되는 관건을 언급하고 있음에도 1천여 년 동안 마땅한 중시를 받지 못했습니다. 그래서 저자는 남회근 선생의 치밀한 지도 아래 입태경을 현대의학과 결합하는 동시에 전통 중의학 개념과도 일부 결합하여 풀이합니다. 태교부분에서는 3천여 년 전부터 현대까지를 말하면서 동서의학의 태교와 태양의 정화를 융합하고 있습니다. 그러므로 이 책은 부모 되는 사람은 읽지 않으면 안되며 심신과학에 흥미가 있는 사람이라면 더더욱 읽어야 합니다.

9. 장자강의(내편) (상, 하) 남회근 강술, 송찬문 번역

장자 내7편에 대한 강해이다. 근대에 많은 학자들이 관련된 주해나 어역(語譯)이나 주석 같은 것들을 참고로 읽어보면 대부분은 문자적인 해석이거나 다른 사람의 주해를 모아 논 것일 뿐 일반 독자들의 입장에서 보면 사실 그 속으로부터 이익을 얻기가 어렵다. 남회근 선생은 청년 시기에 이미 제자백가의 학문을 두루 연구했고 30대에는 경전 도법(道法)에 깊이 들어가 여러 해에 걸쳐서 몸소 힘써 실제 수증하였다. 그러므로 그의 장자강해는 경사자집(經史子集)에서 노닐고 있다. 또 통속적인 말로써 깊은 내용을 쉽게 풀어내서 독자 청중을 위하여 문을 열어주고 있다. 남선생의 강의가 따로 일가의 품격을 갖췄다고 일컫더라도 과분한 칭찬이 되지 않을 것 같다.

10. 능엄경 대의 풀이 남회근 술저, 송찬문 번역

옛사람이 말하기를 "능엄경을 한 번 읽은 뒤로부터는 인간세상의 찌꺼기 책들을 보지 않는다" 고 했듯이, 이 경은 우주와 인생의 진리를 밝히는 기서(奇書)이며, 공(空)의 이치를 깨달아 들어가는 문이자, 단계적인 수행을 거쳐 최후에 부처의 과위에 이르기까지 거울로 삼아야 할 경전이다. 옛날부터 난해하기로 이름난 이 경전을 현대적 개념으로 대의만 풀이했다.

11. 유마경 강의 (상, 중, 하) 남회근 강술, 송찬문 번역

어떤 사람은 말하기를, 유마경을 조금 읽고 이해하고 나면 마음의 크기가 자기도 모르는 사이에 확대되어서, 더 이상 우리들이 생활하는 이 사바세계에 국한하지 않고, 동경하는 정토세계에도 국한하지 않으며, 무한한 공간에까지 확대될 것이라고 합니다. 또 어떤 사람은 말하기를, 이 경전은 온갖 것을 포함하고 있어서 당신이 부처님을 배우면서 어떻게 해야 할지 모를 때에는 당신에게 줄 해답이 본 경전에 들어있으며, 당신이 사리(事理)를 이해하지 못할 때에는 당신에게 줄 해답도 본 경전에 들어있다고 합니다. 남회근 선생이 1981년에 시방서원에서 출가자와 불교도를 위주로 했던 강의로 수행방면에 중점을 두었기 때문에 일반적인 불경강해와는 다르다. 유마경은 현대인들에게 원전경문이 너무 예스러운데 남선생은 간단명료한 말로써 강해하였기에 독자들이 이해하기 쉽다.

12. 호흡법문 핵심강의 남회근 강의, 유우홍 엮음, 송찬문 번역

남회근 선생은 석가모니불이 전한 가장 빠른 수행의 양대 법문이 확실하고 명확함을 얻지 못한 것이 바로 수행자가 성공하기 어려웠던 주요 원인이라고 보고 최근 수년 동안 남선생님은 수업할 때 항상 '달마선경(達磨禪經)' 속의 16 특승안나반나(特勝安那般那)법문의 해설과 관련시켰다.

이 책은 남회근 선생님의 각 책과 강의기록 속에 여기저기 흩어져 보이는 안나반나 수행법을 수집 정리하여 책으로 모아 엮어서 학습자가 수행 참고용으로 편리하도록 한 것이다.

13. 중용강의 남회근 저 송찬문 번역

자사(子思)가 『중용(中庸)』을 지은 것은 증자의 뒤를 이어서 「곤괘문언(坤卦文言)」과 『주역』 「계사전(繫辭傳)」으로부터 발휘하여 지은 것입니다. 예컨대 『중용』이 무엇보다 먼저 제시한 '천명지위성(天命之謂性)'으로부터 '중화(中和)'까지는 「곤괘문언」에서 온 것입니다. 이런 학술적 주장은 저의 전매특허입니다."

남회근 선생의 강해는 '경문으로써 경문을 주해하고[以經註經]', 더 나아가 '역사로써 경문을 증명하는[以史證經]' 방법으로 『중용』을 융회관통(融會貫通)하고 그 심오한 의미를 발명하여 보여주고 있다.